RIGHTS AND DUTIES OF FAMILY LAW

가족법상의
권리와 의무

최문기

박영사

‖ 머 리 말 ‖

행복한 가족관계가 달성하기 어려운 과제라고 여기는 사람들은 이렇게 말합니다. "이 세상에서 가장 어렵고 자기 마음대로 안 되는 것이 자식농사이다."라고 말입니다. 그리고 말합니다. "수십년을 같이 살아도 아직 아내를(남편을) 잘 모르겠어!" 가족관계는 전인적인 관계이기 때문에 많은 부분에 있어서 가족 구성원 서로 간에 이해가 엇갈리고 욕구가 충돌할 수 있을 것입니다.

하지만 가족생활 속에는 모든 개인의 기쁨과 즐거움과 최고의 행복이 녹아들어 있습니다. 우리가 살아가는 가족에는 자신의 분신이 함께 하고 있으며, 부부는 서로 간에 자신의 삶에서 가장 오랫동안 함께 하기에 배우자는 곧 자신의 삶의 일부분이기도 합니다. 전통적으로 우리 사회는 가족중심적인 사고방식과 생활가치, 문화를 가지고 있습니다. 그래서 가족의 권리와 의무는 우리의 관심을 끌고 있는 것입니다.

사람의 삶과 불가분의 관계를 맺고 있는 가족의 권리와 의무는 기본적 구성단위인 가족을 그 대상으로 하고 있으며, 가족은 남성만으로 이루어지는 것은 아니고 여성과 함께 이루어진다는 점에서 남녀 모두 가족의 권리와 의무에 관한 최소한의 지식을 갖추어야 평등한 가족을 이룰 수 있다고 믿기 때문에 필자는 남녀학생 모두를 대상으로 「가족의 권리와 의무」라는 교양 강의를 하고 있습니다. 필자는 기존의 강의교재가 난해한 한자가 많아 학생들이 어렵게 생각하여 필자 스스로 만든 강의안으로 강의할 수밖에 없었고, 수업받는 학생의 수준에 맞는 강의교재가 마땅하지 않아 강의안을 한 학기의 교재용으로 묶어 가족의 권리와 의무라는 교재를 2016년 3월 2일 신지서원에서 출간하게 되었고, 2016년 9월 1일 2쇄가 발간되었습니다. 그런데 신지서원 조희선 사장님의 갑작스러운 타계로 인하여 출판사가 문을 닫게 되어 박영사에서 가족법상의 권리와 의무라는 제목으로 판례와 내용을 보완하여 2019년 8월 출간될 예정입니다.

상식으로서의 가족의 권리와 의무의 강의 내용은 학교에 따라, 교수에 따라 아주 다양합니다. 필자의 경우 30년 넘게 「민법」을 강의하고 있으며, 필자가 이 책을 내면서 욕심을 부린다면 교양교재로서 뿐만 아니라, 법률을 전공하는 법학도가 경시하기 쉬운 가족에 관한 법규의 기본적인 이해에도 도움이 되었으면 하는 바람입니다. 이 교재를 서술함에 있어서 저자는 목표를 쉽고, 간결한 교재의 완성에 두었으며, 가족법(친족상속법) 제도가 지니는 특성을 고려하면서 다음과 같은 점에 유의하였습니다.

첫째, 제1장에서는 가족의 개념, 유형, 문제 및 대책, 복지 등에 대한 이론을 검토하였습니다.

둘째, 제2장에서는 이혼청구권, 부양청구권, 재산분할청구권, 친권 등 가족의 권리와 의무에 관한 내용을 소개하고 있습니다.

셋째, 제3장은 상속권, 상속회복청구권, 상속포기권, 유류분권 등을 소개하고 있습니다.

넷째, 이 책에서는 학설의 대립이 두드러지지는 않으나, 견해 차이가 명백한 곳은 학설의 입장을 인용하였으며, 필요한 최소한의 범위 내에서 필자의 견해를 첨가하였습니다.

다섯째, 가족의 권리와 의무에서는 판례가 제시하는 기준이나 해석적 태도가 중요하기 때문에 대표적인 판례들을 수록하였습니다.

여섯째, 이 책은 일반시민과 대학의 교양과정 수준으로 하여 이들이 이해하기 쉽게 하기 위하여 가족에 관한 교양을 터득할 수 있는 지침서 또는 참고서로 적합하도록 서술하였습니다.

이 책은 「가족의 권리와 의무」에 대한 입문의 역할과 양성평등을 실현하기 위한 안내서의 역할을 하기 위하여 출판되었으므로 양성평등하의 가족 제도의 실현에 도움이 되길 간절히 바랍니다. 또한 독자 여러분들의 지도편달을 받아 더욱 알찬 내용으로 거듭나길 바랍니다.

끝으로 어려운 가운데 이 책을 처음 출판해주신 신지서원 고 조희선 사장님과 박영사 안종만 회장님, 박세기 부장님, 원고정리를 도와준 법학과 겸임교수 최명수, 이성우 박사, 강사 이종원 박사, 강사 정경미 박사, 부산경상대 부동산경영과 교수 이범수 박사, 전현직 조교, 황태형, 박창규, 하지은, 법학사 김봉준, 박도영, 신하늘, 김동현, 김소연, 나혜미, 최혜민, 재학생 김세진, 심정민, 송혜인에게 심심한 감사를 드립니다.

2019년 7월 21일

최 문 기

차 례

제 1 장

가족

제1절 가족과 가족 연구

Ⅰ. 가족 연구의 필요성과 의의

1. 가족생활의 의의

대부분의 사람들은 가족에서 태어나고 가족생활을 중심으로 자신의 삶을 실현한다. 모든 인간에게 자신이 태어나는 가족을 선택할 권리는 원천적으로 봉쇄되어 있다. 이는 자신의 출생을 조정하거나 부모와 원가족을 스스로 선택할 권리가 없다는 것을 의미한다. 인간은 개인적으로 본다면 일생의 삶 중에 가장 많은 시간을 가족 구성원들과 함께 보내게 되며, 그 어떤 사람이나 집단보다 긴밀한 상호작용을 하면서 살아간다. 이는 가족이나 가족생활을 벗어나서 인간의 삶을 말한다는 것은 무의미할 뿐만 아니라, 모든 인간은 근본적으로 가족생활로부터 자유로울 수 없음을 의미한다. 그러기에 일반인들도 가족 학자만큼 체계적·분석적이지는 않지만, 가족에 대하여 매우 다양하고 적극적인 견해를 말할 수 있게 된다. 이에 인간은 누구나 가족과 가족생활에 대하여 많은 생각을 하게 되고 가족 가치와 경험을 겉으로 드러내 보일 수 있는 생생한 자료를 가지게 되는 것이다. 대부분의 사회에서 인간은 가족과 가족생활을 떠나서 생물적으로나 사회문화적으로 독자적인 생존이 어렵다는 사실을 보여주고 있다. 이러한 현상은 가족과 가족생활에서 주된 흐름으로 실재하고 있으며, 인류의 역사를 통해서 오랫동안 지속되어 왔으며, 앞으로도 계속될 것으로 보인다.

전통적인 의미에서 가족은 성장한 남녀의 결합에 의해 동일한 공간에서 함께 일상생활을 영위하는 하나의 공동체이다. 사회에 있어서는 하나의 조직이자 집단으로서 국가를 형성하는 기초단위라는 의미를 가지고 있다. 가족 구성원들은 부부와 자녀들로 이루어져 있고, 상호관계는 혈연을 중심으로 맺어져 있으며, 그 어떤 조직이나 집단보다 강력한 공동체의식을 가지고 있다. 이러한 전통적인 의미의 가족은 인류의 역사와 더불어 시작되었다고 추정하고 있지만, 가족이 언제부터 어떤 형태로 출발하게 되었으며, 어떤 변화의 과정을 거쳤는지를 과학적으로 말하는 것은 쉽지 않다. 그리고 '미래에도 그러한 전통적인 의미의 가족 형태는 존속될 것인가', 아니면 '어떤 다른 형태로 변화할 것인가' 하는 과제도 예단하기는 어렵다.[1]

2. 가족생활의 변화와 가족 문제

가족은 하나의 체계로서 정지 상태에 있거나 고정된 실체로 존재하는 것이 아니라, 개인과 사회와 더불어 상호작용을 하면서 끊임없이 변화한다. 서구사회와 마찬가지로 우리 사회도 1960년대 초부터 시작된 산업화와 도시화 과정은 가족과 가족생활에서 가장 큰 전환점이 되었다. 1950년대 이전까지 농경중심의 전통적인 사회에서 나타났던 보편적인 빈곤으로부터 벗어나기 위해서, 그리고 6·25 이후 황폐해진 사회를 일으켜 세우기 위해서 경제성장정책과 사회개발을 적극적으로 추진함으로써 우리 사회는 급격한 변화를 맞이하게 되었다. 그러한 변화에서 두드러진 사회현상 중의 하나는 가족 형태와 가족생활의 변화, 그리고 새로운 양상의 가족 문제가 출현하게 되었다는 것이다.

가족 연구에 의하면 농경사회에서의 가족 제도와 가족생활은 오랜 기간에도 불구하고 그 구조와 핵심적 내용은 바뀌지 않고 지속되어 왔다. 말하자면 남성 중심의 가족 제도와 생활 구조, 3세대 이상이 함께 살아가는 대가족 형태, 남성 가장이 지배하는 가부장제의 유지, 장유유서와 효가 지배하는 가족 규칙, 장남을 중심으로 한 남성들의 우월적 지위와 여성의 상대적 열등한 지위 등이 그것이다. 그러나 1960년대 이후 산업화의 과정과 더불어 이러한 전통적인 가족과 가족생활의 모습은 변화하기 시작하였다. 가족의 구조와 규모면에서는 핵가족과 소가족으로 바뀌었으며, 가족 권력면에 있어서는 가부장제하에서 강력하였던 남성들의 권력은 약화되기 시작하였다. 이러한 가족규모의 변화와 가족 권력의 이동은 가족과 가족생활에 대한 가치와 인식의 변화로 이어지고, 현대가족은 구성원 개개인의 자아실현과 가치를 보다 중요시하는 경향으로 바뀌고 있다. 특별히 전통 농경사회에서 열등적 지위를 감수하여야 했던 아내와 여성의 상대적 박탈감은 핵가족화와 더불어 거기에서 탈피하려는 강렬한 욕구로 분출되면서 가족생활의 변화를 보다 가속화하게 되었다.

---

1) 김수환, 『가족복지론』, 공동체, 2009, 17면

그러나 이러한 가족과 가족생활의 변화와 더불어 다른 한편으로는 이전에 볼 수 없었던 새로운 양상의 가족 문제와 가족 구성원들의 부적응 현상들이 나타나게 되었다. 1960년대 이후 21세기에 이르기까지 약 40년간의 우리 사회는 성장과 개발이 아주 중요한 사회적 가치로 인식되었으며, 국가정책이 경제발전논리 위주로 양적 성장에 치중함으로써 가족이나 국민 개개인의 삶의 질은 사회적 관심의 대상으로 부각되지 못했다. 이미 서구의 역사에서도 보았듯이 산업화는 경제성장을 초래하였고, 일상생활을 풍요롭고 윤택하게 해주는 긍정적인 측면도 있지만, 부정적인 측면으로서 다양한 유형의 새로운 사회 문제들도 나타나게 되었다. 더욱이 서구의 산업화 과정은 100년 정도의 긴 기간 동안 서서히 진행된 반면, 우리 사회의 산업화 과정은 불과 30~40년이라는 짧은 기간 내에 압축적으로 이루어졌다. 따라서 거기에서 비롯되는 **급격한 사회구조와 개인적 삶의 내용 변화와 더불어 이전에 경험하지 못했던 여러 가지 문제를 한꺼번에 표출시키는 결과를 초래**하게 되었다. 가령 **사회 내에서의 다양한 가치관의 혼재와 상호충돌현상, 도시화로 인한 환경 문제와 오염 문제, 도시 빈곤층의 형성, 노인 문제의 보편화, 사회적 일탈현상의 증가, 청소년들의 부적응 문제, 가족 해체 현상의 가속화, 농촌 문제의 대두** 등 다방면에서 문제가 제기되었다. 이러한 **제반 문제들은 '간접적으로 관련된 사회 문제, 가족 문제, 개인 문제는 그 실체가 무엇이며, 우리에게 어떤 의미를 가지고 있는가'**에 대하여 **신중하게 고민하고 검토해야 할 상황에 직면해 있다는 것을** 보여준다. 이는 **가족에 대한 국가·사회적인 관심이 증대되어야 할 중요한 이유**이다.[2]

3. 가족과 가족생활에 대한 연구

인간존재와 개인의 삶, 국가, 그리고 사회와 사회 문제에 있어서 가족이란 무엇인가? 이러한 질문에 대하여 여러 학문분야에서 과학적인 답을 제시하고자 노력하고 있다. 사회학을 비롯한 문화인류학·심리학·가정학·사회복지학·교육학·경제학·정신의학·가족복지학 등의 여러 학문분야에서 가족을 연구해 왔다. 따라서 가족에 대한 깊이 있는 연구를 행한 학자나 가족 문제를 다루어온 치료 상담의 전문가들은 인간과 가족, 가족생활에 대한 이론과 지식들을 축적해 왔다. 가족 연구를 시작한 이래로 가족과 가족생활에 대한 초기의 연구들은 가족을 하나의 사회현상으로 이해하는 데 초점을 맞추었다. 그러나 **가족 문제가 사회 문제화하면서 가족에 대한 과학적인 탐구는 인간의 개인적인 만족과 사회의 복지 실현을 지향하려는 노력으로 변화하기 시작**하였다. 그것은 **가족 연구가 겉으로 드러난 구체적 사실이나 현상으로서 가족의 실재를 설명하려는 노력에 머물지 않고 개인의 행복과 사회의 복지를 보다 증진시킬 수 있는 차원으로 가족 연구 및 가족 복지 연구가 나아가고 있음**을 의미한다.

---

2) 김수환, 앞의 책, 20면

4. 가족 연구의 필요성과 의의

가족과 가족 복지 연구는 모든 **개인의 존엄과 가치를 실현하는 것과 관련이 있기 때문에 인간의 존엄과 가치**에 대한 **인식은 가족 복지의 학문 활동에서 매우 중요**하다. 사회과학에서 가치중립은 중요한 과제이나 사회과학으로서 가족 복지학은 인간존엄에 관해서 명확하게 드러난 가치를 전제로 하고 있는 실천과학이며, 동시에 응용과학이다. 그러기에 가족 복지학은 가족사회학이나 문화인류학 등과는 달리 차별화된 목적과 지향점을 가지고 있는 것이라 하겠다. 여기에서 말하는 인간의 존엄과 가치는 관념상의 용어가 아니라, 구체적인 현상으로 나타나는 인지의 대상이다. 가족과 가족생활이 인간 삶의 중심축이며, 그의 핵심적인 내용을 이루고 있기 때문에 인간의 존엄과 가치는 가족생활을 통해서 구체적으로 드러나게 된다. 즉 **가족은 인간의 소중한 삶의 의미를 실현시켜 주는 가장 보편적인 터전**이다. 가족은 한 인간의 행복과 불행에 가장 강력한 영향을 미치는 공간이자 영역이다. 인간은 본질적으로 존엄하며 자신의 삶을 실현시켜 나갈 권리를 가지고 있기 때문에 가족생활을 통해서 개인의 존엄을 확인하고 삶의 의미를 추구한다는 것은 지극히 당연하고 바람직한 것이다. 가족 복지의 이러한 측면은 사회복지의 이념이나 철학의 연장선상에 놓여 있는 것이다. 하지만 우리 사회에서 전통적으로 가족생활은 남성 가장의 출세를 위한 하나의 도구나 수단으로 간주되었거나 그것을 뒷받침하는 배경으로 여겼다. 그래서 개인의 인격이나 가치를 중시하는 것이 아니라, 가문과 혈통을 강조하였다. 가족의 지위와 부는 세습되었으며, 특정한 구성원의 문제는 가족 전체, 나아가서는 가문의 문제로 확대되었다. 따라서 우리 농경사회에서는 전통적인 가족과 가족생활에 대한 논의, 가족 구성원 개개인에 대한 존엄은 주목을 받지 못했으며, 가족과 가족 문제 연구는 제대로 이루어지지 않았다고 할 수 있다.[3]

가족 연구는 가족 문제가 사회 문제로 부각되고 있는 사실과도 관련이 있다. 가족 문제는 개인의 행복과 사회의 안녕을 심각하게 훼손하고 있어 이에 대한 관심이 증대되고 있지만 가족 문제는 쉽게 해소되지 않고 있다. 가족 문제는 산업화 이후 양적으로는 팽창하고 있으며, 양상면에서는 다양화, 질적인 면에서는 보다 심각해지고 있다. 가족생활을 위한 전반적인 여건이나 상황이 나아지고 있음에도 불구하고 가족 문제는 계속 늘어나는 추세이고, 그로 인한 가족 구성원들의 고통은 줄어들지 않고 있다. 물론 산업사회 이전에도 가족 문제가 없었던 것은 아니지만, 지금처럼 적극적인 관심을 끌지는 못했다. 결국 **가족 문제는 개인에게는 존엄을 손상시키지만, 국가적으로는 정체성을 떨어뜨리고 사회통합을 저해하게 됨으로써 곧 인류 삶의 질 저하로 귀결**된다.

---

3) 김수환, 앞의 책, 22면

서구에 있어서는 사회복지의 초기 발달에서 잘 드러나고 있듯이 **가족 복지**에 관한 **연구**는 개인적인 빈곤과 사회부적응 문제를 과학적으로 이해하고 분석하려는 과정에서 시작되었다. 서구에서 빈곤 문제에 대처하려는 공공의 노력은 2가지 흐름으로 압축할 수 있다. 그 하나는 1601년에 제정된 구빈법과 국가적 대응체계이며, 다른 하나는 미국에 있어서의 자선조직운동과 인보관운동이 그것이다. 구빈법은 영국에서 빈곤 문제를 국왕과 영주들이 자신들의 정치적 욕심을 달성하기 위한 하나의 노력으로서, 국가 제도로서 구빈정책을 수립하면서 마련된 것이다. 이는 오늘날의 사회복지정책과 법규, 복지행정시스템을 발달시킨 것으로 이해할 수 있다. 다른 하나는 1800년대 후반에 미국에서 산업화의 결과로서 각종 사회 문제가 발생하게 되고 거기에 대응하기 위한 자선조직운동과 인보관운동의 발달과 관련이 있다. 이 자선조직운동과 인보관운동에서 초기 실천가들은 빈곤 문제를 가진 개인들을 돕기 위하여 그들의 가정을 방문하고 빈곤의 원인을 합리적으로 분석하기 시작하였다. 그것은 개인의 빈곤이나 부적응의 문제가 그가 속한 가족으로부터 오거나 최소한 가족과 밀접한 상호 관련성이 있는 것으로 보았기 때문이다. 당시의 그러한 접근은 매우 타당한 것으로 보였으며, 자선활동의 조직화를 통해서 사회복지 실천의 과학화로 나타나게 되었다. 그 이후 사회복지학에서 개인을 조명하는 시각은 '가족 내 개인'으로 보는 경향이 있었으며, 오늘날까지 지속되고 있다. 더욱이 인접 학문의 발달은 개인의 성격이나 됨됨이가 가족과 깊은 상관성이 있음을 뒷받침해 주게 된다. 특히 정신분석학이나 심리학 영역에서의 가족 연구는 개인의 적응과 문제가 가족과 밀접한 관련이 있음을 말해 주고 있다. 따라서 인간을 연구 대상으로 삼고 있는 여러 학문은 가족으로부터 자유롭지 못하게 되었다.

가족 연구는 복지사회의 실현과도 깊은 관련이 있다. 복지사회의 실현은 모든 국가와 인류 사회 공통의 염원이다. 왜냐하면 **복지사회는 인간 개인의 만족과 삶의 의미를 극대화시킬 수 있다는 믿음 때문이다. 가족은 개인의 삶을 실현시키는 구체적인 장면이지만, 우리 사회를 구성하는 기본 단위이며, 사회를 유지하고 발전시키는 사회적 그물** 내지 **망**이다. 버나드 쇼 (G. Bernard Shaw)는 "누구든지 국가와 인류에게 공헌할 수 있는 가장 위대한 방법은 훌륭한 가정을 만드는 일이다."라고 하였다. 모든 가족이 건강하고 아름다우면 그것은 곧 인류 사회의 평화와 복지를 의미하는 것으로 간주된다. 반대로 가족이 붕괴되고 가족생활이 혼란스러워지면 국가와 인류 사회는 혼돈으로 빠지게 된다. 왜냐하면 가족은 사회와 국가를 이루는 가장 기본적 단위이기 때문이다. 이 말은 사회나 국가는 개인을 단위로 하나 그 개인은 가족의 형태로 존재한다는 것을 의미한다. 인류는 역사적으로나 현실적으로 가족 제도가 없는 국가를 경험하지 못했다. 인간은 사회적 존재이며 사회 안에서 살아간다. 인간은 개별적으로 존재하지만, 가족을 통하여 일상의 삶을 영위한다. 따라서 가족은 그 자체로서 연구와 탐구의 대상이 되고 있는 것이다.[4]

제2절 가족의 개념

Ⅰ. 가족의 전통적 개념

가족은 인간이 만든 사회 제도 중에서 가장 오래된 것으로 추정된다. 연구에 의하면 가족의 출발은 인간이 언어를 사용하기 시작한 것과 관련이 있다고 보기도 한다. 인간이 지구상에 모습을 드러낸 후 가장 자연스러운 현상은 남녀가 육체적으로 상호 접촉하면서 삶을 시작했으며, 그리고 필연적으로 자녀를 생산하게 되었을 것이다. 동시에 남녀가 일을 분담하여 사냥과 과일을 따는 것 등의 음식물의 수집·보관·관리가 이루어지게 되고, 그러한 일상의 단위가 곧 가족으로 나타났다고 볼 수 있다.[5] 즉 그러한 남녀관계와 그들 사이에서 태어난 자녀와의 관계가 가족이라는 형태로 발전하게 되었다. 그리고 역사가 흐르면서 가족의 형태와 구조, 가족생활의 내용은 변화되었지만, 가족의 기본적인 구도와 본질은 지금까지 지속되고 있는 것으로 보인다.

가족에 관한 전통적인 정의는 가족사회학이나 문화인류학을 전공하는 학자들에 의해서 내려지기 시작하였다.

버제스(E. Burgess)와 로크(H. Locke)는 결혼과 혈연, 입양에 의해 **결합된 사람**들의 **집단을 가족**이라 하였다. 또한 가족은 하나의 가구를 구성하며 남편과 아내, 어머니와 아버지, 아들과 딸, 형제자매와 같은 사회적 역할에 있어 상호작용과 의사소통을 행하며 공통의 문화를 창조하고 유지하게 된다고 하였다.[6] 이와 유사한 개념으로서 **머독(George Peter Murdock)은 가족이 공동의 주거와 경제적 협동, 재생산으로 특징지어지는 사회집단으로서 사회적으로 인정받는 성적 관계를 유지하는 최소 두 명의 성인 남녀와 한 명** 이상의 **자녀를 포함**한다고 하였다.[7] 그리고 가족을 혈연·입양·결혼 등에 기반을 둔 특수한 관계를 지닌 사람들이 생활공동체로서의 연대의식을 가짐으로써 동거를 기대할 수 있는 관계라고 하였다. 이러한 견해는 가족에 관한 전통적이고 고전적인 개념을 대표하고 있다.

한편, **레비 스트로스(Levi-Strauss)는 가족을 "결혼으로 형성되고, 부부와 그들의 결혼에** 따라 **출생한 자녀들로 구성되지만 다른 근친자가 포함될 수 있으며, 가족 구성원이 법적 유대, 경제적·종교적** 그리고 그 외 **다른 권리와 의무, 성적 관리와 금기, 애정, 존경** 등 다양

---

4) 김수환, 앞의 책, 23면
5) Kathleen Gough, The Origin of the Family, 1980, 23-40면
6) E. Burgess & H. Locke, The Family: from Institution to Companionship, 1945, 8면
7) George Peter Murdock, Social Structure, 1949, 1-3면

한 심리적 감정으로 결합된 것"으로 정의하였다.[8] 이는 가족의 유대, 관계, 결합 등 운명공동체적 성격을 중요 요소로 생각한 것이다. 레비 스트로스는 가족 구성원의 심리적 정감을 결합시키면서 가족의 범위를 머독보다 넓힌 확대가족적 정의에 초점을 두고 있다.

고프(Kathleen Gough)는 가족이란 경제적으로 협력하며 아동을 양육하고 전부나 대부분이 공통의 주거를 함께 하는 결혼한 부부나 성인 친족집단이라고 하였다. 그리고 그러한 가족의 범주에서 가까운 친척 사이에는 성적 관계나 결혼이 금지되는 규칙을 가지고 있으며, 가족 내 남녀는 성에 기반을 둔 노동영역 구분을 통해서 상호 협력하게 된다. 또한 결혼은 사회적으로 인정되는 것이며, 가족 내에서 일반적으로 남성들은 여성보다 높은 지위와 권위를 가지고 있다고 하였다.[9]

콜맨(James William Coleman)과 크레시(Donald R. Cressey)는 가족의 개념을 "혼인과 혈통 또는 입양에 의해서 연계된 사람들이 공동의 가구 안에서 함께 살아가는 하나의 집단"이라 규정하고 있다.[10] 이와 비슷한 개념으로 바르(K. S. Bahr)의 가족에 대한 개념 규정이 있다. 바르에 의하면 핵가족이란 결혼·혈연·입양에 의해서 맺어져 있으며, 동일한 가구에 살고 있는 두 사람 이상의 친족집단이라고 규정될 수 있다. 그리고 문화적 차이에 따라 가족의 개념도 달라진다. 다수의 문화권에서는 핵가족에 초점을 맞추고 가족을 이해하는가 하면, 아프리칸 미국인들은 보다 확대된 친족관계망에 중심을 두고 있으며, 동남아시아 지역에 있어서는 조상의 개념을 중시하는 경향이 있다.[11]

아이힐러(Margrit Eichler)는 가족을 다음과 같이 규정하고 있다. 즉 가족은 한 명 또는 그 이상의 자녀를 포함하거나 포함하지 않을 수도 있는 사회집단이며(예: 무자녀 부부), 자녀는 결혼생활에서 탄생할 수도 있고, 그렇지 않을 수도 있다.(예: 입양아동이나 배우자가 이전 결혼에서 낳은 자녀) 성인 남녀의 관계는 결혼에 의한 것일 수도 있고, 그렇지 않을 수도 있으며(예: 법적인 부부), 그들은 같은 거주지에 살 수도 있고, 그렇지 않을 수도 있다.(예: 주말 부부) 성인 남녀는 성관계를 가질 수도 있고, 그렇지 않을 수도 있으며, 관계는 사랑·매력·경건함·두려움처럼 사회적으로 정형화된 감정을 가질 수도 있고, 그렇지 않을 수도 있다.[12]

이들의 개념은 조금씩 다르기는 하지만, 모두 결혼과 혈연을 토대로 한 협의의 개념에 속한다. 이를 종합해보면 전통적 의미의 가족은 혼인, 혈연 및 입양으로 이루어진 관계자들의 집단으로 볼 수 있으며, 이 집단의 구성원들은 의식주를 공통으로 해결하고 정서적 유대와

---

8) Levi-Strauss, The Family, 1956
9) Kathleen Gough, 앞의 책, 23-24면
10) James William Coleman & Donald R. Cressey, Social Problems, 1990, 125면; 1995, 124면
11) K. S. Bahr, Family Science, 1989, 3-4면
12) Margrit Eichler, Families in Canada Today, 1988, 4면

공동체적 생활방식을 갖는다.

이러한 **전통적인 가족의 개념을 요약**하면 다음과 같이 정리할 수 있다. 즉 **"가족이란 부부와 그들의 자녀들로 구성되는 기본적인 사회집단으로서** 이들은 **이익관계를 떠나 애정적인 혈연집단이며 같은 장소에서 기거하고 취사하는 동거동재집단이고, 그 가족만의 고유한 가풍을 갖는 문화집단이며, 동시에 제1차적인 복지추구집단이다."**

II. 가족의 현대적 개념

이와 같은 가족에 대한 개념들은 어느 정도 정형화된 가족을 염두에 두고 규정한 것들이다. 이는 **현대사회에 나타나고 있는 독신주의 가족이나 단독 가족, 새싹 가족, 동성애 가족, 동거 가족 등의 새로운 유형의 가족생활을 설명할 수 없다는 한계**가 있다.[13] 이와 관련하여 카터(B. Carter)와 맥골드릭(M. McGoldric)은 사회복지 실천에 있어서 현대 사회는 다양한 인종집단의 증가에 따라서 가족에 대한 좀 더 광범한 정의가 필요하다고 주장한다.[14] 그래서 **가족을 구성하는 개념 안에 확장된 친척, 지역사회, 문화 집단 등을 포함**시키고 있다.

오늘날 우리 사회에서 나오고 있는 독신 생활자의 경우 그 사람이 가족생활을 하는 것으로 볼 것인지, 아니면 가족생활과는 별개로 볼 것인지 논란의 소지가 있다. 즉 가족을 하나의 집단으로 규정할 경우 독신 가족 또는 단독 가족이라는 용어의 정당성에 관한 논의이다. 이 **독신 가족은 기존의 전통적인 의미의 가족 개념에 의한다면 가족으로 규정될 수 없다.** 그러나 최근 통계에 의하면 노인 인구가 증가하면서 홀로 일상의 삶을 살아가는 노인 단독가구가 늘어가고 있으며, 전체 가구의 12%를 차지하고 있는 것으로 나타났다. 그러한 비율은 점차 높아질 것으로 예견되고 있다. 이러한 논란에서 아직 합의된 바는 없지만, 이러한 논의가 의미는 있을 것이다. **독신 가족의 경우 문제가 되는 것은 가족이 하나의 집단이라는 기존의 관점을 벗어난다는 것**이다. 전통적인 관점에서는 그 집단이 혈연에 의한 것이든, 자유의지에 의한 선택이든 가족은 집단으로 구성되어야 한다는 것이다. 즉 독신 가족에서 문제의 핵심은 가족 구성원이 1인이라는 것이다. 2명의 가족원이 있으면 문제가 되지 않을 수 있다. 가령, **부부만이 사는 가족이나 형제자매 2인으로 구성된 새싹 가족은 가족의 범주에 포함하는 데 문제가 되지 않는다.** 다만, **2인의 동거 가족의 경우에는 가족의 법적인 요건을 갖추지 못하였다는 과제를 안고 있다.**

또 다른 측면에서 문제를 제기해볼 수도 있다. 그것은 가족의 생활주기와 관련된 것으로

---

13) Charles Zastrow, The Practice of Social Work, 1999, 177－178면
14) B. Carter & M. McGoldric, The Changing Family Life Cycle, 1999

서 가족생활 주기에서 단독 가족은 필연적으로 나타나게 된다. 가족생활 주기의 과정을 어떻게 규정할 것인지에 대하여 일치된 견해는 없지만, 선행 연구들을 종합해 보면 성인 남녀의 결합에 의하여 가족생활은 시작되고, 자녀의 출가를 거쳐 결합된 남녀가 사망함으로써 가족생활은 끝나게 된다. 이러한 가족생활의 주기에서 문제가 야기될 수 있는 부분은 결합된 남녀 중 한 사람만이 최종적으로 남게 되는 것과 남녀의 사망 등으로 인해 자녀가 홀로 남게 되는 경우이다. 만약 마지막으로 남게 되는 한 사람을 하나의 가족으로 보지 않는다면 가족의 생활주기는 결합된 남녀 중의 한 사람이 사망하게 되면 가족생활은 종결되는 것으로 보아야 한다. 하지만 가족생활의 종결을 최후의 한 사람이 사망할 때까지로 보는 것은 1인 가족을 묵시적으로 인정하고 있는 것으로 보아야 한다.

우리 사회에서 독신자 가구를 가족으로 보아야 한다는 논란을 불러일으킬 소지는 국민기초생활보장 제도에서도 나타나고 있다. 국민기초생활보장은 헌법을 비롯한 관련 법규에 의하여 모든 국민들이 최소한도의 인간다운 삶을 실현할 수 있도록 정부가 이를 보장한다는 것이다. 그런데 이 **제도에서 국민기초생활수급권자들 중 많은 사람들이 1인 단독 가구라는 사실이다. 특히 수급대상자의 선정에서 아주 중요한 요건은 직계 존비속의 부양책임자가 없어야 하고 경제적으로 일정한 수준** 이하여야 **한다는 것이다.** 이는 이 제도가 서비스와 급부의 단위를 가족으로 함을 말해 주고 있다. 즉 하나의 가구를 대상으로 급부를 행하는 것이 아니라, 가족을 대상으로 서비스를 제공하고 있다. 이 경우 직계 존비속의 부양자가 있을 때 비록 주거와 생계를 함께 하지 않는다 하더라도 급부의 대상에서 제외시킨다. 따라서 **1인 가구를 하나의 가족으로 보고 있다는 것이다.**

이상에서 보듯이 가족 구성원 가운데 부부와 자녀만을 중요시하는, 이른바 어느 정도 정형화된 가족에만 치중하는 경향에서 벗어나 새로운 변화에 대응할 수 있는 보다 적극적인 개념으로 가족을 이해할 필요성이 대두되고 있다. 즉 **기존의 전통적인 가족의 개념은 다양한 가족 유형을 포함하지 못하는 한계점**이 있다. 이와 같이 가족이 정형화되어 있다고 보는 것과는 달리, 다소 진보적 입장에 있는 가족 이론가들은 가족에 대한 정의를 가족의 이념적 측면으로 구성된 '패밀리'(Family)와 경제적 측면을 강조하는 '하우스홀드'(Household)를 합쳐서 가족가구체계(Family-Household System)로 정의하기도 한다. 그래서 최근에 급변하는 가족구조의 변화 때문에 가족에 대해 전통적으로 지니고 있던 개념을 규정하여 좀 더 포괄적으로 정의할 필요성이 제기되고 있다. 또한 **이혼과 재혼으로 이어지는 가족 해체와** 이러한 **과정에서 복잡하게 나타나는 개인의 가족생활경험에** 대한 **편견과 낙인을 배제하고, 가능한 모든 가족 유형이 가족 복지의 대상이 되어야 한다는 점에서 가족에 대한 정의가 적극적이어야 할 필요성**이 있다.

이러한 여러 요인들을 반영한 가족의 개념들을 살펴보기로 한다.

① 미국 사회복지사협회(NASW)에서는 "그들 자신을 가족으로 규정하며 일반적으로 가족체계의 기본적 구성요소로 간주되는 서로간의 의무를 당연하게 받아들이는 두 사람 이상으로 구성되는 집단"이라고 하였다.15) 가족에 대한 이러한 개념규정은 전통적인 그것과는 상당한 차이가 있는 것이다.

② 칠면(C. Chilman) 등에 따르면 현대 가족은 친밀·헌신의 관계에 있는 사람들이 하나의 집단에 속해 있다는 정체성을 의식하고, 그 집단의 고유한 정체성을 수립하며 성적으로 표현적이나 부모자녀관계를 유지한 것으로 보았다.16)

③ 올더스(J. Aldous)와 뒤몽(W. Dumon)은 가족이란 "관습, 생물학, 법률, 또는 선택에 기반을 둔 친밀한 관계에 있는 사람들이 일반적으로 서로 간에 경제적 의존상태에 있으며 일정기간 동거하는 집단"이라고 하였다.17)

④ 바커(R. L. Barker)는 "구성원들이 서로 간에 일정한 의무를 당연시하며, 일반적으로 주거를 함께하는 1차 집단"이 가족이라고 하였다.18)

이러한 입장에서는 현대 산업사회 이후에 나타나고 있는 다양하고 비정형화된 여러 가족유형을 포괄적으로 다루려고 시도하는 것으로 볼 수 있다. 즉 기존의 전통적이고 다소 정형화된 가족을 대상으로 한 가족의 개념이 아니라, 다소 진취적이고 적극적인 입장에서 현대 사회의 다양한 가족 형태를 포함할 수 있다는 점에서 의의가 있다. 그러나 이러한 개념 규정도 전통적인 가족의 개념 규정과 마찬가지로 가족을 하나의 집단으로 보고 있다는 측면에서는 명백한 한계가 있다.

가족에 대하여 이와 같이 다소 진보적이고 포괄적인 정의를 종합하고 보다 적극적인 입장에서 가족의 개념을 정의하면 다음과 같다. 즉 가족이란 "계약이나 혈연에 의해서 일정한 가구에 가급적 함께 거주하면서 일상생활을 영위하기 위하여 정해진 지위와 역할을 가진 사람들의 집단과 그 집단으로부터 홀로 남게 되어 자율적으로 일상의 삶을 살아가는 개인"으로 규정될 수 있다. 이러한 정의는 혈연에 기반을 둔 전통적 가족 정의의 제한점을 극복하고 현대 사회에서 다양하게 나타나는 가족유형을 포괄하기 위한 것이다.

하지만 이러한 개념 규정만으로는 가족의 의미를 설명하기에는 부족하다. 따라서 **가족의 다양한 측면들을 종합하여 가족의 개념**을 다음과 같이 보충 설명할 수 있다.

---

15) NASW, Encyclopedia of Social Work, 1982, 10면
16) C. Chilman et al., Variant Family Forms, 1988
17) J. Aldous & W. Dumon, 「Family Policy in the 1980s: Controversy and Consensus」, Comtemporary Families, 1990
18) R. L. Barker, The Social Work Dictionary, 1995, 130면

① 부부관계는 가족 구성의 기본 축이며 양자관계는 기본적으로 계약에 의한다. 부부는 상호보완적 이성관계를 원칙으로 한다.

② 가족은 하나의 집단 또는 체계이다. 그러나 가족이 반드시 집단이어야 하는 것은 아니며, 속해 있던 집단에서 홀로 남은 경우도 가족이 될 수 있다. 이는 집단으로서의 가족 특성은 일정한 수중에서 한계를 가진다는 것을 의미한다. 가족생활의 순환과정에서 1인의 가족은 피할 수 없게 된다.

③ 가족은 일차집단, 공동사회집단이다. 이는 성원간의 친밀도가 강하고 소속의식과 소속감정이 매우 강하다는 것을 의미한다.

④ 가족은 폐쇄적 집단으로서 특성이 강하기 때문에 친자성원을 원칙으로 하나 계약에 의한 부모자녀관계도 성립한다. 개인은 자신이 태어난 가족을 포기한다는 것은 원칙적으로 불가능하다고 할 수 있다.

⑤ 가족은 성과 혈연과 애정의 공동체이며 구성원 상호간에 진한 사랑을 바탕으로 하고 있어서 그 어떤 집단이나 사회체계보다 유대가 강하다.

⑥ 가족은 제1차적인 복지추구집단이다. 인간이 개인적으로 어려움이나 문제에 직면하게 되면 가족이 가장 먼저, 그리고 가장 진지하게 접근하게 된다. 그리고 가족은 구성원 개인의 복지적 상태에 가장 깊은 관심을 가지고 있다.

⑦ 가족은 특별한 경우를 제외하고 보편적으로 가족 구성원들이 의식주 중심의 일상생활을 함께 영위하게 된다.

⑧ 가족은 사회를 구성하는 기초 단위이다. 이는 가족이 사회를 유지·존속, 계승·발전시키는 조직이라는 것을 의미한다.[19]

가족은 사회 속의 개방체계(open system)이고, 개인을 사회와 연결하는 매개체이므로 사회가 가족을 바라보는 관점은 가족구성원에게 직접적으로 영향을 미칠 수 있다. 즉 '가족의 개념을 어떻게 정의하고, 어떤 가족 개념에 의거하여 정책을 결정하는가'에 따라 다양한 형태의 가족들이 경험하는 현실은 달라질 수 있다. 그러므로 핵가족만을 정상가족으로 간주할 경우 다른 형태의 가족들은 문제 가족이라는 사회적 낙인을 받게 됨은 물론, 핵가족만을 받아들이는 정책에서도 소외되고, 불평등을 경험하게 될 것이다. 이는 사회통합을 방해하는 장애물이 될 수 있다. 그러므로 우리 사회는 핵가족만이 정상적 가족이라는 개념을 넘어서 다양한 형태의 가족이라는 현대적인 가족 개념을 수용하여야 한다.

---

19) 김수환, 앞의 책, 28면

제3절 가족의 유형

I. 가족의 유형

가족은 다양한 형태로 분류되고 있다. 그러한 분류는 드러난 현상이나 사실을 파악하여 분류하는 방법이 있으나, 어떤 관점이나 가치판단을 하여 분류하는 방법도 있다. 여기에서는 이러한 2가지 차원에서 가족의 유형을 살펴보기로 하며, **재혼 가족**이나 **다문화 가족** 등에 관하여는 후술하기로 한다.

1. 소가족(small family)

소가족은 가족의 규모가 작다는 것을 의미한다. 주로 부모와 1~2명의 자녀들로 구성되는 현대 산업사회 이후에서 나타나는 가족을 말하는데, 반드시 그러한 가족구조를 가져야 하는 것은 아니다.

2. 대가족(large family)

대가족은 가족의 규모가 크다는 것을 의미한다. 주로 **농경사회에서 조부모와 함께 최소한 3세대의 가족이 함께 살아가는 가족**을 말한다. 대가족이 현대사회에서도 나타나지 않는 것은 아니다.

3. 핵가족(nuclear family)

핵가족은 부부와 자녀들로 이루어진 소규모의 가족을 말한다. 이는 산업사회 이후 주로 도시지역을 중심으로 나타나고 있으며, 농촌지역으로도 확대되고 있다.

4. 확대 가족(extended family)

확대 가족이란 둘 또는 그 이상의 **핵가족이나 세대가 함께 생활하는 가족**을 말한다.[20] 구체적으로 말하면 확대 가족은 어떤 부부가 결혼한 아들과 며느리, 그리고 손자녀와 함께 사는 가족을 말한다. 조부모와 손자녀의 3세대가 함께 사는 것이 가장 일반적인 확대 가족이지만, 경우에 따라서는 삼촌이나 이모, 사촌과 함께 살기도 한다. 이러한 확대 가족은 대가족으로서 산업사회 이전의 한국 사회에 있어서 전통적인 가족 형태였다.

---

20) K. S. Bahr, Family Science, 1989, 4면

5. 원가족(family of orientation)

원가족이란 한 사람이 출생하고 성장한 가족을 말한다.[21] 거의 대부분의 사람들이 가족에서 출생하고 가족생활을 통해 성장한다고 보면 원가족은 의미가 매우 깊다. 어떤 **사람이 태어난 즉시 다른 가족으로 입양되어 성장하였다면** 둘 이상의 **원가족을 가질 수 있다.** 이는 **주가족**이라고 표현되기도 한다. 우리 사회는 아직도 입양 등이 보편화되어 있지 않기에 대부분의 사람들은 원가족에서 태어나고 자라난다. 그러기에 한 사람의 개인을 연구하는 데 있어서 원가족은 매우 중요하다. 왜냐하면 개인의 성격과 성품에 가장 많은 영향을 미친다고 보여지기 때문이다.

6. 출산 가족(family of procreation)

이 **가족은 결혼한 부부가** 그들의 **원가족을 떠나 새롭게 만들어가는 가족**을 말한다.[22] 기본적으로 본인의 결정과 국가의 인정을 통해 부부관계를 발전시키고 자녀를 갖게 되는데, 이 가족은 가족의 출발점, 그리고 관점의 중심이 부부에게 있음을 알 수 있다. 즉 혼인 등의 관계를 통하여 부부가 탄생하게 되고 부부는 자녀를 생산하게 되어 하나의 가족을 형성하게 되는데, 이를 **생식가족**이라고도 한다.

7. 혼합 가족(blended family)

혼합 가족은 재혼 가족이라고도 한다. 부부 중의 일방이 이전의 결혼관계에서 생긴 최소 한명의 자녀와 함께 사는 가족을 말한다. 따라서 혼합 가족은 적어도 이전 결혼관계에서 생긴 최소 1명의 자녀와 함께 사는 부부 두 사람, 이렇게 3명으로 구성될 수 있다. 하지만 대부분의 경우 재혼한 부부는 이전의 자녀 외에 둘 사이에서 얻게 된 새로운 자녀를 가지게 된다. 전통적으로 우리 가족에서는 주로 남편이 이전의 부부관계에서 출생한 자녀를 동반하여 재혼을 하였으나, 최근에는 그 반대 현상도 나타나고 있으며, **재혼 가족의 자녀의 성과 본**에 관하여는 후술하기로 한다.

8. 입양 가족(adoptive family)

입양 가족이라 함은 어떤 **부부나 개인이 타인**으로부터 **출생한 아동을 가족 구성원으로 법적인 위임을 받아 양육하는 가족**을 말한다. 우리의 전통적인 가족에서는 부부가 자녀를 출생하지 못할 경우 가까운 혈족에서 입양을 하는 것이 보편적이었으나, 이러한 현상도 변

---

21) K. S. Bahr, 앞의 책, 1989, 4면
22) K. S. Bahr, 앞의 책, 1989, 4면

화하고 있다. 즉 입양의 이유나 동기도 다양화하고 있으며, 주로 아들을 입양하던 전통가족과는 달리 딸이나 요보호 아동을 입양하는 경우도 있다. 그러나 아직도 혈통을 중시하는 전통적인 가족 가치 때문에 대를 잇기 위한 목적으로 아들을 선호하는 경향이 있다.

9. 위탁 가족(foster family)

일정 기간 다른 사람의 자녀를 맡아서 양육하는 가족을 말한다. 위탁 가족의 부모는 일정 기간 동안 다른 사람의 자녀를 양육하게 되지만, 위탁된 아동이 위탁가정에서 지내는 기간은 며칠에서 아동기 대부분의 시기에 이르기까지 매우 다양하다. 이러한 위탁 가족은 우리 전통 가족에서도 발견된다. 하지만 거의 대부분 가까운 혈족의 아이를 맡아서 양육한 경우가 많았다.

10. 한 부모 가족(single-parent family)

부모 중 한 사람과 그 자녀들로 구성된 가족을 말한다. 편부모 가족이라는 말이 보편적으로 사용되기도 했으나, 다소 편향된 가치를 내포하고 있어서 한 부모 가족으로 수정하여 불리고 있다. 한 부모 가족은 원래 부부와 그들의 자녀로 구성된 생식가족의 형태를 취하고 있었으나, 부부 중 한 쪽이 사망하거나 부부가 이혼을 함으로써 부모 중 한 명과 그 자녀들만 남은 경우이다. 여기에는 부자 가족과 모자 가족이 속한다.

11. 새싹 가족(children family)

가족생활 중 부부의 결별이나 사망 등으로 인하여 자녀들이나, 형제자매들만의 가족 구성원을 가지고 있는 경우이다. 이러한 가족 형태는 흔히 **소년소녀가장 가족**이라고 불리고 있다. 한국의 현대사회에서 주로 도시지역에 나타나고 있다.

전통사회에서 새싹 가족, 소위 소년소녀가장 가족이 발생하는 주원인은 전쟁이나 발병으로 인한 부모의 사망이었다. 부모의 사망으로 발생하게 된 소년소녀가장은 친족들에 의해 주로 부양되었으므로 당시에는 사회 문제가 되지 않았다. 현대사회에서 소년소녀가장의 발생원인은 "소년소녀가장 세대란 부모의 사망, 폐질, 심신장애, 이혼, 가출, 복역 등으로 만 19세 이하의 소년·소녀가 가정을 이끌어가야 함으로써 생활이 어려워 정부의 보호가 필요한 세대를 말한다."라는 정의를 통해서 잘 알 수 있다. 현대 사회와 전통사회의 차이점으로는 부모의 이혼이나 가출 등으로 인해서도 소년소녀가장이 발생한다는 점이다.

소년소녀가장이 발생하게 되는 이유는 다양할 수 있지만, 대체로 다음과 같은 네 가지 유형으로 나누어 볼 수 있다.

① 부모가 모두 사망하여 형제자매끼리 또는 혼자 사는 경우

② 부모가 있지만, 수감·가출·이혼·재혼·별거 등의 이유로 함께 생활하지 못하거나 보호받지 못하게 되어 형제자매가 남게 된 경우

③ 부모나 조부모, 일가친척 등의 어른 한 명 이상과 함께 생활하지만, 어른이 노령이나 질환 등으로 인하여 아동이 실질적으로 가장의 역할을 해야 하는 경우

④ 극소수이기는 하지만, 아동이 혈연이나 법적인 가족관계가 없는 어른들과 함께 살면서 독립적인 생활을 하는 경우

12. 조손 가족(grandparent and child family)

부모의 사정에 의하여 **자녀나 미성년자들이** 부모 없이 조부모와 함께 살아가는 가족을 말한다. 한국의 현대사회에서 주로 농촌지역을 중심으로 나타나고 있다.

이상에서 언급되고 있는 이러한 가족의 유형들은 진보적인 입장에서 가족의 범주를 설정하는 다양한 사람과 집단을 포괄하지 못하고 있다는 비판도 제기될 수 있다. 예컨대, 자녀 없이 부부만 사는 가족, 동거 가족, 노인 단독 가족, 동성애 가족, 독신 가족, 집단 가족 등이 그것이다. 이러한 새로운 형태의 가족 유형은 기존의 가족 유형에 비교하면 결손 가족 또는 비정상적인 가족으로 간주되기도 한다. 그러나 이러한 새로운 가족들이 미국을 비롯한 서구사회에서는 어느 정도 보편화되고 있는 가족 형태로서 이를 문제가족이나 비정상적인 가족으로 규정할 경우 상당한 논란이 예상된다. 왜냐하면 **가족의 형태를 규정함에 있어서 존재하는 현상을 판단의 근거로 삼는 것이 아니라, 가치를 기준으로 판단하기 때문에 가족 형태 연구에서 가치개입적인 판단은 사회적 갈등을 불러오게 된다는 비판을 받을 수 있기 때문이다.** 사실 가족 연구에서 '**어떤 가족이 정상이고 어떤 가족은 비정상적인가, 어떤 가족은 바람직한 가족이고 어떤 가족은 잘못되었다고 비판을 받아야 하는가**'라는 질문에 대답하기란 쉽지 않다. 다만, **한 가지 분명해 보이는 것은 정상 가족과 그렇지 못한 가족은 가족과 가족생활에 대한 믿음이나 가치와 무관하지 않아 보인다.** 하지만 **신념이나 가치는 시대와 상황에 따라 변하는 것이기에 절대적인 기준이 될 수 없다는 사실에 유념하여야 한다. 특히 가족 복지 실천은 가치개입을 전제로 하기에 더욱 그러하다.**

13. 빈곤 가족

1) 빈곤 가족의 개념

산업사회 이후 급변하는 사회적 환경에 따라 빈곤 가족은 다양한 형태로 발생되고 있으

며, 이들이 겪는 문제도 경제적 궁핍을 넘어선 문제로 심화되고 있다. 우리의 경우 1997년 경제위기 상황으로 인하여 빈곤 가족이 증가되었다.

빈곤은 경제적 측면에서의 결핍이나 부족뿐만 아니라, **사회문화적 측면에서의 결핍이나 부족, 박탈이나 불평등**까지 **포함하여 다양하게 정의**내릴 수 있다.[23]

일반적으로 빈곤이란 기본적 욕구를 충족시킬 수 있는 능력이 부족한 상태라 정의할 수 있다. 즉 빈곤은 재화와 서비스를 사용할 수 있는 능력이 부족한 상태라 하겠다.[24]

우리나라는 1961년부터 빈곤을 퇴치하기 위한 노력의 일환으로 영세민 생활보호정책을 실행해 왔다. 이러한 정책이 2000년부터는 국민기초생활보장 제도의 시행으로 전환되면서 정부는 근로능력 여부를 불문하고 기초생활을 영위할 수 없는 대상자를 보호하고 있다. 따라서 **우리 빈곤층의 기준설정은 최저생계기준을 요건으로 빈곤 가구를 추정**한다.

빈곤 가족이란 가족의 경제적 지위와 소득을 기준으로 규정하여 영세민 가족, 저소득층 가족, 빈민 가족, 기초생활보장 수급대상자 가족 등으로 **불리고** 있다. 이런 맥락에서 보면, 우리 빈곤 가족은 절대적 **빈곤의 개념 기준으로 규정하고 있고, 공공부조 대상자를 중심으로 규정**하고 있다.[25]

또한 빈곤 가족은 가구 전체 또는 가구원들이 인간으로 생활해나가는 데 있어서 기본적으로 필요한 자원이 결핍된 상태로 심리·정서적, 정신적 손상과 박탈 상태에 처한 가족이라고 정의할 수 있다.[26]

국가나 사회단체로부터의 공적 부조를 수혜하는 가족을 사회정책상의 빈곤 가족으로 규정하는데, 사회정책상의 빈곤 개념 아래서 **우리 빈곤 인구는 국민기초생활보장법과 의료보호법에 규정된 공적 부조 대상**이 된다.

이처럼 빈곤 가족은 한 가지의 단순한 결핍이 아닌 다양한 면을 포함하여 결핍된 가족의 개념으로 정의될 수 있으며, 이러한 빈곤 가족의 기본적 욕구를 충족시키기 위한 소득의 부족 등 표면상으로는 경제적 문제로 나타나지만, 이와 함께 풍족한 생활양식과는 동떨어진 차별적인 느낌을 갖게 되고 가족역기능 문제, 심리적 문제, 정서적 문제 등의 높은 발생 가능성을 지니게 된다. 그러므로 빈곤 가족은 경제적인 지원뿐만 아니라, 자립자원, 심리·정서적 자원, 자녀양육을 위한 자원 등이 필요하게 된다.

---

23) 고선영 외, 『가족복지론』, 공동체, 2014, 231면
24) 김기원, 『공공부조론』, 학지사, 2000
25) 김혜경 외, 『가족복지론』, 공동체, 2010
26) 김수환, 앞의 책, 15면

14. 폭력 및 학대 가족

1) 폭력 및 학대 가족의 개념

학대 가족과 가정 폭력은 유사한 용어로 사용되는데, 아동의 신체적 학대, 심리적 학대, 아동방임, 아동 성 학대, 가정 폭력 및 노인 학대를 포함하며, 가정 폭력이란 가족 구성원 사이의 신체적·정신적 또는 재산상 피해를 수반하는 행위를 말한다.

여기서 신체적 폭력(신체 학대), 성 폭력(성 학대), 정서적 학대, 유기(태만, 의무불이행), 방임 등이 포함되며, 가족 구성원이란 배우자, 전 배우자, 사실혼관계에 있는 자, 사실혼관계에 있던 자, 부모, 자녀, 형제, 자매와 그 밖의 동거하는 친족관계에 있는 자를 모두 포함한다. 이 중에서도 남편과 부모에 비해 취약한 위치에 있는 아내와 아동에 대한 가정 내 폭력이 사회적인 문제로 대두되면서 가정 폭력이라는 개념이 정립되었다.[27]

또한 가정 폭력은 가정에서 발생하는 모든 종류의 폭력을 지칭하는 개념으로 가족 구성원 중의 한 사람이 다른 가족원에게 의도적으로 물리적인 힘을 사용하거나 정서적으로 고통을 주는 행위라고 정의할 수 있으며,[28] 사회 내에서 남성다운 강함을 보이거나 가족이 다른 가족원을 때릴 수 있다는 생각에서 이루어지는 폭력행위라고 하였다.[29]

다른 한편으로 가정 폭력이란 가정에서 다른 사람에게 잠정적으로 또는 의도적으로 힘을 가하여 신체적으로 상해를 야기하는 것이라고 하였다.[30]

1997년 제정된 「가정 폭력범죄의 처벌 등에 관한 특례법」에 따르면 "가정 폭력은 가족 구성원 사이의 신체적·정신적 또는 재산상 피해를 수반하는 행위"로 정의된다.

2) 폭력 및 학대 가족의 유형별 개념

가정 폭력은 폭력을 행사하는 가족 구성원간의 관계에 따라 흔히 배우자에 대한 폭력과 자녀에 대한 폭력과 노부모에 대한 폭력으로 구분된다.

(1) 배우자 폭력 및 학대

배우자 폭력 및 학대는 배우자에 상해를 일으키는 의도적·반복적 행동으로 신체적·정신

---

27) 고선영 외, 앞의 책, 335면
28) Murray A. Straus, Physical Violence in American Families, 1990
29) 장혜순, 「가정 폭력이 자녀의 폭력행동에 미치는 영향」, 중앙대 석사학위논문, 1995
30) 김재엽, 「한국 가정 폭력의 실태와 행위자 교정프로그램 개발 연구」, 연세대 사회복지연구소, 1999

적·성적 측면을 모두 포함한다.[31] 엄밀히 말하면, 배우자에 대한 폭력은 남편의 아내에 대한 폭력과 아내의 남편에 대한 폭력으로 구분된다. **남편과 아내의 관계는 공식적인 결혼관계**뿐만 아니라, **사실혼관계이면서 결혼하지 않은 남녀관계나 이혼한 전 배우자관계를 포함**한다.

(2) 자녀 폭력 및 학대

자녀 폭력은 부모나 주요 양육자가 자녀에 대한 적절한 양육과 보호의무를 수행하지 못하거나 신체적·정신적 상해를 가하는 행위로 볼 수 있다. 대부분의 자녀 폭력은 자녀의 아동기에 발생한다고 볼 수 있으므로 아동 학대의 개념을 통해 자녀 폭력을 설명할 수 있다.

아동복지법 제3조에서는 아동 학대를 "보호자를 포함한 성인에 의하여 아동의 건강·복지를 해치거나 정상적 발달을 저해할 수 있는 신체적·정신적·성적 폭력 또는 가혹행위 및 아동의 보호자에 의하여 이루어지는 유기와 방임"으로 정의하고 있다.

○ **'16kg 소녀' 아버지 친권 정지 ··· 친할머니 면담 불허, 아동보호기관서 돌보기로**

컴퓨터 게임에 중독된 아버지(32)와 그 동거녀로부터 2년간 학대를 당하다가 탈출한 초등학생 A(11)양 사건과 관련해 법원이 구속된 아버지의 친권 행사를 정지시켰다.

인천지법 가정보호 1단독 문선주 판사는 28일 직권으로 A양 사건에 대한 법원의 '피해아동보호명령' 사건 심리를 열어 "최종 결정이 나올 때까지 A양 친아버지의 친권 행사를 정지하고 인천 남부아동보호전문기관 관장을 임시후견인으로 지정한다."라고 결정했다.

'피해아동보호명령' 심리는 아동 학대 범죄로부터 아이를 보호하기 위해 판사 직권이나 피해 아동 법정대리인 등의 청구에 따라 열리며 학대를 한 사람에 대한 격리 조치, 친권 행사제한·정지 등을 결정한다. 문 판사는 앞으로 법원 조사관의 조사를 거쳐 A양 아버지에게 어떤 처분을 내릴지 결정할 방침이며, 이번 친권 행사 정지는 이 결정이 날 때까지 유지된다. 인천지법 관계자는 "사안이 중요하다고 판단해 판사 직권으로 사건 심리를 시작했다."라고 말했다.

한편, 인천지방경찰청에 따르면 지난 24일 A양의 친할머니가 이번 사건을 수사해 온 연수경찰서에 찾아와 "아이를 만나보고 싶다."며 앞으로 손녀를 직접 기르겠다는 뜻을 밝혔다. 하지만 경찰은 남부아동보호전문기관과 협의한 결과 친할머니가 A양을 만나지 못하도록 했다고 한다.(『조선일보』, 2015.12.29, 14면)

---

31) Claire Wallace, Civil Society and New Forms of Governance in Europe, 2009

○ 부모의 의무, 결혼·출산 이전 가르쳐야 '철부지 부모' 막는다.

아동 학대 이렇게 막자(1) : 부모 소양 교육이 절실

아동 학대 행위자에 대한 일시적 치료·교육으로는 '학대 병' 완전히 못 고쳐

부모되는 의미·가족의 가치, 어릴 때부터 배우는 게 중요

가해 부모에 교육 강제해야 재학대 위험 줄일 수 있다.

친딸 A(11·이하 사건 당시 나이)양이 지난 12일 집을 탈출하기 직전까지 2년 넘게 감금한 채 동거녀와 함께 굶기고 폭행한 인천 소녀 학대 사건의 가해 아버지(32)는 "처음엔 아무거나 주워 먹어서, 나중엔 그냥 꼴 보기 싫어서 때렸다."라고 했다. 그는 A양을 체중 16㎏, 네 살배기 여아 수준의 영양실조 상태로 만들고도 경찰에 체포된 뒤 애견愛犬의 끼니 걱정부터 했다.

B(25)씨와 C(21)씨 부부는 생후 10개월 된 둘째 아들이 배가 고파 울자 아이 배를 차서 울다 지쳐 잠들게 하는 등 지속적으로 학대하다 2012년 1월 소장 파열에 따른 복막염으로 사망케 했다. 부부는 폭행해 사망에 이르게 한 이유를 "아이가 둘의 성관계와 인터넷 게임을 방해했기 때문"이라고 했다.

D(22)씨는 고교 중퇴 후 PC방에서 같이 아르바이트를 하던 동갑내기 여성과 함께 살다가 열아홉 살에 부모가 됐다. 그는 불화를 겪던 아내가 떠난 뒤 홀로 키우던 아이(생후 26개월)를 '잠을 제때 자지 않고 장난을 친다'는 이유로 집안에서 때리고 입과 코를 막아 숨지게 했다. 그는 이후 숨진 아이를 방치한 채 인터넷 게임을 하러 외출했고, 살해한 지 한 달 뒤 집을 보러온 이들에게 발각될 것이 두려워 아이의 시신을 집 인근 화단에 버렸다.

부모들의 치기稚氣 어린 분풀이성 학대는 그뿐만이 아니다. 한 어머니(44)는 2011년부터 딸(8)을 빨래집게와 청테이프로 입을 막고 욕조에 물을 받아 물고문을 하거나 옷을 모두 벗겨 집 밖으로 내쫓는 등 3년 넘게 학대를 했다. "학교 발표 연습을 한답시고 시끄럽게 한다."라는 등의 터무니없는 핑계였다. 또 다른 부모는 초등학생 아들(9)을 동생과 비교하면서 따돌리거나 장롱 안에 몇 시간씩 가두고 "너 같은 자식은 필요 없다."라는 말을 남발했다. 소년이 등교를 거부하거나 돌발 행동을 자주 하자 의심한 학교측이 부모의 정서적 학대를 의심해 신고했다.

아동 학대 상담원들은 "부모로서 최소한의 의무를 배우지 못한 철부지 아빠·엄마가 일으키는 학대의 심각성을 현장에서 절감한다."라며 "아동 보호 책임과 학대 예방 등을 가르치는 '부모 소양 교육'을 결혼·출산을 앞둔 예비 부부·부모에게 해야 한다."라고 말했다. 많은 전문가가 "어렸을 때부터 부모가 된다는 것의 의미와 가족의 가치를 자연스럽게 몸에 배도록 하는 게 중요하다."라고 말했다.

아동 학대 행위자에 대한 교육지원서비스는 지난해 9월 아동학대특례법이 적용된 이후 강화돼 아동보호전문기관을 중심으로 무료 상담·교육을 제공하지만, 여전히 의무 사항은 아니

다. 정익중 이화여대 교수는 "가해자에게 일정 기간 치료·상담·교육을 무조건 받도록 강제해야 한다."라고 강조한다. 윤정숙 한국형사정책연구원 부연구위원은 "아동 학대 행위자 다수가 정서 조절 능력이 부족해 작은 스트레스 요인에도 폭발적인 반응을 보인다."라고 하면서 "가해자에 대한 장기 훈련과 개인·집단 훈련 프로그램 등으로 재학대 위험을 크게 줄일 수 있다."라고 말했다. 법원도 아동 학대 가해자에게 유죄판결을 선고할 때 200시간 이내 재범 예방에 필요한 수강 명령 또는 아동 학대 치료 프로그램 이수 명령을 부과할 수 있다.

하지만 "가해 부모에 대한 1~3개월 심리 치료나 선고 이후 200시간 교육 이수로는 학대 벽癖을 완전히 고칠 수 없다."라고 전문가들은 말한다. 이명숙 한국아동학대예방 협회 이사(변호사)는 "아동학대에 대한 사법 처벌 수위가 낮은 현실에서 가해 부모가 형기를 마쳤거나 교육을 이수했다는 명분만으로 아이를 돌려보내선 안 된다."라고 말했다.

김기현 성균관대 교수도 "가해자의 학대 정도가 심했거나 재양육 준비가 부족하다고 판단했을 경우 양육에 복귀시켜선 안 된다."며 "가족간 재결합을 판단할 절대적 기준은 아이가 행복할지 여부에 둬야 한다."라고 말했다.

전문가들은 학대와 훈육을 혼동하는 부모의 인식 전환이 학대 예방의 제1조건이라고 말한다. 홍창표 아동보호전문기관 팀장은 "아이 행동에 화난 상태 또는 복수하려는 마음에서의 체벌이나, 공포심을 일으키고 신체에 해를 끼치는 체벌은 명백한 학대"라고 말했다. 아동 학대는 신체적 체벌에 국한해선 안 되며 욕설이나 다른 또래·남매와 비교해 폭언을 하는 등의 정서적 학대, 옷·끼니 등을 제때 제공하지 않는 방임도 엄중히 다뤄야 한다고 전문가들은 지적했다. (『조선일보』, 2015.12.27, 8면)

○ **미국, 학대 부모에 '부모 교육' 강제 … 거부 땐 양육권 박탈**

아동학대 이렇게 막자(2) : 선진국들, 강력한 선제 대응

영국, 경찰이 가해자 직접 관리 … 일본, 학대 의심 아동도 신고

선진국에서는 아동 학대 사건이 발생했거나 그럴 위험이 있는 가정에 대해 의무적인 계도 프로그램을 부과하고 있다. 여기엔 가해 부모를 재교육시키는 '부모 교육' 등이 포함된다. 미국은 법원과 아동 보호 기관이 협력해 형사처벌과 별도로 피해 가정에 대한 치료 및 재활서비스를 제공한다. 아동 학대를 범한 가정의 학대 부모에게는 부모 교육, 정신질환 및 약물중독 치료, 가족 보존 교육 등 사안에 따라 적합한 프로그램을 강제한다. 이를 거부할 경우 양육권 박탈 등 가중처벌을 받을 수 있다.

영국은 아동보호법률(아동법)에 따라 경찰이 직접 아동 학대 가해자들을 관리한다. 학대 행위자는 정기적으로 경찰에 자진 출두해 상황을 보고해야 하며 거주지를 옮길 경우에 반드시

신고해야 한다. 스웨덴은 학대 부모들이 처벌과 별도로 '양육기술방법'을 교육받도록 하는 내용을 아동보호서비스에 포함시켜 놓았다.

선진국들은 아동 학대 문제에 대해 '강력하고 선제적인 예방'을 강조하고 있다. 독일 아동청은 아동 학대 가능성이 있는 가정을 발견해 부모 교육 및 양육 상담 등 지원 프로그램을 제공한다. 만약 부모가 이를 거부할 경우 아동청은 이 사실을 가정법원에 알릴 수 있고, 법원이 부모에게 필요하다고 판단되는 프로그램 참여를 강제할 수 있다. 일본도 최근 아동학대방지법의 범위를 넓혀 아동 학대 사건의 신고 의무 대상을 '학대받은 아동'에서 '학대 의심 아동'까지 확대했다. 학대받았을 가능성만으로도 국가가 신고를 접수해 강력한 선제 대응에 나선다는 것이다.(『조선일보』, 2015.12.27, 8면)

(3) 노부모에 대한 폭력 및 학대

노인복지법 제1조의2에서는 노인 학대를 '노인에 대하여 신체적·정신적·정서적·성적 폭력 및 경제적 착취 또는 가혹행위를 하거나 유기 또는 방임을 하는 것'으로 정의하고 있다.

이를 바탕으로 노부모에 대한 폭력을 살펴보면, 일반적으로 노인의 부양이나 수발을 담당하고 있는 부양자가 의도적 또는 비의도적으로 노인에게 언어적·정서적·신체적·경제적 손상을 가하는 학대와 보호가 필요한 노인에게 의식주 및 의료제공을 기피하거나 방치함으로써 부양의무를 소홀히 하는 방임, 노인 스스로 생존을 위한 기본적인 노력을 하지 않거나 자기를 돌보지 않아 심신의 건강 악화 또는 기본 생활을 위협하는 자기방임 등을 포함하는 개념으로 폭넓게 정의할 수 있다.

3) 폭력 및 학대 가족의 문제

(1) 불안정한 경제상태 문제

여성을 학대하는 남성들은 대부분 아내에게 경제적 자율권을 주지 않으며, 경제 활동을 하는 아내의 경우도 남편에 의하여 자신의 소득을 통제당한다. 또한 여성이 가족의 소득에 대해 알게 하지도 않고 관여도 못하게 하는 경향이 있다. 가정폭력방지법안이 공포된 후에도 폭력으로 인한 고소를 할 경우 가해자를 구속하지 않고 벌금형으로 처리하여 피해자를 경제적으로 더 어렵게 만드는 실정이다. 구타당한 여성들이 남성과의 폭력관계를 종결하지 못하는 가장 큰 이유는 바로 경제적 자립 문제에 있다. 구타당한 여성들은 개인적·심리적 상황에서 노동시장의 성 차별이라는 요인과 상호작용하여 더욱 더 자신에 대한 무기력을 경험한다. 그 결과 구타당한 여성은 남성의 폭력을 종결하고 새로운 생활을 시작하겠다는 적극적인 태도를 보이지 못하게 된다.

(2) 피해치료의 미흡 문제

가정 폭력 문제의 심각성에 비해 폭력에 대한 대책 및 예방책은 그 수가 적고 프로그램이 빈약하다. 따라서 가정 폭력으로 긴급한 보호 및 전문적 서비스가 필요한 피해여성들은 가정 폭력 발생시 즉각적이고, 충분한 도움을 줄 수 있는 서비스기관에 의뢰하기 어려워 예방시 치료 차원에서 가해자에 대해 속수무책인 상황에 처할 수 있다.

(3) 가정 폭력의 은폐 문제

대부분의 폭력 가족은 가정 내에서 폭력이 발생하여도 가정이라는 제한된 공간속에서 가해자와 피해자가 함께 생활하므로 외부의 제재가 어려우며 감추어진 범죄로 은폐되기 쉽다.

통계청(KOSIS) 자료에 의하면, 가정 폭력 현황이 증가한 것과 달리 외부에 도움을 요청하거나 경찰에 신고하는 건수는 오히려 줄어들고 있다. 이러한 통계는 가정 폭력범죄에 대한 실질적인 처벌이 가해지지 않고 가정 내에 은폐되고 있음을 보여준다. 여성가족부(2010) 조사결과에 의하면 부부 폭력 피해를 경험한 여성 중 62.7%는 외부에 도움을 요청하지 않은 것으로 나타났으며, 도움요청을 하더라도 공적 지원체계를 이용하지 않고, 가족과 친척에게 요청하는 경우가 17.7%로 가장 많았다.

경찰에 신고하지 않은 이유를 살펴보면 '폭력이 심각하지 않다고 생각해서'가 29.1%로 가장 높았으며, '집안일이 알려지는 것이 창피해서'가 26.1%, '배우자를 신고할 수 없어서'가 14.1%, '자녀 생각에'가 10.9%로 나타나 아직도 가정 폭력을 가정 내 사건으로 치부하는 경향이 높았다.

(4) 폭력 재생산의 문제

가정 폭력은 학습성이 강하다. 일단 한번 행해진 폭력은 반복될 확률이 높아 자녀들에게 부정적 영향을 미치게 된다. 가정에서 폭력을 경험한 아동들은 그렇지 않은 아동에 비해 더 공격적이다. 이는 학습이나 모방에 의해 자신의 분노를 적절히 표출하는 모델이 없고, 폭력적인 행위로 분노를 표출하는 모델의 영향을 받아 폭력행위를 학습하거나 따라하게 된다. 따라서 폭력 가정에서 자란 자녀들은 사회에 나아가 폭력과 가깝게 되거나 폭력의 행위가 무감각해져 성장 후 가정 폭력의 사회화 현상을 빚게 되며, 가정 폭력은 가정이라는 공동체의 조건 속에서 친밀성·반복성·재생산성의 악순환의 고리로 연결될 가능성이 높다.

4) 폭력 및 학대 가족에 대한 대책

가정 폭력을 방지하기 위해서는 무엇보다도 의식의 전환이 필요하다. 오늘날 우리 사회는 지나친 경쟁주의·상업주의로 인해 가족이라는 공동체 의식이 부족하다. 또한 변화하는 시대에 따라 가족의 의미와 기능에 대한 의식과 부부관계에 대한 재해석이 필요하며, 가부장적 권력구조에 대한 의식의 전환과 대처가 필요하다.

(1) 공동체의식의 강화

오늘날 우리 사회는 이러한 자아와 사회를 견제하고 함께 묶는 공동체의식이 부족하다. 지나친 경쟁주의와 상업주의가 가장 큰 위협요인이다.

또한 현대 사회는 가족이 사회에 기여하여야 할 규범과 의무를 규정하지 않고, 구성원 개인만을 규제함으로서 가족이기주의가 발생하게 된다. 사회 구성원은 가족 구성원으로서 살아감에도 불구하고, 타 가족에게 무관심하며 심지어 경쟁하게 된다. 현대 사회의 이러한 경쟁성은 건강한 공동체 의식의 상실로 인한 구성원들간 갈등과 불안을 가중시킴으로써 궁극적으로 사회발전을 저해한다. 이러한 가족 이기주의는 부메랑처럼 가족간의 갈등이 발생했을 때 개인 이기주의로 변질되게 된다.

특히 부부관계는 본질적으로 혈연이 매개되지 않는 매우 허약한 관계로서 아무런 노력 없이도 부부관계나 가족관계가 유지될 것이라고 생각하는 것은 가족에 대한 신화이며 허상이다. 따라서 어느 **누구의 부당한 희생이 없는 건강한 가족공동체 의식을 유지하기** 위해서는 **개인의 노력도 필요하지만, 사회적 의식과 틀의 전환이 필요**하다.

(2) 가족의 재정의 및 부부관계에 대한 재해석

이제는 우리 사회에서 주도해 왔던 결혼과 남녀결합에 대한 기존의 패러다임 속에서 가족의 의미와 기능을 재발견하려는 노력이 필요하다. 가족의 미래를 조망할 때, 결혼행위에 대한 개인 귀책 개념, 결혼을 사회적 행위로서보다는 정서적 행위로 보고 현실적인 요소와 분리하려는 행위, 가족 구성을 연속적인 과정으로 보는 총체적인 의무의식 부여 등이 변화되어야 할 것이다. 보다 냉철하게 현실을 직시하고 가족에게 부여되는 지나친 의무와 책임의식을 사회적 책임으로 전환시켜야 한다.

또한 부부관계에 있어서도 과거에 암묵적으로 수용해 왔던 부부의 의무 및 윤리 등이 거래관계에서 애정적 관계, 신뢰관계로의 의식을 전환해야 할 것이다. 폭력이 과거의 의무적 관계에서는 용서되고 용인될 수 있는 것이었다면, 현재의 계약적 관계에서는 즉각적인 계약의 해지를 의미하기 때문이다.

(3) 가부장적 권력구조에 대한 인식

부부간 폭력은 가부장제 사회에서 남성에 대한 여성의 종속성 때문에 오랫동안 사회 문제로 가시화되지 않았고, 그에 대한 대책도 공개적으로 논의되지 않았다. **현재 우리는 다른 국가에 비해 가정 폭력 발생률이 현저하게 높은 형편**이다. 이는 가부장적 의식에 의한 것으로 남성이 가족의 수장으로 그들의 지위를 통해 가정을 지배해 왔기 때문이다.

이처럼 가부장제의 위계질서를 유지하거나 지속시키는 것이 가능한 것은 이것이 어느 정도 다수에 의해 '수용'되기 때문이라고 할 수 있다. 가부장적 이데올로기는 평등주의적 이데올로기에 반대되는 것으로 현재의 권력위계적 질서의 원칙을 지지하며, 여성들에게 종속을 수용하게 하여 불평등을 합리화시킨다. 따라서 이러한 가부장제는 대부분의 종속자들의 불만을 내적으로 통제한다. "북어와 여자는 두들겨야 맛이 난다."라는 속담도 남성이 여성을 통제하기 위해서는 폭력적인 수단을 사용해도 되며, 아내 구타가 폭행으로 이해되기보다는 훈육의 한 방법으로 이해되는 가부장적 규범을 나타내는 것이라 할 수 있다. 따라서 아내 학대를 근절하기 위해서는 가부장적 가족규범에 대한 인식을 변화시켜야 한다.

15. 이혼 가족

1) 이혼 가족의 개념

이혼이란 법률상으로 완전 유효하게 성립한 혼인을 당사자인 부와 처가 살아 있는 동안에 그 결합관계를 해소시킴으로써 혼인으로 인하여 발생했던 일체의 효과를 소멸시키는 것을 말한다. 또한 **이혼 가족이란** 이러한 **이혼**에 의하여 **축소된 가족**을 말한다.

엘리어트(Mabel A. Elliot)에 의하면, 이혼은 결혼에 대한 포기가 아니라, 불행한 결혼을 더 이상 참을 수 없을 때 행복한 결혼생활로 대치하려는 희망을 의미하는 것이다.[32]

이혼 태도는 이혼에 대한 개인의 행위 방향의 지침이라고 할 수 있다. 이혼에 대한 보수적 태도는 결혼 해체를 반대하는 힘으로 작용하여 결혼의 결속력을 증가시키며, 이혼에 대한 허용적 태도는 결혼 해체를 찬성하는 힘으로 작용한다. 점점 허용적인 태도로 변화하고 있는 추세이다.

---

32) M. A. Lamanna & A. Riedmann, Marriages and Families, 1991

2) 이혼 가족의 문제

(1) 이혼 부부에게 미치는 문제

가. 부부의 경제적인 문제

부부의 경제적 문제는 경제활동을 하지 않았던 아내의 경우 심각한 타격을 입게 되는 것으로 나타난다. 그리고 남편의 경우 수입구조는 그대로 유지되지만, 아내의 부재로 지출과 소비구조에 문제가 발생할 수도 있다.

특별히 전업주부인 경우 이혼시 생활수준이 급격하게 낮아진다. 또한 저임금과 취업기회의 제한 등으로 불리한 입장에 있기 때문에 자녀에게도 급격한 변화가 일어난다.

위자료가 경제적 문제에 다소 도움이 되지만, 여성의 노동력 증가로 위자료의 감소가 초래되고, 직장이 없는 여성도 앞으로의 취업 가능성이 예전보다 많아졌기 때문에 낮은 위자료를 받는 경우가 늘어나고 있다. 또한 가사유지비와 아동양육비 때문에 경제적 타격이 크다. 이와 같은 경제적 어려움은 자녀의 건강과 영양에 부정적인 영향을 미친다.

나. 부부의 정서적 문제

이혼은 인생의 실패자라는 느낌을 갖게 하여 분노, 우울, 상실감, 자존심의 저하, 불안감, 대인관계의 두려움 등으로 고립시킬 위험이 있다. 질병 및 사고 사망률이 정상 결혼생활자보다 상대적으로 높은 편이며, 이혼자의 자살률도 결혼자의 3~4배가 되고 있다. 여성의 경우 남성보다 재혼율이 낮고, 정서적 상처를 많이 받는 편이다.[33]

다. 친척 및 사회관계 문제

이혼의 결과는 당사자뿐만 아니라, 지금까지 맺어온 가족과 가족의 관계를 끊는 것이다. 또한 이혼으로 심리적 상처를 입은 이들 중에는 대인관계를 두려워하고 회피함으로써 사회관계망이 약화되기 쉽다. 그리고 배우자와 관련된 사람과의 관계가 단절될 우려가 많고, 사회의 부정적인 관념이 그들의 사회생활에 영향을 미친다.

라. 아동 양육권 조정 문제

이혼 가족이 직면하는 가장 어려운 문제 중 하나로서 종종 부모 모두 양육권을 원하며, 지리적 문제로 불가능하거나 적절하지 않은 경우에는 양육권을 공동으로 가지려고 한다.

일상생활에서 아동을 상실함에 따른 긴장은 양육권이 없는 부모에게 지극히 충격적이다. 때때로 이러한 부모는 상실의 스트레스에 대한 반응으로 아동으로부터 더욱 더 격리되게 된다.

---

33) 옥선화 외, 「가족구조의 해체와 재구성: 서울시 실태를 중심으로」, 『대한가정학회지』, 제36권 11호, 1998

더들리(J. Dudley)와 스톤(G. Stone)은 양육권을 가지지 못한 아버지들이 이혼한 여성에 비하여 높은 자살률을 보인다는 점을 통하여 그들이 처한 특별한 어려움을 이렇게 요약하였다.[34] "이혼 이후 자신의 아이들과 긍정적 관계를 유지할 수 있는 아버지들이 낮은 수준의 좌절과 걱정 그리고 스트레스를 보인다."[35]

(2) 자녀에게 미치는 문제

가. 사회적 문제

이혼 자녀들은 한쪽 부모의 상실로 인하여 역할모델과 상호 협력의 부족, 부모-자녀관계에서 오는 거리감으로 자녀의 사회적 재능과 사회성에 직접적이고, 부정적인 영향을 주고 있는 것으로 나타났다.[36]

부모의 이혼을 경험한 아동들은 대부분 학교에서의 적응 문제가 있는데, 남아에게 있어서 두드러진다. 학교의 환경조성이 잘 될 경우 학교와 관련된 문제가 쉽게 해결될 수 있는데, 가정이 와해되기 전에 학업성적이 좋았고, 인성에 문제가 없었던 아동은 이혼 후 1~2년이 지나면 다시 잘 적응한다. 그러나 학교에 입학할 무렵에는 학습의 기초를 형성하는 시기이므로 적응면에서 위험이 크다.

나. 경제적 문제

청소년은 특히 학교를 그만두고 경제적으로 가계에 보탬이 되어야 한다는 강박감을 느껴, 역할 혼돈과 전환을 경험하기도 한다.

이혼한 가족의 수입은 학업성취, 행동, 심리적 적응과 자아 개념, 사회적 관계와 정적인 관련이 있다고 나타나 있다.[37]

다. 심리·정서적 문제[38]

[1] 전형적인 부모 모델의 상실, 즉 성적 동일시 대상 상실로 자녀의 성격 발달, 도덕성 발달, 사회성 발달에 영향을 미친다. 전형적인 가정에서 보다 비행아가 될 확률이 높으며, 공격적이고 비판적이며 자기 통제력이 부족하다.

[2] 우울, 불안감, 고독감, 일상생활에서의 무력증 및 갈등 정도가 높다. 남아의 경우 외형적으로 표출하지만, 여아의 경우에는 내면적으로 내재화되어 더욱 문제가 된다.

[3] 성에 관해 일반 가정의 자녀보다 더 관용적이 되며, 혼전 성관계나 동거 등 많은 문

---

34) J. Dudley & G. Stone, Fathering at risk: Helping Nonresident Fathers, 2001
35) Grafton H. Hull, Jr, & Jannah Mather, Understanding Humans, 2006, 241, 248면
36) Paul R, Amato, Contact With Non-custodial Fathers and Children's Wellbeing, 1993
37) S. McLanahan & K. Booth, 「Mother-only Families: Problems, Prospects, and Politics, Journal of Marriage and the Family, 51(3), 1989
38) 김태현·이성희 공저, 『결혼과 사회』, 성신여대 출판부, 1995, 275면

제가 뒤따른다.

[4] 종종 아이들과 전 부부간의 관계를 위해 결정된 양육권 조정에 의해 발생하는 부모의 방문에서도 문제가 발생한다. 아이들은 두 전 배우자들 간의 전령傳令(messenger) 역할을 수행하며 지속적인 분노를 교환하는 일의 볼모가 된다. 방문의 변화, 방문의 회수, 방문의 위치 등이 모두 아동과 두 전 부부의 원만한 관계에 주요한 역할을 한다.

3) 핵가족화의 가족 형태의 변화

이혼으로 인한 **한 부모 가족은 '결손 가정', '불완전한 가정', '조직이 결여된'** 핵가족으로 받아들여지고 있다. 자녀의 입장에서 볼 때 부모의 다툼과 갈등이 끊임없는 가족환경 속에서 양육되는 것보다는 갈등에서 벗어날 수 있는 한쪽 부모만으로 형성되는 가족에서 오히려 가족 문제가 감소할 수 있다는 인식이 팽배해지면서 이혼율 급증과 함께 한부모 가족 증가 원인이 되고 있다.[39]

16. 노인 단독 가족

1) 개념

우리 사회는 부모와 자식 사이의 효를 예부터 가장 큰 덕목 중의 하나로 꼽았고, 그에 따라 자식이 그의 부모를 모시고 사는 것이 당연시되어 왔다. 하지만 이러한 모습도 시간이 지나 산업화·도시화를 거쳐 가족이 핵가족화하면서 점점 변화하게 되었다.

인간의 평균수명의 연장과 출산율의 감소로 인한 노인 인구의 상대적·절대적 증가 현상이 날로 가속화되고 있다. 그리고 그 동안의 산업화 과정은 오히려 노인 인구의 지위를 갈수록 약화시켰으며, 노인 인구층은 생산 기술 및 생산 체계의 변화에 따른 산업적 지식과 기술 습득에서 뒤쳐지게 되었다. 동시에 경제적 지위가 하락하게 되고, 노령화로 인한 건강악화, 연장된 노년기의 생활에 대한 미흡한 대비, 사회적 역할의 감소 및 상실, 그리고 사회적·심리적 고립 등의 문제를 갖게 되어 경제적·사회적·심리적 의전의 욕구가 높아지게 되었다.

우리의 경우 이러한 의존성의 증가에 비하여 노인 자신의 노후 생활 준비나 그 가족 또는 사회에 의한 지원정도는 매우 미흡한 실정이라고 할 수 있다. 여기서 논하고자 하는 노인 단독 가족은 80년대 말부터 나타나고 있는 노인 인구의 약 20% 정도를 차지하는 가족구조이다.[40] **노인 단독 가족이란 만 65세 이상의 노인이 자녀나 친척과 동거하지 않고 혼자** 또

---

39) 유영주 외, 『결혼과 가족』, 경희대 출판부, 1998, 396면
40) 이가옥 외, 『노인 단독 가구에 관한 연구』, 한국인구보건연구원, 1989

는 **부부로서 독립된 가구 형태로 생활하는 가족**을 말한다. 1998년 노인생활실태 및 복지욕구조사의 결과에 따르면 전체 노인 가구 중 노인 혼자 살고 있는 노인 단독 가구는 20.1%, 노인 부부 가구는 21.6%, 자녀와 동거 중인 가구는 53.2%로 나타났다. 노인 단독 가족은 전체의 41.7%로 노인 가족 중 절반가량이 노인으로만 구성된 가구 형태를 보이고 있다. 이는 가족 안에서 노인을 부양하도록 했던 기존의 전통적 규범이 현대 사회의 가족 기능이나 역할과 부합하지 않는 측면들로 인해 나타나는 양상으로 볼 수 있다.[41]

2) 가족관계의 문제

많은 노인들이 산업화 이후 핵가족화 사회에서 자신의 가족관계 안에서의 역할이 줄어들었다고 생각하는 데에서 오는 고독감과 소외 등을 경험하고 있다. 이는 심리적인 문제와는 연결되는 것으로 노인 단독 가족의 가족관계를 살펴보면 이러한 형태의 가족구조가 다른 노인 가족보다 부부간의 대화의 기회가 많을 것이라고 생각할 수 있으나, 우리 전통적인 부부관계는 가부장제 중심의 구조로 형성되어 있어 자연스럽게 대화할 수 있는 분위기를 형성하기란 사실상 힘들다.

부모와 자식관계 역시 노부모와 자녀가 일정한 기간을 두고 상호 접촉을 하기 때문에 긴장관계를 유지할 수 있으며, 경우에 따라서는 갈등을 보다 효과적으로 해결할 수 있다는 장점이 있으나, 자식의 입장에서 부모를 모시고 살 때보다 더 많은 책임감을 가지고 그 책임을 이행해야 하는 데에서 부담이 작용할 수 있고, 노인들 역시 거기서 오는 자식과의 갈등으로 인하여 서운함과 소외감, 고립감 등을 느낄 수 있다. 자녀가 없거나 교류하지 않는 경우, 혼자 또는 부부끼리만 지내는 시간이 늘어남에 따라 자녀가 있는 노인 단독 가족보다 정서적 고립감이 더욱 심각하게 나타날 수 있다.

3) 여가생활의 문제

노후는 대부분의 경제활동을 접게 되는 시기로 풍부한 여가시간을 가지게 된다. 하지만 이렇게 풍부한 여가시간을 가지게 됨에도 불구하고 많은 노인들이 TV 시청 등으로 여가시간을 소비하고 있다. 노인에게 풍부한 여가활동은 노화과정에서 수반되는 부정적인 생활을 보완해 주고 개인에게 사회적 능력과 가치를 제공해 줌으로써 안정감을 줄 수 있다. 지금도 노인학교나 경로당·복지관에서 노인을 대상으로 한 다양한 프로그램이 진행되고 있으나, 이것 역시 거동이 불편하거나 개인적 특성으로 인해 친밀성이 부족한 노인들은 이러한 프로그램에 참여하지 못하여 혼자 지내는 시간이 많아짐에 따라 심리적·정서적 불안정을 겪게 된다.

---

41) 최경석 외, 『한국 가족복지의 이해』, 인간과 복지, 2001

17. 독신 가족

현대 사회에서 결혼이 필수조건이 아닌 선택조건으로 바뀜에 따라 생계 능력이 있는 성인 중 많은 수가 독신의 형태를 띠고 있다. 이 독신 가족의 형태는 동거 가족의 경우와 마찬가지로 그 수가 눈에 띄게 증가하고 있는 추세이다. 여기서 **독신이란** 어떤 **이유**로 인하여 **현재 결혼하지 않은 상태, 즉 법적 배우자가 없는 경우를 의미**한다.

최근 들어 우리 사회에도 독신 인구가 급증하고 있기는 하나, 일반적으로 사람들은 결혼하지 않고 독신으로 남은 사람들에 대해서 어느 부분에 결함이 있을 것이라는 편견을 갖거나 심지어 "결혼도 못한 주제에 …"라고 조소를 보내기도 한다. 독신자들은 평범한 사회의 가치를 모르는 메마른 사람, 다른 이로부터 심한 상처를 받은 경험이 있는 정서적 불구자, 또는 지독한 출세주의자거나 이기주의자일 것이라는 편견에 부딪혀 무척 당혹스러워한다. 이러한 독신에 대한 부정적 관념은 그 동안 우리 사회가 결혼에 대해 너무 큰 가치를 부여해 왔기 때문이다.[42]

그러나 이러한 점에도 불구하고 독신인구가 늘어나고 있는 이유는 가족을 부양해야 한다는 책임감을 가지지 않아도 되고 여가시간에 자신이 하고 싶은 일을 자기 마음대로 할 수 있다는 점, 대인관계에 있어서 자유롭다는 점 등이 있다.

18. 무자녀 가족

무자녀 가족이란 부부 가족이라고도 하는데, 생리적 또는 의학적 문제 때문이 아니라, 자발적으로 부부의 합의에 의해 자녀를 갖지 않기로 결정하고 자녀 없이 부부 두 사람만으로 구성되는 가족을 주로 말한다.

19. 집단 가족

집단 가족은 공동체 정신의 구현을 목적으로 함께 살면서 책무·재산 등을 공유하는 집단을 말한다. 자녀를 공동으로 양육하고 남녀의 역할구분이 없어 여성의 자율권과 지위가 높은 편이다. 우리의 사회적 분위기는 경쟁적이고 개인주의적 성향이 강하여 공동체 정신의 구현이라는 목적에 부합되는 집단 가족이 존재하기는 힘들다. 하지만 공동 육아·탁아를 위한 집단 가족 형태의 요구가 점차 증가하고 있다.

---

42) 최경석 외, 앞의 책

20. 동성 가족

동성애는 사회에서 비정상적이고 병리적인 현상으로 인식되어 왔다. 하지만 최근에는 네 덜란드를 중심으로 여러 나라(미국, 벨기에, 캐나다, 스페인, 남아공, 노르웨이, 스웨덴, 포르투갈, 아 르헨티나, 덴마크, 프랑스, 브라질, 우루과이, 뉴질랜드)가 합법적으로 인정하고 있고, 그들의 자녀 입양에 대해서 보다 허용으로 변화하고 있다. 우리도 점차 **동성애자가 자신의 정체성을 밝히 고 있으며**, 그들의 **권리를 주장**하고 있다. **미국은 2013.6.26. 연방대법원 판결로 동성결혼을 차별하거나 금지시킨 연방법과 주법에 대한 위헌판결이 선고되면서 동성결혼 합법화의 길 로 들어섰다.** 따라서 한국에서도 동성애자의 결혼을 합법적으로 요구하게 될 가능성이 높다.

21. 동거 가족

동거 가족은 사실혼관계로 집약된다. 과거에는 경제적 빈곤으로 인하여 혼인 절차를 거 치지 못하고 함께 사는 경우가 많았으나, 최근에는 젊은 세대를 중심으로 결혼 예비단계 또 는 결혼을 하지 않고 동거하는 가족이 증가하고 있다. 동거는 이성간의 상호 독립과 자유로 운 생활을 전제로 하고 있으며, 그러한 자유와 독립이 오히려 친밀한 관계를 제공할 수 있다 는 장점이 있다. 실제 당사자들간의 관계나 생활은 결혼한 부부의 생활과 큰 차이는 없는 것 으로 보이지만, 언제든지 서로가 동거의 약속을 파기할 수 있다. 동거에 대한 선호현상은 중 년 이후의 세대에서도 계속 증대되고 있어서 앞으로 동거 가족은 우리 사회에서 쉽게 볼 수 있는 가족생활의 한 형태가 될 가능성이 크다.

22. 중독 가족

1) 중독 가족의 개념 및 발생요인

최근 우리 사회에서 **마약 중독, 인터넷 중독, 게임 중독, TV 중독, 섹스 중독, 일 중독, 쇼핑 중독 등 다양한 유형의 특정한 활동에 지나치게 빠져서 일상적인 생활을 영위해나가는** 데 어려움을 겪는 사람들이 많다.

중독 가족이란 가족 중 한 사람이 이러한 유형의 중독에 빠졌을 경우를 의미한다. 중독 이란 단순한 물질사용의 범위를 벗어나 광범위한 문제행동까지 적용되는 개념으로 한 가지 일만을 반복적으로 하는 행동과 그렇게 하도록 하는 충동을 가리키는데, 단순한 충동상태 뿐만 아니라, 이로 인하여 정상적인 생활을 어렵게 한다는 조건이 전제된다. 사실상 '중독' (addiction)이라는 용어는 엄밀히 말하면 정식 의학용어라기보다 사회적 용어이다. 1964년 세계보건기구(WHO: World Health Organization)에서 '중독'을 과학적 의미를 지닌 용어로 보기 어렵다면서 '의존'(dependence)이라는 용어를 사용하도록 권고하였다. 흔히 접하는 '알코올 중독' 역시 정식 의학 명칭은 '알코올 의존'(alcohol dependence)이다. 그러나 의학적 용어 규정과는 별도로 언론을 비롯한 사회 각계에서 여전히 중독이라는 표현을 많이 사용하고 있다.[43]

2) 중독 가족의 문제

(1) 인터넷 중독의 문제

오늘날의 가족구조 및 생활문화의 변화 역시 인터넷 중독에 중대한 영향을 미치는 것으로 보인다. 오늘날 대부분의 가족은 핵가족으로 구성되어 있고, 기혼여성들의 취업률 증가로 자녀들이 혼자 생활하는 시간이 많아졌다. 가족과 함께 하는 시간의 절대적 부족은 가족간의 정서적 유대를 더욱 어렵게 만들고 있다. 더욱이 주거환경이 개선됨으로써 자녀들은 대부분 자기 공간에서 자기 소유의 컴퓨터를 사용하면서 생활하고 있다. 이와 같은 구조와 환경에서 청소년들은 남을 배려하고 함께 생활하는 능력보다는 가상공간과 같은 자신만의 세계에 쉽게 빠지게 되어 가족과의 대화를 거부하고 혼자만의 시간을 가지려고만 한다. 이러한 의사소통의 문제로 가족들은 고통을 받게 되고 가정불화의 원인이 된다.

또한 인터넷 중독에 빠지면 대인관계와 자아정체감 형성에 부정적 영향을 받게 된다. 온라인상에서는 친구를 사귀기도 쉽지만, 큰 부담 없이 관계를 쉽게 끊어버릴 수 있기 때문에 현실세계에서처럼 친구간의 강한 유대감과 신뢰를 형성하기 어렵다. 이로 인해 사회적 고립을 초래할 수 있게 된다. 또한 인터넷상에서는 모든 활동이 즉각적인 반응을 보이므로 성격이 성급하고 충동적으로 변화할 가능성이 있고, 욕구의 만족 지연, 자신의 욕구를 절제할 필요가 없는 상황이 되어 충동성을 조장할 수 있다. 또한 가상공간에 대한 지나친 몰입은 현실세계에서의 가족·친구 및 다른 사람들과의 대인접촉이 줄어들게 하는 원인이 될 수 있다. 이렇게 인터넷 사용은 타인을 배려하는 사회적 능력을 감소시키게 된다.

(2) 알코올 중독의 문제

알코올 중독자의 충동적인 과도한 음주는 본인과 관계있는 모든 부문에 피해를 입힌다. 즉 본인의 육체적·정신적·영적 건강은 물론 우정, 애정, 결혼, 가족관계, 직업(경제적 빈곤), 대인관계 등 신체적·정신적·사회적 모든 기능이 음주로 인해 손상된다.

알코올 중독자 본인은 물론, 특별한 관계를 가지고 심리적으로 가까운 사람일수록 알코올 중독자가 받는 피해와 거의 동일한 종류의 피해를 가장 많이 받는다.

---

43) 고선영 외, 앞의 책, 365면

특히 알코올 중독자 가족 구성원들은 알코올 중독자의 일탈된 행동에 감정이 폭발하기도 하며, 알코올 중독자들이 음주를 조절할 수 없는 것을 지켜보다 못해서 그들이 중독자를 조정하려고 시도한다. 외부에서 일어나는 중독자의 주정에 대해서는 부끄러워하지만, 집안에서는 중독자와 다투기도 하며, 얼마 안 가서 그들은 중독자 곁을 떠나거나, 아니면 가족의 중독이 자신의 탓이라고 느끼며, 알코올 중독자의 고통과 죄책감을 같이 짊어진다.

한편, 알코올 중독자 가족들은 알코올 중독자의 음주를 집중적으로 조정하면서 동시에 음주를 돕는 경향도 있다. 이들은 심한 우울증이나 낮은 자신감, 완벽주의, 충동성 그리고 스트레스와 관련된 질병으로 많은 고통을 받는다. 또한 알코올 중독자 본인은 인간이 느끼는 희로애락을 맛볼 수 없게 되며 음주는 계속된다. 가족들은 그들 자신이 심각한 감정적인 문제, 그리고 삶의 문제에 빠져들고 있다는 것을 깨닫지 못한 채 술에만 관심을 갖게 되며, 참담한 현실에도 불구하고 알코올 중독자 가족들은 마치 그러한 상태가 정상적인 것처럼 인식하고 있는 것이다.

마음에 들지 않는 삶의 환경에 처해있기 때문에 알코올 중독자의 부모, 배우자 또는 자녀들은 환상에 빠져든다. 현실을 직시하기에는 너무 고통스럽다고 생각하는 그들은 그러한 현실을 무시하고 감추며 은폐하려고 한다. 대신에 가족의 관심은 좋았던 과거의 환상이나 미래의 완전성에 대한 망상에 사로잡히며 자주 두통이나 복통 등 말로 표현할 수 없는 통증 등 육체적인 증세가 나타난다.

3) 중독 가족에 대한 대책

(1) 인터넷 중독에 대한 대책

첫째, 인터넷 중독 분야의 체계적 연구로서 학자들 사이에는 인터넷 중독에 관한 다양한 이견들이 존재하고 있는 것이 사실이다. 중독(addiction)이라는 용어는 약물의 투여를 포함하는 경우에만 적용하는 것으로 여겨졌다. 과도한 인터넷 사용이 하나의 중독장애로 진단되고 분류될 수 있는가 하는 점은 아직 해결되지 않은 문제이다. 많은 학자들에 의해서 인터넷 중독에 대한 연구가 이루어지고 있지만, 연구 성과가 중독의 결과에 초점을 맞추고 있어서 어떠한 요인들이 인터넷 중독을 유발하는지에 대한 연구는 제대로 이루어지고 있지 않다. 그동안 인터넷 중독은 중독 그 자체와 그 결과로 일어나는 임상사례에 관한 연구가 주를 이루었기 때문에 중독에 영향을 주는 요인에 대한 연구가 활발히 진행되지 않았다. 인터넷 중독의 원인에 대한 연구는 주로 이용자들의 인구사회적 특성이 무엇인지, 이들이 양적으로 인터넷을 얼마나 이용하는지의 차원에서 진행되어 왔다. 특히 인터넷 중독 문제가 인터넷이라는 미디어를 이용하는 행위에서 출발하는 것임에도 불구하고 매체를 '어떻게' 이용하는지에 대해서는 큰 관심을 기울이지 않았다. 이러한 차원에서 볼 때, 인터넷 이용자들이 인터넷에 어떻게 의존하고 이용하는지의 관점에서 중독 문제를 새롭게 접근할 필요가 있다.

둘째, 국가적인 중독치료 네트워크 구축으로서 청소년 중 상당부분이 게임과 연계되어 있으며, 놀이문화가 곧 사이버 문화코드가 되어버린 현대의 청소년들에게 인터넷 중독과 게임 중독은 해결하지 않으면 안 되는 중요한 사회 문제가 되고 있다. 먼저 게임 중독의 정의, 게임 중독 체크리스트를 통해서 진단을 해보고, 인터넷과 게임 중독이 아이들의 성장에 미치는 영향, 게임 중독의 상담신청사례와 상담사례를 통한 게임 중독 해결방안을 찾아보며, 인터넷 중독 행동표현양상 및 공존질환에 따른 약물치료 연구가 시행되어야 한다. 이를 위해서는 연구 기초자료로 행동양상별 증상모델자료 확보가 필요하며, 인터넷 중독 유형 및 동반질환 현황 파악·분석을 통한 유형별 맞춤형 치료체계 구축이 시행되어야 한다. 더불어 기존의 연구와 치료 제도의 고질적 문제점 해소방안이 마련되어야 한다. 제반 문제점 해결을 위해서 인터넷 중독 재활치료를 위한 지역 단위 네트워크 구축과 프로그램 연구가 시급하다. 재활치료를 위한 지역 단위 네트워크는 모든 치료시스템을 중앙에서 집중 관리하는 방안 대신, 지역별 특성을 살린 시대적 패러다임에 부합하는 새로운 한국형 인터넷 중독 해소 네트워크 개발을 의미한다.

셋째, 인터넷 중독 관련 기능과 체계 정립으로서 인터넷 중독의 해결을 위해서 관련기관, 단체, 민간의 유기적 협조방안이 강구되어야 한다. 이를 위해 부문별·영역별 참여기능간 연계가 필요하며, 아울러 중앙정부, 기관, 민간과의 연계가 필요하다. 또한 단위 과제간 연계기능이 도입되어야 하며, 과제간 상호 참조하는 관계를 표현하여 과제수행시의 연계 프레임워크를 구성해야 한다. 이를 실천하기 위한 인터넷 중독 치료정보 공유체제가 마련되어야 한다.

넷째, 한국형 인터넷 중독 해소 방안 마련으로서 시대적 패러다임에 부합하는 새로운 한국형 인터넷 유형별 맞춤형 치료체계를 구축하는 방안이다. 즉 기존의 연구와 치료 제도의 고질적 문제점을 해소하는 방안을 마련해야 한다. 이를 위해 인터넷 중독에 대한 명확한 개념을 정립하고 인터넷 중독 행동표현양상 및 공존질환에 따른 약물치료 연구를 시행해야 한다. 이에 대한 연구 기초자료로 행동양상별 증상모델 자료를 확보해야 한다.

다섯째, 인터넷 중독 개선 방안 연구로서 연구체계 효율화로 국가선진화에 부응하는 인터넷 중독 개선 방안에 대한 연구로 인터넷 중독 청소년의 중독 유형 및 동반질환 현황 파악·분석을 통한 유형별 맞춤형 치료체계를 구축하고 장기적으로 청소년 인터넷 중독자 재활·치료과정 추적 및 관리 프로그램을 구축해야 한다.

여섯째, 의료기관 연계서비스로서 대부분의 지역 인터넷 관련 센터의 서비스는 예방교육 및 상담서비스이며 일부 심리검사 등에 대한 지원 이외 의료기관 연계서비스는 거의 이루어지지 않고 있고, 더욱이 성인 인터넷 중독에 대해서는 지역사회 또는 병원에서 어떤 치료적 개입이 이루어지는지에 대해서는 불명확한 현실이다. 따라서 인터넷 중독자도 의료기관에서 치료적 개입이 이루어질 수 있는 연계서비스가 필요하다.

일곱째, 인터넷 중독에 대한 적극적 홍보로서 인터넷 중독은 중독자 혼자의 힘으로는 치료가 어렵다. 특히 맞벌이 가정이나 자녀와 함께 보내는 시간이 적은 부모들은 자녀들의 인터넷 사용시간을 알기가 어렵고, 부모의 자녀에 대한 관심이 사라졌을 때 인터넷을 이용하는 자녀들이 중독으로 이어질 가능성이 크다. 요즘에는 서비스 업체마다 명칭은 다르지만, 자녀의 인터넷 사용내역을 휴대전화 문자메시지로 보내 주거나, 자녀의 게임을 인터넷으로 중단할 수 있는 서비스 프로그램들이 도입되고 있다. 그러나 무엇보다 중요한 것은 인터넷에 노출된 아이들에게 다양한 오락거리를 알려 주고 가족이 더불어 할 수 있는 환경 마련이 시급하다.

또한 중독의 원인은 유전적·생물학적 원인론이 작용하고 있으며, 유전적 소인을 갖고 있던 사람이 스트레스와 같은 심리·사회환경적 원인이 제공되었을 때 유발된다고 하는 질병 개념이 부족하여 결국 치료기관을 찾지 않아 늦어지는 문제가 야기되기도 한다. 따라서 일반인들은 대상으로 한 중독에 대한 홍보 및 교육이 필요하며 전문치료기관에 대한 정보를 일반인들에게 제공하는 것이 조기치료를 받기 위해 필요하다.

(2) 알코올 중독에 대한 대책

알코올 중독자 가족들이 알코올 중독이라는 위기와 역경에도 불구하고 가족적응 유연성을 증진시키기 위해서는 여러 가지 정책 및 사회환경의 변화와 뒷받침이 필요하다.

첫째, 알코올 중독 및 음주에 대한 지역사회의 인식 및 태도변화를 통한 지역사회 강화정책이 요구된다. 음주에 관대한 우리 사회의 음주문화와 동시에 알코올 중독에 대해서는 낙인을 부여하는 이중적 태도는 알코올 중독의 조기치료기회를 제한하여 개인의 파괴와 가족의 역기능을 조장하는 사회환경을 제공한다. 따라서 음주에 대한 전 국민적인 캠페인을 통해 음주 문제의 심각성과 알코올 중독의 조기치료에 대한 인식변화의 계기가 마련되어야 한다.

둘째, 부모의 알코올 중독으로 인해 어려움을 겪을 수 있는 아동에 대한 조기발견 체계 구축이 필요하다. 특히 부모의 알코올 중독은 가족 내에서 숨기려고 하는 경향이 있어 알코올 중독으로 인해 영향을 받는 아동의 심리적·정서적·행동적 문제는 간과되는 경우가 많다. 따라서 아동을 다루는 관련 전문가에 대해 부모의 알코올 중독이 자녀에게 미치는 영향에 대한 교육을 통해 취약한 아동을 조기발견하고 예방적으로 개입하는 체제가 필요하다.

셋째, 알코올 중독자를 참석시키지 않고 별도로 가족구성원들을 위한 치료를 제공하는 것도 필요할 것이다. 알코올 중독에 대한 교육, 가족 질병을 특성화하는 역기능적인 가족 행동에 대한 교육 등을 통해 알코올 중독자를 이해하고 더불어 치료효과도 높일 수 있을 것이다.

23. 장애인 가족

1) 장애인 가족의 개념 및 범주

(1) 장애의 개념

장애의 개념은 나라와 시대와 사회적 환경에 따라 변화하고 한 국가의 사회문화적·정치적·경제적 상황에 따라 다르므로 보편적 정의를 내리기가 쉽지 않을 뿐만 아니라, 학문분야에 따라 다르며 이론과 임상에서도 차이가 있다. 이러한 경향은 장애에 대한 연구와 사회적 이해가 높아질수록 더욱 심화되고 있다.

오늘날 널리 이해되고 있는 장애 개념은 크게 협의의 개념과 광의의 개념으로 구분할 수 있다. **협의의 개념은 신체 또는 정신의 기능 저하·이상·상실 또는 신체 일부의 훼손** 등으로 **지칭하며, 장애를 개인의 문제로 간주하는 개별적이고 의학적인 개념**을 말한다. **광의의 개념은 의학적 관점**으로 인해 **발생되는 '능력의 저하'**(disability)**와 '사회적 불리'**(handicap)**를 포함한 개념**을 말한다.[44]

1975년 UN의 장애인 권리선언은 "장애인이라 함은 선천적이든, 후천적이든 신체적·정신적 능력의 불완전으로 인하여 일상의 개인적 또는 사회적 생활에서 필요한 것을 확보하는 데 자기 스스로 완전히 또는 부분적으로 확보할 수 없는 사람을 의미한다."라고 정의하였다. 또한 1979년 UN총회에서는 "장애는 개인과 그 환경간의 관계로 파악되어야 한다."라고 함으로써 장애의 정의를 기능상 장애뿐만 아니라, 사회적 불리도 포함되어야 함을 명시하고 있다. 우리 **장애인복지법에서는 '장애인은 신체적·정서적 장애로 인하여 장기간에 걸쳐 일상생활 또는 사회생활에 상당한 제약을 받는 자'로 정의**하고 있다.

(2) 장애인 가족의 개념

장애인 가족의 개념은 장애의 개념에 근거하여 장애를 가진 성원 1명 또는 그 이상의 성원과 가족을 구성한 경우를 말한다. 이 때 장애인의 유무보다는 장애인과의 동거 여부에 중점을 두어 장애인이 포함된 가족이라고 할지라도 가족에서 제외시키기도 한다. 그 이유는 가족이 고유의 기능을 담보하기 위하여 물질적 거주지를 공유하는 것이 선행되어야 한다고 보기 때문

---

44) 고선영 외, 앞의 책, 401면

이다. 이러한 관점에서 볼 때 장애인이 시설 등에 수용됨으로써 가족과의 일상적인 또는 장기적인 접촉을 거의 하지 않는 경우, 또는 시설에 보호되어 장애인에 대한 경제적 부담을 전혀 하지 않는 경우 등은 장애인 가족의 범주에 포함되는 데 무리가 있다고 할 수 있다.[45]

(3) 장애의 범주

장애인복지법 시행령 제2조에서 장애의 종류 및 기준을 정하고 있는데, 여기서는 15개의 장애를 대상으로 하고 있으며, 같은 법 시행규칙 제2조에서 장애등급을 1등급부터 6등급까지 여섯 가지 분류로 규정하고 있다. 이러한 장애유형 분류는 1997년에 공포된 「장애인 복지발전 5개년 계획」 이후의 단계적인 장애 범주 확대에 의한 것으로 1단계 장애의 범주 확대가 1999년에 이루어져 장애의 범주가 5개에서 10개의 유형으로 확대되었고, 2단계 장애의 범주 확대는 2003년에 이루어져 10개의 유형이 15개의 유형으로 확대 실시되었다. 이러한 장애의 범주의 확대는 점차적으로 선진국 수준에 도달하도록 추진되고 있는데, 향후 확대 예상 장애 범주에는 만성알코올·약물 중독, 그 밖의 기질성 뇌증후군, 그 밖의 정신발달장애, 소화기장애, 비뇨기장애, 치매, 만성 통증 그 밖의 암 등이 포함된다.

표 1-1 ┃ 장애인복지법에 따른 장애 유형 분류

대분류	중분류	소분류	세부분류
신체적 장애	외부 신체기능의 장애	지체장애	절단장애, 관절장애, 지체기능장애, 변형 등의 장애
		뇌병변장애	중추신경의 손상으로 인한 복합장애
		시각장애	시력장애, 시야결손장애
		청각장애	청력장애, 평형기능장애
		언어장애	언어장애, 음성장애
		안면장애	안면부의 변형으로 인한 장애가 지속되며 이로 인하여 사회생활 활동이 현저하게 제한
	내부 기관의 장애	신장장애	투석치료 중이거나 신장을 이식받은 경우
		심장장애	일상생활이 현저히 제한되는 심장기능 이상
		호흡기장애	폐나 기관지 등 호흡기관의 기능장애로 일상생활 및 사회생활 활동이 제한
		간장애	간의 기능에 장애가 지속되며 이로 인하여 기본적인 일상생활 및 사회활동이 제한
		장루·요루 장애	장루·요루기능에 장애가 지속되며 이로 인하여 기본적인 일상생활 및 사회활동이 제한
		간질장애	간질로 인한 기능 및 능력 장애가 지속되며 이로 인하여 기본적인 일상생활 및 사회활동이 제한

---

45) 박옥희, 『장애인 복지의 이론과 실제』, 학문사, 1998

정신적 장애	지적 장애	지능지수가 70 이하인 경우
	정신장애	정신분열, 분열형 정동장애, 양극성 정동장애, 반복성 우울장애
	자폐성장애	소아자폐 등 자폐성장애

자료: 보건복지부 고시(제2011-91호)

장애 및 장애인의 정의는 그 나라의 사회적·문화적·경제적·정치적 여건 및 수준에 따라 변화하는데, **WHO에서는 1980년 국제장애분류(ICIDH : International Classification of Impairments, Disabilities and Handicaps)를 발표하면서 장애에 관한 개념적 틀을 정립하고, 이 분류법에 의해 장애의 분류를 권장하였다. 이 분류법은 장애를 손상(impairments), 불능 (disability) 및 불리(handicap)의 세 가지 단계로 분류하고, 이 세 가지를 포괄적으로 장애의 분류로 포함**시켰다. 그 후 **1997년 기존의 ICIDH의 개념을 더욱 발전시킨 ICIDH-2를 발표 하였는데, 이는 기본적으로 환경과 개인이라는 상황적 요인을 포함한 장애 개념을 채택한 것으로 개인이 접하게 되는 장애를 손상(impairments), 활동(activities), 참여(participation)로 구분**하고 있다. 이 구분의 특징은 환경과의 상호적인 관계성 속에서 보다 포괄적인 장애를 규정하는 것이라 할 수 있다. 2001년에는 ICIDH의 개정판에 해당하는 ICF(국제기능·장애·건 강분류; International Classification of Functioning, Disability and Health)가 발표되어 현재에 이 르고 있는데, 이는 기능에 대한 풍부한 정보를 제공하도록 구성되어 있다. 즉 건강 또는 건 강과 관련된 상태를 표현하는 체계와 통일된 표준분류를 제시하기 위한 것으로 '건강영역'과 '건강 관련 영역'이 포함되어 있다. 따라서 한 사람의 기능과 장애를 건강조건(질병, 질환, 상 해, 외상 등)과 배경요인간의 복합적인 상호관계로 인식하는 것이다. 여기서 배경요인에는 **국 제기능·장애·건강분류와 비교해 볼 때 아직 미흡한 수준이기는 하나 점차적으로 손상상태 에서 능력장애 상태로 그리고 지금은 참여(환경)의 상황적 요인을 고려**하고 있다.

2) 장애인 가족 지원정책의 대책

다음은 장애아이 'WeCan'(국회연구단체)의 『장애인 가족 지원정책 연구보고서』(2009)에 제시된 '장애인 가족 지원을 위한 정책추진방향'에 대한 제시이다.

(1) 장애인 관계 법령 개정 및 제정

향후 통합적이고 효율적인 장애인 가족 지원체계를 구축하기 위해서 무엇보다 우선적으 로 검토되어야 할 사항은 관련 법령을 제·개정하는 것이다. 현재 일부 지역에서 장애인 가 족 지원체계 도입, 장애인 가족지원 프로그램 실시 등과 관련된 사항도 법적 근거 미비로 적극적으로 추진되지 못하고 있다. 이에 따라 기존의 장애인 가족 지원과 관련된 법령을 검토하여 지금까지 제안된 장애인 가족 지원정책목표에 따라 개정안을 마련해야 할 것이다. 또한 기존의 장애인 관련 법령과 일반 가족 복지 관련 법령 내에서 장애인 가족 지원과 관련된 다양한 정책을 포함시키기 어려운 경우에는 별도의 「장애인 가족 지원법」 제정을 적극적으로 검토해야 할 것이다.

가. 기존 법령 개정 필요

장애인 가족 지원과 관련하여 검토해야 할 기존의 주요 법령의 내용들과 개정사항은 다음과 같다.

① 장애인복지법 : "장애인 가족"에 대한 정의 신설이 필요하다. 현행 장애인복지법에서는 장애인 가족에 대한 정의가 되어 있지 않기 때문에 이에 대한 정의 규정의 신설이 필요하며, 제5조(장애인 및 보호자 등에 대한 의견수렴과 참여)에 대해서는 보호자뿐만 아니라, 형제·자매 등도 포함하여 가족에 대한 의견수렴과 참여로 변경하는 것이 바람직하다.

② 장애인 등에 대한 특수교육법 : 가족 지원의 종류는 제시되어 있으나 가족 지원에 대한 비용부담 규정의 제시가 필요하며(현재 관련 예산이 편성되지 않고 있음.), 학교 등에서의 가족 지원이 어려운 경우 외부기관 위탁규정의 제시 및 위탁시 비용지원 등의 규정 마련이 필요하다. 또한 가족 치료 등이 필요한 경우에는 비용지원을 제공받을 수 있도록 하는 규정 마련이 필요하다.

③ 장애인 차별금지 및 권리구제 등에 관한 법률 : 제30조의 장애인 가족에 대한 적대적 규정을 보완할 수 있는 규정을 마련하여 지적 장애 등 발달장애아동의 경우 가족이 의사결정을 대신하는 불가피한 경우에 대하여 별도의 규정 또는 단서 규정의 예시가 필요하다.

④ 건강가정기본법 : 제22조(자녀양육지원의 강화)의 경우 특례조항에 장애를 가진 자녀 등을 포함하여 양육부담이 심한 가정에 대한 휴식지원 등 추가 지원 규정이 필요하다.

⑤ 영유아보육법 : 법의 궁극적인 목적이 가정복지 향상에 있음에도 법령 전반에서 가족에 대한 직접적인 언급은 이루어지지 않았다.

⑥ 아동복지법 : 아동복지법에서는 법의 이념과 대상에 장애 아동을 포함하고는 있지만, 아동의 복지증진에 1차적인 초점을 둔 법률로서 법 전반에서 가족에 대한 직접적인 언급이 이루어지지 않았다.

⑦ 한부모 가족 지원법 : 선언적 규정에 그치고 있고 장애인을 포괄적으로 규정하고 있어 장애 자녀를 돌보는 한부모 가족에 대한 지원 근거로는 미약하다. 따라서 돌봄부담이 큰 장애 자녀를 둔 한부모 가족을 지원할 수 있는 근거조항에 대한 보완이 필요하다.

⑧ 가족친화사회환경의 조성 촉진에 관한 법률 : 장애인 가족, 다문화 가족, 한부모 가족

등도 가족친화환경 조성의 집중지원 대상으로 반영될 수 있도록 조항 수정이 필요하다.

⑨ 다문화 가족 지원법 : 장애를 가진 다문화 가족 구성원이 있는 경우에 대하여 특별한 지원규정의 제시가 필요하다.

나. 새로운 장애인 가족 지원법 제정 검토

지난 몇 년 동안 장애인 가족 지원은 장애 복지 구현에 있어서 중요한 정책과제 중의 하나로 등장하였고, 국가 및 지방자치단체 차원에서 장애인 가족을 위한 다양한 정책 및 지원 사업들이 신설·시행되어 왔다. 장애아동뿐만 아니라, 가족 전체에 대한 정책적 지원이 필요하다는 인식이 점차 높아지고 있는 것은 과거에 비하여 장애복지정책의 지평을 넓힌다는 점에서 진일보한 측면이 있다. 하지만 아직까지도 장애인 가족지원의 목표, 내용, 계획수립, 실행과정 등을 포함하는 종합적인 정책가이드라인이 국가적 차원에서 형성되어 있지 못하고 있는 것 역시 사실이며, 이는 현실적으로 장애인 가족에 대한 체계적이고 지속적인 지원방안들을 발전시키는 데 많은 제약을 낳고 있다. 우리는 현재 장애인 차별금지 및 권리구제 등에 관한 법률, 영유아보육법 등과 같은 그 밖의 일반법에서 장애 아동을 둔 가족에 관한 지원사항을 일부분 찾아볼 수 있지만, 실제적인 실천방안을 강구할 수 있는 법적 규정은 없다.

이러한 단편적인 법적 근거는 국가 및 지방자치단체 수준에서 장애인 가족에 대한 체계적인 서비스 지원계획을 수립하는 데 한계를 노출시킬 수밖에 없었다. 이에 장애인 가족 지원 부문을 특화하여 별도의 법률－(가칭) 장애인 가족 지원법－을 제정하여 장애인뿐만 아니라, 가족 구성원 전체의 다양한 필요욕구를 반영하는 포괄적이고 종합적인 가족 지원체계 수립에 관한 국가 차원의 가이드라인을 제시할 필요가 있다.

II. 가족과 가족생활의 변화

우리 사회는 산업화 과정 이후 여성의 경제활동참여 증가, 교육수준의 상승 등 여성들의 사회적 지위향상, 그리고 1960년 이후 우리 사회가 겪은 인구학적·경제적·사회적 변화는 가족 구성 및 가족생활에 많은 변화를 가져왔다. 그 중에서도 가장 두드러진 특징은 가족규모와 가족 권력에 변화가 크게 변모하고 있다는 것이다.

1. 가족규모의 소가족화

우리 사회가 산업사회로 이행되면서 나타나는 가족의 두드러진 변화는 가족의 규모가 작아지고 있다는 것이다. 가족구조 변화에서 가장 큰 특징은 부부가 부모와 독립하여 별도로 생활하게 되고 출산하는 자녀수의 감소와 핵가족화에 의한 가족규모의 축소이다. 그리하여 평균 가구원수는 1960년 5.6명에서 1990년에 3.8명, 1995년에는 3.3명으로 크게 감소하였다. 이는 부모를 모시고 살아야 한다는 것과 자녀는 많을수록 좋다는 우리의 전통적인 가족가치가 바뀌었음을 의미한다. 또한 평균 가구원수의 변화는 세대구성에도 영향을 주어 가족세대가 단순화되고 핵가족이 증대하고 있다. 이러한 현상은 전통 농경사회에서 보편적이었던 확대 가족의 감소를 의미한다.

2. 가족 구성원별 역할의 변화

전통적으로 가족생활에서 남편으로서 남성은 가족을 대표하는 수단적 역할을, 아내로서 여성은 가족생활을 영위하는 표현적 이미지로 형상화되었다.[46] 이는 부부간의 역할차이이론[47]으로서 가족의 과업수행을 위해서 노동의 구분이 필요하다는 인식을 바탕으로 하고 있다.

1) 남성(남편)

주로 수단적인 역할을 감당하게 된다. 이는 가족의 균형유지와 대외목적에 대한 바람직한 관계를 수단적으로 수립하는 역할을 말한다. 가족 내적으로는 가장으로서 가족을 통솔하고 최종적인 결정과 거기에 따른 책임을 지게 된다. 가족 외적으로는 남성 가장이 가족을 대표하고 가족의 사회적 위상과 지위를 결정하게 되는데, 주로 사회적 역할을 감당하게 된다.[48]

2) 여성(아내)

주로 표현적 역할을 감당하게 된다. 이는 가족 구성원간의 통합관계의 유지와 긴장완화의 역할을 수행하는 것이다. 여성들의 이러한 역할은 자녀를 출산하고 어머니로서의 기능을 감당하면서 자연스럽게 받아들여지고 있다. 여성들이 어머니가 된다는 사실은 보편적이고 본능이며 그것을 당연한 것으로 여기고 즐기는 성향이 있는 것으로 간주되어 왔다. 그리고 사회는 그것을 장려해 왔다.[49]

3) 가부장제와 여성의 위상

가족생활 내에는 여러 가지 유형의 지위가 있으며, 그러한 지위에 상응하는 역할도 뒤따

---

46) T. Parsons, The structure of Social Action, 1949
47) J. Aldous, M. W. Osmund, and M. W. Hicks, 「Men's Work and Men's Families」, Contemporary Theories of the Family, Vol.1, 1979, 242면
48) M. A. Lamanna & A. Riedmann, Marriages and Families: Making Choices in Adiverse Society, 1988, 228면
49) P. E. Rollin, Fascination, 1975, 123면

르게 된다. 보편적으로 가정은 부부관계의 성립을 그 출발점으로 삼게 된다. 이는 가정에서 부부의 지위와 역할이 가장 기본적인 것으로 받아들여짐을 의미한다. 그러한 부부관계 또는 부부간의 가정 내 지위나 역할과 관련된 개념으로서 가부장이 있다. 가부장이라는 말은 '가족 내의 권력'과 밀접하게 연관되어 있으며, 여성에 대한 남성의 지배가 개별적 차원이 아니라, 사회적 차원에서 구조화되어 있음을 의미한다. 즉 사회 전체적으로는 남성에 의한 여성통제, 가정 내에서는 남성 가장의 권위와 권력에 의한 가정통솔, 제도화·구조화된 남성지배의 일반적 관행 등을 통해서 가부장제는 구체화되고 있다. 한국 사회에서 가부장제하에서 여성들의 가정 내 지위와 역할을 상징하는 대표적인 속어로서 '여필종부', '부창부수'라는 말이 있다. 이러한 구조는 여성에 대한 단순한 남성의 지배로 나타나는 것이 아니라, 연소자에 대한 연장자의 지배까지로 구조화하게 되었다. 이는 우리가 오랫동안 지니고 익혀온 유교적 윤리관과도 밀접한 관련을 가지고 있는 것으로서 산업사회 이전까지 우리 사회를 지탱하는 가장 중요한 버팀목이었다.

이러한 가부장제는 서구에 있어서도 쉽게 찾아볼 수 있었는데, 후기 산업사회 이후에 와서 서서히 무너지기 시작하였다. 즉 여성들의 권리와 복지를 추구해 온 소위 여성해방론자들과 여성 복지추구자들에 의해서 가부장제에 대한 비판과 문제제기가 이루어지면서 변화의 굽이를 틀게 되었다. 즉 이는 여성들의 사회적·가정적 지위와 불평등을 새로운 관점에서 보게 하였음은 물론이고 가족중심의 사회복지 실천에서도 여성과 주부에 대한 인식을 새롭게 하는 계기가 되었던 것이다.

4) 구성원별 역할의 변화[50]

전통적인 남녀의 역할 구분이 그 경계가 흐려지고 있거나 서로 뒤바뀌고 있다.

5) 구성원별 역할의 중요성 변화

기존의 역할이 변화하면서 일어나는 현상뿐만 아니라, 기존의 역할이 그대로 존속하면서도 그 역할의 중요성이나 강조되는 의미성이 달라지고 있다는 것이다.

3. 가족 권력의 이동

지금까지 전통적으로 가족을 구성원간의 정서나 공동체의식의 함양이라는 측면에서, 그리고 아주 단순한 사회생활의 기초 장면이라는 데 초점을 맞추고 이해하려 하였다.

그러나 가족을 사회생활의 단위라고 보았을 때 그 안에서 이루어지는 구성원간의 힘의

---

50) M. A. Lamanna & A. Riedmann, 앞의 책(1988), 227 – 228면

역학관계를 파악해 보고 그 힘을 가족 분석의 한 축으로 삼는 것은 매우 흥미로울 뿐만 아니라, 가족 기능의 변화추이를 살펴보는 데 매우 유의미한 측면이 있다. 이를 한마디로 말한다면 가족 권력이라 하겠다. 가족 권력이란 "어떤 가족 구성원이 다른 가족 구성원들의 행동에 변화를 야기할 수 있는 능력"[51]으로 규정된다. 하지만 가족 권력은 그 개념을 명확히 하기란 쉽지 않다. 일반적으로 하나의 가족체계 내에서 다른 구성원보다 높은 지위나 계급을 가지는 것, 보다 많은 특권을 누리는 것, 또는 더 많은 존경이나 신뢰를 가지고 있거나 자원과 정보에 보다 쉽게 접근하거나 그것을 통제할 수 있음을 의미한다. 이와 같이 권력은 상대적인 개념이다. 그래서 한 구성원이 다른 구성원보다 더 많거나 적은 권력을 가지게 된다.

1) 가족 권력의 판도 변화와 이혼의 증가

우리 사회는 서구의 산업사회와 마찬가지로 산업화와 도시화 과정에서 가족구조와 가족생활에 엄청난 변화를 경험하게 되었다. 도시지역에서는 전통적인 대가족의 형태에서 부부와 그 자녀들로만 이루어진 소가족으로 바뀌고 있으며 가족 내에서 인간관계와 힘의 판도에도 적지 않은 변화가 일어나고 있다. 그러한 변화를 한마디로 요약하자면 여성의 지위와 그 세력에 중대한 전환이 있었으며, 그러한 전환은 이혼율의 증가라는 새로운 사회적 문화양상을 만들어 내었다. 이혼이 반드시 부정적인 측면만 내포하는 것은 아니며, 그것은 여성의 권리신장이나 남녀관계의 새로운 규정이라는 시각에서 주목해야 할 필요가 있다.

이와 같은 변화 중의 한 요인은 현대 산업사회에서 일상생활 과업의 수행에 필요한 제자원이 풍요로워지면서 그것을 남성들만의 노동력을 통한 통제가 불가능해졌기 때문에 오는 것일 수도 있다. '현대인은 어떻게 하면 먹고 살 수 있는가'의 문제가 아니라 '어떻게 하면 보다 행복하고 의미 있는 삶을 살아갈 것인가?'에 초점을 맞추어지고 있다. 어느 정도의 건강만 있다면 아무렴 굶어 죽지는 않는다는 인식이 여성에 의한 이혼소송제기와 노년기 이혼의 밑바탕에 짙게 깔려 있는 것이다. 이는 결국 **오늘날의 도시 핵가족은 힘이나 세력을 중심으로 볼 때 지금까지 남성에게 주어져 있던 힘이 여성들에게로 서서히 이동하고 있음을 의미한다.**

2) 어머니에 의한 아동양육권

'주부로서 여성들이 가족 내에서 세력을 가지고 있느냐' 하는 문제와 관련하여 서구에서조차 여성은 세력을 가지고 있지 않으며, 가져서도 안 되고 세력이 필요 없는 것으로 인식되어 왔다. 그러나 아동양육의 영역에 관한 한 여성은 아주 강력한 세력을 가지고 있는 것으로

---

51) Dean H. Hepworth et al., Direct Social Work Practice—Theory and Skills, 1997, 295면

간주되어 왔다. 의미상의 문제가 있기는 하지만, 이는 여성으로 하여금 그들이 세력을 가졌음을 보여줄 수 있는 아주 강력한 수단이 된다고 보는 이도 있다.

사실 인간은 어떤 다른 동물과는 달리 오랜 기간을 의존적으로 지내지 않으면 살아남을 수가 없게 되어 있다. 뿐만 아니라, 선천적이거나 유전자적 영향을 다른 동물들보다는 적게 받고 태어난다. 즉 '출생 후에 어떠한 환경에서 어떠한 보호를 받으면서 자라나느냐?'에 따라서 그 인성이나 존재 형태가 결정되거나 지대한 영향을 받게 된다는 것이다. 그러한 환경체제 중에서 가정이 가장 중요하다는 것은 많은 연구 결과에서 나타난 바와 같다.

현대 도시 핵가족에서 어머니는 이전의 농경사회와는 달리 아이들에게 미치는 영향은 더욱 커질 수밖에 없게 되었다. 산업사회의 도시 핵가족은 부부와 그 자녀로 구성되어 있다. 거의 대부분의 아버지는 아침식사 후에 가정과는 멀리 떨어진 일터로 나가게 되고, 아이들은 거의 전적으로 어머니와 함께 지낸다. 또한 아버지는 저녁 늦게 들어오게 되며, 주말에는 이런저런 이유로 가족과 함께 할 수 있는 시간적 여유가 없다. 그리하여 아이들은 어머니의 보호를 일방적으로 받지 않으면 안 된다. 그러기에 아이들에게 어머니의 영향력은 거의 절대적이다. 이와 같은 현상을 두고 어떤 학자는 어머니의 가정 내 지위를 모신의 그것과 비교하였다. 즉 현대 도시 핵가족에 있어서 어머니는 모신과 같은 절대적인 존재로 아이들에게 군림하게 되어 있다는 것이다.

3) 주부중심의 가사결정권

우리 사회는 아직도 길흉사 등의 가문의 대소사는 아주 중요한 의미를 갖는다. 그리고 가족의 생일이나 기일 등 중요한 가사일의 집행은 거의 대부분 남성들을 위주로 이루어졌으며, 여성들은 거기에서 항상 뒤치다꺼리 일을 해 왔었다. 그것은 전통적인 현상이었다. 현대 사회에서 가족들은 이러한 면에서도 변화가 일어나고 있다. 대부분의 가장으로서 남성들은 집안에서 일어나고 있는 가사에 대해서 주부보다도 뒤로 밀려나 있음을 목격한다. 우선 남성은 바쁜 사회생활로 인해서 집안의 기일이나 생일, 잔칫날 등을 기억해두지 못하는 경우가 많을 뿐만 아니라, 그 참석도 어려울 때가 많다. 이에 중요한 가사도 여성들이 결정하고 일을 추진하게 되는 현상이 나타나게 되었다. 이 때 남성들은 아내의 의논대상이 되기는 하지만, 그 결정에 대해서 전권을 행사하던 이전의 전통적인 가정과는 확연한 차이가 있게 되었다. 다시 말하면, **여성들에게 가사결정권과 가사집행권이 넘어가고 있는 것**이다.

제4절 가족 문제 개념 및 대책

I. 가족 문제에 대한 이해

1. 개인 문제와 가족 문제

가족 문제에 대한 이해는 사회 문제와 개인 문제를 동시에 고려하고 이들과 **상관적으로 파악하지 않으면 충분하지 않을 수 있다.** 그것은 **가족이 개인의 상위체계이고 사회의 하위체계이기 때문에 가족의 의미를 파악함에 있어서 개인과 사회를 동시에 고려하여야 하는 것과 같은 맥락**이라 하겠다. 따라서 가족 문제는 가족 구성원 개인의 문제를 포함하고 있으며, 가족 문제와 사회 문제는 밀접한 관련이 있다. 가령 오늘날 사회 문제의 하나로 부각된 청소년 비행, 범죄, 이혼이나 가족 해체의 문제가 있다. 이들 문제는 '개인의 문제인가?', '가족 문제인가', '사회 문제인가' 나아가 이들 문제에 대한 사회복지적 접근을 어떤 차원에서 실행할 것인가? 즉 청소년 비행의 경우 청소년복지의 시각에서 접근할 것인가, 아니면 가족 복지의 차원에서 접근할 것인가? 또는 개인과의 사회복지 실천에서 접근할 것인가? 이러한 의문의 제기는 가족 문제가 개인 문제 및 사회 문제와 결코 무관할 수 없다는 것을 보여주고 있다.

엄격한 의미에서 개인 문제란 있을 수 없다. 다만, 사회복지서비스의 대상이나 단위로서 개인은 있을 수 있다. 하지만 절대다수의 사람들이 가족생활을 통해 자신의 삶을 실현하기 때문에 가족과 무관하게 개인이 존재한다고 말할 수는 없다. 가령 어떤 한 사람이 경제적으로 서비스를 받아야 할 만큼 심각한 빈곤 문제를 가지고 있을 때, 특별한 경우를 제외하고 그 사람의 문제는 곧 그가 속한 가족의 문제로 귀결된다. 사회복지 실천가들은 어떤 문제를 가진 개인과 더불어 일을 주로 하게 되는데, 이들이 가진 문제를 다루면서 실천가들은 그것이 개인에게 국한된 문제가 아니라, 가족 전체의 문제로 연결되어 있음을 알게 된다.[52] 빈곤가족의 문제는 구성원 개개인의 빈곤 문제로 나타나기 때문이다. 아주 특별한 경우에 가족 구성원 가운데 특정한 사람은 부유하고 나머지는 가난하다거나 유독 한 사람만이 빈곤 문제를 경험하고 있을 수는 있다. 가령, 노부모에 대한 부양을 제대로 하지 않아 자녀들은 부유하나 노부모는 가난한 경우가 있다. 이는 '자녀와 노부모를 동일한 가족의 개념으로 볼 수 있느냐' 하는 문제가 제기될 수 있다. 또 다른 경우에 어떤 자녀가 풍요로운 가정을 버리고 가출하여 어렵게 살아갈 수가 있다. 이 경우 가출행위는 곧 그가 속한 가족의 문제를 안고

---

52) K. Kirst-Ashman & G. Hull, Understanding Generalist Practice, 1999, 343면

있거나 가족 문제와 가출은 밀접한 상관관계가 있을 수 있다. 따라서 엄격하게 말하면 어떠한 개인 문제도 가족 문제로부터 자유로울 수 없다. 그 발생원인과 나타난 양상, 그리고 그 대응노력은 가족적 요인과 가족중심의 개입이 절실히 필요하다. 어떤 한 개인이 퍼스낼리티, 또는 정신의학적인 문제를 가지고 있을 경우 최소한도로 그의 문제는 원가족과 밀접한 관련이 있을 수 있다. 이와 같이 어떠한 개인 문제를 논의함에 있어서 가족의 관여는 어쩔 수 없는 것이다. 결국 모든 개인 문제는 가족 문제로 귀결되는 것이다.

2. 가족 문제와 사회 문제

사회 문제와 가족 문제의 관계는 가족 문제를 보다 거시적인 관점에서 접근하는 것으로, 아니면 사회 문제를 보다 미시적·구체적으로 접근하는 것이라고 보면 쉽게 이해될 수 있다. 가령, 사회 문제 중의 하나로서 높은 이혼율은 사회 문제로 접근하는 것이 바람직할 것인가? 아니면 가족 문제로 접근함이 올바른 것인가? 외형적으로 보기에는 이혼을 사회 문제로 다룰 경우에 사회복지정책이나 가족 복지 제도로 구체화되며, 부분적으로는 사회복지 실천이나 사회복지 실천이 주된 개입 방법으로 가족 복지정책이나 사회복지정책은 제도적으로 뒷받침되어야하는 것이다. 이혼에 대한 이러한 접근은 이혼 관련 문제가 순수하게 가족 내부 문제로 국한된 현상이거나, 발생원인면에서 보면 순수하게 가족 안에서만 발생하는 문제라고 볼 수 없다는 논리와 관련이 있다. 이혼 관련 문제는 원인과 양상이 매우 복합적이라 할 수 있는데, 가장 대표적인 경우가 우리 사회에서 1997년 국가경제가 혼란에 빠지고 실업 문제가 늘어나면서 이혼 등을 통한 가족 해체 현상이 급증하게 되었다. 이를 두고 당시의 이혼과 관련된 문제는 가족의 외부체계 또는 국가사회의 변동과 상관이 있었다고 보는 것이다.

가족 문제는 사회와 문화적 맥락에서 가장 잘 이해될 수 있다. 왜냐하면 가족 문제는 사회와 문화적 맥락에서 일어나기 때문이다. 비록 가정 폭력이나 이혼, 10대의 임신, 미혼부모는 개인적인 결정에 의해서 일어난다 하더라도 이러한 개인적인 결정은 무수히 많은 사회적·문화적 힘에 의해서 영향을 받게 되는 것이다. 결국 가족 문제는 사회 문제와 무관하지 않으며 특정한 문제를 가족의 차원에서 접근하고 대응하고자 한다면 그것은 가족 문제이다. 그러나 그것이 사회적·국가적으로 대응하여야 할 만큼 넓고 심각하다면 사회 문제가 되는 것이다. 가족 복지 실천면에서 본다면 우리 사회에서 야기되고 있는 대부분의 가족 문제들은 사회 문제로 인식되고 있다고 하겠다.

3. 가족 문제의 성격

이와 같이 가족 문제는 개인의 부적응 문제와 사회 문제와 밀접하게 연계되어 있으므로 이들 문제와 무관한 순수한 가족 문제는 그리 흔치 않다. 가족 문제의 이러한 성격은 2가지 측면을 지니고 있음을 의미한다. 가족 문제는 개인 문제와 사회 문제에 깊숙하게 연결되어 있으며, 이들 문제들을 이해하는 데 가족 문제 연구가 전제되거나 뒤따라 함께 규정되어야 한다는 것이다. 그렇게 볼 때 가족 문제의 다른 한 면은 순수하고 명백한 가족 문제의 규정이 쉽지 않다는 것이다. 굳이 고유한 가족 문제를 말한다면 가족의 기능, 가족생활 주기나 가족관계, 가족 내 역할수행, 가족 권력 등에서 발생하는 일부의 문제들로 국한될 수 있을 것이다. 그러나 이들 문제들로 미시적·거시적 분석과 이해, 그리고 대응노력이 함께 이루어질 때 보다 효과적이라 할 수 있다.

그리고 가족 문제의 성격과 관련하여 검토되어야 할 다른 사안으로서 가족 문제에 대한 시각 또는 관점이 있다. 가족이나 가족 복지를 연구함에 있어서 많은 이론가들은 가족 문제 또는 가족 복지서비스의 대상으로서 빈곤 가족, 가정 폭력, 이혼 관련 문제, 한부모 가족, 재혼 가족, 독신 가족, 새싹 가족, 노인 단독 가족 등을 들고 있다. 그러나 다른 한편으로는 이들 가족을 문제 가족, 또는 비정상 가족으로 보는 데 비판적인 시각이 있을 수 있다.[53] 이러한 시각에서는 정상 가족과 비정상 가족의 개념 규정부터 시도해야 하며, 그렇게 말하는 근거를 제시해야 한다고 주장한다. 가령, 독신 가족의 경우 산업사회 이후 여러 가지 복합적인 요인으로 인해 흔하게 발견될 수 있는 사회현상 가운데 하나이지, 결코 비정상적이거나 문제 가족으로 규정되어서는 안 된다는 것이다. 가족 문제에 대한 이러한 시각은 존중되어야 한다. 따라서 가족 문제의 개념과 유형을 규정하기 전에 가족 문제를 정의할 이론적인 틀을 가져야 한다. 단순하게 구조적·외형적으로 기존의 관념을 벗어났다고 하여 '가족 문제로 볼 수 있느냐?' '우리는 무엇을, 왜 가족 문제로 보느냐' 하는 것이다. 이러한 문제제기는 당연히 정상적인 가족, 적응적인 가족에 대한 관심과 연결되어 있다. 여기에서 '정상적인' 또는 '비정상적'이거나 '문제적인' 용어에는 가치가 개입되어 있다. 그래서 보다 가치중립적인 정형화된 가족이나 '비정형적 가족', '다양한 가족'이라는 용어가 사용되고 있다.[54] 이러한 입장에서 본다면 가족 문제로 분류되는 상당수의 유형들은 다수의 보편적인 믿음에 의해서 다소 자의적이고 가치개입적으로 이미 가족 문제화되어 있다는 것이다.

---

53) 이동원 외, 『변화하는 사회 다양한 가족』, 양서원, 2001
54) 김승권 외, 『한국 가족의 변화와 대응방안』, 보건사회연구원, 2000 ; 이동원 외, 앞의 책, 2001

4. 가족 문제 연구에 있어서 유의점

1) 개인의 사고방식과 가치에 대한 관심

가족 문제의 발생과 관련하여 검토해야 할 보다 근원적인 것으로서 개인의 인지구도나 사고방식, 내면화된 가치를 심도 있게 살펴보아야 한다. 모든 사람은 자신에게 형성되어 있는 사고방식이나 가치관에 입각하여 삶을 살아간다. 개인을 중심으로 본다면 가족 문제는 구성원 개개인간 인지구도나 가치의 충돌현상이라 할 수 있다. 인간은 기본적으로 자신을 중심으로 현상과 사물을 조명하고 이해하며, 나아가 행동의 기준으로 삼는 경향이 있는데, 그러한 경향성은 가족생활 전반, 특별히 부부관계와 자녀관계에서도 마찬가지로 작용하게 된다. 뿐만 아니라, 자신의 마음의 문을 어느 정도 닫아놓고 상대방이 자신을 이해하고 자기 중심으로 움직일 것을 기대한다. 부부관계에서 배우자는 나의 소유이고 언제든지 내 마음먹은 대로 할 수 있다고 생각하기 때문에 상대방은 나를 이해하고 나를 중심으로 생각하고 행동해 주기를 바란다. 그것은 서로 간에 동일하다. 그러기에 가족관계에서 상대방을 있는 그대로를 보는 것이 아니라, 상이한 2개의 가치나 구도가 충돌하거나 갈등현상이 발생하게 되는 것이다.

2) 가족생활에 대한 태도

가족 구성원이 가족생활에 임하는 마음가짐과 태도에 관심을 가질 필요성도 있다. 가족생활은 아무런 노력이 없어도 잘 꾸려갈 수 있고, 복된 가정은 내 마음먹은 대로 쉽게 달성될 수 있다고 여기는 사람들이 많다. 대부분 내 마음먹은 대로 가족 구성원들이 나를 이해하고 따라줄 것이며, 그리고 당연히 그렇게 되어야 한다고 여긴다. 그러한 내 마음을 다 이해하고 있기 때문에 나는 그것을 구성원들에게 굳이 말할 필요가 없다고 여긴다. 그리고 그러한 나의 마음을 이해하지 못하게 되면 구성원들을 야속하게 여기고 원망하게 된다. 이러한 성향을 가진 사람들은 훌륭한 가정을 이루기 위해서는 가족생활에 많은 시간과 에너지, 정열을 쏟아 부어야 한다는 사실을 모르고 있거나 사실의 인정을 꺼린다.

비록 그러한 사실을 인정하고 어느 정도 심정적으로 동의하더라도 대다수의 부부들은 건강하고 행복한 가족생활을 위해서 구체적으로 어떠한 노력을 기울여야 하는지에 관한 과학적인 지식이나 학습활동이 매우 부족한 실정에 놓여 있다. 우리 사회는 이들 부부들을 위한 지원이나 대책을 거의 제공하지 못하고 있다.

3) 가족 문제의 불인정

가족 문제를 연구하고 그 해결 노력을 실천하는 현장에서 흔히 목격되는 사실의 하나로서 실제로는 자신의 가족 내에 문제가 있음에도 불구하고 대부분의 부부들은 자기 가족 안에는 아무런 문제가 없다고 생각하고 있으며, 실제로 그렇다고 말한다는 것이다. 특별히 문제가 있다고 평가된 가족에서 대부분의 가장들은 가족 구성원 개인이 가진 문제는 자기 가족생활과는 아무런 관련이 없다고 여기는 경향이 있다. 이러한 태도나 행동은 우리 사회에서 가족생활이나 가족 문제를 외부로 드러내서는 안 된다는 전통적인 문화나 습관이 자리를 잡고 있는 것과도 관련이 있을 수 있다.

일부의 부부들은 실제로 자기 가족 내에 가족 문제가 있음에도 모르고 있을 수도 있다. 그리고 가족 문제가 있다는 것을 인식하고 있다 하더라도 그 실체를 정확하게 알지 못하거나 어떤 이유로 인해 실체 파악을 망설이는 경우도 있을 수 있다. 피어살(Paul Pearsall)은 "문제를 하나도 가지고 있지 않는 행복한 가족을 건강한 가족이라고 규정한다면 이 세상에서 행복한 가족은 없다."라고 단정적으로 말하고 있다.[55] 따라서 가족 내에 문제가 있다는 인식을 가지고 그 실체를 알도록 도와 주는 노력이 가족 사정과 개입 과정에서 다루어져야 할 것이다.

4) 가족 문제의 역사성

인간의 문제는 그것이 개인 문제이든, 가족 문제이든 오랫동안 진행된 하나의 결과물로 보아야 한다. 개인의 부적응 문제는 상당 기간, 또는 오랜 기간 가족생활을 통해서 누적되고 점진적으로 발달해 온 것이며, 그 문제가 겉으로 드러나는 것은 더 이상 참을 수 없거나 숨길 수 없는 상황까지 진행되었음을 의미한다. 가족 문제에 대한 이러한 이해와 접근은 그 해결을 위한 노력 또한 문제의 발생과 진행과정 만큼의 긴 시간과 에너지의 투입이 있어야 함을 암시해 준다. 그럼에도 불구하고 많은 경우에 부부와 핵심가족 구성원은 문제들을 단번에 해결해 버릴 수 있는 방법이 있을 것이라고 믿고 있으며, 그렇게 실행해 달라고 실천가에게 요구한다.

5) 부부관계의 중요성

대부분의 경우 가족 문제는 부부관계에서 시작된다고 보고 있다. 부부간의 심각한 갈등이나 문제는 그것이 곧바로 가족 문제이며, 가족 구성원들이 연계된 가족 문제로 나아가게 된다. 그래서 부부 문제는 가족 문제의 핵심이다. 따라서 이상적인 부부관계의 정립은 가족

---

55) Paul Pearsall, The Power of Family; Strength, Comfort, and Healing, 1990, 23면

복지의 구심점이 될 수 있다. 특히 아동들의 부적응 문제나 일탈 문제는 부모의 관계나 문제들을 그대로 반영한 경우가 있는데, 많은 가족들이 그러한 사실을 모르고 있다. 이에 가족 문제를 연구하려면 그것이 어떠한 내용이든 부부관계를 가장 먼저 들여다보아야 한다.

6) 가족 문제의 복합성

가족의 구조적 결함은 기능적인 장애를 가져 오며, 기능적인 장애는 가족관계와 가족생활 전반에 부정적인 영향을 미치게 된다. 부부관계의 혼란은 부모자녀관계에 혼란을 가져오며, 형제자매관계까지도 혼란케 하는 측면이 있다. 반대로 가족의 구조적 결함은 없더라도 가족의 기능에 곤란이 발생하여 이것이 구조적인 문제로 나아갈 수도 있으며, 다른 가족과의 관계 문제로 파생되기도 한다. 그리고 부부간의 불화는 이혼을 낳고, 이혼한 가족은 새롭게 형성된 가족구조 내에서 관계상의 문제를 발생시키기도 하는 것이다. 다시 말하면, 가족의 기능 상실은 제대로 수행하지 못하게 되므로 제2, 제3의 문제를 야기할 수도 있다. 소년소녀가장, 학대, 방임, 가족 폭력, 미혼모 문제, 비행청소년, 성윤리의 해이, 빈곤, 가출, 별거, 이혼 등 우리가 흔히 사회 문제로 분류하고 있는 문제들을 분석해 보면 그 근원이 가족의 기능 약화나 기능 상실에서 기인된 문제가 대부분이다. 그리고 가족의 기능 상실이나 기능 약화는 한 가족의 문제로 국한되는 것이 아니라, 사회 전체에 영향을 미쳐 사회의 존립 및 유지를 위협하므로 가족의 기능강화를 위한 다각적인 노력이 필요하다.

가족 문제는 이와 같이 하나의 차원에서 발생되기도 하지만, 대개 각각의 차원들이 순환적으로 상호작용하면서 발생한다. 따라서 가족 문제는 복합적 차원에서 이해하고 거기에 대응하는 가족 복지 실천 또한 체계적·복합적 차원에서 마련하는 것이 필요하다.

II. 가족 문제의 개념 및 대책

가족 문제는 가족 복지사업의 핵심적인 관심의 대상이자 가족 복지 실천의 구체적인 실행영역이다. 따라서 가족 문제에 대한 명확하고 체계적인 정의를 내리는 것은 가족 복지에서 매우 중요하다. 그러나 가족 문제의 이중성, 즉 개인 문제와 사회 문제와의 관련성 때문에 간단명료하게 그 실체를 규정한다는 것은 쉬운 일이 아니다.

첫째, 사회복지 실천에서 규정하고 있는 '문제'의 개념을 여기에서 그대로 적용하는 것이다. 사회복지 실천에서의 문제는 클라이언트가 직면하고 있는 고통이나 사회적인 부적응 등을 말한다.[56] 이를 구체적으로 말한다면 개인적인 불만족이나 사회적으로 부적응 상태에 놓

---

56) 김기태 외 3인, 『사회복지의 이해』, 박영사, 1999, 28면

여 있으면 그것이 문제라고 보는 것이다. 이를 가족생활에서의 문제를 규정하는 데 응용한다면 인간의 삶에서 일상의 생활과업을 수행하는 가장 중요한 장이 곧 가족이며, 가족 문제는 일상의 생활과업을 정상적으로 수행하지 못하게 되면서 발생하는 구성원들의 불만족과 일체의 부적응 현상으로 본다.

둘째, 가족 문제를 정의하는 데 참고할 수 있는 자료로서 유영주의 문제 가족에 대한 설명이 있다. 문제 가족이란 "가족관계의 대립·긴장·갈등이 발생하여 가족 성원 상호간의 의사소통이 이루어지지 않아 가족 성원의 욕구불만이 해결되지 않고 전체성·통일성·응결성·융합성이 없는 가족"을 말한다고 하였다.[57] 물론 이러한 정의는 가족 문제에 대한 것이 아니라, 문제 가족에 대한 것으로 가족 문제에 대한 것과는 다르다. 하지만 가족 문제를 정의하는 데 도움이 될 수 있다. 구성원들의 욕구불만의 미해소, 가족이 전체성이나 응결성 또는 융합성이 없다는 점이 그것이다.

셋째, 가족 문제에 대한 거시적 관점이 있다. 가족은 인간생활의 모든 요소를 포함하여 사회구조의 여러 요소들과 어떤 형태로든 서로 관련되기 때문에 가족 문제는 상대적으로 파악되어야 한다. 이는 "사회 문제로서 가족 문제를 검토할 때 '전체로서의 가족'(family as a whole)을 다루어야 한다."라는 것이다. 가족에 대한 사회적 차원의 접근으로서 사회 성원 중 다수의 사람들이 갈등과 억압과 고통을 경험하고 있으며, 거기에 사회공공의 노력으로 대응책을 수립해야 할 만큼 상황이 절박하다면 그것은 사회 문제가 되는 것이다. 일반적으로 사회 문제란 사회의 한 부분이 전체 또는 지역사회 구성원에게 해로운 것으로 간주되며 공적 개입의 필요성이 있는 사회적 상태로 규정될 수 있다. 이러한 정의에는 사회 문제의 주관적 측면과 객관적 측면이 포함되어 있다. 객관적 요인이라 함은 우리의 일상생활을 통해, 또는 매스컴을 통해 접하는 홈리스, 거리에서 총을 쏘는 행위, 그리고 매 맞는 여성 등이 여기에 해당된다. 주관적 요인이라 함은 어떤 특별한 상황이 사회에 해롭다고 여기는 신념체계와 관련되어 있다. 가령 약물중독이나 빈곤, 인종차별주의 등이 여기에 속한다.[58] 이러한 유형의 가족 문제들은 사회구조적으로 제도적으로 발생하기 때문에 가족 복지정책이나 행정적으로 접근할 필요성이 있다.

넷째, **가족 문제에 대한 미시적 관점**이 있다. **가족 문제를 개인 문제와 상관적으로 보거나 개인 문제의 상위영역이라고 보는 것**이다. 예컨대, 여기에 어떤 문제가 하나 있다. 이에 대한 **개인적 차원의 접근으로서 개인에게 갈등과 억압과 고통을 경험하게 하는 조건이나 상황에 관심을 가진다면 그것은 개인 문제이다. 그러나 이에 대한 가족적 차원의 접근을 말한다면**

---

57) 유영주, 『신가족관계학』, 교문사, 1984
58) Linda A. Mooney, David Knox, and Caroline Schacht, Instructors Manual for Choices in Sexuality, 2002, 3면

개인 문제를 가족 중심으로 이해하고 다루고자 하거나 개인 문제 때문에 가족 전체, 가족 구성원 다수가 억압과 고통을 경험하고 있는 상황에 관심을 가진다면 그것은 가족 문제이다.

다섯째, **가족 문제는 반드시 해결 가능성이 있어야 한다.** 사회학의 영역에서 사회 문제를 규정함에 있어서 아주 중요한 원칙 중의 하나는 문제의 해결 가능성을 염두에 두고 있다는 것이다. 이 말은 인간의 노력으로 해결을 할 수 없는 어떤 사회적 현상이나 사실이 있다면 그것은 사회 문제가 될 수 없음을 의미한다. 다만, 어느 정도의 시간이나 에너지, 공적인 노력이 투입되어야 해결 가능한지에 대한 것은 논의 대상이 아니다. 따라서 여기에서 가족 문제란 반드시 해결 가능성이 있어야 함을 의미한다. 가령 자신이 출생한 원가족의 부모를 부정하거나 근원적으로 바꾼다는 것은 실현 불가능한 과제이므로 가족 문제 논의에서 제외되는 것이다. 다만, 입양이나 다른 절차를 거쳐 새로운 부모를 맞아들일 수는 있을 것이다.

가족 문제에 대한 정의를 내리기 위해서는 이상과 같은 내용들을 고려하지 않으면 안 된다. 이에 이러한 내용들을 종합하여 가족 문제에 대한 정의를 다음과 같이 내릴 수 있다. **가족 문제란 건강하지 못한 결혼이나 부부 결합, 가족 구조의 결함, 가족 기능의 부적절, 가족 구성원들의 사회적 부적응, 자원의 결핍과 일상생활과업 수행의 불가능이나 어려움 등으로 인하여 가족 전체 또는 가족 구성원들이 심각한 수준의 고통과 불만족을 경험하게 되는 현상**을 말한다. 이러한 가족 문제에 직면한 가족의 수가 많으면 많을수록 사회 문제로 나아갈 가능성은 높아지게 된다.

제5절   가족 복지

Ⅰ. 가족 복지

1. 가족 복지의 개념

가족 복지란 가족의 기능을 향상시키고, 가족관계의 조화를 성취하는 것을 목적으로 가족생활을 보호 및 강화하며, 가족 내 상호관계 그리고 사회적응상의 문제를 가진 개인과 가족을 원조하며, 가족의 사회적 기능을 향상시키기 위하여 정부와 민간기관이 제공하는 사회적 서비스를 말한다. 가족 복지서비스는 국가차원의 제도적·정책적인 것과 민간기관의 전문적인 원조방법 등이 있다.[59] 즉 **가족 복지란 가족생활을 보호하고 강화할** 뿐만 아니라, **가족**

---

59) 김승의 외, 『사회복지개론』, 광문각, 2008

구성원이 사회인으로서의 기능을 높이기 위해서 행해지는 서비스 활동을 의미한다.[60]

가족 복지에 대한 이상의 내용들을 검토해 보면 다음과 같은 내용이 포함되어 있다.

① 가족을 대상으로 하고 있으며, 그 단위로 가족 전체 또는 가족 구성원이 있다.

② 대체적으로 가족의 기능에 대하여 언급하고 있다.

③ 바람직한 가족생활에 관심을 가지고 있다. 이는 가급적 가족 문제로부터 자유롭고 가족 전체가 행복하고 만족스러운 가족생활을 염두에 두고 있음을 의미한다.

④ 가족 구성원 개개인의 건강한 성장과 사회적응 또한 중요한 관심사이다.

⑤ 이상의 내용들을 실현시키거나 실현할 수 있도록 가족 구성원들을 돕는 공공의 개입과 민간의 노력을 가족 복지라고 할 수 있다.

이러한 내용을 종합할 때 가족 복지에 대한 개념을 다음과 같이 규정할 수 있다. 즉 "**가족 복지는 가족 전체나 가족 구성원들이 문제와 고통으로부터 벗어나게 되고 만족스러운 가족생활을 누릴 수 있도록 도와주는 전문적 활동이며, 가족 구성원들의 성장과 적응을 도와주고 가족의 기능을 보다 촉진시켜 주는 일체의 사회적 대책과 노력이다.**"

2. 건강가정기본법

건강가정기본법은 2003년 12월 29일에 제정되어 2005년 1월부터 시행되고 있다. 이 법은 제1조에서 밝히고 있듯이 건강한 가정생활의 영위와 가족의 유지 및 발전을 위한 국민의 권리·의무와 국가 및 지방자치단체 등의 책임을 명백히 하고, 가정 문제의 적절한 해결방안을 강구하며, 가족 구성원의 복지증진에 이바지할 수 있는 지원정책을 강화함으로써 건강가정 구현에 기여하는 것을 목적으로 하고 있다.

1) 용어의 정의

[1] "가족"이라 함은 혼인·혈연·입양으로 이루어진 사회의 기본단위를 말한다.

[2] "가정"이라 함은 가족 구성원이 생계 또는 주거를 함께 하는 생활공동체로서 구성원의 일상적인 부양·양육·보호·교육 등이 이루어지는 생활단위를 말한다.

[3] "건강가정"이라 함은 가족 구성원의 욕구가 충족되고 인간다운 삶이 보장되는 가정을 말한다.

[4] "건강가정사업"이라 함은 건강가정을 저해하는 문제(이하 "가정 문제"라고 한다.)의 발생을 예방하고 해결하기 위한 여러 가지 조치와 가족의 부양·양육·보호·교육 등의 가정기능을 강화하기 위한 사업을 말한다.

---

60) NASW, Encyclopedia of Social Work, 1995

2) 국민의 권리와 의무, 국가의 책임(건강가정기본법 제4조~제15조)

[1] 모든 국민은 가정의 구성원으로서 안정되고 인간다운 삶을 유지할 수 있는 가정생활을 영위할 권리를 가진다.

[2] 모든 국민은 가정의 중요성을 인식하고 그 복지의 향상을 위하여 노력하여야 한다.

[3] 모든 국민은 혼인과 출산의 사회적 중요성을 인식하여야 한다.

[4] 가족 구성원 모두는 가족 해체를 예방하기 위하여 노력하여야 한다.

[5] 국가 및 지방자치단체는 건강가정을 위하여 필요한 제도와 여건을 조성하고 이를 위한 시책을 강구하여 추진하여야 한다.

[6] 국가 및 지방자치단체는 제1항의 시책을 강구함에 있어서 가족 구성원의 특성과 가정 유형을 고려하여야 한다.

[7] 국가 및 지방자치단체는 민주적인 가정 형성, 가정친화적 환경조성, 양성평등한 가족가치 실현 및 가사노동의 정당한 가치 평가를 위하여 노력하여야 한다.

[8] 국가 및 지방자치단체는 출산과 육아에 대한 사회적 책임을 인식하고 모성보호와 태아의 건강보장 등 적절한 출산환경을 조성하기 위하여 적극적으로 지원하여야 한다.

[9] 국가 및 지방자치단체는 가족 해체를 예방하기 위하여 필요한 제도와 시책을 강구하여야 한다. 그리고 국가 및 지방자치단체는 가족 구성원에게 건강한 가정생활을 영위하는 데 도움이 되는 정보를 최대한 제공하고 가정생활에 관한 정보관리체계를 확립하여야 한다.

3) 조직과 업무

[1] 건강가정에 관한 주요 시책을 심의하기 위하여 국무총리 소속하에 중앙건강가정정책위원회를 둔다. 중앙위원회는 제2항의 심의사항을 검토·연구하기 위하여 중앙위원회에 건강가정실무기획단을 둔다.

[2] 건강가정에 관한 중요사항을 심의하기 위하여 특별시·광역시·도에 건강가정위원회를 둔다.

[3] 중앙위원회의 업무

　　① 건강가정 기본계획의 수립 및 시행에 관한 사항

　　② 건강가정을 위한 중·장기 발전방향

　　③ 건강가정 제도의 개선에 관한 사항

　　④ 건강가정 정책의 평가

　　⑤ 건강가정 전담인력의 선발·관리에 관한 기본방안

⑥ 국가 및 지방자치단체의 역할 및 비용분담

⑦ 그 밖에 중앙위원회 위원장이 부의하는 사항

[4] 시·도 위원회의 업무

① 건강가정에 관한 시행계획

② 건강가정을 위한 재정지원

③ 건강가정과 관련된 사업

④ 그 밖에 시·도 위원회 위원정이 부의하는 사항

[5] 국가 및 지방자치단체는 가정 문제의 예방·상담 및 치료, 건강가정의 유지를 위한 프로그램의 개발, 가족문화운동의 전개, 가정 관련 정보 및 자료제공 등을 위하여 중앙, 시·도 및 시·군·구에 건강가정지원센터를 둔다. 이 센터에는 건강가정사업을 수행하기 위하여 관련 분야에 대한 학식과 경험을 가진 전문가(이하 "건강가정사"라 한다.)를 둔다.(건강가정기본법 제35조)

[6] 보건복지가족부 장관은 관계중앙행정기관의 장과 협의하고 중앙위원회의 심의를 거쳐 건강가정기본계획을 5년마다 수립하여야 한다. 이 계획에는 다음과 같은 사항이 포함된다.

① 가족 기능의 강화 및 가정의 잠재력 개발을 통한 가정의 자립증진대책

② 사회통합과 문화계승을 위한 가족공동체 문화의 조성

③ 다양한 가족의 욕구충족을 통한 건강가정 구현

④ 민주적인 가족관계와 양성평등적인 역할분담

⑤ 가정친화적인 사회환경의 조성

⑥ 가족의 양육·부양 등의 부담 완화와 가족 해체 예방을 통한 사회비용 절감

⑦ 위기 가족에 대한 긴급지원책

⑧ 가족의 건강증진을 통한 건강사회 구현

⑨ 가족지원정책의 추진과 관련한 재정조달방안

4) 국가책임의 건강가정사업

[1] 국가 및 지방자치단체는 5년마다 가족실태 조사를 실시하고 그 결과를 발표하여야 한다.(건강가정기본법 제20조)

[2] 국가 및 지방자치단체는 가정이 원활한 기능을 수행하도록 다음과 같은 사업을 지원하여야 한다.

① 가족 구성원의 정신적·신체적 건강지원

② 소득보장 등 경제생활의 안정

③ 안정된 주거생활

④ 태아검진 및 출산·양육의 지원

⑤ 직장과 가정의 양립

⑥ 음란물·유흥가·폭력 등 위해환경으로부터의 보호

⑦ 가정 폭력으로부터의 보호

⑧ 가정친화적 사회분위기의 조성

⑨ 그 밖에 건강한 가정의 기능을 강화·지원할 수 있는 관련 사항

[3] 국가 및 지방자치단체는 취업여성의 임신·출산·수유와 관련된 모성 보호 및 부성보호를 위한 유급휴가시책이 확산되도록 노력하여야 한다.

[4] 국가 및 지방자치단체는 한부모 가족, 노인 단독 가정, 장애인 가정, 미혼모 가정, 공동생활 가정, 자활공동체 등 사회적 보호를 필요로 하는 가정에 대하여 적극적으로 지원하여야 한다.

[5] 국가 및 지방자치단체는 자녀를 양육하는 가정에 대하여 자녀 양육으로 인한 부담을 완화하고 아동의 행복추구권을 보장하기 위한 보육 및 방과 후 서비스, 양성이 평등한 육아휴직제 활용을 적극적으로 확대하여야 한다.

[6] 국가 및 지방자치단체는 가사노동의 가치에 대한 사회적 인식을 제고하고 이를 관련 법·제도 및 가족정책에 반영하도록 노력하여야 한다.

[7] 국가 및 지방자치단체는 사회보험·공공부조 등 사회보장 제도의 운용과 관련하여 보험료의 산정·부과, 급여 등을 운용함에 있어서 가족을 지지하는 시책을 개발·추진하여야 한다.

[8] 국가 및 지방자치단체는 경제·사회, 교육·문화, 체육, 지역사회개발 등 각 분야의 제도·정책 및 사업 수립 및 추진에 있어 가족을 우대하는 방안을 강구하여야 한다.

[9] 국가 및 지방자치단체는 영·유아, 아동·청소년, 중·장년 등 생애주기에 따르는 가족 구성원의 종합적인 건강증진대책을 마련하여야 한다.

[10] 국가 및 지방자치단체는 영·유아 혹은 노인 등 부양지원을 요하는 가족 구성원이 있는 가정에 대하여 부양부담을 완화하기 위한 시책을 적극 강구하여야 한다.

[11] 국가 및 지방자치단체는 질환이나 장애로 가족 내 수발을 요하는 가족 구성원이 있는 가정을 적극 지원하며, 보호시설을 이용할 수 있도록 전문보호시설을 확대하여야 한다.

[12] 국가 및 지방자치단체는 가족 구성원 중 장기요양을 필요로 하는 질병이나 사고로 간병을 요할 경우 가족간호를 위한 휴가 등의 시책을 마련하여야 한다.

[13] 국가 및 지방자치단체는 부부 및 세대간 가족갈등이 있는 경우 이를 예방·상담하

고, 민주적이고 양성평등한 가족관계를 증진시킬 수 있도록 가족지원서비스를 확대하고, 다양한 가족생활교육·부모교육·가족상담·평등가족홍보 등을 추진하여야 한다.

[14] 국가 및 지방자치단체는 가정 폭력이 있는 가정의 경우 가정 폭력 피해자와 피해자 가족에 대한 개입에 있어 전문가의 체계적인 개입과 서비스가 이루어지도록 노력하여야 한다.

[15] **국가 및 지방자치단체는 건강가정의 생활문화를 고취하고 그에 대한 지원정책을 수립하여야 한다.**
> ① **가족여가문화**
> ② **양성이 평등한 가족문화**
> ③ **가족단위 자원봉사활동**
> ④ **건강한 의식주 생활문화**
> ⑤ **합리적인 소비문화**
> ⑥ **지역사회 공동체문화**
> ⑦ 그 밖에 **건강가정의 생활문화와 관련된 사항**

[16] 국가 및 지방자치단체는 이혼하고자 하는 부부가 이혼 전 상담을 받을 수 있게 하는 등 이혼조정을 내실화할 수 있도록 필요한 조치를 강구하여야 한다.

[17] 국가 및 지방자치단체는 이혼의 의사가 정해진 가족에 대하여 이들 가족이 자녀양육·재산·정서 등의 제반 문제를 준비할 수 있도록 도움을 주는 지원서비스를 제공하도록 하여야 한다.

[18] 국가 및 지방자치단체는 이혼한 가족에 대하여 양육비에 대한 집행력의 실효성을 강화하고 그 적용대상을 확대하도록 하여야 한다.

[19] 국가 및 지방자치단체는 건강가정교육을 실시하여야 한다.
> ① 결혼준비교육
> ② 부모교육
> ③ 가족윤리교육
> ④ 가족 가치 실현 및 가정생활 관련 교육

Ⅱ. 장애인 복지

1990년부터 「장애인 고용촉진 등에 관한 법률」을 제정하여 시행하고 있으나, 시행 이후에도 장애인 고용률이 뚜렷하게 증가하고 있지는 않다. 국가의 더 많은 관심과 노력이 필요하며, 의무채용률을 높이고 장애인을 고용하고 있는 민간기업체에 대한 인센티브를 강화하는 실질적인 다양한 방안을 강구하여 장애인 고용을 지속적으로 유도해 나가야 할 것이다.

장애인 부양가족의 부담을 덜어주기 위해서는 주간 및 단기보호서비스와 가정봉사원 파견사업 등의 재가사업의 확대와 유급휴가 제도의 실질화 등 부양가족을 위한 실질적인 지원과 확대가 필요하다.

III. 여성 복지

1995년 여성발전기본법과 남녀고용평등법의 제정, 2001년 여성부의 신설 등 여성정책의 변화 및 발전과정에도 불구하고, 여성 복지의 학문분야와 실천현장에서의 진전은 크게 나아지지 않았다. 그 이유는 여러 가지가 있겠지만, '여성과 남성을 이분법적으로 나누는 것에 대한 거부감, 더 나아가 사회복지정책과 실천에 여성주의 관점을 적용하는 것에 대한 불편함이 큰 역할을 하는 것이 아닌가' 한다.[61] 이러한 이유로 여성 복지에 대한 체계화는 매우 더디게 이루어지고 있으며, 실천현장에서도 취약계층 여성에 대한 한정적이고 소극적인 여성 복지를 실천하고 있는 실정이다. 따라서 여기에서는 여성 복지라는 개념의 함의와 필요성에 대하여 이해하고, 우리 사회에서 실천되는 여성 복지 접근방법의 전반적 흐름을 통하여 앞으로의 발전과제를 알아보도록 한다.

1. 여성 복지의 개념

과거 우리의 여성에 대한 사회복지는 '부녀 복지'라는 용어로 사용되었으며, 이는 6·25전쟁 이후 발생하게 된 윤락여성과 미망인 등 사회 내 취약계층 여성을 중심으로 한 문제해결식 접근이 주를 이루었다.

이후 경제개발 5개년 계획 등으로 눈부시게 이룩한 산업화는 노동시장을 남성중심의 제조업에서 여성이 참여 가능한 서비스업 중심으로 변화하게 하였고, 여성들을 사회로 이끌어내는 계기가 되었다. 또한 고령화 및 저출산 문제는 노동 인구의 축소라는 심각한 사회 문제를 야기하였으며, 국가는 이의 근본적 해결방법을 위하여 노동력 확보, 즉 여성들을 노동시장에 참여하게 하였다. 위 두 가지 과정은 여성들에게 가사노동을 비롯하여 사회적인 역할까지 요구하고 있으며, 이는 전통적인 남성우월주의 사상과 맞물려 다양한 사회 문제를 이슈화하기에 이르렀다. 또한 비슷한 시기에 '여성주의'(feminism)의 등장은 기존 취약계층의 여성을 위한 제한적인 여성 복지에서 모든 여성으로 대상을 확대시켜 보편적이고 적극적인

---

61) 김인숙 외, 『여성 복지 실천과 정책』, 나남출판, 2008

여성 복지로 변화시켰다.

이러한 변화에 따라 1990년대 후반에 들어서면서부터 여성 복지의 개념을 정의하고자 하는 노력이 활발히 진행되고 있으나, 여성 복지를 무엇으로 정의해야 하는지에 대한 체계적이고 분석적인 논의는 아직까지 이루어지지 못하고 있다.[62] 따라서 학자들이 정의한 내용 중에서 가장 포괄적이며 실천적인 개념을 통해 그 의미를 이해하고자 한다.

① **한국여성개발원(1990)에서는 "여성 복지란 여성이 국가와 사회로부터 인간의 존엄성과 인간다운 생활을 할 권리를 동등하게 보장받음으로써 여성의 건강·재산·행복의 조건들이 만족스러워지는 상태를 의미하며 동시에 가부장적 가치관과 이에 기초를 둔 법, 그 밖의 사회 제도를 개선하는 것 등으로 여성의 인간다운 삶을 실현하기 위한 모든 실천적 노력을 포함하는 개념"으로 정의**하고 있다.

③ 김인숙은 "여성 복지란 여성이 국가나 사회로부터 남성과 동등하게 권리를 보장받을 수 있게 하기 위해, 가부장적 가치에 근거한 각종 차별적 사회복지 법과 제도를 개선하고 여성 개인의 능력을 고양시킴으로써 여성의 인간다운 삶을 보장하기 위한 사회복지 차원의 정책적이고 실천적인 모든 조직적 활동"이라고 정의하였다.

위에서의 두 정의를 살펴보면, **가부장적 가치관의 개선, 여성 개인의 능력 고양, 인간다운 삶의 보장을 핵심요소**로 파악할 수 있다. 이러한 **내용은 대상의 문제 해결을 통해 삶의 질을 향상시키는 전통적인 사회복지의 접근방식을 넘어 여성의 인권 보장, 사회적 가치관 변화 및 제도의 개선까지 그 목적이 닿아있음**을 알 수 있다. 즉 여성 복지는 취약계층 여성들의 전문적 사회복지서비스를 비롯하여, 사회 내에 잔재되어 있는 남성우월주의 타파를 통한 여성 불평등 문제 해소, 여성들의 권익 향상 등 다양하고 포괄적인 분야로 인식해야 할 것이다.

2. 여성 복지의 발전과제

사회변화에 따라 여성의 욕구는 더욱 다양해질 것이며, 이에 따라 현재의 소극적이고 한정적인 접근방법에서 적극적이고 포괄적인 접근방법으로 변화되어야 한다. 이러한 관점에서 여성 복지의 발전과제를 살펴보면 다음과 같다.

첫째, **여성 복지의 대상이** 모든 **여성으로 확대**되어야 한다. 앞서 거론된 바와 같이 여성 복지는 특정 여성계층에만 국한되어 있는 것이 아니라, 대한민국 국민 여성 모두가 포함된다. 따라서 사회복지 실천현장에서는 현재와 같이 취약계층 중심의 문제해결식 차원을 넘어, 여성 복지 필요성의 시급함을 인식하고 전체 여성을 위한 포괄적인 사회복지 서비스 개발에

---

62) 김인숙, 앞의 책

매진하여야 할 것이다.

둘째, **여성 복지의 전달체계를 정립하고 전문성을 강화**하여야 한다. 최근 우후죽순처럼 설립되고 있는 여성회관의 경우 모든 여성을 위한 대표적인 여성 복지시설로 부각되고 있지만, 사회복지사업에 근거하지 못하고 '지방별 공공시설 관련 조례'에 근거하고 있다. 이러한 이유로 사회복지사 등의 경력인정의 불인정을 가져다주어 전문인력 확보를 어렵게 하고 있으며, 여성 복지라는 큰 개념 아래 사회복지업무를 실천하고자하여도 지방자치단체의 방향성에 흔들릴 수 있다는 우려를 지니고 있다.

반면, 부녀자 지원시설, 성폭력 보호시설 등은 그에 관한 법률은 명확하지만, 장기적인 안목을 기반으로 체계적으로 제정되었다기보다는 시대적·사회적 문제의 시급성에 의하여 일시적인 문제해결의 느낌이 없지 않다. 따라서 여성 복지를 위한 법 제도의 일원화가 요구되며, 여성들의 욕구에 부합되는 체계적인 접근방법을 수립하는 민·관의 노력이 필요하다.

셋째, **사회전반적인 의식의 변화가 필요**하다. 앞서 언급한 바와 같이 1995년 이후 여성발전기본법, 남녀고용평등법 등을 신설하여 여성들의 평등을 보장하고자 하는 노력은 지속되었다. 하지만 전통적인 남성우월주의 사상과 일반 여성 전체를 대상으로 하는 사회복지 실천에 대한 거부감이 그 발전을 저해하고 있는 실정이며, 이를 통하여 발생하는 문제들(가정 내의 역할 문제)은 개인적·개별적 문제로만 인식하고 있다. 또한 여성 복지의 필요성이 불평등 문제에서 기인하였음을 인식한다면 인식변화는 장기적으로 논의되고 준비되어야 할 가장 큰 과제라고 할 수 있다.

Ⅳ. 아동 복지

1. 아동 복지의 개념

아동 복지란 '아동'과 '복지'의 복합 개념으로서 아동의 영어 단어는 'child'이고, 복지는 'welfare'이다. 복지인 'welfare'는 well이라는 부사와 fare라는 동사가 합해진 말이다. well은 '잘', '훌륭히', '충분히', '능숙히'라는 의미의 부사이고, fare는 '지내다', '되어가다'라는 의미의 동사이다. 결국 welfare란 '잘 지내다', '순조롭게 되다'라는 뜻을 가지고 있는데, **아동복지의 어원적 측면에서 보면 아동이 편안히 잘 지내는 상태**를 뜻한다고 볼 수 있다.[63]

아동 복지의 개념을 협의와 광의로 구분하여 살펴보면, **좁은 의미의 아동 복지는 "부모가 아동 양육 책임을 이행할 수 없거나 지역사회가 아동 및 가족이 요구하는 자원과 보호를 제**

---

63) 곽형식 외, 『인간행동과 사회환경』, 형설출판사, 2008

공하지 못할 때 기능을 강화·보완·대리하는 것"이라는 치료적인 측면을 강조하며, 넓은 의미의 아동 복지는 "일반 아동을 포함한 모든 아동의 행복을 위해서 그들의 신체적·사회적·심리적 발달을 보호하고 촉진하기 위한 방법"으로 예방적인 측면을 강조한다.

① 프리들랜더(W. Friedlander)와 앱트(R. Apte)는 "아동복지는 단지 빈곤·방치·유기·질병·결함 등을 지닌 아동 또는 환경에 적응하지 못하는 비행아동에만 관심을 두는 것이 아니라, 모든 아동이 신체적·지적·정서적 발달에 있어서 안전하고 행복할 수 있도록 위험으로부터 보호하기 위하여 공·사의 여러 기관에서 실시하는 사회적·경제적·보건적인 모든 활동을 포함한다."라고 정의하였다.[64]

② 「아동 복지 사업지침」(보건복지부, 1995)에서 아동 복지에 대하여 "사회의 특별한 보호가 필요한 요보호 아동을 포함한 모든 아동이 가족 및 사회의 일원으로서 육체적·정신적으로 건강하게 성장·발달할 수 있도록 보호·지원하여 그들의 건전육성을 도모함"으로 정의하였다.

③ 『사회복지사전』(사회복지협의회, 1993)에 의하면 "아동 복지란 일반적으로 특수한 장애를 가진 아동은 물론 모든 아동이 가족 및 사회의 일원으로서 육체적으로나 정신적으로 건전하게 성장·발휘할 수 있도록 지역사회나 사회복지서비스 분야에 있는 공·사단체나 기관들이 협력하여 아동 복지에 필요한 사업을 계획하며 실행에 옮기는 조직적인 활동을 의미한다"라고 정의하고 있다.

이상의 정의들을 토대로 **아동 복지의 개념을 종합**해 보면 다음과 같다. **아동 복지란 보호를 필요로 하는 특수한 환경과 장애를 가진 아동은 물론, 모든 일반 아동과 그 가족이 건전하게 성장하고 발달할 수 있도록 여러 분야에 걸쳐 국가와 사회단체 및 민간단체에 의해 이루어지는 일련의 계획적이고 조직적인 활동**이라 할 수 있다.

2. 아동 복지 대상의 분류

아동 복지에서는 연령에 의하여 아동을 규정하고 있는데, 우리 아동복지법에서는 만 18세 미만인 자로, 민법 및 소년법에서는 19세 미만의 자로, 근로기준법에서는 15세 미만인 자로, 국민기초생활보장법에서는 18세 미만의 자로 보고 있다. 그리고 아동문제에 따른 대상으로는 요보호 아동과 일반아동으로 분류된다.

1) 요보호 아동

① **양육환경상의 문제를 지닌 아동**(빈곤 가정 아동, 결손 가정 아동, 학대 아동, 미혼모 아동)

---

64) W. Friedlander & R. Apte, Introduction to Social Welfare, 1974

② 신체·정서·행동장애(신체장애, 정서장애, 행동장애, 정신장애)

3. 아동 복지의 과제와 전망

1) 아동 복지의 과제와 전망

아동 복지의 과제와 전망을 살펴보면 다음과 같다.[65)]

첫째, 아동 복지는 변화와 치료서비스만큼이나 예방이 중요하다. 아동이 가정으로부터 이탈되지 않도록 예방에 초점을 두는 것이다. 이를 위해 관련 프로그램의 개발, 법률의 정비, 정책 및 행정체계의 조직화, 사회적 인식의 변화를 위한 홍보, 건전한 생활환경 개선과 여가 시설의 확충 등 예방을 위한 각종 노력이 이루어져야 한다.

둘째, 요보호 아동을 위한 서비스의 강화이다. 현재 아동 복지 시설은 대부분 도심의 외각에 있어 접근 용이성이 떨어지고 폐쇄적인 경향이 다소 있다. 아동 복지 시설의 개방화가 필요하며 동시에 시설의 주거환경 개선과 정비, 시설종사자의 처우 개선과 전문성을 강화시켜 보다 전문적이고 다양한 서비스를 제공하는 시설로 변모해야 한다.

셋째, 아동 복지 관련 프로그램 개발의 다양성이 요구된다. 결손가정의 아동, 학대받는 아동, 방임된 아동, 성적 학대를 받는 아동 등을 위한 다양한 부모, 성인교육 프로그램의 개발이 동시에 필요하다.

넷째, 아동 복지 시설이 소규모화·다양화되어야 한다. 아동의 문제유형에 따라 다양화, 차별화된 아동 복지 시설이 필요하다.

다섯째, **요보호 아동의 자립을 위한 제도가 절실히 필요**하다. 요보호아동은 일정 연령이 되면 자립을 위한 자립정착금을 지원하고 있으나, 자립을 위해 턱 없이 부족한 실정이다. 이를 위해 자립정착 제도와 프로그램을 마련하여 병행 실시해야 한다.

여섯째, 아동 복지 시설의 내실화가 있어야 한다. 특히 전국적으로 급증한 지역아동센터의 경우 실질적인 아동 복지시설로서 제 기능을 하도록 인력과 공간, 재정지원이 뒷받침되어야 한다.

일곱째, 학교사회 복지사업이 제도화되어야 한다. 요보호아동을 포함한 빈곤과 이에 따른 다양한 어려움을 겪고 있는 아동들에게 신체적·정서적 건강을 위한 서비스를 제공하고, 필요한 자원과 연결시켜 이들이 학교에서 정상적인 생활을 할 수 있도록 도와주고 일반아동이 요보호 아동이 되는 것을 예방하기 위한 각종 서비스를 제공하는 학교사회 복지사업이 도입되어야 한다.

---

65) 유공순 외, 『사회복지개론』, 양서원, 2007

V. 청소년 복지

1. 청소년 복지의 개념

일반적으로 청소년(adolescent)이란 아동과 성인의 중간 단계에 있는 자로서 심신의 건강 또는 성숙의 의미를 가지는 라틴어 'adolescere'(성숙하다, 자라다)에서 유래된 용어이다. 청소년기는 신체적·심리적·지적·성적으로 현저한 변화와 발달을 가져오는 시기로서 특히 성적 징후와 신체적 급성장이 이루어진다. 오늘날 청소년 복지는 사회의 주요한 과제로 대두되고 있으며, 청소년 문제의 해결이 없이는 발전적이며 안정된 사회가 존재하기 어렵다는 인식에 공감하고 있다. 과거 청소년 복지는 일부 불우계층의 청소년들을 경제적으로나 정신적으로 원해 준다는 단순한 개념으로 해석해 왔지만, **현재의 청소년 복지는 보다 잘살기 위한 사회적 노력과 함께 포괄적·보편적 사회복지의 개념과 맥락을 같이한다.**

따라서 청소년 복지란 청소년의 인권보장과 가족 구성원 및 사회의 일원으로서 바람직한 삶을 영위할 수 있도록 하는 사회복지정책과 사회복지서비스의 지원체계를 의미한다. 즉 청소년 복지는 이들이 성장하고 발달할 수 있도록 공적·사적 복지서비스를 실천에 옮기는 조직적인 활동이라 할 수 있다.[66]

2. 청소년 복지의 과제와 전망

청소년 복지의 과제와 전망을 살펴보면 다음과 같다.[67]

첫째, **청소년 복지를 위한 전달체계의 확립** 및 **전문인력이 확충**되어야 한다. 청소년관련 부처 및 보건복지부와 문화체육관광부, 여성가족부, 교육부 등으로 다원화되어 있어 그 전문성과 전달체계상 문제를 가지고 있기 때문에 부처의 일원화에 따른 전담기구가 필요하며, 이를 체계적이고 전문적으로 수행하기 위한 청소년전담 전문인력의 확충이 필요하다.

둘째, **청소년의 인권이 더욱 보장되어야 할 것**이다. 즉 모든 청소년에게 교육적 욕구를 충족시켜 주는 지식에 대한 권리와 그들의 권리에 대해 알 권리, 그리고 사회적 보호를 받을 권리, 사생활 보호의 권리, 동등하게 취급받을 권리에 이르기까지 다양한 영역에서 국가와 사회의 전반적인 인식 전환과 제도적 장치가 마련되어야 할 것이다.

셋째, 청소년을 위한 건전한 정보 제공의 서비스가 필요하다. 첨단기술의 발달로 인해 청소년들이 새롭고 다양한 정보를 수 없이 무방비로 접하고 있는 현실에서 청소년에게 미래

---

66) 박차상 외, 『케어복지론』, 학지사, 2006
67) 유공순 외, 앞의 책

사회를 대비한 컴퓨터교육을 강화하고, 이들이 쉽게 접근하여 건전하고 유익한 정보를 접할 수 있는 최신시스템을 갖춘 청소년정보센터를 설립해야 한다.

넷째, 청소년 복지를 위한 현실에 맞는 각종 제도 보완과 정책입안이 요구된다. 청소년 복지대책에 주요한 영역이 될 수 있는 교육·고용·보건·스포츠·여가·예술·오락 등에서 이들의 욕구와 문제를 파악하고, 여타 선진국가의 청소년 복지대책도 깊이 연구하고 비교·분석하여 우리의 현실에 알맞은 청소년 복지모델이 나와야 한다.

다섯째, 청소년 복지서비스를 보다 강화해 나가야 할 것이다. 우선 청소년들을 위한공간과 여건을 마련하는 것이 요구된다. 즉 학교나 지역사회가 중심이 되어 청소년센터나 클럽, 수련시설 등을 설치하고 적절한 프로그램을 제공해 주어야 한다. 이와 함께 특수한 문제를 지닌 청소년집단에 대해서는 그 문제나 대상에 따라 청소년 복지기관이나 시설을 중심으로 전문적인 서비스를 제공해 나가야 할 것이다. 이를 위해 학교사회 복지제도가 확대·실시될 필요가 있다.

VI. 노인 복지

1. 노인 문제

노인 문제란 다수의 노인이 공통적으로 가지는 기본적인 생존과 발전의 욕구를 노인 자신이나 가족의 노력으로는 해결하지 못하는 상태로서, 퇴직 후 경제적 어려움, 만성질환과 심신쇠약으로 인한 건강보호의 어려움, 가족 부양의 한계로 인한 고독과 소외, 정년퇴직 이후 가정과 사회에서의 역할 상실과 여가 선용의 어려움을 느끼는 현상이다. 즉 노인 문제는 빈곤·질병·고독·무위 등의 4고四苦로 표현할 수 있다.

2. 노인 복지의 개념

노년학이란 노인학으로도 지칭되며, 인간노화의 원인과 결과에 대해 과학적으로 연구하는 학문이다. 영어의 Gerontology는 노년학이라는 의미로 사용되며, Gerontology의 어원은 그리스어에서 유래된 것으로 'geras'(old age)라는 노인을 뜻하는 말과 어떤 사물에 대한 연구나 서술을 뜻하는 'leges'가 합성된 단어이다. 그 뜻은 노인을 연구하는 학문이라고 할 수 있다.

노인 복지(the old age welfare)는 여러 가지 사회 문제들 중 특히 노인에게 발생하는 문제를 해결하고 예방하여 노인의 복지를 이룩하려는 사회적 노력이다. 이러한 노력은 복지사회를 지향하는 지구상의 모든 나라에서 인간존엄성의 차원에서 사회통합이라는 목표를 이루기 위한 것이다. 따라서 **노인 복지란 노인이 인간다운 생활을 영위하면서 소속된 가족** 및 **지역 사회에 적응하고 통합되도록 하는 데 필요한 자원의 제공과 관련된 공적** 및 **사적 차원에서 의 제반활동을 의미**한다. 노인 복지는 사회 문제 중, 특히 노인에게 일어나는 문제를 해결하고 노인 복지를 이룩하려는 사회적 노력이라 할 수 있다.

노인 복지는 사회복지의 한 분야이기 때문에 요약하면 노령에 의해 **일어나는 사회생활상 의 곤란**에 대한 **사회복지 차원의 원조**라고 말할 수 있다. 즉 사회복지 고유의 관점 내지 원리에 입각한 노인 문제 해결의 원조가 아니면 노인 복지라고 할 수 없다고 하여 사회복지 고유의 관점에서 노인 복지의 파악을 시도하고 있다. 종합적으로 정리하면 노인 복지란 노인생활상의 곤란에 대하여 생활의 안정, 심신의 건강유지, 사회적 참여와 역할의 수용 및 취업의 기회와 여가 등에 걸쳐 정책 및 제도와 복지서비스 등을 통하여 노인이 하나의 독립된 인간으로서의 기본적 욕구와 문화적 생활을 유지할 수 있도록 원조하는 것이라 할 수 있다.[68]

---

68) 남일재 외, 『사회복지개론』, 학현사, 2007

제 2 장

가족법상의
권리와 의무

가족법상의 권리와 의무

제1절 서론

Ⅰ. 서설

1. 가족법(친족·상속법)의 의의

[1] 민법 중 **가족관계**, 즉 남녀의 성적 결합과 부모·자식의 관계 그리고 유언 및 **상속의 관계를 규율하는 부분을 가족법(친족·상속법)이라 하는데, 가족법(친족법과 상속법)이** 이에 속한다. 이 중 **친족법은 친족 상호간의 권리·의무에 관한 법률로서 부부와 미성년의 자를 중심으로 한 혼인과 친자관계, 그리고 친족관계와** 관련하여 **제한능력자에 대한 후견, 친족간의 부양** 등을 **규율**한다. 반면에, **상속법은 사람이 사망한 경우 그 망인의 재산을 망인의 혈족이 무상으로 승계하는 권리·의무에 관한 법률로서 구체적으로 '누가 상속인으로 되느냐', '상속인이 어떤 권리·의무를 취득하느냐'** 하는 문제와 유언의 문제 등을 다룬다.

[2] 친족·상속적 공동생활관계의 질서를 유지하기 위해서는 국가적·사회적 차원에서의 각종 통제를 필요로 하게 된다. 가족법(친족·상속법)은 종족의 생산·재생산을 중심으로 하는 친족·상속적·친족적 공동생활 및 이러한 공동생활에 기초한 재산의 승계관계를 규율하는 법이다.

[3] **가족법(친족·상속법)은 친족·상속적 공동생활을 규율하며,** 재산법에서의 자유로운 의사에 의한 법률관계의 형성을 원칙으로 하는 것과 대조적이어서 **관습적·보수적·비합리적**

성질을 갖는 원칙적으로 강행법규이다.

[4] 호주상속과 재산상속의 두 가지가 인정되던 과거와 달리 현행의 상속 제도는 재산상속만을 인정하고 **호주 제도가 폐지됨에 따라**(2005년 3월 31일 폐지, 2008년 1월 1일부터 시행) **상속법은 재산법에 더 가까워졌다.**

2. 형식적 의의의 가족법

1) 의의

민법 중 **제4편 친족법과 제5편 상속법이 형식적 의의의 가족법(친족·상속법)**이다.

2) 친족법의 구성

친족편은 총칙, 가족의 범위와 자의 성과 본, 혼인, 부모와 자, 후견, 친족회(2011년 3월 7일 폐지, 2013년 7월 1일부터 시행) **부양,** 호주승계(2005년 3월 31일 폐지, 2008년 1월 1일부터 시행)의 8절로 되어 있었지만, 사실상 6절로 구성된다.

제1절 총칙에서는 친족을 정의하고 있다.

제2절 가족의 범위와 자의 성과 본에서는 가족의 범위, 자의 성과 본에 대하여 규정하고 있다.

제3절 혼인에서는 약혼의 성립과 해제, 혼인의 성립, 혼인의 무효와 취소, 혼인의 효력, 이혼에 관하여 규정하고 있다.

제4절 부모와 자에서는 친생자와 양자, 입양과 파양, 친권의 효력과 상실에 관하여 규정하고 있다.

제5절 후견에서는 친권의 대용으로서 미성년후견과 성년후견, 후견의 효력과 종료, 한정후견과 특정후견, 후견계약에 관하여 규정하고 있다.

제6절 친족회는 삭제되었다.(2011년 3월 7일)

제7절 부양에서는 부양의무와 부양순위 등에 대하여 규정하고 있다.

제8절 호주승계는 2005년 3월 31일의 민법 개정으로 호주제가 폐지됨에 따라 모든 조문이 삭제되었다.(2008년 1월 1일)

3) 상속법의 구성

상속법은 상속, 유언, 유류분의 3부분으로 되어 있다.

첫째, 상속은 총칙, 상속인, 상속의 효력, 상속의 승인 및 포기, 재산의 분리, 상속인의 부존재로 되어 있다. 상속인에서는 피상속인의 재산상의 법적 지위를 승계하는 일정한 친족의 범위를 규정하고 있으며, 태아의 상속권, 대습상속, 상속결격, 공동상속 등이 논의된다. 상속의 효력에서는 그 승계의 대상, 상속분, 특별연고자의 상속분, 기여자의 상속분, 상속분의 양도 및 양수 제도, 상속재산의 분할 등이 논의된다. 상속인을 보호하는 제도로서 상속의 한정승인권과 포기권, 피상속인의 채권자 또는 상속인의 채권자를 보호하는 제도로서 재산분리제도가 논의되고, 상속인의 존부가 불명한 경우를 규율하는 것이 상속인의 부존재이다.

둘째, 유언에서는 유언사항, 유언능력, 유언의 방식, 유언의 효력, 유증, 부담부 유증, 유언의 철회 등이 논의된다.

셋째, 유류분에서는 유류분에 관한 권리의 취지, 유류분 산정의 기초재산, 유류분율, 유류분 반환청구액 등이 논의된다.

3. 실질적 의의의 가족법

친족법은 **가족 제도** 및 **신분관계를 규율하는** 법규범의 **총체**를 말한다. 그러므로 「**미성년자·피한정후견인·피성년후견인** 등에 관한 **규정**」(제4조~제14조의3), 「**실종선고에 관한 규정**」(제27조~제29조), 「**공유지분권자의 사망에 관한 규정**」(제267조), 「**생명침해로** 인한 **위자료청구에** 관한 규정」(제752조) 등도 **실질적 의미의 가족법**에 속한다.

II. 가족법(친족·상속법)의 특성

1. 강행규정성

[1] **가족관계 자체의 질서**에 관한 **규정은 대부분 강행규정**으로 되어 있다. 이를 전제로 하여 각자에게 법정된 인적 결합 형태에 대한 선택의 자유만 인정된다.

[2] **가족 사이의 재산관계**에 관한 **규정은 대체로 임의규정이고, 재산관계** 외에도 **가령 이혼 시의 자녀의 양육에** 관한 **사항**{민법 제837조} 등에 관하여 **법은 원칙적으로 당사자들의 자율적 결정을 존중**하고 있다.

2. 양성평등성

[1] 가족법(친족·상속법)은 전통적인 가부장제에 기초한 남성우월주의에 입각하여 출발하였으나, 그 후 여러 차례의 변경에 의하여 **양성평등을 실현하는 방향**으로 나아가고 있다. 헌법 제11조와 제36조 제1항에 기초한 양성평등에 관한 국제조약으로 1979년 UN총회에서 채

택되어 1981년 발효한(우리는 1985년부터 적용하고 있다.) 여성차별철폐조약이 있다.

> 판례 | **성전환자의 성 정정권**
>
> (1) 종래에는 사람의 성을 성염색체와 이에 따른 생식기·성기 등 생물학적인 요소에 따라 결정해 왔으나, 근래에 와서는 생물학적인 요소뿐만 아니라, 개인이 스스로 인식하는 남성 또는 여성으로의 귀속감 및 개인이 남성 또는 여성으로서 적합하다고 사회적으로 승인된 행동·태도·성격적 특징 등의 성 역할을 수행하는 측면, 즉 정신적·사회적 요소들 역시 **사람의 성을 결정하는 요소 중의 하나로 인정받게 되었으므로 성의 결정에 있어서 생물학적 요소와 정신적·사회적 요소를 종합적으로 고려하여야** 한다.
>
> (2) 성전환증을 가진 사람의 경우에도, 남성 또는 여성 중 어느 한쪽의 성염색체를 보유하고 있고, 그 염색체와 일치하는 생식기와 성기가 형성·발달되어 출생하지만, 출생 당시에는 아직 그 사람의 정신적·사회적인 의미에서의 성을 인지할 수 없으므로 사회통념상 그 출생 당시에는 생물학적인 신체적 성징에 따라 법률적인 성이 평가될 것이다. 그러나 출생 후의 성장에 따라 일관되게 출생 당시의 생물학적인 성에 대한 불일치감 및 위화감·혐오감을 갖고 반대의 성에 귀속감을 느끼면서 반대의 성으로서의 역할을 수행하며, 성기를 포함한 신체 외관 역시 반대의 성으로서 형성하기를 강력히 원하여, 정신과적으로 성전환증의 진단을 받고 상당기간 정신과적 치료나 호르몬 치료 등을 실시하여도 여전히 위 증세가 치유되지 않고, 반대의 성에 대한 정신적·사회적 적응이 이루어짐에 따라 일반적인 의학적 기준에 의하여 성전환수술을 받고 반대 성으로서의 외부 성기를 비롯한 신체를 갖추고, 나아가 전환된 신체에 따른 성을 가진 사람으로서 만족감을 느끼고 공고한 성 정체성의 인식 아래 그 성에 맞춘 의복·두발 등의 외관을 하고 성관계 등 개인적인 영역 및 직업 등 사회적인 영역에서 모두 전환된 성으로서의 역할을 수행함으로써 주위 사람들로부터도 그 성으로서 인식되고 있으며, 전환된 성을 그 사람의 성이라 보더라도 다른 사람들과의 신분관계에 중대한 변동을 초래하거나 사회에 부정적인 영향을 주지 아니하여 사회적으로 허용된다고 볼 수 있다면 이러한 여러 사정을 종합적으로 고려하여 사람의 성에 대한 평가기준에 비추어 사회통념상 신체적으로 전환된 성을 갖추고 있다고 인정될 수 있는 경우가 있다고 할 것이며, 이와 같은 **성전환자는 출생시와는 달리 전환된 성이 법률적으로도 그 성전환자의 성이라고 평가받을 수 있을 것이다.**(대판<전합> 2006.6.22, 2004스42)

[2] 다른 한편으로 가족법(친족·상속법)이 지나치게 이념에 경도된 점도 없지 않은 것 같다. 즉 양성평등의 이념에 치우쳐 다른 법적 가치가 무시 내지 경시되지 않았는지 하는 점이 반성되어야 할 것이다. 가령 1990년 민법 개정시 종래의 '법정'의 친자관계이던 계모자관계가 부의 배우자와 부의 직계비속이라는 인척관계로 바뀌었는데(제773조 및 제774조의 삭제),

과연 '바람직한 개정이었다고 할 것인가'에 관하여는 논의의 여지가 있다. 적어도 그에 관한 경과 규정을 두지 않았다는 것은 문제점으로 지적된다.[69]

III. 신분권(가족법상의 권리)

1. 의의

가족법(친족·상속법)상의 친족권은 친족관계에 따르는 이익을 향수하거나 임무를 수행하는 권리이며, **친족권이 침해되는 때에는** 그를 **배제하기 위해** 각 사례에 따른 **가족법(친족·상속법)상의 청구권이** 발생한다.

한편, 가족법(친족·상속법)상의 **상속권은 사람이 사망한 경우 사자死者의 재산상의 권리·의무를 일정범위의 친족(상속인)이 포괄적으로 승계할 수 있는 권리이다. 상속권이 침해되면 상속회복청구권이** 발생한다.(민법 제999조)

제999조(상속회복청구권) ① 상속권이 참칭상속권자로 인하여 침해된 때에는 상속권자 또는 그 법정대리인은 상속회복의 소를 제기할 수 있다.
② 제1항의 상속회복청구권은 그 침해를 안 날부터 3년, 상속권의 침해행위가 있은 날부터 10년을 경과하면 소멸된다.

---

2. 신분권의 특색

[1] 신분권은 일신전속적 성질을 갖는다. 따라서 신분권은 권리자 스스로 행사하는 것이 원칙이므로 대리가 허용되지 않으며, 임의로 이를 양도하거나 처분하는 것도 허용되지 않는다.

[2] 신분권은 배타적 성질을 가지므로 신분권이 침해된 때에는 방해배제청구나 손해배상 청구가 인정된다.

IV. 신분행위(가족행위)의 종류

가족법(친족·상속법)상의 법률행위는 친족·상속관계에 관한 법률효과를 발생하게 하는

---

69) 지원림, 『민법강의』, 홍문사, 2013, 1449면

법률행위(즉 친족법과 상속법상의 법률효과를 생기게 하는 당사자의 의사표시를 요소로 한다.)로서 재산법상의 일반적 법률행위와는 많은 점에서 차이가 있다.

1. 형성적 신분행위

직접적으로 신분의 창설·폐지·변경을 가져오는 법률행위이다. 혼인·협의이혼·입양·협의파양·임의인지 등 형성적 신분행위는 모두 요식행위이며, 가족관계 등록을 필요로 한다. 또한 재산행위에서 대개 당사자의 합의만으로 의욕한 효과가 발생하는 것과 대조적으로 신분행위(가족행위)에서는 법률이 그 효과발생의 전제로서 선량한 풍속을 유지하기 위한 실질적 요건과 제3자에게 공시하기 위한 형식적 요건을 요구한다.

2. 지배적 신분행위

특정한 친족·상속법(가족법)상의 지위에 기하여 **타인의 신상에 친족·상속법(가족법)적인 영향을 미치게 하는 행위**이다. 친권의 행사(동의권 포함)·후견의 행사 등이 이에 해당한다. 지배적 신분행위(가족행위) 중에서 그것만으로 독립적인 법률효과를 초래하지 않고, 타인이 법률행위를 하는 데 보조적인 역할만을 하는 경우가 많다. 예컨대, 부가 미성년자에게 매매를 위한 동의를 하는 경우 그 동의는 매매계약의 유효요건을 갖춘 자격을 부여할 뿐이며, 동의 그 자체에 의하여 매매의 법률효과를 초래하지 않는다.[70]

3. 부수적 신분행위

형성적 신분행위나 그 밖의 사실에 의하여 **발생된 신분관계에 부수되어 행해지는 행위**이다. **부부재산계약, 상속의 한정승인이나 포기** 등이 이에 **해당한다.** 부수적 신분행위는 그가 속하는 신분행위(가족행위)의 능력을 갖추면 된다. 예컨대, 부부재산계약에는 혼인의 능력만 갖추면 되고, 혼인능력이 갖추어지면 이혼시에 친권자를 결정할 능력도 인정된다고 할 수 있다.

V. 가족법(친족·상속법)상의 법률행위의 특성

1. 신분행위(가족행위)의 요식성

[1] 신분행위(가족행위), 특히 형성적 신분행위는 「가족관계의 등록 등에 관한 법률」(가등

---

70) 이은영, 『민법Ⅱ』, 박영사, 1998, 561면

법)에 따른 신고를 해야 효력이 발생한다.(모든 신분행위가 반드시 그런 것은 아니다.) **형성적 신분행위는 법률이 정하는 바에 따라 신고할 것을 효력요건**으로 한다. 이 경우 신고는 창설적 신고의 성격을 갖는다.

[2] 민법총칙은 법률행위의 방식의 자유를 전제로 하고 있으나, 신분행위(가족행위)는 엄격한 요식성을 특징으로 한다. 특히 **당사자의 합의에 의해 행하는 신분행위(가족행위)는 창설적 신고를 원칙**으로 한다.

[3] **신분행위의 요식성은 제3자에게 공시하기 위한 것이므로 제3자에 대하여 영향을 미치지 않는 한 이를 완화시켜 해석할 필요가 있다.**(신분행위의 요식성의 완화) 예컨대, **공시되어 있지 않은 사실혼 부부** 사이의 **부부공동생활관계에서 발생하는 권리·의무는 법률혼의 경우와 마찬가지로 유효**하다.

[4] **신분행위 중 동의행위는 원칙적으로 불요식**이다. 미성년자의 혼인에 대한 부모의 동의가 그 예이다.(제808조) 이러한 경우 다툼이 있으면 동의가 있었다는 것이 증명되면 충분하다.

2. 가족법(친족·상속법)과 민법총칙과의 비교(민법총칙 규정의 가족법(친족·상속법)에의 적용 여부)

일본과 한국에서는 **민법총칙을 재산법만의 총칙으로 파악하는 이론이 다수설**이다. 이러한 다수설의 태도에 대하여 가족법(친족·상속법)에 고유한 총칙을 수립하지 못한 채 민법총칙 규정의 적용을 원칙적으로 배제하는 이론에 의문을 제기하는 견해도 있다.[71] 다음에서는 종래의 견해에 따라 가족법(친족·상속법)에도 적용되는 민법총칙 규정과 그렇지 않은 규정을 대별해 보기로 한다.

1) 가족법(친족·상속법)에도 적용되는 민법총칙 규정

총칙 규정 중 법원(제1조), 신의성실의 원칙(제2조 1항), 권리남용금지(제2조 2항), 주소(제18조~제21조), 부재와 실종(제22조~제30조), 물건(제98조~제102조), 반사회질서(제103조), 무효행위의 전환(제138조), 기간(제155조~제161조, 제157조는 제외)에 관한 규정은 가족법(친족·상속법)에도 원칙적으로 적용된다.

2) 가족법(친족·상속법)에는 적용되지 않는 민법총칙 규정

권리능력, 행위능력, 법인, 법률행위, 대리, 조건과 기한, 소멸시효에 관한 민법총칙 규정은 가족법(친족·상속법)에 적용되지 않는다.

---

71) 이은영, 앞의 책, 565면

3) 개별적 검토

문제되는 부분을 검토하면 다음과 같다.

(1) 통칙(법원과 신의칙)

민사의 법원을 정하는 제1조는 친족·상속법(가족법)에도 적용된다. 과거 일제강점기부터 가족법(친족·상속법)분야에서는 재산법 분야에 비해서 관습법에의 의존도가 매우 높은 편이었다. 한편, **신의성실의 원칙도 가족법(친족·상속법)에 적용**된다.

(2) 권리능력

권리능력에 관한 **제3조의 예외로서 태아의 권리능력은 개별적으로 보호하는 규정을 두고** 있다. 그리고 법인은 가족법(친족·상속법)상의 권리나 의무의 주체가 될 자격이 없다. 따라서 민법총칙의 법인에 관한 규정은 가족법(친족·상속법)에 적용되지 않는다. 예컨대, 혼인과 출생·상속 등이 이에 해당한다. 다만, 유증은 받을 수 있으므로 법인이 포괄유증을 받아 상속인과 동일한 효과를 누릴 수 있다.

(3) 행위능력

재산법상의 행위능력에는 본인이 독립하여 합리적으로 판단할 수 있는 능력을 필요로 하지만, **가족법(친족·상속법)상의 행위에는 특별규정이 없는 한 의사능력으로 충분하다.** 예컨대, **미성년자는 자신의 자에 대한 인지를 단독으로 할 수 있고, 17세에 달하면 유언을 단독으로 할 수 있다.** 총칙에서 피성년후견인의 법률행위는 취소할 수 있다고 하지만(제10조 1항), 가족법(친족·상속법)에서는 피성년후견인이라 하더라도 의사능력이 있으면 부모나 후견인의 동의를 얻어 약혼 등을 할 수 있다. 그리고 유언에는 후견인의 동의도 필요 없다.(제1063조) 피한정후견인은 가족법(친족·상속법)상의 행위에 능력의 제한이 없다는 것이 통설이다.

(4) 법률행위

[1] **법률행위의 규정은 원칙적으로 가족법(친족·상속법)관계에 적용되지 않는다는 견해가 지배적이다.** 다만, **제103조는 적용된다고 볼 수 있다.**(학설의 대립은 있음.) 예컨대, 중혼(제816조)은 선량한 풍속에 위반되지만, 무효가 되지 않고 취소사유가 된다.

[2] '불공정한 법률행위에 관한 규정이 신분행위에도 적용될 수 있는가'는 제103조와 제104조의 관계를 어떻게 보는가에 따라 다르게 해석될 수 있다. 예컨대, 혼인 당사자가 경솔·무경험으로 인하여 혼인한 경우 이를 무효로 한다는 것은 사회질서를 문란케 할 염려가 있으므로 **제104조는 신분행위에 적용되지 않는다고 보는 것이 타당하다.**

[3] 총칙에서 비진의 의사표시(제107조)를 유효로 하는 규정은 신분행위에는 적용되지 않고, 허위표시는 총칙에서도 무효로 하고 있다.(제108조) 착오에 의한 의사표시는 총칙에서 취소할 수 있다고 하나(제109조), 다수설은 착오에 의한 신분행위(가족행위)는 무효라고 주장한다. 이러한 가족법(친족·상속법)상의 행위에 총칙의 규정이 배제되는 것은 형성적 신분행위에서 강하게 나타난다.(예컨대, 혼인 등) 따라서 그 밖의 지배적 신분행위나 부수적 신분행위에는 총칙 규정이 적용될 수 있다고 해석된다.[72] 예컨대, 재산관계가 밀접한 관계가 있는 신분행위, '상속재산 분할의 협의'(제1013조)·'재산상속의 포기'(제1041조) 등에 관하여는 민법 제108조가 적용된다는 설도 유력하다. 그리고 신분행위(가족행위)에서는 당사자의 진의가 존중되고 대리가 허용되지 않는다. 따라서 민법총칙의 규정이 배제되는 행위는 형성적 신분행위이다.

[4] 신분행위(가족행위)는 자기의 직접적인 행위를 원칙으로 하므로 대리의 총칙 규정은 신분행위에 적용되지 않는다. 다만, 예외적으로 대리 규정이 유추 적용되는 경우가 있다. 예컨대, 부부의 일상가사대리에 있어서 제126조의 표현대리가 유추 적용되는 경우가 있고, 대락입양도 대리에 속하는 것으로 해석된다. 그리고 신분행위는 자기의 직접적인 행위를 원칙으로 하므로 타인을 시켜서 신고를 하는 때에는 사자使者에 해당된다.

[5] 무효행위의 전환에 관한 규정은 신분행위에 적용된다. 한편, 제139조는 무효행위를 추인할 수 없다고 하고 있지만, 학설과 판례는 무효의 신분행위에 대한 추인을 인정한다.(대판 1965.12.28, 65므61) 예컨대, 사실혼관계에 있는 아내가 남편과 상의하지 않고 합의가 있는 것처럼 허위로 혼인신고를 한 후 그들 사이에 자녀가 출생하자, 남편이 혼인 중의 출생자로 출생신고한 때에는 혼인에 대한 추인이 있는 것으로 해석하는 경우이다.(따라서 혼인은 유효하게 된다.) 주의하여야 할 것은 위 판례에서는 무효혼인의 추인을 인정하되, 추인의 소급효를 인정하였다는 점에서 재산법상의 무효인 법률행위의 추인과 다르다.

[6] 취소의 경우에는 일반적인 취소와는 달리 취소청구권자를 제한한다든가, 단기제척기간을 정한다든가, 소급효가 인정되지 않는 등의 특칙이 많다.

[7] 조건이나 기한에 관한 규정도 신분행위에는 적용되지 않는다. 왜냐하면, 조건은 행위의 효력의 발생·소멸을 불확정하게 하므로 효과의 발생을 바라는 신분행위인 혼인·이혼·입양 등에 기한을 붙일 수 없다. 다만, 신분행위 중 유언에 관하여는 조건을 붙일 수 있다.(제1073조 2항, 제1089조 2항)

(5) 기간

기간에 관한 규정도 원칙적으로 통칙성을 지닌다고 본다. 다만, 여기에는 중대한 예외가

---

72) 이은영, 앞의 책, 572면

있다. 즉 기간계산의 기산일이 총칙편에서는 익일부터 계산하는 데 반하여, **가족법(친족·상속법)은 당일부터 계산한다.**(제844조 2항)

(6) 소멸시효

가족법(친족·상속법)상의 권리에는 소멸시효에 관한 **규정이 적용되지 않는다.** 왜냐하면, 소멸시효는 채권 등의 재산권에 관하여만 인정되는 것이기 때문이다. 그리고 가족법(친족·상속법)에 별도로 규정되어 있는 권리행사의 기한은 제척기간이지, 소멸시효기간이 아니다.

Ⅵ. 가족법(친족·상속법)의 법원

1. 법원 일반

1) 형식적 의의의 법원

민법 제4편인 친족편과 제5편 상속편을 말한다.

2) 실질적 의의의 법원

형식적 의의의 가족법(친족·상속법) 외에 「**가족관계의 등록** 등에 관한 **법률」, 입양특례법, 비송사건절차법, 가사소송법** 등이 이에 **해당한다.**

2. 가족관계의 등록 등에 관한 **법률**(이하 '**가등법**'이라 표기하기로 **한다.**)

1) 입법 취지

2005년의 민법 개정에 의해 2008년 1월 1일부터 민법상 호주제가 폐지됨에 따라 호적 제도를 대체할 새로운 가족관계등록 제도를 마련하여 국민 개개인별로 출생·혼인·사망 등의 신분 변동사항을 전산정보 처리조직에 따라 기록·관리하도록 하는 한편 그 등록정보를 사용목적에 따른 다양한 증명서 형태로 발급하도록 하고, 가족관계 등록 등의 사무를 국가 사무화하여 대법원이 관장하도록 하며, 국적 변동사항이 있는 경우 국적 업무의 관장기관인 법무부 장관이 국적 변동자의 등록기준지 시·읍·면의 장에게 이를 직접 통보하여 가족관계 등록부에 국민의 국적 변동사항을 정확하게 기재할 수 있도록 하는 등 국민의 편의를 도모 하도록 하기 위하여 2007년 5월 17일 법률 제8435호로 「가족관계의 등록 등에 관한 법률」 이 신규 제정되었으며, 이 법률은 2008년 1월 1일부터 시행되고 있다.

2) 주요 내용

(1) 가족관계 등록사무의 국가사무화(제2조, 제3조, 제7조)

[1] 국민의 각종 가족법(친족·상속법)적 신분 변동사항을 등록하거나 증명하는 가족관계 등록사무(종전의 호적사무)는 그 법적 성격이 국가사무임에도 자치사무로 되어 있어 지방자치 단체가 막대한 적자를 감수하며 사무를 담당하는 등의 문제점이 있었다.

[2] 가족관계 등록사무를 국가사무로 하여 대법원이 그 사무를 관장하되, 그 등록사무 처리에 관한 권한을 시·읍·면의 장에게 위임하며, 사무처리에 소요되는 비용은 국가가 부담하도록 하였다.

[3] 그 동안 호적업무의 감독을 하던 대법원이 주도적으로 가족관계 등록사무를 관장함에 따라 업무수행을 하는 과정에서 국민의 혼란을 방지하고, 사무처리비용을 국가가 부담함으로써 지방재정에도 도움이 될 것으로 기대된다.

(2) 개인별 가족관계 등록부 편제와 전산정보처리조직에 의한 관리(제9~11조)

[1] 호주를 기준으로 가家 단위로 국민의 가족관계를 편제하는 호적 제도는 개인의 존엄과 양성평등의 헌법이념에 어긋난다는 비판이 있었다.

[2] 호적부를 대신하여 국민 개인별로 등록기준지에 따라 가족관계 등록부를 편제하고, 사무의 전산화에 따라 각종 가족관계의 취득·발생 및 변동사항의 입력과 처리 및 관리를 전산정보처리조직에 의하도록 하였다.

[3] 국민 개개인별로 가족관계사항이 기록·공시됨에 따라 호주제 폐지의 취지 및 양성평등의 원칙을 구현하고, 가家를 전제로 한 입적·복적·분가 등의 복잡한 사무처리가 개선되는 등 업무의 효율성이 크게 증대될 것으로 기대된다.

(3) 목적별로 다양한 증명서 발급 및 발급신청기준 명확화(제14조, 제15조)

[1] 호적 제도는 호적등본이라는 하나의 증명서에 본인은 물론 가족 전체의 신분에 관한 사항이 모두 기재되어 있고 그 발급신청인도 원칙적으로 제한이 없어 민감한 개인 정보가 부당하게 노출되는 등의 문제점이 있었다.

[2] 증명하려는 목적에 따라 다양한 증명서(가족관계증명, 기본증명, 혼인관계증명, 입양관계증명, 친양자입양관계증명)를 발급받을 수 있도록 하되, 증명서 교부신청은 원칙적으로 본인 또는 본인의 배우자·직계혈족·형제자매만이 할 수 있도록 하고, 친양자입양관계증명은 친양자가 성년이 되어 신청하는 경우 등 한정적으로만 인정하여 발급 요건을 더욱 강화하였다.

[3] 이 법에 의하여 현재 호주를 기준으로 통합 작성 및 관리하던 호적부 대신 새로운 신

분등록제의 경우 '1인 1적제'를 기초로 **국민 1인당 1개의 가족관계 등록부**를 가지게 된다. 가족관계 등록부에는 등록기준지, 성명·본·성별·출생연월일 및 주민등록번호, 출생·혼인· 사망 등 가족관계의 발생 및 변동에 관한 사항이 기재된다.

이렇게 등록된 가족관계는 5개 증명서로 구분되어 목적에 따라 발급된다. 즉 (i) **'가족관 계증명서'**에는 본인의 등록기준지·성명·성별·본·출생연월일 및 주민등록번호가 기록되고, 부모와 배우자, 자녀의 성명·성별·본·출생연월일 및 주민등록번호가 함께 기재된다. (ii) **'기본증명서'**에는 본인에 관한 사항 및 본인의 출생, 사망, 국적 상실·취득 및 회복 등에 관 한 사항이 기재된다. (iii) **'혼인관계증명서'**에는 본인과 배우자의 성자·성별·본·출생연월일 및 주민등록번호 외에 혼인 및 이혼에 관한 사항이 표시된다. '이혼'에 관한 경력은 '혼인관계 증명서'에만 나타난다. (iv) **'입양관계증명서'**에는 본인 및 양부모에 관한 기본사항에 입양 및 파양에 관한 사항이, (v) **'친양자입양관계증명서'**에는 본인과 친생부모·양부모 또는 친양자 의 성명·성별·본·출생연월일 및 주민등록번호, 입양 및 파양에 관한 사항 등이 기재된다. 친양자의 경우 비밀보호를 위하여 '친양자입양관계증명서'의 발급이 엄격히 제한된다. 따라서 친양자 본인이 성인이 되거나 혼인 당사자가 혼인의 무효 또는 취소사유에 해당하는 친족관 계를 파악하고자 하는 경우에 한하여 법원의 사실조회 촉탁 등으로 발급받을 수 있다.

[4] 증명(입증)사항에 따른 다양한 목적별 증명서의 발급으로 불필요한 개인의 가족관계 정보의 공개가 최소화됨으로써 개인정보 보호에 크게 이바지할 것으로 기대된다.

(4) 민법 개정에 따른 구체적 절차 마련(제67조 내지 제71조 및 제100조)

[1] 민법이 개정되어 친양자 제도, 자의 성과 본 변경 등이 인정됨에 따라 그에 따른 구 체적 절차를 마련할 필요가 있다.

[2] 친양자를 입양하려는 사람은 친양자 입양재판의 확정일부터 1개월 이내에 재판서의 등본 및 확정증명서를 첨부하여 신고하도록 하고, 혼인 중 출생한 자녀가 어머니의 성과 본 을 따르기로 한 경우에는 혼인신고서에 그 내용을 기재한 후 부모의 협의서를 첨부하도록 하며, 자녀의 성과 본을 변경하려는 사람은 재판확정일로부터 1개월 이내에 재판서의 등본 및 확정증명서를 첨부하여 신고하도록 하였다.

[3] 민법의 신설 및 개정 조항에 대한 구체적 절차를 마련함으로써 그 시행에 차질이 없 게 될 것으로 기대된다.

(5) 호적법의 일부 미비점 개선(제76조, 제85조)

[1] 호적법은 가정법원의 협의이혼의사 확인이 있는 경우에도 이혼신고서에 증인 2인의 연서가 필요하고, 사망신고인을 친족 및 동거인 등으로 한정함으로써 독거노인 등에 대한

사망신고가 잘 이루어지지 않는 등의 문제점이 있었다.

[2] 가정법원의 이혼의사확인서 등본을 첨부한 경우에는 증인 2인의 연서가 있는 것으로 보아 이혼신고를 할 수 있도록 하고, 사망장소의 소재지 동장이나 통장 또는 이장도 사망신고를 할 수 있도록 하였다.

[3] 국민의 편의가 대폭 증진될 것으로 기대된다.

(6) 국적 변동사항의 통보(제98조)

[1] 국적을 취득하거나 상실·이탈한 사람이라 하더라도 호적관서에 그 사실을 신고하지 않는 한 호적부에 그 변동사항이 기재되지 아니하거나 신호적이 편제되지 아니하는 문제점이 있었다.

[2] 국적 변동사항이 있는 경우 국적 업무의 관장기관인 법무부 장관이 국적 변동자의 등록기준지의 시·읍·면의 장에게 이를 직접 통보하도록 하고, 대한민국 국민으로 판정받은 사람이 등록되어 있지 아니한 때에는 그 통보를 받은 시·읍·면의 장이 가족관계 등록부를 작성하도록 하였다.

[3] 국적 변동사항을 국민신고제에서 관장기관통보제로 전환하여 국민편의를 도모하고자 함이다.

(7) 가족관계 등록정보의 남용자 등에 대한 처벌 강화(제117조 내지 제119조)

[1] 가족관계 등록 전산정보자료는 국민의 민감한 개인정보가 기록되어 있어 그 자료가 부정하게 사용되는 경우에는 개인의 사생활 침해 등의 문제가 발생할 우려가 있고, 가족관계에 관한 사항을 거짓으로 신고하는 경우에는 등록사무 처리의 진정성을 확보하기 어려운 문제점이 있었다.

[2] 가족관계 등록사무를 처리하는 사람이 법률에서 정하는 사유가 아닌 다른 사유로 등록전산정보자료를 이용하거나 타인에게 제공한 경우에는 3년 이하의 징역 또는 1천만원 이하의 벌금에 처하도록 하고, 거짓으로 신고를 한 사람은 1년 이하의 징역 또는 300만원 이하의 벌금에 처할 수 있도록 하였다.

[3] 거짓신고자와 타인정보 남용자를 처벌하도록 함으로써 등록정보가 철저히 관리되고 개인정보 보호도 강화될 것으로 기대된다.

3) 가족관계 등록부 신고의 종류

(1) 창설적 신고

신고의 수리에 의하여 **신분관계가 창설**된다. 이에는 **혼인, 협의이혼, 인지, 입양·협의파**

양, 한정승인·상속포기 등이 **있다.** 그리고 사실상 혼인관계 존재확인의 재판에 의한 혼인신고를 다수설은 보고적 신고로 보는 데 반하여, 창설적 신고로 보는 것이 판례의 입장이다.

(2) 보고적 신고

법률적으로 이미 효과가 발생한 사항에 관하여 보고적으로 신고하는 것으로서 법적 효과는 해당 사실이 발생하였을 때 이미 발생하고, 신고는 단지 사실의 보고에 불과하다. 여기에는 **사망, 실종선고, 개명, 재판에 의한 혼인무효·혼인취소, 재판에 의한 입양무효·입양취소, 재판**에 의한 **파양·파양취소, 후견개시** 등이 **있다.**

3. 가사소송법

1) 의의

종래 **가사심판법과 인사소송법을 가사소송법으로 통일**하였다. **가사소송법은 가사에 관한 소송과 비송 및 조정에 대한 절차의 특례를 규정**하고 있다.(가사소송법 제1조)

2) 가사소송 절차의 내용과 특징

(1) 재판사항

[1] 가사소송법은 가사사건을 그 성질에 따라 가사소송사건과 가사비송사건으로 대별하고, 가사소송사건은 가류(6개 항목), 나류(12개 항목), 다류(3개 항목), 가사비송사건은 라류(46개 항목) 및 마류(10개 항목)로 세분하여 그 중 나류 및 다류 가사소송사건과 마류 가사비송사건을 조정의 대상으로 하였다.(가사소송법 제2조, 제50조)

[2] 가사사건의 유형

가사소송사건			가사비송사건	
가 류	나 류	다 류	라 류	마 류
혼인의 무효, 이혼의 무효, 인지의 무효, 친생자관계 존부확인, 입양의 무효, 파양의 무효	사실상 혼인관계 존부확인, 혼인의 취소, 이혼의 취소, 재판상 이혼, 부의 결정, 친생부인, 인지의 취소, 인지에 대한 이의, 인지청구, 입양의 취소, 파양의 취소, 재판상 파양	약혼해제 또는 사실혼관계 부당파기로 인한 손해배상청구 및 원상회복의 청구, 혼인의 무효·취소 또는 이혼을 원인으로 하는 손해배상청구 등	피성년후견인·피한정후견인 선고와 그 취소, 실종선고와 그 취소, 친권 행사방법의 결정 등	부부의 동거·부양·협조·생활비용 부담에 관한 처분, 기여분의 결정, 상속재산의 분할에 관한 청구 등
	조정전치주의			조정전치주의

(2) 가사소송 절차의 특징

가사소송 절차에 관하여는 가사소송법에 특별한 규정이 있는 경우를 제외하고는 민사소송법의 규정이 준용된다.(가사소송법 제12조) 그러나 **가사소송 절차는 통상의 민사소송 절차와 비교할 때 여러 가지 특례가 인정**된다.

① **가정법원의 전속관할**(가사소송법 제2조 1항) : 가사사건에 대한 심리와 재판은 가정법원의 전속관할로 한다. 현재 가정법원이 설치되어 있는 곳은 서울 등 5개 지역이며, 그 밖의 지역에서는 가정법원이 설치될 때까지 그 권한을 해당 지방법원이 관할한다.

② **조정전치주의**(가사소송법 제50조) : 과거의 가사조정 제도가 단순히 화해를 권유하는 정도에 그쳐 분쟁해결에 무력하였으며, 새로운 가사소송법은 이와 같은 가사조정 제도를 조정담당판사가 단독으로 조정할 수 있도록 개정(가사소송법 제52조 2항)함으로써 조정전치주의를 강화하였다. 가사조정사건은 조정장 1인과 2인 이상의 조정위원으로 구성된 조정위원회가 처리한다.(가사소송법 제52조 1항) 조정은 합의된 사항을 조서에 기재함으로써 성립하며, 이는 재판상 화해와 동일한 효력이 있다.

③ **직권탐지주의**(가사소송법 제17조) : 가류사건과 나류사건의 소송 절차에 있어서 가정법원은 당사자의 주장을 기다리지 않고, 또한 이에 구속됨이 없이 직권으로 적극적인 증거조사를 통해서 사실을 탐지하고 재판한다.

④ **본인출석주의**(가사소송법 제7조) : 변론기일에 소환을 받은 때에는 반드시 본인 또는 법정대리인이 출석하여야 하며, 변호사가 아닌 자가 대리인 또는 보조인이 되기 위하여는 재판장의 허가를 얻어야 한다. 가정법원이 가류 또는 나류 가사소송사건을 심리함에 있어서는 언제든지 당사자 또는 그 법정대리인을 심문할 수 있다.

⑤ **보도금지**(가사소송법 제10조) : 가정법원에서 처리 중에 있거나 처리한 사건은 보도금지를 할 수 있다.

⑥ **확정판결의 대세효**(가사소송법 제21조) : 가류 또는 나류 가사소송사건의 청구를 인용한 확정판결은 제3자에게도 효력이 있다. 이는 기판력의 절대성을 의미한다.

⑦ **이행명령과 그 불이행의 경우 과태료 또는 감치의 제재** : 가정법원은 판결·심판·조정조서 또는 조정에 갈음하는 결정에 의하여 금전의 지급 등 재산상의 의무, 유아의 인도의무 또는 자와의 면접교섭허용의무를 이행하여야 할 자가 정당한 이유 없이 그 의무를 이행하지 아니할 때에는 당사자의 신청에 의하여 일정한 기간 내에 그 의무를 이행할 것을 명할 수 있다.(가사소송법 제64조 1항) 이와 같은 명령을 정당한 이유 없이 위반한 때에는 가정법원·조정위원회 또는 조정담당판사는 직권 또는 권리자의 신청에 의하여 결정으로 100만원 이하

의 과태료에 처할 수 있다.(가사소송법 제67조 1항) 또한 금전의 정기적 지급을 명령받은 자가 정당한 이유 없이 3기 이상 그 의무를 이행하지 아니한 경우 또는 유아의 인도를 명령받은 자가 과태료의 제재를 받고도 30일 이내에 정당한 이유 없이 그 의무를 이행하지 아니한 경우에 가정법원은 권리자의 신청에 의하여 결정으로 30일의 범위 내에서 그 의무이행이 있을 때까지 의무자를 감치에 처할 수 있다.(가사소송법 제68조 1항) 그리고 가사채무에 관해서도 민사소송법의 규정에 의한 강제집행을 할 수 있음은 물론이다. 그러나 가사채무는 그 성질상 강제집행이 어려운 경우가 많다. 이와 같은 어려움을 보충하기 위하여 가사소송법은 사전처분(가사소송법 제62조), 가압류와 가처분(가사소송법 제63조), 이행명령(가사소송법 제64조), 금전임치(가사소송법 제65조)의 여러 규정을 두고 있다.

⑧ **가정법원은** 당사자 또는 관계인 사이의 혈족관계의 존부를 확정할 필요가 있는 경우 **혈액검사** 등 **수검명령을 할 수 있다.**(가사소송법 제29조 1항)

제2절 혼인의 성립

Ⅰ. 약혼

1. 의의

약혼이란 장차 혼인할 것을 목적으로 하는 남녀 두 사람 사이의 **약속**을 말한다. 여기에는 당사자의 혼인하고자 하는 의사의 합치만 있으면 된다. 우리 사회에서 **관행처럼 하는 약혼식과 같은 형식도 필요하지 않다.** 그러므로 **혼인을 약속하고 동거한다든지 하는 것은 약혼이라 할 수 없다.** 또한 **성년자이면 부모의 동의도 필요 없이 자유롭게 약혼할 수 있다.**(민법 제800조) 입법례로서 독일·스위스·중국 등은 **약혼을 성문법으로 보호하고 있으나,** 영국·미국·프랑스·일본 등에서는 **판례상으로 인정**하고 있다.

제800조(약혼의 자유) 성년에 달한 자는 자유로 약혼할 수 있다.

---

2. 성립

1) 약혼 연령

남자와 여자 모두 만 18세에 달하여야 약혼할 수 있다. 그 미만이면 약혼을 할 수 없다. (제817조 전단 유추) 그러나 아직 19세 미만인 미성년자라면 부모 등의 동의를 얻어 약혼할 수 있다.(제801조) 동의를 얻지 않고 약혼하면 당사자나 부모 등이 취소할 수 있게 된다. 따라서 약혼남과 약혼녀는 부모의 동의를 얻어야만 약혼이 가능하다.

제801조(약혼 연령) 18세가 된 사람은 부모나 미성년후견인의 동의를 받아 약혼할 수 있다. 이 경우 제808조를 준용한다.

제817조(연령 위반 혼인 등의 취소청구권자) 혼인이 제807조, 제808조의 규정에 위반한 때에는 당사자 또는 그 법정대리인이 그 취소를 청구할 수 있고 제809조의 규정에 위반한 때에는 당사자, 그 직계존속 또는 4촌 이내의 방계혈족이 그 취소를 청구할 수 있다.

---

2) 배우자가 있는 자의 약혼 등

[1] **"본처와 이혼하고 혼인하겠다"라고 하여 약혼을 하면 그 약혼은 무효**이다. 왜냐하면 이러한 행위는 선량한 풍속 그 밖의 사회질서에 위반하는 법률행위로서 인륜에 반하기 때문이다.(대판 1965.7.6, 65므12) 그러나 약혼남이 자기 처와 사실상 이혼상태로 별거 중이기 때문에 장차 이혼신고를 하고 혼인하자는 약혼은 유효하다고 할 수 있다.

만약 약혼남이 자신이 유부남이라는 것을 속였기 때문에 약혼녀가 약혼남이 독신남이라고 믿고 약혼을 한 후에 약혼남에게 처자가 있다는 사실을 알게 되었다면 그러한 경우 약혼남과 약혼녀의 약혼은 무효이며 약혼녀는 약혼남에 대하여 불법행위로 인한 손해배상을 청구할 수 있다.

[2] **피한정후견인에 대해서는 어떠한 제한도 없으며, 조건과 기한을 붙이는 약혼은 선량한 풍속과 사회질서에 반하지 않는 한 유효**하다.

[3] 혼인장애가 있는 근친관계에 있는 자 사이의 약혼은 불능을 목적으로 하는 계약으로서 무효이다.

[4] 재혼금지기간을 경과하기 전에 한 약혼은 혼인장애가 제거될 때 혼인하자는 합의로서 유효하지만, 이 규정의 삭제로 논의할 실익이 없다.

3) 형식적 요건

민법은 약혼에 관하여 일정한 체결형식을 규정하고 있지 않기 때문에 예물교환 등의 **형식이 필요하지 않다.** 이러한 **형식은 약혼성립의 증거가 될 뿐이다.** 그러나 구두언약만으로는 약혼사실을 부인한다든지, 사기약혼과 같은 것이 생길 여지가 많다. 그러므로 이러한 경우에는 합의의 성립을 인정하는 데 신중해야 할 것이다. 약혼녀가 결혼을 앞두고 결혼준비를 위해 직장을 그만두게 되었다면 약혼남과의 약혼의사는 확실한 것으로 인정할 수 있으므로 이들의 약혼은 유효하다고 할 수 있고 유효한 약혼을 이유 없이 파기한 때에는 약혼남에게 손해배상을 청구할 수 있다.

3. 약혼의 해제사유(파혼사유)

1) 약혼의 해제사유

민법은 상대방에게 다음과 같은 사유가 있을 때에는 약혼의 해제를 할 수 있도록 규정하고 있다.(제804조)

① **약혼 후 자격정지 이상의 형의 선고를 받은 때**
② **약혼 후 피성년후견인 또는 피한정후견인의 선고를 받은 때**
③ **성병, 불치의 정신병** 그 밖의 **불치의 악질이 있는 때**
④ **약혼 후 타인과 약혼 또는 혼인을 한 때**
⑤ **약혼 후 타인과 간음한 때**
⑥ **약혼 후 1년** 이상 그 **생사가 불명한 때**
⑦ **정당한 이유 없이 혼인을 거절하거나 그 시기를 지연한 때**(예컨대, 군대 문제나 학업상, 건강상, 경제사정의 악화 등은 정당한 이유가 될 수 있다.)
⑧ 그 밖의 **중대한 사유가 있는 때**(예컨대, 사기·강박, 상대방의 불성실, 불구자가 된 경우, 재산상태의 착오, 상대방 또는 그 부모로부터의 모욕·냉대 등을 들 수 있다 그러나 임신불능이나 궁합이 맞지 않는다는 사정은 파혼할 수 있는 사유에 해당하지 않는다.; 대판 1960.8.18, 1959민상995)

2) 약혼 해제의 방법

약혼녀는 약혼남과 정당한 사유(제804조 3호)에 의하여 **파혼할 수 있다.** 따라서 **약혼남에게 파혼의 이유를 알리고 파혼하겠다는 의사를 표시**하면 된다. 그 이상 다른 절차는 필요하지 않다.(제805조 전단) 만약 약혼자의 행방불명(제804조 6호)으로 파혼하게 되어 파혼의 통고를 할 상대방이 없다면 약혼자가 1년 이상 행방불명이 된 사실을 안 때로부터 파혼한 것으로 본다.(제805조 후단)

4. 약혼의 효과

1) 약혼의 강제이행

약혼남과 약혼녀에게 혼인할 것을 강제할 수가 없다.(제803조) 왜냐하면 혼인은 당사자의 자유로운 의사에 의한 경우여야만 행복할 수 있는 것이고, 혼인의 의사가 없는 자를 강제로 혼인시켜도 혼인의 목적을 달성할 수 없기 때문이다. 따라서 약혼남이 약혼녀에게 정당한 이유 없이 파혼을 하였다면 그 책임을 물어 손해배상을 청구하는 방법밖에는 없다.

2) 약혼과 육체관계

약혼은 혼인을 위한 준비기간으로서 당사자는 서로의 사랑을 확인·점검하는 등 성실하게 교제해야 할 의무가 있다. 따라서 약혼단계에서 육체관계는 필연적으로 따르는 것이 아니기 때문에 약혼녀는 약혼남의 요구를 들어주어야 할 의무가 없다. 만약 약혼남이 이를 이유로 파혼을 한다면 그것은 정당한 이유 없는 파혼이 될 것이고, 따라서 그 책임은 약혼남에게 있기 때문에 약혼남은 약혼녀에게 손해배상을 하여야 한다.

3) 제3자의 개입

제3자가 약혼상의 권리를 침해하면 불법행위가 성립한다.

4) 친족관계의 발생

약혼만으로는 친족관계가 발생하지 않는다.

5) 손해배상

약혼남의 파혼이 정당한 사유에 기인한 것이 아니라면 부당하게 약혼을 파기한 약혼남은 약혼녀에게 약혼불이행으로 인한 손해배상책임을 져야 한다.(제806조) 손해배상의 내용은 재산적인 것과 정신적 고통에 대한 배상을 포함한다. 정신상 고통에 대한 배상청구권은 양도 또는 승계하지 못하나, 당사자간에 이미 그 배상에 관한 계약이 성립되거나 소를 제기한 후에는 그러하지 아니하다.(제806조 3항) 그리고 약혼녀가 지출한 약혼비용, 중매인 사례비, 혼수품 장만에 든 비용, 혼인을 위해 직장을 사직한 경우 그 손해, 파혼의 충격으로 입원하였다면 그 병원비 등은 재산적 손해가 될 것이다. 또한 **파혼**으로 인하여 **입은 정신적 고통**에 대해서도 **위자료로서 배상**하여야 한다. 만약 약혼녀가 약혼남과 육체관계를 가졌다고 할지라도 정조상실의 대가는 손해배상에 포함되지 않는다. 그리고 정당한 사유로 파혼한 경우라면 손해배상책임을 지지 않는다는 것은 말할 필요도 없다.

6) 예물반환

약혼할 때 흔히 교환하는 약혼예물은 장차 혼인이 성립할 것을 전제로 한 물건이기 때문에 혼인이 성립하지 않으면 서로 받은 예물을 반환하여야 한다. 그러나 **약혼남은 약혼녀가 정당한 이유 없이 부당하게 파혼을 한 경우에는 약혼녀로부터 받은 예물을 돌려줄 필요가 없다.** 따라서 **약혼녀는 약혼남에게 자기 쪽에서 준 예물의 반환을 청구할 수 없으며**(대판 1976.12.28, 76므41, 42), 그 대신 약혼녀가 약혼남으로부터 받은 예물은 돌려주어야 한다. 결국 **파혼에 책임 있는 자는 예물을 돌려주어야 하지만, 상대방에게 자기가 준 예물의 반환은 청구하지 못한다.** 그 밖에 **약혼남은 약혼녀가 부당하게 파혼한 것에 대하여 손해배상을 청구할 수 있다.**

그러나 **약혼남과 약혼녀가 쌍방의 책임 있는 사유로 파혼하게 되었다면 받은 예물은 서로 반환하여야 하되, 과실상계의 원리**(제396조)에 따라 **반환의 범위를 결정**하여야 할 것이다. 만약 약혼남과 약혼녀가 파혼하기로 합의한 경우라면 예물반환도 합의하여 반환하면 된다. 만약 약혼녀가 교통사고로 사망하였기 때문에 파혼한 경우에 관하여 민법의 규정은 없으나, 쌍방이 서로 받은 예물을 반환하여야 한다고 본다.

○ 이혼시 결혼 예물의 반환 여부

배우자에게 받은 결혼 예물까지 이혼할 때 돌려줘야 하는 것일까? 법원은 그럴 필요는 없다고 했다. 송모씨와 이모씨(여)는 2003년 결혼하고 서울에서 신혼집을 차렸지만, 남편이 캐나다에 어학연수를 가는 바람에 석 달간 떨어져 지냈다. 남편이 돌아온 뒤에는 이씨의 직장이 대전에 있어 주말부부로 신혼생활을 보냈다.

2005년 부부간 불화가 생겨 1년 이상 별거했고 급기야 서로 이혼소송을 내며 1년 9개월 간의 결혼생활을 끝냈다. 송씨는 결혼 당시 이씨에게 예물로 줬던 3,100만원어치의 반지와 귀걸이를 돌려달라는 소송을 냈다. 서울가정법원 가사4부는 2일 송씨에게 패소 판결을 내렸다고 밝혔다.

재판부는 "결혼 예물은 혼인의 성립을 증명하고 양가의 관계를 두텁게 할 목적으로 주고 받는 것으로 증여와 비슷한 성질을 가진다"며 "예물을 받은 자가 혼인의 처음부터 성실히 결혼생활을 할 의사가 없고, 이로 인해 이혼하지 않는 이상, 예물을 돌려받을 수 없다"라고 했다.(『조선일보』, 2007.3.3, 5면)

II. 혼인

1. 혼인의 성립요건

민법이 규정하는 혼인의 성립요건은 실질적 요건과 형식적 요건이 있다.

1) 실질적 요건

① 당사자간에 혼인의사의 합치가 있을 것.(제815조)
② 혼인 적령에 달하였을 것.(제807조)
③ 부모 등의 동의를 얻을 것.(제808조)
④ 일정한 근친자간의 혼인이 아닐 것.(제809조)
⑤ 중혼이 아닐 것.(제810조)

제807조(혼인 적령) 만 18세가 된 사람은 혼인할 수 있다.

제808조(동의가 필요한 혼인) ① 미성년자가 혼인을 하는 경우에는 부모의 동의를 받아야 하며, 부모 중 한쪽이 동의권을 행사할 수 없을 때에는 다른 한쪽의 동의를 받아야 하고, 부모가 모두 동의권을 행사할 수 없을 때에는 미성년후견인의 동의를 받아야 한다.

② 피성년후견인은 부모나 성년후견인의 동의를 받아 혼인할 수 있다.

제809조(근친혼 등의 금지) ① 8촌 이내의 혈족(친양자의 입양 전의 혈족을 포함한다.) 사이에서는 혼인하지 못한다.

② 6촌 이내의 혈족의 배우자, 배우자의 6촌 이내의 혈족, 배우자의 4촌 이내의 혈족의 배우자인 인척이거나 이러한 인척이었던 자 사이에서는 혼인하지 못한다.

③ 6촌 이내의 양부모계(양부모계)의 혈족이었던 자와 4촌 이내의 양부모계의 인척이었던 자 사이에서는 혼인하지 못한다.

제810조(중혼의 금지) 배우자 있는 자는 다시 혼인하지 못한다.

---

2) 형식적 요건

가등법이 정하는 바에 의하여 신고함으로써 성립되고 그 효력이 생긴다.(제812조 1항)

제812조(혼인의 성립) ① 혼인은 「가족관계의 등록 등에 관한 법률」에 정한 바에 의하여 신고함으로써 그 효력이 생긴다.

② 전 항의 신고는 당사자 쌍방과 성년자인 증인 2인의 연서한 서면으로 하여야 한다.

---

2. 실질적 요건

1) 당사자간에 혼인의사의 합치가 있을 것.

(1) 혼인의사의 합치

가. 혼인의사의 의미

[1] 부부관계를 성립시킨다는 의사인데, 부부관계란 그 시대, 그 사회에서 일반적으로 인정되는 정신적·육체적 결합을 말한다.

[2] **동거하지 않을 것을 조건으로 하는 혼인(육체적 결합이 없음.), 동성혼, 가장혼인의 경우에는 혼인의사가 없다.**

○ 동성결혼 합법화 추세

동성결혼은 생물학적으로 동성에 해당하는 두 사람의 결혼을 의미한다. 동성결혼이 법적으로 허용된 것은 21세기에 들어와서 가능해졌다. 혼인법의 개정, 헌법상 평등권에 기초한 법원의 판결, 직접주민투표 등의 다양한 방식으로 합법화가 진행되었다. 2001년 네덜란드가 세계 최초로 동성결혼을 법적으로 허용하기 시작하여 2013년 10월 현재 국가 전체적으로 동성결혼을 허용하는 나라는 15개국이 되었다. 일부 자치주에서 동성결혼이 허용되고 있는 나라는 미국(14개 주) 멕시코(2개 주)가 있고, 2013년 10월 호주 수도권에서 동성결혼을 허용하는 법이 통과되었다. 2014년부터 영국의 잉글랜드와 웨일즈에서 동성결혼을 허용하는 법률이 발효되었다. 따라서 이를 포함하면 동성결혼 허용 국가는 19개 국이 된다. 동성결혼을 허용하는 시작 연도에 따라 국가를 분류하면 다음과 같다. 2001년 네덜란드, 2003년 벨기에, 미국(메사추세츠주), 2005년 스페인, 캐나다, 2006년 남아프리카 공화국, 2009년 노르웨이, 스웨덴,

2010년 포르투갈, 아이슬란드, 아르헨티나, 멕시코(멕시코시티), 2012년 덴마크, 2013년 브라질, 프랑스, 우루과이, 뉴질랜드, 호주(ACT), 2014년 영국(잉글랜드와 웨일즈)

미국에서는 2003년 메사추세츠주 대법원 판결에 의해 처음으로 동성결혼이 허용되기 시작하여 2013년 10월 1일자로 동성결혼이 허용되는 주는 14개 주(캘리포니아 등)이다. 미국은 전세계에서 동성결혼을 둘러싸고 주법, 연방법, 주민투표, 주대법원과 연방대법원의 판결 등 가장 다양하고 첨예한 찬반논쟁이 있어 온 나라이다. 미국은 2013년 6월 26일 연방대법원의 판결로 동성결혼을 차별하거나 금지시킨 연방법과 주법에 대한 위헌판결이 선고되면서 동성결혼 합법화의 길로 들어섰다. 동성결혼을 인정하지 않지만, 등록한 커플에게 시민결합, 비등록 커플에게 비등록 동거의 법적 지위를 부여하여 이성간의 결혼과 유사하게 보호하는 나라도 많다. 동거 파트너의 사망시 연금혜택이나 근로자보상 등 일정범위에서는 법률상 배우자와 동등하게 보호해 주지만, 동성결혼에 비해 법적 보호의 범위가 좁다.

그러나 이러한 제도는 동성결혼을 승인하는 과도기로 존재했으며 이러한 제도를 거쳐 결국 동성결혼을 승인한 나라가 많다. 동성커플에 대해 시민결합으로 인정하는 나라는 호주, 멕시코, 미국, 오스트리아, 콜롬비아, 체코, 독일 등이다. 비등록 동거의 형태로 인정하는 나라는 이스라엘 등이 있다. 그 밖에 동성결혼의 합법화 논의가 진행 중인 국가도 많다. 동성결혼의 합법화는 성소수자에 대한 차별금지, 결혼 평등권, 성적 경향에 대한 차별과 편견금지 등을 주장하며 성적 다양성을 사회가 수용하도록 1990년부터 진행된 LGBT 인권운동의 성과라 할 수 있다. LGBT는 레즈비언(lesbian), 게이(gay), 양성애(bisexual), 성전환자(transgender)의 첫 글자를 조합한 것으로 성적 소수자에 대한 호칭이 되었다. 동성결혼을 인정할지 여부는 정치적·사회적 인권 및 시민권에 관련한 이슈이고, 일부 나라에서는 종교적 문제로 다루고 있다. 동성애 행위에 대한 형사처벌이 유지되는 나라는 이슬람권 국가의 경우가 거의 유일하고 동성애 행위를 형사처벌하였던 소도미법도 거의 폐지되었고, 남아있어도 사문화된 상태이다. 반대로 동성결혼을 허용하는 국가는 전세계적으로 증가하는 추세에 있고, 여러 나라에서 인종·나이·종교, 정치적 소속이나 사회적·경제적 지위에 상관 없이 동성결혼을 법적으로 허용해야 한다는 지지율이 증가되고 있다. 동성커플에 대해서 결혼을 허용할지, 시민결합의 형태로 허용할지, 법적 지위를 부인할지, 법적 지위를 인정한다면 이성부부에게 인정되는 권리와 혜택을 전부 인정할지 차이를 인정할지 등에 대한 토론이 활발하다. 사망시 상속권, 이혼 내지 관계해소시 재산분할청구권, 부양의무, 자녀 입양권과 양육권, 병원입원시 방문권, 가족으로서 보험혜택, 결혼한 배우자에게 주어지는 세금공제나 연금 등 법률상 부부에게 부여하는 권리와 혜택, 책임을 동성커플에게 부여하는 범위를 둘러싸고 논의가 전개되고 있다.(배금자 변호사, 『대한변협신문』, 2013.11.4, 3면)

[3] 청구인과 30년간 부첩관계를 맺고 그 사이에서 2남 2녀를 출산한 피청구인이 청구인의 본처가 사망하자 청구인에게 혼인신고를 요구하여 청구인이 승낙하고 혼인신고를 하도록 딸에게 교부한 인장을 사용하여 혼인신고서를 작성하여 혼인신고를 한 경우라면 설사 당사자 사이에 이후 동거하기로 하는 합의가 따로 없이 혼인신고 후에도 계속 별거하면서 왕래하려는 의사만 있더라도 혼인의 실질적 합의가 인정된다.(대판 1990.12.26, 90므293) 이 판결은 혼인의 합의를 넓게 인정한 것이다.

나. 혼인의사의 존재시기

[1] **혼인신고서면을 작성할 때와 신고가 수리될 때 모두 존재해야 한다.** 다만, 조정이나 재판에 의한 혼인신고의 경우에는 신고 당시 당사자의 혼인의사는 필요 없다.

[2] 혼인 당사자 사이의 **혼인할 의사의 합치는 혼인신고서를 작성한 때는** 물론이고 **혼인신고서를 공무원(가족관계등록관)에게 신고할 때에도 존재함을 요한다**(대판 1983.12.27, 83므28)는 것이 판례의 입장이다.

다. 실질의사

[1] **실질의사설(통설)** : 부모 등의 동의를 얻을 것(제808조)이라는 조문을 그 논거로 한다.

[2] 형식의사설 : 혼인의사를 신고에 의하여 법률상 부부관계를 형성하려는 의사로 보면서 신분의사를 요건행위인 법률상의 신고행위를 하려는 의사로 보며 가장혼인을 유효로 본다.

[3] **판례(실질의사설)** : 형식상 혼인신고를 하였다 할지라도 당사자 일방 또는 쌍방에게 유효한 혼인의사가 없으면 무효라고 한다. 따라서 혼인의사는 정신적·육체적 결합을 생기게 할 의사로서 행해져야 하는 것으로서 가장혼인은 무효인 것이다.

(2) **일방적으로 하는 혼인신고**

[1] **일방 당사자에게 혼인할 의사가 없는데, 다른 일방의 당사자나 제3자 특히 부모들이 일방적으로 혼인신고를 하더라도 혼인의사의 흠결로서 무효**이다.

[2] 혼인의사를 가지고 있으나, 신고를 게을리하고 있는 때(사실상 혼인관계가 있는 경우)에는 통설·판례(대판 1980.4.22, 79므77)에 의하면 당사자 사이에 혼인을 해소하기로 합의하였다거나 일방이 혼인의사를 철회하지 않은 경우 다른 일방에 의하여 신고가 되었더라도 혼인은 성립한다고 본다.

2) 당사자가 혼인 연령에 달하였을 것.

[1] 만 18세가 된 자는 남녀 불문하고 누구나 혼인할 수 있다.(등록부상의 연령을 기준으로 함.)

[2] 연령은 출생일을 산입하여 계산한다.(제158조)

[3] 부적령의 혼인은 각 당사자 또는 그 법정대리인이 취소할 수 있다.(제817조)

[4] 성년에 달한 후 또는 혼인 중 포태한 때에는 취소청구권을 행사할 수 없다.

3) 부모 등의 동의를 얻을 것.

(1) 미성년자의 혼인

[1] 부모 쌍방의 동의가 필요하며, 부모의 혼인동의권은 친권 보호작용의 하나이다.

[2] 부모 중 일방이 동의권을 행사할 수 없는 경우로서 부모의 일방을 알 수 없을 때, 부모의 일방이 사망하였을 때, 의사표시를 할 수 없을 때 다른 일방의 동의만으로 충분하다.

[3] 부모가 모두 동의권을 행사할 수 없을 때에는 후견인의 동의를 얻어야 하고, 후견인이 없거나 동의할 수 없을 때에는 후견감독인의 동의를 얻어야 한다.

[4] 부모인 이상 이혼한 경우라도 모는 동의권을 가지게 되나, 친권을 박탈당한 부 또는 모에게는 인정하지 않음이 타당하다.

[5] 양친자관계가 있는 경우 친생부모와 양부모가 생존한 때는 양부모의 동의만으로 충분하다. 양부모가 모두 사망하였을 때에도 양자는 친생부모의 동의를 얻을 필요가 없다고 한다.[73]

(2) 피성년후견인의 혼인

피성년후견인은 부모 또는 후견인의 동의를 얻어 혼인할 수 있다. 피한정후견인이 혼인할 때에는 누구의 동의도 요구되지 않는다.

(3) 동의권의 남용 문제

민법총칙의 권리남용의 법리가 적용된다. 일정한 경우에는 동의에 갈음할 판결을 얻어야 할 때도 있을 것이다.

(4) 동의 없는 혼인이 잘못 수리된 경우

당사자 또는 그 법정대리인이 취소할 수 있다.(제816조 1호, 제817조 전단) 미성년자가 동의를 요하지 않는 연령에 달한 후 또는 피성년후견인의 성년후견 종료의 심판이 있은 후 3월이 경과하거나 혼인 중에 포태한 때는 취소청구권을 행사할 수 없다.

---

73) 김주수·김상용, 『친족·상속법』, 법문사, 2007, 102면

4) 근친혼 등이 아닐 것.

(1) 동성동본금혼 제도의 헌법불합치결정

동성동본인 혈족 사이의 혼인을 금지하고 있던 개정 전 민법 제809조 제1항은 1997년 7월 헌법재판소의 헌법불합치결정 이후 이미 그 적용이 중지되었고, 1999년 1월 1일부터 효력을 상실하였다. 동성동본의 혈족이란 부계혈족을 의미하는 것이므로 촌수에 관계없이 동성동본 사이의 혼인을 금지했던 이 조항은 합리적 이유 없이 부계와 모계를 차별함으로써 양성평등의 원친에 반하는 것이었다. 또한 이 조항은 아무런 합리적 근거 없이 혼인이 금지되는 범위를 지나치게 넓게 규정하여 혼인의 자유와 혼인 상대방을 결정할 수 있는 자유를 침해함으로써 결국 개인의 인격권과 행복추구권을 규정한 헌법이념에 반하는 등 많은 문제점을 안고 있었다.

1978년 1월 1일부터 12월 31일까지 1년간과 1987년 12월 19일부터 1988년 12월 31일까지 1년간에 걸쳐 「혼인에 관한 특례법」(법률 제3971호)을 만들어 9촌 이상의 동성동본혼자들을 구제한 것은(이 기간 동안 각각 4,577쌍, 12,443쌍이 혼인신고를 하였다.) 그 증거의 일단이다. 또한 1995년 12월 6일 법률 제5013호로 「혼인에 관한 특례법」을 제정하여 1995년 12월 27일부터 1996년 12월 31일까지 한시적으로 혼인신고를 수리하고 있었다.

이 특례법에 의하여 혼인신고를 하기 위해서는 당사자간에 민법 제815조 제2호, 제3호에서 규정하는 친족관계가 아니라는 사실과 이들이 사실상 혼인관계에 있다는 증명서류를 갖추면 되었다. 1995년 12월 당시 동성동본금혼 규정 때문에 혼인신고를 못하고 있는 부부는 5~6만 쌍으로 추정되고 있었다. 따라서 동성동본금혼 규정은 위와 같은 한시법으로만 구제할 것이 아니고 근친자간에는 혼인을 금지하는 규정으로 개정하는 것이 바람직하다는 것이 그 당시의 일반적인 견해였다.

서울가정법원은 동성동본금혼 규정이 "헌법에 보장된 개인의 행복추구권과 평등권, 혼인과 가족생활의 권리 등을 명백히 침해하는 것"이라는 이유로 1995년 5월 19일 헌법재판소에 위헌제청을 하였다. 그 결과 1997년 7월 16일 헌법재판소는 "민법 제809조 1항은 인간의 존엄과 행복추구권, 양성평등에 기초한 혼인과 가족생활의 유지라는 헌법정신에 정면으로 배치된다."(재판관 5명, 위헌정족수 부족으로 헌법불합치의 결정)라고 하여 헌법불합치결정을 내렸다. 이는 사실상 위헌결정으로서 "국회가 1998년 12월 31일까지 민법 관련 조항을 개정하지 않으면 1999년부터는 이 규정은 효력을 상실한다"(95헌가6재기13)라고 선언하였다.

1999년부터 효력을 상실한 개정 전 민법 제809조 제1항을 대체할 수 있는 민법 개정안

(부계와 모계를 차별하지 않고 8촌 이내의 혈족 사이에는 혼인할 수 없다고 규정한 개정안)이 이미 1998년에 국회에 제출되었으나, 민법 개정안의 국회통과를 저지하려는 소위 유림과 이에 영합한 국회의원들의 직무유기로 말미암아 2005년 3월에야 국회를 통과하였다.

(2) 근친혼 금지의 범위

가. 8촌 이내의 혈족 사이의 혼인

[1] 8촌 이내의 혈족 사이에서는 혼인할 수 없다. 혈족에는 자연혈족과 법정혈족(양부모계의 혈족)이 모두 포함된다. 이는 제777조가 규정하는 혈족의 범위와 일치한다고 봄이 좋을 것이다. 즉 모계혈족에 대해서는 우리 전통적 관습을 고려하여 모계의 부계혈족만을 의미하는 것으로 해석하는 것이 타당할 것이다.[74]

자연혈족 사이의 혼인이 금지되는 것은 우생학적 이유와 사회윤리적인 측면을 다 같이 고려한 결과이지만, 법정혈족인 양부모계 혈족과의 혼인이 금지되는 것은 사회윤리적인 고려에 의한 것이다.

제777조(친족의 범위) 친족관계로 인한 법률상 효력은 이 법 또는 다른 법률에 특별한 규정이 없는 한 다음 각 호에 해당하는 자에 미친다.
  1. 8촌 이내의 혈족
  2. 4촌 이내의 인척
  3. 배우자

---

[2] 개정 전 민법 제809조 제1항은 단지 동성동본인 혈족 사이의 혼인을 금지하고 있었을 뿐이므로 이성양자異姓養子와 양가養家의 혈족 사이의 혼인을 금지하는 근거 규정이 될 수 없었다. 민법에 의하면 입양을 하는 경우에도 양자의 성은 변경되지 않으므로(입양특례법에 의한 입양의 경우에도) 양친이 원치 않으면 양자의 성은 변경되지 않는다. 양자와 양부 및 양가의 혈족은 동성동본인 혈족에 해당하지 않는 경우가 얼마든지 발생할 수가 있는데, 이들 사이의 혼인을 금지하는 근거 규정은 존재하지 않았다. 이들은 법정혈족관계에 있으므로 설령 혼인하더라도 제815조 제2항에 의해서 그 혼인은 무효가 된다고 해석되었다. 그러나 효력 규정에서만 규정하고 금지 규정에서는 규정하지 않은 것은 입법의 불비라는 비판을 피할 수 없었다. 제809조는 혼인이 금지되는 범위를 규정한 금지 규정이다. 이러한 금지에 위반하여 혼인이 성립된 경우의 효력에 대해서는 제815조·제816조가 규정하고 있는데, 혼인

---

74) 김주수·김상용, 앞의 책, 106면

이 무효가 되는 경우와 취소될 수 있는 경우로 나뉜다. 이러한 의미에서 제809조는 금지 규정, 제815조 이하는 효력 규정이라 부른다. 그뿐만 아니라, 제809조 제1항은 개정 전 민법은 부계혈족 사이에는 무제한 혼인을 금지하는 반면, 모계혈족 사이의 혼인금지에 대해서는 규정하지 않음으로써 현저한 불균형과 심각한 입법의 불비상태를 나타내고 있었다. 이러한 문제는 개정법에 의하여 모두 해소되었다.

제815조(혼인의 무효) 혼인은 다음 각 호의 어느 하나의 경우에는 무효로 한다.

　1. 당사자간에 혼인의 합의가 없는 때

　2. 혼인이 제809조 제1항의 규정을 위반한 때

　3. 당사자간에 직계인척관계(직계인척관계)가 있거나 있었던 때

　4. 당사자간에 양부모계의 직계혈족관계가 있었던 때

제816조(혼인취소의 사유) 혼인은 다음 각 호의 어느 하나의 경우에는 법원에 그 취소를 청구할 수 있다.

　1. 혼인이 제807조 내지 제809조(제815조의 규정에 의하여 혼인의 무효사유에 해당하는 경우를 제외한다. 이하 제817조 및 제820조에서 같다.) 또는 제810조의 규정에 위반한 때

　2. 혼인 당시 당사자 일방에 부부생활을 계속할 수 없는 악질 그 밖의 중대사유가 있음을 알지 못한 때

　3. 사기 또는 강박으로 인하여 혼인의 의사표시를 한 때

---

　[3] 인지되지 않은 혼인 외의 출생자의 경우에는 '사실상의 부계혈족과 어떻게 근친혼을 금지시킬 것인가'의 문제가 있다. 예컨대, '부와 인지되지 않은 출생자의 사이, 부의 혼인 중의 출생자와 부에 의하여 인지되지 않은 혼인 외의 출생자 사이의 혼인을 어떻게 금지시킬 것인가?'의 문제이다. 이러한 자들 사이에는 법률상 혈족이 아니므로 혼인할 수 있다고 볼 수 있다. 그러나 우생학적 견지에서 볼 때에는 이를 금지하는 것이 바람직하다. 민법상 금지된다고 해석하는 것이 타당하겠지만, 그렇게 해석하더라도 공무원에게 실질적 심사권이 없으므로 그 효과는 크게 기대할 수 없다. 그러므로 문제는 '신고가 수리된 경우에 당사자가 실체관계를 증명해서 무효로 할 수 있는가' 하는 것이다. 민법의 해석으로는 매우 곤란한 것이라고 볼 수밖에 없으나, 혈족에는 사실상의 혈족도 포함된다고 해석하여야 할 것이다. 궁극적으로는 입법적 해결이 필요한 문제이다.[75] 우리는 이를 금지하는 명문 규정이 없으나, 독일과 스위스 민법은 금지하는 규정을 두고 있다.

---

75) 김주수·김상용, 앞의 책, 107면

나. 친양자 입양 성립 전에 8촌 이내 혈족이었던 자 사이의 혼인

친양자 입양이 확정되면 입양 전의 친족관계는 종료하게 되지만(제908조의3 2항), 입양 확정 전에 혼인이 금지되었던 8촌 이내의 혈족은 친양자 입양 성립 후에도 계속해서 혼인이 금지된다. 이는 우생학적 견지에서 당연한 것이다.

다. 6촌 이내 혈족의 배우자, 배우자의 6촌 이내 혈족, 배우자의 4촌 이내 혈족의 배우자인 인척이거나 이러한 인척이었던 자 사이의 혼인

[1] 혈족의 배우자의 경우에는 6촌 이내에서 금지된다. 예컨대, 형제의 처, 고모의 부, 자매의 부, 조카의 배우자 등이 이에 해당하는데, 이러한 인척 사이에 6촌까지 혼인이 금지된다.

[2] 배우자의 혈족의 경우에는 배우자의 6촌 이내의 혈족까지 혼인이 금지된다. 예컨대, 배우자의 부모, 조부모, 형제자매, 형제자매의 자, 백숙부모, 종형제, 고모, 고모의 자 등이 이에 해당되는데, 이러한 인척 사이에 6촌까지 혼인이 금지된다.

[3] 배우자 혈족의 배우자인 경우에는 배우자의 4촌 이내 혈족의 배우자인 경우에만 혼인이 금지된다. 예컨대, 배우자의 백숙부 또는 형제의 처, 배우자의 고모·이모 또는 자매의 부 등이 이에 해당되는데, 이러한 인척 사이에서는 4촌까지 혼인이 금지된다.

이와 같이 인척의 계원에 따라 차이를 두어 혼인을 금지할 필요는 없다고 보며, 민법이 규정하는 인척의 범위(제777조)에 맞추어서, 또는 인척은 4촌 이내에서 혼인이 금지되는 것이 타당하다고 생각된다.

[4] 제809조 제2항에 의하여 금지되는 혼인은 현재 인척관계에 있는 자(혼인관계가 배우자의 사망으로 종료하고 생존배우자가 재혼하지 않은 경우) 사이와 현재는 그러한 인척관계가 종료되었지만, 과거에 인척관계가 있었던 자(혼인관계가 이혼, 혼인의 취소 등으로 종료한 경우) 사이이다. 인척관계가 종료되는 경우로서는 혼인의 취소, 이혼, 부부 일방의 사망 후의 재혼 및 친양자의 성립에 의한 인척관계의 종료가 있다. 그런데 혼인의 취소에 의한 인척관계의 종료에 대해서는 해석상 문제가 있다. 혼인요건 위반의 경우에는 당사자들 간에 완전히 혼인할 의사가 있었으며, 사실상으로도 부부공동생활이 있는 것이 보통이므로 제809조 제2항이 적용되어야 할 것이지만, 사기·강박의 경우에는 혼인의사의 결정 자체가 불완전하고 부부공동생활이라는 것도 충분히 행해지지 않을 것이기 때문에 제809조 제2항의 적용을 배제하는 것이 타당할 것이다.[76]

라. 6촌 이내 양부모계의 혈족이었던 자와 4촌 이내 양부모계의 인척이었던 자 사이의 혼인
제809조 제3항의 규정은 입양에 의해 법정혈족 또는 인척관계가 성립되었던 일정한 자

---

76) 김주수·김상용, 앞의 책, 108면

사이에서는 그 관계가 종료된 후에도 사회윤리적 고려에서 혼인을 금지하는 것이다. 혼인이 금지되는 범위는 6촌 이내 양부모계의 혈족이었던 자와 4촌 이내 양부모계의 인척이었던 자 사이이다. 즉 이와 같은 범위에서는 입양관계가 종료된 후에도 혼인이 금지된다. 이러한 자들 사이의 혼인은 입양관계가 존속 중인 때에는 제809조 제1항과 제2항의 규정에 의하여 자연혈족과 마찬가지로 금지되지만, 입양관계가 종료된 후에는 제809조 제1항과 제2항의 경우와는 달리 혼인금지의 범위가 축소된다. 양부모계의 친족관계가 종료되는 경우에는 입양의 취소 또는 파양이다. 다만, 사기·강박으로 인한 입양취소의 경우에는 입양의사의 결정 자체가 불완전하고 양부모 밑에서의 공동생활도 충분하게 행해지지 않은 것이기 때문에 제809조 제3항의 적용을 배제하는 것이 타당할 것이다.[77]

마. 제809조 위반의 효과

제809조에 위반되는 혼인신고는 수리되지 않는다. 혼인신고가 잘못 수리된 때에는 혼인이 무효가 되는 경우와 일단 유효하지만, 취소될 수 있는 경우로 나뉜다.

① **무효혼** : 당사자가 8촌 이내의 부계혈족 또는 모계혈족인 경우에는 그 혼인은 무효이다. 이 경우 혈족은 자연혈족과 법정혈족을 구별하지 않으며, 친양자의 입양 전의 혈족을 포함한다. 또한 당사자간에 직계인척관계(배우자의 직계혈족, 직계혈족의 배우자)가 있거나 있었던 때, 당사자간에 양부모계의 직계혈족관계 또는 직계인척관계가 있었던 때에는 그 혼인은 무효이다. 인척인 혈족의 배우자 중 혈족의 배우자를 제외한 인척을 말한다.

② **취소혼** : 제815조의 규정에 의한 혼인의 무효사유에 해당하는 경우를 제외하고 제809조에 위반한 혼인은 당사자, 그 직계존속 또는 4촌 이내의 방계혈족이 그 취소를 청구할 수 있다.(제816조, 제817조) 이 경우에는 우선 조정을 신청하여야 한다.(가사소송법 제50조) 그러나 당사자간에 혼인 중 이미 포태한 때에는 그 취소를 청구하지 못한다.(제820조)

5) 중혼이 아닐 것.

(1) 중혼의 의의와 일부일처제의 선언

법률상의 혼인이 이중으로 성립하는 경우를 말하며 사실혼관계와 중복하는 때에는 중혼이 아니다. 민법은 일부일처제를 기본이념으로 하고 있으므로 배우자있는 자는 중복하여 혼인할 수 없다.

(2) 중혼이 생기는 경우

공무원이 혼인신고를 수리할 때 혼인의 성립요건을 심사하기 때문에 중혼이 생기는 경우

---

77) 김주수·김상용, 앞의 책, 108면

는 드물지만, 다음과 같은 경우에는 중혼이 생긴다. 공무원이 잘못해서 이중으로 혼인신고를 수리한 경우, 이혼 후 재혼하였는데, 전의 이혼이 무효 또는 취소된 경우, 실종선고 후 재혼하였는데, 실종선고가 취소된 경우 등이 그러하다.

(3) 효과

[1] 후혼에 대해서 당사자, 그 배우자, 당사자의 직계존속, 8촌 이내의 방계혈족 또는 검사가 취소할 수 있다.(제816조 1호) 그러나 후혼이 취소되기 전에 전혼이 이혼으로 인하여 소멸된 경우에는 하자가 치유된다.

[2] **취소되기** 전에는 **이혼이 가능하다. 혼인이 일단 성립되면 위법한 중혼이라고 하더라도 당연무효가 되지 아니하고 법원의 판결에 의하여 취소되는 경우** 비로소 그 **효력이 소멸될** 뿐이기 때문에 아직 혼인취소의 확정판결이 없는 한 법률상 부부로서 재판상 이혼의 청구도 가능하다. 두 개의 유효한 혼인관계가 존재하므로 취소되기 전 **상속할 수 있는 배우자는 둘이다.**

(4) 실종선고가 취소된 경우 전후 양혼의 관계

실종선고 후 취소 전에 한 혼인은 양 당사자가 선의이면 유효하다. 그러나 당사자 일방 또는 쌍방의 악의로 재혼하였으나, 후에 실종선고가 취소된 경우 중혼이 발생한다는 것이 통설이자 판례이다.

6) 여자의 재혼금지기간 폐지

2005년 민법의 개정 전에는 남자가 재혼할 때에는 아무런 제한이 없었으나, 여자가 재혼하는 때에는 부성 추정이 충돌할 염려가 있다는 이유에서 전혼관계가 종료한 날로부터 6월을 경과하지 않으면 재혼할 수 없었다. 그러나 오늘날은 이러한 부성 추정의 충돌이 발생한다 하더라도 발달된 유전자검사 등의 방법을 통해 부를 정하는 데 어려움이 없으므로 이를 삭제하게 된 것이다.

3. 형식적 요건

1) 법률혼주의

(1) 혼인 성립요건으로서의 신고

혼인은 「가족관계의 등록 등에 관한 법률」이 정한 바에 의하여 신고함으로써 그 효력이 생긴다.

(2) 신고 절차

[1] 당사자 쌍방과 성년자인 증인 2인이 연서한 서면으로 하여야 한다.(제812조 2항)

[2] 본인이 생존 중에 유효하게 작성하여 우송한 신고서는 본인의 사망 후에 도달한 경우에도 효력이 생기며, 사망시에 신고한 것으로 본다.(가등법 제41조 1항, 2항)

민법 제812조(혼인의 성립) ① 혼인은 「가족관계의 등록 등에 관한 법률」에 정한 바에 의하여 신고함으로써 그 효력이 생긴다.

② 전 항의 신고는 당사자 쌍방과 성년자인 증인 2인의 연서한 서면으로 하여야 한다.

가등법 제41조(사망 후에 도달한 신고) ① 신고인의 생존 중에 우송한 신고서는 그 사망후라도 시·읍·면의 장은 수리하여야 한다.

② 제1항에 따라 신고서가 수리된 때에는 신고인의 사망시에 신고한 것으로 본다.

---

[3] 혼인신고특례법 제1조, 제2조에 의하면 전쟁 또는 사변에 있어서 전투수행을 위한 공무에 종사함으로 인하여 혼인신고를 당사자 쌍방이 하지 못하고 그 일방이 사망한 경우에는 생존한 당사자가 가정법원의 허가를 얻어 단독으로 혼인신고를 할 수 있다.

〈혼인신고특례법〉

제1조(목적) 이 법은 혼인 당사자 중 어느 한쪽이 전쟁이나 사변事變으로 전투에 참가하거나 전투 수행을 위한 공무公務에 종사함으로 인하여 혼인신고를 하지 못하고 사망한 경우에 관한 특칙特則을 규정함을 목적으로 한다.

제2조(혼인신고) 혼인신고 의무자 중 어느 한쪽이 제1조에 따른 사유로 사망한 경우에는 생존한 당사자가 가정법원의 확인을 받아 단독으로 혼인신고를 할 수 있다.

---

(3) 신고의 수리(형식적 심사권)

가족관계 등록사무 공무원은 형식적 심사권만을 가지고 있으며, 실질적 심사권은 없다.

(4) 신고의 효력

[1] 혼인신고는 그것이 법령에 위반된 것이라도 일단 수리되면 혼인의 효력이 발생하고, 일정한 위법이 있을 경우는 혼인무효나 혼인취소의 문제가 생길 뿐이다.

[2] 혼인은 「가족관계의 등록 등에 관한 법률」에 따라 공무원이 그 신고를 수리함으로써

유효하게 성립되는 것이며, 등록부에의 기재는 그 유효요건이 아니어서 '등록부에 적법하게 기재되었느냐'의 여부는 혼인 성립의 효과에 영향을 미치는 것은 아니므로 청구인과 피청구인이 일단 혼인신고를 하였다면 그 혼인관계는 성립한 것이고, 그 등록부의 기재가 무효인 이중등록에 의하였다 하여 그 효력이 좌우되는 것은 아니다.

(5) 재외 한국인의 혼인신고

가. 영사혼(제814조 1항)

외국에 있는 본국민 사이의 혼인은 그 외국에 주재하는 대사, 공사 또는 영사에게 신고할 수 있다.

제814조(외국에서의 혼인신고) ① 외국에 있는 본국민 사이의 혼인은 그 외국에 주재하는 대사, 공사 또는 영사에게 신고할 수 있다.

나. 국제사법에 의한 방법(국제사법 제36조)

거주하는 외국의 법률이 정하는 방식으로 혼인을 성립시킬 수 있다. 이러한 경우에는 그 나라의 법이 정하는 방식에 따른 혼인 절차를 이행함으로써 혼인은 유효하게 성립한다는 것이 판례이다.(대판 1994.6.28, 94므413)

2) 조정·재판에 의한 혼인신고

(1) 조정에 의한 혼인신고

[1] 사실혼 당사자 일방의 비협조나 그 밖에 사유로 혼인신고가 되어 있지 않은 경우에는 사실상 혼인관계 존재확인청구를 통하여 혼인신고를 할 수 있다.

[2] 혼인에 관하여 조정(조정전치주의)이 이루어지면 그 사항을 조서에 기재함으로써 조정이 성립하고, 그 기재는 재판상 화해와 동일한 효력이 있기 때문에 혼인은 성립한다.

(2) 재판에 의한 혼인신고

[1] 조정에 의하여 합의가 이루어지지 아니한 경우에는 사실상 혼인관계 존재확인의 소를 제기할 수 있고 재판이 확정되어 승소판결을 얻으면 사실혼관계는 법률상 혼인이 된다. 이 때 **판결확정일로부터 1개월 이내에 신고**하여야 한다.**(가등법 제72조)**

가등법 제72조(재판에 의한 혼인) 사실상 혼인관계 존재확인의 재판이 확정된 경우에는 소를

제기한 사람은 재판의 확정일부터 1개월 이내에 재판서의 등본 및 확정증명서를 첨부하여 제71조의 신고를 하여야 한다.

[2] 판례는 "청구인이 피청구인을 상대로 한 사실혼관계 확인청구 소송이 승소로 확정되었다고 하여도 그에 기하여 혼인신고를 하지 아니한 이상 민법 제810조 소정의 중혼이 될 수 없고, 따라서 제816조상의 혼인의 취소사유도 되지 아니한다."라고 하여 **재판**에 의한 **혼인신고를 창설적 신고로 보고 있다.**(대판 1973.1.16, 72므25)

> ┌──────┐
> │ 사례 │ **당사자 쌍방의 자유의사에 의하지 아니한 혼인신고의 효력**
> └──────┘

> B는 25세의 여자인데, 1999년경 A라는 남자를 알게 되어 양가부모의 허락 없이 서울시내 모성당에서 결혼식을 올리고 10개월 정도 동거를 한 사실이 있는데, A가 낭비벽이 심하여 헤어지게 되었다. 그 후 다니던 직장에서 다른 직장으로 전직을 하려고 호적등본(현 등록부)을 발급받아 보니 뜻밖에도 A와 B는 혼인이 된 것으로 기재되어 있었다. 이러한 경우 어떻게 하면 혼인무효확인을 받을 수 있는지에 관한 사건이다.
>
> ☞ 우리 민법은 신고로서 혼인이 성립하며(제812조), 결혼식을 거행하고 부부로서 생활하고 있다 하더라도 혼인신고를 하지 않으면 이를 하지 않고 있는 동안은 사실혼에 불과하게 된다. 성년자가 혼인을 할 때에는 부모의 동의 없이도 가능하지만, 혼인신고는 당사자 쌍방의 자유의사에 의하여 이루어져야 하는 바, 판례는 "외견상 부부로서 사실혼관계와 같은 관계를 유지하여 왔다 하더라도 혼인의사가 없는 타방 당사자 모르게 한 혼인신고는 원칙적으로 무효이며, 타방 당사자가 혼인신고 후 이를 알고도 그 혼인에 만족하고 그대로 부부생활을 계속하였다는 등의 사정을 찾아볼 수 없는 이상 무효"라고 한다.(대판 1978.10.31, 78므37) 위 사안의 경우에도 B가 A의 동의 없이 한 혼인신고는 무효라고 할 것이므로 B는 가정법원에 혼인무효확인심판청구를 하여 이 **심판확정 후 심판서등본과 확정증명서를 첨부하여 1개월 이내에 등록부의 정정을 신청하여야 한다.**(**가족관계의 등록** 등에 관한 **법률 제107조 판결에 의한 등록부의 정정**) 그리고 B녀는 A남에 대하여 재산상 손해, 정신적 고통에 대한 손해배상을 청구할 수 있다.(제825조에 의한 제806조의 준용) 물론 A남은 형사상 공정증서원본불실기재죄, 동 행사죄 등에 해당되어 형사처벌도 받게 된다.(형법 제228조)
>
> 참고로 혼인은 가등법이 정한 바에 따라 신고함으로써 그 효력이 생긴다. 신고는 당사자 쌍방과 성년자인 증인 2인이 연서한 서면으로 하여야 한다.(제812조) 즉 혼인신고는 혼인신고서 용지에 당사자 쌍방과 성년자인 증인 2인의 도장을 받아 남편의 등록기준지, 주소지 또는 현주소에서 할 수 있다.

III. 혼인의 무효와 취소

1. 혼인의 무효

혼인의 무효란 혼인신고가 있었으나, 혼인관계가 인정될 수 없는 법정무효사유가 있는 경우 그 혼인을 처음부터 무효로 하는 제도이다.

1) 무효의 원인(제815조)

(1) 당사자 사이에 혼인의 합의가 없는 때

① 합의된 내용이 사회통념으로 보아서 부부관계의 본질을 가지지 못하는 것.(예컨대, 동거하지 않겠다는 혼인·동성혼 등)

② 어떠한 방편을 위해서 하는 것으로 정신적·육체적 결합을 가질 의사가 없는 것.(예컨대, 가장혼인)

③ 당사자의 일방 또는 쌍방이 신고의 수리 이전에 혼인의사를 철회하였을 때

④ 심신상실자가 혼인신고 당시에 의사능력을 결여하였을 때

⑤ 그 밖에 판례는 일방적인 혼인신고 후 혼인의 실체 없이 몇 차례의 육체적 관계로 자를 출산하였다 하여도 무효인 혼인을 추인하였다고 보기 어렵다고 한다.(대판 1993. 4.19, 93므430)

(2) 당사자 사이에 8촌 이내의 혈족(친양자 입양 전의 혈족 포함)관계가 있는 때

혈족은 직계혈족과 방계혈족으로 나뉜다. 직계혈족은 직계존속과 직계비속으로 나뉘는 외에 부계혈족과 모계혈족을 포함한다. 방계혈족이란 혈족이 그 공동시조에 의하여 갈라져서 연결되는 혈족으로서 부계와 모계로 크게 나눌 수 있다. 그리고 혈족은 자연혈족과 법정혈족을 포함한다. 친양자의 경우에는 입양이 성립됨으로써 입양 전의 친족관계는 종료하지만, 혼인의 경우에는 혈족관계가 있는 것과 같이 동일하게 다루어진다. 이것은 우생학적 견지에서 규정된 것이다.

(3) 당사자 사이에 직계인척관계가 있거나 있었던 때

직계인척이란 배우자의 직계혈족과 직계혈족의 배우자를 말한다. 즉 장모, 시아버지, 계모, 계부 등이 직계인척에 해당한다.

(4) 당사자 사이에 양부모계의 직계혈족관계가 있었던 때

양부모계의 8촌 이내의 혈족 사이에도 자연혈족과 마찬가지로 혼인이 금지되고(제809조),

그것이 잘못 수리된 경우에는 무효가 된다.(제815조) 그러나 양친자관계가 해소된 후에는 혼인금지의 범위가 6촌 이내로 축소되며(제809조 3항), 그것이 잘못 수리된 경우 직계혈족관계에 있었던 때에 한하여 무효로 한다. 예컨대, 양부와 양딸, 양모와 양자였던 자 사이의 혼인은 무효이다.

2) 혼인무효의 성질

(1) 학설

'혼인무효의 사유가 있는 경우 그 혼인은 당연무효인가, 아니면 혼인무효확인판결의 확정에 의하여 비로소 소급적으로 무효가 되는 것인가?'에 대하여는 학설이 나뉜다.

가. 다수설

민법학자는 대부분 법률상 당연무효이며 이는 **확인의 소라고 한다.**[78] 다수설과 판례인 당연무효설에 의하면 일반원칙에 따라 개개의 소송에서 선결문제로서 혼인의 무효를 주장할 수 있다.

나. 소수설

소송법학자는 무효판결이 있을 때까지는 어느 누구도 그 혼인을 유효한 것으로 다루어야 하고 판결에 의하여 혼인은 소급적으로 무효가 된다고 해석한다.[79]

(2) 신고

혼인무효의 판결이 확정되면 소를 제기한 자가 판결의 확정일로부터 1월 이내에 판결의 등본 및 확정증명서를 첨부하여 등록부의 정정을 신청하여야 한다.

3) 혼인무효확인의 소

(1) 조정전치주의 적용이 없음.

혼인무효확인 사건은 가사소송법에 따라 조정 없이 판결하며, 가사소송법에서 따로 관할, 제기권자, 상대방 등에 관하여 규정하고 있다.

(2) 사망 등으로 혼인이 해소된 경우

이와 같은 경우에도 혼인의 무효확인청구는 그 혼인관계가 신분상의 관계 또는 재산법상의 관계에 있어 현재의 법률상태에 직접적인 영향을 미치는 때에는 그 무효확인을 구할 정

---

78) 이은영, 앞의 책, 607-608면
79) 이시윤, 『민사소송법』, 박영사, 1985, 281면

당한 법률상의 이익이 있다.

4) 혼인무효의 효과

(1) 당사자간의 효과

가. 소급효

처음부터 아무런 효과도 발생하지 않는다. 따라서 부부임을 전제로 한 상속 그 밖의 권리 변동은 무효가 된다.

나. 무효인 혼인의 추인

[1] 일방적인 혼인신고 후 혼인의 실체 없이 몇 차례의 육체관계로 자를 출산하였다는 사실만으로 무효인 혼인을 추인하였다고 보기 어렵다는 것이 판례의 입장임은 앞에서 지적한 바 있다. 자를 출산한 사실보다 혼인생활에 만족하는지가 중요하기 때문이다.

[2] 제139조는 재산법에 관한 총칙의 규정이고 신분법에 관하여는 그대로 적용될 수 없으므로 혼인신고가 한쪽 당사자가 모르는 사이에 이루어져 무효인 경우에도 그 후 양쪽 당사자가 그 혼인에 만족하고 그대로 부부생활을 계속한 때에는 그 혼인을 무효로 할 것이 아니다. 혼인신고가 일방적으로 이루어진 경우 무효이나 혼인생활에 만족하고 부부생활을 계속한 경우 무효인 혼인은 처음부터 유효가 된다. 따라서 민법 제139조의 무효행위의 추인에 관한 규정이 적용되지 않는다.

다. 손해배상청구권

당사자 일방은 과실 있는 상대방에 대하여 정신상·재산상의 손해배상을 청구할 수 있다.(제825조, 제806조) 약혼 해제시의 위자료청구권의 양도·승계에 관한 규정이 준용된다.

(2) 자子에 대한 효과

가. **혼인 외의 출생자**

무효혼인에 의한 출생자는 혼인 외의 출생자가 된다.

나. **무효인 혼인 중 출생한 자의 인지**

혼인신고가 위법하여 **무효인 경우에도 무효인 혼인 중 출생한 자를 그 가등부에 출생신고를 하여 등재한** 이상 그 자에 대한 **인지의 효력**은 있다.

다. 혼인무효 후 자의 양육 문제

재판상 이혼의 경우와 마찬가지로 가정법원이 혼인무효의 청구를 인용하는 경우 그 자의 친권을 행사할 자에 관하여 부모에게 미리 협의할 것을 권고하여야 한다.(가사소송법 제25조) 협의가 이루어지지 않으면 당사자의 청구에 의하여 가정법원이 이를 정한다.

2. 혼인의 취소

일정한 사유가 있을 때 당사자 일방이 가정법원에 그 취소를 위한 조정신청을 경료한 후 소송으로서 주장할 수 있다.

1) 혼인의 취소원인·취소권자

민법총칙의 의사표시의 취소에 관한 규정이 적용되지 않는다.

(1) 부적령혼

[1] 혼인 적령에 달하지 않은 혼인은 당사자 또는 그 법정대리인이 그 취소를 청구할 수 있다.(제817조 전단, 제807조, 제816조 1호)

[2] 당사자가 성년에 달한 후 또는 피성년후견인 선고의 취소가 있은 후 3월이 경과하거나 혼인 중 포태한 때에는 취소권이 소멸한다.(제819조)

(2) 동의결여혼

[1] 동의권자의 동의를 얻지 않은 미성년자와 피성년후견의 혼인은 당사자 또는 그 법정대리인이 취소를 청구할 수 있다.(제817조 전단, 제808조, 제816조 1호)

[2] 당사자가 성년에 달한 후 또는 피성년후견의 선고의 취소가 있은 후 3월이 경과하거나 혼인 중 포태한 때에는 취소권이 소멸한다.(제819조)

(3) 근친혼

가. 근친혼 취소의 범위

근친혼으로서 취소될 수 있는 혼인의 범위는 근친혼 등의 금지를 규정하고 있는 제809조 제1항 내지 제3항 중에서 근친혼으로서 무효혼이 되는 대상(제815조 2호, 3호, 4호; 친양자 입양 전의 혈족을 포함한 8촌 이내의 혈족관계, 당사자간에 직계인척관계가 있거나 있었던 때, 당사자간에 양부모계의 직계혈족관계가 있었던 때)을 제외한 나머지의 경우이다.

구체적으로 말하자면, 인척 중에는 당사자간에 직계인척관계가 있거나 있었던 자(제815조 3항)를 제외한 인척, 즉 6촌 이내의 혈족의 배우자, 배우자의 6촌 이내의 혈족, 배우자의 4촌 이내의 혈족의 배우자인 인척이거나 이러한 인척관계에 있었던 자 사이의 혼인은 취소의 대상이 된다. 그리고 양부모계의 혈족이었던 자 중에서는 당사자간에 양부모계의 직계혈족이었던 자를 제외한 6촌 이내의 양부모계의 혈족이었던 자 사이의 혼인, 양부모계의 인척이었던 자 중에서는 당사자간에 양부모계의 직계인척관계가 있었던 자를 제외한 4촌 이내의 양부모계의 인척이었던 자 사이의 혼인이 취소의 대상이 된다.

나. 취소청구권자

근친혼으로 인한 혼인 취소사유가 존재하는 경우에는 당사자, 그 직계존속 또는 4촌 이내의 방계혈족이 그 취소를 청구할 수 있다.(제817조 후단)

다. 취소청구권의 소멸

근친혼 등의 금지(제809조) 규정에 위반한 혼인일지라도 그 당사자간에 혼인 중 포태한 경우에는 그 취소를 청구하지 못한다.(제820조) 2005년 민법 개정 전에는 당사자간에 혼인 중 이미 자가 출생한 경우에 취소청구권이 소멸하도록 되어 있었으나, 개정법에서는 이를 완화하는 취지에서 이미 포태한 때에는 취소청구권이 소멸되도록 하였다.

(4) 중혼

가. 취소청구권자

중혼인 경우에는 당사자 및 그 배우자, 직계존속, 4촌 이내의 방계혈족 또는 검사가 그 취소를 청구할 수 있다.(제818조, 제810조, 제816조 1호)

나. 취소 전에는 **유효한 혼인**

중혼이 되더라도 당연무효가 아니라, **후혼의 취소원인이 될** 뿐이므로 **중혼은 일단 유효하게 성립하며, 중혼자가 사망하더라도 전혼 배우자와 후혼 배우자는 모두 상속권이 있으며, 중혼자는 양 배우자에 대하여 상속권이 있다.** 그리고 **중혼출생자는 혼인** 중의 **출생자**이다.

다. 취소청구권의 소멸기간

취소청구권의 소멸기간에 관하여는 이를 규정한 명문의 규정이 없으므로 중혼이 존재하는 한 취소청구권은 소멸하지 아니한다. 그러나 판례는 "중혼 성립 후 10여년 동안 취소권을 행사하지 아니한 경우에는 권리남용이 되는 경우가 있다"(대판 1993.8.24, 92므907)라고 판시한 바 있다.

다. 중혼자가 사망한 경우

사망에 의하여 중혼으로 인하여 형성된 신분관계가 소멸하는 것은 아니므로 전혼의 배우자는 생존한 중혼배우자의 일방을 상대로 중혼의 취소를 구할 이익이 있다는 것이 판례의 입장이다.

(5) 악질 등 중대한 사유가 있는 혼인

혼인 당시 당사자 일방에 부부생활을 계속할 수 없는 악질 그 밖의 중대한 사유가 있음을 알지 못하고 혼인한 때에는 그 혼인은 취소할 수 있다.(제816조 2호) 그러나 그 사유 있음을 안 날로부터 6월을 경과한 때에는 취소권이 소멸한다.(제822조)

(6) 사기·강박에 의한 혼인

사기 또는 강박으로 인하여 혼인의 의사표시를 한 경우에는 혼인 취소의 대상이 된다.(제 816조 3호) 그러나 사기를 안 날 또는 강박을 면한 날로부터 3월을 경과한 때에는 그 취소를 청구하지 못한다.(제823조)

2) 혼인취소의 방법

(1) 조정전치주의

혼인취소의 경우에 대해서는 조정전치주의가 적용된다. 따라서 혼인을 취소하기 위하여 는 우선 가정법원에 조정을 신청하여야 하며(가사소송법 제50조 1항), 조정신청이 없이 혼인취소의 소가 제기된 경우에는 가정법원은 그 사건을 직권으로 조정에 회부하여야 한다.(가사소송법 제50조 2항)

(2) 소 제기의 방식

혼인의 취소는 일반 법률행위의 취소와 같이 상대방에 대한 의사표시로 할 수 없고 가정 법원에 소제기를 하여야 한다. 또한 혼인무효의 경우와 달리 다른 소에서의 전제 문제로서 주장할 수도 없다. 취소의 대상이 되는 혼인도 확정판결이 있기 전까지는 유효한 혼인으로 다루어지며, 취소판결의 확정에 의해서 비로소 장래에 향하여 소멸되기 때문이다. 혼인취소 의 소의 성질은 형성의 소이다.

3) 혼인취소의 효과

(1) 비소급효

혼인의 취소의 효력은 기왕에 소급하지 아니한다.(제824조)

(2) 당사자간의 효과

[1] 혼인무효의 경우와 같이 약혼해제로 인한 손해배상책임에 관한 규정이 준용된다.(제 825조, 제806조)

[2] 혼인 취소의 경우에도 성년의제의 효과는 유지된다.

[3] 혼인관계 및 인척관계(제775조 1항)는 종료된다.

[4] 이혼시에 인정되는 재산분할청구권은 혼인취소의 경우에도 인정된다. 가사소송법은 이를 비송사건으로 분류하고 있으며(가사소송법 제2조 1항), 재산분할청구를 하기 위하여는 우 선 조정신청을 하여야 한다.(가사소송법 제50조)

(3) 자의 지위

[1] 혼인에 의하여 **출생한 자는 혼인** 중의 **출생자의 신분을 보유**한다.

[2] 2005년의 민법 일부 개정에 따라 혼인 취소의 경우에 가정법원이 직권으로 친권자를 정하는 규정을 신설(제909조 5항)함에 따라 혼인 취소의 경우에 자의 양육책임에 관한 제837조와 면접교섭권에 관한 제837조의2를 준용하는 규정을 신설하였다.(제824조의2)

따라서 혼인 취소 후의 자의 양육에 관하여는 제837조가 준용되어 가정법원은 당사자의 청구 또는 직권에 의하여 그 자를 양육하는 자와 양육에 관한 사항을 정할 수 있으며(가사소송법 제2조 1항), 이는 가정법원의 조정사항으로 되어 있다. 또한 제837조의2가 준용되어 혼인 취소의 경우에도 이혼의 경우와 같이 자를 직접 양육하지 않는 부모 중 일방은 면접교섭권을 가진다.

Ⅳ. 혼인의 효과

1. 혼인의 신분상 효과

1) 친족관계의 발생

혼인으로 인하여 부부는 서로 배우자인 신분을 가지고 친족이 되며(제777조 3호), 상대방의 4촌 이내의 혈족과 혈족의 배우자 사이에 서로 인척관계가 생긴다.(제777조 2호)

2) 가족관계 등록부의 변동과 부부의 성

[1] **과거에는 처는 부가에 입적함을 원칙으로 하였었다.**(제826조 3항) 이는 남편의 호적에 올라간다는 뜻이었다. 이는 2005년 3월 31일 **민법 일부 개정에** 의해 **삭제되었다.**

[2] **혼인**에 의하여 **부부의 성은 변하지 않는다.** 민법은 이에 관하여 규정하고 있지 않으므로 부부는 각자의 성을 가진다고 해석된다.

3) 동거·협조·부양의 의무(제826조 1항 본문)

(1) 동거의무

가. 의의

부부간에는 서로 거소를 같이하여야 하는 의무가 발생하는데, 이를 동거의무라고 한다. 동거의무는 사실혼 배우자 사이에서도 발생한다.

나. 정당한 사유

정당한 사유가 있는 경우 동거의무가 없다. 부 또는 처의 직업상의 필요(해외유학 또는 해외근무), 정신이나 육체상의 일시적 장애(정신병이나 악질), 자녀의 교육상 필요, 그 밖의 이유로 일시적으로 별거(성격불화로 인한 냉각기의 필요성)하는 것이 합리적인 부부공동생활을 위하여 바람직한 경우이다.

다. 동거장소

현행 민법은 "동거의 장소에 관하여 부부의 협의에 따라 이를 정하며, 협의가 이루어지지 않은 경우에는 당사자의 청구에 의하여 가정법원이 이를 정한다."라고 규정하고 있다. 그러나 1990년 민법 개정 전에는 협의불성립시 부의 주소나 거소가 동거장소였다.

라. 동거의무의 불이행

[1] 동거청구에 관한 조정신청 : 부부의 일방이 정당한 이유 없이 동거를 거부하는 경우에는 동거청구에 관한 조정을 신청할 수 있고, 조정이 성립하지 아니하면 심판을 청구할 수 있다.(가사소송법 제2조 1항)

[2] 강제이행 불가 : 동거를 명하는 판결은 직접강제는 물론 간접강제도 불가능하다.

[3] 이혼원인 : 부당한 동거의무의 위반은 악의의 유기로서 이혼원인이 된다.

(2) 부양·협조의무(제826조 1항 본문)

가. 부양의무의 의의

부부 사이의 부양(1차적 부양)이란 미성숙의 자녀를 포함하는 부부일체로서의 공동생활에 필요한 것을 서로 공여함을 의미한다.

나. 생활비용

특별한 약정이 없으면 부부가 공동으로 부담한다.(제833조) 그러나 1990년 민법 개정 전에는 "특별한 약정이 없으면 부가 부담한다."라고 규정하였었다.

다. 협조의무의 의의

이는 분업에 기초한 공동생활을 영위할 의무를 말한다. '분업을 어떻게 할 것인가'는 당사자의 합의에 의하여 정해야 하지만, 정한 바가 없는 때에는 부부의 각자의 자력, 직업 등 일체의 사정을 고려하여 개별적으로 판단할 수밖에 없다. 여성이 취직을 하게 되면 남녀의 구분에 따른 분업은 변화하게 된다. 종래 우리는 주부의 가사노동에 관하여 법적 평가를 하지 않았다. 그러나 최근 판례는 남편 명의로 얻은 재산이라도 아내의 협력이 있어야만 그것이 가능하였으므로 실질적으로 공유재산이라고 판단한다.

라. 강제이행과의 관련

협조의무는 강제이행이 불가능하나 부양의무는 그 내용이 재산적인 것이기 때문에 강제
이행이 허용된다.

마. 재판상 이혼원인과의 관계

부양의무와 협조의무를 위반하는 것은 악의의 유기로서 이혼원인이 될 수 있다.

판례 **부양의무의 법적 성질**

민법 제826조 제1항에 규정된 부부간 상호부양의무는 혼인관계의 본질적 의무로서 부양을 받을
자의 생활을 부양의무자의 생활과 같은 정도로 보장하여 부부공동생활의 유지를 가능하게 하는 것
을 내용으로 하는 제1차 부양의무이고, 반면, 부모가 성년의 자녀에 대하여 직계혈족으로서 민법
제974조 1호, 제975조에 따라 부담하는 부양의무는 부양의무자가 자기의 사회적 지위에 상응하
는 생활을 하면서 생활에 여유가 있음을 전제로 하여 부양을 받을 자가 자력 또는 근로로써 생활
을 유지할 수 없는 경우에 한하여 그의 생활을 지원하는 것을 내용으로 하는 제2차 부양의무이
다. 이러한 제1차 부양의무와 제2차 부양의무는 의무이행의 정도뿐만 아니라, 의무이행의 순
위도 의미하는 것이므로 제2차 부양의무자는 제1차 부양의무자보다 후순위로 부양의무를 부
담한다. 따라서 제1차 부양의무자와 제2차 부양의무자가 동시에 존재하는 경우에 제1차 부양
의무자는 특별한 사정이 없는 한, 제2차 부양의무자에 우선하여 부양의무를 부담하므로 제2
차 부양의무자가 부양받을 자를 부양한 경우에는 소요된 비용을 제1차 부양의무자에 대하여
상환청구할 수 있다."라고 하면서, "부부간의 부양의무 중 과거의 부양료에 관하여는 특별한
사정이 없는 한, 부양을 받을 사람이 부양의무자에게 부양의무의 이행을 청구하였음에도 불
구하고 부양의무자가 부양의무를 이행하지 아니함으로써 이행지체에 빠진 후의 것에 관하여
만 부양료의 지급을 청구할 수 있을 뿐이므로 부양의무자인 부부의 일방에 대한 부양의무 이
행청구에도 불구하고, 배우자가 부양의무를 이행하지 아니함으로써 이행지체에 빠진 후의 것
이거나, 그렇지 않은 경우에는 부양의무의 성질이나 형평의 관념상 이를 허용해야 할 특별한
사정이 있는 경우에 한하여 이행청구 이전의 과거 부양료를 지급하여야 한다. 그리고 부부
사이의 부양료 액수는 당사자 쌍방의 재산상태와 수입액, 생활정도 및 경제적 능력, 사회적
지위 등에 따라 부양이 필요한 정도, 그에 따른 부양의무의 이행정도, 혼인생활 파탄의 경위
와 정도 등을 종합적으로 고려하여 판단하여야 한다. 따라서 상대방의 친족이 부부의 일방을
상대로 한 과거의 부양료 상환청구를 심리·판단함에 있어서도 이러한 점을 모두 고려하여 상
환의무의 존부 및 범위를 정하여야 한다."라고 하고, "가사소송법 제2조 1항 2호 나. 마류사
건 제1호는 민법 제826조에 따른 부부의 부양에 관한 처분을, 같은 법 제2조 제1항 2호
나. 마류사건 제8호는 민법 제976조부터 제978조까지의 규정에 따른 부양에 관한 처분을

각각 별개의 가사비송사건"으로 규정하고 있다. 따라서 부부간의 부양의무를 이행하지 않은 부부 일방에 대한 상대방의 부양료청구는 위 마류사건 제1호의 가사비송사건에 해당하고, 친족간의 부양의무를 이행하지 않은 친족의 일방에 대한 상대방의 부양료청구는 위 마류사건 제8호의 가사비송사건에 해당한다고 할 것이나, 부부간의 부양의무를 이행하지 않은 부부의 일방에 대하여 상대방의 친족이 구하는 부양료의 상환청구는 같은 법 제2조 제1항 제2호 나. 마류사건의 어디에도 해당하지 아니하며 이를 가사비송사건으로 가정법원의 전속관할에 속하는 것이라고 할 수는 없고, 이는 민사소송사건에 해당한다고 봄이 타당하다.(대판 2012.12.27, 2011다96932)

참고로 대법원 판례(1987.12.22, 87므59)는 "혼인 외 출생자에 대하여는 그 실부가 인지함으로써 비로소 부자간에 법률상의 친자관계가 형성되어 부양의무가 발생하는 것이고 아직 인지되지 않은 혼인 외 출생자에 대하여는 그 실부實父라 할지라도 법률상 부양의무가 있다고 할 수 없지만, 실부가 혼인 외 출생자에 대한 인지를 하기 전에 생모에게 자의 양육을 부탁하면서 그 양육비를 지급하기로 약정하였다면 그러한 약정은 유효하다 할 것이고 이러한 경우 약정한 범위 내에서는 과거의 양육비라도 청구할 수 있다라고 하였다.

4) 정조의무

(1) 의의

부부는 서로 정조를 지킬 의무를 진다. 이 의무에 위반하여 **부정행위를 할 때에는 이혼원인이 되고 손해배상책임**도 진다. 손해배상에 있어서 배우자의 존재를 알고 정을 통한 상대방은 공동불법행위자(제760조 1항)로서 배상책임을 진다는 것이 판례의 입장이다.

(2) 구민법과 구형법의 차이

구민법은 처의 간통만 이혼원인으로 하고, 구형법은 처의 간통만을 처벌하였으나, 현행 형법은 간통죄를 폐지하였다. 현행 민법은 부정행위를 부부평등하게 이혼원인으로 하고 간통죄에 있어서 雙罰主義를 택하여 부에게도 정조의무를 부과하고 있다.

> [판례] **간통에 의한 불법행위책임의 성립범위**
>
> 배우자가 있는 부녀와 간통행위를 하고, 이로 인하여 그 부녀가 배우자와 별거하거나 이혼하는 등으로 혼인관계를 파탄에 이르게 한 경우 그 부녀와 간통행위를 한 제3자(상간자)는 그 부녀의 배우자에 대하여 불법행위를 구성하고, 따라서 그로 인하여 그 부녀의 배우자가 입은

정신상의 고통을 위자할 의무가 있다고 할 것이나, 이러한 경우라도 간통행위를 한 부녀 자체가 그 자녀에 대하여 불법행위책임을 부담한다고 할 수는 없고, 또한 **간통행위를 한 제3자**(상간자) 역시 해의害意를 가지고 부녀의 그 자녀에 대한 양육이나 보호 내지 교양을 적극적으로 저지하는 등의 특별한 사정이 없는 한, 그 자녀에 대한 관계에서 불법행위책임을 부담한다고 할 수는 없다. (대판 2005.5.13,2004다1899)

5) 성년의제(제826조의2)

(1) 의의

혼인 하였을 때에는 성년에 달한 것으로 보는 제도로서혼인적령에 이른 미성년자가 부모의 동의를 얻어 혼인하면 성년자와 동일한 사법상 능력을 가진다.

(2) 입법 취지

이는 혼인한 미성년자를 친권, 후견에 복종시킬 이유가 없다는 데 있다.[80] 따라서 성년의제의 효력이 미치는 범위는 민법상의 효과에 그치는 바, 요컨대 혼인의 자주독립성을 보장하는 데 그 취지가 있다고 할 것이다.

(3) 적용범위

[1] 혼인 후에 자기의 자에 대하여 **친권 행사가 가능하다.**(제910조)

[2] 혼인 후에 **타인의 후견인이 될 수 있다.**(제937조)

[3] 혼인 후에 **유언의 증인**(제1072조)**이나 유언집행자**(제1098조)**가 될 수 있다.**

[4] **소송능력이 인정된다.** 예컨대, 부모 모두 존재하는 만 18세의 여자가 부모의 동의를 얻어 혼인한 후 1년이 지나 이혼소송을 제기하려는 경우 누구의 동의나 승낙을 얻지 않고도 단독으로 유효한 소송행위를 할 수 있다.

[5] **양자를 할 수 있는 능력**에 관하여 **인정설과 부정설이 대립**하고 있다.

　　① **인정설** : 성년의제에 의하여 미성년자에게 성년능력을 인정한 이상 양자를 할 수 있는 능력을 부정할 이유가 없다고 한다.[81]

　　② **부정설** : 양자 제도의 취지에 비추어 양친이 되기 위해서는 만 19세에 달할 것이 요구된다고 한다.[82]

---

80) 김주수·김상용, 앞의 책, 140면
81) 김용한, 『친족상속법론』, 박영사, 1986, 178면
82) 김주수·김상용, 앞의 책, 141면

③ 사견 : 혼인한 부부가 나이가 적은 점과 아이를 가질 가능성이 많은 점, 또한 양자 제도의 취지에 비추어 보아 부정설이 타당하다고 본다.

(4) 그 밖의 문제

가. 혼인의 해소 후의 성년의제의 효과

통설은 일단 취득한 행위능력을 잃게 하는 것은 제한능력자보호 제도의 부활로 인한 거래의 안전 문제, 혼인 중에 **출생한 자의 친권문제** 등 **혼란이 생기므로 혼인의 해소**에 의해서도 **성년의제의 효과는 소멸하지 않는다고 해석**한다.[83]

나. 공법 그 밖의 사회법규에서의 취급

성년의제의 입법 취지로 보아 공법 그 밖의 사회법규에 대하여는 **여전히 미성년자로 취급된다.** 즉 미성년자는 「공직선거 및 선거부정방지법」, 청소년보호법, 근로기준법 등에서는 미성년자로 본다.

6) 부부간의 일상가사대리권

(1) 의의

부부는 일상의 가사에 관하여 서로 대리권이 있다.(제827조 1항) 여기서 일상가사란 부부의 공동생활에 필요한 통상의 사무를 말하며, 그 내용·정도 및 범위는 부부공동체의 생활정도와 생활장소인 지역사회의 관습 내지 사회통념에 의하여 구체적으로 결정된다. 부부간의 일상가사대리권에 제한을 가한 경우에는 이를 이유로 선의의 제3자에게 대항하지 못한다.(제827조 2항) 또한 **일상가사에 속하지 않는 사항**에 관하여 **배우자를 대리하기** 위해서는 **별도의 수권행위가 있어야 한다.**

[판례] **일상가사대리권을 기본대리권으로 하는 월권대리의 성립 여부**

(1) 처 B가 남편 A의 해외취업 중 A로부터 경영권을 위임받아 공장을 경영하면서 공장운영자금의 조달을 위하여 금원을 차용하고 이를 담보하기 위한 가등기를 경료함에 있어 채권자 C가 B로부터 A명의의 가등기설정용 인감증명서를 교부받고, B가 A의 인감을 소지하고 있는 것을 보았다면 C가 B에게 A를 대리할 권한이 있다고 믿음에 정당한 이유가 있다고 할 것이다.(대판 1987.11.10, 87다카1325)

(2) 금원차용 당시 처가 남편을 대신하여 차용금을 수령하고 근저당권설정 서류를 교부하

---

83) 김주수·김상용, 앞의 책, 141면

였으며, 그 후 이자를 대신 지급하여 왔다고 하더라도 차용시부터 약 4년 후 잔존채무금을 확정하고 분할변제의 약정을 체결함에 있어서도 대리권을 수여받았다고 믿은 데 정당한 사유가 있다고 보기는 어려우므로 위와 같은 새로운 내용의 약정을 체결하는 데 관하여는 표현대리가 성립하지 아니한다.(대판 1990.12.26, 88다카24516)

(2) 일상가사의 구체적 예

일반적으로 식료품, 의류, 연료 등의 구입이나 거주용 가옥의 임차 등 가족의 의식주에 관한 사무 및 의료비의 지급이나 자녀의 양육·교육 등에 관한 사무는 일상가사에 속한다. 그러나 처가 승용차를 구입하기 위하여 타인으로부터 금전을 차용하는 행위(대판 1985.3.26, 84다카1621), 처가 별거하여 외국에 체류 중인 남편의 재산을 처분하는 행위(대판 1993.9.28, 93다16369) 등은 일상가사에 속한다고 할 수 없다. 또한 주택 및 아파트 구입비용 명목으로 차용한 경우에 그러한 비용의 지출이 부부공동체를 유지하기 위하여 필수적인 주거공간을 마련하기 위한 것이라면 일상가사에 속한다고 볼 여지가 있으나, 그 주택 및 아파트의 매매 대금이 거액에 이르는 대규모의 주택이나 아파트라면 그 구입 또한 일상의 가사에 속한다고 보기 어렵다는 것이 판례의 입장이다.(대판 1997.11.28, 97다31229)

7) 부부간의 계약취소권

부부간의 계약취소권은 법률상 부부 사이에서만 인정되는 것이며, 혼인의 효력으로서 인정되므로 혼인 중의 계약에 대해서만 적용되었으며. 따라서 사실혼 부부간이나 혼인 전의 계약에 대해서는 인정되지 않았다. 그런데 실제로 잘 이용되지 않고 있으며, 법이론상의 문제점에 의하여 2012년 2월 10일 법률 제11300호에 의하여 **폐지되었다.**

2. 혼인의 재산적 효과(부부재산제)

혼인의 재산적 효력으로는 부부재산계약과 법정재산제의 인정, 공동생활비용의 분담, 일상가사연대채무 등이 인정된다. 자세한 것은 후술하는 부부재산관계에서 살펴보기로 한다.

V. 사실혼

1. 서언

1) 의의

사실상 혼인의사를 가지고 동거하여 실질적으로는 혼인생활을 하고 있으면서 법률상의 방식, 즉 혼인신고가 없기 때문에 법률상 혼인으로서 인정되지 않는 부부관계를 말한다.

2) 구별되는 개념

[1] 법률상 혼인은 사실혼과 달리 혼인신고가 되어 있다.

[2] 첩관계는 사실혼과 달리 당사자 사이에 혼인의사가 없다.

[3] 사통관계는 사실혼과 달리 부부공동생활의 실체가 없다.

[4] 약혼과의 차이점이라면 일반적으로 약혼은 특별한 형식을 거칠 필요 없이 장차 혼인을 체결하려는 당사자 사이에 합의가 있으면 성립하는 데 비하여, 사실혼은 주관적으로는 혼인의 의사가 있고, 또 객관적으로는 사회통념상 가족질서의 면에서 부부공동생활을 인정할 만한 실체가 있는 경우에 성립한다.

3) 법적 성질

(1) 학설

사실혼관계의 본질을 혼인에 준한 **특별한 관계, 즉 준혼관계로 보는 입장**을 취하고 있다.(통설)

(2) 판례의 입장

가. 초기 판례

사실혼의 본질을 혼인예약으로 보고 이를 부당하게 파기한 자는 예약불이행으로 인한 손해배상책임을 지도록 하였다. 이는 그 실체에 반할 뿐만 아니라, 사실혼 부부와 제3자 사이에 문제가 생긴 경우 그 어느 쪽의 보호를 결여하는 결과를 가져온다.

나. 최근 판례

사실상의 혼인관계에 있는 부부관계가 정당한 이유 없이 파기되었을 경우에는 당사자 일방은 과실 있는 상대방에 대하여 채무불이행으로 인한 손해배상을 청구할 수 있는 동시에 불법행위로 인한 손해의 배상을 청구할 수 있다.(대판 1970.4.28, 69므37)

결혼식 후 혼인신고 전의 파탄에 있어서 손해배상청구권의 인정

일반적으로 결혼식(또는 혼례식)이라 함은 특별한 사정이 없는 한, 혼인할 것을 전제로 한 남녀의 결합이 결혼으로서 사회적으로 공인되기 위하여 거치는 관습적인 의식이라고 할 것이므로, 당사자가 결혼식을 올린 후 신혼여행까지 다녀온 경우라면 단순히 장래에 결혼할 것을 약속한 정도인 약혼의 단계는 이미 지났다고 할 수 있으나, 이어 부부공동생활을 하기에까지 이르지 못하였다면 사실혼으로서도 아직 완성되지 않았다고 할 것이나, 이와 같이 사실혼으로 완성되지 못한 경우라고 하더라도 통상의 경우라면 부부공동생활로 이어지는 것이 보통이고, 또 그 단계에서의 남녀간의 결합의 정도는 약혼단계와 확연히 구별되는 것으로서 사실혼에 이른 남녀간의 결합과 크게 다를 바가 없다고 할 것이므로, 이러한 단계에서 일방 당사자에게 책임 있는 사유로 파탄에 이른 경우라면 다른 당사자는 사실혼의 부당파기에 있어서와 마찬가지로 책임있는 일방 당사자에 대하여 그로 인한 정신적인 손해의 배상을 구할 수 있다.(대판 1998.12.8, 98므961) 당사자가 결혼식을 올린 후 신혼여행까지 다녀왔으나, 부부공동생활을 하기에까지 이르지 아니한 단계에서 일방 당사자의 귀책사유로 파탄에 이른 경우에 사실혼의 부당파기에 있어서와 마찬가지로 귀책 당사자에게 정신적 손해배상을 청구할 수 있다는 것이 판례의 입장이다.

2. 사실혼의 성립요건

1) 주관적 요건

[1] 사실혼이 성립하기 위하여는 **사실상의 혼인의사가 존재해야 한다. 이 의사가 없으면 첩관계나 사통관계가 될 것**이다.

[2] **간헐적 정교관계** : 이혼한 후 독신으로 지내는 청구인과 미혼남성인 피청구인이 남의 이목을 피하면서 동침하는 등 교제하면서 그 관계에 관하여 피청구인의 부모에게 알린다든가, 혼인 승낙을 받은 바 없고, 더군다나 결혼식을 치른 바도 없다면 양인간의 간헐적 정교관계만으로는 비록 그들 사이에 자식이 태어났다고 하더라도 서로 혼인의사의 합치가 있었다거나 혼인생활의 실체가 존재한다고는 할 수 없어 사실상의 혼인관계가 성립하였다고 볼 수 없다.(대판 1984.8.21, 84므45)

2) 객관적 요건

사회통념상 부부공동생활이라고 인정될 만한 사회적 사실이 존재해야 사실혼이 성립한다. 혼인의사를 가지고 동거하는 사실이 있을 때 사실혼은 성립하며 의식 등 형식적 행위는 필요 없다.

3) 혼인의 성립요건과의 관계

(1) 보호받을 수 있는 사실혼

혼인 적령 미달자의 사실혼, 부모 등의 동의를 얻지 않고 맺어진 사실혼 등이 있다.

(2) 보호받을 수 없는 사실혼

[1] **계약부부**로서 일정기간 또는 일정목적만을 위하여 부부로 행사하기 위한 결합.

[2] **중혼의 경우** : 중혼이 되는 사실혼은 원칙적으로 보호받을 수 없으나, 법률혼이 사실상 이혼상태인 경우에는 그 사실혼은 보호되어야 한다는 것이 통설·판례이다.

3. 사실상 혼인관계 존재확인청구

1) 조정전치주의

[1] 사실혼이 성립되었다고 볼 수 있는 경우 당사자 일방이 혼인신고에 협력하지 않을 때 다른 일방은 사실상 혼인관계 존재확인청구를 하여 법률혼을 성립시킬 수 있는데, 이 경우에는 먼저 가정법원에 조정을 신청하여야 한다.

[2] 조정이 성립되면 조정을 신청한 자가 1월 내에 혼인신고를 하여야 한다.

2) 사실혼의 혼인의사 존재확인시기

사실상 혼인관계 존재확인을 청구하는 경우에 있어서 혼인의사의 존부는 사실혼의 성립당시, 즉 사실상 부부생활개시 당시를 기준으로 하여야 할 것이다.(대판 1971.11.30, 71드33) 임의혼인신고는 신고 당시를 기준으로 하나, 사실상 혼인관계 존재확인을 청구하는 경우에는 이와 같이 볼 수는 없을 것이다.

3) 조정이 성립되지 않는 때의 심판청구

[1] 만약 조정이 성립되지 않는 때에는 당사자는 조서등본이 송달된 날로부터 2주일 내에 또는 조서 송달 전에 심판을 청구할 수 있다.

[2] 심판에 의하여 사실혼관계의 존재가 확인되어 재판이 확정되면 심판을 청구한 자가 재판의 확정일로부터 1월 내에 판결서의 등본과 확정증명서를 첨부하여 혼인신고를 하여야 한다.

[3] 신고의 법적 성질 : 판례는 위 신고를 창설적 신고라고 하나, 다수설은 이를 보고적 신고라고 한다. 판례는 위 심판에서 승소하더라도 호적법에 의한 신고가 있어야 혼인이 성

립한다고 본다.(대판 1973.1.16, 72므25)

4) 과거의 사실혼관계 존재확인청구의 가부

(1) 사실혼의 파탄의 경우

사실상 혼인관계 존재확인청구와 관련하여 과거에 사실혼관계가 존재하였으나, 현재(사실심 변론종결시)는 '파탄되어 존재하지 않는 경우에 청구를 인용할 것인가?'가 문제된다. 이를 인용한다면 이는 과거에 사실혼관계가 존재했다는 이유만으로 당사자 일방의 의사에 반하여 일방적으로 혼인신고를 할 수 있다는 의미가 된다. 판례는 이를 부정하는 태도를 취하고 있다.(대판 1998.7.24, 97므18; 대판 1977.3.22, 75므28)

(2) 일방이 사망한 경우

실제로 사실상 혼인관계 존재확인청구 제도는 사실혼 부부의 일방이 사망한 경우에 과거의 사실혼관계를 확인하기 위한 목적으로 이용되는 빈도가 높다. 산업재해보상보험법 등 각종 연금 관련법에서 사실상의 배우자를 수급권자로 규정하고 있는 경우가 많으므로 사실혼 부부의 일방이 사망했을 때 다른 일방이 유족급여 등을 청구하는 경우가 적지 않다. 이러한 **경우 급여를 청구한 자는 자신이 수급권자라는 사실을 증명하기 위하여 망인과의** 사이에 **사실상 혼인관계가 존재하였다는 사실의 확인을 구하는 소를 제기할 수 있다.**(대판 1995.3.28, 94므1447) 이 경우 제864조와 제865조 제2항을 유추 적용하여 **사실혼관계 당사자 일방이 사망한 사실을 안 날로부터 2년 내에 검사를 상대로 심판을 청구할 수 있다.**

그러나 **사망한 사실혼의 배우자와의 혼인신고를 목적으로 하는 사실상 혼인관계 존재확인청구는 받아들여지지 않는다.**(대판 1995.11.14, 95므694 ; 대판 1991.8.13, 91스6) 사망한 자와의 혼인은 원칙적으로 불가능하기 때문이다.

4. 사실혼의 효과

사실혼관계도 실질적으로 부부공동생활을 한다는 점에서는 법률혼의 부부와 차이가 없다. 따라서 사실혼관계의 실질에 비추어 **혼인의 효과** 중에서 **부부의 실질적 공동생활의 실체가 있는 것을 전제로 하여 인정되는 부부** 사이의 **권리의무관계는 사실혼 부부에게도 적용**된다. 그러나 **혼인신고를 전제**로 하여 **인정되는 효과는 사실혼 부부에게는 적용될 수 없다고 해석**하여야 한다.

1) 신분적 효과(일반적으로 인정)

[1] 혼인생활의 실질이 있으므로 동거·부양·협조·정조의 의무가 있다.

[2] 사실혼관계에 있는 배우자도 다른 배우자가 제3자의 불법행위로 인하여 **상해를 입은** 경우에는 자기가 받은 정신적 고통에 대한 위자료를 청구할 수 있으며, 사실혼관계에 부당하게 간섭하여 파탄시킨 자에 대하여는 **불법행위**에 기한 **손해배상청구가 가능**하다.

[3] 부부간의 계약취소권은 법률혼관계에서만 인정된 바 있으나, 폐지되었다.

2) 재산적 효과

[1] 일상가사대리권(제827조)과 일상가사로 인한 **채무의 연대책임**(제832조) 및 **부부간의 특유재산**(부부별산제)은 인정된다. 판례는 "사실상 부부관계를 맺고 실질적인 가정을 이루어 대외적으로도 부부로 행세해 왔다면 일상가사에 관하여 **상호 대리권**이 있다고 보아야 한다."(대판 1980.12.23, 80다2077)라고 하여 혼인신고를 전제로 하지 않는 효과는 사실혼 배우자에게도 인정한다.

[2] 귀속불명재산은 부부의 공동협력에 의한 것이므로 공유로 추정된다.(제830조)

3) 신고를 전제로 하는 효과는 불인정

[1] **친족관계도 발생하지 않는다.**

[2] **자子는 혼인 외의 자가 된다.** 따라서 자는 모가母家에 등록하지만, 부가 인지하면 부가父家에 등록한다.

[3] **부부는 서로 후견인이 될 권리의무가 없다.**(제934조)

[4] **사실혼 부부** 사이에 **상속권은 발생하지 않는다.**(제1003조)

4) 사실혼 부부간의 자의 법적 지위(혼인 외의 자)

(1) 성과 본

자는 모의 성姓과 본本을 따르고 모가에 등록하며, 모의 친권에 따르게 된다. 또한 모계 혈족 사이에서만 서로 부양관계가 발생하고 상속권이 인정된다. 그러나 부가 인지하면 부자 간에 법적 친자관계가 발생하고 부의 성과 본을 따를 수도 있고, 부모의 협의에 따라 종전의 성과 본을 계속 사용할 수도 있다. 다만, 부모가 협의할 수 없거나 협의가 이루어지지 아니한 경우에는 자는 법원의 허가를 받아 종전의 성과 본을 계속 사용할 수 있다.(제781조 4항)

제781조(자의 성과 본) ④ 부모를 알 수 없는 자는 법원의 허가를 받아 성과 본을 창설한다. 다만, 성과 본을 창설한 후 부 또는 모를 알게 된 때에는 부 또는 모의 성과 본을 따를 수 있다.

(2) 친권

부의 인지가 있기 전에는 모에게 친권이 있으나, 인지 후에는 부모의 협의로 친권자를 정하되, 협의할 수 없거나 협의가 이루어지지 않는 경우에는 당사자는 가정법원에 그 지정을 청구하여야 한다.(제909조 4항) 재판에 의한 인지의 경우에는 가정법원이 직권으로 친권자를 정한다.(제909조 5항)

(3) 위자료청구권

부자간의 친자관계는 인지가 없는 한 발생하지 않지만, 제752조의 확대 해석을 통하여 사실혼 배우자의 미인지의 자도 제3자의 불법행위에 의한 직계존속 사망의 경우 위자료청구권이 있다.(대판 1975.12.23, 75다413) 다만, 그 근거는 제750조·제751조가 될 것이다.

5) 민법 외의 **법률에서의 효과**

근로기준법 시행령, 공무원연금법, 군인연금법, 사립학교 교직원 연금법, 선원법 시행령 등에서는 **사실혼 배우자를 배우자 개념에 포함**시키고 있다.

5. 사실혼의 해소

1) 일방 당사자의 사망에 의한 사실혼의 해소

[1] 이제까지 존속한 준혼인 공동생활체를 생존배우자가 유지하는 데 필요한 범위 내에서 법률관계의 존속을 인정한다.
[2] **주택임대차보호법 제9조에서는 사실혼 배우자에게 임차권과 채권적 전세권의 승계를 인정**한다.

주택임대차보호법 제9조(주택 임차권의 승계) ① 임차인이 상속인 없이 사망한 경우에는 그 주택에서 가정공동생활을 하던 사실상의 혼인 관계에 있는 자가 임차인의 권리와 의무를 승계한다. ② 임차인이 사망한 때에 사망 당시 상속인이 그 주택에서 가정공동생활을 하고 있지 아니한 경우에는 그 주택에서 가정공동생활을 하던 사실상의 혼인 관계에 있는 자와 2촌 이내의 친족이 공동으로 임차인의 권리와 의무를 승계한다. ③ 제1항과 제2항의 경우에 임차인이 사망한 후 1개월 이내에 임대인에게 제1항과 제2항에 따른 승계 대상자가 반대의사를 표시한 경우에는 그러하지 아니하다. ④ 제1항과 제2항의 경우에 임대차 관계에서 생긴 채권·채무는 임차인의 권리의무를 승계한 자에게 귀속된다.

2) 합의에 의한 사실혼의 해소는 당연히 가능하다.

3) 사실혼의 일방적 해소

[1] 사실혼의 해소 그 자체는 자유이다.

[2] 정당한 이유가 없는 한 유책당사자는 상대방에 대하여 책임을 지며, 앞에서 언급한 바와 같이 판례는 혼인예약불이행책임 외에 불법행위책임을 추궁하는 것이 가능하다고 한다.(대판 1970.4.28, 69므37)

[3] 사실혼 배우자의 일방이 민법 제826조 제1항 소정의 의무를 포기한 경우 손해배상책임의 존부(한정적극) : 사실혼관계에 있어서도 부부는 민법 제826조 제1항 소정의 동거하며 서로 부양하고 협조하여야 할 의무가 있으므로 혼인생활을 함에 있어서 부부는 서로 협조하고 애정과 인내로써 상대방을 이해하며 보호하여 혼인생활의 유지를 위한 최선의 노력을 기울여야 하는 것인 바, 사실혼 배우자의 일방이 정당한 이유 없이 서로 동거·부양·협조하여야 할 부부로서의 의무를 포기한 경우에는 그 배우자는 악의의 유기에 의하여 사실혼관계를 부당하게 파기한 것이 된다고 할 것이므로 상대방 배우자에게 재판상 이혼원인에 상당하는 귀책사유가 있음이 밝혀지지 아니하는 한, 원칙적으로 사실혼관계 부당파기로 인한 손해배상책임을 면할 수 없다.

제826조(부부간의 의무) ① 부부는 동거하며 서로 부양하고 협조하여야 한다. 그러나 정당한 이유로 일시적으로 동거하지 아니하는 경우에는 서로 인용하여야 한다.

[4] 중혼적 사실혼의 경우 : 남편이 처에게 부당한 대우를 하여 가출한 상태에서 남편이 다른 여자와 혼인할 의사로 동거하다가 남편의 귀책사유로 파탄에 이를 때까지도 남편과 처의 혼인이 해소되지 않았다면 남편과 다른 여자 사이에는 법률상 보호받을 수 있는 적법한 사실혼관계가 성립되었다고 볼 수는 없고, 따라서 다른 여자의 동거남에 대한 사실혼관계

해소에 따른 손해배상(위자료)청구는 허용될 수 없으며, 재산분할청구도 허용하지 않는다.(대판 1996.9.20, 96므530) 이는 보호받을 수 없는 사실혼이기 때문이다.

| 판례 | 사실혼 해소를 위한 재산분할청구 |

> 법률혼이 사실상 이혼상태에 있는 경우가 아닌 한, 법률상 배우자 있는 일방인 청구인이 상대방에게 그와의 사실혼 해소를 이유로 한 재산분할을 청구하는 것은 허용되지 않는다.(대판 1995.7.3, 94스30)

4) 제3자에 대한 손해배상청구권

[1] 사실혼의 상대방이 생명·신체의 침해를 당한 경우 타방 당사자는 재산상·정신상 손해배상청구권을 주장할 수 있다.(대판 1969.7.22, 69다684)

[2] 제3자가 사실혼의 파탄에 부당하게 가담한 경우에도 사실혼 배우자는 제3자에 대하여 손해배상청구권을 행사할 수 있다. 판례는 사실혼 부부의 일방과 간통한 자는 타방 배우자에 대한 불법행위가 되어 손해배상책임이 인정된다고 하였다.(대판 1961.10.19, 4293민상531)

5) 자의 양육 문제

학설은 사실혼 해소 후의 자의 양육에 관하여 제837조를 유추 적용하여야 함이 타당하다고 본다. 따라서 부모가 협의하여 양육에 관한 사항을 협의할 수 있고, 협의가 이루어 지지 않거나 협의할 수 없는 때에는 가정법원은 당사자의 청구 또는 직권으로 그 자의 연령, 부모의 재산상황 그 밖의 사정을 참작하여 양육에 필요한 사항을 정할 수 있다고 해석하여야 한다. 그러나 **판례는 이를 부정한다.**(대판 1979.5.8, 79므3)

이혼의 경우와 다를 바 없이 자의 양육에 대한 책임, 즉 자의 보호 문제가 발생하기 때문에 제837조를 유추 적용함이 타당하다고 본다.

| 판례 | 사실혼관계에서 출생한 자의 양육권 및 양육비 청구 |

> (1) 현행법상은 이혼 당사자의 신청이 있는 경우, 혼인의 무효 또는 취소 판결시 그 당사자의 신청이 있는 경우 외에는 자의 양육자 지정이나 양육에 관한 사항을 정하여 달라는 신청을 할 수 있는 법률상 근거가 없으므로 사실혼관계나 일시적 정교관계로 출생한 자의 생모

는 그 자의 생부를 상대로 그와 같은 청구를 할 수 없다.

(2) 생모도 혼인 외 출생자에 대한 고유의 부양의무자이므로 생모가 그 자를 자진 부양해왔고, 또 부양하려 한다면 생부에게 과거 또는 장래의 양육비 청구를 할 수 없다.

(3) 사실혼관계에 있다고 하려면 주관적으로 당사자 사이에 혼인의 의사가 있고, 객관적으로 사회 관념상이나 가족질서면에서 부부공동생활을 인정할만한 혼인생활의 실체가 있어야 한다.(대판 1979.5.8, 79므3)

제3절 혼인의 해소와 이혼청구권

I. 서설

1. 혼인 해소의 의의와 사유

1) 혼인 해소의 의의

혼인의 해소란 완전히 유효하게 성립한 혼인이 그 존속 중 발생한 원인에 의하여 종료하는 것을 말한다.

2) 혼인 해소의 사유

[1] 배우자의 사망과 이혼이 그 사유이다.

[2] 배우자의 사망이나 이혼은 부부공동생활을 전제로 하는 혼인의 본질적 효과가 종료하는 점에서는 같지만, 인척관계 등 그 밖의 효과의 점에서 다르다. 이혼의 경우에는 모든 것이 종료하는 데 반하여, 사망에 의하여는 모든 것이 종료하지 않는다는 점에서 차이가 있다.

3) 구별되는 개념

(1) 혼인의 취소

처음부터 혼인에 하자가 있는 것은 혼인의 취소원인이 된다.

(2) 혼인의 종료

일단 유효하게 성립한 혼인이 사망·이혼 등으로 인하여 종료하는 것을 말한다.

II. 사망에 의한 혼인의 해소

1. 일반적 효력

1) 혼인효력의 소멸

부부 중 일방이 사망하면 혼인이 해소되므로 부부라는 신분관계가 소멸함으로써 잔존배우자는 재혼이 가능하고 부부 사이의 동거·부양·정조·협조의무는 소멸하며 부부재산계약도 그 효력을 잃는다. 소급적인 소멸의 효과는 없으므로 이미 발생한 일상가사로 인한 연대책임에는 영향을 미치지 않는다.

2) 생존배우자의 상속

생존배우자는 상속을 할 수 있다.

2. 인척관계의 종료 여부

1) 부부의 일방이 사망한 경우

생존배우자가 재혼하지 않으면 혼인관계는 종료하나 인척관계는 종료하지 않는다.

2) 배우자 일방이 사망 후 타방이 재혼하는 경우

잔존배우자가 재혼하면 인척관계는 소멸(제775조 2항)한다. 개정 전에는 처가 사망한 경우 부는 재혼하더라도 처의 혈족과의 사이에 인척관계는 종료하지 않는다고 하였으나, 개정된 현행 민법은 남녀평등의 이념을 받아들여 위와 같이 개정한 것이다.

3. 실종선고와 혼인관계

실종선고는 사망을 의제하기 때문에(제28조), 혼인도 실종기간이 만료한 때에 해소된다. 그러나 '실종선고 후 그 취소 전에 잔존배우자가 재혼한 후 실종선고가 취소된 경우 전혼과 재혼을 어떻게 처리할 것인가?'가 문제이다.

제28조(실종선고의 효과) 실종선고를 받은 자는 전 조의 기간이 만료한 때에 사망한 것으로 본다.

---

1) 재혼 당사자의 쌍방 또는 일방이 악의인 경우

전혼은 부활하고 후혼은 중혼으로 취소할 수 있다는 견해와 당연무효라는 견해가 있다.

2) 재혼 당사자의 쌍방이 선의인 경우

전혼은 부활하지 않고 후혼은 유효라고 한다.

3) 인정사망의 경우

사망의 인정이 관공서에 의하여 이루어지고, 사망의 등록부에 기재가 된 경우(인정사망)에도 실종선고에 관한 규정을 유추 적용한다.

III. 이혼에 의한 혼인의 해소

1. 의의

사실상 유지할 수 없는 혼인관계를 억지로 법률상 유지시켜 당사자를 구속하는 것은 오히려 이혼보다 더 큰 비극을 초래한다. 따라서 오늘날은 거의 대부분의 나라가 법률로서 이혼을 인정하고 있다.

○ 2013년 혼인·이혼 통계

2014년 4월 22일 통계청 발표에 따르면 지난 2013년 혼인건수는 32만 2,800건으로 전년대비 4,300건, 1.3% 감소한 것으로 나타났다. 조粗혼인율(인구 1,000명당 혼인건수)은 6.4건으로 전년 대비 0.1건 감소하였다. 평균 초혼 연령은 남자 32.2세, 여자 29.6세로 전년 대비 남자 0.1세, 여자 0.2세 상승하였다. 외국인과의 혼인은 2만 6,000건으로 전년 대비 2,400건 감소하였다. '한국 남자와 외국 여자' 혼인은 11.3% 감소하였으며, '한국 여자와 외국 남자' 혼인도 0.4% 감소한 것으로 나타났다.

이혼 건수는 11만 5,300건으로 2012년에 비해 1,000건, 0.9% 증가하였다. 조粗이혼율은 2.3건으로 전년과 유사하다. 이혼부부의 평균 혼인지속기간은 14.1년으로 전년 대비 0.4년 증가하였다. 혼인지속기간 15년 이상 이혼은 전년 대비 증가한 반면, 14년 이하 이혼은 감소한 것으로 나타났다. 외국인과의 이혼은 1만 500건으로 전년 대비 3.7% 감소하였다.(통계청 보도자료 http://kostat.go.kr 참조)

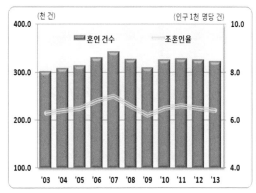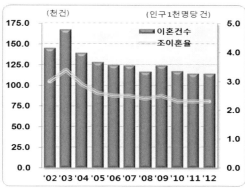

2. 유책주의

이혼의 원인을 야기한 자의 상대방의 청구가 있는 경우에만 이혼을 인정하는 주의이다. 이 제도는 이혼원인의 엄격성·명확성을 가져올 수 있으나, 혼인관계의 파탄원인이 반드시 배우자의 유책행위에만 기인하는 것은 아니며, 엄격한 유책주의의 적용으로 부부생활의 현실과 판결의 괴리현상을 초래할 우려가 있다.

3. 파탄주의

이혼의 원인을 야기한 자에게 상대방의 청구가 있는 경우에만 이혼을 인정하는 것은 아니고 가정의 파탄에 이르는 정도에 따라 이혼을 인정하는 주의이다.

Ⅳ. 협의상 이혼

1. 실질적 요건

1) 당사자 사이에 **이혼의사의 합치가 있을 것.**

(1) 이혼의사의 의의

당사자간에 혼인생활을 실질상 폐기하려는 의사는 없이 단지 강제집행의 회피, 그 밖의 어떤 다른 목적을 위한 방편으로 일시적으로 이혼신고를 하기로 합의가 있었음에 불과하다고 인정하려면 누구나 납득할 만한 증거가 있어야 하고, 그렇지 않으면 이혼 당사자간에 이를 일시나마 법률상 적법한 이혼을 할 의사가 있었다고 인정함이 상당하다.

(2) 이혼의사의 존재시기

이혼신고서의 작성시는 물론이고 그 서면이 수리되는 경우에도 존재하여야 한다.

(3) 조건·기한을 붙일 수 있는지 여부

이혼의사의 내용은 부부로서의 결합을 영구적으로 해소하는 것이므로, 이혼의사는 무조건·무기한이어야 한다.

(4) 당사자에 관한 요건

이혼의사의 합치에는 의사능력이 있어야 하고, 피성년후견인도 의사능력이 있으면 부모 또는 성년후견인의 동의를 얻어 이혼할 수 있다. 혼인관계에서 출생한 미성년인 자가 있는 경우에는 부모의 협의로 친권자를 정하여 신고서에 기재하여야 한다.

2) 피성년후견인은 부모 또는 성년후견인의 동의를 얻을 것.

이혼의사의 합치에는 의사능력이 필요하다. 피성년후견인도 의사능력이 회복되어 있는 때에는 부모 또는 성년후견인의 동의를 받아서 협의이혼을 할 수 있다.(제835조, 제808조 2항) 종전에는 금치산자에게 부모 또는 후견인이 없거나 동의할 수 없을 때에는 친족회의 동의를 받아 이혼할 수 있었으나(구 민법 제835조, 제808조 2항과 3항), 개정법에 의하여 친족회가 폐지됨으로써 이 규정도 삭제되었다.

3) 이혼에 관한 안내를 받을 것.

협의이혼을 신청한 부부(협의이혼의사의 확인을 신청한 부부)는 가정법원이 제공하는 이혼에 관한 안내를 받을 의무가 있다.(제836조의2 1항) 이혼에 관한 안내에는 이혼 절차, 이혼의 결과(재산분할·친권·양육·양육비·면접교섭 등), 이혼이 자녀에게 미치는 영향 등 이혼에 관한 전반적 설명이 포함된다. 이와 같은 안내는 이혼을 하려는 부부에 대하여 개별적으로 상담원에 의해서 이루어지는 것이 바람직하다. 이혼에 관한 안내를 하는 과정에서 상담원이 해당 부부에 대하여 본격적인 상담의 필요성이 있다고 판단하는 경우에는 법원은 해당 부부에 대하여 전문상담원(법원 외부의 전문상담기관과 법원에 속한 가사조사관 등을 포함하게 됨.)의 상담을 받을 것을 권고할 수 있다. 제836조의2 제1항 후단은 "가정법원은 필요한 경우 당사자에게 상담에 관하여 전문적인 지식과 경험을 갖춘 전문상담인의 상담을 받을 것을 권고할 수 있다."라고 규정하고 있는데, '상담에 관하여 전문적인 지식과 경험을 갖춘'이라는 수식어는 불필요한 군더더기에 불과하다. 전문상담인이라는 표현이 이미 그러한 요건을 내포하고 있기 때문이다. 원래 법무부 개정안에는 이러한 표현이 없었는데, 국회 법제사법위원회에서 수정하는 과정에서 추가된 것으로 보인다.[84] 이는 권고에 그치므로 당사자인 부부가 법원의 권고에 따라 상담을 받아야 할 의무가 생기는 것은 아니다. 즉 안내 이외의 상담을 받을 것인지의 여부는 당사자인 부부의 의사에 달려있다. **안내를 받은 부부는 이 날로부터 일정한 기간이 경과한 후**(양육하여야 할 자녀가 있는 경우에는 3개월, 그렇지 않은 경우에는 1개월, 성년 도달 전 1~3개월 이내 사이의 미성년자가 있는 경우에는 성년이 된 날, 성년 도달 전 1개월 이내의 미성년 자녀가 있는 경우에는 1개월, 협의이혼에 관한 대법원 안내 참조)에 **법원에서 이혼의사의 확인을 받을 수 있다.** 그러므로 **안내를 받은 날**은 이른바 '**이혼숙려기간**'의 기산점이 된다.

4) 안내를 받은 날로부터 일정한 기간(숙려기간)이 경과한 후에 이혼의사의 확인을 받을 것.

(1) '양육하여야 할 자'가 있는 경우

법원에서 이혼에 관한 전반적인 안내를 받은 부부는 일정한 기간이 경과한 후에 법원으로부터 이혼의사의 확인을 받을 수 있는데, 그 기간은 양육하여야 할 자녀가 있는가의 여부에 따라 다르다. **양육하여야 할 자가 있는 경우에는 안내를 받은 날로부터 3개월이 지나야 이혼의사의 확인을 받을 수 있다.** 3개월의 기간이 경과하여 법원에서 이혼의사 확인을 받을 때에는 양육사항에 대한 협의서, 친권자결정에 대한 협의서 등을 반드시 함께 제출해야만 하므로(제836조의2 제4항), 이 3개월의 기간은 이러한 협의를 하는 시간으로 이용될 것이다.

(2) '양육하여야 할 자'가 없는 경우

양육하여야 할 자녀가 없는 부부는 **안내를 받은 날로부터 1개월이 경과하면 법원에서 이혼의사의 확인을 받을 수 있다.**

(3) 숙려기간에 대한 예외 인정

부부 일방의 폭력 등으로 인하여 혼인의 지속이 다른 일방 배우자에게 참을 수 없는 고통이 된다고 판단되는 경우에는 법원은 재량에 의하여 숙려기간을 단축 또는 면제할 수 있다.(제836조의2 제3항)

5) 양육사항 및 친권자 결정에 관한 협의서 등을 제출할 것.

양육하여야 할 자녀가 있는 부부는 이혼의사확인신청과 동시 또는 이혼의사 확인 기일까지 자녀의 양육사항(양육자·양육비용·면접교섭에 관한 사항, 제837조 2항) **및 친권자 결정에 관**

---

84) 김주수·김상용, 앞의 책, 165면

한 협의서를 제출하여야 한다.(제836조의2 제4항) 부부가 이러한 사항에 대하여 스스로 **협의하지 못한 경우**에는 법원에 이에 대한 **결정을 청구**하여 법원의 심판을 받은 다음 그 심판정본을 제출하여야 한다. 당사자가 제출한 양육사항 및 친권자 결정에 관한 협의서의 내용이 자녀의 복리에 반하는 경우 법원은 보정을 명할 수 있으며, 필요에 따라서는 **직권으로** 이를 정할 수도 있다.(제837조 3항, 제909조 4항)

이에 따라 **자녀의 양육사항** 및 **친권자**에 관하여 **정하지 않은 상태에서는 협의이혼이 이루어질 수 없게 된다.** 제836조의2 제3항에 의하여 숙려기간이 단축 또는 면제되는 경우에도 제836조의2 제4항 규정의 적용을 피할 수는 없으므로 제836조의2 제3항에 해당하는 특별한 사정이 있는 경우에도 자녀의 양육사항과 친권자 결정에 관한 협의서 또는 이에 관한 법원의 심판정본을 제출해야 한다고 해석된다.

6) 양육비부담조서를 작성할 것.

가정법원은 협의상 이혼 절차에 미성년자녀의 양육과 친권자 결정에 관한 당사자의 합의 내용을 확인한 후, 그 중 양육비부담에 관한 부분에 대해서는 양육비부담조서를 작성하여야 한다.(제836조의2 제5항) 이렇게 작성된 양육비부담조서는 가사소송법 제41조에 의한 집행권원이 되므로 양육비부담조서에 의해서 양육비지급의 의무를 부담하는 부모의 일방이 양육비를 지급하지 않는 경우에는 다른 일방은 별도의 재판 절차를 거칠 필요 없이 곧바로 강제집행을 신청할 수 있다.

2. 형식적 요건

1) 이혼신고

[1] 협의상 이혼은 가정법원의 확인을 받아 「가족관계의 등록 등에 관한 법률」에 정한 바에 의하여 신고함으로써 그 효력이 생긴다. 즉 협의이혼도 혼인과 마찬가지로 이혼신고에 의하여 성립하며, 이 때의 **이혼신고는 창설적 신고**이다.

[2] 신고는 「가족관계의 등록 등에 관한 법률」에 정한 바에 의하여 **당사자 쌍방과 성년자인 증인 2인이 연서한 서면으로 하여야 한다.**(제836조 2항)

제836조(이혼의 성립과 신고방식) ② 전 항의 신고는 당사자 쌍방과 성년자인 증인 2인의 연서한 서면으로 하여야 한다.

---

2) 가정법원의 확인

[1] 이혼신고는 혼인신고의 경우와 달리 가정법원의 확인을 받아야 한다. 법원의 확인을 받고 3개월 내에 이혼신고를 하지 않은 경우 확인의 효력은 없어진다.

[2] 가정법원의 실질적 심사권 : 이혼신고는 혼인신고의 경우와는 달리 가정법원이 실질적 심사권을 갖는다.(가등법 제75조) 가정법원은 당사자 쌍방을 출석시켜 그들이 본인인가의 여부를 확인할 뿐만 아니라, 이혼의사의 진정 여부도 확인하여야 한다. 재외 국민의 경우에는 그 지역을 관할하는 공관장에게 이혼의사 확인을 신청할 수 있다.

[3] 공무원은 위와 같은 가정법원의 확인이 있어야 신고서를 수리할 수 있다.

3. 협의이혼의 무효와 취소

1) 협의이혼의 무효

[1] 협의이혼의 무효는 민법에는 명문 규정이 없으나, 가사소송법에서 이혼무효확인의 소에 관하여 규정하고 있다.

[2] 이혼신고가 수리되었으나, 당사자 사이에 이혼합의가 없는 경우, 예컨대, 부부공동생활을 해소할 의사 없이 채무면탈을 위한 방편으로 부부가 가장이혼을 합의하여 신고한 경우나 당사자의 일방 또는 쌍방이 모르는 사이에 누군가가 이혼신고를 한 경우 그 이혼신고는 무효이다.

[3] 주장 방법은 혼인무효의 경우와 같다.

[4] 판결확정일로부터 1월 이내에 판결의 등본 및 확정증명서를 첨부하여 가족관계 등록부의 정정신청을 하여야 한다.

[5] 남편 A는 처 B와의 협의이혼의 의사 없이 협의이혼신고서를 위조하여 구청에 신고한 후, C녀와 혼인신고를 하였다. A·B간에는 자 D가 있고, A·C간에는 인지한 자 E가 있는데, 나중에 이와 같은 사실을 알게 된 B는 협의이혼무효확인의 소를 제기하여 A·B간의 협의이혼무효의 판결이 확정된 경우의 법률관계는 다음과 같다.

    ① A·C간의 혼인이 중혼으로 취소될 수 있다.

    ② A·C간의 혼인이 중혼으로 취소된 후 A가 사망한 경우 인지된 E는 A를 상속할 수 있다.

    ③ A·C간의 혼인이 중혼으로 취소된 경우 A는 C에게 재산상 손해 외에 정신상 고통에 대하여도 손해배상의 책임이 있다.(제825조)

④ A·C간의 혼인이 중혼으로 취소된 경우 C는 A에 대하여 재산분할청구를 할 수 있다.

2) 협의이혼의 취소

[1] 사기·강박으로 인한 이혼은 취소할 수 있다.(제838조)

[2] 제척기간 : 취소권은 사기를 안 날 또는 강박을 면한 날로부터 3월 이내에 행사해야 한다.(제839조, 제823조))

[3] **조정전치주의** : 이혼취소신청을 하기 위하여는 가정법원에 조정을 신청하여야 한다.

[4] **신고기간 : 이혼취소판결의 확정시로부터 1개월 내에 신고하여야 한다.**

[5] 효과 : 이혼의 취소에는 소급효가 인정된다. 따라서 이혼신고 후에 당사자가 재혼하였으면 취소에 의하여 재혼은 중혼상태로 된다.

○ 탈북자의 이혼소송 문제

북한이탈주민이 제기한 많은 이혼사건이 여러 해 동안 심리되지 못하고 있어 법원에 200여건이 계류 중이라고 한다. 신속한 재판을 위해서는 특단의 입법조치가 있어야 할 것인데, 그것마저 지연되고 있기 때문이라고 한다.그러나 북한이탈주민이 대한민국에서 취적하는 절차에 관하여 '첫 단추를 잘못 끼운 탓이 아닌가'라는 근본 문제를 생각해 볼 필요가 있다. 호적법 시행규칙 제56조는 "군사분계선 이북지역에 호적을 가졌던 자가 취적하는 경우에는 호적편제사유 중에 원적지를 표시하고 군사분계선 이북지역에 거주하는 호주나 가족도 등재하고 그 신분사항란에 군사분계선 이북지역에 거주한다는 취지를 기재하여야 한다."라고 규정하고 있었다.

이는 대한민국의 영토는 한반도이므로 북한에서 호적을 가졌던 사람이 대한민국에 와서 취적하는 경우를 같은 한반도 내에서 본적을 전적轉籍한다는 개념이라고 이해할 수 있다. 그러므로 북한에 잔류한 가족도 등재, 즉 취적하고 그 신분사항란에 잔류자라는 표시를 한다는 것이다.

그런데 '「북한이탈주민의 보호 및 정착지원에 관한 법률」에 의한 취적방식 및 절차'라는 대법원 호적예규 제644호에서는 "단신보호대상자는 단신으로 취적한다. 배우자가 북한에 거주하고 있는 경우에는 신분사항란에 그 배우자의 성명, 거주지를 기재한다."라고 규정하고 있었다. 이는 호적법 시행규칙 제56조의 규정과는 달리 단순히 무적자가 법원의 허가를 얻어 취적한다는 개념이다.

북한에 배우자 있는 탈북자가 호적법 시행규칙대로 취적하면 북한에 잔류한 배우자도 취적되므로 법률상의 배우자이다. 그러나 호적예규 제644호대로 취적하면 북한에 잔류한 배우자는 남한에서는 취적된 것이 아니므로 법률상의 배우자라고 말할 수 없다. 법률상의 배우자가 아니면 재판상 이혼의 당사자가 될 수도 없는 것이다.

현재 국회에 상정되어 있는 「북한이탈주민의 보호 및 정착지원에 관한 법률 중 개정 법률안」은 "탈북자가 취적할 때 그 신분사항란에만 등재된 배우자를 재판상 이혼의 당사자로 의제한다."라는 특례 규정을 마련했다. 그러나 이는 호적법 시행규칙의 법리를 도외시한 잘못은 그대로 두고 북한에 잔류한 배우자에 대한 부재선고는 할 수 없다는 전제하에 억지로 문제를 해결하려는 미봉책이라고 할 것이다. 그 배우자는 북한에 잔류하고 있으니 「부재선고 등에 관한 특별조치법」에 규정된 '잔류자'에 해당된다고 해야 할 것이다. 재판상 이혼의 당사자는 될 수 있으나, '부재선고'의 대상이 될 수는 없다면 그러한 논리는 앞뒤가 모순되는 자가당착이라고 아니할 수 없다.

취적 안 된 탈북자의 배우자는 재판상 이혼의 당사자로 의제하기보다 「부재선고 등에 관한 특별조치법」상의 부재선고 대상인 '잔류자'로 해석하거나 의제해서 부재선고를 해 등록부 정리를 하는 편이 법리에도 맞고 이혼소송에서 문제되는 송달방법 또는 유책주의 등에 관한 논란도 없을 것이기 때문에 더 바람직한 방법이라고 할 것이다.

북한에 배우자를 두고 온 탈북자들의 이혼이 쉬워진다. 북의 배우자 때문에 남한에서 새로 결혼하는 것은 중혼죄에 해당한다. 민법은 양쪽 배우자의 진술을 들어본 뒤 법원이 이혼을 할 수 있도록 하는데, 배우자가 북한에 있어 이혼소송이 제대로 시행되지 않았다. 탈북자의 이혼소송은 2003년 6건, 2004년 146건, 2005년 47건, 2006년 32건 등 모두 232건이 서울 가정법원에 접수됐으나, 북한에 있는 배우자에게 소송 관련 문서를 보내는 등의 제도적 문제 때문에 대부분 결론이 나지 못했다.

그러나 2007년 2월 27일부터 「북한이탈주민의 보호 및 정착지원에 관한 법률」에 이혼 조항을 신설한 개정안이 시행되면서 이혼을 둘러싼 탈북자들의 고민은 상당 부분 해결될 것으로 보인다.

서울가정법원(법원장 이호원)은 1일 "개정한 시행에 따라 3년 넘게 해결하지 못한 탈북자의 이혼소송을 모두 신속히 진행하기로 했다."라고 밝혔다. 개정안에 따르면 탈북자는 배우자가 남한에 살고 있는지 여부를 명확히 알 수 없을 경우 서울가정법원에 이혼소송을 할 수 있고, 법원은 대법원 홈페이지에 2개월간 이혼청구 사실을 공시한 후 법정심리를 거쳐 이혼 여부를 결정한다.(2007. 3.)

서울가정법원 판결(이헌영 판사)은 북한이탈주민의 혼인생활이 이미 북한에서도 파탄에 이르렀고, 북한에 두고 온 배우자가 현재 남한에 거주하는지 여부가 불명확하며, 군사분계선을 기준으로 나뉜 현재의 상태가 가까운 장래에 해소될 개연성이 그리 크지 않은 점 등의 사정을 종합하여, 민법

제840조 제6호 소정의 재판상 이혼사유가 있다고 보아 북한이탈주민의 이혼청구를 인용하였다.(서울가정지판 2007.6.22, 2004드단77721)

4. 사실상 이혼

1) 의의

사실상 이혼은 혼인신고를 한 부부가 이혼에 합의를 하고, 별거하여 양자 사이에 부부공동생활의 실체가 전혀 존재하지 않으면서 이혼신고를 하지 않고 있는 상태를 말한다.

2) 친생자 추정 여부

사실상 이혼 후에 포태한 자는 가족관계 등록부상의 부의 자로 추정되지 않는다. 또한 사실상의 이혼 후 300일이 지난 후에 낳은 자는 사실상 이혼 후에 포태된 것으로 추정된다.

3) 효과

(1) 이혼과 같은 효과

당사자 사이에서는 대체적으로 이혼과 같은 효과가 생긴다. 부부의 동거·부양·협조·정조의무는 원칙적으로 소멸하고, 일상가사대리권과 연대책임도 없어진다.

(2) 중혼이 되는 경우

사실상 이혼하고 있는 사람이 다른 자와 혼인하면 중혼이 된다. 그러나 다른 사람과 사실혼을 하고 있는 경우에는 그렇지 않다.

(3) 상속권 인정

사실상 이혼하고 있는 자에게 상속권은 인정된다.

V. 재판상 이혼

1. 서언

1) 재판상 이혼의 의의

재판상 이혼은 법률상 이혼원인에 의한 부부의 일방이 청구하는 이혼이다.

2) 조정전치주의

법률상 이혼원인이 있음에도 불구하고 일방이 이혼에 합의하지 아니한 경우 먼저 조정이 선행되어야 하나 조정이 선행되지 아니한 때에는 가정법원은 일정한 경우를 제외하고는 사건을 직권으로 조정에 회부하여야 한다.(가사소송법 제50조 2항)

3) 민법 제840조 제1호 내지 제5호와 제6호와의 관계

(1) 의의

'위 관계를 어떻게 보는가?'에 따라 파탄주의에 관한 현행 민법의 입장을 결정하는 데 중요한 차이를 가져 오고, 이혼원인의 안정성, 법관의 재량한계 등에 큰 차이를 가져 오며, 소송법상으로는 '이혼소송물을 어떻게 보느냐?'에 따라 이혼사유의 상호전환성 문제, 소의 병합, 중복제소금지, 법원의 심판범위(처분권주의), 기판력의 범위 등의 문제가 다르게 해석된다.

(2) 학설

가. 절대적 독립설

제840조 제1호 내지 제5호 사유는 한정적 유책주의를 규정한 것이고, 제6호는 보충적·병렬적 파탄주의를 규정한 것으로 본다. 이 설은 같은 조 각 호의 지위를 완전히 독립된 이혼사유로 보고 같은 조 제6호를 보충 규정으로 봄으로써 이혼원인들의 상호전환성을 부정하는 입장이다.

나. 단순예시설

같은 조 제1호 내지 제5호는 유책적·추상적 파탄주의를 취한 것이나, 제6호는 포괄적·일반적 파탄주의를 규정한 것이라 본다. 제1호 내지 제5호 사유가 있어도 제6호에 비추어보아 혼인계속의 가능성이 없을 때 이혼을 허가해야 한다는 견해이다.[85]

다. 독립예시설

같은 조 제1호 내지 제5호는 유책적·독립예시적 파탄주의를 규정한 것으로 보나, 제6호는 포괄적·일반적 파탄주의를 규정한 것이라 본다. 제1호 내지 제5호는 제6호를 전제로 한 전형적 예시이므로 제1호 내지 제5호 사유가 있고 이혼청구가 있으면 제6호에 다시 비추어 볼 필요가 없다는 견해이다.[86]

---

85) 이근식, 「이혼원인에 있어서의 유책주의와 파탄주의」, 『연세대 사회과학논집』, 창간호, 1965, 71면
86) 김주수·김상용, 앞의 책, 183면

(3) 판례의 입장

판례는 구소송물이론을 채택하여 각 호 사유마다 소송물이 성립한다고 하여 절대적 독립설을 취하고 있다.(대판 1963.1.31, 62다812) 즉 "이혼의 소는 원고가 주장하는 사유에 의한 재판상 이혼청구권의 유무에 관한 판단을 구하는 것이며, 민법 제840조 각 호가 규정한 이혼사유마다 재판상 이혼청구를 할 수 있는 것이므로 법원은 원고가 주장한 이혼사유에 관하여서만 심판하여야 하며, 원고가 주장하지 아니한 이혼사유에 관하여는 심판을 할 필요가 없고, 그 사유에 의하여 이혼을 명해서는 안 되는 것이다."라고 하여 구소송물이론을 따르고 있다.

2. 재판상 이혼의 원인

1) 배우자의 부정한 행위(제840조 1호)

(1) 의의

민법 제840조 제1호의 '부정행위'는 배우자로서의 정조의무에 충실치 못한 일체의 행위를 뜻하며 간통보다 넓은 개념이다. 고령이고 중풍으로 정교능력이 없어 실제는 정교를 하지 않았더라도 배우자 아닌 자와 동거한 행위는 배우자로서의 정조의무에 충실히 못한 행위로서 부정행위에 해당한다.

(2) 도덕적 개념

부정행위는 도덕적 개념이므로 부의 동의 없이 제3자의 정액으로 인공수태한 때의 처의 행위는 기계적인 것이므로 부정행위가 되지 않는다.

(3) 부정행위의 요건

객관적으로는 혼인의 순결성에 반하는 사실이 있고, 주관적으로는 자유로운 의사라는 두 가지 요건하에 부정행위가 성립된다. 따라서 심신상실 상태에서의 행위나 강간 등의 경우 피해자에게 부정행위를 인정할 수 없다.

(4) 부정행위의 회수

부정행위는 단지 1회 뿐이든, 계속적인 것이든 불문한다.

(5) 혼인 후의 행위에만 한정

혼인 후의 행위만이 해당한다. 따라서 약혼 중의 행위는 제외된다. 그러나 이는 제6호의 사유는 될 수 있다. 판례는 약혼기간 중 다른 남자와 정교하여 임신하고 그 혼인 후 남편의 자인 양, 속여 출생신고를 한 것이 혼인을 계속하기 어려운 중대한 사유가 될 수 없다고 한다.

(6) 이혼청구권의 배제

[1] **사전 동의와 사후 용서** : 다른 일방이 사전에 동의하였거나 사후에 용서를 한 때에는 이혼청구를 할 수 없다.(제841조) 동의는 사전의 승인인 데 반하여, 용서는 사후의 감정의 표시이다.

[2] **명시적·묵시적인 의사표시 불문** : 부정한 행위를 한 부에 대하여 그 사실을 알면서 부부생활을 지속한 처와 같은 경우라 하더라도 부의 부정한 행위를 용서한 것으로 볼 수 있는 것은 아니다.

[3] **용서를 할 시기 : 부정행위가 완성된** 후이다.

[4] 동의의 존재 및 용서의 사실은 피고가 주장·증명하여야 한다.

[5] 재판상 이혼이 청구된 후라도 제2심의 구두변론종결 이전에 용서하면 이혼청구권은 소멸한다.

[6] **부정행위 있음을 안 날로부터 6월, 그 사유 있는 날로부터 2년 이내에 이혼청구를 하여야 하며**(제841조) **부정행위의 존재를 알면 되고, 이혼청구권을 취득한 것을 인식할 필요는 없다.**

2) 배우자의 악의의 유기(제840조 2호)

(1) '배우자가 악의로 다른 일방을 유기한 때'의 의미

민법 제840조 제2호 소정의 배우자가 악의로 다른 일방을 유기한 때라 함은 배우자가 정당한 이유 없이 서로 동거·부양·협조하여야 할 부부로서의 의무를 포기하고 다른 일방을 버린 경우를 뜻한다. 유기는 상대방을 내쫓거나 나가서 들어오지 않는 것을 의미한다.

(2) 악의의 유기로 인한 이혼청구권의 제척기간

악의의 유기를 원인으로 하는 재판상 이혼청구권은 법률상 그 행사기간의 제한이 없는 형성권으로서 10년의 제척기간에 걸린다고 하더라도 피고가 부첩관계를 계속 유지함으로써 민법 제840조 제2호에 해당하는 배우자가 악의로 다른 일방을 유기하는 것이 이혼청구 당시까지 존속되고 있는 경우에는 기간경과에 의하여 이혼청구권이 소멸할 여지는 없다.

3) 배우자 또는 그 직계존속에 의한 심히 부당한 대우(제840조 3호)

[1] 부당한 대우란 신체·정신에 대한 학대 또는 명예에 대한 모욕을 의미한다는 것이 판

례의 입장이다.

[2] 민법 제842조의 제척기간에 관한 규정은 제840조 제6호의 사유에 기한 이혼청구에만 적용될 뿐 제840조 제3호의 사유에 기한 이혼청구에 유추 적용될 수 없다.

4) 자기의 직계존속에 대한 배우자의 심히 부당한 대우(제840조 4호)

부당한 대우란 신체정신에 대한 학대 또는 명예에 대한 모욕을 의미한다. 그 기준은 사회통념과 당사자의 신분·지위를 참작하여 각 경우에 구체적으로 판정한다. 제3·4호 사유는 봉건적 가족 제도의 유물이다.

5) 배우자의 3년 이상의 생사불명(제840조 5호)

[1] 3년 이상 생사불명이고 현재도 생사불명일 것이 필요하며 생사불명의 원인은 불문한다. 생존은 판명되고 있으나, 부재인 경우에는 악의의 유기의 문제이다.

[2] 기산점 : 잔존배우자에게 알려져 있는 본인 생존의 일자일 것이나 전투 그 밖의 생명의 위험을 추측하게 하는 위난에 조우한 자에 대하여는 그 위난이 사라진 때부터 기산해야 한다. 이 호에 의한 이혼은 실종선고에 의한 혼인해소와는 관계없다. 이혼판결이 확정된 후에 생환하더라도 실종선고가 취소된 경우와는 달리 혼인이 당연히 부활하는 것은 아니다. 재심에 의하여 이혼판결을 뒤집어야 한다.

6) 그 밖의 혼인을 계속하기 어려운 중대한 사유(제840조 6호)

(1) 의의

상대적 이혼원인으로서 혼인관계가 심각하게 파탄되어 다시는 혼인에 적합한 생활공동관계를 회복할 수 없는 정도에 이른 객관적 사실이 있고, 이러한 경우 혼인생활의 계속을 강요하는 것이 일방 배우자에게 참을 수 없는 고통이 되어야 하는 경우이다.

(2) 제척기간

이혼청구권의 행사는 이를 안 날로부터 6월, 그 사유가 있는 날로부터 2년 내에 행사하여야 한다.(제842조)

(3) 구체적인 사유

[1] 육체적 파탄원인 : 판례는 "성적 불능, 성병의 감염, 이유 없는 성교거부, 부당한 피임 등을 들고 있으며, 판례는 혼인시부터 원인불명의 사유로 정상적인 부부생활을 하지 못하고, 그 후 발기부전 및 사정기능 장애로 혼인 후 13년이 되도록 전혀 성생활을 하지 못했

음에도 그 원인을 파악하여 치료하려는 노력을 게을리한 경우 혼인을 계속하기 어려운 중대한 사유에 해당한다."라고 하고 있다. 또한 판례는 성기능이 불완전함에도 불구하고 이 사실을 은폐한 청구인과 형식상 혼례식을 거행하고 젊은 부부로서 약 6개월간의 신혼생활을 하는 동안 한 번도 성교관계가 없었다면, 설령 소론과 같이 임신이 가능하다 하더라도 정상적인 성생활을 원하는 청구인으로서는 정신상 고통을 받았음은 사리의 당연한 바, 이는 재판상 이혼사유가 된다고 한다. 이와 같이 남편의 생식불능과 성적 불능은 혼인을 계속하기 어려운 중대한 사유의 발생에 해당하고, 처에게는 위자료청구권이 발생할 것이다. 다만, 임신불능이나 무정자증으로 인한 생식불능 등은 이혼사유가 되지 않는다.

[2] 윤리적·정신적 파탄원인 : 판례는 "부부간의 애정상실, 성격불일치, 불치의 정신병, 수년간 계속된 사실상 별거, 알코올 중독, 의처증, 의부증, 신앙의 차이, 마약 중독 등을 들고 있으며, 이혼의 합의가 있고 위자료가 지급되었다고 하더라도 그것만으로는 제6호의 이혼사유가 되지 못한다."라고 하고 있다.

[3] 부부가 가정불화로 이혼하기로 합의하고 이혼신고서나 각서를 작성하여 별거하고 있다는 사정만으로는 부부간의 애정을 되찾는 일이 불가능하다고 단정할 다른 자료가 없는 한, 민법 제840조 제6호 사유에 해당하지는 않는다고 한다.

[4] 판례는 처가 가명으로 남편에게 경고하는 취지의 서신을 발송하고 관계요로에 투서 등을 함으로써 남편이 축첩공무원으로서 권고사직을 당한 사실, 처가 남편의 바바리코트 등을 잡아 당겨 찢어지게 한 사실만으로는 처에게 재판상의 이혼사유가 있다고 할 수 없다고 한다.

3. 재판상 이혼의 절차

1) 조정에 의한 이혼

(1) 조정전치주의의 적용

당사자 사이에 이혼에 합의하는 조정이 성립하여 그것을 조정조서에 기재한 경우에는 재판상 화해와 동일한 효력이 있으므로(가사소송법 제59조 2항 본문), 혼인은 해소된다.

(2) 소송 중 당사자 일방의 사망

판례는 재판상 이혼사건이 확정되기 전 당사자 일방이 사망하면 소송은 목적을 잃고 종료하게 되며, 상속인이 항소하더라도 이는 부적법하다고 한다.

2) 심판에 의한 이혼

(1) 조정이 성립하지 않는 경우

당사자는 조서등본이 송달된 날로부터 2주일 이내에 서면으로 심판청구를 할 수 있다.

(2) 형성적 효력과 대세적 효력

이혼판결이 확정되면 혼인의 효과는 소멸하여 배우자관계의 소멸을 가져 오는 형성적 효력이 있으며, 그 효력은 제3자에게도 미친다.

(3) 이혼신고

판결이 확정된 날로부터 1월 이내에 재판서등본과 확정증명서 또는 조정조서를 첨부하여 이혼신고를 하여야 한다.(가등법 제58조, 제78조)

(4) 보고적 신고

심판에 의한 이혼신고의 성격은 보고적 신고이다.

VI. 유책배우자의 이혼청구권

1. 의의

[1] 이혼 제도에 관한 입법주의에는 전술한 바와 같이 유책주의와 파탄주의가 있다. 유책주의는 이혼의 원인을 야기한 자의 상대방의 청구가 있는 경우에만 이혼을 인정하는 주의이고, 파탄주의는 혼인의 파탄이라는 객관적 사실의 유무에 따라 이혼 여부를 결정하는 주의이다.

[2] 유책주의는 이혼을 유책배우자에 대한 제재로서 생각하였음에 반하여, 파탄주의는 이혼을 부부공동생활의 파탄에 대한 구제로 보고 있다. 이혼의 역사는 유책주의에서 파탄주의로 옮겨가고 있는 추세이다.

○ 대법원, 이혼 '유책주의' 재확인

혼인 파탄 원인 제공자, 이혼청구 못한다.
대법원 7대 6, "판례 변경은 시기상조"
대법원이 유책배우자의 이혼청구는 원칙적으로 허용되지 않는다는 기존 입장을 유지했다. 대법원은 2015년 9월 15일 "혼인생활의 파탄에 주된 책임이 있는 배우자는 그 파탄을 사유로 하여 이혼을 청구할 수 없는 것이 원칙"이라는 전원합의체 판결을 선고했다.(대판<전합> 2015.9.15, 2013므568)

1심과 원심은 유책배우자의 이혼청구임을 이유로 '기각' 판결을 선고했다. 대법원은 6월 전원합의체 공개변론을 열고 양측의 입장을 수렴했으며, 15일 전원합의체 판결을 통해 이혼을 불허한 기존의 입장을 고수했다. 다만, 대법원이 유책배우자의 이혼청구를 불허한다는 취지의 판결을 내리긴 했으나, 7대 6으로 판결이 난 만큼 마지막까지 대법관들의 입장이 첨예하게 대립한 것으로 보인다.

다수 의견(양승태 대법원장 등)은 스스로 혼인파탄을 야기하고 이혼을 청구하는 것은 신의성실에 반하며, 유책인 남성배우자의 이혼청구를 불허함으로써 파탄에 책임이 없고 사회적·경제적 지위가 열악한 여성배우자를 보호하기 위한 종래 판결들의 취지를 고려할 때 원고의 이혼청구는 적절하지 않다는 의견을 냈다. 또 대법원이 종래 해석을 바꾸려면 이혼에 관련된 전체적인 법체계와 현 시점에서 종래 판례의 배경이 된 사회적·경제적 상황에 의미 있는 변화가 생겼는지 등에 관한 검토가 필요하다고 덧붙였다.

여기에 파탄주의를 선택한 나라의 이혼 법제는 '재판상 이혼'만 인정하고 있어 협의이혼이 불가능하지만, 우리는 유책배우자도 협의이혼이 가능해 우리 법제상 '재판상 이혼'까지 파탄주의를 도입할 이유는 없다고 판시했다. 실제 우리의 경우, 전체 이혼 중 약 77.7%가 협의상 이혼인 것으로 나타났다.(2014년 기준)

다수 의견은 이혼 후 상대방에 대한 부양적 책임 등에 대해 아무런 법률 조항을 두고 있지 않은 상황에서 파탄주의를 택한다면 상대방이 일방적으로 희생될 수 있고, 법률이 금지하는 중혼을 인정하게 될 위험이 초래될 수 있다고 지적했다. 다만, "혼인생활 파탄에 대한 유책성이 그 이혼청구를 배척해야 할 정도로 남아있지 않은 특별한 사정이 있는 경우 예외적으로 유책배우자의 이혼청구를 허용할 수 있다."며 예외적으로 유책배우자의 이혼청구를 허용하는 경우를 확대했다.

반대의견(민일영 대법관 등)은 혼인의 실체가 소멸한 이상, 귀책사유는 혼인 해소를 결정짓는 판단기준이 되지 못한다며 부부공동생활관계가 회복할 수 없을 정도로 파탄된 경우 원칙적으로 제6호 이혼사유로 인정된다고 주장했다.

그간 논란거리였던 유책배우자의 이혼청구 허용 여부는 대법원의 이번 판결로 한동안은 잠잠할 것으로 보인다.(『대한변협신문』, 2015.9.21. 2면.)

2. 학설

1) 소극설

혼인의 파탄을 자초하면서 그 해소를 요구하는 것은 도의성이 인정되지 않고, 유책배우자의 이혼청구권을 인정하는 것은 관행상 있어온 유책배우자의 축출이혼을 시인하는 결과가 된다. 또한 유책배우자의 이혼청구권을 인정하는 것은 신의성실, 권리남용금지의 원칙에 반한다.

2) 적극설

신분법의 사실선행의 원칙 및 근대법상 이혼의 자유존중 및 협의이혼 제도가 인정되는 것과의 균형 등을 고려하여 파탄의 사실은 당연히 법적 평가의 대상이 되어야 한다. 혼인은 자유의사를 기초로 하므로 파탄상태에서 계속을 강제하는 것은 반도의적이고 부당하다. 또한 유책배우자의 이혼청구권을 부정하는 것은 사실상의 이혼을 증가시키고 여자의 행복을 박탈하는 결과가 된다.

3) 제한적 인정설

지배적인 견해로서 유책배우자의 이혼청구권을 원칙적으로 부정하되, 예외적으로 허용하는 입장이다. 상대방 배우자의 이혼의사가 명백한 경우 유책성의 비교, 유책성과 혼인파탄과의 인과관계, 별거기간의 현저한 장기화 등이 예외적으로 유책배우자의 이혼청구권을 인정하는 경우이다.

3. 판례의 입장

1) 예외적 인정

판례는 유책배우자의 이혼청구권을 한정적으로 인정한다. 즉 대법원은 혼인생활의 파탄에 대하여 주된 책임이 있는 배우자는 그 파탄을 사유로 하여 이혼을 청구할 수 없는 것이 원칙이고, 다만, 상대방도 그 파탄 이후 혼인을 계속할 의사가 없음이 객관적으로 명백하고, 오기나 보복적 감정에서 이혼에 응하지 않고 있을 뿐이라는 등 특별한 사정이 있는 경우에만 예외적으로 유책배우자의 이혼청구권이 인정된다.

유책배우자라고 하는 경우의 유책성은 혼인의 파탄의 원인이 된 사실에 기초하여 평가하여야 할 것이고, 이미 혼인관계가 파탄이 된 이후에 일어난 일을 가지고 따질 것은 아니며,

또한 일방 배우자의 책임 있는 사유로 인하여 혼인생활이 파탄에 빠지게 된 이후에 상대방이 재판상 이혼사유에 해당할 수도 있는 잘못을 저질렀다고 하더라도 그것이 상대방의 유책사유로 인한 혼인의 파탄과는 관계없이 저질러졌다거나 그 정도가 상대방의 유책사유에 비하여 현저하게 책임이 무거운 것이라는 등의 특별한 사정이 없는 한, 당초 책임이 있는 배우자는 이혼을 청구할 수 없다고 하였고, 혼인의 파탄의 원인이 직접적으로는 부의 다른 여자와의 동거에 있지만, 다른 여자와의 동거가 배우자와의 사이에 이혼합의가 있은 후의 일이라면 혼인의 파탄의 주된 책임이 부에게 있다고 할 수 없다고 한다.

> [판례] **유책배우자의 이혼청구권**
>
> 혼인생활의 파탄에 대하여 주된 책임이 있는 배우자는 원칙적으로 그 파탄을 사유로 하여 이혼을 청구할 수 없고, 다만 상대방도 그 파탄 이후 혼인을 계속할 의사가 없음이 객관적으로 명백한 데도 오기나 보복적 감정에서 이혼에 응하지 아니하고 있을 뿐이라는 등 특별한 사정이 있는 경우에만 예외적으로 유책배우자의 이혼청구가 허용된다.(대판 2004.9.24. 2004므1033)

4. 사견

[1] 이혼의 원인에 있어 파탄주의를 채택한 결과 유책배우자의 이혼청구권을 인정하는 것이 이상이지만, 현실적으로 무책배우자의 보호 문제라든지 자녀의 양육 문제 등이 뒤따르고, 우리처럼 처의 지위가 상대적으로 약한 실정에서는 유책배우자의 이혼청구를 허용한다는 것이 결과적으로 부의 축출이혼을 합리화시킨다는 사실도 무시할 수 없다.

[2] 유책배우자의 이혼청구권은 원칙적으로 부정하되, 예외적으로 허용해야 할 것이다. **판례도 최근에 이르러 유책배우자의 이혼청구권을 부인해 왔던 종래의 입장을 완화하여 제한적이나마 유책배우자의 이혼청구권을 허용하는 입장을 보이고 있다.**(대판 1987.12.8, 87므44, 45 ; 대판 1994.5.27, 94므130)

Ⅶ. 이혼의 효과

1. 일반적 효과

1) 혼인관계상의 의무의 소멸

이혼에 의하여 부부관계는 소멸하므로 부부 사이의 동거·부양·정조·협조의무 등과 부부재산관계 등 혼인에 의하여 발생한 모든 권리의무는 소멸한다.

2) 등록부 변동 문제

개정 전 처는 원칙적으로 그 친가에 복적하거나 일가를 창립하며(제787조 1항), 처의 친가가 폐가 또는 무후되었거나 그 밖의 사유로 복적할 수 없는 경우에 친가를 부흥할 수 있었다.(제787조 3항) 입양이 취소, 파양된 경우와 달리 배우자는 모두 선택적으로 할 수 있지만, 제787조는 2008년 1월 1일 폐지되었다.

이혼사실은 당사자의 등록부에 기록되지만(전산으로 입력된다는 의미이다. 그러나 등록부는 원부가 존재하지 않으므로 그 자체의 열람은 불가능하다.), **가족관계증명서에는 단지 현재 배우자가 없는 것으로 표시될** 뿐 **이혼사실은 나타나지 않는다.**(가족관계증명서는 현재의 상태만을 나타내기 때문이다. 따라서 가족관계증명서를 보아서는 타인의 이혼사실을 알 수 없다.) 그러나 **당사자의 혼인관계증명서에는 이혼과 전 배우자의 이름이 기재된다.**(다만, 일부사항증명서에는 이혼에 관한 기록이 표시되지 않는다. 등록규칙 제21조의2)

3) 인척관계의 소멸 문제(제775조 1항)

혼인에 의하여 **배우자의 혈족** 사이에 생긴 **인척관계는 이혼에 의하여 소멸**한다.

4) 재혼의 가능(제809조 2항)

재혼이 가능하게 된다. 다만, 이혼에 의하여 인척관계가 소멸한 6촌 이내의 혈족의 배우자, 배우자의 6촌 이내의 혈족 및 배우자의 4촌 이내의 혈족의 배우자와는 재혼하지 못한다.

2. **자**에 대한 **효과**

이혼에 따른 자의 보호 문제는 그 부모 본인뿐만 아니라, 사회 문제이기도 하다. 따라서 **이혼시의 자녀 보호가 필요하다. 민법은 양육책임과 면접교섭권에** 관한 **규정**을 두고 있다.

1) 자녀의 양육 문제(제837조)

(1) 문제점

부모의 이혼에 의하여 이제까지의 부모와 자녀의 공동생활은 더 이상 유지될 수 없으므로 자녀의 공동양육은 어렵게 된다. 그래서 '자녀의 복리에 직접 영향을 미치는 자녀의 양육을 어떻게 할 것인가?'는 중요한 문제이다.

(2) 이혼 후의 양육사항을 정하는 방법

가. 부모의 협의

이혼을 하려는 부부(협의이혼과 재판상 이혼을 포함한다.)는 미성년자녀의 양육에 관한 사항을 우선 협의에 의하여 정할 수 있다.(제837조 1항) 이혼 후 자녀의 양육에 관한 사항이 원만하게 실행되기 위해서는 무엇보다도 당사자인 부모의 협력이 필요한데, 양육에 관한 당사자의 합의는 이러한 협력을 위한 중요한 기초가 된다. 이러한 이유에서 이혼 후의 양육사항은 1차적으로 부모가 협의에 의해서 정하도록 한 것이다.

부모가 협의에 의하여 정해야 할 사항으로는 (i) 양육자의 결정(이혼 후에 누가 자녀를 양육할 것인가?), (ii) 양육비(양육비용을 어떻게 부담할 것이며, 양육비는 어떤 방식으로 언제 지급되도록 할 것인가?), (iii) 면접교섭의 행사 여부 및 그 방법(자녀를 양육하지 않는 부 또는 모는 자녀와 면접교섭을 할 것인가, 면접교섭을 하는 경우에는 어떤 방법(횟수, 면접교섭의 장소, 날짜, 지속시간 등)으로 할 것인가?) 등이다.(제837조 2항) 이러한 사항에 대하여 협의된 내용은 궁극적으로 서면으로 작성되어 법원에 제출되어야 한다.(제836조2 4항)

나. 법원의 개입

[1] **법원의 보정명령** : 자녀의 양육사항에 대한 부모의 협의가 자녀의 복리에 반한다고 판단되는 경우(예컨대, 양육비를 지급하지 않기로 하거나, 또는 정해진 양육비 액수가 부모의 재산, 수입상태에 비추어 부당하게 소액인 경우 등)에는 법원은 부모에게 협의사항에 대한 보정을 명할 수 있다.(제837조 3항) 이 경우 법원은 부모에게 구체적인 사정에 맞는 대안을 제시하여 부모로 하여금 자녀의 복리에 반하는 협의 내용을 수정하도록 할 수 있을 것이다.

[2] **법원의 직권**에 의한 결정 : 부모가 법원의 보정명령을 받아들이지 않는 경우 법원은 직권으로 자녀의 양육에 관한 사항을 정할 수 있다.(예컨대, 당사자의 협의서에 의하면 이혼한 모가 자 1인을 양육하고 부는 월 50만원을 양육비로 지급하기로 되어 있는데, 법원이 모든 사정을 종합적으로 고려할 때 협의된 양육비 액수가 부족한 것으로 판단되어 보정을 명하였으나, 부의 반대로 협의에 의한 보정이 불가능한 경우 법원은 직권으로 양육비의 액수를 70만원으로 정할 수 있다.) 이 때 법원

은 자녀의 의사 등 자녀의 복리에 관계되는 사항을 종합적으로 고려하여 양육에 관한 사항을 정한다. **자녀의 정확한 의사를 알기 위하여 법원은 자녀의 의견을 들을 수 있다.**(가사소송규칙 제18조의2, 제100조: 이 규정에 의하면 자녀가 13세 이상인 경우에 의견을 듣도록 되어 있으나, 13세 미만의 자녀라 할지라도 자기의 의견을 밝힐 수 있는 경우에는 그 의견을 들어 참고할 필요가 있다.) 이혼에 직면한 부부는 자신들의 문제에 몰두하는 경향이 있으므로 양육사항에 대한 부모의 합의가 항상 자녀의 복리에 부합한다고 보기는 어렵다. 따라서 국가(법원)가 개입하여 양육에 대한 협의의 내용을 구체적으로 검토·심사해야 할 필요성과 정당성이 인정된다. 국가는 부모의 이혼이라는 위기상황에서 자녀의 복리를 실현해야 할 의무가 있기 때문이다. 제837조 제3항은 이러한 국가의 의무를 구체화한 것이라고 볼 수 있다.

[3] **실무의 태도** : 그러나 실무상 협의이혼 절차에서 가정법원이 직권으로 양육사항에 관하여 정하는 경우는 거의 없으며, 당사자가 보정에 성실하게 응하지 않는 경우에는 이혼의사의 확인을 하지 않음으로써(불확인 처리) 간접적으로 당사자의 보정을 촉구하는 데 그치는 것이 보통이다.

[4] **양육비부담조서의 작성** : 가정법원은 자녀의 양육에 관한 협의서에 대하여 검토와 보정을 마친 후 양육비부담조서를 작성하여야 한다.(제836조의2 5항) 이렇게 작성된 양육비부담조서는 가사소송법 제41조에 의한 집행권원이 된다.

다. 양육사항에 관한 협의가 되지 않는 경우

2007년에 개정된 협의이혼 제도의 특징 중 하나는 자녀의 양육사항에 관하여 정하여지지 않은 상태에서는 이혼이 불가능하다는 점이다. 다만, 양육사항에 관하여 협의가 되지 않는 경우에 문제를 해결하는 방법은 협의이혼의 경우와 재판상 이혼의 경우에 차이가 있다.

① **협의이혼의 경우** : 이혼의사를 확인하기 전에 먼저 **법원에 양육에 관한 심판을 청구하여** 이에 관한 **결정을 받아야 한다. 협의이혼을 하는 경우에는 이혼의사 확인시까지 양육사항에 관한 협의서나 가정법원의 심판정본을 반드시 제출해야만 한다.**(제836조의2 제4항) 협의이혼을 하려는 부부가 이혼의사를 확인할 때 양육사항에 관한 협의서나 가정법원의 심판정본 중 어느 하나를 제출하지 않는 경우에는 법원은 이혼의사의 확인을 거부할 것이므로 협의이혼은 불가능하게 된다. 여기서 제기될 수 있는 의문은 '당사자가 양육사항에 관한 협의서나 법원의 심판정본을 제출하지 않는 경우에 법원이 이혼의사의 확인 절차에서 직권으로 양육에 관한 사항을 결정할 수 있는가' 하는 점이다. 제837조 제4항 규정의 법문("양육에 관한 사항의 협의가 이루어지지 아니하거나 협의할 수 없는 때에는 가정법원은 직권으로 또는 당사자의 청구에 따라 이에 관하여 결정한다.")만을 놓고 보면, 법원이 직권으로 양육에 관한 사항을 정할 수 있다는 해석이 가능한 것으로 보인다. 그러나 '**직권으로**' 양육에 관한 사항을 결정할 수

있는 경우는 재판상 이혼을 하는 때에 한정된다고 보아야 할 것이다.[87] 협의이혼에 있어서의 확인 절차는 재판 절차가 아니므로 당사자가 양육에 관한 협의서를 제출하지 않는 경우에 법원이 직권으로 양육에 관한 심판을 할 수 있다는 것은 절차상으로 무리가 따라는 것으로 보인다. 또한 협의이혼을 하려는 부부는 법원에서 이혼의사의 확인을 받을 때 어차피 자녀의 양육사항에 관한 협의서나 가정법원의 심판정본을 제출해야만 하므로 양육사항에 관하여 협의를 하지 못한 부부는 스스로 가정법원에 양육사항에 관한 심판을 청구할 것이다. 이러한 규정체계를 볼 때, 법원이 굳이 확인절차에서 직권으로 양육사항에 관하여 결정해야할 필요성은 없다고 생각된다.[88]

② **재판상 이혼의 경우** : 재판상 이혼의 경우에도 우선 당사자가 협의하여 양육에 관한 사항을 정한다. 당사자가 협의하여 정할 수 없는 때(예컨대, 생사불명이나 불치의 정신병 같은 것을 이유로 하는 이혼의 경우)에는 가정법원이 당사자의 청구 또는 직권에 의하여 양육에 관한 사항을 정하게 된다.(제837조 4항) 이 경우에는 우선 조정 절차를 밟는다.(가사소송법 제2조 1항 마류사건 ⅲ·50) 법원이 양육에 관한 사항을 정할 때에는 자녀의 의사 등 자녀의 복리에 관계되는 사항을 종합적으로 고려하여야 한다.(제837조 3항 참조)

제837조(이혼과 자의 양육책임) ① 당사자는 그 자의 양육에 관한 사항을 협의에 의하여 정한다.
② 제1항의 협의는 다음의 사항을 포함하여야 한다.
   1. 양육자의 결정
   2. 양육비용의 부담
   3. 면접교섭권의 행사 여부 및 그 방법
③ 제1항에 따른 협의가 자의 복리에 반하는 경우에는 가정법원은 보정을 명하거나 직권으로 그 자의 의사·연령과 부모의 재산상황, 그 밖의 사정을 참작하여 양육에 필요한 사항을 정한다.
④ 양육에 관한 사항의 협의가 이루어지지 아니하거나 협의할 수 없는 때에는 가정법원은 직권으로 또는 당사자의 청구에 따라 이에 관하여 결정한다. 이 경우 가정법원은 제3항의 사정을 참작하여야 한다.
⑤ 가정법원은 자의 복리를 위하여 필요하다고 인정하는 경우에는 부·모·자 및 검사의 청구 또는 직권으로 자의 양육에 관한 사항을 변경하거나 다른 적당한 처분을 할 수 있다.
⑥ 제3항부터 제5항까지의 규정은 양육에 관한 사항 외에는 부모의 권리의무에 변경을 가져오지 아니한다.

---

87) 김주수·김상용, 앞의 책, 203면
88) 김주수·김상용, 앞의 책, 203면

(3) 양육에 관한 사항의 변경

협의나 법원이 정한 양육자, 양육방법 등이 부적당하여 자의 이익을 해치는 때에는 법원은 당사자의 청구에 의하여 언제든지 양육에 관한 사항을 변경할 수 있다.(제837조 5항)

(4) 양육의 개념과 양육비청구권의 성질

가. 양육의 개념

양육은 자녀에 대한 사실상의 양육(예컨대, 음식을 제공하고 목욕을 시키는 것 등)·교육·양육과 교육을 위한 거소지정, 징계, 부당하게 자를 억류하는 자에 대한 인도청구권, 방해배제청구권 등을 포함하는 개념으로 이해되고 있다. 그러나 양육에 필요한 비용의 부담은 양육권의 개념에 포함되지 않으므로 자녀를 양육하지 않는 부모는 자녀의 양육비를 지급할 의무가 있다. 따라서 모가 자를 양육하고 있는 경우 양육자인 모는 자의 부에 대하여 양육비의 지급을 청구할 수 있다.

나. 양육비청구권의 성질

위의 경우 모가 부를 상대로 양육비를 청구하는 것은 부양권리자인 자를 대리하여 하는 것으로 보아야 할 것이다. 그러나 판례는 이와 달리 양육비청구권을 양육친이 비양육친에 대하여 갖는 권리로 보고, 당사자의 협의나 법원의 심판에 의하여 구체적인 청구권의 내용과 범위가 확정된 경우(예컨대, 비양육친은 자녀가 성년자가 될 때까지 양육비로 매월 50만원을 지급한다.), 이행기에 도달한 양육비채권은 완전한 재산권(손해배상청구권)으로서 권리자의 의사에 따라 포기나 양도 또는 상계의 자동채권으로 하는 것이 가능하다는 입장을 취하고 있다. (대판 2006.7.4, 2006므751: 이 판결의 구체적인 사안을 보면, 자의 양육자인 부가 모에게 위자료 및 재산분할로 5,800만원을 지급해야 할 채무가 있는데, 부가 양육비채권을 자동채권으로 하여 위의 채무를 상계하겠다는 주장을 하자, 대법원은 양육비채권 중 이미 이행기에 도달한 부분에 대하여 상계가 가능하다고 판단하였다.)

양육자가 제3자일 경우에는 부모 쌍방에 대하여 양육비를 청구할 수 있다. 이 경우에도 양육자는 자녀를 대리하여 양육비를 청구하는 것으로 보아야 할 것이다.

(5) 양육비의 이행확보 방법

양육비 채권자가 양육비에 관한 심판이나 판결, 양육비부담조서 등의 집행권을 받은 경우에도 양육비 채무자가 스스로 양육비를 지급하지 않는 사례도 얼마든지 있을 수 있다. 이런 경우 종래의 법제에서는 우선 민사집행법에 의하여 강제집행을 할 수 있었는데, 적지 않은 시간과 비용이 소요될 뿐만 아니라, 정기적으로 지급되는 소액의 양육비를 받아내기 위한 방법으로는 효율성이 현저하게 떨어진다는 비판이 있었다. 양육비확보를 위한 또 다른 방법은 가사소송법에 규정되어 있는데, 가정법원은 당사자(양육비 채권자)의 신청이 있는 경우 양육비 채무자에 대하여 일정한 기간 내에 양육비 지급의무를 이행할 것을 명할 수 있고 **(이행명령; 가사소송법 제64조),** 양육비 채무자가 정당한 이유 없이 이 명령에 위반한 경우에는 직권 또는 권리자의 신청에 의하여 결정으로 1,000만원 이하의 과태료에 처할 수 있다.(가사소송법 제67조 1항) 또한 **양육비의 정기적 지급을 명령받은 자가 정당한 이유 없이 3회** 이상 **그 의무를 이행하지 아니한 때에는 30일의 범위 내에서 의무이행이 있을 때**까지 **의무자를 감치할 수 있다.(가사소송법 제68조)** 그러나 이러한 종래의 가사소송법상의 제도들도 양육비의 적정한 확보에 별 도움이 되지 못한 것이 사실이다. 그 결과 간이한 방법으로 양육비를 효율적으로 확보할 수 있는 여러 가지 새로운 제도들이 가사소송법에 도입되었다.(2009년 11월 9일부터 시행되고 있다.)

아래에서 가사소송법에 새로 도입된 제도들에 대하여 간단하게 설명한다.

가. 양육비 직접 지급명령(가사소송법 제63조의2)

가정법원은 양육비를 정기적으로 지급해야 할 의무가 있는 양육비 채무자가 정당한 이유 없이 2회 이상 양육비를 지급하지 않은 경우에는 양육비 채권자(양육비 채권자는 양육비부담조서 등 양육비 채권에 관한 집행권원을 가지고 있어야 한다.)의 신청에 따라 양육비 채무자(예컨대, 부)에 대하여 정기적 급여채무를 부담하는 소득세원천징수의무자(예컨대, 부가 근로자인 경우, 부에게 매월 임금을 지급하는 회사)에게 양육비 채무자(부)의 급여에서 정기적으로 양육비를 공제하여 양육비 채권자에게 직접 지급하도록 명할 수 있다. 이렇게 되면 별도의 번거로운 집행 절차를 거치지 않아도 매월 양육비가 정기적으로 지급될 수 있으므로 장래의 양육비를 안정적으로 확보하는 데 매우 유용하다. 소득세원천징수의무자가 정당한 이유 없이 직접 지급명령을 위반한 때에는 가정법원은 직권 또는 양육비 채권자의 신청에 의하여 결정으로 1,000만원 이하의 과태료에 처할 수 있다.(가사소송법 제67조 1항)

가사소송법 제63조의2(양육비 직접 지급명령) ① 가정법원은 양육비를 정기적으로 지급할 의무가 있는 사람(이하 '양육비 채무자'라 한다.)이 정당한 사유 없이 2회 이상 양육비를 지급하지 아니한 경우에 정기금 양육비 채권에 관한 집행권원을 가진 채권자(이하 '양육비 채권자'라 한다.)의 신청에 따라 양육비 채무자에 대하여 정기적 급여채무를 부담하는 소득세원천징수의무자(이하 '소득세원천징수의무자'라 한다.)에게 양육비 채무자의 급여에서 정기적으로 양육비를 공제하여 양육비 채권자에게 직접 지급하도록 명할 수 있다.

② 제1항에 따른 지급명령(이하 '양육비 직접 지급명령'이라 한다.)은 민사집행법에 따라 압류명령과 전부명령을 동시에 명한 것과 같은 효력이 있고, 위 지급명령에 관하여는 압류명령과 전부명령에 관한 민사집행법을 준용한다. 다만, 민사집행법 제40조 제1항과 관계없이 해당 양육비 채권 중 기한이 되지 아니한 것에 대하여도 양육비 직접 지급명령을 할 수 있다.

③ 가정법원은 양육비 직접 지급명령의 목적을 달성하지 못할 우려가 있다고 인정할 만한 사정이 있는 경우에는 양육비 채권자의 신청에 의하여 양육비 직접 지급명령을 취소할 수 있다. 이 경우 양육비 직접 지급명령은 장래에 향하여 그 효력을 잃는다.

④ 가정법원은 제1항과 제3항의 명령을 양육비 채무자와 소득세원천징수의무자에게 송달하여야 한다.

⑤ 제1항과 제3항의 신청에 관한 재판에 대하여는 즉시항고를 할 수 있다.

⑥ 소득세원천징수의무자는 양육비 채무자의 직장 변경 등 주된 소득원의 변경사유가 발생한 경우에는 그 사유가 발생한 날부터 1주일 이내에 가정법원에 변경사실을 통지하여야 한다.

나. 담보제공명령(가사소송법 제63조의2 제1항 및 2항)

가정법원은 양육비를 정기금으로 지급하도록 명하는 경우에 그 이행을 확보하기 위하여 직권으로 양육비 채무자에게 상당한 담보의 제공을 명할 수 있다.(직권에 의한 담보제공명령; (가사소송법 제63조의2 제1항) 또한 가정법원은 양육비 채무자가 정당한 사유 없이 양육비 지급의무를 이행하지 않는 때에는 양육비 채권자의 신청에 의하여 양육비 채무자에게 상당한 담보의 제공을 명할 수 있다.(신청에 의한 담보제공명령; 가사소송법 제63조의2 제2항) 위에서 본 양육비 직접지급명령 제도는 양육비 채무자가 정기적으로 임금을 받는 근로자인 경우에 그 이용이 가능하다. 그러므로 예컨대, 자영업자인 양육비 채무자(예컨대, 부)가 양육비의 지급의무를 이행하지 않고 있으며, 재산을 도피시킬 우려가 있다고 해도 양육비 직접지급명령 제도는 아무런 도움이 되지 않는다. 담보제공명령 제도는 이런 경우를 대비하여 마련된 것이다. 그러나 법원이 양육비 채무자에게 담보를 제공하게 한다고 해도 이것이 곧 정기적인 양육비의 지급을 보장하는 것은 아니다. 양육비 채무자가 법원의 명령에 따라 담보를 제공한 후에도 양육비를 지급하지 않는 경우에 양육비 채권자가 효율적으로 양육비를 확보할 수 있는 방법이 강구되어야 한다.

우선 해석론으로 해결책을 모색하면, 법원의 담보제공명령이 있는 경우에 담보의 제공은 원칙적으로 금전 또는 법원이 인정하는 유가증권을 공탁하는 방법으로 한다.(가사소송법 제63조의3 제6항에 의한 민사소송법 제122조의 준용) 이에 따라 일반적으로 양육비 채무자는 법원이 정한 일정한 액수의 금전을 공탁하게 될 것이다. 한편, 양육비 채권자는 담보물(공탁된 금전

등)에 대하여 질권자와 같은 권리를 가지게 되므로(가사소송법 제63조의3 제6항에 의한 민사소송법 제123조의 준용) 이행기가 도래한 양육비 채권의 한도에서 법원에 직접 공탁금의 출급을 청구할 수 있다는 해석이 가능하다.(직접 출급청구; 행정예규 제517호) 예컨대, 법원의 담보제공명령에 의하여 양육비 채무자가 1,000만원을 공탁한 후에 월 50만원으로 정해진 양육비를 2회 지급하지 않았다면, 양육비 채권자는 지연된 양육비 100만원의 한도에서 가정법원에 직접 공탁금의 출급을 청구할 수 있을 것이다.

다음으로 법 제도의 보완을 통한 해결책을 생각해 본다면, 양육비의 안정적인 지급을 보장하기 위해서는 법원이 양육비 채무자에게 담보의 제공을 명할 수 있을 뿐만 아니라, 양육비 채무자가 양육비를 지급하지 않는 경우에는 제공된 담보물(공탁된 금전 등)로부터 양육비가 정기적으로 지급되도록 할 필요가 있다. 예컨대, 양육비부담조서에 의해서 양육비 채무자인 부가 매월 25일에 50만원의 양육비를 지급하도록 정해져 있는데, 실제로 지급을 하지 않고 있다면, 법원은 정해진 양육비 지급일에 제공된 담보물로부터 50만원의 양육비가 정기적으로 양육비 채권자에 지급되도록 명할 수 있어야 할 것이다.

양육비 채무자가 담보를 제공하여야 할 기간 이내에 담보를 제공하지 아니하는 경우에는 가정법원은 양육비 채권자의 신청에 의하여 양육비의 전부 또는 일부를 일시금으로 지급하도록 명할 수 있다.(가사소송법 제63조의3 제4항) 명령을 받은 사람이 그 의무를 이행하지 않는 때에는 가정법원은 권리자의 신청에 의하여 결정으로 30일의 범위에서 그 의무를 이행할 때까지 의무자에 대한 감치를 명할 수 있다.(가사소송법 제68조) 또한 당사자 또는 관계인이 정당한 이유 없이 담보제공명령을 위반한 경우에는 가정법원은 직권으로 또는 권리자의 신청에 의하여 결정으로 1천만원 이하의 과태료를 부과할 수 있다.(가사소송법 제67조 1항)

가사소송법 제63조의3(담보제공명령 등) ① 가정법원은 양육비를 정기금으로 지급하게 하는 경우에 그 이행을 확보하기 위하여 양육비 채무자에게 상당한 담보의 제공을 명할 수 있다.
② 가정법원은 양육비 채무자가 정당한 사유 없이 그 이행을 하지 아니하는 경우에는 양육비 채권자의 신청에 의하여 양육비 채무자에게 상당한 담보의 제공을 명할 수 있다.
③ 제2항의 결정에 대하여는 즉시항고를 할 수 있다.
④ 제1항이나 제2항에 따라 양육비 채무자가 담보를 제공하여야 할 기간 이내에 담보를 제공하지 아니하는 경우에는 가정법원은 양육비 채권자의 신청에 의하여 양육비의 전부 또는 일부를 일시금으로 지급하도록 명할 수 있다.
⑤ 제2항과 제4항의 명령에 관하여는 제64조 제2항을 준용한다.
⑥ 제1항과 제2항의 담보에 관하여는 그 성질에 반하지 아니하는 범위에서 민사소송법 제120조 제1항, 제122조, 제123조, 제125조 및 제126조를 준용한다.

다. 재산명시(가사소송법 제48조의2) 및 재산조회(가사소송법 제48조의3)

가정법원은 미성년 자녀의 양육비(재산분할, 부양료) 청구사건을 위하여 특히 필요하다고 인정하는 때에는 직권 또는 당사자의 신청에 의하여 당사자에게 재산상태를 명시한 재산목록을 제출하도록 명할 수 있다.(가사소송법 제48조의2) 재산명시명령을 받은 당사자는 가정법원이 정한 상당한 기간 이내에 자신이 보유하고 있는 재산과 과거 일정한 기간 동안 처분한 재산의 내역을 명시한 재산목록을 제출하여야 한다.(가사소송법 시행규칙 제95조의4 제1항 본문) 재산명시명령을 받은 당사자가 정당한 사유 없이 재산목록의 제출을 거부하거나 거짓의 재산목록을 제출한 때에는 1,000만원 이하의 과태료에 처한다.(가사소송법 제67조의3)

또한 가정법원은 재산명시 절차를 거쳤음에도 당사자가 재산목록의 제출을 거부하거나 제출된 재산목록만으로는 미성년 자녀의 양육비(재산분할, 부양료) 청구사건의 해결이 어렵다고 인정하는 때에는 직권 또는 당사자의 신청에 의하여 당사자 명의의 재산에 관하여 조회할 수 있다.(재산조회; 가사소송법 제48조의3) 가정법원으로부터 재산조회를 요구받은 기관 등은 정당한 사유 없이 조회를 거부하지 못한다.(가사소송법 제48조의3 제2항, 민사집행법 제74조 1항) 재산조회를 요구받은 기관, 단체의 장이 정당한 사유 없이 거짓자료를 제출하거나 자료 제출을 거부한 때에는 1,000만원 이하의 과태료에 처한다.

(6) 이는 양육에 관한 것뿐이며, 양육에 관한 사항 외에는 부모의 권리의무에 변동을 가져오지 아니한다.(제837조 6항)

친권자와 양육자가 달라서 부가 친권자로 되고, 모가 양육자로 되었더라도 모는 사실상 자녀를 양육하는 데 그치고, 부와 자 사이의 상속권, 부양의무 등은 그대로 존재하고 자가 혼인할 때에는 성년에 달할 때까지 부의 동의도 얻어야 한다. 양육 외의 권리는 친권자가 계속해서 행사한다. 자에 대한 법정대리권이나 자의 법률행위에 대한 대리권은 친권자만이 가지게 된다.[89]

(7) 양육권과 친권의 분리

민법은 이혼 후 양육에 관한 사항의 결정과 친권자 결정을 분리하여 각각 다른 조문에서 규정하고 있다. 이는 이혼 후 부모의 자녀의 관계를 정함에 있어서 친권과 양육권이 분리되어 각각 다른 부모의 일방에게 속할 수 있다는 현행 법의 토대를 나타내는 것이다.(대판 2012.4.13, 2011므4719)

---

89) 김주수·김상용, 앞의 책, 209면

(8) 양육자 지정의 기준

가정법원이 양육자를 정하는 경우에는 부모의 양육적합성, 자녀의 의사, 자녀의 유대관계, 양육의 계속성 등을 종합적으로 고려하여야 한다. 그러나 '이 계속성의 원칙을 지나치게 강조하여 누가 이혼 전에 양육을 담당하였는가?'의 문제에만 초점을 맞춘다면, 다른 중요한 기준을 간과할 수 있다. 계속성의 원칙은 하나의 부수적인 기준으로서 부모 쌍방이 다른 부분에서 비슷한 조건을 갖춘 경우에 한하여 중요한 판단기준이 되어야 한다.

○ 대졸 백수 자녀 '양육비' 때문에 … 이혼도 어려워

18세 이하 양육비론 책정 못해, 취직 위한 학원비로 되면 못해 …

재판부도 골머리, 자녀 부양하는 사람에게 좀 더 많은 재산 주는 쪽으로

"아들이 아직 취직을 못 했는데 … 양육비를 받을 수는 없을까요?"

지난해 남편과 이혼 소송을 시작한 부인 A(55)씨. 남편(59)과의 오랜 다툼 끝에 조정으로 소송을 끝내려 했지만, 마지막 골칫거리가 남았다. 대학을 졸업하고 3년째 공무원시험을 준비 중인 아들(27)이 문제였다. 아들 뒷바라지를 하기 위해선 학원비·용돈 등 매달 200만원 가까운 비용이 드는데, 이혼 이후 A씨 혼자 감당할 수는 없었다. A씨는 법원에 "아이가 취업할 때까지만이라도 남편으로부터 경제적 지원을 받을 수 있게 해달라"고 요청했다.

재판부는 고민에 빠졌다. 서른 가까운 아들에 대해 18세 이하 어린 자녀에게 적용하는 양육비를 책정할 수도 없고, 그렇다고 실질적인 교육비가 드는데, 이를 외면할 수도 없었기 때문이다. 결국 남편이 "아들을 키우는 데 드는 비용을 고려해 재산을 10% 정도 더 분할해 주겠다."라고 한 발 양보하면서 올해 초 조정이 성립되었다. 성년(만 19세 이상)일 뿐만 아니라, 대학까지 졸업한 자녀가 취업을 못해 부모 곁을 떠나지 못하면서 그 여파가 부모의 이혼 소송에까지 영향을 미치고 있다. 통계청에 따르면 올해 6월 현재 청년(15~29세) 실업자는 40만 7,000명으로 청년실업률은 1년 전보다 1.6%포인트 늘어난 9.5%를 기록했다. 이 중 20~30대 '백수' 자녀들 때문에 중년 부부들은 이혼 때에도 자식 걱정에 시름하고 있다. 대학생 아들을 둔 여성 B(58)씨 역시 최근 이 같은 문제로 한국가정법률상담소에 상담을 요청했다. 부부가 결혼생활 20년간 모은 돈은 2억원 남짓. 남편은 이 돈을 5대5로 나누자고 했다. 하지만 아들을 키워야 하는 B씨는 "적어도 아들이 결혼할 때까지는 남편이 경제적 지원을 해줘야 한다."라고 주장했다. 한국가정법률상담소 박소현 법률구조2부장은 "대학 졸업 후 학원비도 양육비에 해당하는지, 자식도 재산분할을 받을 수 있는지, 결혼비용도 미리 받아둘 수 있는지를 묻는 사람이 많다."라고 전했다.

대법원 판례에 따르면 원칙적으로 성년 자녀는 재산분할 및 양육비 산정 과정에서 고려할

대상이 아니다. 법원은 다만, 대학생의 경우 등록금 등 실질적으로 양육비용이 든다고 판단해 이를 재판·조정 때 고려해 왔다. 실제 5월 서울가정법원은 새 양육비 기준 시안試案을 공개하면서 19~22세 자녀에 대한 양육비 가이드라인도 제시했다. 법적으로 강제할 수는 없지만, 이혼 부부 쌍방이 대학생 자녀의 양육비를 주고받는 데 합의할 경우 이 기준을 참고하라는 취지였다. 하지만 23세가 넘어 대학을 졸업한 자녀는 여기에도 포함되지 않는다. 서울가정법원의 한 판사는 "이혼 재판에서 대학을 졸업한 서른 전후 자녀의 양육 문제를 고려해 달라는 이야기를 들으면서 한국의 기형적인 경제·가정 상황을 체감한다."라고 말했다.

법원은 결국 '재산분할'에서 임시 답안을 찾았다. 성년 자녀를 부양하는 사람에게 조금 더 많은 재산을 분할해 주는 방식이다. 수도권 법원의 한 판사는 "경제력 없는 성년 자녀가 있을 경우 자녀를 키우지 않는 쪽 부모가 어느 정도 양보하는 경우가 많다."라고 했다. 그렇다고 성년 자녀를 무작정으로 배려하다간 부작용이 생길 수 있다는 우려도 있다. △몇 세까지를 양육대상으로 볼 것이냐? △재산분할 비율을 어떤 기준으로 정할 것이냐 등 문제가 남는다. 이현곤(법무법인 지우) 변호사는 "청년실업 문제를 판결에 반영하는 것은 어쩔 수 없는 일이지만, 향후 법리적 충돌이나 논쟁을 예방하기 위해 명확한 기준이 마련될 필요가 있다."라고 지적했다.(『조선일보』, 2014.7.22, 5면)

2) 자의 친권자 결정

부모가 이혼을 하게 되면 자에 대한 공동양육이 어렵게 되므로 자에 대한 공동친권은 단독친권으로 변경되는 것이 보통이며, 따라서 부모 중 어느 한 쪽을 친권자로 정하게 된다. (그러나 이론상으로는 이혼 후의 공동친권도 가능하며, 실무상으로도 이혼 후의 공동친권이 인정되는 사례가 있다. 대판 2012.4.13, 2011므4719)

1990년 민법 개정 전에는 부모가 이혼하거나 부의 사망 후 모가 친가에 복적하거나 재혼한 때에는 그 모는 전혼인 중에 출생한 자의 친권자가 되지 못한다고 하여 남녀평등에 반하는 조항을 두고 있었으나, 1990년의 민법 개정에 의하여 부모협의로 친권을 행사할 자를 정하고, 협의할 수 없거나 협의가 이루어지지 아니하는 때에는 당사자의 청구에 의하여 가정법원이 정하도록 하였다.

2005년 민법 개정에서는 협의이혼의 경우와 재판상 이혼의 경우를 나누어 규정하고 있다. 즉 협의이혼의 경우에는 부모의 협의로 친권자를 정하여야 하고, 협의할 수 없거나 협의가 이루어지지 아니하는 경우에는 당사자는 가정법원에 그 지정을 청구하여야 하고(제909조 4항), 재판상 이혼의 경우에는 가정법원이 직권으로 친권자를 정한다.(제909조 5항)

제909조(친권자) ④ 혼인 외의 자가 인지된 경우와 부모가 이혼하는 경우에는 부모의 협의로 친권자를 정하여야 하고, 협의할 수 없거나 협의가 이루어지지 아니하는 경우에는 가정법원은 직권으로 또는 당사자의 청구에 따라 친권자를 지정하여야 한다. 다만, 부모의 협의가 자의 복리에 반하는 경우에는 가정법원은 보정을 명하거나 직권으로 친권자를 정한다.

⑤ 가정법원은 혼인의 취소, 재판상 이혼 또는 인지청구의 소의 경우에는 직권으로 친권자를 정한다.

[판례] **이혼시 친권자의 결정**

자의 양육을 포함한 친권은 부모의 권리이자 의무로서 미성년인 자의 복지에 직접적인 영향을 미치므로 '부모가 이혼하는 경우에 부모 중 누구를 미성년인 자의 친권을 행사할 자 및 양육자로 지정할 것인가'를 정함에 있어서는, 미성년인 자의 성별과 연령, 그에 대한 부모의 애정과 양육의사의 유무는 물론, 양육에 필요한 경제적 능력의 유무, 부 또는 모와 미성년인 자 사이의 친밀도, 미성년인 자의 의사 등의 모든 요소를 종합적으로 고려하여 미성년인 자의 성장과 복지에 가장 도움이 되고 적합한 방향으로 판단하여야 한다.(대판 2010.5.13, 2009므 1458, 1465)

수년간 별거해 온 갑과 을의 이혼에 있어, 별거 이후 부 갑이 양육해 온 9세 남짓의 여아인 병에 대한 현재의 양육상태를 변경하여 모 을을 친권 행사자 및 양육자로 지정한 원심에 대하여, 현재의 양육상태에 변경을 가하여 을을 병에 대한 친권 행사자 및 양육자로 지정하는 것이 정당화되기 위해서는 그러한 변경이 현재의 양육상태를 유지하는 경우보다 병의 건전한 성장과 복지에 더 도움이 된다는 점이 명백하여야 함에도 단지 어린 여아의 양육에는 어머니가 아버지보다 더 적합할 것이라는 일반적 고려만으로는 위와 같은 양육상태 변경의 정당성을 인정하기에 충분하지 아니하다는 이유로 원심판결을 파기한 사례이다.(지원림, 『민법강의』, 홍문사, 2013, 1891면)

---

(1) 협의이혼의 경우

가. 부모의 협의에 의한 결정

협의이혼을 하려는 부모는 우선 협의에 의해서 친권자를 정할 수 있다. 친권자에 관한 부모의 협의가 자녀의 복리에 반하는 경우에는 법원은 보정을 명하거나 직권으로 친권자를 정한다.(제909조 4항) 제836조의2 제4항 규정에 의하면 협의이혼을 하려는 부부는 이혼의사확인시까지 친권자결정에 관한 당사자의 협의서 또는 가정법원의 심판정본을 제출해야만 하므로 이러한 요건이 충족되지 않으면 법원은 이혼의사의 확인을 거부할 것이며 따라서 협의

인혼은 성립될 수 없다.

나. 부모의 협의가 이루어지지 않은 경우

제909조 제4항은 협의이혼의 경우에 친권자를 결정하는 방법에 대해서 규정하고 있는데(재판상 이혼의 경우에 친권자를 결정하는 방법은 제909조 제5항에 규정되어 있다.), 부모가 협의로 친권자를 정하지 못한 경우에는 가정법원이 '직권으로 또는 당사자의 청구에 따라' 친권자를 지정하도록 하고 있다.

부모의 협의로 친권자를 정할 경우 단독친권으로 하든, 공동친권으로 하든 자유로이 결정할 수 있다고 보아야 할 것이다.

(2) 재판상 이혼의 경우

재판상 이혼의 경우에는 가정법원이 직권으로 친권자를 정한다.(제909조 5항) 친권자와 양육자를 각각 달리할 수 있다.(예컨대, 모는 양육자로, 부는 친권자로 정해질 수 있다.)

(3) 친권자의 변경

일단 친권자가 정하여졌더라도 자의 복리를 위하여 친권자를 변경할 필요가 있는 경우에는 가정법원은 자의 4촌 이내의 친족의 청구에 의하여 친권자를 다른 일방으로 변경할 수 있다.(제909조 6항, 가사소송법 제2조 1항 마류사건 v·50)

3) 이혼과 자의 양육책임 등과 관련된 판례

(1) 위법한 양육에 대한 책임 인정 여부

청구인(모)과 피청구인 사이에 자녀의 양육에 관하여 특정 시점까지는 피청구인이 양육비의 일부를 부담하면서 청구인이 양육하기로 하고, 그 이후에는 피청구인이 양육하도록 인도하기로 하는 의무를 부담하기로 하는 소송상의 화해는 유효하다. 이 화해조항의 양육방법이 그 후 다른 협정이나 재판에 의하여 변경되지 않는 한, 위 특정시점 이후에는 청구인에게는 사건 본인들을 양육할 권리가 없고, 그럼에도 불구하고, 이들을 피청구인에게 인도함이 없이 스스로 양육하였다면 이는 피청구인에 대한 관계에서는 위법한 양육이라 할 것이나, 위 화해에 갈음하여 새로운 양육방법이 정해지기 전에는 피청구인은 청구인에게 그 위법한 양육에 대한 양육비를 지급할 의무가 있다고 할 수 없다.

(2) 양육비의 부담

실제로 양육을 담당하는 이혼한 모에게 전혀 수입이 없어 자녀들의 양육비를 부담할 형편이 못되는 것이 아닌 이상 이혼한 부와 함께 모두 양육의 일부를 부담하도록 하는 것이 경험칙과 논리칙에 어긋난 것은 아니다.

3. 면접교섭권(제837조의2)

1) 의의와 필요성

(1) 의의

이혼시 자를 직접 양육하지 않고 있는 부모 중 일방이 그 자와 직접 면접, 서신교환 또는 접촉하는 권리이다.

(2) 필요성

면접교섭권을 부정적으로 보는 견해가 있으나, 친자간의 인간관계는 애정이 가장 자연적이란 점에 근거를 두면서 자의 복리를 위하여 인정하는 것이 바람직하므로 1990년의 민법 개정에 의해 이를 신설하였다. 면접교섭권을 규정하지 않았던 민법 개정 전에도 제837조에 근거하여 자의 양육에 관한 처분을 청구할 수 있었으므로 이에 의하여 면접교섭의 심판을 청구할 수 있었다.

면접교섭권은 자녀와 부모 모두를 위한 제도로 볼 수 있으나, 현행법상의 면접교섭권은 부모의 일방적인 권리로 규정하고 있어 **면접교섭권의 주된 목적인 자녀의 복리실현과는 모순되는 태도를 보이고 있다는 비판이 제기됨**에 따라 2007년의 개정 가족법(친족·상속법)에는 **자녀를 면접교섭의 객체로 삼지 않고, 면접교섭의 주체로 삼아 자의 면접교섭권을 인정하는 내용이 포함되어 있다.**(제837조의2 1항)

제837조의2(면접교섭권) ① 자를 직접 양육하지 아니하는 부모의 일방과 자는 상호 면접교섭할 수 있는 권리를 가진다.
② 가정법원은 자의 복리를 위하여 필요한 때에는 당사자의 청구 또는 직권에 의하여 면접교섭을 제한하거나 배제할 수 있다.

---

2) 법적 성질

[1] 면접교섭권의 본질상 부모에게 주어진 고유권이면서 양육에 관한 권리로 실현되는 것이며, 법에 의하여 창설된 권리로 보지는 않는다.
[2] 자의 양육은 애정과 경제력이 있는 생모의 보호와 사랑 속에 자라게 함이 어린이의

안정된 정서 및 복리적 측면에도 합당하다. 그러나 부자간의 상면, 애정의 단절은 자의 성장을 위하여 바람직하지 못해 성년이 될 때까지 방학기간 중 자를 양육하지 않는 이혼한 부에게 면접교섭권을 인정함이 상당하다.

3) 면접교섭의 결정방식

(1) 협의이혼의 경우

협의이혼을 하는 경우에는 당사자가 면접교섭권의 행사 여부 및 방법에 대하여 협의를 하여 이혼의사 확인시까지 협의서를 가정법원에 제출하여야 한다.(제836의2 제4항, 제837조 2항) 여기서 협의를 하는 당사자는 일반적으로 부모라고 생각할 수 있으나, 2007년 민법 일부 개정에 의하여 자녀도 면접교섭권을 가지게 되었다는 점을 감안할 때 자녀도 협의의 당사자로 보는 것이 타당할 것이다. 가사소송규칙 제99조와 제100조에 의하면, **자녀의 양육에 관한 처분 및 친권자 지정과 관련하여 자녀가 13세 이상인 때에는 법원이 심판에 앞서 그 자녀의 의견을 들어야 한다. 그러나 해석상 반드시 13세에 이르지 않는 경우라고 해도 자신의 의사를 명확하게 표명할 수 있는 상태에 있는 자녀의 경우에는 협의의 당사자로 보아서 그 의견을 존중하여야 할 것이다.**

자녀를 양육하지 않게 될 부모의 일방(비양육친)과 자녀가 면접교섭권을 행사하지 않겠다는 의사를 표시하여 그와 같은 내용으로 협의가 이루어진 경우에는 협의서에 면접교섭권을 행사하지 않는다는 취지를 기재하여야 할 것이다. 비양육친과 자녀가 면접교섭권을 행사하기로 하는 협의가 이루어진 경우에는 면접교섭의 일시·회수·장소·면접교섭의 지속시간 등에 대한 자세한 사항이 협의서에 기재되어야 할 것이다. 면접교섭에 관한 협의가 자녀의 복리에 반하는 것으로 판단되는 때에는 가정법원은 보정을 명할 수 있으며, 필요에 따라서는 직권으로 판정하는 것도 가능하다.(제837조 3항)

(2) 재판상 이혼의 경우

협의이혼의 경우와 마찬가지로 재판상 이혼의 경우에도 우선 당사자가 협의하여 면접교섭의 행사 여부 및 그 방법을 정한다. 협의된 내용이 자녀의 복리에 반하는 경우에 가정법원이 보정을 명하거나 직권으로 정할 수 있는 것도 협의이혼의 경우와 같다.(제837조 3항) **협의이혼의 경우와 차이가 나는 점은 재판상 이혼의 경우에는 당사자가 면접교섭에 대하여 협의를 하지 못한 때에는 당사자의 청구가 없어도 가정법원이 직권으로 이에 관하여 결정할 수 있다는 것이다.(제837조 4항)**

4) 면접교섭의 구체적 실현 형태

(1) 면접교섭의 회수와 지속시간

면접교섭의 회수와 관련하여 정형화된 공식은 있을 수 없으나, 비양육친과 자녀의 신뢰관계를 유지·발전시키기 위해서는 최소한 1달에 한 번의 면접교섭이 필요하다고 일반적으로 인정되고 있다.

(2) 면접교섭의 장소

면접교섭에 적합한 장소로는 우선 면접교섭권자인 비양육친의 주거공간(또는 그 밖의 면접교섭권자가 책임질 수 있는 장소)을 들 수 있다.

(3) 자녀를 데려 오고 데려다 주는 문제

어린 자녀를 양육자로부터 데려 오고 면접교섭이 끝난 후 다시 데려다 주는 것은 기본적으로 면접교섭권자인 비양육친의 의무에 속한다.

(4) 면접교섭시 양육자 또는 제3자의 참여 및 감독

자녀의 양육자는 원칙적으로 면접교섭시에 동석할 것을 요구할 수 없다. 그러나 자녀의 복리를 위해 필요한 경우에 법원은 예외적으로 면접교섭시 양육자 또는 제3자(양육자가 신뢰할 수 있는 인물, 예컨대 친족 등)의 동석을 명하는 처분을 할 수 있다고 해석해야 할 것이다. (물론 처분은 면접교섭권의 제한을 의미하므로 자녀의 복리를 위해 필요한 경우에 한하여 인정된다.)

(5) 편지·전화 또는 선물을 통한 면접교섭의 방법

면접교섭에는 비양육친과 자녀의 직접적인 만남뿐만 아니라, 편지나 전화 또는 인터넷과 같은 통신수단을 통한 교섭도 포함된다. 면접교섭자인 비양육친은 자녀에게 적절한 수준의 선물을 할 수도 있지만, 선물의 액수와 종류를 결정하는 데 있어서는 일정한 제한이 따른다고 보아야 할 것이다.

(6) 자녀의 신상에 대한 정보청구권

자녀를 직접 양육하지 않는 부모의 일방은 양육친에 대하여 자녀의 신상과 관련된 정보의 제공을 청구할 수 있다.

5) 면접교섭권의 제한과 배제

(1) 기본원칙

가정법원은 자의 복리를 위하여 필요한 때에는 당사자의 청구 또는 직권에 의하여 면접교섭권을 제한하거나 배제할 수 있다.(제837조2 2항) 면접교섭의 제한 또는 배제를 결정하는 데 있어 중요한 기준은 자녀의 복리이다.

(2) 구체적 사례

다음에서 제시하는 여러 사례는 단지 하나의 기준으로 참고가 될 수 있을 뿐이다.

가. 자녀가 면접교섭을 거부하는 경우

법원은 우선 그 이유를 조사할 필요가 있다. 조사결과 자녀의 거부의사에 정당한 이유가 결여되어 있다고 판단된다면 법원은 자녀와 양육친을 함께 설득하여 면접교섭에 대한 거부의사가 번복될 수 있도록 시도해야 할 것이다. 그러나 이러한 경우에 자녀의 의사를 무시한 채 면접교섭을 강제한다면, 결국 자녀의 복리를 해치는 결과로 이어질 수 있으므로 이런 경우 법원은 면접교섭을 배제하는 결정(경우에 따라서는 기한부 배제도 가능)을 할 수밖에 없을 것이다.

나. 면접교섭권자의 자녀 학대

비양육친이 자녀를 학대할 위험성이 있는 경우(신체와 정신에 대한 학대, 성폭행 등)에는 자녀를 보호하기 위하여 면접교섭권이 배제될 수밖에 없다. 이 경우에도 제3자의 감독하에 이루어지는 면접교섭권의 가능성이 고려될 수는 있겠지만, 자녀가 원하지 않는다면 이러한 방법에 의한 면접교섭권도 배제된다고 보는 것이 타당하다.

다. 자녀에 대하여 의도적으로 부당한 영향을 미치는 경우

비양육친이 자녀에게 양육친에 관한 부정적인 이야기를 하여 자녀와 양육친 사이에 갈등을 야기하는 경우에도 면접교섭권이 배제될 수 있다.

라. 면접교섭권자의 질병

면접교섭권자의 특정한 질환으로 인하여 면접교섭이 오히려 자녀에게 해가 될 수 있는 경우(정신질환, 전염병, 알코올중독, 마약중독 등)에도 면접교섭의 배제가 고려될 수 있다.

마. 장기간의 관계단절

장기간의 교류단절로 인하여 면접교섭권자인 비양육친과 자녀 사이의 관계가 소원해진 경우에 면접교섭이 배제될 수 있는지의 여부가 문제될 수 있다. 이 문제도 역시 하나의 기준에 의하여 일률적으로 해결될 수 있는 성질의 것이 아니며, 개개의 사안에 따르는 구체적 사정(특히 자녀의 심리 상태 등)을 고려하여 결정되어야 한다.

바. 그 밖의 면접교섭의 배제가 가능한 경우

면접교섭권자인 비양육친이 우범지역·성매매지역 등 자녀의 복리를 해칠 수 있는 환경으로 자녀를 인도하는 경우도 면접교섭의 배제사유가 될 수 있다.

면접교섭이 자녀의 양육자에게 심각한 심리적 부담을 가져온다는 사정(노이로제 현상, 전배우자에 대한 분노의 폭발, 공포심 유발 등)만으로는 원칙적으로 면접교섭의 배제가 정당화될수 없다. 양육친도 자녀의 복리실현을 위하여 면접교섭에 협력할 의무를 부담하므로 자신의 감정을 스스로 통제하지 못한다는 이유를 들어 면접교섭의 배제를 청구하는 것은 부당하다고 생각되기 때문이다.

면접교섭권자가 교도소에 복역 중인 사실만을 가지고 면접교섭의 배제라는 결론을 이끌어내는 것은 문제가 있으나, 면접교섭을 위하여 교도소에 출입하는 것이 자녀에게 악영향을 미친다고 판단되는 경우에는 배제가 고려될 수 있을 것이다.

6) 면접교섭권의 이행확보 문제

면접교섭권의 행사방법과 범위가 당사자의 협의, 법원의 조정 또는 심판에 의해 확정된 경우에도 당사자, 즉 양육자나 자녀 또는 면접교섭권을 갖는 비양육친은 실제로 면접교섭을 거부함으로써 그 실행을 사실상 방해할 수 있다. 부모간의 다툼으로 인하여 자녀의 복리가 희생되는 사태가 용인되어서는 안 될 것이다. 과거에는 이에 관한 명문의 규정이 없어서 문제가 있었다.(자가 유아인도청구의 대상이 될 수 있는 유아이고, 자가 면접교섭을 거부하지 않는데, 양육자가 면접교섭에 반대하는 경우 법원이 가가소송법의 규정을 유추적용하여 이행명령을 한 사례들이 있다. 예컨대, 서울가결 2001.5.30, 2001즈단633 ; 2002.11.26, 2002즈기356 등, 이런 경우 이행명령 주문은 "…사건의 심판(또는 조정에 갈음하는 결정 조서)에 기한 의무의 이행으로서 신청인에게 사건본인의 면접교섭을 위해 사건본인을 ○○년 ○월 ○일 ○○시에 인도하라."는 방식으로 표현된다.) 최근에 일부 개정된 가사소송법은 면접교섭권의 이행확보를 위한 근거규정을 마련하였다. 이에 의하면, "판결·심판·조정조서·조정에 갈음하는 결정 또는 양육비부담조서에 의하여 금전의 지급 등 재산상의 의무, 유아의 인도의무 또는 자와의 면접교섭허용 의무를 이행하여야 할 자가 정당한 이유 없이 그 의무를 이행하지 아니한 때에는" 가정법원은 당사자의 신청에 의하여 일정한 기간 내에 그 의무를 이행할 것을 명할 수 있으며(가사소송법 제64조), 이에 위반한 경우에는 직권 또는 권리자의 신청에 의하여 결정으로 1000만원 이하의 과태료(과태료의 액수는 2009년 11월 9일부터 1,000만원으로 인상됨.)에 처할 수 있다.(가사소송법 제67조 1항) 그러나 권리자의 신청에 의하여 결정으로 30일의 범위 내에서 그 의무

이행이 있을 때까지 의무자를 감치에 처할 수 있다는 규정(가사소송법 제68조)은 면접교섭의 경우에는 적용되지 않는다. 면접교섭에 협력해야 할 의무자는 자녀를 양육하고 있는 부 또는 모인데, 면접교섭에 협력하지 않는다는 이유로 이러한 양육친을 감치에 처하게 되면 양육의 공백상태가 발생하여 자녀의 복리를 해치는 결과가 되기 때문이다.

개정된 가사소송법 규정이 적용될 수 있는 있는 경우는 면접교섭의 당사자 가운데 양육자가 면접교섭을 방해하는 때로 한정된다. 즉 자녀나 비양육친(면접교섭권자)이 면접교섭을 거부하는 경우에는 가사소송법상의 이행명령 제도가 사용될 수 없으며, 그 외의 다른 강제집행 방법도 고려될 수 없다. 예컨대, 자녀가 면접교섭을 거부한다고 해서 과태료나 감치에 처한다는 것은 생각할 수도 없거니와 명확한 자녀의 의사에 반하여 면접교섭권자에게 자녀를 강제로 인도하는 방법도 고려의 여지가 없다. 강제집행 방법은 비록 가능하다고 해도 자녀의 심리에 심각한 부담을 안겨 주기 때문에 자녀의 복리를 해치는 것은 물론이고, 결과적으로도 면접교섭의 목적에 반하기 때문이다.

7) 유추 적용

협의이혼에 규정되어 있는 면접교섭권의 규정은 재판상 이혼(제843조) 및 혼인의 취소 또는 인지에 의하여 부모의 일방이 친권자가 된 경우(가사소송법 제2조 1항 마류사건 3호)에도 준용된다. 그리고 사실혼 해소의 경우와 별거의 경우에도 유추 적용되어야 할 것이다.

[사례] **양육권 및 면접교섭권**

남편 A와 처 B는 부부관계에 있으면서 슬하에 아들 하나를 두고 단란하게 생활하고 있었다. 그런데 어느 날 C녀가 찾아와 과거 결혼까지 약속한 A의 연인이었다며 B에게 헤어질 것을 요구하였다. B의 추궁으로 A는 결혼 전 C와의 관계를 털어놓았다. 그 후 B는 이를 이유로 A에게 이혼의 요구와 함께 아들에 대한 양육권은 물론 앞으로 아들을 만날 생각도 하지 말 것을 주장하였으나, A는 이러한 요구를 거절한 사건이다.

☞ 첫째, B는 혼인 전 불륜을 이유로 재판상의 이혼청구를 할 수 있는가?

재판상 이혼사유 가운데 부정행위는 혼인 중의 부정행위를 뜻하는 것이므로 혼인 전의 부정행위 그 자체는 재판상 이혼사유가 되지 않는다. 그러나 혼인 전의 불륜행위로 인하여 단란하였던 가정이 파경에 이르고 당사자간의 애정이 식어 더 이상 결혼생활을 지속하기가 어렵다면 이는 그 밖의 혼인을 계속하기 어려운 중대한 사유가 된다. 따라서 B는 A가 이혼에 응해 주지 않을 때 혼인 전의 불륜을 이유로 재판상의 이혼을 청구할 수 있다. 판례도 "결혼

전의 부정행위도 서로 초혼인 부부에 있어서 이를 고백하지 않고 있다가 판명될 경우 이로 인하여 가정이 파탄되고 혼인을 계속하기 어렵다고 인정되는 때에는 그 밖의 혼인을 계속하기 어려운 중대한 사유가 될 수 있다."라고 하고 있다.

둘째, 재판상의 이혼이 받아들여졌을 때 A와 B 사이에 태어난 자녀에 대한 양육권 및 면접교섭권의 관계는 어떻게 되는가?

① 민법에서는 이혼시 자녀의 양육권 및 친권 행사에 관하여 이혼 당사자에게 동등한 권리를 부여하였다. 즉 자녀의 양육권 및 친권에 관한 사항은 이혼 당사자가 협의하여 정하고, 협의가 되지 않거나 협의할 수 없는 때에는 당사자의 청구에 의해 법원이 정하도록 규정하였다. 따라서 B의 양육권의 주장은 먼저 A와의 협의에 의하여 정하고, 협의가 되지 않을 때 법원에 청구하면 된다.

② 이혼한 후라 하더라도 면접교섭은 인정된다. 전에는 부부가 이혼하게 되면 양육권이 없는 아버지나 특히 어머니는 자녀들을 만날 수 있는 권리가 없었다. 그러나 1990년 개정 민법은 자녀를 직접 양육하고 있지 않은 아버지나 어머니에게 자녀를 만나고 자녀와 편지를 교환하며 전화통화를 하는 등 면접교섭권을 새로이 인정하였다. 그러나 방탕한 생활 등으로 자녀에게 나쁜 영향을 끼칠 우려가 있을 때에는 법원의 결정으로 면접교섭을 제한할 수 있도록 하였다. 따라서 A에게 위와 같은 예외적인 사항이 없을 때에는 아들을 만날 수 있는 권리, 즉 면접교섭권이 법적으로 보장된다.

제4절   부부재산관계와 재산분할청구권

I. 혼인 중의 재산관계

1. 서언

'부부의 재산관계를 어떠한 원칙과 기준으로 규율할 것인가?'에 대하여 각국의 민법은 대개 다음과 같은 공통의 원칙을 갖고 있다.

첫째, 부부는 혼인 중 공동생활을 영위하므로 일상가사로 인한 채무에 대하여 연대책임을 부과한다.

둘째, 부부의 재산관계에 관하여 혼인 전에 계약을 체결하지 않은 경우에는 법정재산제에 의한다. 법정재산제로서는 별산제(미국과 영국), 공동재산제(프랑스) 및 이들의 혼합형으로 부가이익공동제(독일)와 스칸디나비아식 혼합재산제 등이 있다. 그리고 이 법정재산제는 혼인 중에는 부부의 제3자에 대한 채권·채무에 관한 분쟁을 해결하는 원칙으로 기능하고, 이혼시에는 부부의 재산을 분할하는 기준이 되며, 부부 한쪽이 사망한 때에는 상속재산에 대한 생존배우자의 상속분을 결정하는 원칙이 된다.

셋째, 별산제는 이혼법에 재산분할청구권 제도(우리 민법, 일본 및 영국)를 통해 명의자가 곧 소유권자라고 하는 원칙이 지니는 결함을 보완할 필요가 있다.

넷째, 부부재산제에 관계없이 부부재산법이나 이혼법에 의한 재산분할로도 생계유지가 어려울 경우에는 이혼 후에도 전 배우자에게 부양료를 청구할 수 있다.(독일, 미국, 영국)

다섯째, 배우자 사망시에는 부부재산법의 원칙을 상속법으로 보완할 필요성에 따라 생존배우자의 상속분을 직계비속에 비해 높게 책정한다.

2. 부부재산제

1) 부부재산계약

[1] 민법은 부부재산계약에 대하여 제829조 제1항에서 **"부부가 혼인 성립** 전에 그 **재산에 관하여 따로 약정을 하지 아니한 때에는 그 재산관계는 본관 중 다음 각조에 정하는 바에 의한다."라고 규정**하고 있다. 이에 의하면 우선 계약의 당사자는 혼인하려는 남녀임을 알 수 있다. 계약체결능력에 관하여는 명문 규정이 없으나, 부부라는 혼인공동체생활을 영위할 능력이 있는 당사자는 부부재산관계의 계약을 체결할 능력이 있다고 보아야 할 것이다. 민법상 부부재산계약의 모법이라 할 수 있는 프랑스 민법의 경우에도 이에 관한 명문 규정은 없으나, 혼인체결능력과 동일하게 본다.

[2] 계약체결시기에 관하여는 제829조가 혼인 성립 전에 체결할 것을 규정함으로써 혼인 전으로 한정된다. 이것은 혼인 중에도 계약을 체결하도록 하는 때에는 제3자에게 예기치 않은 손해를 줄 염려가 있고, 또한 상대방 배우자의 강압이나 판단의 실수로 인한 계약을 체결할 수 있기 때문에 혼인 당사자들을 보호하기 위한 배려라고 생각된다. 이에 반하여, 독일 민법(제1408조)과 스위스 민법(제179조)은 혼인 중에도 계약을 체결할 수 있도록 하였다.

[3] **부부재산계약은 혼인 중 이를 변경할 수 없으며,** 다만, **정당한 사유가 있는 경우에는 법원의 허가를 얻어 변경할 수 있다.**(제829조 2항)

[4] 부부재산계약의 내용에 관하여 제829조 제1항은 당사자들이 자유롭게 체결할 수 있음을 암시하고 있다. 부부재산계약 내용에 관하여는 부부재산의 여러 유형을 제시하면서 그 중의 하나를 선택하도록 하는 한정적 선택주의(독일 민법과 스위스 민법이 이에 해당함.)와 자유선택주의(한국, 일본 및 프랑스)가 있다.

그런데 자유선택주의에 해당되는 프랑스 민법은 우리 민법이나 일본 민법과는 달리 여러 개의 부부재산계약의 유형을 제시하는 한편으로 그 유형 중에서 하나를 선택하든지, 이들을 혼합하여 새로운 방식을 창안하든지, 아니면 이와는 전혀 별개의 계약을 체결할 수 있도록 함으로써 그 이용을 용이하게 하고 있다.

　부부재산계약을 체결하는 관습이 없는 우리 사회의 현실에서 법적 지식이 별로 없는 당사자에게 무한정의 자유를 주는 것은 결과적으로 당사자의 선택에 장애원인이 될 수 있다. 그러므로 몇 가지의 유형을 제시하면서 선택의 가능성을 열어두는 것이 바람직하다. 더욱이 우리 민법상의 법정재산제인 별산제는 처의 재산권을 보호함에 있어서 결함이 있으므로 부부재산계약에 의해 그 결함을 보완할 수 있는 기회를 부여함과 동시에 구체적인 사정에 따라 선택의 기회를 주는 것이 필요하다고 생각된다.(동지: 이화숙[90]) 선택유형으로는 유예공동제로서 부가이익공동제(독일)와 배우자지분권 제도(스웨덴)를 제시하면 좋을 것이다.

　[5] 부부재산계약의 방식에 관하여도 우리 민법은 아무런 규정이 없다. 따라서 방식에 구애됨이 없이 자유롭게 체결할 수 있으며, 서면 또는 구술에 의한 계약도 유효하다고 보아야 할 것이다. 그러나 제3자에게 그 유효성을 주장하기 위해서는 등기하여야 한다.(제829조 4항, 5항)

제829조(부부재산의 약정과 그 변경) ① 부부가 혼인성립 전에 그 재산에 관하여 따로 약정을 하지 아니한 때에는 그 재산관계는 본관 중 다음 각조에 정하는 바에 의한다.
② 부부가 혼인성립 전에 그 재산에 관하여 약정한 때에는 혼인 중 이를 변경하지 못한다. 그러나 정당한 사유가 있는 때에는 법원의 허가를 얻어 변경할 수 있다.
③ 전 항의 약정에 의하여 부부의 일방이 다른 일방의 재산을 관리하는 경우에 부적당한 관리로 인하여 그 재산을 위태하게 한 때에는 다른 일방은 자기가 관리할 것을 법원에 청구할 수 있고 그 재산이 부부의 공유인 때에는 그 분할을 청구할 수 있다.
④ 부부가 그 재산에 관하여 따로 약정을 한 때에는 혼인성립까지에 그 등기를 하지 아니하면 이로써 부부의 승계인 또는 제3자에게 대항하지 못한다.
⑤ 제2항, 제3항의 규정이나 약정에 의하여 관리자를 변경하거나 공유재산을 분할하였을 때에는 그 등기를 하지 아니하면 이로써 부부의 승계인 또는 제3자에게 대항하지 못한다.

---

90) 이화숙, 『비교부부재산관계법』, 세창출판사, 2000, 310면

2) 법정재산제

(1) 의의

부부간에 재산계약을 체결한 바 없으면 그 재산관계는 당사자의 의사여하를 불문하고 법률규정, 즉 법정재산제에 관한 제830조 내지 제833조에 의한다.(제829조 1항) 부부재산계약은 우리나 외국의 경우에나 그 이용률은 매우 낮은데, 그것은 부부관계가 애정에 기초하여 결합되었음을 생각할 때 지극히 당연하다. 따라서 대부분의 부부들은 법정재산제를 따르게 되므로 법정재산제는 부부의 재산관계에 관한 매우 중요한 원칙이 된다. 물론 법정재산제는 혼인 중보다 부부의 이혼시에 재산을 분할하는 기준으로서 실질적인 의미를 지닌다.

제830조(특유재산과 귀속불명재산) ① 부부의 일방이 혼인 전부터 가진 고유재산과 혼인 중 자기의 명의로 취득한 재산은 그 특유재산으로 한다.
② 부부의 누구에게 속한 것인지 분명하지 아니한 재산은 부부의 공유로 추정한다.
제833조(생활비용) 부부의 공동생활에 필요한 비용은 당사자간에 특별한 약정이 없으면 부부가 공동으로 부담한다.

---

(2) 부부재산의 귀속과 관리

우리 민법은 법정재산제로서 부부별산제를 채택하여 부부 일방이 혼인 전부터 가진 고유재산과 혼인 중 자기 명의로 취득한 재산을 그 특유재산으로 하고(제830조 1항), 그 특유재산은 부부가 각각 관리·사용·수익하도록 하였다.(제831조) 그리고 부부의 누구에게 속한 것인지 분명하지 아니한 재산은 부부의 공유재산으로 추정하고 있다.(제830조 2항) 1977년 민법 개정 전에는 부부의 누구에게 속한 것인지 분명하지 않은 재산은 부의 재산으로 추정하였으나, 개정법에 의하여 부부의 공유재산으로 추정하게 된 것이다.

부부의 형태는 대개 다음의 세 가지로 나눌 수 있다. 즉 부는 사회에서 소득활동을 하며, 처는 가정에서 가사를 돌보는 주부혼의 모델, 부부가 각각 취업하고 있는 맞벌이혼, 그리고 부부가 농업이나 상업에 함께 종사하면서 그로부터의 수입의 대부분을 가지고 생활하고 재산을 취득하는 공동경영혼 등이다. 그런데 재산의 명의자라는 관점에서 볼 때 위의 세 가지 유형에 불구하고 대개의 가정에서 부의 명의로 재산을 취득하는 것이 일반적이며 세법의 현실도 부의 명의로 취득함을 불가피하게 한다.

그런데 민법 제830조는 제1항에서 "부부의 일방이 혼인 전부터 가진 고유재산과 혼인 중 자기 명의로 취득한 재산은 그 특유재산으로 한다."라고 규정하고, 제2항에서는 "부부의 누구에게 속한 것인지 분명하지 않은 재산은 부부의 공유로 추정한다."라고 규정하고 있으므로 명의와 실질이 일치하지 않는 경우가 있게 된다. 제830조를 해석함에 있어서 학설과 판례는 혼인 전부터 가진 고유재산과 혼인 중 상속이나 증여받은 재산은 각자의 특유재산으로 그리고 혼인 중 취득한 가재도구 등은 누구에게 속한 것인지 분명하지 않은 재산, 즉 공동재산으로 해석하는 데 일치하고 있다. 문제가 되는 것은 혼인 중 한쪽 배우자의 명의(대개는 부명의로 취득한 부동산, 예금, 주권 등)에 관한 것이다. 위에서 본 세 가지 유형에 불구하고 대개의 가정에서는 부의 명의로 재산을 취득하는 것이 일반적이기 때문이다.

명의 없는 배우자의 기여가 금전적이거나 실질적인 경우에는 이를 반환받는 데 어려움이 없다. 판례는 명의 없는 배우자의 실질적인 기여가 있는 경우에는 특유재산에 대한 추정이 번복된다고 보고 부부의 공유재산으로 인정하고 있기 때문이다. 따라서 맞벌이 부부인 경우 부 명의의 재산을 취득하는 데 있어 처가 금전적인 기여를 한 경우와 처가 실질적인 재산증식에 기여한 경우에도 문제될 것이 없다.

문제가 되는 것은 처가 가사노동을 통한 기여를 한 경우이다. 가사노동을 통한 기여는 1990년 재산분할청구권이 신설되기 전에는 제830조의 해석상 실질적인 기여로서 평가되지 못하였으나, 개정법에 신설된 제839조의2(재산분할청구권)를 근거로 하는 경우에는 기여로서 평가받을 수 있게 되었다. 그것은 제839조의2에서 "가정법원은 당사자의 청구에 의하여 당사자 쌍방의 협력으로 이룩한 재산의 액수 그 밖의 사정을 참작하여"라는 규정 중 '당사자 쌍방의 협력'에 '가사노동을 통한 협력'이 포함된다고 해석하고 있기 때문이다. 다만, 가사노동은 부의 소득활동의 30% 정도로 낮게 평가되는 문제만이 남아 있을 뿐이다. 그러므로 명의 없는 배우자는 이혼시에 제839조의2에 따라 재산분할을 청구하면 가사노동도 기여로써 평가되기 때문에 청구인에게 유리하지만, 특정재산권에 관한 다툼의 경우에는 제830조의 해석에 있어 가사노동의 가치평가는 여전히 부정적이다.

(3) 명의와 실질이 불일치하는 경우에 대한 판례의 입장

제830조의 해석에 있어 명의와 실질이 일치하지 않는 경우에 대한 재산분할청구권 제도 신설 후 판례의 입장은 다음과 같다.

혼인 중 취득한 재산은 대개 부의 명의로 취득하는 것이 보통이나 실제로는 명의자가 곧 소유권자라고 할 수 없는 경우가 많다.

민법 제839조의2 재산분할청구권이 신설된 이후 제830조의 해석에 획기적인 변화는 없었으나, 위의 넷째 유형에서 가정주부인 처가 부의 수입을 원천으로 재산을 증식한데 대해

이를 실질적인 기여로 평가하고 있어 주목된다. 예컨대, 대법원 1990년 10월 23일 판결은 "부동산 매입 자금의 원천이 남편의 수입에 있다고 하더라도 처가 남편과 18년간의 결혼생활을 하면서 여러 차례 부동산을 매입하였다가 이익을 남기고 처분하는 등의 방법으로 증식한 재산으로서 그 부동산을 매입하게 된 것이라면 위 부동산의 취득은 부부 쌍방의 자금과 증식노력으로 이루어진 것으로서 부부의 공유재산이라 볼 여지가 있다."(90다카5624)라고 하였으며, 대법원 1995년 10월 12일 판결 역시 가정주부인 "처 명의의 부동산의 주된 매입자금이 부의 수입이지만, 처의 적극적인 재산증식노력이 있었던 경우 이를 부부 공유재산으로 볼 여지가 있다."(95다25695)라고 보고 있다. 또한 사실관계가 분명히 나와 있지는 않지만, 대법원 1992년 8월 14일 판결은 아파트가 세대주인 부의 명의로 등기되었으나, 그 분양대금을 처가 전액부담한 경우에는 명의에 관계없이 처의 단독소유임을 인정한 사례도 있다.

(4) 민법 제830조의 해석론 및 가사노동의 경제적 가치평가

민법 제830조의 해석에 관하여는 다음과 같은 견해가 있다.

첫째, 제830조 제1항에 대하여는 혼인 중 취득재산이 배우자 일방의 명의로 취득된 경우에는 단순히 명의뿐만 아니라, 그것을 얻기 위한 대가 등이 자기의 것으로서 실질적으로 자기의 것(예컨대, 제3자로부터 증여를 받았던지, 부모로부터 상속한 것, 그러한 재산으로부터 생긴 수익 등)이라는 것이 거증되지 않으면 특유재산이 되지 않으며, 대외적으로 특유재산으로 추정을 받는 데 지나지 않고 다른 일방이 실질적으로 공유에 속하는 재산임을 반증하면(예컨대, 처의 가사노동의 평가를 주장하면), 그 추정은 깨지고 실질적인 공유에 속한다는 견해이다. 이 견해는 가사노동에 의한 협력이 특유재산에 대한 추정을 번복하는 사유가 되며, 명의자 특유재산이라는 추정이 깨지면 제2항에 의해 공유재산이 되는 것이 아니라, 제1항에 의해 실질적인 공유가 된다고 한다. 그리고 제2항의 공유재산으로 추정되는 재산은 가재도구 등 동산으로 한정된다.[91]

두 번째 견해는 제830조 제1항의 해석에 대하여는 위의 견해와 같지만, 그 결과로 즉 추정이 번복되면 제2항의 누구에게 속한 것인지 분명하지 않은 재산으로 되어 공유재산이 된다는 견해[92]이다.

세 번째 견해는 법원의 실무가 취하는 태도로서 명의자의 특유재산의 추정이 번복되는 사유는 다른 쪽 배우자의 실질적이며 금전적인 기여에 한정하고 가사노동의 기여는 추정을 번복하는 사유가 되지 않는다는 전제와 더불어 명의 없는 배우자의 실질적인 기여가 있는

---

91) 김주수·김상용, 앞의 책, 149면
92) 조미경, 「혼인 중 취득한 재산과 가사노동」, 『판례월보』, 1990년 9월호(통권 제240호), 38면

경우에는 제1항에 의해 실질적인 공유를 인정(대판 1992.8.14, 92다16171 ; 대판 1995.2.3, 94다42778 ; 대판 1995.10.12, 95다25695)하기도 하고, 제2항에 의해 부부 중 누구에게 속한 것인지 분명하지 않은 재산으로 보아 공유재산으로 해석(서울고판 1980.7.4, 79나728 ; 서울민사지판 1988.6.9, 87가합3317)하기도 한다.

생각건대 가사노동의 경제적 가치에 대하여는 많은 논란이 있었으나, 생산적 가치를 창출한다는 데 의견이 일치하고 있으며, 그 가치평가방법에 관하여도 다양한 견해가 제시되어 있음은 이미 살펴본 바와 같다. 또한 가정을 기업에 비유해 볼 때 부의 소득활동은 생산에 처의 가사관리는 경영에 비유할 수 있으며, 생산과 경영이 상호보완관계에서 동등한 중요성이 인식되듯이 부의 소득과 처의 가사관리는 상호보완관계에 있는 동 가치의 노동으로 이해하여야 할 것이다.[93]

다른 한편으로 민법이 재산분할청구권 제도를 신설한 것은 그 자체로 가사노동의 경제적 가치에 대한 법적 평가를 의미하는 것이다. 재산분할청구권이란 혼인 중 취득재산이 편의상 배우자 한 쪽의 명의로 되어 있으나, 부부재산제를 청산하는 경우 그 명의와 실질이 일치하지 않는 것을 실질에 맞도록 명의를 변경하는 절차인데, 재산분할청구권 제도가 신설되기 전에도 명의 없는 배우자의 실질적이며 금전적인 기여는 반환받을 수 있었으며, 가사노동에 종사하는 배우자의 기여는 반영되지 못하였으나, 재산분할청구권 제도의 신설로 인해 가사노동의 협력도 기여로서 인정될 수 있게 되었기 때문이다. 이에 따라 법문이 "당사자 쌍방의 협력으로 이룩한 재산"이라고 한 것은 바로 가사노동의 협력을 포함하는 의미로 해석되고 있는 것이다. 대법원도 그 판시사유에서 "민법 제839조의2에 규정된 재산분할 제도는 부부가 혼인 중에 취득한 실질적인 공동재산을 청산분배하는 것을 주된 목적으로 하는 것이므로…(중략)…처가 가사노동을 분담하는 등으로 내조를 함으로써 부의 재산의 증가 또는 유지에 기여하였다면 쌍방의 협력으로 이룩된 재산은 재산분할의 대상이 된다"(대판 1993.5.11, 93스6)라고 하고 있다. 이에는 두 가지 의미가 포함되는데, 그 하나는 재산분할 제도가 혼인 중 취득한 실질적인 공동재산의 청산이라는 것과 동시에 처가 가사노동에의 기여를 통해 협력한 재산은 재산분할의 대상이 된다는 것이다. 이는 '처의 가사노동의 협력은 혼인 중 취득한 실질적인 공동재산의 형성에 대한 기여'라는 중대한 의미를 지니는 것이다.

이와 같이 이혼시 재산분할청구에 가사노동의 경제적 가치가 평가되고 있다면 특정재산권의 형성에 있어 가사노동을 통한 기여 역시 기여로서 평가되어야 할 것이므로 가사노동의 경제적 가치평가를 전제로 제830조는 다음과 같이 해석되어야 한다고 본다.[94] 즉 제830조

---

93) 이화숙, 앞의 책, 318면
94) 이화숙, 앞의 책, 319면

제1항은 혼인 중 자기 명의로 취득한 재산이 다른 쪽 배우자의 협력을 기초로 취득한 것인 때에는 단지 명의자의 특유재산으로 추정을 받을 뿐 다른 쪽 배우자의 반증으로 추정은 깨지며, 이 때 다른 쪽 배우자의 협력에는 실질적이며 금전적인 기여뿐만 아니라, 가사노동을 통한 기여도 포함된다고 해석한다.[95] 왜냐하면, 가사노동의 가치평가는 이미 법적(제839조의 2)으로 대법원의 판결에 의하여, 그리고 전문가들과 학계 및 사회적인 공감대를 얻고 있기 때문이다. 그 추정이 번복되는 경우에는 실질적인 공유재산이 된다고 해석한다.

한편, 제2항에서 "누구에게 속한 것인지 분명하지 않은 재산"이란 부부 일방이 자기의 독점적 소유임을 입증하지 못하는 모든 경우의 재산을 의미하는 것으로 해석한다. 가재도구 등 동산이 주로 이 경우에 해당하겠지만, 구체적인 사정에 따라서는 부동산도 포함될 수 있다고 본다. 예컨대, 부부의 실질적인 공유부동산이 제3자의 명의로 신탁된 경우가 이에 해당될 것이다.

다만, 혼인 중인 때에는 제830조의 법문에 비추어볼 때 상대방 배우자의 협력을 바탕으로 형성된 혼인 중 취득재산이라도 명의자의 특유재산이라는 원칙은 존중되어야 할 것이다. 이혼이 성숙되지 않은 시점에서 명의 없는 배우자의 기여를 감안하여 실질적인 공동재산으로 해석하는 경우에는 제3자 보호와 거래의 안전을 해칠 수 있기 때문이다.

(5) 명의 없는 배우자에 대한 보호

상대방 배우자의 협력을 기초로 혼인 중 취득한 재산이 배우자 한쪽의 명의로 표시된 경우(부동산, 예금, 주식 등) 혼인 중에는 원칙적으로 명의자의 특유재산으로 추정되지만, 이혼시에는 제830조에 따라 재산의 형성에 대한 기여를 반증함으로써 추정을 번복할 수도 있고, 제839조의2를 근거로 재산분할청구를 할 수도 있다.

그 중 문제가 되는 것은 명의가 나타나는 재산 중에도 부동산이 배우자 한쪽의 명의로 등기된 경우인데, 제830조 제1항과 등기의 추정력으로 인해 법률상으로는 명의자의 특유재산으로 보아야 하지만, 실질적으로는 배우자의 협력으로 취득한 경우가 많기 때문이다. 그러나 별산제의 원리에 따라 혼인 중에는 명의자의 재산으로 해석할 수밖에 없다. 그러므로 명의자인 배우자 한 쪽의 채권자가 명의자 소유의 부동산에 대하여 강제집행을 하는 경우 현행 민법상 상대방 배우자(대부분의 경우 처)는 자신의 지분권을 주장할 수 있는 법적 근거가 없다는 문제점이 있다. 명의자가 배우자의 동의 없이 함부로 혼인 중 취득재산을 처분한 경우에도 명의 없는 배우자는 그의 동의 없음을 이유로 처분의 무효를 주장할 근거가 없다. 결과적으로 현행 민법에 의하면 명의자의 채권자와 제3자는 명의 없는 배우자의 실질적인 지

---

95) 조미경, 앞의 논문, 41면

분권에 우선하여 보호된다고 해석할 수밖에 없다.

이에 반하여, 혼인 중 취득한 동산, 특히 혼인 중 구입한 가재도구 등은 명실공히 부부 공유에 속하는 재산이다. 따라서 혼인 중 배우자 한 쪽의 채권자가 부부의 공유재산에 속하는 동산을 압류하려면 2분의 1 지분에 대하여만 압류가 가능하다. 민사소송법 제555조의2는 배우자의 채권자에 의해 압류된 유체동산에 대하여 공유지분을 주장하는 배우자는 경락금의 지급을 요구할 수 있도록 하고 있다.

(6) 민법 제830조와 제839조의2의 관계

별산제에서는 재산상 명의자를 권리자로 추정하는 기능을 하지만, 그것은 혼인 중 부부의 재산관계에 관한 원칙일 뿐 이혼시에는 명의가 부부의 재산관계에 관한 다툼을 해결하는 유일한 기준도 절대적인 기준도 아니다. 이에 따라 예컨대, 부부의 유일한 가치가 있는 재산인 주택이 부의 명의로 등기된 후 부부가 이혼을 하게 된 경우 처는 주택을 구입함(대판 1992.12.11, 92다21982는 가정주부의 실질적인 재산증식을 기여로써 인정하고 있음.)에 있어서 그의 기여를 주장하여 부의 단독소유 추정(제830조 1항)을 번복할 수도 있고, 공유재산임을 주장(제830조 2항)할 수도 있으며, 재산분할청구권을 행사(제839조의2)하여 부 명의의 주택을 포함한 혼인 중 취득재산에 대하여 그의 기여를 근거로 분할을 청구할 수 있다.

(7) 입법론

민법은 재산분할청구권 제도를 신설함으로써 공동체적인 요소가 가미되었으나, 처의 가사노동이 법원에서 여전히 낮게 평가96)(민유숙에 의하면 부 명의 재산의 30% 정도로 낮게 평가된다고 한다.)되고 있고, 혼인 중에는 명의자가 상대방 배우자의 동의 없이도 임의로 재산을 처분할 수 있다는 난점이 있다. 이혼시 재산분할의 과정에서 가사노동이 낮게 평가된다는 문제점은 인식의 변화에 따라 자연히 해소될 것으로 기대할 수 있으나, 후자의 문제는 입법을 통해서만 해결이 가능하다.

○ "장래 퇴직금·퇴직연금도 재산분할 대상에 포함된다."는 대법원 판결

아직 금액이 확정되지 않아 정확한 액수 산정이 어렵다는 이유로 이혼시 재산분할 대상에서 제외되었던 '현재 재직 중인 일방 배우자가 퇴직 후 받을 퇴직일시금'과 '일방 배우자 사망시까지 계속 수령하게 될 공무원 퇴직연금'에 대해 대법원이 기존 판례를 뒤집고 재산분할

---

96) 민유숙, 「재산분할의 구체적 인정범위」, 『가정법원사건의 제문제』(재판자료), 제62집, 법원행정처, 1993, 439면

의 대상에 포함시켜야 한다는 결론을 내렸다. 대법원 전원합의체(주심 민일영 대법관)는 16일 교사인 부인 A(44)씨가 연구원인 남편 B(44)씨를 상대로 이혼, 재산분할 등을 이유로 낸 이혼소송에서 "A씨가 받을 퇴직급여·퇴직수당 1억 1,094만 원과 B씨가 받을 퇴직금 3,960만여 원은 재산분할의 대상이 되지 않는다."라고 판단한 원심을 깨고 사건을 원심 법원인 대전고등법원으로 되돌려 보냈다. 또한 대법원 전원합의체(주심 양창수 대법관)도 주로 전업주부로서 가사를 담당해 온 부인 C씨가 퇴직 경찰인 남편 D씨를 상대로 낸 이혼 등 청구소송에서 "D씨가 앞으로 매월 지급받게 될 공무원 퇴직연금(매월 213만여 원) 중 일부를 C씨에게 지급해야 한다."는 원심의 판단을 그대로 받아들였다. 다만, 이 사건에 대해서는 "재산분할비율이 잘못 산정됐다."는 이유로 사건을 원심 법원인 수원지법으로 되돌려 보냈다.

　　대법원은 우선 "퇴직일시금·퇴직연금의 성격에 사회보장적 급여로서의 성격 외에 임금의 후불적 성격과 공로보상적 성격도 있다."며 "퇴직급여를 수령하기 위해서는 일정기간 근무를 해야 하는데, 이에는 상대방 배우자의 협력이 필요하다."는 것을 이 같은 판단의 첫번째 이유로 들었다. 또 기존 판례의 입장이었던 "장래 받을 퇴직금은 아직 확정되지 않아 정확한 액수 산정이 어렵다."거나 "상대방 배우자가 얼마나 생존할지 몰라 일방 배우자가 받게 될 퇴직연금 중 얼마를 분할 대상으로 삼아야 할지 판단이 어렵다."는 이유가 현 시점에서는 설득력이 없다고 판단했다. 대법원은 "확실하지 않은 퇴직금을 재산분할 대상에 포함시키지 않으면 이혼 이전 이미 일방 배우자가 퇴직한 경우와 비교해 불공평한 결과를 발생시킬 수 있다."며 "혼인생활이 파탄에 이르렀지만, 퇴직금을 수령할 때까지 이혼을 미루도록 강제하는 결과를 초래할 수도 있다."라고 지적하였다. 이어 "기존 판례에 따라 퇴직금을 재산분할의 '그 밖의 사정'으로만 참작한다 해도 기준이 명확하지 않다."며 "퇴직금 외에 다른 재산이 없는 경우에는 아예 재산분할을 할 수 없다."라고 설명하였다.

　　대법원은 이런 판단을 내리면서 퇴직일시금과 공무원 퇴직연금의 재산분할 기준, 방법도 함께 제시했다. 우선 퇴직일시금의 경우 "이혼소송의 사실심 변론종결시 퇴직할 경우 받게 될 퇴직일시금 상당액 채권이 재산분할의 대상"이라 판단했다.(대판<전합> 2014.7.16, 2013므2250) 또 공무원 퇴직연금의 경우 "일방 배우자가 매달 받게 될 연금 중 일정 비율을 상대방 배우자에게 정기적으로 지급하는 방식의 재산분할도 가능하다."라고 밝혔다.(대판<전합> 2014.7.16, 2012므2888) 다만, "퇴직연금의 경우 매달 연금을 받게 될 배우자의 남은 수명을 알 수 없어 액수를 특정할 수 없는 특성이 있다."며 "공무원 퇴직연금에 대해서는 재산분할 비율을 달리 정할 수 있다."라고 덧붙였다. 14년간 맞벌이를 해 온 A씨와 B씨는 직장·시댁 등 문제를 이유로 자주 싸움을 해 왔고 남편 B씨는 싸움 과정에서 폭행도 가했다. 이후 B씨가 부동산 중개업자인 E씨와 가깝게 지내면서 수차례 여행도 다닌 사실이 드러나자 A씨는 B씨를 상대로 이혼 등 소송을 냈고 B씨는 소송 중 장래의 퇴직급여·퇴직수당 등도 재산분할 대상에 포함시켜야 한다고 주장했다.

○ 대법 "이혼때 재산과 연금은 별개"

재산분할 요구 않기로 합의해도 5년 이상 살다가 갈라선 부부, 배우자 연금 분할해 받을수 있어

중학생 자녀 1명을 둔 김씨는 2016년 아내와 이혼 절차를 밟았다. 결혼 19년 만이었다. 1년 만에 합의 이혼했다. 아내 명의로 돼 있던 아파트와 아이의 친권·양육권은 김씨가 갖고, 대신 김씨는 아내에게 1억7000만원의 위자료를 주는 조건이었다. 두 사람은 '향후 상대방에 대하여 더 이상 재산 분할 청구를 하지 않는다'고 약속했다. 그런데 두 달도 안 돼 아내가 국민연금공단에 "남편이 받을 노령연금을 나눠 달라"고 청구했다. 김씨는 아직 연금 수급권자(60세 이상)가 아니었지만 이혼한 경우엔 이혼한 때로부터 3년 내에 연금 분할을 청구해야 한다는 조항 때문이었다. 국민연금법상 5년 이상 살다가 이혼한 경우 배우자는 별거·실종 등 기간을 뺀 정상적 혼인 기간에 비례해 상대 배우자의 연금을 분할해 받을 수 있다. 예를 들어 한 남성이 전체 연금 가입 기간 중 10년간 혼인생활을 했다가 이혼했다면, 상대 배우자는 함께 산 10년치 보험료로 인한 연금 지급액의 반을 요구할 수 있는 것이다. 공단은 아내의 청구를 받아들였고, 김씨는 법원에 소송을 냈다. 1·2심은 김씨 손을 들어줬다. '더는 재산 분할을 청구하지 않겠다'고 합의했기 때문에 아내가 김씨의 연금을 달라고 할 수도 없다는 취지였다. 그러나 대법원2부(주심 박상옥 대법관)는 이런 원심을 깨고 아내 승소 취지로 사건을 돌려보냈다고 23일 밝혔다. 재판부는 "분할 연금 수급권은 민법상 재산 분할 청구권과는 구별되는 이혼 배우자의 고유한 권리"라며 "재산을 분할할 때 연금의 분할 비율 등을 달리하기로 서류에 명시하지 않은 이상 연금 수급권은 당연히 이혼 배우자에게 남는다"고 했다. 전업주부여서 국민연금에 가입하지 못했던 이혼 배우자라도 상대의 노령연금을 받을 수 있게 해 일정 수준의 노후를 보장하려 한 국민연금법의 취지를 고려한 해석이다. 재판부는 "이혼 협의서 등을 포함한 재판 서류에 연금 분할 비율이 명시되지 않은 경우에는 이혼 배우자가 자신의 분할연금 수급권을 포기하거나 자신에게 불리한 분할 비율 설정에 동의했다고 쉽게 단정해서는 안 된다"고 했다. (『조선일보』, 2019.06.24, 3면)

II. 생활비용의 부담과 일상가사대리권

1. 혼인공동생활비용의 부담

민법 제833조는 "부부의 공동생활에 필요한 비용의 부담은 당사자간에 특별한 약정이 없으며, 부부가 공동으로 부담한다."라고 규정하고 있다. 개정 전 민법은 부가 혼인공동생활비용을 부담하도록 하였으나, 1990년 민법 개정에 의하여 부부의 공동부담원칙으로 바뀐 것이다.

부부의 공동부담원칙은 가사노동의 경제적 가치평가를 전제로 하는 규정이다. 처가 가사노동에 종사하는 때에는 가사노동을 통해 혼인공동생활의 비용을 부담하는 것으로 해석할 수 있기 때문이다.

2. 일상가사채무의 연대책임

민법은 제827조에서 일상가사대리권을, 그리고 제832조에서 일상가사로 인한 채무의 연대책임을 규정하고 있다. 일상가사채무의 연대책임에 관한 규정은 부부재산제와 밀접한 관계에 있으며, 일상가사의 범위를 넘는 배우자의 행위에 대한 책임의 문제는 민법 제126조의 권한을 넘은 표현대리와 연결된다.

이하에서는 부부재산제와의 경계선상에서의 일상가사채무의 책임 문제와 제126조의 표현대리와의 관계를 중심으로 설명하기로 한다.

제126조(권한을 넘은 표현대리) 대리인이 그 권한 외의 법률행위를 한 경우에 제3자가 그 권한이 있다고 믿을 만한 정당한 이유가 있는 때에는 본인은 그 행위에 대하여 책임이 있다.
제827조(부부간의 가사대리권) ① 부부는 일상의 가사에 관하여 서로 대리권이 있다.
② 전 항의 대리권에 가한 제한은 선의의 제3자에게 대항하지 못한다.
제832조(가사로 인한 채무의 연대책임) 부부의 일방이 일상의 가사에 관하여 제3자와 법률행위를 한 때에는 다른 일방은 이로 인한 채무에 대하여 연대책임이 있다. 그러나 이미 제3자에 대하여 다른 일방의 책임 없음을 명시한 때에는 그러하지 아니하다.

---

1) 일상가사대리권과 일상가사채무의 연대책임의 구별

부부는 실제로 공동생활을 영위하기 때문에 각국의 입법례는 부부재산제와 관계없이 일상가사대리권을 인정하고 있다. 그런데 외국의 많은 입법례는 일상가사채무의 연대책임만을 규정하고 있거나(일본), 일상가사대리의 결과로서 채무의 연대책임을 규정하고 있는 데(독일, 프랑스) 비하여, 민법은 일상가사대리권은 혼인의 일반적 효력으로 제827조에, 가사채무의 연대책임은 재산적 효과로서 제832조에 각각 규정하고 있다. 이와 같은 태도는 바람직한 것인지, 또는 양자를 구별할 실익이 있는지에 대한 해답은 일상가사대리권과 일상가사채무의 연대책임에 관한 근본적인 차이에서 찾을 수 있다고 생각된다.

2) 별산제와 일상가사대리권의 경계

(1) 의의

별산제하에서의 부부는 각자가 자기 명의의 재산을 소유하며, 관리하므로 행위의 결과에 대하여도 각자가 책임을 진다. 다만, 일상가사의 범위 내에서만은 서로가 대리권을 갖고 공동의 책임을 부담한다. 공동재산제라면 채무도 공유가 되므로 일상가사채무의 연대책임은 당연한 결과라고 볼 수 있으나, 별산제에서의 일상가사대리권은 부부의 각자 책임에 대한 예외이다. 따라서 부부가 연대책임을 지게 되는 일상가사의 범위는 별산제와의 경계선을 긋는 기초 작업이라고 할 수 있다.

일반적으로 일상가사의 범위 내라고 인정하고 있는 것은, 부부의 공동생활에 통상 필요로 하는 쌀·소금 등의 **식료품의 구입, 연료·의복의 구입, 집세·방세** 등의 **지급, 또는 수도·전기·전화요금의 지급, 자녀의 교육**에 관한 **사무, 일용품의 구입, 가정생활상 상시 행해지는 행위** 등이다.

이에 대하여 **전화가입권의 담보, 가옥 임대, 순수한 직업상의 사무, 타방 배우자의 부동산**을 그의 **동의 없이 처분하거나 담보권을 설정하는 것** 등은 **일상가사가 아니라고 생각된다.**(동지: 김주수·김상용[97])

(2) 일상가사의 범위와 관련하여 문제되는 것.

(ⅰ) 부부의 사정에 비추어 고액의 소비대차나 고가의 물건을 신용에 의해 구입한 경우, (ⅱ) 일상가사를 위해 배우자 명의의 재산을 처분하거나 담보권을 설정하고 돈을 빌린 경우 등이다. 일상가사대리권의 법적 성질에 관한 학설(다수설과 소수설 모두)과 판례는 이들을 구별하지 않고 하나의 문제로 다루고 있으나, 이 두 종류의 문제는 그 성질이 다르기 때문에 구분하여 달리 취급하는 것이 타당하다고 생각된다.

가. 소비대차의 경우와 신용에 의한 외상구입의 경우

판례는 결혼비용을 빌리는 행위나 가정생활용 자동차 구입비의 차금행위 등의 경우에도 고액이나 고가인 때에는 이를 소극적으로 해석하여 일상가사성을 부인하고 있다.

그러나 소비대차에 관하여는 차재가 긴급한 때, 또는 부부의 공동생활에 필요한 자금조달을 목적으로 하는 때에는 일상가사의 범위로 인정하는 것이 타당하다고 생각된다.[98] 또한 신용구입의 경우에도 물건의 구입이 일상가사에 속하는 한 일상가사의 범위 내에 속한다고

---

97) 김주수·김상용, 앞의 책, 173면
98) 김주수·김상용, 앞의 책, 163면 ; 이재성, 「가사로 인한 채무의 범위」, 77면

보는 일상가사대리 제도의 원래의 취지에 합치된다고 생각된다.

별산제는 부부 각자가 자기 재산을 소유·관리하며, 스스로의 행위에 대하여 행위자만이 책임을 진다는 제도이므로, 별도의 재산을 가진 부부에게 의미 있는 제도이지, 대부분의 중산층 부부에게는 환상에 불과한 것이거나 이혼시에나 의미 있는 제도일 뿐이다.

그런데 우리나라 현실의 부부공동생활에 있어서는 부동산 등 명의가 나타난 재산이 아닌 한, 특히 금전관계에 관하여는 각자의 행위에 대한 각자의 책임보다 부부의 공동책임이거나 처의 관리책임으로 인식하는 경향이 강한 듯하다. 월급을 부인에게 맡기는 가정이 많고, 그러한 가정에서는 처가 소비주체가 되며, 일상가사를 위해 부의 동의 없이 처가 돈을 빌리거나 물건을 사는 일이 많기 때문이다. 따라서 배우자 명의의 재산을 처분하는 것이 아닌 한, 금전소비대차나 신용구입을 한 경우 그 차재의 목적이나 구입한 물건의 용도가 일상가사에 해당하는 때에는 일상가사의 범위 내로 포용하여 부부의 연대책임을 긍정할 필요가 있다고 본다. 다만, 이러한 경우 '부부의 관계가 지속 중인지, 아니면 그 문제에 관한 다툼으로 인해 부부관계가 파탄되었는가'의 여부를 고려하여야 할 것이다.

나. 배우자 명의의 재산 처분이나 담보권설정행위

판례는 이에 대하여 확고하게 일상가사성을 인정하지 않고 그 후에 표현대리의 성립 여부를 판단한다. 그러나 배우자 명의의 재산을 처분하거나 저당권을 설정하고 차금을 한 경우 이를 일률적으로 일상가사의 범위 외로 보아 표현대리의 적용 여부를 판단할 것이 아니라, 별산제 원리와 일상가사대리 제도의 조화를 위해 여러 가지 상황을 고려하여야 할 것이다.

3) 일상가사의 범위를 넘는 부 또는 처의 법률행위

[1] 일상가사의 범위를 넘는 부 또는 처의 법률행위에 대하여 일상가사대리권을 기본대리권으로 하여 제126조를 적용할 것인지에 대하여는 다음과 같은 학설이 있다. 즉 일상가사대리권을 법정대리권으로 이해하고, 법정대리에도 제126조의 적용이 긍정되는 이상 일상가사대리권에도 적용된다고 하는 것이 다수설[99]이다. 그러나 제126조를 적용함에 있어서도 상대방이 일상가사범위 내의 행위라고 믿을 만한 정당한 사유가 있는 때에 한해서 제126조의 적용을 인정해야 한다는 견해[100]와 해당 행위에 관하여 대리권이 있다고 믿을 만한 정당한 사유가 있는 경우에는 제126조의 적용을 인정하는 견해[101]로 나뉜다.

---

99) 고상룡, 『민법총칙』, 법문사, 1999, 637면
100) 곽윤직, 『민법총칙』, 박영사, 1989, 490면 ; 권오승, 「민법 제126조의 표현대리와 일상가사대리권」, 『민사판례연구』, 제5권, 박영사, 1993, 18면 ; 김상용, 『민법총칙』, 화산미디어, 2012, 713면
101) 고상룡, 앞의 책, 637면 ; 이영준, 『민법총칙』, 박영사, 1987, 601면

[2] 판례는 다수설과 같이 일상가사대리권을 표현대리의 기본대리로 인정하는 입장과 소수설과 같이 기본대리권성을 부정하는 입장으로 나뉜 듯하다. 다수설과 같이 기본대리권을 인정하는 경우에도 일상가사대리권을 기본대리권으로 하여 제126조를 적용하는 입장(대판 1966.5.10, 66다279 ; 대판 1968.8.30, 68다1051 ; 대판 1980.12.23, 80다2077 등)과 권한을 받았다는 신뢰를 정당화할 객관적 사정이 존재하는 경우에 한하여 제126조의 적용을 인정함으로써 제126조 적용범위를 제한하려는 입장(대판 1964.12.22, 64다1244 ; 대판 1969.6.24, 69다633 ; 대판 1970.3.10, 69다2218 등)으로 나뉘어지는데, 주로 초기의 판례는 전자와 같은 경향을 보이다가 점차 제126조의 적용을 엄격히 제한하는 입장으로 바뀐 듯하다.

III. 부부간의 계약취소권

부부간에는 일시적인 애정이나 위압에 의한 진의 아닌 의사표시인 경우가 많으므로 완전한 효과를 인정하지 않고 취소할 수 있도록 한다. 부부간의 약속을 법률 문제로 하여 이행을 강제하는 것보다 부부 사이의 도의심이나 애정에 맡기는 것이 합리적이라는 것이지만, 민법 개정에 의하여 2012년 2월 12일 삭제되었다.

IV. 이혼시 재산관계 및 재산분할청구권

1. 이혼으로 인한 재산분할청구권

1) 의의

민법은 제839조의2 제2항에서 "제1항의 재산분할에 관하여 협의가 되지 아니하거나 협의할 수 없는 때에는 가정법원은 당사자의 청구에 의하여 당사자 쌍방의 협력으로 이룩한 재산의 액수 그 밖의 사정을 참작하여 분할의 액수와 방법을 정한다."라고 규정함으로써 재산분할청구권을 신설하였다. 별산제는 명의자를 곧 소유권자로 추정하는 제도인데, 부부는 혼인 중 취득한 재산권의 귀속에 관하여 명의와 실질이 일치하도록 행동하기보다는 편의상 대개 부의 명의로 하는 것이 보통이기 때문에 명의와 실질이 일치하도록 하는 청산 절차가 필요하게 된다. 이에 따라 명의 없는 배우자가 재산상 명의를 갖고 있는 배우자에 대하여 재산의 분할을 청구할 수 있도록 하는 재산분할청구권은 별산제의 결함을 보완하는 제도이다. 재산분할청구권의 본질에 관하여는 부부재산제의 청산이라는 설과 청산과 부양이 포함되어 있다는 설이 있으며, 후자의 견해가 통설이다.

제839조의2(재산분할청구권) ① 협의상 이혼한 자의 일방은 다른 일방에 대하여 재산분할을 청구할 수 있다.

② 제1항의 재산분할에 관하여 협의가 되지 아니하거나 협의할 수 없는 때에는 가정법원은 당사자의 청구에 의하여 당사자 쌍방의 협력으로 이룩한 재산의 액수 그 밖의 사정을 참작하여 분할의 액수와 방법을 정한다.

③ 제1항의 재산분할청구권은 이혼한 날부터 2년을 경과한 때에는 소멸한다.

별산제를 취하는 미국과 영국의 경우를 살펴보면 부부이혼시의 재산분할에 있어 판사에게 광범위한 재량권을 부여하면서도 판사의 주관적인 판단의 위험성을 피하기 위하여 몇 가지 기준을 제시하고 있는데, 그 내용은 크게 배우자의 기여도와 이혼으로 상실하게 되는 경제적 지위로 나뉘며, 청산적 요소와 부양적 요소라 할 수 있다.

영미의 이혼법이 시사하는 바와 같이 재산분할의 본질은 혼인재산의 청산과 부양적 성격이 복합된 것으로 보아야 한다. 그것은 혼인 중 취득재산은 부부의 협력을 바탕으로 이룩된 것이며, 더욱이 처의 가사노동은 경제적 가치 있는 기여로 보아야 한다는 당위성을 고려할 때 명의에 관계없이 이혼시에는 당연히 청산되는 재산이라는 점이다. 재산분할청구권의 청산적 성격은 상대방 배우자 명의의 혼인 중 취득재산 형성에 있어 포함된 배우자 한쪽의 기여에 대한 반환청구로서 가사노동의 화폐적 가치, 가사노동이 차지하는 가치적 측면에서 볼 때 부의 활동과 같은 가치로 볼 수 있는 근거가 된다. 그럼에도 부양적 성격을 가미할 필요성은 이혼 후 배우자의 경제적 상황에 따라 재산의 분배를 유동적으로 함으로써 형평을 기할 수 있는 요인이 되기 때문이다. 따라서 법문에 "당사자 쌍방의 협력으로 이룩한 재산"의 의미는 청산을, "그 밖의 사정을 참작하여"는 혼인의 사후적 효과로서의 부양적 요소로 이해된다.

○ 병든 아내 학대 딴살림 50대 '재산 내놓고 이혼' 판결

30여 년간 생계를 책임져온 아내를 학대하고 아내가 병들자 다른 여자와 동거하며 폭행을 일삼아온 남편에게 법원이 이혼과 함께 전 재산에 해당하는 돈을 아내에게 주라고 판결했다. 남편 안모씨는 아내 이모씨와 지난 71년 결혼했지만, 이내 바람을 피우기 시작했다. 안씨는 다른 여자와 동거하기 위해 가출을 하면서 생활비 한 푼 보태주지 않았다. 그는 오히려 과일 행상, 구슬꿰기 등으로 시어머니를 봉양하며 어렵게 생계를 꾸려가는 아내 이씨에게 걸핏하면 폭행과 폭언을 일삼았다. 88년 이씨가 뇌출혈로 쓰러져 반신마비가 됐는 데도 안씨의 학대는 그치지 않았다.

서울 가정법원 가사3부는 6일 부인 이씨가 낸 이혼소송에서 "이씨와 안씨는 이혼하고, 남편 안씨는 이씨에게 부부 재산의 60%인 9,600만원과 위자료 7,000만원을 별도로 지급하라."고 판결했다. 이들 부부의 공동 재산이 1억 6,081만원임을 감안하면 30여년 동안 아내를 학대해온 대가로 안씨는 '쪽박'을 차게 된 것이다.(『조선일보』, 2004.4.7, 4면)

그러나 이러한 해석은 재산분할청구권 규정의 추상성으로 인하여 부부재산의 청산에 의한 분할에 더하여 부양적 요소를 고려하자는 의미에 불과하며, 이혼 후의 부양청구권을 적극적으로 인정한 것으로 볼 여지는 없다. 입법론으로서는 외국의 입법례와 같이 이혼 후 부양청구권을 신설하는 것이 바람직한 것으로 생각된다.(동지: 이화숙[102])

재산분할청구권은 명의를 소유하고 있지 않은 부부 한 쪽이 상대방 명의의 재산에 기여한 자신의 몫을 돌려달라는 청구권이며, 부양적 요소가 가미되고 있으므로 유책배우자에 대한 손해배상청구권(제843조에 의하여 준용되는 제806조)과는 별개이다.

2) 재산분할의 대상이 되는 재산

(1) 상대방 배우자의 협력에 의하여 혼인 중 취득한 재산

민법(제830조)은 혼인 전부터 소유하던 고유재산과 혼인 중 자기 명의로 취득한 재산을 특유재산으로 하고 있으나, 혼인 중 취득한 재산 중에는 상속이나 증여받은 재산과 같이 상대방 배우자의 협력 없이 취득한 재산과 배우자의 협력을 바탕으로 취득한 재산이 있다. 그 중 분할되는 재산은 혼인 중 취득한 재산 중 배우자의 협력에 의해 취득한 재산에 한한다.

따라서 혼인 전부터 소유하던 재산과 혼인 중 증여 또는 상속받은 재산 등과 같이 상대방 배우자의 협력이 없는 재산은 청산에서 제외된다. 다만, 판례는 상대방 배우자가 그 특유재산의 유지에 적극 협력하여 재산의 감소를 방지하는 데 기여한 때에는 분할의 대상이 될 수 있다고 한다.(대판 1993.5.11, 93스6 ; 대판 1993.5.25, 92므501) 나아가 혼인 중 취득한 장래의 퇴직금, 연금, 의사·변호사의 자격취득 등 새로운 재산에 대한 협력에 대하여도 분할청구를 인정하여야 할 것이다.(동지: 김주수·김상용[103])

제830조(특유재산과 귀속불명재산) ① 부부의 일방이 혼인 전부터 가진 고유재산과 혼인 중 자기의 명의로 취득한 재산은 그 특유재산으로 한다.

---

102) 이화숙, 앞의 책, 361면
103) 김주수·김상용, 앞의 책, 229면 이하

② 부부의 누구에게 속한 것인지 분명하지 아니한 재산은 부부의 공유로 추정한다.

> **판례** **유책배우자의 재산분할청구권**

혼인 중에 부부가 협력하여 이룩한 재산이 있는 경우에는 혼인관계의 파탄에 대하여 책임이 있는 배우자라도 재산의 분할을 청구할 수 있다. 다만, 그러한 유책행위는 재산분할의 액수와 방법을 정함에 있어 참작사유는 될 수 있다.(대판 1993.5.11, 93스6)

> **판례** **총재산가액에서 청산의 대상이 되는 채무액을 공제하면 남는 금액이 없는 경우 상대방 배우자의 재산분할청구의 가부(소극)**

부부 일방이 혼인 중 제3자에게 채무를 부담한 경우에 그 채무 중에서 공동재산의 형성에 수반하여 부담하게 된 채무는 청산의 대상이 되는 것이므로 부부 일방이 위와 같이 청산의 대상이 되는 채무를 부담하고 있어 총재산가액에서 위 채무액을 공제하면 남는 금액이 없는 경우에는 상대방의 재산분할청구는 받아들여질 수 없다.(대판 1997.9.26, 97므922)

> **판례** **임대차보증금반환채무의 청산 대상 여부**

(1) 재산분할의 대상 및 부부 일방이 혼인 중 제3자에 대하여 부담한 임대차보증금반환채무가 청산의 대상이 되는지 여부(적극) : 혼인 중에 쌍방의 협력에 의하여 이룩한 부부의 실질적인 공동재산은 부동산은 물론 현금 및 예금자산 등도 포함하며 그 명의가 누구에게 있는지 그 관리를 누가 하고 있는지를 불문하고 재산분할의 대상이 되는 것이고, 부부의 일방이 별거 후에 취득한 재산이라도 그것이 별거 전에 쌍방의 협력에 의하여 형성된 유형·무형의 자원에 기한 것이라면 재산분할의 대상이 된다고 할 것이고, 한편 부부 일방이 혼인 중 제3자에 대하여 채무를 부담한 경우에 그 채무 중에서 공동재산의 형성에 수반하여 부담하게 된 채무는 청산의 대상이 되는 것인데, 부동산에 대한 임대차보증금반환채무는 특별한 사정이 없는 한, 혼인 중 재산의 형성에 수반한 채무로서 청산의 대상이 되는 것이다.

(2) 분할 대상 재산가액의 확정 정도 : 분할 대상이 되는 재산은 적극재산이거나 소극재산이거나 그 액수가 대략적으로나마 확정되어야 할 것이다.

(3) 재산분할액 산정의 기초가 되는 재산가액의 평가방법 : 재산분할액 산정의 기초가 되는 재산의 가액은 반드시 시가 감정에 의하여 인정하여야 하는 것은 아니지만, 객관성과 합리성이 있는 자료에 의하여 평가하여야 한다.(대판 1999.6.11, 96므1397)

판례 이혼위자료청구권의 양도·상속 가능 여부

민법 제806조 제3항은 약혼해제로 인한 손해배상청구권에 관하여 정신상 고통에 대한 손해배상청구권은 양도 또는 승계하지 못하지만, 당사자간에 배상에 관한 계약이 성립되거나 소를 제기한 후에는 그러하지 아니하다.고 규정하고 제843조가 위 규정을 재판상 이혼의 경우에 준용하고 있으므로 이혼위자료청구권은 원칙적으로 일신전속적 권리로서 양도나 상속 등 승계가 되지 아니한다. 다만, 그 청구권자가 위자료의 지급을 구하는 소송을 제기함으로써 청구권을 행사할 의사가 외부적·객관적으로 명백하게 된 이상 양도나 상속 등 승계가 가능하다.(대판 1993.5.27, 92므143)

판례 쌍방유책의 경우 위자료청구의 기각

혼인파탄에 대하여 귀책사유가 쌍방에게 있고 쌍방의 책임 정도가 어느 쪽에 더 무거운 책임이 있다고 하기 어려울 정도로 대등하다고 판단되는 경우 위자료청구를 기각한 것은 정당하다.(대판 1994.4.26, 93므1273)

(2) 배우자의 협력 없이 취득한 부부 일방의 특유재산에 대한 분할

법원은 부부의 협력으로 취득된 혼인재산이 없고 배우자의 협력 없이 취득한 특유재산만 있는 때에는 그 특유재산도 분할의 대상으로 보고 있다. 즉 "부부 일방의 특유재산일지라도 다른 일방이 적극적으로 그 특유재산의 유지에 협력하였다고 인정되는 경우에는 분할의 대상이 될 수 있다."는 것이다. 이러한 경우 청산적 요소보다는 부양에 근거한 분할에 가깝다고 할 것이다.

(3) 배우자 일방의 채무에 대한 분할

'배우자 일방의 채무도 청산의 대상이 되는가?'에 대하여 대법원은 "부부 일방이 혼인 중 제3자에게 부담한 채무는 일상가사에 관한 것 외에는 원칙적으로 그 개인의 채무로서 청산의 대상이 되지 않으나, 그것이 공동재산의 형성에 수반하여 부담한 채무일 경우에는 청산의 대상이 된다."라고 한다.(대판 1993.5.25, 92므501 ; 대판 1997.12.26, 96므1076) 또한 최근에 대법원은 "부부 일방이 혼인 중 제3자에게 채무를 부담한 경우 그 채무 중에서 공동재산의 형성에 수반하여 부담하게 된 채무는 청산의 대상이 되는 것이므로 총재산가액에서 채무액을 공제하면 남는 금액이 없는 경우 재산분할청구는 받아들일 수 없다."(대판 1997.9.26, 97므933)라고 판시함으로써 종전의 입장을 재확인하고 있다.

혼인 중 취득재산에 대한 배우자의 실질적 기여를 평가하여 재산분할청구권 제도를 신설한 만큼 혼인 중 취득된 소극재산인 채무도 청산의 대상이 되는 것은 당연하다. 그러나 만약 청구인에게 개인재산이 전혀 없고 부양의 필요성이 있는 한편, 상대방 배우자에게는 부양능력이 있는 때에는 '총재산가액에서 채무액을 공제'한 후의 남는 재산을 분할할 것이 아니라, '총재산가액에서 이혼배우자에 대한 부양비를 우선하여 분할'하여야 할 것이다. 이는 부양의 필요성이 있는 배우자를 채권자에 우선하여 보호할 것인가의 문제인데, 청구인에게 개인재산이 없고 부양의 필요성이 있는 때에는 생활보장의 차원에서 채권자에 우선하여 배우자에게 적극재산을 분할하여야 할 것이다.

3) 분할의 비율

이에 관하여는 별산제를 취하는 한편 이혼법에 의하여 재산분할청구권 제도를 갖고 있으며, 이 때 법관이 광범위한 재량권으로 재산을 분할하면서 일정한 질서를 구축해 온 영미법의 경험이 참고될 것이다. 영미법상 이혼시 재산분할의 출발은 3분의 1 원칙이다. 즉 재산과 수입의 3은 명의자인 부에게, 나머지는 처에게 분할하는 원칙에서 출발하되, 처의 부양의 필요성과 자녀의 필요성을 고려하여 대개의 경우 재산의 동등분배와 일정기간의 부양료 지급 결정을 한다. 따라서 3분의 1원칙은 최소한 분할비율에 불과하며, 구체적인 경우에 따라 다르지만, 많은 경우 재산을 반분하거나 주택의 소유권을 처에게 양도하고 일정기간 부양료를 지급하도록 한다.

영미의 판례에 축적된 기준을 참고로 하여 다음과 같은 기준을 설정하는 것이 바람직할 것으로 생각된다. 즉 혼인기간이 길고 어린 자녀를 양육하기 때문에 취업의 가능성이 적은 배우자에게는 혼인 중 취득재산의 반 이상을 분할하거나 주택의 소유권을 양도하고, 혼인기간이 길고 자녀에 대한 친권 및 양육권을 갖고 있으나, 생계능력이 있는 배우자인 경우에는 혼인 중 취득한 재산을 반분하며(자녀를 가진 30~50대 주부가 이에 해당됨.), 그 밖의 가사관리에 중대한 실수가 있어서 재산형성에 기여도가 적은 처에게는 부양의 필요성에 따라 3분의 1을 분할하자는 것이다.[104)

4) 재산분할청구인에 대한 보호

재산상 명의를 갖고 있지 않는 배우자는 이혼시 재산분할청구권에 의해 그의 기여분을 반환받을 수 있고, 명의자인 배우자가 사망했을 때에는 배우자의 법정상속분(및 기여분 제도)에 의해 보호된다. 그러나 예컨대, 혼인 중 명의자인 배우자가 그의 명의의 혼인재산을 함부

---

104) 이화숙, 앞의 책, 352면

로 처분했을 때, 또는 이혼시 재산분할청구를 실효시키기 위한 조치를 취했을 때 명의를 갖고 있지 않은 배우자를 보호할 수 있는 조치가 필요하게 된다.

민법상 혼인 중 배우자 일방의 재산권을 보호하기 위해 명의자의 처분권을 제한하는 규정은 없다. 다만, 이혼으로 인한 재산분할청구권을 피보전권리로 하여 타방 배우자에 의해 이루어진 재산의 감소행위에 대하여 채권자취소권을 행사하거나 타방 배우자의 제3채무자에 대한 권리를 대위행사할 수 있는지가 문제된다. 이에 관하여 대법원은 "이혼으로 인한 재산분할청구권은 협의 또는 심판에 의하여 그 구체적인 내용이 형성되기까지는 그 범위 및 내용이 불명확·불확정하기 때문에 구체적으로 권리가 발생하였다고 할 수 없으므로 이를 보전하기 위하여 채권자대위권을 행사할 수 없다."라고 하였다. 이 판결은 위자료청구권의 경우도 "채무자의 무자력이 인정되지 아니하는 한, 보전의 필요성이 있다고 할 수 없어 권리보호의 자격이 없다."라고 하고 있다. 학설도 같은 취지로 이해된다.[105]

5) 재산분할청구권과 채권자대위권

재산분할청구권에 대해서 **채권자대위(제404조)가 인정될 수 있는가**가 문제된다. **재산분할청구권은 협의 또는 심판에 의하여 구체적 내용이 형성될 때까지는 그 범위와 내용이 명확하게 확정된 것이 아니므로 협의 또는 심판에 의하여 구체적 내용이 형성되기** 전에는 **재산분할청구권을 보전하기** 위하여 **채권자대위권을 행사할 수 없다고 해석하는 것이 판례의 태도이다.**(대판 1999.4.9, 98다58016)

6) 재산분할과 사해행위의 취소

이혼으로 인한 재산분할이 사해행위의 취소의 대상이 되는지가 문제된다. 이혼에 따른 재산분할에 대하여 명의자인 채권자의 사해행위 주장을 인정하여 재산분할을 취소하는 때에는 혼인생활 중 공동으로 형성한 재산에 대하여 그 명의를 가지지 못한 배우자는 혼인생활 중에도 자신의 권리를 주장할 수 없을 뿐만 아니라, 이혼이 성립된 후에도 권리를 행사할 수 없는 경우가 있을 수 있다. 친족·상속법(가족법)상의 법률행위는 비록 그것이 채무자의 재산을 감소시키더라도 취소할 수 없다는 견해[106]가 있으나, 재산분할이 지나치게 과다하여 재산분할 등을 빙자한 재산처분행위로 평가되는 경우에는 채권자취소권의 대상이 될 수 있다고 생각된다. 다만, 이미 이혼이 성립되고 그로 인한 재산분할이 이루어졌으며, 재산분할이 정당한 것으로 인정되는 때에는 그 재산분할의 효력을 인정하고, 사해행위취소의 대상이 될

---

105) 김주수·김상용, 앞의 책, 234면 이하
106) 이은영, 『채권총론』, 박영사, 2003, 370면

수 없다고 보아야 할 것이다.[107] 판례도 같은 취지이다.(대판 1996.3.8, 95다54570)

2007년 민법 일부 개정에 의하여 **재산분할청구권의 보전**을 위한 **사해행위취소권이 신설** (**제839조의3**)되었다. 혼인 중 재산분할청구권을 신설하더라도 이혼청구와 동시에 재산분할을 청구하는 경우에는 민법 제406조의 채권자취소권을 행사하지 못하는 불균형이 발생할 수 있다. 그리하여 부부의 일방이 상대방 배우자의 재산분할청구권의 행사를 해함을 알고 사해행위를 한 때에는 상대방 배우자가 그 취소 및 원상회복을 법원에 청구할 수 있도록 함으로써 혼인 중 재산에 대한 명의를 갖지 못한 부부 일방의 혼인 재산에 대한 잠재적 권리보호가 강화될 것으로 기대된다. 따라서 제839조의3 규정이 신설됨으로써 이제 당사자의 협의나 법원의 심판에 의하여 재산분할청구권의 구체적 내용이 형성되기 전에도 재산분할청구권을 보전하기 위한 채권자취소권의 행사가 가능하다는 것이 명문으로 인정된 것이다.

[판례] **재산분할청구의 배척사유**

다수의견은 이혼 당사자 각자가 보유한 적극재산에서 소극재산을 공제하는 등으로 재산상태를 따져 본 결과 재산분할청구의 상대방이 그에게 귀속되어야 할 몫보다 더 많은 적극재산을 보유하고 있거나 소극재산의 부담이 더 적은 경우에는 적극재산을 분배하거나 소극재산을 분담하도록 하는 재산분할은 어느 것이나 가능하다고 보아야 하고, 후자의 경우라고 하여 당연히 재산분할청구가 배척되어야 한다고 할 것은 아니다. 그러므로 소극재산의 총액이 적극재산의 총액을 초과하여 재산분할을 한 결과가 결국 채무의 분담을 정하는 것이 되는 경우에도 법원은 채무의 성질, 채권자와의 관계, 물적 담보의 존부 등 일체의 사정을 참작하여 이를 분담하게 하는 것이 적합하다고 인정되면 구체적인 분담의 방법 등을 정하여 재산분할청구를 받아들일 수 있다 할 것이다. 그것이 부부가 혼인중 형성한 재산관계를 이혼에 즈음하여 청산하는 것을 본질로 하는 재산분할 제도의 취지에 맞고, 당사자 사이의 실질적 공평에도 부합한다. 다만, 재산분할청구사건에 있어서는 혼인 중에 이룩한 재산관계의 청산뿐 아니라, 그로써 채무초과 상태가 되거나 기존의 채무초과 상태가 더욱 악화되는 것과 같은 경우에는 채무부담의 경위, 용처, 채무의 내용과 금액, 혼인생활의 과정, 당사자의 경제적 활동능력과 장래의 전망 등 제반 사정을 종합적으로 고려하여 채무를 분담하게 할지 여부 및 분담의 방법 등을 정할 것이고, 적극재산을 분할할 때처럼 재산형성에 대한 기여도 등을 중심으로 일률적인 비율을 정하여 당연히 분할 귀속되게 하여야 한다는 취지는 아니라는 점을 덧붙여 밝혀둔다.

---

107) 김주수, 『민법개론』, 삼영사, 1994, 226면 ; 전경근, 「재산분할청구권 보전을 위한 사해행위취소권의 요건에 관한 연구」, 『가족법연구』, 제23권 1호, 한국가족법학회, 2009

민법 제839조의2에 규정된 재산분할청구권은 이혼한 부부의 일방이 상대방으로부터 부부 공동의 노력으로 이룩한 재산 중 일부를 분할받을 권리를 말하는 것으로, 혼인생활 중에 형성된 부부 공동의 재산관계 전체의 청산을 요구할 권리라고 보이지는 않는다. 재산분할청구권이 혼인 중에 취득한 부부공동재산의 청산 분배를 주된 목적으로 한다는 것은 재산분할 제도에 혼인생활에 대한 청산적 요소가 포함되어 있다는 의미일 뿐이지, 재산분할 제도의 본질이 혼인생활 중 발생한 모든 재산관계를 청산하는 것이라는 의미는 아니다. 부부공동재산제를 채택하고 있는 국가와 달리 부부별산제를 시행하고 있는 우리 민법하에서 부부 공동의 재산관계 청산이라는 개념은 성립하기 어렵다. 따라서 우리 민법이 채택한 재산분할청구권이란, 비록 상대방 배우자 명의로 되어 있으나, 부부 공동의 노력으로 형성한 재산에 대한 재산분할청구인의 실질적인 기여를 인정하여 혼인관계가 해소될 때 상대방 배우자에게 그 재산에 대한 권리 이전을 요구하거나 그 권리에 상당하는 대가, 즉 대상代償으로서 금전의 지급을 청구할 수 있는 권리를 의미한다고 볼 것이다. 재산분할청구권의 개념을 이와 같이 이해한다면, 재산분할청구권은 상대방 명의로 되어 있는 재산이 존재하고 그 재산이 혼인생활 중에 부부 공동의 노력으로 형성되었을 것을 필수불가결한 전제로 하는 것이고, 재산분할청구인은 그 재산을 재산분할청구의 객체, 즉 분할 대상 재산으로 삼아 그에 대한 권리의 이전을 요구하거나 그 권리에 상당하는 대가로서 금전의 지급을 청구할 수 있다고 보아야 한다. 부부의 채무액이 총재산가액을 초과하여 혼인생활 중에 형성된 공동재산이 없는 경우에도 재산분할청구가 가능하다고 본다면, 이는 재산분할 제도의 본질과 대상을 오해한 것이라는 반대의견과 복수의 별개의견이 있다. 그런데 총소극재산이 총적극재산을 초과하는 경우에 재산분할이 허용되는지에 관하여 다수의견은 적극설의 입장인 반면, 반대의견은 소극설의 입장이고, 별개의견은 순재산 또는 적극재산의 한도에서 허용된다는 입장이다.(대판＜전합＞ 2013.6.20, 2010므4071, 4088 ; 지원림, 『민법강의』, 홍문사, 2013, 1901면)

2. 이혼으로 인한 위자료청구권

이혼으로 인한 위자료라는 개념은 상식적 의미에서는 이혼을 원인으로 하여 상대방으로부터 받는 금전일체 또는 유책배우자로부터 손해배상으로 받는 금전을 뜻하며, 또한 이런 의미로 사용된 예도 볼 수 있으나, 민법은 제806조에서 손해배상(1항)과 정신적 고통에 대한 배상(2항)을 구분하여 사용하고 있으므로 이혼으로 인한 배상도 양자를 구분하여 위자료는 후자, 즉 정신적 고통에 대한 배상을 뜻하는 개념으로 사용된다. 실제로는 이혼으로 인하여 손해배상을 청구하는 경우는 거의 없고 정신상 고통으로 인한 손해배상만을 청구하는 것이 대부분이며, 이혼으로 인한 정신상 고통에 대한 배상을 보통 이혼위자료라고 한다.

재산분할청구권이 혼인 중 취득재산의 기여분에 대한 **반환청구이기 때문에 유책배우자도 청구할 수 있는** 반면에, **손해배상청구권은 무책자만이 유책배우자에 대하여 청구할 수 있다는 점에 차이가 있다.**

민법은 위자료 지급책임을 이혼에 관하여 과실 있는 배우자인 유책배우자에게만 인정하고 있으므로 부정한 행위(제840조 1호), 악의의 유기(제840조 2호), 배우자에 대한 부당한 대우(제840조 3호, 4호) 등 이혼에 있어서 과실 있는 배우자는 무책배우자에 대하여 위자료를 지급할 책임이 있는 것이다. 반대로 협의이혼을 한 경우 상대방에게 이러한 과실이 없거나 쌍방에 과실이 있는 때에는 위자료를 청구 할 수 없거나, 과실상계의 원리에 따라 배상액이 조정된다. 따라서 위자료청구권은 유책주의 이혼법에서 기능하는 과실 있는 상대방에 대한 이혼벌로서의 의미를 지닌다. 그러나 이혼율이 급증하고, 이혼 부부의 80%가 협의이혼하는 현실에서는 위자료청구권보다는 재산분할청구권의 의미가 보다 중요하게 된다.

재산분할청구권이 신설되기 전에는 위자료청구권이 청산과 부양의 기능을 하였던 것이 사실이다. 그러나 이제 재산분할청구권이 신설되었고, 청구권의 본질이 청산과 부양으로 정리되었으므로 이제 위자료청구권의 본질을 명확히 규명함으로써 재산분할청구권과의 관계를 정립할 필요가 있다. 이에 대하여는 손해배상설[108]과 법정책임설[109] 및 채무불이행으로 인한 손해배상청구권과 불법행위로 인한 손해배상청구권이 경합한다는 견해[110]가 있다.

생각건대 위자료청구권의 본질을 불법행위로 인한 손해배상책임으로 이해하는 경우에는 협의이혼을 한 당사자는 과실 있는 상대방에 대하여 불법행위에 기한 손해배상청구를 할 수 없다는 한계를 지닌다. 한편 법정책임설은 제806조 본문이 과실책임주의 원칙을 분명히 하고 있음에 비추어 무리한 해석이라고 생각된다. 그러므로 이혼으로 인한 위자료청구권은 부부의 동거의무·정조의무 등 혼인의무를 파기한 데 대한 채무불이행책임으로 이론을 구성하는 견해도 있다.[111] 다만, 타방 배우자의 고의 또는 과실에 의해 혼인 당사자로서의 지위가 침해된 경우에는 불법행위로 인한 손해배상을 청구할 수 있음은 물론이며, 양 청구권은 경합하는 것으로 생각된다.(동지: 박순성[112]) 한편 대법원은 이혼위자료가 불법행위로 인한 손해배상청구권임을 명백히 하고 있다.(대판 1968.3.5, 68므5 ; 대판 1987.10.28, 87므56)

---

108) 김증한, 『주석 채권각칙(Ⅳ)』, 한국사법행정학회, 1994, 153면 ; 한봉희, 「위자료청구권의 제문제」, 『민사법과 환경법의 제문제』(안이준 박사 화갑기념논문집), 박영사, 1986, 303면
109) 김숙자, 「재산분할청구권」, 『가족법연구』, 제4호, 한국가족법학회, 1990, 97면
110) 박순성, 「이혼을 원인으로 하는 손해배상청구권의 법적 성격」, 『민사법과 환경법의 제문제』(안이준 박사 화갑기념논문집), 박영사, 1986, 528면
111) 이화숙, 앞의 책, 361면
112) 박순성, 앞의 논문, 533면

3. 이혼 후의 부양

민법은 이혼 후의 부양료청구권을 규정하고 있지 않고, 재산분할청구권에 부양적 요소가 포함되어 있다고 해석하지만, 입법론으로서는 이혼 후의 부양료청구권을 신설함이 타당하다. 전 배우자간의 부양의무를 인정함으로써 전 배우자간의 생활의 균형과 실질적 형평을 기할 수 있기 때문이다. 이는 이혼에 대한 장려가 아니고 오히려 경솔한 이혼을 제어하는 장치로서 기능할 것이며, 경제적 약자인 이혼여성과 자녀의 지위가 안정될 수 있게 된다.

○ 이혼소송 도중 배우자 일방 사망하면 상속인, 재산분할청구소송 수계 못해

이혼소송과 재산분할청구소송이 병합돼 진행되던 도중 배우자 일방이 사망한 경우 상속인들은 재산분할소송을 수계할 수 없다는 대법원 판결이 나왔다.

대법원 특별3부는 2003년 10월 10일 윤모씨(78)가 아내 오모씨(58)를 상대로 낸 이혼 및 위자료 등 청구소송 상고심(2003므1289)에서 원고의 사망을 이유로 소송종료를 선언하고, 윤씨의 전처소생 자식 5명이 낸 재산분할청구에 대한 소송수계신청을 기각했다.

재판부는 판결문에서 "이혼소송과 재산분할청구가 병합된 경우 재판상의 이혼청구권은 부부의 일신전속의 권리이므로 이혼소송 계속 중 배우자의 일방이 사망한 때에는 상속인이 그 절차를 수계할 수 없고, 검사가 수계할 수 있는 특별한 규정도 없으므로 이혼소송은 종료된다"며, "따라서 이혼의 성립을 전제로 낸 재산분할청구 역시 이를 유지할 이익이 상실돼 이혼소송의 종료와 동시에 종료된다"라고 밝혔다.

윤씨는 지난 1998년 피고 오씨와 재혼했으나, 2001년 오씨가 전 남편인 김모씨와 함께 보름 동안 캐나다에 유학 중인 자신의 아들을 만나고 귀국한 일이 계기가 되어 전처 자식들과 수억원대의 재산을 둘러싸고 형사고소를 하는 등 심한 갈등을 빚자 이혼소송을 내 1·2심에서 일부 승소했으나, 오씨가 대법원에 상고한 뒤인 2003년 8월에 사망했다.(『법률신문』, 2003.10.23, 3면)

---

4. 우리나라의 상속세 제도

1) 과세방식

상속세 제도에는 크게 유산세 방식과 유산취득세 방식이 있다. 유산세 방식은 피상속인의 유산 자체를 대상으로 과세하는 것으로서 그 점에서 자산세적 성격을 띠고 있다. 유산세 방식은 피상속인의 일생에 걸친 경제생활의 종결에 따라 이를 청산하여 과세하는 의미가 있다. 현행 「상속세 및 증여세법」은 유산세 방식을 채택한 것으로 보인다. 유산세 방식은 피상속인의 모든 재산을 종합하여 생전의 세부담을 정산하는 데 뜻이 있으며, 유산에 대한 상속세분을 허위로 분할상속하게 하여 조세의 부담을 회피하는 것을 방지할 수 있어서 세무행정 집행에 있어 간편하고 세원일실의 우려가 적다는 장점이 있다.

이에 비하여 유산취득세 방식은 유산분할에 따라, 즉 각 유산취득자의 취득한 재산의 가액에 대하여 개별적으로 과세하는 것으로서 취득세의 성질을 지닌다. 상속세를 유산취득으로 인한 자산의 증가에 대한 조세로 보는 사고에 보다 충실한 방식이다. 상속인 또는 그 밖의 유산취득자의 취득분에 한해서 개별적으로 과세되므로 각 취득자의 재산의 취득사실을 불로소득으로 보아 그 일부를 조세로 흡수하기 때문에 취득재산별로 크기에 따라 세액을 부담한다. 따라서 납세의무자의 입장에서 보아 형평에 부합하며 유산분할을 촉진하여 부의 집중을 완화하게 된다. 그러나 유산의 취득자와 취득분을 확인하여야 하는 집행상의 어려움이 있다.

2) 상속세 과세가액과 인적 공제

상속세 과세가액은 상속재산가액에 피상속인이 상속개시 전 5년 내에 상속인에게 증여한 재산의 가액과 상속개시 전 3년 이내에 상속인 외의 자에게 증여한 재산의 가액을 가산한 금액에서 공과금, 장례비용 및 채무액(위의 증여채무 제외)을 공제한 금액이다.

피상속인의 사망으로 인한 경제적 충격을 고려하여 상속세의 부담을 완화함으로써 생존자의 생활안정을 도모하고자 1996년 「상속세 및 증여세법」은 과세가액에서 각종 공제액을 인상하였다. 그 공제액으로는 기초공제와 인적 공제로서 배우자상속공제 등과 물적 공제가 있다. 그리고 배우자 상속공제는 피상속인의 유산형성에 있어서의 배우자의 기여를 인정하고, 또한 상속과세의 적정대상을 부의 수직적 이전(직계비속으로의)으로 인식하면서 수평선상에 있는 배우자에 대한 배려가 높아졌다. 그리하여 배우자가 실제로 상속받은 금액은 상속세 과세가액에서 공제된다. 현행 상속세법은 상속재산을 신고한 경우 상속재산(수유자가 유증 등을 받은 재산을 공제하고 상속재산에 가산되는 증여재산을 포함)에 배우자의 법정상속분을 곱하여 계산한 금액(30억원 한도)을 공제의 한도로 한다.(상속세 및 증여세법 제19조 1항) 법정상속분이란 본래의 법정상속분을 의미하여 다른 공동상속인들이 상속을 포기한 경우에도 이를 참작하지 않는다. 상속재산을 배우자에게 몰아 줌으로써 30억원까지는 상속세를 회피하는 것을 방지하기 위함이다.

3) 상속세법의 문제점

재산분할청구권의 법적 성질에 대하여 학설과 판례는 청산적 요소와 부양적 요소로 파악하는 한편 제839조의2의 "당사자 쌍방의 협력으로 이룩한 재산"에는 비경제적 기여, 즉 가사노동을 통한 기여를 포함하는 것으로 해석해 왔다. 따라서 혼인 중에는 별산제이지만, 이혼시에는 실질적 공유제인 것이다. 그럼에도 민법의 하위법인 상속세법은 별산제에 관한 제830조의 원칙에 따라 명의자가 곧 소유권자이므로 이혼시에 명의를 갖고 있지 않은 배우자(대개의 경우 처)에 대한 재산의 분할은 명의자(대개의 경우 부)로부터의 증여라는 인식하에 증여세를 부과해 왔으며, 단지 증여세 공제의 범위만을 확대하는 미봉책을 써왔다. 그러나 공제폭의 확대는 결국 여성이 경제적 무능력자라는 인식을 바탕으로 하여 여성을 동정하는 시혜에 불과하다. 이러한 여성에 대한 상속세법의 기본인식이 헌법재판소로부터 위헌이라는 결정을 받게 된 것이다.

> **판례**   이혼시 분할재산에 대한 증여세 부과 규정에 대한 헌법재판소 위헌결정(요지)

> 이혼시의 재산분할 제도는 본질적으로 혼인 중 쌍방의 협력으로 형성된 공동재산의 청산이라는 성격에 경제적으로 곤궁한 상대방에 대한 부양적 성격이 보충적으로 가미된 제도라 할 것이어서 이에 대하여 재산의 무상취득을 과세원인으로 하는 증여세를 부과할 여지가 없으며, 설령 증여세나 상속세를 면탈할 목적으로 위장이혼하는 것과 같은 경우에 증여와 동일하게 취급할 조세정책적 필요성이 있다 할지라도 그러한 경우와 진정한 재산분할을 가리려는 입법적 노력 없이 반증의 기회를 부여하지도 않은 채 상속세 인적 공제액을 초과하는 재산을 취득하기만 하면 그 초과 부분에 대하여 증여세를 부과한다는 것은 입법목적과 그 수단간의 적정한 비례관계를 벗어난 것이며 비민주적인 조세관의 표현이다. 그러므로 이혼시 재산분할을 청구하여 상속세 인적 공제액을 초과하는 재산을 취득한 경우 그 초과 부분에 대하여 증여세를 부과하는 것은 증여세제의 본질에 반하여 증여라는 과세원인이 없음에도 불구하고, 증여세를 부과하는 것이어서 현저히 불합리하고 자의적이며 재산권보장의 헌법이념에 부합하지 않으므로 실질적 조세법률주의에 위배된다.
> 이혼시의 재산분할청구로서 취득한 재산에 대하여 증여세를 부과하는 주된 입법목적은 배우자의 사망으로 상속받는 재산에 대하여 상속세를 부과하는 것과 과세상 형평을 유지한다는 데 있다고 하나, 이혼과 배우자의 사망은 비록 혼인관계의 종료를 가져 온다는 점에서 공통점이 있다 하더라도 그로 인한 재산관계, 신분관계는 여러 가지 면에서 차이가 있다. 따라서 증여세의 상속세 보완세적 기능을 관철하는 데에만 집착한 나머지 배우자 상속과 이혼시 재산분할의 재산관계의 본질적이고도 다양한 차이점을 무시하고 이를 동일하게 다루는 것은 본질적으로 다른 것을 같게 다룸으로써 자신의 실질적 공유재산을 청산받는 혼인당사자를 합리적 이유 없이 불리하게 차별하는 것이므로 조세평등주의에 위배되는 것으로 생각된다.(헌재결 1997.10.30, 96헌바14)

생각건대 이혼시 배우자 한 쪽이 제830조를 근거로 상대방 배우자 명의의 재산에 대한 그의 권리를 주장하여 법원에서 받아들여진 때에는 특정재산의 취득에 대한 그의 금전적·실질적 기여가 법원으로부터 인정된 것이므로 증여가 성립될 여지가 없다. 또한 이혼법상의 재산분할청구의 경우 학설과 판례는 일치하여 제839조의2의 규정의 내용에는 가사노동에 의한 기여가 포함된다고 해석하고 있다. 따라서 법원의 결정에 의해 재산분할액수가 정해진 것은 청구인이 그의 기여분만큼을 반환받는 것이며, 증여가 아니라는 평가가 이미 법(제839조의2)과 법원에 의해 내려졌음을 의미한다. 그럼에도 불구하고 민법의 하위법인 상속세법이 이혼시 분할재산에 대해 증여세를 부과하는 것은 본말이 전도된 것이다. 다만, 이혼 배우자 간의 협의로 과다하게 재산이 분할된 경우 증여나 악용의 소지가 있을 수는 있으나, 이는 예외적인 경우이며, 이러한 경우에 한하여 증여세를 부과하면 되는 것이지, 예외적인 경우를 일반화하여 증여세를 부과하는 것은 타당하지 않은 것으로 생각된다.

4) 이혼시 재산분할의 방편으로 이루어진 자산이전과 양도소득세

대법원은 1998년 2월 13일의 판결에서 "협의이혼시에 실질적인 부부공동재산을 청산하기 위하여 이루어지는 재산분할은 그 법적 성격, 분할 대상 및 범위 등에 비추어 볼 때 실질적으로는 공유물분할에 해당하는 것이라고 봄이 상당하므로 재산분할의 방편으로 행하여진 자산의 이전에 대하여는 공유물분할에 관한 법리가 준용되어야 할 것이므로 이혼시 재산분할의 일환으로 부부 각자의 소유 명의로 되어 있던 각 부동산을 상대방에게 소유권을 이전하였다고 하여도 특별한 사정이 없는 한, 공유물분할에 관한 법리에 따라 그와 같은 부동산의 이전이 유상양도에 해당한다고 볼 수 없고, 또한 재산분할이 이루어짐으로써 분여자의 재산분할의무가 소멸하는 경제적 이익이 발생한다고 해도 이러한 경제적 이익은 분할재산의 양도와 대가적 관계에 있는 자산의 출연으로 인한 것이라 할 수 없으므로 재산분할에 의한 자산의 이전이 양도소득세 과세대상이 되는 유상양도에 포함되지 않는다."라고 하였다. 즉 대법원은 이혼시 재산분할이 공유물분할임을 분명히 하고 있다. 이에 대하여 이 판결의 반대의견은 "혼인 중 부부 한 쪽의 명의로 등기된 부동산을 당사자 쌍방의 협력으로 이룩한 부부의 공유재산에 속한다고 보는 것은 민법의 규정과 부동산등기의 추정력을 고려할 때 법률해석론으로는 수긍할 수 없는 지나친 이론이라 말하지 않을 수 없다. 부부 한 쪽의 명의로 등기된 부동산은 일단 특유재산으로 추정하는 것이 올바른 해석이므로 그 부동산이 재산분할의 대상이 되었다는 이유만으로 공유부동산으로 바뀌고 지분비율까지도 확정하여 실질적인 공유관계에 대한 입증이 면제되는 것으로 보는 것은 논리의 비약이 아닐 수 없다."라고 하였으나, 앞에서 살펴본 바와 같은 이유로 찬성하기 어렵다.(동지: 이화숙[113])

한편, 대법원은 "이혼시 위자료에 대하여는 증여세를 부과하지 않으나, 부동산의 소유권을 이전하는 경우에는 양도소득세의 과세대상이 된다"(대판 1989.6.27, 88누10183)라고 한 바 있으며, 재산분할에 의한 자산의 이전은 유상양도가 아니므로 양도소득세 과세대상이 아니라는 입장을 분명히 하였다.

> **판례** 재산분할의 방법으로 부부 일방 명의의 부동산을 상대방에게 이전하는 것과 양도세의 부과 가부
>
> 민법 제839조의2에 규정된 재산분할 제도는 그 법적 성격, 분할 대상 및 범위 등에 비추어 볼 때 실질적으로는 공유물분할에 해당하는 것이어서 공유물분할에 관한 법리가 준용되어야 할 것인 바, 공유물의 분할은 법률상으로는 공유자 상호간의 지분의 교환 또는 매매라고 볼 것이나 실질적으로는 공유물에 대하여 관념적으로 그 지분에 상당하는 비율에 따라 제한적으로 행사되던 권리, 즉 지분권을 분할로 인하여 취득하는 특정 부분에 집중시켜 그 특정 부분에만 존속시키는 것으로 소유형태가 변경된 것 뿐이어서 이를 자산의 유상양도라고 할 수 없으며, 이러한 법리는 이혼시 재산분할의 방법으로 부부 일방의 소유 명의로 되어 있던 부동산을 상대방에게 이전한 경우에도 마찬가지라고 할 것이고, 또한 재산분할로 인하여 이전받은 부동산을 그 후에 양도하는 경우 그 양도차익을 산정함에 있어서는 취득가액은 최초의 취득시를 기준으로 정할 것이지, 재산분할을 원인으로 한 소유권이전시를 기준으로 할 것은 아니다.(대판 2003.11.14, 2002두6422)

제5절 부모와 자(친생자)

Ⅰ. 친자관계

1. 의의

친자관계는 혼인관계와 더불어 가족관계의 기초가 된다. 일반적으로 친자관계라고 할 때 혈연에 의한 친자관계만을 생각하는 경우가 많으나, 친자관계는 혈연에 기초하는 것 외에 당사자의 의사에 의하여 발생할 수도 있다.(입양에 의한 친자관계, 법정친자관계)

친자관계에 있어 모계사회에서는 모자관계가 사회적으로 중시되었으나, 봉건적·가부장적 사회에서는 부의 권위가 절대적이다.

---

113) 이화숙, 앞의 책, 377면

2. 민법상의 친자관계

친생친자관계와 법정친자관계(양친자관계)가 있다. 부모와 자녀의 관계가 혈연에 기초하고 있는 경우가 친생친자관계이며, 혈연에 의하지 않고 당사자의 의사에 기초한 경우가 법정친자관계이다. 친생자는 부모와 혈연관계에 있는 자로서 부모의 혼인상태에 따라 혼인 중의 출생자와 혼인 외의 출생자로 나뉜다.

1990년 민법 개정 전에는 계모자, 적모서자관계도 법정혈족관계였으나, 개정 후에는 이를 폐지하여 민법상의 인척관계로 규정하였다. 이러한 친자관계는 당사자의 의사와 관계없이 발생한다는 점에서 문제가 있었으며, 또한 적모서자관계는 부계적 봉건사회에 있어서의 첩 제도의 잔존물로서 처의 인격을 모욕하는 것이었다. 그러나 구법에 의하여 인정되어 오던 친자관계가 경과조치 없이 자동적으로 소멸하게 하는 것은 가족관계의 안정성을 해칠 우려가 있으며, 이혼과 재혼의 증가로 늘어가고 있는 계친자관계에 아무런 관계도 인정하지 않는 것은 문제가 있다는 지적도 있었다.114)

3. 친자의 성

1) 현행 규정

자는 원칙적으로 부의 성과 본을 따르지만(제781조 1항 전문), 부가 외국인인 때에는 모의 성과 본을 따를 수 있으며(제781조 1항 단서), 부를 알 수 없는 경우에는 모의 성과 본을 따른다.(제781조 2항) 부모를 알 수 없는 자는 법원의 허가를 얻어 성과 본을 창설할 수 있으며, **그 후 부 또는 모를 알게 된 때에는 부 또는 모의 성과 본을 따른다.(제781조 3항)**

2) 2005년 개정 민법 규정(2008년 1월 1일 시행)

[1] 자는 원칙적으로 부의 성과 본을 따른다. 다만, 부모가 혼인신고시 모의 성과 본을 따르기로 협의한 경우에는 모의 성과 본을 따른다.(제781조 1항)

[2] 부가 외국인인 경우에는 자는 모의 성과 본을 따를 수 있다.(제781조 2항) 외국인 부와 한국인 모 사이에서 태어난 자는 부모의 협의에 의하여 모의 성을 따를 수 있다. 개정 국적법이 부모양계혈연주의를 채택함으로써(국적법 제2조), 국제혼인을 한 부부 사이에서 태어난 자는 일단 이중국적자가 된다. 자가 출생시 외국인인 부의 성을 따랐는데, 후에 모의 국적인 한국 국적을 선택한 경우에는(자는 만 22세가 되기 전까지 하나의 국적을 선택해야 한다. 국

---

114) 이경희, 『친족·상속법(가족법)』, 법원사, 2001, 100면

적법 제12조) 자는 부의 성을 계속 유지할 수도 있고, 원하는 경우에는 모의 성을 따라 성을 변경할 수 있다.(가족관계등록예규 제387호 제14조 1항)

[3] **부를 알 수 없는 자는 모의 성과 본을 따른다.**(제781조 3항) 부를 알 수 없는 자의 뜻에 대해서 **가족관계등록예규 제102호**는 "**모가 부라고 인정할 사람을 알 수 없는 자를 의미한다.**"라고 하여 부의 인지를 받지 못한 자라도 사실상의 부를 알 수 있는 경우에는 부의 성과 본을 따르도록 하고 있으나, 그 부와 자 사이에 **부자관계가 법률적으로 발생하지 않는데, 성만 부의 성을 따르게 하는 것은 수긍이 되지 않는다.**[115]

[4] 부모를 알 수 없는 자는 법원의 허가를 받아 성과 본을 창설한다. 다만, 성과 본을 창설한 후 부 또는 모를 알게 된 때에는 부 또는 모의 성가 본을 따를 수 있다.(제781조 4항) '부모를 알 수 없는 자'란 등록법 제52조가 규정한 기아이거나, 그 외에 부모를 알 수 없는 고아 등을 말한다. 기아의 경우에는 시·읍·면의 장이 가정법원의 허가를 얻어 기아의 성과 본을 창설하고 이름과 등록기준지를 정하여 직권으로 가족관계 등록부에 기록하여야 한다.(제781조 4항, 가사소송법 제2조 1항 라류사건 iv, 등 제52조 3항) 기아 아닌 고아 등의 경우에는 본인 또는 법정대리인(「보호시설에 있는 고아의 후견직무에 관한 법률」에서 후견직무를 행할 사람으로 지정된 사람 및 법원의 선임후견인 등이 포함된다.)이 가사소송법에 따라 관할 가정법원(지방법원 및 지원)에 성·본의 창설허가를 신청한다. 신청인이 가정법원에서 성·본의 창설허가를 받으면 신청인은 허가재판서 등본을 첨부하여 가족관계 등록 창설허가를 받아 시(구)·읍·면의 장에게 가족관계등록창설신고를 한다.(가족관계등록예규 제105호) 그 후에 **고아나 기아가 부 또는 모를 찾은 경우에는 부 또는 모의 성과 본을 따를 수 있다.**

[5] **혼인 외의 출생자가 인지된 경우 자는 부모의 협의에 따라 종전의 성과 본을 계속 사용할 수 있다.** 다만, **부모가 협의할 수 없거나 협의가 이루어지지 아니한 경우에는 자는 법원의 허가를 받아 종전의 성과 본을 계속 사용할 수 있다.**(제781조 5항)

부계혈통주의를 따르는 현행 민법에 의하면 인지되지 않은 혼인 외의 출생자는 모의 성과 본을 따르고, 부가 인지하면 부의 성과 본을 따르게 된다. 인지에 있어서는 모나 자의 동의가 필요 없다. 따라서 혼인 외의 출생자는 오랜 기간 모의 성과 본을 사용해 온 경우에도 부의 인지로 인하여 본인의 의사와는 관계없이 자기도 모르는 사이에 성과 본이 변경될 수 있으며, 이는 결국 인격권 및 인권을 침해당하는 결과를 낳을 수 있다. 이러한 문제점을 해결하기 위하여 개정 민법은 혼인 외의 출생자가 인지된 경우에도 인지 전에 사용했던 성과 본을 유지할 수 있도록 한 것이다.

[6] 자의 복리를 위하여 자의 성과 본을 변경할 필요가 있을 때에는 부, 모 또는 자의 청

---

115) 김주수·김상용, 앞의 책, 278면

구에 의하여 법원의 허가를 받아 이를 변경할 수 있다. 다만, 자가 미성년자이고 법정대리인이 청구할 수 없는 경우에는 제777조의 규정에 따른 친족 또는 검사가 청구할 수 있다.(제781조 6항)

이 규정은 주로 재혼 가정에서 자라는 자녀들이 실제로 부의 역할을 하고 있는 계부와 성이 달라서 고통을 받는 경우의 문제를 해결하기 위하여 도입된 것이다. 그러나 반드시 재혼 가정이 아니더라도 부의 파렴치한 범죄행위나 가정 폭력 등을 이유로 부모가 이혼한 경우에 자가 부의 성을 계속해서 사용하는 것을 거부하고 모의 성과 본을 따르고자 하는 경우에도 자의 복리를 고려하여 성의 변경이 가능하다.

성·본 변경의 판단기준은 제781조 제6항은 "'자의 복리를 위하여 자의 성과 본을 변경할 필요가 있을 때'에 법원의 허가를 받아 자의 성과 본을 변경할 수 있다."라고 추상적으로 규정하고 있으므로 법원의 판단기준으로 제시되어 있는 자녀의 복리를 구체적으로 어떻게 해석할 것인가의 문제가 제기된다.(대판 2009.12.11, 2009스23) 여러 가지 세부적인 기준의 제시가 가능하겠지만, 우선 자녀와 부의 관계를 판단의 기준으로 삼는 방법을 생각해 볼 수 있다. 자녀와 부의 관계가 안정적으로 유지되고 있는 경우에는 이와 같은 관계를 보호하는 것이 일반적으로 자녀의 복리에 적합할 것이다. 반면에, 부가 자녀와의 교류를 단절시키고, 양육비도 지급하지 않는 경우라면, 실제로 아버지의 역할을 하고 있는 계부의 성을 따를 수 있도록 허용하는 것이 자녀의 복리에 적합한 결정이 될 것이다. 자녀가 재혼 가정에서 성장한 기간과 재혼 가정에 대해서 실제로 느끼는 귀속감의 정도 역시 고려되어야 할 요소라고 할 수 있다. 이와 관련하여 자녀가 장기간 계부의 성을 사실상 사용해 왔다는 사실은 성의 변경을 정당화하는 사유가 될 수 있다. 자녀의 의사도 중요한 고려요소이지만, 자녀의 연령 및 정신적인 성숙도에 따라 고려의 비중을 조정할 필요가 있을 것이다.

자의 성·본 변경과 친양자 입양의 관계를 보면 원래 민법에 규정되어 있던 일반입양과는 달리 친양자 입양을 하는 경우에는 양자가 양친의 성을 따르게 된다. 따라서 '자의 성 변경을 원하는 경우에는 친양자 입양을 하면 되는데, 굳이 이와 별도로 성 변경 조항이 필요한가?'라는 의문이 제기될 수도 있다. 그러나 친양자 입양의 효과로서 자의 성이 변경되는 것과는 별도로 성 변경에 관한 규정이 필요한 경우가 있을 수 있다.

첫째, 민법상 일반양자로 자를 입양하는 경우(제866조 이하)에는 양자가 양친의 성을 따를 수 없다는 문제가 있는데, 이 경우에 당사자가 원한다면 제781조 제6항에 의하여 법원의 허가를 받아 양자의 성을 변경하는 것이 가능해진다. 친양자 입양을 하는 경우에는 입양 전의 친족관계가 종료되므로(제908조의3 제2항) 예컨대, 계부가 배우자의 자를 친양자로 입양하는 경우 자와 부 사이는 물론 자와 부계친족간의 친족관계까지 모두 소멸된다. 그러나 당사자가 이러한 결과까지 원하지 않는 경우가 있을 수 있으므로 당사자의 선택에 따라 계부가 배우자의 자를 민법상의 일반입양 규정에 의하여 입양하는 한편, 법원의 허가를 받아 자가 양부인 계부의 성을 따를 수 있는 길을 열어 주는 것이다. 이러한 방법은 친양자 입양과 일반입양을 절충한 형태라고 볼 수 있다.

둘째, 부모가 이혼한 후 모가 친권자로서 자를 양육하고 있는 경우에 자녀가 모의 성을 따르기를 원하는 경우가 있을 수 있다. 이와 같은 경우에는 자녀의 의사와 장래 등 자녀의 복리를 종합적으로 고려하여 상당한 이유가 있다고 인정되면 자녀가 모의 성을 따를 수 있도록 허용하는 것이 타당할 것이다.

○ 중국에서도 '엄마 성' 따르기 확산

중국에도 요즘 부모 중 누구의 성을 따라 자녀 성을 정해야 할지 논란거리가 되고 있다. 특히 정부의 '독생자녀'(한 가족 한 자녀) 정책으로 대부분 가정이 자녀를 1명밖에 낳을 수 없어 자녀가 무슨 성을 갖는지에 따라 후손 유무가 결정되므로 이 문제는 사회의 큰 관심을 끌고 있다.

2001년 개정된 중국 혼인법에 따르면 자녀의 성은 부모 성 중 하나를 선택해 정할 수 있으나, 자녀는 당연히 아버지 가계를 이어야 한다는 전통적인 관념에 따라 아직도 대부분 아버지 성을 이어 받고 있다.

하지만 최근 경제적인 자립 능력을 갖춘 여성들이 늘어남에 따라 자유롭게 모계 성을 따를 수도 있어야 한다는 목소리가 커지고 있다. 특히 상하이上海와 광저우廣州 등 선진 도시에서는 여성의 수입이 남성보다 높은 경우가 많아 자녀 성을 놓고 심각한 가정 분란이 야기되고 있다. 이 때문에 아예 결혼할 때부터 자녀 성을 정해놓고 시작하는 부부가 있는가 하면, 아이의 이름을 부모 성을 합쳐 짓는 경우도 있다. 예컨대, 아버지 성이 장張이고 어머니 성이 왕王이면 아이 이름은 '장왕'張王으로 짓는 식이다. 이렇게도 해결이 되지 않으면 아예 부모 성을 모두 제쳐놓고 엉뚱한 성과 이름을 짓기도 한다. 광시廣西장족자치구의 한 부부는 자신들의 성이 황黃과 린林이지만, 아이 이름은 쓰루이思瑞로 지었다. 이처럼 중국에도 자녀의 성을 놓고 논란이 있지만, 중국은 자녀의 성을 임의로 선택할 수 있다는 측면에서 한국보다 훨씬 개방적이다. 호적에 등재되는 출신 민족도 부모의 민족이 다를 경우 자녀의 호적에는 둘 중 하나를 선택해 기재할 수 있으며, 아이가 성장 후 이를 다시 변경할 수도 있다.(『조선일보』, 2003.2.28, 5면)

II. 재혼 가족, 다문화 가족의 자의 성과 본

1. 재혼 가족의 개념

재혼이나 재혼 가족에 대한 용어나 개념정의는 학자마다 다르다.

재혼 가족(remarried family)은 자녀의 유무에 관계없이 최소한 한쪽 배우자가 재혼인 경우에 형성되는 가족을 말한다. 그리고 이와 유사한 용어로서 계부모 가족(step family)은 부모의 한쪽이 친부모이며, 그 친부모가 재혼하기 전 배우자 사이에서 출생한 18세 이하의 자녀가 있는 재혼 가족을 말한다.[116]

사전적 재혼의 의미는 재혼 당사자의 성별에 따라 각기 다른 용어로 사용하고 있는데, 남성의 경우 재혼을 재취, 계취, 재초, 재연이라 한다.[117] 또한 재혼은 "이미 한 번 또는 그 이상 결혼하여 가정을 이룬 남성이나 여성이 다른 배우자의 사별 또는 이혼을 통하여 새롭게 가정을 재구성하는 것"이라 정의할 수 있다.[118]

재혼 가족에 대한 용어나 개념은 비슷한 의미의 '의부 가족', '계부모 가족', '재결합 가족', '혼합 가족' 등의 용어로 혼용되어 사용되기도 한다. 재혼 가족이 한 명 이상의 초혼이 아닌 성인 남녀의 재결합이라는 의미에서 부부에게 중점을 둔 반면, 후자의 두 용어는 아동이 있을 경우 아동의 입장에서 생모·생부가 아닌 부모와 아동으로 이루어진 가족형태를 표현한 용어로 사용된다.

현재 재혼 가족은 무자녀 이혼, 사별자의 재혼 및 미혼자, 이혼자 결합의 경우까지 모두 포괄할 수 있는 개념으로 사용되고 있다.

최근 우리 사회에 이혼이 증가하면서 재혼 가족도 함께 증가하고 있다.

재혼 가족은 가족의 재구성을 통하여 손상된 가족 기능을 회복하고 가족의 건강과 행복을 새롭게 도모하고자 하는 인간의 긍정적인 욕구의 표현이라고 할 수 있다.

이제는 재혼 가족도 다양화된 가족 유형 중의 한 형태로 자리를 잡아야 한다.

재혼 가족의 문제를 더 이상 개인의 문제가 아닌 사회적 문제로 받아들이는 재혼 가족에 대한 부정적인 인식의 전환이 필요하고 그들이 겪을 수 있는 어려움과 그에 따른 대처 등에 대한 준비교육을 통하여 또 하나의 새로운 가족의 시작에 관심을 가져야 한다.

---

116) Paul C. Glick, Family Relation, 1989
117) 한국어대사전편찬위원회, 『한국어대사전』, 1986
118) 조옥라, 「재혼, 또 다른 시작」, 한국가정법률상담소 창립 40주년 기념 심포지엄 발표논문

2. 재혼 가족의 문제

1) 적응의 문제

(1) 이혼 후의 재혼 적응 문제

이혼은 남녀 모두 정서적으로 불안정하며, 분노·불안·우울함으로 인해 심리적 외로움과 정신적 어려움을 겪으며 이상 심리에 빠지기 쉽다. 이러한 상황은 이혼 후 재혼적응에 영향을 미치게 된다. 따라서 이혼 후 재혼은 여자 쪽의 경제적 어려움, 사회활동, 이혼녀에 대한 사회의 인식, 재혼의 기회 등에 있어서 어려움을 경험하며, 결혼에 대한 필요는 남자가 더 크고 남자의 의존성을 인정하고 표현하는 것이 어렵도록 사회화되어 결혼의 와해가 미치는 부정적 영향이 남자에게 더 크다. 초기에는 남자가 더 힘들고 여자에게는 그 영향이 더 지속적이다.[119]

또한 전 배우자와 결혼생활기간이 짧을수록, 다양한 대응전략을 활용할수록(취업, 상담, 학습활동 등), 또 경제형편이 좋고 전 배우자에 대한 애착이 약할수록 이혼 후 생활에 잘 적응하였으며, 이혼 제안을 자신이 한 경우와 재혼을 한 경우 적응도가 높았다.[120]

(2) 사별 후의 재혼 적응 문제

결혼생활이 중심이 되어 있는 가족관계에서 배우자를 잃었을 경우, 이혼보다 급작스럽게 준비 없이 당하게 되므로 적응하는 데 곤란을 느끼게 된다. 특히 여성의 경우 경제적·사회적 지장을 초래하고, 핵가족화하는 현대사회에서 혼자된 노인은 고립감과 역할상실 등의 정서적 불안정으로 인해 수명단축 및 자살률의 증가, 행동의 장애(기억장애) 등을 나타내기도 한다. 그러나 다른 한편으로는 주위 사람들의 동정이나 가능한 면의 원조를 받을 수 있고, 사별 초기에는 자신의 불행한 운명에 대한 정신적 타격이 크게 작용하겠으나 시일이 경과하면 체념상태에 이르고, 다른 한편으로는 새로운 각오와 가족 간의 단결이 강화될 수도 있다.(특히 모자가족의 경우)

재혼의 가능성으로 보아서는 남성이 유리하나 기혼 자녀와 동거를 할 경우 기존 역할을 그대로 유지할 수 없는 문제를 갖게 되는 반면, 여성은 재혼 가능성이 적으나 역할의 계속이 가능하므로 적응에 도움을 받기도 한다.

---

119) S. L. Albrecht, 「Reactions and Adjustment to Divorce: Differences in the Experiences of Males and Females」, Family Relations, 29(1), 1980
120) 한경혜, 「이혼 여성의 문제점과 적응과정에 관한 연구」, 『여성연구』, 제11권 4호, 한국여성정책연구원, 1992

2) 부부관계의 문제

(1) 전혼 배우자 요인

부부관계에 있어서 전혼 배우자로 인한 갈등의 형태는 아직 싱글인 전혼 배우자가 현재의 재혼생활을 방해하는 경우, 사별한 전혼 배우자의 제사를 지내주는 것을 둘러싼 갈등, 현재 배우자를 속이고 이전 배우자를 계속 만나는 경우, 이전 배우자와의 결혼생활이 현재 재혼생활의 평가기준이 되는 경우 갈등을 겪게 된다. 특히 이혼으로 인한 재혼일 경우 이혼자 중 한 사람은 재혼하고 나머지 배우자는 싱글인 경우나 현재 부부관계와 이전 배우자와의 관계에 대해 재혼 전에 어떠한 논의나 규칙 등이 설정되지 않았을 경우 전혼 배우자는 갈등의 요인이 된다. 따라서 '재혼 가족 내에는 초혼 가족과는 달리 전처, 전혼 자녀, 전혼 친척 관계 등 다양한 가족 내 하위 시스템이 존재하므로 이 관계들의 경계를 어떻게 조율하는가?'에 따라 재혼 가족의 적응에 중요한 영향을 미친다고 할 수 있다.

(2) 자녀 요인

전혼 자녀의 존재는 재혼 부부에게 새로 결합한 부부의 관계보다 더 강력하고 친밀한 각각의 부모-자녀관계가 선행된다는 것이다. 즉 재혼 부부는 초혼과 같이 자녀의 출생 전까지의 서로의 친밀감과 적응에 필요한 기간, 즉 신혼기간이 없다. 이러한 불안전한 부부관계에서 부부는 자신의 자녀와 계자녀의 훈육이나 부모역할을 담당해야 하기 때문에 갈등을 겪을 수 있다. 재혼 가족들은 부모, 자녀와의 관계보다 부부관계가 가족생활 전체에 좀 더 중요한 요인으로 작용하고 있다고 보고 있지만, 부부관계는 독립적으로 기능한다기보다 자녀와의 관계에 크게 좌우되고 있다.

(3) 의사소통 요인

'재혼 부부관계에 있어서 의사소통기술이 어떠한가?'에 따라 부부관계의 질이 달라질 수 있다. 물론 부부 간의 의사소통기술은 부부관계의 질을 결정하는 데 중요한 요인이 되지만, 초혼과는 다른 맥락에서 재혼생활의 의사소통기술은 중요하다고 볼 수 있다. 이는 계모나 계부 등 재혼에 대한 사회적 편견이 존재하는 사회에서 자신이 계모 또는 계부라는 사실이 노출되는 것에 민감하게 반응하고 스트레스로 받아들이거나 재혼 가족 내에서의 자신의 위치 및 처지에 대한 불안감 등을 문제점으로 볼 때 부부간의 동등한 관계형성을 위한 서로 간의 의사소통기술 개발에 대한 노력의 중요함을 시사한다.

3) 자녀관계의 문제

(1) 친부모-친자녀관계

재혼 가족의 시작단계에서 함께 살게 되는 친부모-친자녀관계는 가장 가까운 관계이고, 이 관계는 재혼 부부보다 더 친밀할 가능성이 높다. 이러한 친부모-친자녀의 친밀감은 재혼 부부의 적응과 계부모 관계의 적응에 어려움을 야기할 수 있다. 또 재혼 가족은 함께 살지 않는 친부모에 대한 생각, 즉 '아이들의 친부모가 어딘가에 있다'는 생각, 즉 그들의 영향력을 배제할 수 없다. 자녀들은 친부모 이외에 계부모를 사랑하는 것과 관련된 충성심의 갈등을 겪게 된다. 그러나 성인들은 이러한 자녀들의 감정을 이해하지 못하고 오히려 더 많은 갈등을 야기하고 모든 부모와의 관계를 즐기지 못하게 하며, 자녀들의 정신건강에도 나쁜 영향을 미친다. 또한 친부모와의 애매한 감정적 관계는 계부모관계를 위협하는 요인이 되고 있는데, 친부모의 지나친 개입이 자녀의 스트레스나 갈등을 야기한다. 대부분 동거하지 않는 친부모와의 관계는 어머니가 아버지보다 친자녀와 더 접촉하는 경향이 있으나 시간이 지나면서 감소하게 되고, 이러한 감소현상이 자녀에게 유해하지 않다는 연구결과들이 대부분이다. 그러나 동거하지 않는 친모와의 접촉이 자녀의 행동 문제를 감소시킨다는 결과도 있다.

(2) 계부모-계자녀관계

과거에는 재혼 후의 계부모-계자녀관계를 문제파악으로 접근하였으나, 최근에는 수용적이고 긍정적으로 이해하려는 경향이 증가하고 있다. 계부모-계자녀관계에서는 서로 간의 긍정적인 접촉의 정도가 매우 중요한데, 계부모들을 단순한 양육자로 인식하는 경향이 높으나 실제로 양육결정에 참여하는 비율은 그다지 높지 않은 것으로 나타나고 있다. 재혼한 여성의 경우 계자녀 중 특히 남아의 수에 따라 자아존중감에 반비례적 영향을 미친다는 연구결과도 있다.

계부모-계자녀관계는 친부모-친자녀관계보다 소원하며 갈등이 크고 스트레스의 원천이 될 가능성이 큰 편인데, 한편 부모 모두 자녀를 동반했을 때보다 소원해질 가능성이 있다. 특히 사춘기 자녀가 있는 경우 재혼은 자녀들과 새 부모와의 갈등을 항상 내포하고 있다. 새엄마라 하면 '팥쥐엄마'를 연상할 만큼 우리 사회에서 새엄마에 대한 인식은 매우 나쁘다. 이러한 재혼의 어려움으로 아예 독신으로 새로운 삶을 개척하는 경우도 상당히 많다. 특히 전 남편과의 힘들었던 경험으로 다시는 어려움을 되풀이하지 않겠다는 다짐으로 독신생활을 선호하는 여성이 남성보다 많았다고 한다. 여성이 자녀양육을 맡는 경우에는 자녀를 위해 재혼을 포기하고 모자가정을 이루는 경우도 많다.[121]

(3) 형제자매관계

재혼 가족이 형성되면 자녀들에게는 계형제자매가 생긴다. 재혼 가족의 형제자매관계에 대한 몇몇 연구에 따르면 다른 가족유형에서의 형제자매관계보다 재혼 가족의 형제자매관계가 덜 가까운 것으로 보고되고 있다.

○ **법원 "전 남편의 성인 자녀 성·본 변경 안 된다."**

재혼 여성 청구 기각 "재혼관계 안정도 등 고려"

재혼 여성이 전 남편과의 사이에 난 자녀들의 성과 본을 현재 남편을 따라 변경해 달라는 청구를 법원이 기각했다. 민법 개정에 따라 자녀의 성과 본을 바꿀 수 있게 됐지만, 재혼관계의 안정도와 자녀의 나이 등을 고려할 때 자녀의 복리를 위해 변경이 꼭 필요하진 않는다는 게 법원의 판단이었다.

부산가정법원 가사 7단독 정영태 판사는 "A씨가 자녀 세 명의 성과 본을 재혼한 남편의 성과 본으로 변경해 달라고 낸 청구를 기각했다."라고 5일 밝혔다. 2008년 개정된 민법에 따르면 자녀의 복리를 위해 필요할 경우 부나 모 또는 자녀가 청구하면 법원 허가를 받아 성·본을 변경할 수 있다. 그러나 재판부는 이 사건에서 △자녀들이 성·본 변경을 원한다고 해도 어머니가 재혼한 지 4개월 밖에 안 돼 재혼관계가 안정적 단계에 있다고 보기 어렵고, △자녀들이 모두 성년을 넘긴 20대로, 성·본 변경으로 오히려 사회생활에 불이익을 겪을 것으로 우려되며, △성·본 변경을 허가하지 않는다고 해서 재혼 가정의 정서적 통합이 방해된다거나 대외적으로 가족 구성원에 대한 편견이나 오해가 있을 수 있다고 보기 어렵다고 판단했다.(『부산일보』, 2016.1.6, 4면)

---

4) 친족관계의 문제

친족관계는 혈연 중심의 한국 가족생활에 영향을 미치는 중요한 영향요인 중의 하나로, 재혼 가족 적응의 중요한 영향을 미치는 요인으로 작용하고 있다. 계모의 경우 친족관계망으로부터의 지지가 적응을 순조롭게 하는 것으로 나타났다.[122] 즉 친족들이 자신에게 지지집단으로 작용하는 경우는 본인이 초혼이거나 배우자만 전혼 자녀를 데려옴으로써 재혼 당시 친족들에 대한 미안한 마음을 안고 있을 때 친족들의 지지는 재혼생활에 대한 지지자로서 기능

---

121) 변화순, 「가족해체와 재구성」, 『한국 가족문화의 오늘과 내일』, 여성한국사회문화연구소, 1995
122) 임춘희 외, 「초혼계모의 재혼가족 생활 스트레스와 적응에 대한 경험적 연구」, 『대한가정학회지』, 제35권 5호, 1997

하고 있다. 그러나 친족이 또한 적응 저해요인으로 작용하기도 하여 계자녀와의 관계상 걸림돌, 이전 배우자와 비교, 가족 구성원으로서의 수용거부에 미치는 영향이 크기도 하다.

5) 경제적인 문제

새 배우자와 그들의 자녀들이 이전에 또는 결혼 초에 있었던 두드러진 가치와 표준의 차이를 극복하지 못하면 매일의 생활은 어려울 수 있다. 두 가족의 지원과 자녀양육비 지불로 인하여 재혼 가족의 자원기반은 흔들리고 생활수준은 낮아진다. 아버지들은 대개 생활비 부담과 친밀감을 관련시켜 생각하는 경향이 있어서 아버지가 생활비를 잘 대주지 못하면 자녀와 친밀해지기 어렵다고 느끼기 때문에 이렇게 한 번 멀어지면 생활비 부담에 대한 의무감을 덜 느끼게 된다. 양육하지 않는 부모가 자녀양육비를 보내지 않는 것을 묵인하는 어머니들도 많다.

6) 재혼 후의 이혼 문제

전 배우자와의 힘들었던 경험, 결혼생활의 어려움을 되풀이하지 않겠다는 다짐으로 힘들게 재혼을 결심하지만, 재혼 후의 생활의 불만족, 자녀와의 원활하지 못한 관계, 경제적 문제 등 여러 가지 문제로 인해 재혼 후에 다시 이혼을 하는 경우가 있다. 요즘 들어 재혼이혼율이 보여주는 복합가족의 해체가 심각해져 사회적 이슈로 새롭게 등장하고 있는 실정이다. 미국에서는 초혼 가정의 이혼율은 40%인 것에 비해 재혼 가족의 이혼율이 70%에 이른다는 연구보고도 있다. 이는 재혼 가족 구성원들이 겪게 되는 가족 구성원들간의 관계, 역할기대, 가족 정체성 등에서의 변화에서 오는 희망의 상실, 관계에서의 상실 등에서 오는 요인이 큰 것으로 보인다.

3. 다문화 가족

1) 다문화 가족의 개념

'다문화' 또는 '다문화주의'라는 말이 우리 사회에 등장한 것은 그렇게 오래되지 않았다. 이 용어는 스위스 사회를 표현하는 용어로 1950년대 말에 처음 사용되었는데, 이후 캐나다에서 대중화되었으며, 1970년대에 영어권 국가에서 빠르게 확산되었고, 한국 사회에는 1980년대 말 이후에 등장하였다.

다문화주의에 대한 정부의 관심은 2005년 5월 외국인 문제의 위상이 "대통령 지시 과제"로 격상되면서 본격화되기 시작하였으며, 2006년 4월 국무회의에서 "다인종·다인화 사회로의 진전은 거스를 수 없는 대세"라는 대통령의 발언이 있은 후 정부의 각 부처는 「이주자를 통합하려는 다문화주의 정책」 개발과 입안을 위한 경쟁에 적극 나서게 되었으며, 2000년대에 들어서 한국에서의 다문화주의에 대한 논의가 본격화되었다.

이에 따라 국제결혼, 이주문화 가정 등으로 불리던 국제가족결혼은 '다문화 가족'으로 불리게 되었다. 다문화 가족에 대한 일반적 개념은 언어·인종 등이 서로 다른 민족, 문화적 배경을 가진 사람들로 구성된 가족으로 그동안 우리 사회는 두 가지 이상의 인종 사이에서 결합된 가족의 형태를 혼혈 가정이라고 부른다. 그러나 혼혈 가정의 자녀들, 즉 2세대에게는 그 '혼혈'이라는 단어 자체가 지닌 상징적 차별성과 특수성으로 인해 오히려 거부반응을 일으킬 수 있어 다문화 가족이라는 용어의 사용이 더 보편적이다.

다문화가족지원법의 정의에 의하면 한국에서 다문화 가족은 다음과 같다.

다문화가족지원법 개정(2011년 4월 4일 개정, 2011년 10월 5일 시행)으로 인해 2012년부터는 혼인 귀화자 외에 그 밖의 사유 국적취득자(인지·귀화)도 다문화 가족에 포함된다.

다문화가족지원법 제2조(정의)

    1. "다문화 가족"이란 다음 각 목의 어느 하나에 해당하는 가족을 말한다.

        가. 재한외국인 처우 기본법 제2조 제3호의 결혼이민자와 국적법 제2조부터 제4조까지의 규정에 따라 대한민국 국적을 취득한 자로 이루어진 가족

        나. 국적법 제3조 및 제4조에 따라 대한민국 국적을 취득한 자와 같은 법 제2조부터 제4조까지의 규정에 따라 대한민국 국적을 취득한 자로 이루어진 가족

이외 **북한에서 태어나 탈북하거나 한국에 입국하여 한국인 또는 외국인을 만나 결혼하여 가족을 이룬 북한이탈주민(새터민) 가족을 포함**하여 분류해 볼 수 있다.

표 2-1 ┃ 다문화 가족의 유형

다문화 가족	그 자녀
국제결혼 가족	한국인 아버지와 외국인 어머니 사이에서 태어난 아이 한국인 어머니와 외국인 아버지 사이에서 태어난 아이
외국인 근로자 가족	외국인 근로자가 한국에서 결혼하여 태어난 아이 본국에서 결혼하여 형성된 가족이 국내에 이주한 가정의 아이
북한이탈주민 가족	북한에서 태어나서 한국에 입국한 아이 한국에서 한국인 또는 외국인을 만나 결혼하여 태어난 아이

자료: 정하성 외, 『다문화 청소년 이해론』, 양서원, 2007, 51면

○ 북한탈북자 가족의 유입도 다문화 가족 발생원인

북한이탈주민(새터민)은 북한 체계와 사회를 떠나 휴전 이후 다양한 동기에서 한국사회에 정착하여 공식적으로 한국에서 주민등록을 취득한 북한지역출신 탈북주민들을 가리키는 용어이다. 북한이탈주민(새터민) 가족의 첫 번째 유형은 1994년 이후 북한체제가 심각한 경제난에 부딪혀 북한주민의 주거지 이동에 대한 사회적 통제력을 상실하기 시작하면서 증가하였다. 최근에는 중국인이나 조선족과 결혼한 사람이 배우자와 함께 입국한 후 북한이탈주민으로 신고하고 한국 사회에 정착하는 경우도 늘어나고 있다. 두 번째 유형은 탈북자출신의 남성 또는 여성이탈주민의 수가 증가하면서 한국인과 결혼이 늘어나고 있다.

세 번째 유형은 북한이탈주민(새터민) 으로서 우리 사회에서 결혼하지 않고 단독으로 동료와 함께 생활하는 가족이다.(황범주, 「다문화가정 자녀들의 교육정책 분석」, 안양대 대학원 석사학위논문, 2008) 그러나 언어와 얼굴이 같다는 이유로 다문화 가정으로 인정을 하지 않는 경우도 있지만, 한편으로 서로 다른 문화적 배경으로 인해 학계에서는 북한이탈주민 가정도 다문화 가정에 포함시켜 논의하고 있으나, 북한이탈주민의 특수성이 있으므로 정부에서는 이들을 다문화 가정에 포함시키지 않고 별도의 지원방안을 마련하여 추진하고 있다.

이와 같이 국내의 다문화 가족의 발생원인은 세계화에 따른 시장개방, 상대적으로 높은 소득수준 및 노동시장환경, 그리고 출산율 저하 및 농촌지역의 여성인구 감소 등 국내의 인구학적 변화 등으로 볼 수 있다.

2) 다문화 가족의 문제

『보건·복지 Issue & Focus』, 제205호(2013-35)에서는 지속적인 세계화에 따른 시장개방, 결혼이주산업의 활성화와 인적·사회적 네트워크의 국제화, 결혼이민자를 위한 복지정책 강화 등으로 다문화 사회가 확대되고, 다문화 가족의 평균 거주기간이 늘어남에 따라 해체 및 재혼 다문화 가족이 증가하고 있어 다문화 가족의 유형별 문제점에 대해 다음과 같이 진단하였다.

첫째, 다문화 가족 유형별로 경제적 어려움의 비율은 해체 가족이 16% 높고, 그 중 자녀양육·교육비, 의식주거비에서 경제적 부담이 높으며, 부채비율은 재혼 가족이 2배 높다.

둘째, 경제적으로 어려운 비율은 해체 가족이 94.5%로 일반 가족과 재혼 가족보다 15~16% 높고, 부채비율은 재혼 가족이 62.1%로 일반 가족과 해체 가족보다 23~26% 높다.

셋째, 경제적으로 어려운 항목은 모든 가족 유형에서 자녀양육·교육비와 의식주거비가 높으며, 이들 항목이 차지하는 비율은 일반 가족과 재혼 가족이 각각 64%와 59%인데 비해 해체 가족은 83%로 타 가족에 비해 19~24% 더 높게 나타났다.

넷째, 다문화 가족 유형별 취업률은 해체 가족이 일반 가족보다 2배 높고, 고용상태도 임시·일용근로자의 비율이 상용근로자보다 3배까지 높아 고용환경이 불안정하다.

다섯째, 다문화 가족 유형별 자녀양육상의 어려움은 해체 가족이 다소 높고, 그 중 언어소통능력 미흡과 경제 문제, 양육방식 갈등이 높은 편이며, 방과 후 돌봄도 타 가족에 비해 방치되는 비율이 다소 높다. 자녀양육상의 어려움은 모든 해체 가족이 경험하고 그 비율은 일반 및 재혼 가족보다 9~20% 높으며, 구체적인 어려움으로는 모든 가족유형에서 언어소통능력 미흡이 가장 높고, 다음은 일반 가족과 재혼 가족은 양육방식 갈등, 해체 가족은 경제 문제가 다소 높다.

여섯째, 다문화 가정 외국인 아내에 대한 남편의 부정적인 관념과 갈등으로 인해 가정 폭력의 문제가 있다. 외국인 여성이 결혼이라는 연결고리를 통해 한국에 오는 것은 국내에서 결혼이 여의치 않은 한국 남성의 사정과 외국인 여성들의 경제적 욕구가 타협된 결과물이라는 인식이 우리 사회에 지배적이다. 이러한 그릇된 인식으로 인해 외국인 아내와 결혼한 한국인 남편들이 의처증을 갖는 경우가 많아지고 있다. 의처증이 있는 남편들은 대부분 '자기 부인이 돈을 목적으로 한국에 왔고, 자기와 위장결혼을 했으니까 언젠가는 도망갈 것'이라는 그릇된 생각을 가지고 있다. 생활기반이 약한 한국인 남편들이 나이 차이가 많이 나는 젊은 아내들에게 위기감을 느끼는 것이다. 그리고 외국인 아내를 돈을 주고 사온 신부라는 남편들의 잘못된 사고도 가정 폭력의 한 원인으로 지적된다. 결국 이러한 편견으로 인해 외국인 아내들은 가정 폭력의 희생양이 되고 있다.[123]

일곱째, 결혼이주여성의 문화적 부적응으로 부부간 갈등의 문제를 겪고 있다. 결혼이주여성들이 한국 생활에서 가장 큰 어려움을 호소하는 것이 문화적 부적응 문제이다. 특히 한국인 남편들이 외국인 아내의 문화를 이해하려는 노력이 부족한 경우가 많아서 부부간 문화적 갈등을 자주 겪는다. 남편뿐만 아니라, 가족과 사회 역시 외국인 아내의 문화를 이해하려는 노력이 부족하기는 마찬가지이다. 대부분의 경우 신부에게 일방적으로 한국 문화를 강요하면서 정작 그들의 문화를 이해하려는 노력은 부족한 경우가 많다. 이러한 문화적 이질감에서 오는 외국인 신부의 소외감은 더욱 크기 마련이다. 그리고 외국인 신부들의 언어 문제로 인해서 의사소통이 원활하지 못한 경우 갈등의 골이 깊어지기도 한다. 원활한 의사소통이 불가능하면 서로에 대한 이해가 부족하게 되고 외국인 신부들이 적응하는 데 큰 어려움을 겪게 된다.

---

123) 전경숙 외. 『다문화교육정책방안 연구』, 경기도교육청 부설 재단법인 경기도 가족여성개발원, 2007

3) 다문화 가족에 대한 대책

『보건·복지 Issue & Focus』, 제205호의 다문화 가족유형별 문제 진단에 따라 제시한 정책적 합의는 다음과 같다.

첫째, 다문화 가족의 지속적 증가와 함께 결혼이민자의 평균 거주기간 연장에 따라 해체 및 재혼 가족의 증가로 급변하는 다문화시대에 대비해 다양한 다문화 가족을 포괄하는 법적 근거를 확보하고 가족유형별로 차별적인 정책마련이 요구된다. 현재 다문화가족지원법에 근거한 다문화 가족 범위는 부부 중심의 결혼이민자 가족에 한정되어 해체 및 재혼으로 인한 다양한 가족 유형을 포괄하지 못하여 정책적 사각지대 발생이 예상된다.

둘째, 해체 가족은 경제생활과 주거가 불안정하고 주 부양자의 상실로 취업의 요구도가 높은데 비해 취업률은 저조하고 고용상태가 불안정하여 타 가족에 비해 빈곤 가족으로 전락할 가능성이 높으므로 해체 가족의 기본생활 안정화를 위해 소득보장정책이 강화되어야 할 것이다.

셋째, 해체 가족의 빈곤을 예방하고 가족기능 강화를 위해 안정적인 일자리 확보와 함께 주거권 보장을 위한 정책마련이 모색되어야 한다.

넷째, 다문화 자녀 양육상의 어려움은 해체 가족이 타 가족보다 높은 편으로 언어소통과 경제 문제, 양육방식 등에서 어려움을 경험하는 편이며, 방과 후 방치율도 높아서 미래 세대의 건전한 육성을 위해 양육지원을 강화하고 방과 후 보호 체계를 강화해야 할 것이다.

다섯째, 한국에서 생활하면서 외국인이라는 이유로 차별대우를 받은 경험은 38~62%로 해체 및 재혼 가족이 높은 편이고, 차별받은 장소는 상점·음식점·은행과 직장·일터 그리고 공공기관 순으로 사회통합 차원에서 차별해소를 위한 법적·제도적 장치마련이 모색되어야 한다. 다양한 다문화 가족을 비정상적이고 문제 가족으로 보는 관점에서 탈피하여 다양성을 존중하고 인정하는 시각을 갖도록 사회적 인식개선이 요구되며, 법적·제도적 차원에서 차별을 금지하는 방안 마련과 함께 직장과 공공기관을 중심으로 적극적인 실천이 요구된다.

○ 결혼이민여성들의 귀화 제도 개선

결혼이민여성들에게 절실한 것 가운데 하나가 귀화 문제이다. 한국인으로 법적인 등록이 이루어져야 의료보험 등 각종 혜택이 주어진다. 이러한 귀화수속에는 모국의 결혼증명서가 필요하지만, 베트남 등 일부 국가에서는 결혼증명서 없이 한국 남성과 결혼하는 사례가 많아 문제가 발생한다. 따라서 결혼증명서가 없어도 일정 기간 가정을 잘 유지하는 경우 귀화를 허용해야 한다.

Ⅲ. 친생자

1. 서언

1) 혼인 중의 출생자와 혼인 외의 출생자

친생자는 혼인관계가 있는 부모로부터 낳은 경우와 혼인관계가 없는 부모로부터 낳은 경우에 따라 그 취급이 다른데, 전자를 혼인 중의 출생자, 후자를 혼인 외의 출생자라고 한다.

2) 혼인 중의 출생자의 종류

이에는 생래의 혼인 중 출생자와 준정準正에 의한 혼인 중 출생자가 있다. 이들은 친자관계의 성립과 효과에서 차이가 있다.

2. 혼인 중의 출생자

1) 의의와 유형

(1) 의의

법률혼관계에 있는 부모로부터 출생한 자를 혼인 중의 출생자라고 한다.

(2) 유형

가. 생래의 혼인 중의 출생자

출생시부터 혼인 중의 출생자 신분을 취득하는 자를 말한다.

① **친생자 추정을 받는 혼인 중의 출생자** : 모가 혼인 중에 포태한 자는 부의 친생자로 추정을 받는다. 그런데 혼인 중에 포태하였다는 사실을 직접 증명하는 것은 쉽지 않으므로 민법은 일률적 기준에 의해 혼인 중의 포태 여부를 정하고 있다. 즉 혼인성립의 날로부터 200일(최단 임신기간) 후 혼인관계종료의 날로부터 300일(최장 임신기간) 이내에 출생한 자는 혼인 중에 포태한 것으로 추정한다.

② **친생자 추정을 받지 않는 혼인 중의 출생자** : 부모가 혼인 중에 포태한 자는 설사 이혼 후에 출생하더라도 친생자 추정을 받지만, 혼인 전에 포태한 자는 혼인 성립 후에 출생하더라도 친생자 추정을 받지 못한다. 구체적으로는 혼인이 성립한 날로부터 200일이 되기 전에 출생한 자를 말한다.

나. 준정에 의한 혼인 중의 출생자

출생시에는 혼인 외의 **출생자였으나, 부모의 혼인과 부의 인지**에 의해서 **혼인 중의 출생**

자의 신분을 취득하는 자를 말한다.

2) 친생자 추정을 받는 혼인 중의 출생자(친생자 추정을 받기 위한 요건)

(1) 모가 부의 처이어야 한다.

친생자의 어머니가 아버지의 처이어야 하고, 여기서의 처는 혼인신고 후 이혼신고 또는 사망신고할 때까지의 처를 말한다.

(2) 혼인 중에 포태한 자이어야 한다.

[1] 포태사실을 직접 증명하는 것이 힘들기 때문에 민법은 다음과 같이 출생일자로 포태사실을 추정한다.

[2] 제844조 제2항

① 혼인 성립의 날로부터 200일 후 또는 혼인 관계의 종료의 날로부터 300일 이내에 출생한 자는 혼인 중에 포태한 것으로 추정한다. 200일 또는 300일의 기간은 당일부터 계산한다.(초일불산입의 원칙의 예외)

② 혼인 성립의 날은 혼인신고의 날을 의미하나 사실혼 성립의 날도 포함한다. 이 경우 사실혼관계에 있는 부부의 자도 친생자의 추정을 받는다고 판단하면 안 되며, 혼인 성립일로부터 200일 후 그 종료일로부터 300일 이내에 출생한 자도 부의 자로 추정된다는 규정은 혼인 성립을 전제한다. 다만, 통설과 판례는 사실혼이 선행되고 혼인신고가 있는 경우에는 추정된다고 해석한다.

③ 구관습법상의 친생자 추정 : 구관습에 의하면 혼인신고를 하지 아니한 채 내연관계로서 동거생활 중 처가 포태한 경우에는 그 포태된 자의 출생일자가 그 부모의 혼인신고일 뒤에 있고 그 사이의 기간이 200일이 못 된다 하여도 이러한 자는 출생과 동시에 당연히 그 부모의 적출자로서 신분을 취득한다.(대판 1963.6.13, 63다228)

제844조(부의 친생자의 추정) ① 처가 혼인 중에 포태한 자는 부의 자로 추정한다.
② 혼인성립의 날로부터 200일 후 또는 혼인관계종료의 날로부터 300일 내에 출생한 자는 혼인 중에 포태한 것으로 추정한다.

---

3) 친생자 추정의 효과

(1) 친생자 추정의 효과

친생자 추정에 의하여 **취득한 혼인 중의 출생자의 지위는 매우 확고**하다. 이에 의하여 **추정되는 자는 제3자에 의한 인지가 허용되지 아니하며, 추정의 효과를 다투기** 위하여는 그 **요건이 엄격한 친생부인의 소에 의하여만 가능하고, 친생자관계 부존재확인의 소에 의할 수 없다.**

(2) 친생자 추정을 받지 않는 혼인 중의 출생자

혼인이 성립한 날로부터 200일이 되기 전에 출생한 자는 친생자로서의 추정을 받지 못하므로 요건이 엄격한 친생부인의 소가 아니라, 요건이 완화된 친생자관계 부존재확인의 소에 의해서 법률상의 부자관계를 소멸시킬 수 있다.

4) 추정의 범위에 관한 학설·판례

(1) 친생자 추정의 제한

'부부가 비록 혼인 중에 있더라도 동서의 결여로 처가 부의 자를 포태할 수 없음이 명백한 사정이 있는 경우까지 포태주의가 적용되어 친생자의 추정이 미치는가?'에 관하여 학설이 대립하고 있다.

(2) 문제가 되는 경우

① 처의 포태기간 중 남편이 실종선고를 받아 실종 중으로 되어 있는 경우
② 남편이 재감 중 또는 해외출장 등으로 장기간 동거하지 않고 있는 경우
③ 사실상 이혼상태가 오랫동안 계속되고 있었을 경우

(3) 학설

가. 무제한설

종래 판례의 태도로서 친생자 추정이 미치는 포태기간을 등록부에 의하여 획일적·형식적으로 정해야 한다는 입장이었다.

판례 부부가 사실상 별거생활 중에 포태한 자의 친생자 추정

법률상 부부관계가 계속 중에 처가 포태한 자는 부의 자로 추정된다 함이 민법 제844조 제1항에서 규정하고 있는 바이고, 이러한 자의 친생을 부인하려면 민법 제847조 제1항의 규정에 의하여 확정 판결을 받는 도리밖에 없으며, 부부가 사실상 이혼하여 여러 해에 걸쳐 별거 생활을 하던 중에 자를 포태한 경우에도 위 추정은 번복되지 않는다 할 것이고, 또 친생자 부인의 소는 가사심판법 제2조 소정 병류사건으로 조정을 할 수 있는 사건이고, 친생부인의 조정이 성립되었다고 하여도, 이는 같은 법 제19조 제2항 단서 소정 본인이 임의로 처분할 수 없는 사항에 관한 것이라 할 것이므로 친생부인의 효력이 발생되지 않는다고 할 것니, 이와 반대의 견해에 입각한 원심판시 이유는 법리오해의 위법이 있다.(대판 1968.2.27, 67므34)

나. 제한설

[1] **부부가 비록 혼인** 중이라 **할지라도 부의 실종이나 별거 등으로 부의 자가 아님이 명백한 사유가 있을 때에는 친생자 추정의 규정이 적용되지 않는다는 견해로서 판례 변경을 통하여 대법원이 채택**하였다.(대판<접합> 1983.7.12, 82므59)

판례 처가 부의 자를 포태할 수 없음이 외관상 명백한 경우 부가 그 출생자의 친자관계를 부인하는 방법

민법 제844조는 부부가 동거하여 처가 부의 자를 포태할 수 있는 상태에서 자를 포태한 경우에 적용되는 것이고 부부의 한쪽이 장기간에 걸쳐 해외에 나가 있거나 사실상의 이혼으로 부부가 별거하고 있는 경우 등 동서의 결여로 처가 부의 자를 포태할 수 없는 것 외관상 명백한 사정이 있는 경우에는 그 추정이 미치지 아니하므로 이 사건에 있어서 처가 가출하여 부와 별거한 지 약 2년 2개월 후에 자를 출산하였다면 이에는 이 조의 추정이 미치지 아니하여 부는 친생부인의 소에 의하지 않고 친자관계 부존재확인소송을 제기할 수 있다.(대판<전합> 1983.7.12, 82므59)

[2] 제한설적 입장을 취함에 있어서도 구체적으로 어떤 상황에서 포태한 경우 친생자 추정이 미치지 않는가에 관하여 외관설·혈연설·절충설이 대립된다.

[3] 처가 부의 자를 포태할 수 없음이 외관상 명백한 경우 제844조의 추정 여부 : 민법 제844조가 부부가 동거하여 처가 부의 자를 포태할 수 있는 상태에서 자를 포태한 경우에 적용되는 것이고, 부부의 한쪽이 장기간에 걸쳐 해외에 나가 있거나 사실상의 이혼으로 부부가 별거하고 있는 경우 등 동서의 결여로 처가 부의 자를 포태할 수 없는 것이 외관상 명

백한 사실이 있는 경우에는 그 추정이 미치지 아니하므로 이 사건에 있어서 처가 가출하여 부와 별거한지 약 2년 2개월 후에 자를 출산하였다면 이에는 제844조의 추정이 미치지 아니하여 부는 친생부인의 소에 의하지 않고 친자관계 부존재확인의 소송을 제기할 수 있다.

5) 판례

(1) 처가 부의 자를 포태할 수 없음이 외관상 명백한 경우 친생자 추정 여부

민법 제844조는 부부가 동거하여 처가 부의 자를 포태할 수 있는 상태에서 자를 포태한 경우에 적용되는 것이고, 부부의 한쪽이 장기간에 걸쳐 해외에 나가 있거나 사실상의 이혼으로 부부가 별거하고 있는 경우 등 동서의 결여로 처가 부의 자를 포태할 수 없는 것이 외관상 명백한 사실이 있는 경우에는 그 추정이 미치지 아니하므로 이 사건에 있어 처가 가출하여 부와 별거한 지 약 2년 2개월 후에 자를 출산하였다면 이에는 제844조의 추정이 미치지 아니하여 부는 친생부인의 소에 의하지 않고 친자관계 부존재확인소송을 제기할 수 있다.(대판<전합> 1983.7.12, 82므59)

(2) 친생 추정을 받는 자에 대한 인지청구

민법 제844조의 친생 추정을 받는 자는 친생부인의 소에 의하여 그 친생 추정을 깨뜨리지 않고서는 다른 사람을 상대로 인지청구를 할 수 없으나, 호적상(현 등록부)의 부모의 혼인 중의 자로 등재된 자라 하더라도 그의 생부모가 호적상(현 가등부)의 부모와 다른 사실이 객관적으로 명백한 경우에는 그 친생 추정이 미치지 아니하므로 그와 같은 경우에는 곧바로 생부모를 상대로 인지청구를 할 수 있다.(대판 2000.1.28, 99므1817)

(3) 동서의 결여와 관련된 판례

A남과 B녀가 평소에 별거하고 있었으나, B녀가 시부모를 모시고 본가에 거주하는 관계로 1년에 한번 정도로 찾아와 만났다면 이 부부 사이는 아내가 남편의 자식을 낳을 수 없음이 객관적으로 명백한 동서의 결여가 있다고 할 수 없다는 이유를 들어 B녀가 낳은 아이는 A의 친자식으로 추정된다는 것이 판례의 입장이다.(대판 1990.12.11, 90므637)

6) 부를 정하는 소

(1) 부성 추정의 충돌

2005년의 민법 일부 개정에 의하여 여자의 재혼금지기간(6월)의 규정(제811조)이 삭제되었기 때문에 재혼한 여자가 출산을 한 경우 자의 출생의 날이 후혼 성립의 날로부터 200일

후이면서 전혼 종료의 날로부터 300일 내일 수가 있다. 따라서 이와 같은 경우에 출생자는 전혼의 남편의 자로서 추정을 받는 동시에 후혼의 남편의 자로서도 추정을 받을 수 있으므로 이중의 추정을 받는 지위에 있게 된다. 이 경우에는 우선 조정을 신청하여야 하며(가사소송법 제2조, 제50조), 조정이 성립되지 않으면 가정법원의 판결에 의하여 부를 정하게 된다.(제845조)

(2) 소의 제기권자

부를 정하는 소를 제기할 수 있는 사람은 자, 모, 모의 배우자, 모의 전 배우자이다.(가사소송법 제27조 1항) 자가 제기하는 경우에는 모, 모의 배우자 및 전 배우자를 상대방으로 하고, 모가 제기하는 경우에는 배우자 및 전 배우자를 상대방으로 한다.(가사소송법 제27조 2항) 모의 배우자가 제기하는 경우에는 모 및 그 전 배우자를 상대방으로 하며, 전 배우자가 제기하는 경우에는 모 및 그 배우자를 상대방으로 한다.(가사소송법 제27조 3항) 상대방이 될 사람 중에 사망한 자가 있을 때에는 생존자를 상대방으로 하고, 생존자가 없는 때에는 그 사망을 안 날로부터 2년 내에 검사를 상대방으로 하여 소를 제기할 수 있다.(가사소송법 제27조 4항)

(3) 판결의 효력

판결의 효력에 의하여 자는 친생자로서의 효력을 가지며(형성적 효력), 그것은 제3자에게 미친다.(대세적 효력) 이와 같이 대세적 효력을 가지므로 확정판결 후에는 친생부인의 소를 제기할 수 없다.

7) 친생부인의 소

(1) 의의

제844조 제1항에 의해서 **처가 혼인 중에 포태한 자는 부의 자로 추정**된다. 그러나 이는 진실의 혈연관계와 일치하지 않는 법률상의 부자관계를 발생시킬 수 있는 가능성을 내포하고 있다. 따라서 이와 같은 경우 친생자의 추정을 부정함으로써 민법상의 규정에 의한 **친생자의 추정과 진실한 혈연관계와의 불일치를 해소하기** 위한 **친자관계의 부인권을 부와 자의 모에게 인정**하고 있다.

친생자 추정을 받는 혼인 중의 **출생자가 실질적으로 그 부부 사이의 자가 아닌 경우 부는 친생부인의 소에 의하지 않으면 이를 부인할 수 없다.**

(2) 소의 제기권자

가. 부부의 일방

2005년 민법 개정 전에는 **부에게만 친생부인권이 인정되었으나, 개정** 후에는 **처에게도** 이를 **인정**하고 있다.(제845조)

제846조(자의 친생부인) 부부의 일방은 제844조의 경우에 그 자가 친생자임을 부인하는 소를 제기할 수 있다.

나. 부 또는 처의 후견인

부 또는 처가 피성년후견인인 경우에는 그의 성년후견인이 성년후견감독인의 동의를 얻어 친생부인의 소를 제기할 수 있으며(제846조 1항), 성년후견인이 친생부인의 소를 제기하지 아니한 때에는 피성년후견인은 성년후견종료심판이 있는 날로부터 2년 내에 친생부인의 소를 제기할 수 있다.(제848조 2항)

제848조(성년후견과 친생부인의 소) ① 남편이나 아내가 피성년후견인인 경우에는 그의 성년후견인이 성년후견감독인의 동의를 받아 친생부인의 소를 제기할 수 있다. 성년후견감독인이 없거나 동의할 수 없을 때에는 가정법원에 그 동의를 갈음하는 허가를 청구할 수 있다.
② 제1항의 경우 성년후견인이 친생부인의 소를 제기하지 아니하는 경우에는 피성년후견인은 성년후견종료의 심판이 있는 날부터 2년 내에 친생부인의 소를 제기할 수 있다.

다. 유언집행자

부 또는 처가 유언으로 친생부인의 의사를 표시한 때는 유언집행자는 친생부인의 소를 제기하여야 한다.(제850조)

제850조(유언에 의한 친생부인) 부 또는 처가 유언으로 부인의 의사를 표시한 때에는 유언집행자는 친생부인의 소를 제기하여야 한다.

라. 부 또는 처의 직계존속이나 직계비속

부가 자의 출생 전에 사망하거나 부 또는 처가 친생부인의 사유가 있음을 안 날로부터 2

년 내에 사망한 때에는 부 또는 처의 직계존속이나 직계비속이 그 사망을 안 날로부터 2년 내에 친생부인의 소를 제기할 수 있다.(제851조)

제851조(부의 자 출생 전 사망 등과 친생부인) 부가 자의 출생 전에 사망하거나 부 또는 처가 제847조 제1항의 기간 내에 사망한 때에는 부 또는 처의 직계존속이나 직계비속에 한하여 그 사망을 안 날부터 2년 내에 친생부인의 소를 제기할 수 있다.

---

(3) 소의 상대방

친생부인의 소는 부 또는 처가 다른 일방 또는 자를 상대로 하여 제기할 수 있다.(제847조 1항) 그러나 상대방이 될 자가 모두 사망한 경우에는 그 사망을 안 날로부터 2년 내에 검사를 상대로 하여 친생부인의 소를 제기할 수 있다.(제848조 2항) 자가 사망한 후에 그 직계비속이 없는 경우에는 친생부인의 소를 제기할 실익이 없으나, 직계비속을 남기고 사망한 경우에는 상속 문제 또는 혈연관계 정리 등의 문제로 인하여 소 제기의 필요성이 인정된다. 따라서 이 경우에는 자의 모를 상대로, 모가 없으면 검사를 상대로 소제기를 할 수 있다.(제849조) 2005년 민법 개정에 의해 처에게도 친생부인권이 인정되었으므로 입법론적으로 이 경우에도 소의 상대방에 부를 추가하여야 할 것이다.

(4) 절차

가. 출소기간

2005년 민법 일부 개정 전에는 "친생부인의 소를 자의 출생을 안 날로터 1년 내(제847조 1항)에 제기하여야 한다."라고 규정하고 있었다. 그러나 헌법재판소는 1997년에 '자의 출생을 안 날로부터 1년 내'라고 규정하고 있었던 민법 제847조 제1항에 대해서 부의 인격권 및 행복추구권 등을 침해한다는 이유로 헌법불합치결정을 선고하면서 이에 대한 개정이 있을 때까지 그 적용을 중지시켰다. 그 후 2005년 3월 민법 개정시에 제847조 제1항을 '그 사유가 있음을 안 날로부터 2년 내'에 친생부인의 소를 제기할 수 있도록 함으로써 위헌적 요소를 제거하였다.

민법 제847조 1항 중 '그 출생을 안 날로부터 1년 내' 부분의 위헌 여부(헌법불합치)

가. (1) '친생부인의 소에 관하여 어느 정도의 제척기간을 둘 것인가?'는 법률적인 친자관계를 진실에 부합시키고자 하는 부의 이익과 친자관계의 신속한 확정을 통하여 법적 안정을 찾고자 하는 자의 이익을 어떻게 그 사회의 실정과 전통적 관념에 맞게 조화시킬 것인가에 관한 문제로서 이해관계인들의 기본권적 지위와 혼인 및 가족생활에 관한 헌법적 결단을 고려하여 결정되어야 할 것이므로 원칙적으로 입법권자의 재량에 맡겨져 있다 할 수 있다. 다만, 그 제소기간이 지나치게 단기간이거나 불합리하여 부가 자의 친생자 여부에 대한 확신을 가지기도 전에 그 제척기간이 경과해 버림으로써 친생을 부인하고자 하는 부로 하여금 제소를 현저히 곤란하게 하거나 사실상 불가능하게 하여 진실한 혈연관계에 반하는 친자관계를 부인할 수 있는 기회를 극단적으로 제한하는 것이라면 이는 입법재량의 한계를 넘어서는 것으로서 위헌이라 아니할 수 없다.

(2) 민법 제847조 제1항은 친생부인의 소의 제척기간과 그 기산점에 관하여 '그 출생을 안 날로부터 1년 내'라고 규정하고 있으나, 일반적으로 친자관계의 존부는 특별한 사정이나 어떤 계기가 없으면 이를 의심하지 아니하는 것이 통례임에 비추어 볼 때, 친생부인의 소의 제척기간의 기산점을 단지 그 '출생을 안 날로부터'라고 규정한 것은 부에게 매우 불리한 규정일 뿐만 아니라, '1년'이라는 제척기간 그 자체도 그 동안에 변화된 사회현실 여건과 혈통을 중시하는 전통관습 등 여러 사정을 고려하면 현저히 짧은 것이어서, 결과적으로 위 법률 조항은 입법재량의 범위를 넘어서 친자관계를 부인하고자 하는 부로부터 이를 부인할 수 있는 기회를 극단적으로 제한함으로써 자유로운 의사에 따라 친자관계를 부인하고자 하는 부의 가정생활과 신분관계에서 누려야 할 인격권, 행복추구권 및 개인의 존엄과 양성의 평등에 기초한 혼인과 가족생활에 관한 기본권을 침해하는 것이다.

나. (1) 민법 제847조 제1항이 입법재량의 한계를 넘어서 기본권을 침해한 것으로서 헌법에 위반되는 규정이라 하더라도 이에 대하여 단순위헌선언을 한다면 친생부인의 소의 제척기간의 제한이 일시적으로 전혀 없게 되는 법적 공백상태가 되고 이로 인하여 적지 않은 법적 혼란을 초래할 우려가 있을 뿐만 아니라, 위헌적인 규정에 대하여 합헌적으로 조정하는 임무는 원칙적으로 입법자의 형성재량에 속하는 사항인 것이므로 우리 재판소는 입법자가 이 사건 심판대상조항을 새로이 개정할 때까지는 법원 그 밖의 국가기관은 이를 더 이상 적용·시행할 수 없도록 중지하되, 그 형식적 존속만을 잠정적으로 유지하게 하기 위하여 단순위헌결정 대신 헌법불합치결정을 선고한다.

(2) 우리 재판소는 "국회의 광범위한 입법형성의 자유를 제약하기 위해서가 아니고 추상적 기준론에 의한 입법형성의 현실적 어려움을 감안하여 일응의 준거가 될 만한 사례를 제시하고자 하는 바, 친생부인의 소는 부가 자와의 사이에 친생자관계가 존재하지 아니함을 알게

된 때로부터 1년 내에 이를 제기할 수 있으나, 다만, 그 경우에도 자의 출생후 5년이 경과하면 이를 제기할 수 없다."라고 규정하고 있는 스위스 친족·상속법(가족법)의 규정이 부와 자 사이의 이익을 충분히 고려하여 조화를 이루고 있는 입법례로 보인다.(헌재결 1997.3.27, 95헌가 14·96헌가7병합)

나. 조정전치주의

[1] 친생부인의 소를 제기하기 위하여는 조정이 선행되어야 한다.

[2] 친생자의 추정을 받는 자에 대하여 이를 부인하려고 하는 경우에도 부가 출생신고는 하여야 한다.(가등법 제47조) 따라서 이 경우 출생신고를 하였다고 해서 승인한 것으로 되지는 않는다.

가등법 제47조(친생부인의 소를 제기한 때) 친생부인의 소를 제기한 때에도 출생신고를 하여야 한다.

---

(5) 승인에 의한 부인권의 상실

자의 출생 후에 친생자임을 승인한 때에는 다시 친생부인의 소를 제기하지 못한다.(제852조) 2005년 민법 일부 개정 전에는 친생부인소송의 종결 후에도 친생자의 승인을 할 수 있었으나(개정 전 제853조), 이 규정은 삭제되었다. 친생자의 승인이 사기 또는 강박으로 인하여 이루어진 경우에는 이를 취소할 수 있다.(제854조)

제852조(친생부인권의 소멸) 자의 출생 후에 친생자임을 승인한 자는 다시 친생부인의 소를 제기하지 못한다.

제854조(사기, 강박으로 인한 승인의 취소) 제852조의 승인이 사기 또는 강박으로 인한 때에는 이를 취소할 수 있다.

---

(6) 판결의 효력

[1] 부인의 소가 제기되면 가정법원은 부의 생식능력, 혈액형, 포태기간 중의 동거사정 그 밖의 모든 사실을 검토한다.

[2] 부자관계의 증명 : 당사자의 입증이 불충분하면 직권으로 사실조사 및 필요한 증거조

사를 하여야 하며, 친자관계가 없는 듯한 증거를 배척하여 친자관계를 인정하려면 최소한 혈액검사 등 조사를 통하여 법의학적으로도 친자관계를 인정하는 것이 모순이 아니라는 정도의 사실이 밝혀져야 하며, 이는 친생부인의 소에 있어서 법원의 판단과정상 거쳐야 할 최소한의 절차이다. 대법원은 "혈액형 검사결과만으로서는 친생자관계를 인정하는 근거로 삼기에는 부족하다."(1995.2.28, 94므475)라고 판결하였다.

[3] 형성적 효력과 대세적 효력 : 부 또는 모의 친생부인의 주장이 판결에 의하여 확정되면 자는 혼인 외의 출생자가 되는 형성적 효력이 있으며, 이 효력은 제3자에게도 미친다. 친생부인의 판결이 확정되기 전에는 누구도 부와 친생자의 추정을 받는 자 사이에 친자관계가 존재하지 않음을 주장할 수 없고, 따라서 생부라 할지라도 친생부인의 판결이 확정되기 전에는 자를 인지할 수 없다. 조정의 성립만으로는 친생부인의 효력은 생기지 않는다.

[4] 친생자관계 부존재확인의 판결이 확정된 경우 친생추정의 효력은 부인된다. 판례는 친생추정을 받는 자에 대하여 법원이 이를 모르고 친생자관계 부존재확인의 판결을 선고하여 확정된 경우 그 대세적 기판력 때문에 누구도 친생자임을 주장할 수 없게 되어 친생추정의 효력이 사라진다고 하고 있다.

3. 혼인 외의 출생자

1) 의의

혼인하지 않은 남녀 사이에 출생한 자를 혼인 외의 출생자라고 한다. 혼인 외의 출생자는 친자관계의 발생에 있어서 혼인 중의 출생자와는 차이가 있다. 학설과 판례는 기아와 같은 특수한 경우를 제외하고는 혼인 외의 자와 모 사이의 모자관계는 분만 또는 해산에 의하며, 당연히 성립한다고 한다. 그러나 생부와의 관계에 있어서는 친자관계가 발생하지 않으며, 별도의 인지에 의하여만 친자관계가 발생한다. 즉 인지가 없으면 혼인 외의 출생자와 생부 사이에서는 법률상의 부자관계가 발생하지 않는다. 따라서 친권·부양·상속 등의 법률관계도 생기지 않는다.

2) 인지

(1) 의의

[1] **인지는 혼인 외의 출생자를** 그 **생부 또는 생모가 자기의 자라고 인정하고 법률상의 친자관계를 발생시키는 행위**이다. 인지에 의하지 않으면 혼인 외의 출생자와 그 생부 사이에는 법률상의 부자관계가 발생하지 않는다. 따라서 부자관계라는 것이 사실상 명백한 경우

라 하더라도 인지가 없으면 친자관계에서 발생하는 효과인 부양·친권·상속 등의 문제는 생기지 않는다.

[2] 인지에는 임의인지와 강제인지가 있다. 임의인지도 생전인지와 유언인지로 나뉜다.

(2) 임의인지

부가 혼인 외의 자에 대하여 자기의 자임을 확인하는 단독행위이다.

가. 인지자

[1] 부 또는 모만 가능하다.(제855조 1항 전단)

[2] 혼인 외의 출생자와 생모 사이의 친자관계와 인지의 요부 : 혼인 외의 출생자와 생모 사이에는 그 생모의 인지나 출생신고를 기다리지 않고 자의 출생으로 당연히 법률상의 친족관계가 생긴다고 해석하는 것이 타당하며, 출생이란 사실을 증명하면 된다. 모가 인지를 하는 경우 확인적 의미에 불과할 것이다.

[3] 인지능력

    ① **미성년자, 피한정후견인의 인지능력** : 의사능력만 있으면 충분하며, 미성년자나 피한정후견인이라도 법정대리인의 동의 없이 인지할 수 있다.

    ② **피성년후견인의 인지능력** : 아버지가 피성년후견인인 경우에는 성년후견인의 동의를 받아 인지할 수 있다.(제856조)

제855조(인지) ① 혼인 외의 출생자는 그 생부나 생모가 이를 인지할 수 있다. 부모의 혼인이 무효인 때에는 출생자는 혼인 외의 출생자로 본다.

② 혼인 외의 출생자는 그 부모가 혼인한 때에는 그때로부터 혼인 중의 출생자로 본다.

제856조(피성년후견인의 인지) 아버지가 피성년후견인인 경우에는 성년후견인의 동의를 받아 인지할 수 있다.

나. **피인지자**

[1] 인지될 수 있는 자는 혼인 외의 출생자이다. 그러나 **자가 다른 사람의 친생자로 추정을 받고 있는 경우에는 등록부상의 부로부터 부인된 후가 아니면 인지할 수 없다.** 친생자의 추정을 받지 않는 혼인 중의 출생자의 경우에는 친생자관계 부존재확인의 소에 의하여 등록부상의 부와 자 사이에 친자관계가 존재하지 않는다는 것이 확정된 후가 아니면 인지신고가 수리되지 않는다.

[2] **자를 다른 사람이 이미 인지한 경우에는 인지에 대한 이의의 소를 제기하여 확정판결**

이 난 다음에 **인지신고가 가능**하다.

[3] **사망한 자** : 사망한 자를 인지하는 것은 원칙적으로 허용되지 않는다. 인지 제도의 궁극적 목적은 혼인 외의 자와 생부 사이에 친자관계를 발생시키고 자에 대한 부의 의무를 이행케 함으로써 자의 복리를 실현하고자 하는 데에 있다고 할 것이다. 그런데 자가 이미 사망한 경우의 인지는 자의 복리 실현이라는 관점에서 볼 때 아무런 의미가 없을 뿐만 아니라, 부는 인지권을 남용하여 상속의 이익을 꾀할 가능성도 높기 때문이다. 그러나 **사망한 자의 직계비속이 있는 경우에는 그 직계비속이 상속에 있어서 선순위 상속인이 되고 사망한 자를 인지한 부모는 상속이 될 수 없으므로 이 경우에는 인지가 가능하다.**(제857조)

[4] **포태 중에 있는 자** : **포태 중인 자도 인지될 수 있다.**(제858조) 이는 해산 전에 생부가 빈사상태에 있는 경우 그 태아의 출생 후의 신분상의 효과로 보아 실익이 있다. 태아 인지의 신고가 있더라도 호적의 기재는 출생신고 후에 이루어지며, 출생사항과 더불어 인지사항이 신분사항란에 기재됨으로써 부와의 사이에 친자관계가 발생한다.

다. 인지의 무효와 취소

ㄱ. 인지의 무효와 인지에 대한 이의

인지의 **무효사유에 관한 민법상의 규정은 없으나, 이론상 인지가 무효로 될 수 있는 것으**로는 다음과 같은 경우를 들 수 있다.

① **인지자의 의사능력이 결여된 경우** : 인지자에게 의사능력이 결여되어 있을 때의 인지는 무효이다.

② **인지자의 의사에 의하지 않고 인지신고가 된 경우** : 생부 또는 생모 아닌 자가 그 명의를 모용하여 한 인지신고는 무효이다. 생모가 임의로 생부의 친생자로 출생신고를 한 경우에도 생부는 인지무효청구를 할 수 있으나(대판 1999.10.8, 98므1698), 그 판결의 효력은 재판상 인지청구에 미치지 않는다. 따라서 이런 경우 혼인 외의 자는 인지무효판결이 확정된 후에도 생부를 상대로 재판상 인지청구를 할 수 있다.

③ **사실에 반하는 인지** : 생부 아닌 자가 자신이 생부라고 칭하고 한 인지는 무효이다.(대판 1976.4.13, 75다948 ; 대판 1992.10.23, 92다29399) 그러나 친생자가 아닌 자에 대한 인지라도 인지신고 당시 당사자 사이에 입양의사의 합치가 있고 그 밖의 입양의 실질적 성립요건이 모두 구비된 경우라면 입양의 효력이 있는 것으로 해석할 수 있다.(대판 1992.10.23, 92다29399)

ㄴ. 인지에 대한 이의의 소

생부가 아닌 사람이 혼인 외의 자를 인지한 경우에는 자 및 **이해관계인은 인지에 대한이의의 소를 제기함으로써 사실에 반하는 부자관계를 제거할 수 있다.**(제862조) 인지에 대한 **이의의**

소는 임의인지만을 대상으로 하여 **제기할 수 있으며, 재판상 인지의 경우에는** 재심에 의해서 **확정판결을 취소하는 방법**에 의해서만 **인지의 효력을 소멸시킬 수 있다.**(대판 1981.6.23, 80므109)

제862조(인지에 대한 이의의 소) 자 그 밖의 이해관계인은 인지의 신고있음을 안 날로부터 1년 내에 인지에 대한 이의의 소를 제기할 수 있다.

친생자가 아닌 자를 혼인 외의 출생자로 오해하여 친생자로 출생신고한 경우 인지의 효력이 발생하지만, 이러한 친자관계를 제거하기 위해서는 인지에 대한 이의의 소가 아니라, 친생자관계 부존재확인의 소를 제기하여야 한다는 것이 판례의 태도이다.(대판 1993.7.27, 91므306)

제소권자는 자 및 이해관계인이다. 자가 제한능력자인 경우에는 법정대리인이 대리하여 소를 제기할 수 있다. 그러나 법정대리인이 부인 경우에는 자신을 상대로 하여 소를 제기하게 되어 이해가 상반되게 된다. 따라서 이 경우에는 친권자인 부가 가정법원에 자의 특별대리인의 선임을 청구하여야 한다.(제921조) 이해관계인이란 사실에 반하는 인지로 인하여 불이익을 받는 지위에 있는 자를 말한다. 인지에 의한 새로운 상속권자의 출현으로 상속권을 상실하거나 상속분이 감소되는 자가 이해관계인의 대표적인 경우에 해당될 것이다.

인지에 대한 이의의 소를 제기할 때에는 먼저 가정법원에 조정신청을 하여야 한다. 소 제기는 인지신고가 있음을 안 날로부터 1년 내에 하여야 하며(제862조), 인지자가 사망한 경우에는 그 사망을 안 날로부터 2년 내에 검사를 상대로 하여 제기할 수 있다.(제864조)

ㄷ. 인지무효의 소

민법은 인지에 대한 이의의 소를 규정하고 있지만, 가사소송법은 인지에 대한 이의의 소 외에 **인지무효의 소에 관한 규정**을 두고 있다.(가사소송법 제26조 1항, 제28조) 원고가 될 수 있는 자는 당사자 및 그 법정대리인 또는 4촌 이내의 친족이다.(가사소송법 제28조, 제23조) 소의 상대방은 인지자가 원고인 경우에는 자, 자가 원고인 경우에는 인지자, 제3자가 원고인 경우에는 인지자와 자 쌍방이다. 그러나 일방이 사망한 경우에는 다른 일방을 상대로 하며, 쌍방이 모두 사망하였을 때는 검사를 상대방으로 한다.(가사소송법 제28조, 제24조)

인지의 무효는 혼인무효나 이혼무효의 경우와 같이 당연무효이므로 인지무효의 판결이 있기 전에도 **다른 소에서 선결 문제로서 주장할 수 있다.**(대판 1976.4.13, 75다948 ; 대판 1992. 10.23, 92다29399) 그러나 등록부 정정을 위해서는 인지무효의 소를 제기하여 확인판결을 받아야 한다. 인지무효의 소는 인지에 대한 이의의 소와는 달리 조정을 거치지 않는다.

인지에 대한 이의의 소와 인지무효의 소와의 관계를 생각해 볼 때 인지에 대한 이의의 소도 결국 무효를 주장하는 것으로 생각되므로 실질적으로는 차이가 없는 것으로 보아야 할 것이다. 다만, 인지에 대한 이의의 소는 자 또는 이해관계인만이 제기할 수 있으므로 인지자 자신은 제기할 수 없음에 반해, 인지무효의 소는 인지자 자신도 제기할 수 있다는 것에 그 차이가 있다고 생각된다. 그러나 가사소송법이 인지에 대한 이의를 조정사항으로 하고, 인지무효를 재판사항으로 한 것은 납득이 잘 되지 않는다. 이 두 가지의 소는 본질적으로 같은 것이므로 입법론적으로 어느 하나로 일원화할 필요성이 있다고 본다.[124]

ㄹ. 인지의 취소

[1] 취소사유 : 사기·강박 또는 중대한 착오로 인하여 인지한 경우에는 사기나 착오를 안 날 또는 강박을 면한 날로부터 6개월 이내에 가정법원에 인지의 취소소송을 제기할 수 있다.(제861조)

[2] **조정전치주의** : 인지를 취소하기 위해서는 우선 가정법원에 조정을 신청하여야 한다. 조정의 성립만으로는 인지취소의 효력이 생기지 않는다. 조정이 성립되지 않으면 인지취소의 소를 제기할 수 있다. 인지취소의 판결이 확정되면 인지는 처음부터 무효가 되고, 그 효력은 제3자에게도 미친다.

(3) 강제인지(재판상 인지)

가. **의의**

부 또는 모가 임의로 인지하지 않을 경우 혼인 외의 **출생자는 인지청구의 소를 제기할 수 있고, 부모의 의사와 관계없이 재판**에 의하여 **인지를 강제할 수 있는데, 이를 강제인지라**고 한다.

나. 인지청구의 소의 성질

[1] **강제인지는 인지판결**에 의하여 그 **효력이 생긴다. 따라서** 이 **경우 신고는 보고적 신**고이다.

[2] **인지의 판결은 대세적인 효력이 있고, 법률상 친자관계의 창설이라는 점에서 형성의 소로 보아야** 한다. 다만, **모**에 대한 **인지청구 소송은 확인의 소라고 할 것이다.**(대판 1967. 10.4, 67다1791)

다. 인지청구권의 포기 문제

[1] '**인지청구권을 포기할 수 있느냐**'가 문제되는데, 인지청구권은 일신전속권으로서 포기

---

124) 김주수·김상용, 앞의 책, 281면

할 수 없으며, 설령 포기하더라도 그 **효력이 인정되지 않는다.** 따라서 사실상의 부와 혼인 외의 자 사이에 상당한 금전을 받고 그 대가로 인지청구권을 포기하는 재판상 화해나 조정이 이루어진 경우에도 혼인 외의 출생자가 후에 인지청구의 소를 제기하는 데에는 문제가 되지 않는다.

인지청구권의 포기를 인정한다면 혼인 외의 출생자의 불이익으로 될 염려가 있기 때문에 포기를 허용하지 않음이 통설·판례(대판 1987.1.20, 85므70)의 입장이다. 인지청구권에는 실효의 법리도 적용되지 않으므로 혼인 외의 출생자는 성년이 된 후 상당한 세월이 흐른 뒤에도 인지청구의 소를 제기할 수 있다.(대판 1987.1.20, 85므70 ; 대판 1999.10.8, 98므1698 ; 대판 2001.11.27, 2001므1353)

[2] 모가 한 인지청구권 포기의 효력 : 청구인의 모가 피청구인으로부터 금전을 수령하면서 청구인이 피청구인의 자가 아님을 분명히 하고 인지청구를 하지 않기로 하였던 바, 청구인의 인지청구는 금반언에 반하고 인지청구권의 포기 이후의 것으로서 부당하다고 하는 피청구인의 주장이 사실이라 하더라도 신분관계상의 권리인 인지청구권이 금반언 및 권리포기 등이 적용될 법리도 아닌 데다가 청구인이 인지청구권을 포기한 것이 아닌 한 의사표시의 효력이 청구인에게 미칠 것도 아니다.(대판 1982.3.9, 81므10)

라. 인지청구 절차와 당사자

ㄱ. **당사자**

첫째, **청구인은 혼인 외의 출생자, 그 직계비속, 법정대리인**이다.

태아에게는 인지청구권이 없으며, 이를 대리할 법정대리인도 인정되지 않으므로 모는 태아를 대리하여 인지청구의 소를 제기할 수 없다.

자가 친생자의 추정을 받고 있는 때에는 자기의 생부를 알고 있는 경우에도 인지청구의 소를 제기할 수 없다. 이러한 경우에는 부 또는 모가 친생부인의 소를 제기하여 친생부인의 판결이 확정된 후에야 비로소 자는 생부를 상대로 인지청구를 할 수 있다.(대판 1968.2.27, 67므34) 그러나 친생자의 추정을 받지 않는 혼인 중의 출생자는 법률상의 부의 등록부에 등록되어 있는 경우에도 사전에 친생자관계 부존재확인의 소를 제기할 필요 없이 생부를 상대로 인지청구의 소를 제기할 수 있다.

친생자관계 부존재확인의 판결이 확정된 경우에도 그 판결의 기판력은 인지청구에는 미치지 않으므로 혼인 외의 출생자는 인지청구를 할 수 있다.(대판 1982.12.14, 82므46) 또한 모가 임의로 생부의 친생자로 출생신고를 한 경우에 생부가 인지무효의 소를 제기하여 승소판결이 확정되었다고 하여도 그 판결의 기판력은 인지청구에는 미치지 않으므로 자는 인지청구를 할 수 있다.(대판 1999.10.8, 98므1698)

둘째, **피청구인이 되는 자는 부 또는 모이다.** 부 또는 모가 피성년후견인인 경우에는 그 후견인으로 하여금 부 또는 모를 대리시켜 소의 상대방으로 할 수 있다고 해석한다. 피청구인이 피성년후견선고를 받지는 않았으나, 의사무능력자인 경우에는 청구인은 민사소송법 제62조에 의한 특별대리인의 선임을 신청할 수 있다.(대판 1984.5.30, 84스12) 이에 조·부 또는 모가 사망한 때에는 검사(제864조)가 피청구인이 된다.

ㄴ. **조정전치주의의 적용**

조정전치주의가 적용된다.

ㄷ. **제척기간**

부가 생존하는 동안에는 기간의 제한 없이 인지청구를 할 수 있다. 인지청구권의 포기가 인정되지 않기 때문에 권리실효의 법리가 적용될 여지가 없다는 것이 판례의 태도이다.(대판 2001.11.27, 2001므1353) 그러나 **부 또는 모가 사망한 때에는 검사를 상대로 소를 제기해야 하며, 검사를 상대로 소를 제기하는 경우에는 부 또는 모의 사망을 안 날로부터 2년 내에 제기하여야 한다.**(제864조)

ㄹ. 부자관계의 증명(혈액검사와 수검명령)

법원은 직권조사에 의하여 자유로운 심증에 기초하여 부자관계를 증명하여 판단한다. 판례는 모의 포태시기에 부와 모의 성적 교섭이 있고, 자와 부 사이에 혈액형상의 배치가 없고, 원고의 출생 당시 피고가 원고의 이름을 지어주고 해산비를 부담한 것, 이상 세 가지 사실을 종합하여 피고가 부인한 것을 추인한 것도 있다.(대판 1986.7.22, 86므63) 가정법원은 당사자 또는 관계인 사이의 혈족관계의 존부를 확정할 필요가 있는 경우에 다른 증거조사에 의하여 심증을 얻지 못한 때에는 검사를 받을 자의 건강과 인격의 존엄을 해하지 아니하는 범위 안에서 당사자 또는 관계인에게 혈액채취에 의한 혈액형의 검사 등 유전인자의 검사, 그 밖의 상당하다고 인정되는 방법에 의한 검사를 받을 것을 명할 수 있다.(가사소송법 제29조 1항) 정당한 이유 없이 이 명령에 위반한 때에는 100만원 이하의 과태료에 처할 수 있고, 제재를 받은 후에도 수검명령에 위반한 때에는 감치처분을 할 수 있다.(가사소송법 제67조 1항, 2항)

(4) **인지의 효과**

가. **소급효**

ㄱ. **친자관계의 발생**

인지로 인하여 법률상의 친자관계가 발생한다. 임의인지의 경우에는 인지신고가 수리되거나 유언자가 사망한 때, 강제인지의 경우에는 인지판결이 확정된 때에 각각 그 효력이 생기나 그 효력은 출생시로 소급하여 발생한다. 따라서 인지된 자는 태어날 때부터 인지자와의 사이에 친자관계가 있었던 것으로 된다. **인지에 의하여 친자관계가 발생할 뿐 혼인 중의 자로 변하는 것은 아니다.**

ㄴ. **부양청구권의 발생**

인지로 인하여 인지자는 자의 출생시로 소급하여 부양의무를 부담하게 된다. 따라서 부가 인지하기 전 모가 자신의 부담 부분을 초과하여 부양료를 부담하였다고 인정되는 부분에 대해서는 부에 대하여 부당이득반환청구를 할 수 있다는 해석이 가능하다. **판례는 과거의 부양료의 구상을 인정하지 않았으나, 이를 변경하여 인정하게 되었다.**(대결<전합> 1994.5.13, 92스21)

[판례] **혼인 외의 출생자에 대한 실부의 부양관계**

> 혼인 외의 출생자에 대하여는 그 실부가 인지를 하거나 부모의 혼인으로 그 혼인 중의 출생자로 간주되어야만 비로소 부자 사이에 법률상의 친자관계가 형성되어 부양의무를 비롯한 친자관계로 인한 법률상 효과가 발생하는 것이다.(대판 1981.5.26, 80다2515)

[판례] **혼인 외의 출생자의 생모의 생부에 대한 청구**

> 현행법에는 혼인의 무효 또는 취소 판결시 그 당사자의 신청이 있는 경우 외에는 자의 양육자 지정이나 양육에 관한 사항을 정하여 달라는 신청을 할 수 있는 법률상 근거가 없으므로 사실혼관계나 일시적 정교관계로 출생한 자의 생모는 그 자의 생부를 상대로 그와 같은 청구를 할 수 없다.(대판 1979.5.8, 79므3)

ㄷ. **상속권의 발생**

인지에 의하여 자는 상속권을 갖는다. 인지의 소급효는 특히 상속과 관련하여 큰 의미가 있다. 부의 사후에 혼인 외의 출생자가 인지청구의 소를 제기하여 인지판결이 확정된 경우에 인지의 소급효에 의하여 그 자는 부의 사망시에 상속권을 취득한 것으로 된다. 이 경우 다른 공동상속인들이 상속재산을 아직 분할·처분하지 않은 경우에는 이들을 상대로 하여 자신의 상속권을 주장할 수 있으며, 다른 공동상속인들이 상속재산을 이미 분할·처분을 한 경우에는 자신의 상속분에 상당하는 가액의 지급을 청구할 수 있다.(제1014조)

나. **소급효의 제한**

인지의 소급효는 제3자가 이미 취득한 권리를 해하지 못한다.(제860조 단서) 여기서 제3자는 인지자와 인지를 받은 자 외의 사람이라고 해석할 수 있으나, 제3자에 해당되지 않는 대상은 여기에 한정되지 아니하고 피인지자의 공동상속인 및 피인지자의 후순위 상속인도 포함된다.

인지의 소급효에 의하여 상속인이 된 피인지자는 다른 상속인들을 상대로 자신의 상속분의 반환을 청구할 수 있다. 이 경우 다른 공동상속인들이 상속재산을 그대로 보유하고 있는 경우에는 상속재산의 분할을 청구할 수 있지만, 이미 상속재산을 분할·처분한 경우에는 피인지자는 자신의 상속분에 상당하는 금전의 지급을 청구할 수 있다.(제1014조) 따라서 다른 공동상속인은 자신들이 제860조 단서에서 규정하고 있는 제3자에 해당한다는 점을 들어 피인지자의 청구를 배척할 수 없다. 또한 사망한 부의 직계존속이 재산을 상속한 경우에도 자는 인지판결이 확정된 후 피상속인의 직계존속에 대하여 상속재산의 반환을 청구할 수 있다.(제999조)

피인지자의 공동상속인 및 후순위 상속인이 이미 상속재산을 제3자에게 처분한 경우에는 그 제3자를 상대로 상속재산의 반환을 청구할 수 없고, 공동상속인 또는 후순위 상속인을 상대로 하여 가액의 지급을 청구할 수 있을 뿐이다.

다. 인지받은 자에 대한 친권

혼인 외의 출생자가 생부의 인지를 받기 전에는 모가 친권자가 되지만, 생부의 인지를 받게 되면 부모의 협의로 친권자를 정하여야 하고, 협의할 수 없거나 협의가 이루어지지 않는 경우에는 당사자는 가정법원에 그 지정을 청구하여야 한다.(제909조 4항) 재판상 인지의 경우에는 가정법원이 직권으로 친권자를 정한다.(제909조 5항)

라. 인지받은 자의 성과 본

현행 민법에 의하면 인지되지 않은 혼인 외의 자는 모의 성과 본을 따르고, 생부가 인지한 경우에는 부의 성과 본을 따른다.(제781조) 그러나 2005년 개정 민법에 의하여 2008년 1월 1일부터는 혼인 외의 자가 인지된 경우에도 인지 전에 사용했던 성을 그대로 유지할 수 있다. 즉 개정 민법은 혼인 외의 자가 인지되면 부의 성을 따르는 것을 원칙으로 하되, 혼인 외의 자의 부모가 협의하면 자는 인지되기 전의 성을 그대로 유지할 수 있으며, 부모가 협의할 수 없거나 협의가 이루어지지 않는 경우에는 자는 법원의 허가를 받아 종전의 성과 본을 계속 사용할 수 있도록 하였다.(제781조 5항)

마. 인지받은 자의 양육 및 면접교섭

인지를 받은 자의 양육에 관하여는 우선 부모가 협의하여 정할 수 있다. 협의가 되지 않거나 협의할 수 없는 때에는 가정법원이 당사자의 청구 또는 직권에 의하여 그 자의 연령, 부모의 재산상황 그 밖의 사정을 참작하여 양육에 관한 사항을 정하며, 언제든지 그 사항을 변경 또는 다른 적당한 처분을 할 수 있다.(제864조의2, 제837조) 인지된 자를 양육하지 않는 부모 중 일방은 면접교섭권을 가지며, 자의 복리를 위하여 필요한 경우 가정법원은 당사자의 청구 또는 직권에 의하여 면접교섭권을 제한하거나 배제할 수 있다.(제864조의2, 제837조의2)

3) 준정

부모가 후에 혼인한 때에 그 자가 혼인 중의 **출생자로 되는 것**을 말한다. 인지는 부자관계를 발생하는 것인데, 준정은 혼인 중의 출생자가 된다는 점에서 준정의 효력이 더 강하다고 할 수 있다. 그런데 상속에 있어서는 혼인 중의 출생자와 혼인 외의 출생자 사이에 차이가 없으나, 2005년 민법 일부 개정 전에는 호주승계에 있어서 차이가 있으므로 준정의 실익이 있었지만(개정 전 제985조), 이 조문은 개정 후 삭제되었다.

4) 친생자관계 존부확인의 소

(1) 의의

[1] 특정인 사이에 친생자관계가 존재하는지 여부에 대하여 확인을 구하는 소이다.(제865조) 이 소는 부를 정하는 소(제845조), 친생부인의 소(제846조), 인지에 대한 이의의 소(제862조), 인지청구의 소(제863조)의 목적과 저촉되지 않는 다른 사유를 원인으로 하여 등록부상 기재를 정정함으로써 신분관계를 명확히 할 필요가 있을 경우에 제기하게 된다.

[2] 제3자가 타인 사이에 친자관계가 존재하지 않는 것을 주장하고, 그 확인을 구하는 소를 제기할 법률상의 이익이 있으려면 그 타인간에 친자관계가 존재하지 아니함을 확정함으로써 자기의 권리관계에 직접적인 이해관계가 미치는 경우라야 하는데, 성씨관계를 바로잡기 위한 경우에는 그 소의 이익은 없다는 것이 판례의 입장이다.

| 판례 | 입양 의사로서 한 친생자출생신고의 효력과 친생자관계 존재확인청구의 허용 여부 |

당사자가 양친자관계를 창설할 의사로 친생자출생신고를 하고 거기에 입양의 실질적 요건이 모두 구비되어 있다면 그 형식에 다소 잘못이 있더라도 입양의 효력이 발생하고, 양친자관계는 파양에 의하여 해소될 수 있는 점을 제외하고는 법률적으로 친생자관계와 똑같은 내용을 갖게 되므로 이 경우의 허위의 친생자출생신고는 법률상의 친자관계인 양친자관계를 공시하는 입양신고의 기능을 발휘하게 되는 것이며, 이와 같은 경우 파양에 의하여 그 양친자관계를 해소할 필요가 있는 등 특별한 사정이 없는 한, 그 호적 기재(등록부 기록) 자체를 말소하여 법률상 친자관계의 존재를 부인하게 하는 친쟁자관계 부존재확인청구는 허용될 수 없는 것이다.(대판<전합> 2001.5.24, 2000므1493)

(2) 소의 제기 절차

[1] 제기원인 : 부를 정하는 소, 친생부인의 소, 인지에 대한 이의의 소 및 인지청구의 소의 목적과 저촉되지 않는 '다른 사유'를 원인으로 하여 등록부상의 기재를 정정함으로써 신분관계를 명확히 할 필요가 있는 경우에 제기할 수 있다.

[2] 조정을 거치지 않으며, 제소기간에는 제한이 없다.

(3) 소가 제기될 수 있는 구체적인 경우

가. 자신이 허위의 출생신고를 하여 외형상 친생자관계가 존재하는 것처럼 되어 있는 경우

동생의 딸을 나의 딸로 출생신고를 한 경우, 부가 다른 여자와의 관계에서 출생한 혼인 외의 출생자를 처와의 관계에서 태어난 혼인 중의 출생자로 출생신고를 한 경우가 이에 해당된다.

나. **친생자의 추정을 받지 않는 혼인 중의 출생자**

제844조의 규정에 의하여 **친생자의 추정을 받는 자는 친생부인의 소**에 의해서만 **친자관계가 부인될 수 있으나**, 혼인 성립의 날로부터 200일 전에 **출생한 혼인** 중의 **출생자**에 대하여는 **친생자관계 부존재확인의 소를 제기할 수 있다.**

다. 친생자의 추정이 미치지 않는 자

친생자의 추정이 미치지 않는 자란 혼인이 성립한 날로부터 200일 후에 태어났기 때문에 형식적으로는 친생자의 추정을 받지만, 실제로는 부부가 별거하여 처가 부의 자를 포태할 가능성이 전혀 없는 상태에서 포태되어 태어난 혼인 중의 출생자를 말한다. 친생자의 추정이 미치지 않는 자의 경우에도 친생자관계 부존재확인의 소를 제기할 수 있다.

라. 허위 친생자 출생신고에 의하여 **입양의 효력이 인정되는 경우**

친생자로 출생신고를 한 것이 입양신고로서의 기능을 발휘하여 입양의 효력이 발생하였다면 파양에 의하여 **양친자관계를 해소할 필요가 있는** 등의 **특별한 사정이 없는 한 등록부의 기재를 말소하여 법률상 친자관계의 존재를 부정하게 되는 친생자관계 부존재확인의 소는 확인의 이익이 없는 것으로 부적법하다.**(대판 1991.12.13, 91므153)

마. **혼인 외의 출생자**에 대한 **친생자 출생신고**에 의하여 **인지의 효력이 생기는 경우**

혼인 외의 자를 혼인 중의 **자로 출생신고를 한 경우 인지의 효력이 인정되는데,** 이 때에는 **친생자관계 부존재확인의 소를 제기하여야 하고, 인지무효의 소나 인지에 대한 이의의 소를 제기할 수 없다.**(대판 1993.7.27, 91므306)

바. 양친자관계의 존부를 확인할 필요가 있는 경우

이 경우에도 친생자관계 존부확인의 소에 준하여 양친자관계 존부확인의 소를 제기할 수

있다. 예컨대, X는 A와 혼인신고를 하면서 A와 합의하여 A와 다른 남자(사망) 사이에서 출생한 Y를 자기의 친생자로 출생신고를 하였다. 세월이 흐른 후 A와 협의이혼을 한 X는 Y가 자기 친생자가 아니라는 이유로 가정법원에 친생자관계 부존재확인의 소를 제기하였다. 이는 받아들여질 수 있는가? 사례의 경우 X가 A의 자 Y를 입양하기로 하고 법정대리인인 생모 A와 합의하여 입양신고의 방편으로 친생자출생신고를 한 경우에는 출생신고에 의하여 입양의 효력이 발생한다. 따라서 이러한 경우에는 그 양친자관계를 해소하여야 하는 등의 특단의 사정이 없는 한, 친생자관계 부존재확인을 구할 이익이 없으므로 X의 청구는 인용될 수 없다.

(4) 당사자적격

가. 원고적격

친생자관계 존부확인의 소는 부를 정하는 소(제845조), 친생부인의 소(제846조, 제848조, 제850조, 제851조), 인지에 대한 이의의 소(제862조), 인지청구의 소(제863조)의 규정에 의해서 원고적격이 인정되는 사람이 제기할 수 있다. 따라서 부 또는 처, 부 또는 처의 후견인, 부 또는 처의 유언집행자, 부 또는 처의 직계존속 및 직계비속, 부 또는 모, 자, 자의 법정대리인, 자의 직계비속 및 그 밖의 이해관계인에게 원고적격이 인정된다.

나. 피고적격

자가 친생자관계 존재확인의 소를 제기하는 경우 부모가 생존해 있다면 부모 쌍방을 공동피고로 하여야 한다. 마찬가지로 부모가 자를 상대로 친생자관계 존재확인의 소를 제기할 때에도 부모 쌍방이 공동원고가 되어야 한다. 친자관계가 없음에도 가등법상 부모로 기재되어 있는 경우에 자는 부모 쌍방을 피고로 하여 친생자관계 부존재확인의 소를 제기하여야 하지만, 부모 중 일방과 친자관계가 있는 경우에는 다른 일방만을 상대로 하여 친생자관계 부존재확인의 소를 제기하여야 한다.

제3자가 이해관계인으로서 친생자관계 부존재확인의 소를 제기하는 경우에는 부모와 자 모두를 피고로 한다.(대판 1987.5.12, 87므7) 그러나 부모 중 일방과 자 사이에 친자관계가 존재하는 경우에는 친자관계가 없는 다른 일방과 자만을 상대로 하여 친생자관계 부존재확인의 소를 제기하여야 한다.

다. 제3자의 당사자적격 여부(친생자관계 존부확인의 소를 제기할 수 있는 이해관계인의 범위)

ㄱ. 종전 판례

단순히 당사자와 친족관계가 있다는 것만으로는 부족하고, 친생자관계 부존재확인으로 인하여 특정한 권리를 가지게 되거나 의무를 면탈하게 되는 등의 이해관계를 요구하였다.(대

판 1960.9.29, 4293민상314)

ㄴ. 변경된 판례

① 민법 제777조 소정의 친족은 특단의 사정이 없는 한, 그와 같은 신분관계를 가졌다는 사실만으로써 당연히 친자관계 존부확인의 소를 제기할 소송상의 이익이 있다.(대판<전합> 1981.10.13, 80므60)

② 친족이 제기하는 친자관계 존부확인의 소와 소의 이익 : 민법 제777조의 규정에 의한 "친족은 언제든지 친생관계 부존재확인의 소를 제기할 수 있다."라고 규정하고 있으므로 여기에 해당하는 신분을 가진 자는 당사자적격이 있고, 특별한 사정이 없는 한, 그와 같은 소를 제기할 소송상의 이익이 있고, 별도의 이해관계를 가질 것을 필요로 하지 않는다고 할 것이다.(대판 1991.5.28, 90므347)

(5) 제소기간

친생자관계 존부확인의 소를 제기할 수 있는 기간에는 제한이 없으나, 당사자의 일방이 사망한 때에는 그 사망을 안 날로부터 2년 내에 검사를 상대로 하여 소를 제기할 수 있다. (제865조 2항) 그러나 이해관계인이 소를 제기하는 때에는 부모와 자 쌍방을 상대로 하고, 일방이 사망한 경우에는 생존자를 상대로 하면 되므로 부모와 자 중의 일방이 사망한 경우에는 검사를 피고로 할 필요가 없으며, 검사를 상대로 하여 소를 제기하는 것은 부모와 자 쌍방 모두가 사망한 경우에 한정된다.

(6) 판결의 효력

판결의 효력은 제3자에게도 미친다. 친생자관계의 존부확인과 같이 가사소송법의 가류 가사소송사건에 해당하는 청구는 성질상 당사자가 임의로 처분할 수 없는 사항을 대상으로 하는 것이므로 이에 대하여 조정이나 재판상 화해가 성립되더라도 효력이 있을 수 없다.(대판 1999.10.8, 98므1698) 따라서 당사자 사이에 친생자관계가 없음을 확인한다는 조정이나 재판상 화해가 성립된 경우라고 해도 후에 인지청구의 소를 제기하는 데에는 아무런 문제가 없다.

판결이 확정되면 소를 제기한 자는 그 확정일로부터 1월 내에 등록부 정정의 신청을 하여야 한다.

4. 인공수정자, 체외수정자, 대리모계약

1) 인공수정의 의의

남녀간의 자연적 성 교섭에 의하지 않고 인공적으로 기구를 사용하여 정액을 여성의 체내에 주입함으로써 정자와 난자를 결합시켜 포태를 하게 하는 것을 말한다. 이러한 수단을 통해 태어난 자가 인공수정자이다.

2) 인공수정의 종류

인공수정에는 세 가지가 있다. 즉 (ⅰ) 부의 정액을 사용하여 시술하는 인공수정(AIH: artificial insemination by husband)이고, (ⅱ) 제3자의 정액을 사용하는 인공수정(AID: artificial insemination by donor), (ⅲ) 독신여성이 AID에 의하여 인공수정을 시술받는 경우이다. 법률적인 관점에서 AIH는 별로 문제로 될 것이 없으나, AID는 사회적으로나 법률적으로 어려운 문제를 안고 있다.

3) 인공수정자의 법적 지위

(1) AIH에 의한 인공수정자

부의 정액에 의하여 처가 포태·해산한 인공수정자는 통상의 경우의 자와 동일한 취급을 받는 데에 별 문제가 없다. 다만, '부가 사망한 후에 냉동보존되어 있던 부의 정액을 사용한 인공수정자(부의 사후 300일 이상이 된 후에 출생한 경우)의 법적 지위는 어떻게 되는가'가 문제된다.[125]

(2) AID에 의한 인공수정

가. 부의 동의가 있는 경우

부의 동의하에 제3자의 정액을 사용하여 인공수정을 한 때에는 부의 자로 추정받는 혼인 중의 출생자가 된다고 해석한다.[126] 따라서 부부가 서면으로 인공수정에 동의한 이상 친생자 추정력은 인공수정으로 출생한 자에게도 적용함이 친생추정 규정의 취지에 부합할 뿐만 아니라, 그 출생자의 법적 지위의 보호에도 합당할 것이다. 따라서 부는 친생부인의 소를 제기할 수 없다고 해석된다. 시술에 동의한 부가 나중에 변심하여 부인권을 행사하는 것은 신의칙에 반하기 때문이다. 또한 이해관계인도 친생자관계 부존재확인의 소를 제기할 수 없다. 부의 혼인 중의 출생자로 추정되는 결과, 인공수정자가 후에 정자제공자에 대하여 인지청구를 하는 것도 허용되지 않는다. 가정법원과 고등법원은 부의 동의하에 출생한 AID자는 친생추정을 받는다는 전제 위에서 처가 제기한 친생자관계 부존재확인의 소의 청구를 각하하였다.(서울가판 1983.7.15, 82므1534 ; 서울고판 1986.6.9, 86르53)

---

125) 김주수·김상용, 앞의 책, 299면
126) 김주수·김상용, 앞의 책, 299면

○ 정자은행 통해 인공수정, 누구 아들?

정자은행에서 제공받은 정자로 인공수정을 하여 태어난 아이에 대해 아버지가 친권을 행사할 수 있을까?

이러한 법정 다툼에 대해 법원이 서로 엇갈린 판결을 내려, 인공수정으로 낳은 자식에 대한 친권 행사·등록부(구 호적) 문제 등에 대한 관련 법규정 마련이 시급하다는 지적이다. 서울 가정법원 가사 9단독 홍이표 판사는 이혼을 앞둔 임모(여)씨가 "정자은행에서 정자를 제공받아 인공수정으로 낳은 아들(5세)과 남편 이모씨 사이에는 친생자관계가 존재하지 않는다."며 남편 이모씨를 상대로 낸 소송에서 임씨에게 승소 판결을 내렸다.

재판부는 판결문에서 "생식불능인 남편 이씨가 아내와 합의해 다른 남자의 정자를 제공받아 아이를 낳기로 합의한 뒤 아들을 호적에 올린 만큼 친생자관계가 있다고 주장하지만, 민법상 친생자관계 존재 여부는 자연적 혈연관계를 기초해 정해지는 만큼 자신의 정자로 낳지 않은 이상 친아들로 볼 수 없다."라고 밝혔다.

임씨는 92년 이씨와 결혼한 뒤 아이가 생기지 않자 부부 합의하에 96년 정자은행을 통해 인공수정을 한 뒤 아이를 낳았다. 그러나 그 후 불화로 이혼을 앞두게 되자 아이의 친권과 관련한 분쟁이 발생, 등록부(구 호적) 정정을 위해 소송을 제기했다.

한편 서울가정법원은 2000년 인공수정으로 아들을 낳은 이혼녀가 전 남편을 상대로 낸 같은 소송에서, 민법상 "부인이 혼인 중에 임신한 자식은 아버지의 자식으로 추정한다."라는 규정을 적용해 "부부가 합의를 통해 인공수정으로 낳은 아이는 남편의 친자식으로 봐야 한다."라고 판결했었다.(『조선일보』, 2002.11.25, 6면)

나. 부의 동의가 없는 경우

만약 자가 부의 동의 없이 인공수정으로 태어났다면 그 자는 사정에 따라 친생자 추정을 받는 혼인 중의 출생자, 추정을 받지 않는 혼인 중의 출생자, 추정이 미치지 않는 자가 될 것이다. 부는 친생부인의 소를 제기할 수 있으며, 친생자 추정을 받지 않거나 추정이 미치지 않는 자일 경우에는 이해관계인이 친생자관계 부존재확인의 소를 제기할 수 있다고 해석하여야 할 것이다.127)

---

127) 김주수·김상용, 앞의 책, 301면

인공수정으로 출생한 자의 법적 지위

> 원고는 민법 제844조에 의하여 친생자로 추정된다고 할 것이지만, 피고가 생식불능의 경우에 해당된다면 위 추정의 범위에 들어가지 아니하므로 원고로서는 친생자관계 부존재확인의 소를 제기할 수 있다. 나아가 민법상 친생자관계의 존부는 자연적 혈연관계의 기초로 정해지는 것이고, 이는 당사자 사이의 의사와는 무관하게 결정되는 것이어서 비록 피고와 을이 장차 태어날 원고에 대하여 서로 친자로 인정하기로 합의하였다고 하더라도 그로 인하여 친생자 아닌 자가 친생자로 인정될 수는 없는 것이다.(서울가판 2002.11.19, 2002드단53028)

(3) 독신여성이 AID에 의해 인공수정자를 출산한 경우

독신여성이 AID에 의해 자를 출산한 경우, 그 자는 그 여자의 혼인 외의 출생자가 된다.

3) 체외수정의 의의(시험관 아기)

체외수정은 처에게 불임원인이 있는 경우, 그 치료법으로서 처의 난자와 부의 정자를 체외(시험관)에서 수정시켜 처의 자궁에 착상시킨 후 성장·출산케 하는 방식이다. 이와 같은 배우자간의 체외수정은 AIH의 경우와 같으므로 법률적으로 큰 문제는 없다.

4) 대리모계약

(1) 의의

부와 그의 처 사이의 체외수정란을 제3자인 여성의 체내에 착상시켜서 출생시킬 경우의 법률관계를 말한다. 이 때의 제3자인 여성을 대리모라고 한다.

(2) 대리모계약의 문제점

대리모계약과 이에 의한 대리출산의 경우에는 어려운 여러 법적 문제가 발생할 수 있다.

대리모계약에 있어서는 우선 모자관계가 문제된다. 즉 대리모와 난자제공자 중 어느 쪽이 모인가 하는 점이다. AID의 법리에 따르면 해산한 모, 즉 대리모가 체외수정자의 모가 될 가능성이 높다. 그러나 이렇게 되면 부와 처의 의사와는 반대되는 결과가 되기 때문에 법적으로 문제된다.

또한 대리모가 포태 중에 모체의 건강상 이유로 임신중절을 해야 할 경우에 있어서의 결정권에 관한 문제, '대리모가 일방적으로 인공임신중절을 시킨 경우에 그 법적 책임을 물을 수 있을 것인가?'에 관한 문제, 출생한 체외수정자가 기형아일 경우에 자의 인도 문제를 둘러싸고 생길 수 있는 분쟁의 문제 등 여러 문제가 발생할 수 있다.

(3) 대리모계약의 유효성

가. 미국의 Baby M. 사건

대리모계약을 무효로 선언하면서도 유아의 '최선의 이익의 보호'라는 견지에서 유아의 양육권을 의뢰자에게 인정하였다.

나. 우리 판례

법률상 처가 있는 남자와 다른 여자와의 사이에 아이를 낳아주면 경제적 대가를 지급할 것을 약정한 이른바 **'씨받이계약'은 선량한 풍속 그 밖의 사회질서에 어긋나는 것(제103조 위반)으로 무효가 된다는 것이 하급심 판례의 입장**이다.

다. 대리모계약의 유효성

[1] 대리모계약을 유효하다고 보면 입양과 같은 방법에 의하여 대리모의 자가 의뢰부부의 친자로서 지위를 가질 수 있다. 대리모가 자의 인도를 거절할 경우에는 의뢰부부에게 자의 인도청구권이 인정되고 소송을 통해 강제집행을 할 수 있다.

[2] **다수설인 무효설에 의하면 대리모의 자와 대리모 사이에는 분만을 매개로 한 모자관계가 성립**한다. 또 대리모의 자는 대리모가 혼인 중인 때에는 그 부 사이의 혼인 중의 출생자로 추정되고, 부는 친생부인권을 갖는다. **대리모계약의 무효로 인하여 대리모는 자를 인도할 의무가 없고, 의뢰부부는 대리모계약에 따른 자의 인도를 청구할 수 없다.**

제6절   부모와 자(양자)

Ⅰ. 양자 제도

1. 의의

양자 제도는 친생자라는 생리적 혈연관계가 없는 자를 법률상 혈연관계가 있는 것처럼 의제함으로써 친자관계를 인정하는 제도이다.

2. 양자 제도에 관한 민법의 개정

1) 2005년 개정 민법(친양자 제도: 2005년 3월 31일 신설, 2008년 1월 1일 시행)

2005년 개정 민법에서는 친양자 제도를 신설하였다. 개정 민법상의 친양자 제도는 완전 양자 제도를 기초로 하고 있는데, 그 취지는 현행의 양자 제도(불완전양자 제도)를 그대로 유지하면서도 친양자와 양친 부모 사이를 친생자처럼 더욱 긴밀히 하여 친양자의 복리를 도모하고자 한 것이다. 이를 위하여 개정 민법에서는 일정한 요건하에 법원의 허가에 의하여 성립한 친양자가 친생부모 등과의 친족관계를 확실하게 종료시키고, 양친부모와의 친족관계만을 가지도록 하였다. 즉 친양자 제도는 양자와 친생부모와의 관계가 완전히 단절되고 입양 아동이 법적으로 뿐만 아니라, 실제에서도 마치 양친의 친생자와 같이 완전히 입양 가족의 구성원으로 흡수·동화되는 제도로 이해된다. 그러므로 양자는 마치 양친의 친생자인 것처럼 양부의 성과 본을 따를 뿐만 아니라, 가족관계 등록부에도 양친의 친생자로 기재된다.

2) 개정 양자법

2011년 12월 29일 양자법 개정안(법률 제11300호, 2012년 2월 10일 공포, 2013년 7월 1일 시행)이 국회를 통과하였다. 개정 양자법의 중요한 특징을 요약·정리하면 다음과 같다.

첫째, 일반양자의 경우에도 미성년자를 입양할 때에는 반드시 가정법원의 허가를 받도록 하였다.(제867조) 미성년자 입양에 있어서 입양허가제를 도입한 것은 국가가 양자될 아동의 보호를 위하여 적극적으로 개입하겠다는 의지를 표명한 것으로 볼 수 있다. 친양자의 경우는 종전과 같이 가정법원의 허가심판으로 성립되며, 성년자의 경우는 종전과 같이 입양의 합의와 입양신고로 성립된다.

둘째, 일정한 사유가 있는 경우에는 법정대리인의 승낙(또는 동의)이나 부모의 동의 없이도 가정법원의 허가에 의해서 입양이 가능하게 되었다.(제869조 3항, 제870조 1항 단서) 이는 아동의 복리실현을 위해서 필요한 경우에는 국가가 입양의 성립을 적극적으로 지원하겠다는 의미로 해석될 수 있다.

셋째, 양자가 미성년자인 경우에는 협의파양을 할 수 없고, 재판상 파양을 통해서만 양친자관계를 해소할 수 있게 되었다.(제898조 단서) 이는 파양시에도 국가가 아동의 보호를 위해서 적극 개입하여 후견적 역할을 하겠다는 의미로 풀이될 수 있다. (4)

넷째, 양자의 연령을 하향조정하였는바, 13세의 아이도 입양의 의사표시를 할 수 있도록 하고, 13세 미만의 아이는 법정대리인이 대신 승낙하여 입양될 수 있게 하였다.(제869조 1항,

2항) 친양자는 15세 미만이어야 하였으나, 이를 미성년자로 변경하였다.(제908조의2 1항, 2항)

II. 일반양자

1. 입양의 성립요건

1) 실질적 요건

(1) 당사자 사이에 입양의 합의가 있을 것.(제883조 1호)

[1] 입양이 성립하기 위해서는 우선 당사자 사이에 입양의사의 합치가 있어야 한다. 입양의사란 실질적으로 친자관계를 형성하고자 하는 의사를 말한다. 따라서 단순히 어떠한 방편을 위해서 하는 입양(가장입양)은 실질적인 입양의사를 결여하는 것으로서 무효이다.(대판 1995.9.29, 94므1553)

[2] 입양 당사자 자신의 독립의사에 의한 것이 원칙이다. 다만, 피성년후견인은 성년후견인의 동의를 얻어야 입양 당사자가 될 수 있다.(제873조 1항) 그러나 이러한 원칙에는 중대한 예외가 있다. 그것은 양자가 될 자가 13세 미만인 경우에는 법정대리인의 대락에 의해서만 입양이 성립될 수 있다는 것이다.(제869조) 13세 미만의 어린 아동의 경우에는 스스로 입양의 의사를 표시하기 어렵기 때문이다.

[3] 입양의사는 신고서면을 작성할 때와 신고가 수리될 때에 모두 존재하여야 한다. 따라서 유효하게 작성된 신고서도 제출 전에 일방이 입양의사를 철회하면 수리되더라도 무효이다.

제883조(입양 무효의 원인) 다음 각 호의 어느 하나에 해당하는 입양은 무효이다.
1. 당사자 사이에 입양의 합의가 없는 경우
2. 제867조 제1항(제873조 제2항에 따라 준용되는 경우를 포함한다.), 제869조 제2항, 제877조를 위반한 경우

---

(2) 양친은 성년자일 것.(제866조)

[1] 양친이 성년자이면 남녀, 기혼, 미혼, 자식이 있거나 없거나를 불문한다. 성년의제의 경우 미성년자라도 양친이 될 수 있다는 견해[128]와 부정하는 견해[129]가 대립된다.

---

128) 김용한, 『친족상속법』, 박영사, 1986, 178면

[2] 이에 위반한 신고는 수리되지 아니하나, 잘못 수리된 경우에는 취소의 대상이 된다. (제884조 1호)

제866조(입양을 할 능력) 성년이 된 사람은 입양을 할 수 있다.

제884조(입양취소의 원인) ① 입양이 다음 각 호의 어느 하나에 해당하는 경우에는 가정법원에 그 취소를 청구할 수 있다.

    1. 제866조, 제869조 제1항, 같은 조 제3항 제2호, 제870조 제1항, 제871조 제1항, 제873조 제1항, 제874조를 위반한 경우

    2. 입양 당시 양부모와 양자 중 어느 한쪽에게 악질이나 그 밖에 중대한 사유가 있음을 알지 못한 경우

    3. 사기 또는 강박으로 인하여 입양의 의사표시를 한 경우

② 입양취소에 관하여는 제867조 제2항을 준용한다.

○ 미혼자의 입양

내년부터 미혼이거나 이혼해 혼자 사는 사람도 아이를 입양할 수 있게 된다. 아이를 입양한 양부모에게는 2주간의 '입양휴가'가 주어진다. 보건복지부는 2006년 7월 18일 이 같은 내용의 「국내입양 활성화 종합대책」을 공개했다.

대책에 따르면 「입양촉진 및 절차에 관한 특례법 시행규칙」에서 '결혼 중'으로 양부모의 자격을 제한한 조항이 삭제된다. 기존에도 시·군·구청장이나 입양기관장이 허락하는 경우에 한해 예외적으로 '독신자 입양'이 가능했지만, 이번에 정식으로 독신자 입양을 허용한 것이다. 이는 독신자 가정이 전체 가정의 15.9%(2005년 기준)에 달하는 등 우리 가정의 한 형태로 자리를 잡고 있기 때문이다.

복지부 관계자는 "독신자 자신이 단순히 외로워서 아이를 입양할 가능성도 있기 때문에 양육동기와 부양능력 등을 종합적으로 평가해 엄격히 입양을 허가할 것"이라고 말했다. 입양부모가 아이와 친숙해질 시간을 갖도록 2주간의 휴가를 주는 '입양휴가제'가 도입된다. 일단 내년 1월부터 양부모가 공무원인 경우부터 시작해 점차 전체 근로자를 대상으로 확대할 예정이다. 입양조건을 완화하는 조치도 시행된다. 정부는 입양부모와 아동의 연령차 제한을 현 50세 미만에서 60세 미만으로 확대했다. 자녀가 5명 이상인 가정의 경우 현재는 '아동수 제한' 때문에 입양을 할 수 없었지만, 앞으로는 자녀 수에 상관 없이 입양이 가능해진다.

복지부는 또 18세 미만 국내 입양아동에 대해 내년부터 월 10만원의 양육수당을 지급하고, 입양을 원하는 가정에 입양수수료 200만원을 지급할 계획이다. 복지부는 입양아동 10명

---

129) 김주수·김상용, 앞의 책, 308면

중 6명이 여전히 해외로 입양되는 현실을 개선하기 위해 '국내입양 우선추진제'도 시행하고 있다.(『경향신문』, 2006.7.18, 6면)

(3) 가정법원의 허가를 받을 것.(제867조)

가. 의의

개정 전에는 일반양자의 입양은 당사자의 합의와 선고만으로 간단하게 성립하였으므로 (계약형 입양) 입양의 성립에 국가기관(법원)이 후견적 개입을 하지 않는다는 문제가 있었다. 국가기관이 입양에 관여하지 않는다는 것은 국가가 양자될 아동의 보호를 포기한다는 의미로 해석될 수 있으며, 이는 유엔아동권리협약 제21조에 위반되는 사항이기도 하다.(또한 미성년자 입양에 법원 등 국가기관의 허가를 받도록 하는 것은 선진국의 보편적 입법례이기도 하다.) 종전과 같은 입양방식을 그대로 유지하는 경우에는 양자될 아동의 복리가 위태로워짐을 막을 수 없을 뿐만 아니라(예컨대, 아동 성폭행전과가 있는 자도 미성년자를 입양할 수 있다.), 다른 목적을 위해서 입양 제도를 남용한 때(예컨대, 세 자녀 이상의 가구에 대한 아파트 특별분양 혜택을 노리고 가장입양하는 경우)에도 사전에 이를 저지할 방법이 없었다. 이러한 문제점에 대한 인식이 확산되면서, 당사자의 합의와 신고만으로 간단하게 성립하는 일반양자의 입양방식을 개정해야 한다는 사회적 공감대가 형성되었고, 그 대안으로서 법원의 입양허가제가 도입된 것이다.

나. 법원의 허가

[1] 개정법에 의하면 미성년자를 입양하는 경우에는 반드시 법원의 허가를 받아야 한다. (제867조 1항, 가사소송규칙 제2조 1항 v호) 일반입양이 성립하기 위해서는 실질적 요건(입양의 합의, 양부모는 성년자일 것 등)과 형식적 요건(제878조에 의한 입양신고)이 갖추어져야 하는데, 법원의 허가는 입양의 실질적 요건의 하나이다.

[2] 가정법원은 양자가 될 미성년자의 복리를 위하여 그 양육 상황, 입양의 동기, 양부모의 양육능력, 그 밖의 사정을 고려하여 입양의 허가를 하지 아니할 수 있다.(제867조 2항)

(4) 입양의 의사표시가 있을 것.(제869조)

가. 양자가 될 사람(미성년자)이 13세 이상인 경우에는 법정대리인의 동의를 받아 입양의 승낙을 할 것.(제869조 1항)

개정법은 입양 당사자가 되어 스스로 입양의 의사표시를 할 수 있는 연령을 13세로 낮추었다. 따라서 13세가 되면 스스로 입양의 의사표시를 할 수 있으나, 성년자가 되기 전까지는 부족한 판단능력을 보충하는 의미에서 법정대리인의 동의를 받도록 하였다.(제869조 1항, 같은 규칙 제62의7 1항 iii호)

나. 양자로 될 사람이 13세 미만인 **경우에는 법정대리인이 갈음하여 입양의 승낙을 할 것.(제**
　　869조 2항)

　ㄱ. **입양의 대락**

　민법상 입양이 성립하기 위해서는 당사자간에 입양의사의 합치가 있어야 한다. 입양은
일종의 신분행위이므로 양자가 되고자 하는 사람과 입양을 하려는 사람은 스스로 입양의 의
사표시를 해야만 한다.(혼인의 의사표시가 대리될 수 없는 것과 같다.)

　ㄴ. **대락권자**

　**대락권자는 입양될 아동의 법정대리인(친권자 또는 미성년후견인)이다. 부모가 공동친권자
인 경우에는 부모 쌍방이 공동으로 대락하여야 하며, 일방이 대락하지 않으면 입양은 성립
하지 않는다. 부모의 일방이 다른 일방의 의사에** 반하여 **공동 명의로 대락을 한 경우에는 입
양은 무효**가 된다.

　ㄷ. **위반의 효과**

　이 **규정에 위반한 입양은 무효이다.(제883조 2호) 대락은 일종의 대리로, 대락권이 없는
자가 한 대락은 일종의 무권대리**라고 볼 수 있다.

　다. 입양 동의 또는 승낙의 철회권 보장(제869조 5항, 제870조 3항)
　라. 법정대리인의 동의나 승낙 없이 입양이 가능한 경우(제869조 3항)

　ㄱ. 의의

　자녀의 법정대리인이 자신의 의무는 이행하지 않으면서 정당한 이유 없이 입양의 동의나
승낙을 거부하여 입양이 불가능하게 되는 경우가 있다. 자녀의 복리를 위하여 입양이 반드
시 필요하다고 판단되는 경우에 법정대리인이 자녀를 보호·양육할 의사도 없으면서 정당한
이유 없이 입양에 반대하여 입양이 성립되지 못한다면 자녀의 복리가 회복불가능하게 침해
될 수 있다.(자녀는 안정된 가정에서 성장할 수 있는 기회를 영구적으로 잃게 될 수도 있다.) 이런
경우에 법원이 법정대리인의 승낙(또는 동의) 없이도 입양을 허가할 수 있는 규정을 두는 것
은 비교법적으로 고찰해 볼 때 보편적인 경향에 속한다.(독일 민법 제1748조, 스위스 민법 제
265조의c)

　ㄴ. 가정법원이 법정대리인의 동의나 승낙 없이 입양을 허가할 수 있는 경우

　가정법원은 '입양을 허가하기 전에 입양의 실질적 요건이 모두 갖추어져 있는가?'를 심사
하고, 문제가 없는 때에만 입양의 허가를 할 것이다. 실질적 요건 중에서 가장 중요한 것은
입양의 합의인데, 양자가 될 아동이 미성년자인 때에는 법정대리인의 동의를 받아 스스로
입양의 의사표시를 하거나(13세 이상인 경우) 법정대리인이 아동을 대리하여 입양의 의사표시
를 하게 되어 있다.(13세 미만인 경우) 그러므로 13세 미만의 미성년자가 스스로 입양의 승낙

을 하거나 13세 이상의 미성년자가 법정대리인의 동의 없이 입양의 의사표시를 한 경우에는 실질적 요건을 갖추지 못한 것이 되므로 법원은 입양의 허가를 하지 않을 것이다. 그런데 개정법에 의하면 가정법원은 예외적으로 다음과 같은 경우에는 법정대리인의 동의나 승낙이 없어도 입양을 허가할 수 있다.

① 법정대리인이 정당한 이유 없이 동의 또는 승낙을 거부하는 경우(제869조 3항 ⅰ호) : 법정대리인이 자신의 의무는 이행하지 않으면서, 입양이 아동의 복리를 위하여 필요하다고 객관적으로 판단되는 경우에도 동의나 승낙을 거부하는 경우가 여기에 해당한다.(예컨대, 장기간 피후견인의 보호와 양육에 아무런 관심을 보이지 않았던 미성년후견인이 입양의 대가로 금품을 요구하면서 동의나 승낙을 거부하는 경우)

② 법정대리인의 소재불명 등의 사유로 동의나 승낙을 받을 수 없는 경우(제869조 3항 ⅱ호) : 법정대리인의 동의나 승낙을 받을 수 없는 경우란 소재불명 외에도 장기간의 의식불명, 불치의 정신질환 등을 들 수 있다.

③ 법정대리인의 심문(제869조 4항) : 법정대리인이 입양의 동의나 승낙을 거부하는 경우에는 법원은 우선 그 이유를 정확하게 파악하여야 한다. 아동의 복리를 기준으로 하여 판단해 볼 때 법정대리인의 동의 또는 승낙 거부에 정당한 이유가 있다고 판단되는 때에는 법원은 입양을 허가하지 않을 것이다.

(5) 양자가 될 자(미성년자)는 부모의 동의를 받을 것.(제870조 1항)

가. 입양의 실질적 요건으로서의 부모의 동의(제870조 1항 본문)

미성년자가 양자가 될 때에는 연령에 관계없이 부모의 동의를 받아야 한다. 성년자가 양자가 되는 경우도 마찬가지이다.(제871조)

나. 부모의 동의가 필요하지 아니한 경우(제870조 1항 단서)

개정법은 부모의 동의가 없어도 법원이 입양을 허가할 수 있는 경우를 규정하고 있다.

① 부모가 법정대리인으로서 입양의 동의를 하거나 입양을 승낙한 경우이다.(제870조 1항 ⅰ호) 예컨대, 부모가 친권자로서 입양의 동의(자녀가 13세 이상인 경우)를 하거나 입양을 승낙(자녀가 13세 미만인 경우)한 경우에는 이미 자녀의 입양에 대해서 찬성하는 의사를 표시한 것이므로 이와 별도로 부모의 신분에서 다시 동의를 할 필요는 없다. 이런 경우에도 부모의 동의를 요건으로 한다면 부모에게 동일한 의사표시를 이중으로 요구하는 것이 되어 불합리하다.

② 부모가 친권상실선고를 받은 경우이다.(제870조 1항 ⅱ호)

③ 부모의 소재를 알 수 없는 등의 사유로 동의를 받을 수 없는 경우이다.(제870조 1항 ⅲ

호) 부모가 자녀를 위탁가정이나 아동보호시설에 맡기고 나서 연락이 단절되는 경우가 적지 않다. 이런 경우에 자녀의 입양을 희망하는 사람이 있어도 부모의 입양 동의를 받을 수 없어서 입양이 좌절되는 사례가 종종 있다. 개정법은 이런 점을 고려하여 부모의 소재불명 등의 사유(장기간의 의식불명, 불치의 정신질환 등으로 의사표시를 할 수 없는 상태에 있는 경우 등)로 입양의 동의를 받을 수 없는 경우에는 부모의 동의가 없이도 입양이 성립할 수 있게 하였다.

다. 부모가 동의를 거부하더라도 입양의 허가를 할 수 있는 경우(제870조 2항)

부모가 부모로서의 의무를 이행하지 않아서 자녀의 복리가 위태롭게 된 경우에는 부모가 입양의 동의를 거부하더라도 법원은 입양의 허가를 할 수 있다.

라. 입양 동의의 철회권 보장(제870조 3항)

부모가 입양에 동의한 경우에도 가정법원의 허가가 있기 전에는 언제든지 동의를 철회하여 입양의 성립을 저지할 수 있다.(제870조 3항)

마. 위반의 효과

이에 위반한 신고는 수리가 거부되나(제881조), 잘못 수리되면 취소할 수 있다.(제884조)

(6) 양자가 될 성년자는 부모의 동의를 받을 것.(제871조)

가. **성년자 입양요건으로서의 부모의 동의(제871조 1항)**

미성년자뿐만 아니라, **성년자도 양자가 될 때에는 부모의 동의를 받아야 한다.** 미성년자와 성년자를 구별하여 성년자가 양자가 될 때에는 부모의 동의를 요하지 않는 것으로 규정할 수도 있으나, 우리 사회의 법 감정(또는 법 정서)에 비추어 볼 때 자녀가 부모의 의사를 묻지 않고 양자가 되는 것은 바람직하지 않다고 생각되어 성년자 입양의 경우에도 부모의 동의를 요건으로 하였다.

나. 부모의 동의를 갈음하는 심판(제871조 2항)

성년자 입양의 경우에도 부모가 정당한 이유 없이 동의를 거부하는 경우를 상정할 수 있다. 예컨대, 자녀가 미성년자일 때 양육의무를 이행하지 않았던 부모가 성년자가 된 자녀의 입양을 반대하는 경우이다. 이런 경우에는 양자가 될 성년자 또는 양부모가 될 사람의 청구에 따라 가정법원은 부모의 동의를 갈음하는 심판을 할 수 있으며, 이로써 부모의 동의 없이 입양이 성립할 수 있게 된다.

다. 위반의 효과

이에 위반한 입양신고는 수리되지 않으나(제881조), 잘못 수리되면 취소할 수 있다.(제884조 1항 ⅰ호)

(7) 피성년후견인이 입양 당사자가 되려면 성년후견인의 동의를 받을 것.(제873조)

가. 성년후견인의 동의(제873조 1항)

개정 후견법은 금치산·한정치산 제도를 폐지하고, 그 대신 성년후견·한정후견·특정후견 등의 제도를 새로 도입하였다. 이 중에서 "질병·장애·노령, 그 밖의 사유로 인한 정신적 제약으로 사무를 처리할 능력이 지속적으로 결여된" 것으로 인정되어 성년후견개시의 심판을 받은 사람이 피성년후견인이다.(후견법 제9조 1항)

나. 가정법원의 허가(제873조 2항에 의한 제867조의 준용)

피성년후견인은 "사무를 처리할 능력이 지속적으로 결여된 사람"이므로 양자가 되거나 입양을 할 때 경솔한 판단을 할 가능성이 있다. 물론 피성년후견인을 경솔한 판단으로부터 보호하기 위하여 성년후견인과 부모의 동의를 요건으로 하였으나, 이것만으로 피성년후견인이 충분히 보호된다고 보기는 어렵다.(예컨대, 성년후견인이 피성년후견인을 자기의 양자로 입양시킨 후, 상속을 받으려는 경우도 있을 수 있다.) 이런 이유에서 개정법은 피성년후견인이 입양을 하거나 양자가 될 때에는 반드시 가정법원의 허가를 받도록 하였다.

다. 동의권자가 정당한 이유 없이 동의를 거부하는 경우의 입양 허가(제873조 3항)

성년후견인이 정당한 이유 없이 동의를 거부하는 경우(피성년후견인이 입양을 하는 것에 대해서 동의를 거부하는 경우와 피성년후견인이 양자가 되는 것에 대해서 동의를 거부하는 경우)에는 가정법원은 성년후견인의 동의 없이 입양을 허가할 수 있다.

(8) **배우자 있는 자는 공동으로 양자를 하여야 하며, 양자가 될 때에는 다른 일방의 동의를 얻을 것.**(제874조)

가. 부부공동입양의 원칙

배우자 있는 자가 입양을 할 때에는 배우자와 공동으로 하여야 하는데, 이를 부부공동입양의 원칙이라고 한다.

나. 부부의 일방에게 공동입양을 할 수 없는 사정이 있는 경우

'부부의 일방에게 공동입양을 할 수 없거나 양자가 되는 데 동의를 할 수 없는 사정이 있는 경우(부부의 일방이 의사능력이 없거나 장기간 행방불명인 경우)에 다른 일방이 단독으로 입양을 하거나, 양자가 될 수 있는가?'에 대해서는 해석이 갈릴 수 있으나, 긍정해도 좋을 것으로 생각한다.130)

다. 배우자의 자녀를 입양하는 경우

'상대방 배우자의 혼인 중의 출생자를 양자로 하는 경우(처가 전혼관계에서 출산한 자를 부가

---

130) 김주수·김상용, 앞의 책, 339면

입양하는 경우 및 그 반대의 경우)에도 부부가 공동으로 해야 하는가'의 문제가 있다. 이런 경우에는 양자가 될 자와 부부의 일방 사이에는 이미 친생자관계가 있으므로 다른 일방이 단독으로 입양할 수 있다고 해석하는 것이 타당하다.(가소예 제130호 §6)

　라. 배우자 있는 자가 양자가 되는 경우

　부부의 일방이 양자가 되는 경우에는 다른 일방의 동의를 받아야 한다. 상대방 배우자의 부모의 양자가 되는 경우에도 배우자의 동의를 받아야 한다고 해석된다.

　마. 위반의 효과

　이 규정에 위반한 입양신고는 수리가 거부될 것이지만(제881조), 일단 수리되면 배우자가 취소를 청구할 수 있다.(제884조 1항 1호, 제888조)

(9) 양자는 양친의 존속 또는 연장자가 아닐 것.(제877조)

　[1] 자기의 존속은 입양하지 못한다. 여기서 존속은 직계와 방계를 모두 포함한다. 직계존속은 부모·조부모 등이므로 연장자일 수밖에 없지만, 방계존속(숙부·숙모)은 반드시 연장자가 아닐 수도 있다. 그러나 연장자가 아니라고 해도 존속은 입양할 수 없다. 존속만 아니면 되므로 같은 항렬(형제자매)에 있거나 손자항렬에 있는 자도 연장자가 아닌 한 입양할 수 있다.

　연장자만 아니면 입양할 수 있으므로 동갑이라 할지라도 하루라도 빨리 출생한 자는 자신보다 늦게 태어난 자를 입양할 수 있다.

　[2] 이 규정에 위반한 입양신고는 수리되지 않으나(제881조) 잘못 수리되면 무효이다.(제883조 2호)

제877조(입양의 금지) 존속이나 연장자를 입양할 수 없다.

---

2) 형식적 요건

(1) 입양신고

　[1] 개정 전과 마찬가지로 일반양자의 입양은 「가족관계의 등록 등에 관한 법률」에서 정한 바에 따라 신고함으로써 그 효력이 생긴다.(제878조)(신고는 입양의 성립요건이다. 법문상으로는 "신고함으로써 효력이 생긴다."라고 되어 있으나, 신고에 의해서 입양이 성립한다는 점에는 의문이 없다.) 다만, 개정법에 의하면 미성년자 입양의 경우(피성년후견인이 입양을 하거나 양자가 되는 경우도 같다.)에는 입양신고 전에 법원의 허가를 받아야 한다는 점이 다를 뿐이다.

친양자 입양의 경우에는 법원의 허가심판에 의하여 입양이 성립하지만(따라서 친양자 입양신고는 보고적 신고이다.), 일반양자의 경우에는 가정법원의 허가를 받아 신고를 함으로써 입양이 성립한다는 점에서 차이가 있다.(창설적 신고)

[2] 입양신고는 서면으로 하는 것이 일반적이겠지만, 말(구술)로도 할 수 있다고 보아야 할 것이다.(가등법 제23조) 신고서는 우송해도 되고, 다른 사람에게 제출을 위탁해도 된다.

(2) 허위의 출생신고에 의한 입양의 성립

가. 우리 사회의 현실과 판례의 형성

그동안 우리 사회에서는 입양을 할 때 입양신고를 하지 않고, 친생자로 출생신고를 하는 경우가 많았다. 2008년에 친양자 제도가 도입·시행되기 전까지는 민법에 의해서 입양을 하는 경우에 양자가 양친의 성을 따를 수 없었으므로 당사자의 의사와는 관계없이 양자라는 사실이 외부에 드러나게 되어 양자의 복리에 반하는 결과로 이어질 수 있었기 때문이다. 또한 구 입양촉진 및 절차에 관한 특례법에 의해서 입양을 하는 경우에는 양친이 원하는 경우 양자가 양친의 성을 따를 수 있었지만(구 입양특례법 제8조 1항), 등록부(구 호적)에 양자라는 사실이 기재되었는데, 입양 당사자들은 이러한 기록이 남는 것을 원하지 않는 경우가 많았다. 그간 우리 사회의 현실과 법 제도를 고려해 볼 때 양자를 친생자와 구별하지 않고 차별없이 키우겠다는 생각을 가진 양부모들이 입양신고를 기피하고, 허위로 친생자 출생신고를 하는 경향을 비난할 수는 없었다. 이러한 사회현실을 고려하여 **허위의 친생자 출생신고에 의해서 친생자관계는 생길 수 없지만, 양친자관계는 발생한다고 해석하는 학설과 판례가 형성되었다.**

나. 친생자관계 부존재확인청구의 허용 여부

허위의 친생자 출생신고에 의해서 양친자관계가 성립된 때에는 파양의 사유가 없는 한, 친생자관계 부존재확인의 소를 제기해도 확인이 이익이 없다는 이유로 각하된다는 것이 판례의 태도이다.

다. 무효인 입양의 추인

친생자로 출생신고를 할 당시에 입양의 실질적 요건을 갖추지 못하였다면 입양의 효력이 발생하지 않지만, 그 후에 입양의 실질적 요건을 갖추게 된 때에는 출생신고를 한 때로 소급하여 입양의 효력이 인정된다. 예컨대, 입양의 방편으로 친생자출생신고를 할 당시에는 법정대리인의 대락이 없어서 입양의 효력이 인정될 수 없었다고 해도 자가 13세에 달하여(즉 스스로 입양 당사자가 될 수 있는 연령에 이르러) 무효인 입양을 추인하면, 그 입양은 소급하여 유효가 된다고 해석할 수 있다.

라. 허위의 출생신고에 의해서 입양의 효력이 발생한 경우 파양 방법

위에서 본 바와 같이 허위의 친생자 출생신고에 의해서 입양의 효력이 발생한 경우에는 파양의 사유가 없는 한 친생자관계 부존재확인청구는 허용되지 않는다. 그렇다면 파양의 사유가 존재하는 경우에는 친생자관계 부존재확인청구를 인용할 수 있을 것인가, 이에 대하여 판례는 종전에는 부정적인 태도를 취하였으나, 근래에 들어와서는 이를 긍정하는 태도를 보이고 있다.

2. 입양의 효과

1) 혼인 중의 친생자가 됨.

[1] 양자가 입양한 때로부터 양친의 혼인 중의 출생자의 신분을 취득한다. 따라서 양자와 양부모 및 그 혈족·인척 사이의 친계와 촌수는 입양한 때로부터 혼인 중의 출생자와 동일한 것으로 본다.(제772조 1항) 양자의 배우자, 직계비속과 그 배우자는 양자의 친계를 기준으로 하여 촌수를 정하게 된다.(제772조 2항)

[2] 양자는 원칙적으로 양가의 가족관계 등록부에 등재되고, 개인별 가족관계 등록부가 작성된다.

[3] 친권에의 복종 : 양자는 친생부모의 친권을 벗어나 양부모의 친권에 복종하게 된다.

[4] 부양·상속관계 : 양자와 양부모 및 그 혈족 사이에는 서로 부양관계 및 상속관계가 생긴다.

2) 입양 전의 친족관계

일반입양은 양자의 종래의 친족관계에는 영향을 미치지 않는다. 따라서 **친생부모와의 친자관계는** 그대로 **유지된다.** 그러므로 양자는 친생부모와 양부모 쌍방의 상속인이 될 수 있으며, 반대로 양자가 직계비속 없이 사망한 경우에는 친생부모와 양부모가 모두 공동상속인이 된다.

3) 이성양자의 성

이에 관하여 2005년 민법 개정 전에는 명문 규정이 없으므로 양부의 성을 따라야 한다는 긍정설(김용한, 김주수)과 부정설(정광현)이 대립되고 있었다. 개정 양자법은 종전과 마찬가지로 일반양자의 성과 본에 관한 규정을 두지 않았다.(종래의 학설과 실무에 의하면 일반양자의 경우에는 입양에 의해서 성과 본이 변경되지 않는다. 즉 일반양자는 양친의 성과 본을 따를 수 없다.) 그

런데 개정법은 "양자는 입양된 때부터 양부모의 친생자와 같은 지위를 갖는다."라고 규정하고 있으므로, '양자의 성과 본도 양부모의 성과 본을 따라 변경되어야 하는 것이 아닌가' 하는 의문이 제기된다.

이 점에 대해서는 해석이 갈릴 여지가 있다고 생각된다. 제882조의2 제1항의 규정만을 본다면 양자는 당연히 양부모의 성과 본을 따라야 하는 것으로 해석될 수 있는 여지가 있다. 친생자는 부 또는 모의 성과 본을 따르기 때문이다. 그러나 제2항을 함께 고려하여 해석한다면 일방양자의 성과 본은 변경되지 않는다고 해석할 수도 있다. 일반양자는 입양 후에도 친생부모와의 친족관계를 그대로 유지하기 때문이다.

4) 등록부의 기록

양자의 가족관계증명서 부모란에는 양부모를 부모로 기재한다. 다만, 단독입양한 양부가 친생모와 혼인관계에 있는 때에는 양부와 친생모를, 단독입양한 양모가 친생부와 혼인관계에 있는 때에는 양모와 친생부를 각각 부모로 기록한다. 입양관계증명서에는 친생부모·양부모·양자의 성명과 입양신고일 등이 기재된다. 양부모의 가족관계증명서 자녀란에는 친생자와 양자의 구별 없이 자녀로 기재된다.(양자라는 사실은 표시되지 않는다.)

3. 입양의 무효와 취소

1) 입양의 무효

(1) 무효사유

가. 당사자간에 입양의 합의가 없는 때(제883조 1호)

당사자 사이에 입양의사의 합치가 없는 경우에는 입양신고가 수리되었다고 해도 무효이다. 예컨대, 양친이 의사무능력자인 경우의 입양행위, 어떤 방편을 위한 가장입양, 조건부 입양, 당사자들이 모르는 사이에 제3자가 입양신고를 한 경우, 일방이 입양의사를 철회한 후에 이루어진 입양신고, 양친자의 일방이 사망한 후에 이루어진 입양신고 등은 무효이다. 입양의 방편으로 허위의 친생자 출생신고를 한 경우 입양의 합의와 그 밖의 입양의 실질적 성립요건이 갖추어져 있으면 입양의 효력이 인정되지만, 양육을 통하여 사실상의 양친자관계가 형성되어 있지 않으면 입양신고의 효력이 인정되지 않는다.

나. 13세 미만자 입양시 대락권자의 승낙을 받지 아니한 입양

13세 미만인 자가 양자가 될 경우에 대락권자의 승낙을 받지 아니한 입양은 무효이다. 다만, 양자가 13세에 달한 후에도 사실상의 양친자관계를 유지하며 무효인 입양을 명시적 또는 묵시적으로 추인한 때에는 신고시로 소급하여 입양의 효력이 인정된다.(대판 1990.3.9, 89므389 ; 대판 1997.7.11, 96므1151)

다. 양자가 양친의 존속이거나 연장자일 때(제883조 2호)

양자가 양친의 존속이거나 연장자인 입양은 무효이다.

(2) 입양무효의 성질과 무효의 소

당연무효로 본다. 따라서 제3자는 입양무효의 판결 없이 다른 소에서 선결문제로서 입양의 무효를 주장할 수 있고, 이와는 별도로 입양무효확인의 소를 제기할 수도 있다.

2) 입양의 취소

(1) 조정전치주의

입양취소는 혼인의 취소와 마찬가지로 법정의 취소원인이 있는 경우 특정의 취소청구권자가 가정법원에 우선 조정을 신청하여야 한다. 입양취소의 방법은 혼인의 취소와 동일하다.

(2) 취소사유

가. 미성년자가 양자를 하였을 때(제886조)

취소권자는 양부모, 양자와 그 법정대리인 또는 직계혈족이지만, 양친이 성년에 달한 후에는 취소청구권이 소멸한다.(제889조)

나. 양자가 될 자가 친생 부모의 동의를 얻지 아니하였을 때(제889조 1항)

취소권자는 동의권자이나 그 사유가 있음을 안 날로부터 6월, 그 사유가 있은 날로부터 1년을 경과하면 취소권이 소멸한다.

다. 미성년자를 양자로 할 때에 부모 또는 그 밖의 직계존속이 없는 경우 후견인의 동의를 얻지 아니하였을 때(제869조 3항 2호)

취소권자는 양자 또는 동의권자이며, 그 사유가 있음을 안 날로부터 6월, 그 사유가 있은 날로부터 1년을 경과하면 취소권이 소멸한다.

라. 미성년자 또는 성년자가 부모의 동의 없이 입양되었거나, 피성년후견인이 성년후견인의 동의 없이 입양하거나 양자가 된 경우, 부부가 단독으로 입양하거나 배우자의 동의 없이 양자가 된 경우(제870조 1항, 제871조 1항, 제873조 1항, 제874조)

양자나 동의권자, 피성년후견인이나 성년후견인, 배우자는 이와 같은 입양의 취소를 청구할 수 있다.(제886조, 제887조, 제888조)

마. 입양 당시 양친자의 일방에게 악질 그 밖의 중대한 사유가 있음을 알지 못한 때(제884조 1항 2호)

① 취소권자는 양친자의 일방이나, 그 사유가 있음을 안 날로부터 6월을 경과하면 취소권이 소멸한다.(제896조)

② 양친자 일방이 사유가 있음을 안 날로부터 6월 이내에 취소권을 행사해야 한다.

바. 입양이 사기 또는 강박으로 인하여 된 때(제884조 1항 3호)

취소권자는 사기 또는 강박으로 인하여 입양을 한 자이거나, 사기를 안 날 또는 강박을 면한 날로부터 3월을 경과한 때에는 취소권은 소멸한다.(제897조, 제823조)

(3) 취소권의 행사

[1] 입양의 취소는 가정법원에 소로서 할 수 있으나, 제867조의 시행으로 인한 미성년자의 입양, 피성년후견인의 입양에 가정법원의 허가를 요구하고 있으므로 입양취소청구는 거의 없을 것으로 판단할 수 있다.

[2] 입양취소청구의 재판이 확정되면 소를 제기한 자는 재판의 확정일로부터 1월 이내에 판결의 등본 및 확정증명서를 첨부하여 그 정정신청을 하여야 한다.(가등법 제65조, 제63조, 제58조, 제70조)

3) 입양의 무효와 취소의 효과

(1) 비소급효

입양취소의 효력은 입양성립일에 소급하지 아니하고 입양취소가 판결에 의하여 확정된 때부터 생긴다.(제897조, 제824조)

(2) 입양으로 인하여 발생한 친족관계의 소멸(제776조)

친양자 입양취소의 경우는 입양 전의 친족관계가 부활하여 양자(미성년)는 친생부모의 친권에 따르고 성을 회복하게 된다.

(3) 손해배상청구권의 발생

입양이 무효 또는 취소가 된 경우 당사자 일방은 과실 있는 상대방에 대하여 이로 인한 손해배상의 청구를 할 수 있다. 재산상의 손해 외에 정신상의 고통도 포함하며, 정신상의 고통에 대한 배상청구권을 양도 또는 승계할 수 없는 것은 약혼 해제의 경우와 같다.(제897조, 제806조)

4. 사실상의 양자

1) 의의

당사자 사이에 **입양의사의 합치가 있고 실제로 양친자관계가 형성되어 있으나, 입양신고가 되지 않아 법률상으로는 입양이 성립하지 않은 경우를 사실상의 양자라고 하며, 혼인신고 전 사실혼의 경우와 유사하다.**

한편 사실상의 양친자관계가 아무리 오랫동안 계속되어도 입양신고가 없는 한 법률상의 양친자관계는 성립하지 않는다. 따라서 법률상 입양의 효과인 친생자와 같은 지위의 취득(제882조의2), 혼인 중의 출생자와 같은 친계와 촌수의 발생(제772조), 등록부의 변동, 양부모가 친권자가 되는 것(제909조 1항, 5항), 양친 및 양가의 친족과의 사이에 상속관계가 생기는 것 등은 모두 등록부의 기록을 기초로 해서 획일적으로 인정되어야 할 사항이므로 사실상의 양자에 유추할 수는 없다. 그러나 친권자는 보호·교양의 임무를 위임하였다고 보아야 할 것이다.

2) 법률관계

[1] **사실상의 양자관계를 부당하게 파기하는 경우 과실 있는 자는 불법행위**에 의한 **손해배상책임**이 있다.

[2] 입양신고를 강제할 수 없지만, 양자가 보호 및 교육을 필요로 하는 미성년자인 경우에는 입양에 준하여 양부모의 부양 및 보호·교양의무를 강제할 수 있다.

[3] **친족관계와 상속권은 인정되지 않으며, 특별연고자로서 상속재산의 분여를 받을 수 있다.**(제1057조의2 제2항)

[4] **판례는 사실상의 양자에 대해서도 제752조에 의한 생명침해로 인한 위자료청구권을** 인정하고 있다. 그리고 **사실상의 양친이 사망하였는데 상속인이 없는 경우에 사실상의 양자는 특별연고자로서 양친의 재산에 대하여 분여를 청구할 수 있다.**(제1057조의2)

5. 파양

1) 의의

양자 제도는 입양아동의 복리를 실현하기 위한 제도이므로 파양의 문제에 있어서도 양자의 복리가 최고의 기준이 되어야 한다. 그러므로 적어도 '미성년양자가 파양되는 경우에는 파양이 그 아동의 복리를 위하여 필요한 것인가?'의 여부가 법원과 전문기관에 의해서 신중하게 판단되어야 할 것이다. 이런 취지에서 **개정 양자법은 미성년자의 파양에 있어서 협의 파양 제도를 폐지하고 재판상 파양으로 일원화하였다.**[131]

2) 파양의 효과

(1) 친족관계의 소멸

[1] **파양**에 의하여 입양으로 인한 **친족관계는 소멸**(제776조)하고, 양자의 신분에서 발생했던 양친과의 사이의 **법률효과, 즉 친권관계·부양관계·상속관계** 등은 **소멸**한다.

[2] 양자가 미성년자이면 친생부모의 친권이 부활한다. 양부모가 사망한 경우에는 친생부모의 친권이 부활하는 것이 아니라, **양가의 후견이 개시될 것**이다.

(2) 손해배상청구권

당사자 일방이 과실 있는 상대방에 대하여 이로 인해 발생한 손해배상청구를 할 수 있는 것은 약혼 해제의 경우와 같다.(제908조에서 제806조 준용) 이 경우 손해배상청구를 하기 위해서는 먼저 가정법원에 조정을 신청하여야 한다.

III. 친양자

1. 입법 취지

우리 사회에서 친양자 제도의 도입은 재혼 가정의 화합을 위해서도 필요하다. 이혼 후 친권자 및 양육자로 되어 있는 모가 재혼하는 경우 재혼 남편이 아내의 자녀와 법률상의 친자관계를 성립시키고자 할 때에는 그 자녀를 입양하는 방법을 이용하게 된다. 그러나 재혼 남편이 아내의 자녀를 입양한 경우에도 자녀들은 양부의 성을 따를 수 없다. 따라서 재혼 가정의 자녀들은 아버지와 같은 성을 쓰지 못하고, 형제자매와도 서로 다른 성을 사용하게 되며, 이로 인하여 아동의 건강한 성장을 해치는 여러 가지 부정적 영향을 낳을 수 있다. 아동이 가정에서 건강하게 성장하기 위해서는 가족 구성원에 대한 동질감과 가족에 대한 소속감을 가질 수 있어야 한다.

---

131) 김주수·김상용, 앞의 책, 357면

2. 친양자 제도의 특징

1) 완전양자

친양자 제도는 그 효과면에서는 입양아동이 법적으로 뿐만 아니라, 실제 생활에서도 마치 양친의 친생자와 같이 입양 가족의 구성원으로 완전히 편입·동화되는 제도로 이해된다. 즉 양자는 양부모의 자녀로 출생한 것처럼 다루어지며, 이 점에 비추어 친양자 입양은 제2의 출생으로 이야기되기도 한다. 양자는 마치 양친의 친생자인 것처럼 양친의 성과 본을 따를 뿐만 아니라, 가족관계 등록부(구 호적)에도 2008년 1월 1일부터 양친의 친생자로부터 기재된다. 즉 2005년 개정 민법은 종전의 일반양자 제도를 그대로 유지하면서 양자의 복리를 더욱 증진시키기 위하여 양친과 양자를 친생자관계로 보아 종전의 친족관계를 종료시키고 양친과의 친족관계만을 인정하며, 양친의 성과 본을 따를 수 있도록 하는 친양자 제도를 신설하였다.

2) 절차상의 특징

친양자 입양은 당사자의 사적인 계약만으로는 성립하지 않고 자녀의 복리를 위하여 **반드시 법원의 선고(허가)에 의하여 성립하도록 함으로써 입양이 실제로 입양아동의 복리에 기여할 수 있는지의 여부가 사전에 법원에 의하여 심사될 수 있도록 하는 제도적 장치를 마련하**였다.

3. 친양자 입양의 요건(민법 제908조의2)

1) 양친이 될 자는 3년 이상 혼인 중인 부부로서 공동으로 입양할 것.(제908조의2 1항 1호 전단)

친양자를 입양고자 하는 부부는 혼인한 지 3년이 넘어야 하며, 입양은 부부가 공동으로 하여야 한다. 양자가 건강하게 성장하기 위해서는 입양가정의 안정이 필수적인데, 혼인기간이 3년이 지속되었다면 그 가정이 비교적 안정되어 있을 것으로 보는 것이다.

2) 부부의 일방이 배우자의 친생자를 친양자로 하는 경우에는 1년 이상 혼인 중일 것.(제908조의2 1항 1호 후단)

부부의 일방이 배우자의 친생자를 입양하는 경우는 배우자에게 전 혼에서 출생한 자 또는 혼인 외의 자가 있는 경우이다. 이 경우에는 부부공동입양의 원칙이 적용되지 않는다. 따라서 부부의 일방은 배우자의 친생자를 단독으로 입양할 수 있다.

다만, 예컨대, 부夫가 처의 혼인 외의 자를 친양자로 입양한 경우에는 자가 양부에 대해서는 혼인중의 출생자인 신분을 가지게 되고, 모에 대해서는 여전히 혼인 외의 자로 남는다는 문제가 생길 수 있으나, 개정 민법은 제908조의3 제1항에서 "친양자는 부부의 혼인 중 출생자로 본다."라고 규정함으로써 입법적으로 이 문제를 해결하였다.

3) 친양자로 될 자가 미성년자일 것.(제908조의2 1항 2호)

친양자로 될 자는 친양자 입양을 허가하는 심판의 확정시를 기준으로 하여 미성년자이어야 한다. 2013년 7월 1일부터는 19세에 달하면 성년자가 되므로 19세 미만인 자는 친양자 입양이 가능하게 된다.

4) 친양자로 될 자의 친생부모가 친양자 입양에 동의할 것.(제908조의2 1항 3호)

(1) 친생부모의 동의

친양자로 될 자의 친생부모의 동의를 요건으로 한다. 다만, 부모의 친권이 상실되었거나 부모가 사망 그 밖의 사유로 동의할 수 없는 경우에는 부모의 동의 없이 법정대리인의 대락만으로 친양자 입양이 가능하다.(제908조의2 1항 3호 단서)

(2) 친생부모의의 동의를 요하지 아니하는 경우

친양자 입양 당시 부모가 친권상실선고를 받았거나 소재를 알 수 없는 경우 또는 그 밖의 사유로 동의를 할 수 없는 경우에는 친생부모의 동의 없이 친양자 입양이 가능하다. '그 밖의 사유로 동의할 수 없는 경우'란 부모가 장기간 의사표시를 할 수 없는 상태에 있는 경우(의식불명 등), 장기간 행방불명인 경우 등을 말한다.

(3) 법원이 부모의 동의 없이 친양자 입양을 허가할 수 있는 경우

3년 이상 부양의무를 이행하지 않고 면접교섭을 하지 않는 경우와 자녀를 학대 또는 유기하거나 자녀의 복리를 현저히 해친 경우이다.

5) 법정대리인의 입양승낙이 있을 것.(제908조의2 1항 4호, 5호)

친양자가 될 사람이 13세 이상인 경우에는 법정대리인의 동의를 받아 입양을 승낙을 받아야 하며, 친양자가 될 사람이 13세 미만인 경우에는 법정대리인이 그를 갈음하여 입양을 승낙하여야 한다. 입양은 신분행위이므로 당사자가 의사표시를 하는 것이 원칙이지만, 자가 13세 미만인 경우에는 스스로 의사표시를 할 수 있는 능력이 부족한 것으로 보아서 법정대리인이 자에 갈음하여 입양의 의사표시를 하도록 하고 있다.

6) 가정법원의 허가(제908조의2)

친양자를 하려는 자는 이상의 요건을 갖추어 가정법원에 친양자 입양의 청구를 하여야 한다.(제908조의2 1항) 가정법원은 이러한 요건들이 갖추어져 있는지를 심사할 뿐만 아니라, 친양자로 될 자의 복리를 위하여 그 양육사항, 친양자 입양의 동기, 양친의 양육능력 및 그 밖의 사정을 고려하여 입양가정의 환경을 심사하고, 친양자 입양이 적당하지 않다고 인정되는 경우에는 그 청구를 기각할 수 있다.(제908조의2 2항)

4. 친양자 입양의 효력(제908조의3)

1) 양친의 혼인 중의 출생자 신분 취득

친양자는 양친부모의 혼인 중의 출생자로 본다.(제908조의3 1항) 이에 따라 친양자는 양부의 성과 본을 따르게 되며, 양친부모가 친양자의 친권자가 된다. 친양자는 가족관계 등록부상으로도 양친의 친생자로 기재되어 외부에 양자라는 사실이 공시되지 않는다.

2) 입양 전 친족관계의 종료

친양자 입양 전의 친족관계는 친양자 입양이 확정된 때에 종료된다.(제908조의3 2항) 다만, 부부의 일방이 배우자의 친생자를 단독으로 입양하는 경우에 있어서의 배우자 및 그 친족과 친생자간의 친족관계는 그러하지 아니하다.(제908조의3 2항 단서) 이러한 친족관계의 소멸은 장래에 향하여만 그 효력이 발생할 뿐, 출생시에 소급하여 종료하는 것이 아니다. 따라서 입양 전의 상속이나 부양관계에는 영향이 없다. 그러나 생물학적인 혈족관계까지 소멸하는 것은 아니므로 종전의 혈족과의 근친혼 금지는 여전히 유지된다.

5. 친양자 입양의 취소(제908조의4)

친양자로 입양된 자의 친생부모가 자신에게 책임이 없는 사유로 인하여 친양자 입양에 동의를 할 수 없었던 경우에는 친양자 입양의 사실을 안 날로부터 6월 내에 친양자 입양의 취소를 청구할 수 있다.(제908조의4 1항)

친양자에 있어서는 일반양자의 취소에 관한 규정이 적용되지 아니한다.(제908조의4 2항)

친양자 입양취소의 판결이 확정되면 친양자 입양에 의해서 발생한 친족관계는 소멸하고 입양 전의 친족관계가 부활한다.(제908조의7 1항) 이에 따라 친생부모가 친권자가 되고 자는

친생부모의 성과 본을 따르게 된다. 친양자 입양취소의 효력은 소급하지 아니한다.(제908조의7 2항)

6. 친양자의 파양(제908조의5)

1) 파양사유

2005년 개정 민법은 친양자의 파양 사유로서 다음과 같은 사항을 규정하고 있다.(제908조의5 1항)

(1) 양친이 친양자를 학대 또는 유기하거나 그 밖에 친양자가 복리를 현저히 해하는 때

(ⅰ) 양친에 의한 신체적 학대, (ⅱ) 과도한 징계, (ⅲ) 적절한 의식주를 제공하지 아니하고 양자를 방임하는 것, (ⅳ) 양자에게 범죄를 교사하는 것, (ⅴ) 양친 자신이 범죄행위로 인하여 장기간 복역하여야 하기 때문에 양자를 양육할 수 없는 사정, (ⅵ) 양친이 약물중독 등으로 양자를 양육할 수 없는 경우 등이 이에 해당할 수 있다.

(2) 친양자의 양친에 대한 패륜행위로 인하여 친양자관계를 유지시킬 수 없게 된 때

친양자 제도의 본질에 비추어 볼 때 패륜행위로서 파양이 인정되기 위해서는 양친에 대한 양자의 반인륜적 해위가 매우 심각한 정도에 이르러야 할 것이며, 단순히 반항을 하는 경우 등은 파양사유에 해당할 정도의 패륜행위에는 해당한다고 보기 어려울 것이다.(동지: 김주수·김상용[132])

(3) 협의 파양의 불인정

친양자에 있어서는 일반양자와는 달리 당사자간의 협의에 의한 파양은 인정되지 아니한다.(제908조의5 2항)

2) 청구권자

파양의 청구권자는 양친, 친양자 친생의 부 또는 모, 검사이다. 파양청구를 하려고 할 때 친양자가 13세 미만이고 입양 당시에 친생부모가 없어서 후견인이 법정대리인으로서 대락한 경우에는 입양 당시의 법정대리인에게도 파양청구권이 인정되어야 할 것이다.[133]

---

132) 김주수·김상용, 앞의 책, 349면
133) 김주수·김상용, 앞의 책, 350면

3) 파양의 효력

친양자관계가 파양된 때에는 입양으로 인하여 발생한 친족관계는 소멸하고 입양 전의 친족관계가 부활한다.(제908조의7 1항) 그 결과 친생부모가 자의 친권자가 되고, 자의 성도 친생부모를 따라 변경되지 않을 수 없다.

그러나 우리 사회에서 입양되는 자녀의 친생부모 중 많은 수가 독신모이며, 이들을 대부분 스스로 자녀를 양육할 수 있는 능력이 없기 때문에 자녀양육을 포기한다. 그런데 친양자관계의 해소로 친생부모의 친권이 자동적으로 부활하게 된다면 결국 자녀를 보호의 공백상태에 방치하는 결과가 될 수 있다. 그러므로 이러한 경우에는 후견이 개시되도록 하고, 후견제도를 개선·정비할 필요가 있다.(동지: 김주수·김상용[134])

4) 준용 규정과 부칙

(1) 준용 규정

개정 민법 제908조의8은 "친양자에 관하여 이 관에 특별한 규정이 없는 경우를 제외하고는 그 성질에 반하지 아니하는 범위 안에서 양자에 관한 규정을 준용한다."라고 규정하고 있다.

(2) 부칙

개정 민법 부칙 제5조는 "종전의 규정에 의하여 입양된 자를 친양자로 하는 자는 제908조의2 제1항 제1호 내지 제4호의 요건을 갖춘 경우에는 가정법원에 친양자 입양을 청구할 수 있다."라고 규정하여 현행 민법에 의하여 일반양자로 입양한 경우에도 개정 민법이 시행되면 다시 친양자로 입양할 수 있는 길을 열어 두었다.

제7절   친권

Ⅰ. 친권 제도

가부장제 가족 제도하에서 자녀는 가장인 아버지의 권위에 절대 복종해야만 하는 대상에 지나지 않았다. 친권이 가장권과 독립하여 자에 대한 어버이의 권리로서 관념되게 된 것은

---

134) 김주수·김상용, 앞의 책, 352면

대가족 제도의 붕괴에 수반한 현상이다.

1960년 민법은 아버지만이 미성년자인 자녀의 친권자가 되고, 아버지가 없거나 친권을 행사할 수 없는 경우에만 어머니가 친권자가 될 수 있었다. 1977년 민법은 혼인 중에는 부모가 공동으로 친권을 행사하지만, 부모의 의견이 일치하지 않는 경우에는 아버지가 친권을 행사하도록 하여 여전히 가부장적 가치관이 반영되고 있었다. 그러나 1990년 민법에서는 부모의 의견이 일치하지 않는 경우에는 당사자의 청구에 의하여 가정법원이 결정한다는 규정을 도입하여 부권적 요소를 배제하였다. 2005년 개정 민법은 친권과 관련하여 미성년의 자에 대한 가정법원의 후견적 역할을 강조하고 있으며, **친권 행사에 있어서는 자의 복리를 우선적으로 고려해야 한다는 친권 행사의 기준을 신설함으로써 친권이** 더 이상 **부모의 자녀에 대한 지배권이** 아니라, **자녀의 복리실현을** 위하여 **부모에게 인정된 의무인 동시에 권리라는 점을 명백히 하고 있다.**

II. 친권관계의 당사자

1. 친권자

1) 의의

친권이란 부모가 미성숙의 자를 보호·양육할 권리의무를 말하며, 친권을 행사하는 자가 친권자이다. 부모는 미성년인 자의 친권자가 되며, 양자의 경우에는 양부모가 친권자가 된다.

제909조(친권자) ① 부모는 미성년자인 자의 친권자가 된다. 양자의 경우에는 양부모가 친권자가 된다.

친권이 권리라고 해도 그것은 자에 대한 지배권은 아니며, 어버이의 개인적 이익을 위한 권리라고 볼 수도 없다. 따라서 친권을 굳이 권리라는 측면에서 파악한다면 자를 보호·양육할 의무를 누구에게도 방해받지 않고 행사할 수 있는 권리라고 해야 한다.[135]

2) 혼인 중의 친권의 행사

[1] 부모공동친권 행사주의를 채택하고 있으나, 부모의 일방이 친권을 행사할 수 없을 때

---

135) 오양균, 『친족·상속법(가족법)』, 형설출판사, 2004, 119면

에는 다른 일방이 친권을 행사한다. 친권을 행사하는 부모와 복종하는 자는 동일 등록부(구 호적) 내에 있음을 불문한다.

제909조(친권자) ② 친권은 부모가 혼인 중인 때에는 부모가 공동으로 이를 행사한다. 그러 나 부모의 의견이 일치하지 아니하는 경우에는 당사자의 청구에 의하여 가정법원이 이를 정 한다.

---

[2] 공동행사의 의미

① **부모공동의 의사에 기인함을 필요로 할 뿐 행위 자체가 부모 雙방의 명의로 되 어야 하는 것은 아니다.**

② 친권의 공동행사는 부모공동의 의사에 기인하여야 한다는 것을 의미하며 다른 일 방의 동의를 얻지 않고 한 경우에는 부모의 법정대리인의 대리 또는 동의의 효과 는 생기지 않는다.

[3] 부모의 의견이 일치하지 않을 때에는 당사자의 청구에 의하여 가정법원이 정하는데, 1990년 민법 개정 전에는 이러한 경우 부가 그 사실을 제시하고 일방적으로 친권을 행사할 수 있었다.

[4] 부모의 일방이 친권을 행사할 수 없을 때에는 다른 일방이 행사한다.

① 사실상 행사할 수 없는 경우로서는 사망, 중병, 장기 부재 등이 있다.

② 법률상 행사할 수 없는 경우로서는 친권상실선고를 받은 경우, 피성년후견인 경우 등이 있다.

[5] 친권의 표현적 공동행사

① 부모 중 일방이 공동 명의로 자를 대리하거나 자의 법률행위에 동의한 때에는 다 른 일방의 의사에 반하는 때에도 그 효력이 있다. 다만, 상대방이 악의인 때에는 그러하지 아니한다. 여기서 상대방의 악의는 과실을 포함한다고 본다.(선의·무과실 의 상대방 보호) 상대방의 악의·과실에 대한 증명책임은 행위의 무효를 주장하는 자가 부담해야 한다.

② 이 규정은 친권의 표현적 공동대리로서 공동친권자인 부모의 의사가 일치하지 않 더라도 외견상 공동 명의로 친권을 행사한 경우 선의의 제3자를 보호하기 위한 특 별 규정이다.

3) 혼인 외의 자가 인지된 경우(제909조 4항)

[1] 혼인 외의 자가 인지된 경우에는 부모협의로 친권을 행사할 자를 정하여야 하고, 협의할 수 없거나 협의가 이루어지지 아니하였을 때는 당사자가 가정법원에 그 지정을 청구하여야 한다. 친권자가 정하여지면 인지신고서에 그 내용을 증명하는 서면을 첨부하여 그 취지와 내용을 기재하여야 한다.(구 호적법 제60조, 가등법 제55조 및 제58조)

[2] 1990년 개정 전에는 부와 적모가 전혀 없거나, 또는 그 부모가 친권을 행사할 수 없을 경우 그 생모의 친권에 복종한다고 하였다.

[3] 친권을 행사할 수 있는 부는 법률상의 부를 뜻하고, 생부라 하더라도 혼인 외의 출생자에 대하여 인지를 한 바 없으면 그의 친권자가 될 수 없다.

4) 양자의 경우

양자의 경우에는 양부모가 친권자가 된다.(제909조 1항) 양부모가 사망하더라도 실친이 친권자로 되는 것은 아니며, 후견이 개시될 것이다. 다만, 파양이 된 때에는 실친이 친권자가 된다.

5) 부모가 이혼한 경우

[1] 민법 개정에 따라 협의이혼시에는 부모가 협의해서 친권자를 정하도록 하고, 재판상 이혼시에는 가정법원이 직권으로 친권 행사자를 정하도록 하였다. 개정 전에는 이혼시 부모가 공동친권 행사자가 되거나, 협의를 하지 않으면 공동친권으로 된다고 볼 수밖에 없었다. 그러나 개정 민법에서는 **협의이혼시에는 부모 중 누가 친권을 행사할지를 반드시 정하도록 하고 있고, 재판상 이혼의 경우에는 가정법원이 직권으로 친권자를 정하도록 하고 있으므로 이혼 후 공동친권 행사의 가능성은 현저히 줄어들었다.**

[2] 친권자를 변경할 필요가 있는 경우에도 같다.

제909조(친권자) ⑥ 가정법원은 자의 복리를 위하여 필요하다고 인정되는 경우에는 자의 4촌 이내의 친족의 청구에 의하여 정하여진 친권자를 다른 일방으로 변경할 수 있다.

---

6) 계모나 적모

계모나 적모가 친권자가 되지 못하는 것은 1990년 개정 민법에 의하여 인척관계가 되었기 때문이다. 개정 전에는 후견인에 관한 규정을 준용하여 친족회의 동의 또는 가정법원의 감독하에 친권 행사가 가능하였다.

7) 친권의 변경

친권의 변경도 가능하다. 가정법원은 자의 복리를 위하여 필요하다고 인정되는 경우에는 자의 4촌 이내의 친족의 청구에 의하여 정하여진 친권자를 다른 일방으로 변경할 수 있다. (제909조 6항)

8) 단독친권자의 사망 및 입양 취소나 파양, 양부모 사망의 경우

(1) 친권 자동부활의 배제(법원의 심판을 통한 친권자 지정)

[1] 2011년 개정 친권(2013년 7월 1일 시행)은 위의 입법론을 수용하여 이혼시 단독친권자로 정해진 부모의 일방이 사망한 경우에는 생존친이 법원의 심판을 거쳐 친권자가 될 수 있게 하는 방안을 채택하였다.(제909조의2 1항)

[2] 단독친권자가 사망한 경우에 생존친이 자동으로 친권자가 되는 것으로 보는 종전의 실무(친권 자동부활론)는 여러 가지 문제를 야기하고 있다. '친권 자동부활론'에 내재해 있는 근본적인 문제는 이혼시 친권자로 지정되지 않은 부모의 일방(생존친)이 예외 없이 친권자로서 적합하다고 본다는 점이다. 그러나 현실에 있어서의 생존친은 친권자로서 적합하지 않은 경우가 적지 않다. 혼인 중에 배우자나 자녀에 대하여 상습적으로 폭행을 한 경우와 같이 처음부터 친권자로서 적합하지 않은 경우도 있고, 이혼 후에 재혼하여 새로운 가정을 꾸리게 된 결과 전 혼 중에 출생한 자녀의 친권자로서 역할을 할 수 없는 상태에 있는 경우도 있다. 또한 이혼 후 장기간 연락을 하지 않았던 생존친이 갑자기 나타나 자녀의 양육에는 관심을 보이지 않고, 자녀가 상속한 재산만을 노리는 경우도 적지 않다. 이러한 구체적 사정을 고려하지 않고 생존친의 친권을 자동으로 부활시키는 경우에는 자녀의 복리가 회복불가능하게 침해될 수 있다. 이는 단순한 우려를 넘어 이미 현실이 되었으며, 개정 친권법은 바로 이러한 폐해를 막기 위한 목적으로 마련된 것이다.

[3] 그런데 이혼시 단독친권자자로 정해진 부모의 일방이 사망한 경우 이외에도 이와 유사한 상황이 발생할 수 있다면, 이러한 경우까지도 아울러 규율할 수 있는 규정을 마련하는

것이 필요할 것이다. 예컨대, 양자가 파양된 경우 또는 입양이 취소된 경우에는 친생부모가 다시 친권자가 된다는 해석이 가능한데, 이러한 경우에도 동일한 문제가 생길 수 있다. 입양 후에 양자와 친생부모의 관계가 완전히 단절된 경우도 있을 수 있고, 심지어 친생부모를 찾을 수 없는 경우도 있다. 이러한 이유에서 개정 친권법은 양자가 파양된 경우나 입양이 취소된 경우(일반양자와 친양자를 모두 포함한다.) 또는 양부모가 모두 사망한 경우(일반양자의 경우만 해당된다.)에도 당연히 친생부모의 친권이 부활하는 것으로 하지 않고, 청구에 의하여 법원이 친생부모의 일방 또는 쌍방을 친권자로 지정할 수 있도록 하였다.(제909조의2 2항)

2. 친권에 복종하는 자

[1] 미성년자인 자에는 친생자와 양자 모두 포함한다.(제909조 1항)

[2] 성년의제의 효과로 인하여 혼인한 미성년자에게는 친권이 소멸한다.(제826조의2)

III. 친권의 효력

1. 자의 신분에 관한 권리·의무

1) 보호·교양의무

제913조(보호·교양의 권리의무) 친권자는 자를 보호하고 교양할 권리의무가 있다.

[1] 친권자는 자를 보호하고 교육할 권리를 가지고 의무를 진다. 보호란 주로 자의 신체 보호를 의미하며, 교양은 자의 정신발달을 이루게 하는 것으로 해석한다.

[2] 책임능력이 있는 미성년자의 불법행위에 대한 친권자 책임의 근거는 피해자를 보호하기 위하여 책임능력이 있는 미성년자의 친권자라도 감독상의 부주의와 손해의 발생 사이에 상당인과관계가 있으면 일반 불법행위책임을 져야 한다는 것이 통설·판례의 입장이다. 판례는 종전 제755조의 확대적용을 통하여 피해자를 보호하였으나, 전원합의체 판결로 제750조 적용설로 바뀌었다. 즉 미성년자의 감독의무자의 의무 위반과 상당인과관계가 있으면 감독의무자는 일반 불법행위자로서 손해배상책임이 있고, 이 경우 그러한 감독의무 위반사실 및 손해발생과의 상당인과관계의 존재는 이를 주장하는 자가 입증하여야 한다.(대판 1994.2.8, 93다13605) 미성년자가 책임능력이 있어도 배상능력이 없는 경우 피해자를 두텁게 보호하기 위한 판례의 입장이다.

[다수의견] 형법 제287조의 미성년자 약취죄, 제288조 제3항 전단[구 형법(2013년 4월 5일 법률 제11731호로 개정되기 전의 것을 말한다. 이하 같다.) 제289조 제1항에 해당한다.]의 국외이송약취죄 등의 구성요건요소로서 약취란 폭행, 협박 또는 불법적인 사실상의 힘을 수단으로 사용하여 피해자를 그 의사에 반하여 자유로운 생활관계 또는 보호관계로부터 이탈시켜 자기 또는 제3자의 사실상 지배하에 옮기는 행위를 의미하고, 구체적 사건에서 어떤 행위가 약취에 해당하는지 여부는 행위의 목적과 의도, 행위 당시의 정황, 행위의 태양과 종류, 수단과 방법, 피해자의 상태 등 관련 사정을 종합하여 판단하여야 한다. 한편 미성년자를 보호·감독하는 사람이라고 하더라도 다른 보호감독자의 보호·양육권을 침해하거나 자신의 보호·양육권을 남용하여 미성년자 본인의 이익을 침해하는 때에는 미성년자에 대한 약취죄의 주체가 될 수 있는데, 그 경우에도 해당 보호감독자에 대하여 약취죄의 성립을 인정할 수 있으려면 그 행위가 위와 같은 의미의 약취에 해당하여야 한다. 그렇지 아니하고 폭행, 협박 또는 불법적인 사실상의 힘을 사용하여 그 미성년자를 평온하던 종전의 보호·양육 상태로부터 이탈시켰다고 볼 수 없는 행위에 대하여까지 다른 보호감독자의 보호·양육권을 침해하였다는 이유로 미성년자에 대한 약취죄의 성립을 긍정하는 것은 형벌법규의 문언 범위를 벗어나는 해석으로서 죄형법정주의의 원칙에 비추어 허용될 수 없다. 따라서 부모가 이혼하였거나 별거하는 상황에서 미성년의 자녀를 부모의 일방이 평온하게 보호·양육하고 있는데, 상대방 부모가 폭행, 협박 또는 불법적인 사실상의 힘을 행사하여 그 보호·양육 상태를 깨뜨리고 자녀를 탈취하여 자기 또는 제3자의 사실상 지배하에 옮긴 경우, 그와 같은 행위는 특별한 사정이 없는 한, 미성년자에 대한 약취죄를 구성한다고 볼 수 있다. 그러나 이와 달리 미성년의 자녀를 부모가 함께 동거하면서 보호·양육하여 오던 중 부모의 일방이 상대방 부모나 그 자녀에게 어떠한 폭행·협박이나 불법적인 사실상의 힘을 행사함이 없이 그 자녀를 데리고 종전의 거소를 벗어나 다른 곳으로 옮겨 자녀에 대한 보호·양육을 계속하였다면, 그 행위가 보호·양육권의 남용에 해당한다는 등 특별한 사정이 없는 한, 설령 이에 관하여 법원의 결정이나 상대방 부모의 동의를 얻지 아니하였다고 하더라도 그러한 행위에 대하여 곧바로 형법상 미성년자에 대한 약취죄의 성립을 인정할 수는 없다.

베트남 국적 여성인 피고인 남편은 갑의 의사에 반하여 생후 약 13개월이 된 아들 을을 주거지에서 데리고 나와 약취하고 이어서 베트남에 함께 기소된 사안에서 제반 사정을 종합할 때 피고인이 을을 데리고 베트남으로 떠난 행위는 어떠한 실력을 행사하여 을을 평온하던 종전의 보호·양육상태로부터 이탈시킨 것이라기보다 친권자인 모로서 출생 이후 줄곧 맡아 왔던 을에 대한 보호·양육을 계속 유지한 행위에 해당하여, 이를 폭행·협박 또는 불법적인 사실상의 힘을 사용하여 을을 자기 또는 제3자의 지배하에 옮긴 약취행위로 볼 수는 없다는 이유로 피고인에게 무죄를

인정한 원심 판단을 정당하다고 한 사례이다.(지원림, 『민법강의』, 홍문사, 2013, 1961면)

반대의견은 공동친권자인 부모 중 일방이 상대방과 동거하며 공동으로 보호·양육하던 유아를 국외로 데리고 나간 행위가 약취죄의 '약취행위'에 해당하는지를 판단하려면 우선 폭행, 협박 또는 사실상의 힘을 수단으로 사용하여 유아를 범인 또는 제3자의 사실상 지배하에 옮겼는지, 그로 말미암아 다른 공동친권자의 보호·양육권을 침해하고, 피해자인 유아를 자유로운 생활관계 또는 보호관계로부터 이탈시켜 그의 이익을 침해하였는지를 따져 볼 필요가 있다. 부모 중 일방이 상대방과 동거하며 공동으로 보호·양육하던 유아를 국외로 데리고 나갔다면, '사실상의 힘'을 수단으로 사용하여 유아를 자신 또는 제3자의 사실상 지배하에 옮겼다고 보아야 함에 이론이 있을 수 없다. 친권은 미성년 자녀의 양육과 감호 및 재산관리를 적절히 함으로써 그의 복리를 확보하도록 하기 위한 부모의 권리이자 의무의 성격을 갖는 것으로서, 민법 제909조에 의하면, 친권은 혼인관계가 유지되는 동안에는 부모의 의견이 일치하지 아니하거나 부모 일방이 친권을 행사할 수 없는 등 예외적인 경우를 제외하고는 부모가 공동으로 행사하는 것이 원칙이고(2항, 3항), 이혼하려는 경우에도 상대방과의 협의나 가정법원의 결정을 거치지 아니한 채 일방적으로 상대방의 친권 행사를 배제하는 것은 허용되지 아니한다.(4항) 따라서 공동친권자인 부모의 일방이 상대방의 동의나 가정법원의 결정이 없는 상태에서 유아를 데리고 공동양육의 장소를 이탈함으로써 상대방의 친권 행사가 미칠 수 없도록 하였다면, 이는 특별한 사정이 없는 한 다른 공동친권자의 유아에 대한 보호·양육권을 침해한 것으로서 민법을 위반한 행위라고 할 것이다. 그 뿐 아니라 유아로서도 다른 공동친권자로부터 보호·양육을 받거나 받을 수 있는 상태에서 배제되는 결과를 강요당하게 되어 유아의 이익을 현저히 해치게 될 것이므로 그 점에서도 위법성을 면할 수 없다. 따라서 어느 모로 보나 부모의 일방이 유아를 임의로 데리고 가면서 행사한 사실상의 힘은 특별한 사정이 없는 한, 불법적이라고 할 것이며, 특히 장기간 또는 영구히 유아를 데리고 간 경우에는 그 불법성이 훨씬 더 크다는 점을 부인할 수 없다.(대판 <전합> 2013.6.20, 2010도14328)

2) 거소지정권

[1] 종래 민법은 호주의 거소지정권을 인정하였으나, 1990년 개정 민법은 이를 삭제하고 친권자의 거소지정권만 인정하고 있다.

[2] 거소지정권은 자가 의사능력을 가지고 있을 때에만 행사할 수 있는데, 자가 친권자의 거소지정에 복종하지 않은 경우 이를 강제할 방법은 없다.

3) 징계권

[1] 친권자는 자를 보호·교양하기 위하여 필요한 범위 내에서 자신이 징계를 할 수 있다.(제915조) 친권자는 가정법원의 허가를 얻어 감화 또는 교정기관에 위탁할 수 있다.

[2] 자에 대한 징계행위가 보호·교양의 목적을 달성하는 데 필요한 최소한의 범위를 넘는 경우에는 친권의 남용으로서 친권상실의 원인이 된다.

4) 자의 인도청구권

[1] 친권자가 자를 불법으로 억류하고 있는 자에 대하여 이를 배제하고 그 인도를 청구할 수 있는 권리이며, 민법상 명문 규정은 없으나, 학설·판례가 인정하고 있다.

[2] 판례는 친권남용이 아닌 한, 친권자에게 이러한 권리를 인정한다. 다만, 자에게 의사능력이 없을 때에 인정한다.

[3] 부모가 이혼하면서 자의 양육에 관한 사항을 협정하지 아니한 경우, 그 자를 부의 가정에서 보호·교양·양육하는 것보다 모가 보호·교양·양육하는 것이 합리적이라고 보아야 할 특별한 사정이 없는 한, 모는 친권의 행사와 양육의 책임을 다하기 위해 그 자의 인도를 구하는 부의 청구를 거절할 수 없다.(대판 1986.3.25, 86므17) 자의 인도청구권의 근거는 제913조 친권자의 보호교양의무라고 할 수 있다.

[4] **권리의 실행 방법**
  ① **간접강제만이 인정되고, 직접강제는 원칙적으로 인정되지 않는다.**
  ② 자의 인도의무자가 정당한 이유 없이 그 인도의무를 이행하지 않을 경우의 인도청구권의 실행 방법으로 가정법원이 당사자의 신청에 의하여 그 의무를 이행할 것을 명할 수 있고, 이를 위반한 때에는 30일의 범위 내에서 그 의무이행이 있을 때까지 의무자를 감치에 처할 수 있다.

5) 보호·교양에 필요한 비용의 부담

보호·교양에 필요한 비용을 부담하여야 하며, 친권자는 과실취득권(제923조)이 있다. 친권자로서 부모의 자에 대한 부양의무는 친족적 부양과는 다르므로 이러한 부양의무의 법적 근거는 제974조가 아니라 제833조나 제913조가 될 수 있다.

6) 신분상의 행위의 대리권과 동의권

[1] 법률에 특별한 규정이 있는 경우 외에는 원칙적으로 대리함이 불가능하다. 즉 **친권자**

는 자녀의 신분상 행위를 위하여 **특별 규정이 있는 경우에** 이러한 **동의권을 갖는다.**

　[2] 법률이 정하는 예외로서는, (i) 모인 친권자가 친생부인의 소의 피고가 되는 것(제847조), (ii) 인지청구의 소의 제기(제863조), 미성년자가 양친이 되는 입양의 취소청구의 소(제885조), 미성년자가 동의를 얻지 않고 양자가 되었을 때의 취소(제885조), 15세 미만자의 대락입양, 파양대락(제869조, 제899조) 및 파양청구의 소제기(제906조), 상속의 승인 포기(제1019조, 제1020조) 등을 들 수 있다. (iii) 가사소송법의 규정에 의하면 친권자는 법정대리인으로서 혼인무효의 소, 인지에 대한 이의의 소, 인지무효의 소, 입양무효나 파양의 소 등을 제기할 수 있다.

2. 자의 재산에 관한 권리·의무

1) 재산관리권

　[1] 법정대리인인 친권자는 자의 자기 명의로 취득한 특유재산을 관리한다.(제916조) 재산의 관리란 재산의 보존·이용·개량을 목적으로 하는 행위이며, 이 목적범위 내에서는 처분행위도 무방하다. 자의 채권을 추심할 수 있으나, 자의 임금은 대리수령할 수 없다.

　[2] 친권자의 재산관리는 '자기의 재산에 관한 행위와 동일한 주의'로서 한다.(제922조) 친권자의 재산관리에 관한 주의의무를 선량한 관리자의 주의의무보다 낮다고 볼 수 있다.

　[3] 제3자에 의하여 관리권이 배제될 수 있다.

　　① 제3자가 무상으로 자에게 재산을 수여하고 친권자의 관리에 반하는 의사를 표시한 때(제918조 1항)에는 친권자의 관리권이 배제된다.

　　② 무상으로 재산을 수여한 제3자는 관리인을 지정할 수 있다.

　　③ 제3자는 친권자의 수익만을 부정할 수도 있다.

2) 자에 대한 대리권

　[1] 미성년인 자의 재산에 관한 법률행위에 대하여 그 자를 대리한다.(제920조 본문) 다만, 자의 행위를 목적으로 하는 채무를 부담할 경우에는 자 자신의 동의가 필요하다.(제920조 단서)

　[2] 자에 대한 친권자의 대리권 행사방법으로서 법정대리인은 미성년자의 승낙을 받을 필요 없이 법정대리인 이름으로 법률행위를 할 수 있음은 물론 미성년자 본인의 이름으로 법률행위를 한 경우에도 법정대리인이 그 행위를 한 이상 미성년자에 대하여 법률행위의 효과가 발생한다.

[3] 친권의 표현적 공동행사에 관하여는 부모가 공동으로 친권을 행사하는 경우 부모의 일방이 공동 명의로 자를 대리하거나 자의 법률행위에 동의한 때에는 다른 일방의 의사에 반하는 때에도 효력이 있다. 다만, 상대방이 악의인 경우에는 제외한다.(제920조의2)

[4] 근로계약은 대리가 불가하다. 즉 친권자는 미성년자인 자를 대리하여 근로계약을 체결할 수 없다.(근로기준법 제65조 1항) 다만, 고용계약은 대리할 수 있으나, 자 자신의 채무부담을 목적으로 하는 것으로서 자 자신의 동의가 있어야 할 것이다.(제920조의2)

[5] 친권자의 대리행위가 권리남용인 경우의 그 효과 : 토지처분행위가 친권자의 친권남용에 의한 것이라고 하면 동 처분의 법률상 효과가 자에게 미친다고 할 수 없다.(대판 1964.9.8, 64다177 ; 대판 1981.10.31, 81다649)

[6] 친권자가 아닌 모가 자의 재산을 담보로 제공한 경우 표현대리가 성립하는지 여부 : 이에 관하여 대법원은 "친권자인 부가 미성년자의 인장과 그 소유부동산에 관한 권리증을 그 처에게 보관시켜 그 처가 그 부동산을 담보로 제공한 경우에는 특별한 사정이 없는 한, 표현대리행위가 된다."(대판 1968.8.30, 68다1051)라고 한다.

[7] 친권자는 그 친권에 따르는 자에 갈음하여 그 자(혼인 외의 출생자)에 대한 권한을 대행한다.(제90조) 따라서 미성년자인 부는 친권을 단독으로 행사할 수 없다.

[8] 다만, 성년의제 규정에 의하여 미성년자가 혼인하게 되면 친권대행이 소멸되므로 친권을 행사할 수 있다. 대행의 형식은 친권에 복종하는 자의 이름으로 하여야 할 것이다.

3) 재산관리의 계산

친권자의 재산수익권에 관하여 우리 민법은 제923조 제2항에서 자의 재산으로부터 수취한 과실은 그 자의 양육, 재산관리의 비용과 상계한 것으로 본다. 또한 친권자가 곤궁하여 자기 재산이 없는 경우, 또는 특별한 양육·교육비는 미성년자 재산으로부터 처분·지급할 수 있는 것으로 본다.[136]

4) 이해상반행위에 대한 친권의 제한

(1) 의의

친권에 따르는 자와 친권자 자신 또는 그 친권에 따르는 다른 자와의 이해가 충돌하는 경우에는 공정한 친권 행사를 위하여 민법은 친권자의 법정대리권을 제한하고 가정법원은 특별대리인을 선임한다.

---

136) 김주수·김상용, 앞의 책, 371면

(2) 인정한 사례

[1] 친권자가 자의 재산을 가지고 자기의 채무를 소각하는 행위, 친권자의 채무에 관하여 자를 자기의 연대채무자로 한 경우 친권자가 자기의 채무에 관하여 미성년자인 자를 대리하여 병존적 채무인수를 한 행위, 미성년자인 자의 재산을 자기 채무의 담보로 제공한 행위, 상속재산 분할협의(대판 1993.3.9, 92다18481), 자기에 대한 채무면제 등이 있다.

[2] "자의 재산관리에 포괄적 위임을 받은 부가 자신의 채무지급을 위하여 자와 공동으로 발행한 어음행위의 효력에 관하여는 외국에 체류 중인 미성년자인 아들로부터 한국 내에 있는 그의 재산관리에 관한 포괄적 위임을 받은 부가 자신의 제3자에 대한 지급을 위하여 자신이 발행하는 어음에 아들을 공동발행인으로 기명날인한 경우 아들 명의로서의 위 어음발행행위는 대리인과 본인 사이에 있어 이해가 상반되는 것으로서 아들로부터 그에 대한 특별한 대리권이 수여된 것이 아닌 이상, 위 어음 중 아들 부분은 적법한 대리권이 없이 발행된 것으로서 아들에 대한 그 효력이 없다."(대판 1971.2.23, 70다2916)라고 한다.

[3] "친권자가 자기의 채무를 위하여 미성년자인 자의 부동산을 담보에 제공하는 행위는 이해상반행위에 해당한다."(대판 1971.7.27, 71다1113)라고 한다.

> **판례** 상속재산 분할협의가 이해상반행위인지의 여부
>
> 상속재산 분할협의도 이해상반행위이다. 피상속인의 처가 미성년자인 자와 동순위로 공동상속인이 된 경우 미성년자인 자의 친권자로서 상속재산을 분할하는 협의를 하는 행위는 민법 제921조 소정의 '이해상반되는 행위'에 해당하므로 그 미성년자의 특별대리인을 선임받아 미성년자를 대리하게 하여야 한다.(대판 1993.3.9, 92다18481)

---

(3) 부정한 사례

[1] 법정대리인인 친권자가 부동산을 매수하여 이를 그 자에게 증여하는 행위는 미성년자인 자에게 이익만을 주는 행위이므로 친권자와 자 사이에 이해상반행위에 속하지 아니하고, 또 자기 계약이지만 유효하다.(대판1981.10.13, 81다649)

[2] "친권자가 미성년자의 법정대리인으로서 그 고유의 권리를 행사하는 경우, 즉 제921조 제2항의 경우 이해상반행위의 당사자는 쌍방이 모두 친권에 복종하는 미성년자일 경우이어야 하고, 이 경우 친권자가 미성년자 쌍방을 대리할 수는 없는 것이므로 그 어느 미성년자를 위하여 특별대리인을 선임하여야 한다는 것이지, 성년이 되어 친권자의 친권에 복종하지

아니하는 자와 친권에 복종하는 미성년인 자 사이에 이해상반이 되는 경우가 있다 하여도 친권자는 미성년자를 위한 법정대리인으로서 그 고유의 권리를 행사할 수 있으므로 그러한 친권자의 법률행위는 이해상반행위에 해당한다 할 수 없다."(대판 1989.9.12, 88다카28044)라고 한다.

5) 특별대리인에 의하지 않고 한 행위의 효력

친권자와 미성년자간에 이익이 상반되는 경우 친권자는 가정법원에 그 자의 법정대리인의 선임을 청구하여야 하고, 친권자가 그 친권에 따르는 복수의 자에 대하여 친권을 행사하는 경우 그 복수의 자 중 1인의 자와 다른 자와의 사이에 이익이 상반되는 사항에 관하여도 그 1인의 자에 대한 특별대리인 선임을 청구하여야 한다.

다만, '공동친권자 중 1인과 이해가 상반되는 경우는 어떻게 할 것인가?'가 문제되는데, 이 경우에도 특별대리인을 선임하여 타방의 친권자와 공동으로 대리할 것으로 본다. 특별대리인에 의하지 않고 한 행위는 무권대리행위로 보고 본인이 추인하면 유효한 것으로 해석한다.

Ⅳ. 친권의 소멸

친권은 자연적인 사실에 의하여 소멸하고, 친권자의 의사(대리권·관리권의 사퇴) 또는 외부의 작용에 의하여 상실된다.

1. 친권의 소멸

1) 절대적 소멸

자가 사망(실종선고 포함)하거나, 성년자가 된 때, 또는 혼인한 때(제826조의2) 친권은 절대적으로 소멸한다.

2) 상대적 소멸

미성년자의 친권자가 사망하거나, 자가 입양 또는 파양된 때, 입양이 무효 또는 취소되었을 때, 부모가 이혼하거나 혼인이 무효 또는 취소된 후 부모 중 일방만이 친권자가 된 때, 모의 단독친권에 복종하던 혼인 외의 자가 부의 인지를 받아 부가 친권자로 정해진 때(제909조 4항) 등과 같이 자가 다른 친권자 또는 후견인 밑에 있게 된 경우 발생한다.

2. 친권상실선고

1) 친권상실의 원인

(1) 친권남용

[1] 관리의 이름 아래 자의 재산을 자기 이익을 위하여 처분하는 행위, 자에 대해 부적당한 거소를 지정하고, 가혹한 징계를 가하는 것 등이다. 그러나 외관상 부당한 행사에 해당하더라도 그 동기나 목적이 자의 복지를 향상시키는 데 있고 결과도 그러한 경우 친권남용이 되지 않는다.(대판 1963.8.31, 63다363)

[2] 이해상반 및 친권남용과 관련하여 법정대리인과 친권자가 그 자인 미성년자(원고) 소유의 이 건 부동산을 그 장남인 피고에게 증여할 당시 원고는 이미 19년 5개월 남짓하여 수개월이 지나면 성년이 될 나이에 있었고, 원고가 위 처분행위를 강력히 반대하였으며, 위 처분행위도 원고를 위한 것이 아니라, 그 장남인 피고만을 위한 것으로서 위 처분행위로 원고는 아무런 대가도 지급받지 못한 점 등이 인정되므로 원고의 법정대리인인 친권자가 이 건 부동산을 피고에게 증여한 행위는 당시 피고가 이미 성년에 달하여 소위 이해상반행위에는 해당하지 않았으나, 친권의 남용에 의한 것이라 할 것이므로 위 행위의 효과는 원고에게 미치지 아니한다.(대판 1981.10.26, 81다649)

(2) 현저한 비행

현저한 비행에는 부의 방탕, 도박의 상습, 과부인 모의 사통 등이 이에 해당할 것이나, 민법 제924조에 의한 친권상실선고 여부를 판단함에 있어서도 친권의 목적이 자녀의 복리 보호에 있다는 점이 판단의 기초가 되어야 하고, 따라서 **비록 친권자에게 간통 등의 비행이 있어서 자녀들의 정서나 교육 등에 악영향을 줄 여지가 있다 하더라도 친권자가 될 수 있다는 것이 판례의 입장**이다.

(3) 친권을 행사할 수 없는 중대한 사유

가. 의의

개정법은 단독친권자의 소재가 불명한 경우 등 친권을 행사할 수 없는 중대한 사유가 있는 때에는 친권이 소멸한 것으로 의제하여 새로 친권자를 지정하거나 미성년후견인을 선임할 수 있도록 규정하고 있다. 개정 전에는 친권자의 소재불명 등 친권을 행사할 수 없는 중대한 사유가 있는 경우에 친권이 소멸하는 것으로 보는 규정이 없었으며, 다만, 학설과 판례상으로만 친권이 소멸한다고 해석되고 있었을 뿐이다.

나. 친권자의 지정

이에 따라 이혼 등으로 인하여 단독친권자로 정해진 부모의 일방이 소재불명 등의 사유로 친권을 행사할 수 없게 된 때에는 다른 부모의 일방, 미성년자녀, 미성년자녀의 친족은 그 사실을 안 날부터 1개월, 그 사실이 발생한 날부터 6개월 내에 이혼시 친권자로 지정되지 않은 부 또는 모를 친권자로 지정해 줄 것을 청구할 수 있다.(제927조의2 1항에 의한 제909조의2 1항의 준용)

다. 미성년후견인의 선임

제909조의2 제1항이 정한 청구기간 내에 친권자 지정 청구가 없는 때에는 가정법원은 직권으로 또는 미성년자녀, 그 친족, 이해관계인, 검사, 지방자치단체의 장의 청구에 의하여 미성년후견인을 선임할 수 있다.

라. 임시 대행자의 선임

단독친권자가 소재불명 등으로 친권을 행사할 수 없게 된 경우에 새로 친권자가 지정되거나 미성년후견이 선임될 때까지의 기간 동안에는 자녀에게 법정대리인이 없는 상태가 발생하여 불이익이 생길 우려가 있으므로 가정법원은 직권으로 또는 청구에 의하여 임시로 법정대리인의 임무를 대행할 사람을 선임할 수 있다.(제927조의2 1항에 의한 제909조의2 5항의 준용)

(4) 양부모가 친권을 상실한 경우

가. 미성년후견인의 선임

양부모 쌍방이 친권상실선고를 받은 경우는 후견개시의 사유가 되므로 친생부모가 친권자 지정 청구를 할 수 있는 여지가 없다. 이 경우 가정법원은 직권으로 또는 미성년자녀, 미성년자녀의 친족, 이해관계인, 검사, 지방자치단체의 장의 청구에 의하여 미성년후견인을 선임할 수 있다.(제932조 1항) 가정법원이 미성년후견인을 선임할 때에는 친생부모에게 의견을 진술할 기회를 주어야 한다.(제927조의2 1항에 의한 제909조의2 3항의 준용)

나. 친생부모의 친권자 지정 불가

'양부모가 모두 친권상실선고를 받은 경우에 제909조의2 제4항을 준용할 수 있는가?'에 대해서는 의견이 갈릴 수 있다. 제909조의2 제4항을 기계적으로 준용하면 가정법원은 미성년자녀의 복리를 고려하여 미성년후견인의 선임청구를 기각할 수 있으며, 이 경우에는 직권으로 친생부모의 일방 또는 쌍방을 친권자로 지정하여야 한다. 그러나 이러한 결과는 양자의 경우에는 양부모가 친권자가 된다.는 민법 규정(제909조 1항 2문)과 모순되므로 양부모가 모두 친권상실선고를 받은 경우에는 제909조의2 제4항이 준용되지 않는다고 해석하는 것이 타당하다고 본다.[137]

다. 임시 후견 대행자의 선임

가정법원은 양부모가 모두 친권상실선고를 받은 경우에 바로 미성년후견인을 선임하기 어려운 사정이 있다면, 임시로 미성년후견인의 임무를 대행할 사람을 선임할 수 있다.(제927조의2 1항에 의한 제909조의2 5항의 준용)

라. 양부모가 친권 중 법률행위의 대리권과 재산관리권 부분만을 상실하거나 사퇴한 경우

양부모가 친권 중 법률행위의 대리권과 재산관리권 부분만을 상실하거나 사퇴한 때에는 가정법원은 직권으로 또는 청구에 의하여 그 부분에 관한 미성년후견인을 선임할 수 있다.(제927조의2 1항에 의한 제909조의2 3항의 준용)

마. 양부모의 소재불명 등

양부모에게 소재불명 등 친권을 행사할 수 없는 중대한 사유가 있는 경우에도 친권이 소멸된 것으로 의제되므로 가정법원은 직권으로 또는 청구에 의하여 미성년후견인을 선임할 수 있다.(제927조의2 1항에 의한 제909조의2 3항의 준용)

(5) 친권을 상실했던 부모가 친권을 회복한 경우

가. 미성년후견이이 선임되어 있었던 경우

이혼시 단독친권자로 지정된 부 또는 모가 친권상실선고를 받아서 미성년후견이 선임되어 있는 경우에 실권회복의 선고를 받았다면 그 부 또는 모는 당연히 친권자가 되고, 후견은 종료한다고 해석하여야 할 것이다. 실권회복선고를 받았다는 것은 친권자의 지위를 회복하였다는 뜻이므로 이 경우에는 가정법원이 친권자를 새로 지정할 여지가 없다고 본다.

나. 부모의 다른 일방이 친권자로 지정되어 있었던 경우

부모의 다른 일방이 친권자로 지정되어 있었던 경우에는 실권회복선고를 받은 부 또는 모를 새로 단독친권자로 지정하는 것도 가능하고 기존의 친권자를 그대로 유지하면서 추가로 친권자를 지정하는 것도 가능할 것이다. 공동친권이 성립하는 경우에는 '부모 쌍방이 친권 행사와 관련하여 협력할 수 있는 의사와 능력을 갖추고 있는가?'에 대하여 면밀한 검토가 이루어져야 할 것이다.

다. 법률행위의 대리권과 재산관리권 부분에 대해서 미성년후견인이 선임되어 있었던 경우

이혼시 단독친권자로 지정된 부 또는 모가 친권 중 법률행위의 대리권과 재산관리권의 상실선고를 받아서 그 부분에 대하여 피성년후견인이 선임되어 있는 경우에 실권회복의 선고를 받았다면, 그 부 또는 모는 당연히 법률행위의 대리권과 재산관리권 부분에 대해서도 친권자가 되고, 후견은 종료한다고 해석하여야 할 것이다.

---

137) 김주수·김용한, 『친족상속법』, 박영사, 1963, 441면

라. 법률행위의 대리권과 재산관리권 부분에 대하여 부모의 다른 일반이 친권자로 지정되어 있었던 경우

부모의 다른 일방이 법률행위의 대리권과 재산관리권 부분에 대하여 친권자로 지정되어 있었던 경우에는 실권회복선고를 받은 부 또는 모를 새로 이 부분에 대하여 단독친권자로 지정할 수도 있고, 기존의 친권자를 그대로 유지하면서 추가로 친권자를 지정하는 것도 가능할 것이다.

마. 친권자의 소재불명 등의 사유로 미성년후견인이 선임되어 있었던 경우

[1] 단독친권자에게 소재불명 등 친권을 행사할 수 없는 중대한 사유가 있어서 미성년후견인이 선임되었는데, 그 후 다시 친권을 행사할 수 있게 된 경우에는 가정법원은 청구에 의하여 친권자를 새로 지정할 수 있다. 이 경우에는 친권자 지정의 심판이 확정되면 후견은 종료한다.

[2] 이 경우에 부모의 다른 일방이 친권자로 지정되어 있었다면 법원은 다시 친권을 행사할 수 있게 된 부 또는 모를 새로 단독친권자로 지정할 수도 있고, 기존의 친권자를 그대로 유지하면서 추가로 친권자를 지정할 수도 있다.(공동친권) 자녀의 복리를 위하여 필요하다고 판단되는 경우에는 친권자 지정 청구를 기각하여 기존의 단독친권을 그대로 유지하는 것도 가능할 것이다.

바. 친권을 상실했던 양부모가 친권을 회복한 경우

[1] 양부모 쌍방이 친권상실선고를 받아서 미성년후견인이 선임되어 있는 경우에 양부모의 일방 또는 쌍방이 실권회복의 선고를 받았다면, 실권회복선고를 받은 양부모는 당연히 친권자가 되고, 후견은 종료한다고 해석하여야 할 것이다.

[2] 양부모 쌍방이 법률행위의 대리권과 재산관리권의 상실선고를 받아서 그 부분에 대하여 미성년후견인이 선임되어 있는 경우에 양부모의 일방 또는 쌍방이 실권회복의 선고를 받았다면, 실권회복선고를 받은 양부모는 당연히 법률행위의 대리권과 재산관리권 부분에 대해서도 친권자가 되고, 후견은 종료한다고 해석하여야 할 것이다.

(6) 친권상실에 해당되지 않는다고 한 사례

친권상실에 해당되지 않는다고 한 사례로서 "남편이 행방불명이 되어 극심한 생활난으로 인하여 타인과 결혼한 경우에는 친권상실의 사유에 해당되지 아니한다."(대판 1963.9.12, 63다197)라고 한다.

2) 친권상실선고의 청구권자

[1] 제777조의 규정에 의한 자의 친족 또는 검사이다.

[2] 제924조나 제925조의 규정에 의한 친권상실이나 대리권, 관리권상실을 청구할 수 있는 자가 그러한 청구권을 포기하는 것을 내용으로 하는 계약은 공서양속에 위배하여 무효라 할 것이다.(대판 1977.6.7, 76므34)

3) 친권상실선고의 효과

공동친권자의 일방이 친권상실의 선고를 받은 때에는 다른 일방의 단독친권이 되며, 단독친권자가 이 선고를 받은 때에는 후견이 개시된다.(제928조) 부모와 자식 사이의 직계혈족으로서 발생되는 권리도 소멸하는가? 소멸설(소수설: 김주수)도 있으나, 불소멸설이 다수설이다.

3. 대리권·관리권의 박탈(친권의 일부 상실)

1) 대리권과 재산관리권의 상실(제925조)

[1] 대리권 재산관리권 상실원인으로서는 법정대리인인 친권자가 부적당한 관리로 인하여 자의 재산을 위태롭게 한 때, 입양하면서 양자를 친생자로 신고한 경우, 양부는 친권자에 해당하지만(무효행위의 전환), 양육을 소홀히 하고 양자의 상속지분에까지 근저당권을 설정하는 등의 행위를 들 수 있다.

[2] 선고신청권자는 자의 친족이 된다. 다만, 자는 제외한다.

[3] 공동친권의 경우 친권자의 일방이 대리권과 재산관리권을 상실하였을 때에는 신분에 관한 것은 공동으로 행사하고 대리권과 재산관리권은 다른 일방이 단독으로 행사하며, 단독친권의 경우 친권자가 대리권과 재산관리권을 상실한 경우에는 후견이 개시되어 후견인이 재산을 관리한다.(제928조)

2) 선고 전의 처분

위와 같은 소의 제기가 있는 경우 자의 이익을 위하여 필요하다고 인정할 때 가정법원은 직권 또는 당사자의 청구에 의하여 친권자의 직무집행을 정지하고 대행자를 선임하는 것이 가능하다.

3) 실권회복

친권상실과 대리권·관리권상실의 원인이 없어질 때 본인 또는 친족의 청구에 의하여 실권회복을 선고(제926조)할 수 있다.

4) 판결의 통지 및 신고

가정법원은 지체 없이 그 자의 등록기준지의 가족관계공무원에게 그 취지를 통보한다. 또한 친권 또는 대리권 및 재산관리권의 상실선고의 재판이 확정된 경우에는 그 재판을 청구한 자나 그 재판에 의하여 친권을 행사할 자 또는 그 상대방은 그 재판확정일로부터 1월 내에 사실을 증명하는 서류를 첨부하여 신고하여야 한다.(가등법 제79조)

5) 대리권·관리권의 사퇴와 회복

[1] 친권자는 부 또는 모를 불문하고 정당한 사유가 있는 때 가정법원의 허가를 얻어 사퇴할 수 있다.(제927조 1항) 정당한 사유란 해외여행과 같은 장기부재, 중병 또는 복역이 이에 해당한다. 사퇴의 사유가 소멸하면 가정법원의 허가를 얻어서 사퇴한 권리를 회복할 수 있다.(제927조 2항)

[2] 친권자는 친권 자체를 사퇴할 수 없다. 보호·양육의 권리의무는 정당한 사유가 있더라도 사퇴할 수 없으며, 친권 내용의 일부인 대리권과 관리권의 사퇴만 인정한다.

제8절　후견

Ⅰ. 의의

미성년자는 성년자가 될 때까지 부모인 친권자의 보호와 양육을 받으며 생활하게 되지만, 부모가 사망하거나 친권을 상실하게 된다면 미성년자의 보호는 공백상태에 처하게 된다. 이러한 경우 민법은 미성년자의 보호를 위하여 후견 제도를 두고 있다. 또한 성년자일지라도 일반적인 사회생활에 필요한 판단능력을 갖추지 못한 성년후견인이나 피한정후견인의 경우에는 역시 타인의 보호가 필요하게 되는데, 이러한 경우에도 민법은 후견이 개시될 수 있도록 하였다. 후견인이 될 권리 및 후견 제도는 피후견인의 가족관계의 형성을 돌보아 주는 가족관계의 측면과 재산관계의 측면을 동시에 가지고 있는 제도이므로 민법은 위임과 친권의

규정을 후견인에게 준용한다.(제956조 참조)

II. 개정 민법(법률 제10429호, 2011년 3월 7일 공포, 2013년 7월 1일 시행)

1. 내용

기존의 금치산·한정치산 제도를 현재 정신적 제약이 있는 사람은 물론 미래에 정신적 능력이 약해질 상황에 대비하여 후견 제도를 이용하려는 사람이 재산 행위뿐만 아니라, 치료·요양 등 복리에 관한 폭넓은 도움을 받을 수 있는 성년후견제로 확대·개편하고, 금치산·한정치산 선고의 청구권자에 후견감독인과 지방자치단체의 장을 추가하여 후견을 내실화하며, 성년후견 등을 요구하는 노인·장애인 등에 대한 보호를 강화하고, 피성년후견인 등과 거래하는 상대방을 보호하기 위하여 성년후견 등에 관하여 등기로 공시하도록 하였다.

현행 민법의 행위능력과 후견 제도는 금치산자·한정치산자 등 그 자체가 부정적인 의미를 풍기는 용어를 사용하고 있었으며, 미성년자의 후견의 경우에는 친권자가 유언으로 후견인을 지정할 수 있고, 유언이 없는 때에는 민법이 정하는 순서에 따라 후견인이 되는데(법정후견인), 후견인이 될 사람의 자질과 능력이 전혀 고려되지 않는다는 문제가 있었다.

재산이 없는 경우에는 굳이 한정치산 또는 금치산선고를 받게 할 실익이 없었으며, 한정치산·금치산 선고 건수는 1996년 103건, 1997년 119건, 1998년 145건, 1999년 208건, 2000년 258건, 2001년 323건, 2002년 208건, 2003년 250건, 2004년 274건에 지나지 않았다. 이러한 점에 비추어 개정 민법은 인간의 존엄성을 존중하는 차원에서 정신능력이나 판단능력이 없거나 미약한 성년자를 위하여 이른바 성년후견 제도를 도입하였다. 이는 장애자 본인의 자율권을 최대한 존중하면서 그의 재산상 행위뿐만 아니라, 그의 신체상의 건강을 위한 치료·요양 등 복리에 관한 폭넓고 효율적인 보호와 후견을 제공하려고 시도하고 있는 것이다.

2. 후견인의 종류(미성년후견·성년후견·특정후견·임의후견)와 호칭

민법은 미성년자나 금치산자 또는 한정치산자를 위한 후견인이라고 부르고 있었으나, **개정법에서는 피후견인의 종류에 따라 미성년후견인(제928조), 성년후견인(제929조), 한정후견인(제959조의2), 특정후견인(제959조의9 1항), 임의후견인(제959조의14)이라는 5가지 용어를 사용**하고 있다. 그래서 종전에는 금치산자, 한정치산자라고 부르던 것을 개정법이 시행되면 피성년후견인·피한정후견인이라는 어색한 용어로 불러야 하고, 나아가 피특정후견인이라는 생소한 용어(제959조의10)까지 써야 한다. 앞으로 개념의 이해와 용어사용에 익숙해지려면 한동안 어려움을 겪을 것으로 예상된다.

3. 후견인의 법률적 지위(수임인, 법정대리인)

후견 제도는 가족관계와 재산관계의 2가지 측면에서 제한능력자를 도와 주는 제도였다. 그러나 **개정법은 후견을 받는 사람(피후견인)의 복리, 치료행위, 주거의 자유 등을 보장하기 위한 신상보호 규정을 신설하였다.**(제947조, 제947조의2) 게다가 **피후견인의 일시적 후원** 또는 **특정한 사무에 관한 후원**을 위하여 **특정후견인 제도를 신설하고**(제959조의8~13), **후견계약**(제959조의14~20) **제도를 창설**하였다. 후견인은 미성년자를 위하여 친권자의 역할을 하고, 피후견인들을 위하여 선량한 관리자의 주의로써 그 맡은 업무를 완수하여야 하므로 민법은 친권과 위임에 관한 규정을 후견인에게 준용하고 있다.(제956조, 제959조; 제681조, 제692조, 제918조)

요컨대 후견인은 일반적인 사무처리 능력이 없거나 부족한 사람들(미성년자, 피한정후견인 등)을 보호하고 양육·치료·감독하고 그들의 재산을 관리하고 법률행위를 대리하고 동의하는 법정대리인 겸 수임인의 지위에 있다.

4. 후견의 기관(가정법원 등)

후견의 기관에는 후견사무를 주로 집행하는 후견인, 후견인의 사무를 감독하고 필요한 경우 후견인 대신에 후견사무를 수행하기도 하는 후견감독인이 있고, 그 밖에 **가정법원도 중요한 감독권한을 가지고 있어서 실질적으로는 중요한 후견기관의 하나라고 말할 수 있다.**

친족간의 일은 친족의 자치에 맡기고, 후견인에 대한 감독도 친족회에 맡기는 것이 관례였다. 그러나 친족단체의 협동체성이 약화되면서 친족의 자치가 잘 이루어지지 않게 되자, 후견에 대한 국가의 감독이 필요하게 되었다. 그리하여 가정법원이 후견인에 대한 직접적·적극적인 감독을 하게 된 것이다. **개정법은 친족회 제도를 폐지하고 후견감독인 제도를 도입하였다.**(제940조의2~7, 제959조의5, 제959조의10)

5. 개정 민법상의 후견 제도 개관

1) 후견인의 종류와 그 다양성

개정 민법은 미성년자를 위한 후견 규정은 별로 변경하지 않았으나 질병·장애·노령, 그 밖의 사유로 인한 정신적 제약으로 사무를 처리할 능력이 지속적으로 결여된 사람을 위한 성년후견, 그 능력이 부족한 사람을 위한 한정후견, 일시적 후원 또는 특정한 사무의 후원을 위한 특정후견, 타인에게 사무를 위탁하는 후견계약(공정증서로 체결)에 의거한 임의후견 제도를 만들어 이용 대상자와 그 범위를 넓혔다. 성년후견이나 한정후견의 개시심판 청구권자에 후견감독인과 지방자치단체의 장을 추가하여 후견 제도의 내실을 도모하고 있다.

2) 피후견인의 자치능력의 확대

성년후견을 받는 사람(피성년후견인)의 법률행위 중 일용품의 구입 등 일상생활에 필요한 행위, 가정법원의 후견개시 심판에서 '취소할 수 없는 행위'로 정한 법률행위는 후견인이 취소할 수 없도록 하였고(제10조 2항, 4항), 한정후견을 받는 사람의 행위는 가정법원에서 정한 행위(후견인의 동의 사항)를 제외하고는 확정적으로 유효한 법률행위로 인정되며, 특정후견을 받는 사람의 법률행위에는 아무런 법률적 제약이 없도록 하였다.

3) 피후견인의 재산 및 신상 보호 규정 신설

피후견인의 재산을 보호하기 위하여 법률행위의 대리와 취소 등을 주로 규정하던 후견 제도와 달리, 개정 민법은 피후견인의 권리증진과 자치권 강화를 주안점으로 삼고 있다.

4) 후견인의 숫자와 자격, 동의권·대리권의 범위를 개별적으로 결정

이전의 민법에서는 후견인은 그 종류를 불문하고 무조건 1명으로 규정하고 있었으나(제930조), **개정법에서는 미성년후견인의 숫자는 종전처럼 1명으로 하고, 성년후견인은 여러 가지 사정을 고려하여 여러 명을 둘 수 있게 하고, 자연인뿐만 아니라, 법인도 성년후견인이 될 수 있도록 하였다.** 그리고 금치산·한정치산의 선고가 있으면 그 선고를 받은 자의 직계혈족, 3촌 이내의 방계혈족의 순위(기혼자의 경우는 그 배우자)로 후견인이 된다는 규정 등, 이른바 후견인의 법정순위 규정(제933조~제935조)을 폐지하고, 가정법원에 재량권을 부여하여 담당판사로 하여금 여러 가지 사정을 종합·고려하여 가장 적절한 성년후견인을 선임할 수 있도록 하였다.(개정 민법 제936조)

제930조(후견인의 수와 자격) ① 미성년후견인의 수는 한 명으로 한다.
② 성년후견인은 피성년후견인의 신상과 재산에 관한 모든 사정을 고려하여 여러 명을 둘 수 있다.
③ 법인도 성년후견인이 될 수 있다.

5) 후견감독인 제도와 후견계약 제도 도입

이전의 후견인감독기관이던 친족회를 폐지하고, 그 대신 가정법원이 사안에 따라 후견감독인을 개별적으로 선임할 수 있도록 하였다. 이는 후견인의 임무해태(임무태만), 권한남용을 실질적으로 방지하고 견제할 수 있도록 하기 위한 것이다. 그러나 후견감독인 제도를 필수적인 것으로 하지는 않고 임의적인 것으로(선임할 수 있도록) 하였다.

그리고 새로운 제도로 **후견계약 제도를 도입하였다. 이는 사무처리 능력이 부족한 사람이 타인에게 그 사무처리를 위탁하는(맡기는) 제도**이다. 계약의 효력발생시기는 가정법원에서 후견감독인을 선임하는 때로 하여 피후견인의 권익을 보호하는 장치를 마련하였다.[138]

6) 후견 제도의 공시 제도 정비(등기)

피성년후견인과 거래하는 제3자를 보호하여 거래의 안정을 도모하기 위하여 후견계약 등을 등기하여 공시하도록 하였다.(제959조의19) 새로운 「후견등기에 관한 법률」(2013년 4월 5일 법률 제11732호)이 제정·공포되었다.

III. 후견의 개시와 후견인 지정·선임

1. 후견의 개시

1) 후견개시의 원인

(1) 미성년자를 위한 후견

미성년자를 위한 후견은 다음 2가지 경우에 개시된다.(제928조)

가. 친권자가 없을 때

[1] 부모가 친권을 공동 행사할 경우, 부모 중 어느 한쪽이 사망·실종·친권상실 선고를 받더라도 남아있는 다른 한쪽(모나 부)이 친권을 행사하게 되고(제909조 3항), 재판상 이혼이나 혼인의 취소, 인지청구의 소의 경우에는 가정법원에서 직권으로 친권자를 정한다.(제909조 5항) 단독친권자로 정하여진 부모의 어느 한 쪽이 사망한 경우 생존하는 부 또는 모, 미성년자, 미성년자의 친족은 그 사실을 안 날부터 1개월, 사망한 날부터 6개월 내에 가정법원에 생존하는 부 또는 모를 친권자로 지정할 것을 청구할 수 있다.(제909조의2 1항)

---

138) 박동섭, 『친족상속법』, 박영사, 2013, 1913면

만약 위 기간 안에 친권자 지정청구가 없을 때에는 가정법원은 직권으로 또는 미성년자의 친족 등의 청구에 의하여 미성년후견인을 선임할 수 있다.(제909조의2 3항) 입양이 취소되거나 파양된 경우, 또는 일반양자의 양부모가 모두 사망한 경우에도 미성년자나 그 친족이 친생부모를 친권자로 지정할 것을 청구할 수 있고, 이 경우에도 미성년후견인을 선임할 수 있다. 이러한 친권자 지정청구나 후견인 선임청구를 가정법원에서 검토한 결과, 그것이 미성년자의 복리를 위하여 적절하지 않다고 인정되면 그 청구를 기각할 수 있고, 직권으로 미성년후견인을 선임하여야 한다.

[2] **부모나 일반 양자의 양부모가 모두 사망하거나, 생존하고 있던 단독친권자가 사망·실종·친권상실, 성년후견·한정후견의 개시심판을 받거나, 심신상실·행방불명 그 밖의 사유로 사실상 친권을 행사할 수 없을 때는 후견이 개시된다.**

[3] **부모 모두 사망하거나 행방불명된 경우라도 친권대행자(제910조)가 있는 때는 후견이 개시되지 아니한다.**

친권자가 법률행위대리권과 재산관리권을 행사할 수 없을 때(제928조) 친권자가 미성년자녀의 법률행위대리권과 재산관리권을 상실하는 심판을 받은 경우(제925조)나 스스로 이들 권리를 사퇴한 경우(제927조)에는 대리권이나 관리권에 한하여 후견이 개시된다. 이러한 후견인의 임무는 미성년자의 재산에 관한 행위에 한정된다.(제927조의2)

(2) 성년후견과 한정후견

사람이 성년후견·한정후견 개시의 심판을 받으면 바로 후견이 개시된다.(제9조, 제12조, 제929조, 제959조의2)

(3) 특정후견과 임의후견

가정법원에서 피특정후견인을 후원하거나 대리하기 위하여 **특정후견인을 선임할 수 있고**(제959조의9 1항), **또한 사무처리 능력이 부족한 사람이 자신의 재산관리나 신상보호에 관한 사무(전부 또는 일부)를 다른 사람에게 위탁하는 후견계약을 공정증서로 체결하면 임의후견이 개시된다.**(제959조의14 1항 및 2항) 그 후견계약의 효력은 가정법원이 임의후견 감독인을 선임한 때부터 발생한다.(제959조의14 3항)

2) 후견개시의 신고

[1] 후견인은 그 **종류 여하를 불문하고 스스로 그 취임일로부터 1개월 안에 시·읍·면사무소에 후견개시신고를 하여야 한다.**(가등법 제80조, 가예규 제179조) 이 **신고는 보고적 신고**이다.

[2] 유언으로 지정된 미성년후견인은 유언서(가정법원의 검인을 마친 것), 그 등본, 녹음유언을 기재한 서면을 신고서에 첨부하여야 하고, 법원의 선임신판으로 후견인이 된 사람(제932조)은 그 심판서 등본을 신고서에 첨부하여야 한다.(가등법 제82조 1항 및 2항)

2. 후견인

1) 후견인의 숫자

미성년후견인은 1명(자연인)이라야 한다.(제930조 1항) 이는 책임소재를 분명히 하고 사무의 신속한 처리를 도모하기 위한 것이다. 1명의 후견인이 여러 사람의 미성년 자녀(피후견인)들을 위하여 일하는 것은 상관없다.

그러나 성년후견인은 피성년후견인의 신상과 재산에 관한 모든 사정을 고려하여 여러 명을 둘 수 있고, 자연인이 아닌 법인도 성년후견인이 될 수 있다.(제930조 1항 및 2항) 피성년후견인의 실질적인 보호를 실현시킬 수 있도록 하기 위한 것이다.

2) 후견인의 종류와 순위

후견인은 제1순위가 지정후견인, 제2순위는 선임후견인이다.

(1) 지정指定후견인

[1] 지정방법(유언) : '미성년자를 위하여 최후로 친권을 행사하는 사람(보 또는 모)'은 유언으로 미성년후견인을 지정할 수 있다.(제931조 1항) 그러나 법률행위대리권과 재산관리권이 없는 친권자는 이러한 유언을 할 수 없다.(제931조 1항 단서) 부모 중 어느 한 사람이 재산관리권 등을 상실하거나 사퇴한 경우에도 나머지 한 사람이 후견인 지정 유언을 할 수 있다.

[2] 후견인의 자격 : 유언에서는 미성년 자녀와 특별한 신분관계가 없는 사람을 후견인으로 지정할 수도 있다. 이렇게 지정된 후견인이 지정후견인이다.

[3] 피성년후견인과 피한정후견인 등 사리판단능력이 없거나 부족한 사람들을 위한 지정후견인은 있을 수 없다. 성년후견이나 한정후견 개시심판을 할 때 가정법원에서 직권으로 후견인을 선임하는 심판을 하기 때문이다.

[4] 국가나 지방자치단체가 설치·운영하는 '공설公設의' 보호시설에 수용되어 있는 미성년자인 고아孤兒의 후견인은 그 보호시설의 장長이고, 국가 등이 아닌 자가 설치·운영하는 '사설私設의' 보호시설에 수용되어 있는 미성년자인 고아의 후견인은 그 지역을 관할하는 시장·군수·구청장(자치구의 구청장을 말한다.)이 지정한다.(「보호시설에 있는 미성년자의 후견직무에 관한 법률」 제3조 1항 및 2항) 이러한 시설에 수용되어 있는 고아 아닌 미성년자의 후견인에

관하여도 위의 규정이 준용되나, 법원의 허가를 받아야 한다.(「보호시설에 있는 미성년자의 후견직무에 관한 법률」 제3조 3항)

(2) 선임選任후견인(모든 후견인 공통): 가정법원에서 선임

가. 청구권자

후견인이 없을 때나 기존의 후견인이 사망, 결격 그 밖의 사유(친권상실, 대리권 및 재산관리권 상실 선고)로 임무를 수행할 수 없을 때, 미성년자 본인, 친족, 이해관계인, 검사, 지방자치단체의 장이 미성년후견인의 선임을 청구할 수 있다.(제932조 1항)

사무처리 능력이 지속적으로 결여된 사람(피성년후견인)이나 그 능력이 부족한 사람(피한정후견인)을 위하여 본인, 배우자 4촌 이내의 친족, 미성년후견인 미성년 후견감독인, 한정후견인, 한정후견감독인, 특정후견인, 특정후견감독인, 검사 또는 지방자치단체의 장의 청구에 따라 가정법원은 성년후견 개시의 심판을 한다.(제9조, 제936조, 가사소송법 제2조 1항 라류사건 제13호) 한정후견개시의 심판을 할 때는 '한정후견인이나 한정후견감독인' 대신 성년후견인, 성년후견감독인과 위의 청구권자들의 청구에 따라 한정후견개시의 심판을 하며(제12조), 특정후견심판의 경우는 본인, 배우자, 4촌 이내의 친족, 미성년후견인, 미성년후견감독인, 검사 또는 지방자치단체의 장의 청구에 따라 특정후견 심판을 한다.(제14조의2)

성년후견이나 한정후견개시의 심판을 할 때 가정법원은 적절한 성년후견인과 한정후견인을 직권으로 선임하고(제936조 1항, 제959조의3 1항) 미성년후견인과 특정후견인은 가정법원에서 직권으로 또는 본인 등의 청구에 의하여 선임한다.

나. 의견청취

법원에서는 후견인 선임을 할 때 '후견인이 될 사람'의 의견을 들어야 한다.(가사소송규칙 제65조 1항) 후견인 변경의 경우는 변경대상인 후견인을 절차에 참가하게 하여야 한다.(가사소송규칙 제65조 2항)

다. 후견인의 자격심사

가정법원에서는 후견인을 선임할 때 그 자격 유무를 심사한다. 피후견인의 친족이 아닌 사람 중에서도 후견인을 선임할 수 있다. 따라서 친족이 아닌 사람도 '지정후견인 또는 선임후견인이 될 수 있음'을 주의하여야 한다. 나아가 개정법은 자연인이 아닌 법인도 성년(한정, 특정 포함)후견인이 될 수 있도록 하였다.

가정법원에서는 후견인 선임심판을 하면서 (ⅰ) 미성년자에게 지정후견인(유언에 따른 후견인)이 지정되어 있더라도, 미성년자의 복리를 위하여 필요하면 생존하는 부 또는 모, 미성년자의 청구에 의하여 후견을 종료하고 생존하는 부나 모를 친권자로 지정할 수 있다.(제931조

2항) 예컨대, 이혼하면서 단독친권자로 지정된 사람이 사망하면서 미성년 자녀들을 위한 후견인 지정 유언을 한 경우에 대비한 규정이다. (ⅱ) 성년후견인·한정후견인·특정후견인을 선임할 때는 후견받을 사람 본인의 의사를 존중하여야 하며(제9조 2항, 제936조 4항, 제959조의 3 2항, 제959조의9 2항), 그 밖에 피후견인의 건강, 생활관계, 재산상황, 후견인이 될 사람의 직업과 경험, 피후견인과의 이해관계의 유무(법인이 후견인이 될 때에는 사업의 종류와 내용, 법인이나 그 대표자와 피후견인 사이의 이해관계의 유무를 말한다.) 등의 사정도 고려하여야 한다. (ⅲ) 가정법원은 후견인을 선임한 때에는 후견인에 대하여 피후견인의 요양·감호·재산의 관리 그 밖의 후견사무에 필요하다고 인정되는 사항을 지시할 수 있다.(가사소송규칙 제65조 3항)

3. 후견인의 결격·사임·해임·변경

1) 후견인 및 후견감독인의 결격사유

이는 **5종류의 후견인(미성년·성년·한정·특정·임의 후견인)에게 모두 적용**된다.(제937조, 제940조의5, 제940조의7, 제959조의9 제2항, 제959조의9 제2항, 제959조의10 제2항, 제95조의16 제3항)

[1] 후견인은 의사능력·행위(계산)능력을 갖추고 미성년자 등 피후견인의 보호와 복리를 위하여 일할 수 있어야 한다. 그리고 피후견인과 이해관계가 대립되는 사람은 후견인이 될 수 없다고 해석된다. 결격자를 열거하면 다음과 같다.

① **미혼의 미성년자(혼인한 미성년자는 후견인이 될 수 있으므로 제외)**

② **피성년후견인, 피한정후견인, 피특정후견인, 피임의후견인**

③ **회생 절차 개시결정 또는 파산선고를 받은 자**

④ **자격정지 이상의 형의 선고를 받고 그 형기刑期 중에 있는 사람**

⑤ **법원에서 해임된 법정대리인**

⑥ **법원에서 해임된 성년후견인, 한정후견인, 특정후견인, 임의후견인과 그 감독인**

⑦ **행방이 불분명한 사람**

⑧ **피후견인을 상대로 소송을 하였거나 하고 있는 자 또는 그 배우자와 직계 혈족(제937조 1~8호), 그 소송에서 원고이건, 피고이건 묻지 않는다.** 피후견인이 아닌 그 배우자나 직계혈족을 상대로 소송하는 경우는 결격사유가 되지 않는다. 그러나 사실상 이러한 자를 후견인으로 선임하는 것은 위법은 아니지만, 부적절한 것이다. 소송행위에는 예컨대, '배우자가 성년후견개시 심판청구를 한 것'은 포함되지 아니함은 당연하다.

⑨ **외국인은 후견인이 될 수 없다는 가족등록예규 제184호는 같은 예규 제321호**

에 의하여 **폐지되었다.**(2010년 6월 8일 시행)

⑩ **후견인의 가족**(제779조)은 그 후견인의 후견감독인이 될 수 없다.(제940조의5, 제940조의7) 이는 **후견감독인에게만 적용된다.**

제937조(후견인의 결격사유) 다음 각 호의 어느 하나에 해당하는 자는 후견인이 되지 못한다.

1. 미성년자
2. 피성년후견인, 피한정후견인, 피특정후견인, 피임의후견인
3. 회생 절차 개시결정 또는 파산선고를 받은 자
4. 자격정지 이상의 형의 선고를 받고 그 형기 중에 있는 사람
5. 법원에서 해임된 법정대리인
6. 법원에서 해임된 성년후견인, 한정후견인, 특정후견인, 임의후견인과 그 감독인
7. 행방이 불분명한 사람
8. 피후견인을 상대로 소송을 하였거나 하고 있는 자 또는 그 배우자와 직계혈족

제940조의5(후견감독인의 결격사유) 제779조에 따른 후견인의 가족은 후견감독인이 될 수 없다.

---

[2] 이러한 결격자를 후견인으로 지정하는 유언이나 심판은 무효이고, 일단 후견인으로 취임한 후 위와 같은 결격사유가 발생하면 그 사람은 당연히 후견인의 지위를 잃는다.

2) 후견인의 사임

후견인은 정당한 사유(예컨대 노령, 질병 등)가 있으면 법원의 허가심판을 받아 사임할 수 있다.(제939조, 가사소송법 제2조 1항 라류사건 19호) 이 경우 그 후견인은 사임청구와 동시에 가정법원에 새로운 후견인의 선임을 청구하여야 한다.(제939조 후단) 장애자 등 제한능력자를 위한 후견사무는 중단 없이 계속되어야 하기 때문이다.

3) 후견인의 변경(후견인의 해임 등)

가정법원은 피후견인의 복리를 위하여 후견인을 변경할 필요(후견인에게 현저한 비행, 임무에 관한 부정행위, 그 밖의 후견임무를 감당할 수 없는 사유가 있는 경유 ; 개정 전 민법 조항)가 있다고 인정하거나 본인의사존중의무, 복리배려의무에 위반하면 직권으로 또는 피후견인, 친족, 후견감독인, 검사, 지방자치단체의 장의 청구에 의하여 후견인을 변경할 수 있다.(제940조 1항, 가사소송법 제2조 1항 라류사건 18호)

후견인 해임심판은 고지로써 효력이 생기는 것이므로 그 뒤 위 해임심판이 적법하게 취소되어 실효되지 않는 이상(위 해임심판에 대하여 항고심에서 취소결정이 있었다고 해도 재항고되어 계속 중이라면 위 해임심판의 효력은 아직 상실된 것이 아니다.), 해당 해임심판의 고지로 인하여 청구인은 일단 후견인의 지위를 상실한다.

Ⅳ. 성년후견 제도

1. 개관

1) 성년후견 제도의 기초이념

민법 일부개정 법률안이 국회를 통과하여 2011년 3월 7일 법률 제10429호로 공포되었고, 2013년 7월 1일부터 시행되었다. 이 개정 민법은 민법총칙편의 제한능력자 제도와 친족편의 후견 제도에 일대 변혁을 단행한 것이다.

성년후견 제도의 이념은 아래와 같은 5가지로 요약할 수 있다.

(1) **자기결정권** 내지 **자율권 존중**

모든 국민은 인간으로서의 존엄과 가치를 가지며, 행복을 추구할 권리를 가지고 있고(헌법 제10조), 그의 모든 자유와 권리는 존중받아야 한다.(헌법 제37조) 따라서 개인은 공권력의 간섭을 받지 않고 스스로 자신의 사무를 결정할 수 있는 권리, 즉 자율권을 가진다.

장애인들도 자신의 삶을 스스로 선택하고 조정하여 자신의 삶 전부를 관리하고 통제할 수 있다는 자립생활 개념의 기초가 자율권이다.

(2) **정상화**

시설중심의 장애인 복지 제도를 비판하면서 장애인들을 특별한 집단으로 취급하여 사회로부터 격리시킬 것이 아니라, 장애인도 사회의 구성원으로서 일반인과 같이 어울려 정상적인 생활을 할 수 있도록 하자는 것이 정상화 이념이다.

(3) **자존능력의 활용**

정신능력, 판단능력(사무처리능력)이 부족한 사람이라도 자존능력이 있는 경우는 이를 알아내어 활용하는 것이 타당하며 이를 최대한 존중하여야 한다. 판단능력이나 정신능력은 서서히 단계적으로 줄어드는 것이 일반적이기 때문이다.

(4) 필요성의 원칙

고령화에 따른 판단능력 쇠퇴는 개인별로 차이가 많고 다양하므로 장애자의 의사결정능력과 본인보호 제도의 취지상, 후견임무는 개별적인 장애자 본인에게 최소한도로 필요한 범위 내로 한정되어야 한다. 이 필요성의 원칙은 자율권 존중의 일환이다.

(5) 보충성의 원칙

장애자들은 그 가족, 친구, 이웃 또는 단체나 공무원(특히 사회복지 관련) 등의 도움으로 살아갈 수 있다. 이러한 도움은 성년후견 제도에 우선하며 이러한 도움이 없을 경우 보충적으로 성년후견 제도가 필요한 것이다.

2) 복지정책의 전환과 후견인의 역할

최근 세계선진국들의 복지행정의 정책기조가 근본적 전환을 시도하고 있고, 그것은 성년후견 제도의 이념과 함께 재정적 이유에서 나온 것이다. 그 전환은 (i) 시설수용⇨재가복지, (ii) 행정조치⇨평등계약, (iii) 가족간호⇨사회간호의 전환이다. 이러한 전환은 예컨대, 치매노인의 부양이나 간호는 가족차원에서 해결하기는 너무 벅찬 것이기 때문이다. 앞으로 성년후견인은 고령자 등의 재산관리 등을 위한 법률행위 외에 신상보호업무(요양간호, 치료, 심신상태나 생활상황 배려)를 중요하게 수행해야 하므로 이러한 영역에 관한 전문가(사회복지사 등)의 양성과 그 기능의 중요성이 강조될 것으로 보인다.

3) 성년후견 제도의 기본구조

개정 민법상의 성년후견은 법정후견 제도와 임의후견 제도로 나눌 수 있다. 앞의 것은 가정법원에서 직권으로, 또는 이해당사자의 청구에 따라 도움이 필요한 사람들에게 성년후견인·한정후견인·특정후견인을 선임하여 적절한 도움을 주는 것이고, 뒤의 것은 개인이 장래의 상황에 대비하여 적절한 후견인을 선임하는 계약을 맺고 도움이 필요한 상황의 발생과 동시에 가정법원의 후견감독인 선임과 동시에 후견이 개시되도록 하는 것이다. 프랑스식 내지 일본식 성년후견 제도, 즉 여러 가지 유형의 보호 제도를 채택한 것이다. 미성년자후견은 종전과 달라진 것이 별로 없고, 금치산자·한정치산자 제도는 완전히 새로운 제도로 대체된 것이다. 그리고 후견계약 제도를 창설하여 장애인들의 필요와 수요를 충족시키려고 시도하고 있다.

표 2-2 ┃ 후견의 종류

명칭(종류)	보호의 범위	성질과 근거	비고(개정 민법 조문)
성년후견	포괄적·계속적	법률(법정후견)	제9조, 제929조, 제936조
한정후견			제12조, 제959조의2, 3
특정후견	일회적·특정적		제14조의2, 제959조의8, 9
임의후견	계약 내용에 따라 결정	계약(임의후견)	제959조의14; 후견계약

2. 성년후견인의 종류별 검토

1) 성년후견

(1) 후견의 개시와 종료

[1] 가정법원의 심판으로 성년후견은 개시(제9조) 또는 종료된다.(제11조)

[2] **성년후견의 원인 : 질병·장애·노령**, 그 밖의 사유로 인한 **정신적 제약으로 사무를 처리할 능력이 지속적으로 결여된 상태가 성년후견 개시의 이유**이다.

[3] 절차의 개시 방법 : 가정법원에서 직권으로 성년후견개시 결정을 할 수는 없고, 당사자 본인이나 그 친족, 그 밖의 이해관계인, 검사와 지방자치단체의 장의 청구에 따라 후견개시 결정을 한다.(라류 가사비송사건 1호) 당사자 본인도 일시적이나마 판단능력이 회복된 경우 후견개시청구를 할 수 있다.

[4] 여러 명의 성년후견인이 있을 경우 가정법원은 직권으로 여러 명의 후견인들이 공동으로 또는 사무를 분장하여 그 권한을 행사하도록 정할 수 있고, 이를 변경하거나 취소할 수 있다.(제949조의2 제1항 및 2항)

(2) 후견감독인

[1] 개정법은 종래의 친족회가 후견감독기관으로서 유명무실하여 이를 폐지하고, 후견감독인 제도를 도입하였다. 그러나 이는 필수적 기관이 아니고 임의기관이다.(제940조의2 이하)

[2] 후견감독인의 선임과 임무(모든 후견인에 공통) : 미성년후견인을 지정할 수 있는 사람, 즉 친권자(재산관리권 등을 가진 부모)는 유언으로 미성년후견감독인을 지정할 수 있다.(제940조의2) 이러한 지정후견감독인이 없는 경우 가정법원은 필요하다고 인정하면 직권으로 또는 미성년자, 친족, 후견인, 검사, 지방자치단체의 장의 청구에 의하여 후견감독인을 선임할 수 있다.(제940조의3 제1항 등) 이미 있던 후견감독인이 사망, 결격 그 밖의 사유로 없게 된 경우도 마찬가지이다.(제940조의3 제2항)

후견감독인의 결격사유로는 후견인의 결격사유(제940조의7, 제937조) 외에 제779조에 따른 후견인의 가족도 결격자로 추가되어 있다. 즉 후견인의 가족[제779조(가족의 범위) 소정의 가족]은 그 후견인에 대한 후견감독인이 될 수 없다.(제940조의5) 이는 적절하고 공정한 제3자에 의한 감독이 이루어질 수 있도록 하기 위한 것이다.

[3] 후견감독인의 직무 : 후견감독인은 후견인의 사무를 감독(종전 친족회의 권한)하고, 후견인이 없는 경우 지체 없이 가정법원에 후견인의 선임을 청구하여야 하며(제940조의6 제1항), 피후견인의 신상이나 재산에 대하여 급박한 사정이 있는 경우 그의 보호를 위하여 후견인 대신 필요한 행위나 처분을 할 수 있다.(제940조의6 제2항)

성년후견감독인이 선임되어 있지 아니한 경우에도 가정법원의 감독권한은 여전히 존속하므로(제954조) 관계인은 가정법원에 직권에 의한 감독을 촉구함으로써 성년후견인을 견제할 수 있다.

(3) 성년후견인의 임무

가. 성년후견인 임무수행의 근본기준

성년후견인이 정신장애자 등 피성년후견인의 재산관리와 신상보호 등 임무를 수행할 때는 장애자 등의 복리를 우선적 기준으로 삼으면서 그의 복리에 부합하는 방법으로 사무를 처리하여야 하고, 그 복리에 반하지 아니하면 그의 의사를 존중하여야 한다.(제947조)

나. 재산관리권과 법정대리권의 범위와 그 변경

성년후견인은 피후견인을 위하여 기본적으로 포괄적인 재산관리권과 법정대리권(신상결정권 포함)을 가지지만(제938조 1항), 그 법정대리권의 범위는 가정법원에서 정할 수 있도록 하고, 피성년후견인의 신상에 관하여 결정할 수 있는 권한의 범위 역시 가정법원에서 정할 수 있도록 하여 이를 탄력적으로 조절할 수 있게 하였다.(제938조 2항 및 3항) 이처럼 정한 권한의 범위가 적절하지 아니하게 된 경우, 본인 등 이해관계인의 청구에 따라 가정법원은 그 범위를 변경할 수 있다.(제938조 4항)

후견인이 취임할 때 또는 피후견인이 포괄적으로 재산을 취득하는 경우(상속 등) 재산조사, 재산목록작성, 채권·채무의 제시 등을 하여야 함은 미성년자후견의 경우와 동일하다.(제941조~제944조)

다. 신상보호의 임무

[1] 신상의 의미 : 신상이라 함은 생명·신체·건강·프라이버시 등과 같은 지극히 개인적이고 사적인 영역을 나타내는 말로서 재산적 법률행위와는 전혀 다른 성질을 가진 것이다. 여기서는 인간의 존엄과 자기결정권이 지배하는 부분이다.

[2] 피성년후견인은 자신의 신상에 관하여 그의 상태가 허락하는 범위에서 단독으로 결

정한다.(제947조의2 제1항) 장애자의 자율권을 존중하고 이를 보호하기 위한 것이다.

　[3] 가정법원의 허가(정신병원 입원 등 격리, 치료행위, 건물매도)

　　① 성년후견인이 피성년후견인을 치료 등의 목적으로 정신병원이나 그 밖의 장소에 격리하려는 경우에는 가정법원의 허가를 받아야 한다.(제947조의2 제2항) 이에 위반하면 위법한 감금행위로서 형법상 감금죄(형법 제276조 1항; 5년 이하 징역 또는 700만원 이하의 벌금형)가 된다. 정신보건법(2011년 8월 4일 법률 제11005호)에 따르면 정신질환자의 경우 정신건강의학과 전문의의 진단과 같은 법 제21조 소정의 보호의무자(민법상 부양의무자 또는 후견인, 시장·군수·구청장)의 동의만으로 입원이 허용되고(정신건강법 제24조) 가정법원의 허가를 받을 필요는 없다. 이는 문제가 있으므로 입원환자의 권리보호를 위하여 후견 제도와의 적절한 조화가 필요하다.

　　② 장애자(피성년후견인)의 신체를 침해하는 의료행위(수술 등)에 대하여 그 자신이 동의 할 수 없는 경우에는 후견인이 그를 대신하여 동의할 수 있다. 이 경우 의료행위의 직접적인 결과로 환자가 사망하거나 상당한 장애를 입을 위험이 있을 때에는 가정법원의 허가를 받아야 한다. 다만, 허가 절차로 의료행위가 지체되어 환자의 생명에 위험을 초래하거나 심신상의 중대한 장애를 초래할 때에는 사후에 허가를 받아야 한다.

　　③ 후견인이 피성년후견인을 대리하여 피성년후견인이 거주하고 있는 건물 또는 대지에 대하여 매도, 임대, 전세권의 설정, 저당권의 설정, 임대차의 해지, 전세권의 소멸, 그 밖에 이에 준하는 행위를 하는 경우에는 가정법원의 허가를 받아야 한다. (제947조의2 제5항)

　라. 신분상 행위의 대리권과 동의권(법정대리인으로서의 권한)

　　ㄱ. 대리권

　혼인취소(제817조), 인지청구(제863조), 후견인의 동의 없는 입양취소(제887조), 상속의 승인·포기(제1019조), 그 밖에 가사소송법의 규정에 따라 법정대리인으로서 피성년후견인의 신분관계의 소를 제기할 수 있다.(가사소송법 제23조, 제28조, 제31조) 제한능력자(장애인 등)가 상속인인 경우 상속의 승인과 포기의 고려기간 3개월은 친권자 또는 후견인이 상속개시 사실을 안 날부터 기산한다.(제1020조)

　　ㄴ. 동의권

　피성년후견인이 약혼(제802조)·혼인(제808조 3항)·협의이혼(제835조; 혼인한 미성년자는 성년자로서 피한정후견인은 능력자로서 각각 후견인의 동의 없이 협의이혼할 수 있음을 주의)·인지(제856조)·입양(제873조)·협의상 파양(제898조, 제902조; 양자가 피성년후견인이면 협의파양을 할 수 없다.) 등을 하는 경우 성년 후견인이 동의한다. 친양자의 경우는 협의파양을 할 수 없으므로 후견인의 동의도 있을 수 없다는 것을 주의하여야 한다.(제908조의5 제2항) 후견인은 피성년 후견인의 의사능력이 회복되지 아니한 동안 그의 행위에 동의를 할 수는 없을 것이다.

마. 정신장애인의 재산상 법률행위

의사능력이 있는 피성년후견인의 법률행위는 후견인의 동의 여부를 불문하고 항상 취소할 수 있음(제10조 1항)을 주의하여야 한다. 그러나 가정법원은 이러한 행위 중 취소할 수 없는 법률행위의 범위를 정할 수 있고(제10조 2항), 일용품의 구입 등 일상생활에 필요하고 그 대가가 과도하지 아니한 행위는 취소할 수 없다.(제10조 3항)

2) 한정후견

(1) 후견의 개시와 종료

[1] 일정한 청구권자의 청구에 따라 가정법원의 심판으로 한정후견은 개시(제12조) 또는 종료된다.(제14조)

[2] **한정후견의 원인 : 질병·장애·노령, 그 밖의 사유로 인한 정신적 제약으로 사무를 처리할 능력이 부족한 것이 그 원인이다.(제12조 1항)**

[3] 절차의 개시 방법, 한정후견인과 한정후견감독인 : 가정법원에서 직권으로 한정후견 개시 심판을 할 수는 없다는 점, 그 밖에 한정후견인과 그 감독인은 성년후견의 경우와 대체로 동일하다.(라류사건 1호) 후견개시 심판을 할 때 장애자 본인의 의사를 고려하여야 하는 점도 같다.(제9조 2항, 제12조 2항)

(2) 한정후견인의 임무

가. 피한정후견인의 재산관리

가정법원은 피한정후견인이 한정후견인의 동의를 받아야 하는 행위의 범위를 정할 수 있다.(제13조 1항) 그리고 후견개시심판 청구권자의 청구에 따라 이러한 동의가 필요한 행위의 범위를 변경할 수도 있다.(제13조 2항)

한편 가정법원은 개별적인 법률행위를 특정할 필요 없이 도움이 필요한 사무의 범위를 정하여 한정후견인을 법정대리인으로 선임할 수도 있다.(예컨대, 부동산거래, 금융거래 등) 후견인의 동의가 필요한 법률행위를 피후견인이 동의 없이 한 경우에는 이를 취소할 수 있다.(제13조 4항) 그러나 일용품의 구입 등 일상생활에 필요하고 그 대가가 과도하지 아니한 행위는 취소할 수 없다.(제13조 4항 단서)

표 2-3 ┃ 후견인의 피후견인(미성년자·피성년후견인)의 행위에 대한 동의권과 대리권

구분	동의의 대상	동의권 행사자	대리의 대상	대리권 행사자
1	• 약혼(18세; 제801조)	• 미성년후견인	• 혼인 취소(연령 위반, 동의 결여; 제817조)	법정대리인
2	• 혼인(제808조; 미성년자, 피성년후견인)	• 후견인(미성년·성년)	• 협의이혼 취소(제838조)	법정대리인
3	• 입양승낙[13세 미만자가 양자로 입양(제869조), 또는 파양 협의(제899조)]	• 미성년후견인이 법원의 허가를 얻어 대신 승낙·파양협의 제도는 폐지.	• 입양 취소(후견인이 피후견인을 양자로 가정법원 허가 없이 한 경우; 제872조, 2013년 7월 1일 폐지)	후견감독인
4	• 입양동의(미성년자가 양자로 입양될 때; 제871조)	• 미성년후견인(가정법원의 허가 필요)	• 입양 취소(후견인 동의 없이 입양; 제873조)	성년후견인(독자 권한도 있음.)
5	• 인지(정신장애인 아버지가 인지; 제865조)	• 성년후견인	• 파양(재판상 파양; 제906조, 제902조)	성년후견인
6	• 협의상 이혼(제835조, 제808조 2항)	• 성년후견인	• 가사소송(혼인무효 등; 가소법 제23조, 제28조, 제31조)	후견인(대리 또는 독자적 권한)
7	• 협의상 파양(제902조; 양친이 피성년후견인)	• 성년후견인	• 상속의 승인과 포기 (제1020조)	미성년 또는 성년후견인

☞ 법정대리인으로 표시된 부분은 친권자, 직계존속 등이나 후견인을 의미한다. 후견인은 친권자 등이 없을 경우 그 자리에 대신 들어가서 친권자의 역할을 하는 사람이다.

나. 피한정후견인의 신상 보호

이는 성년후견의 경우와 동일하다.(제959조의6, 제947조의2) 후견인은 피후견인의 법정대리인이지만(제938조 1항), 가정법원은 한정후견인에게 대리권을 수여하는 심판을 할 수 있다.(제959조의4 제1항) 개정 민법이 총칙편(제1편)에서 한정후견인의 동의가 필요한 법률행위(동의사항)를 결정하거나 변경하는 권한을 가정법원에 주었는데, 친족편(제4편)에서 다시 대리권 수여심판의 권한을 다시 규정한 것은 한정후견인의 피후견인(장애인)에 대한 신상보호를 위한 여러 가지 경우에 대비한 조치라고 해석할 수 있을 것이다.

3) 특정후견

(1) 특정후견 제도의 개념과 특징

가정법원은 질병·장애·노령, 그 밖의 사유로 인한 정신적 제약으로 일시적 후원 또는 특

정한 사무에 관한 **후원이 필요한 사람**을 위하여 **본인** 등의 **청구**에 따라 **특정후견의 심판을 한다.**(제14조의2 제1항) 이와 같은 후견심판은 본인의 의사에 반하여 할 수 없고(제14조의2 제2항), 이러한 심판을 할 경우는 특정후견의 기간 또는 사무의 범위를 정하여야 한다.(제14조의2 제3항)

특정후견은 문자 그대로 **일시적·일회적** 또는 **개별적·특정적 사무에 관한 후견이므로 정신장애자(피특정후견인) 본인의 행위능력에는 아무런 영향이나 제약이 없다.** 그러므로 어떤 경우는 후견인과 본인의 법률행위가 동시에 성립하는 경우도 발생할 수 있다. 이런 경우는 민법의 일반원리(채권관계의 상대성, 물권법상 우선주의, 의사능력 등)에 따라 해결할 수 있을 것이다. 이는 정신적 제약이 다소 미약하거나, 아니면 일상생활에서는 가족의 보호를 받으며 무난하게 살아가면서도, 특정한 문제나 사안의 해결을 위하여 일시적·개별적으로 특정후견인의 선임을 법원에 청구하여 문제를 해결할 수 있는 제도이다.

(2) 심판 절차

가. 당사자의 청구

이 특정후견은 어디까지나 피후견인 본인 등의 청구에 따라 가정법원이 본인의 재산이나 신상에 관한 필요한 처분을 할 수 있는 제도인 바, 그 처분의 한 가지 방법으로 특정후견인을 선임할 수 있는 것이다.(제959조의8·9) 즉 가정법원은 특정후견 심판에서 피특정후견인의 재산과 신상에 관련된 특정한 법률문제(예컨대, 중요한 재산상 법률행위, 중대한 치료행위의 결정 등)의 해결을 위하여 관계인에게 특정행위를 명하거나 부작위를 명하는 등의 방법으로 피특정후견인을 후원하거나 대리하기 위한 특정후견인을 선임할 수 있다.(제959조의11 제1항) 이 경우 가정법원은 후견인의 대리권 행사에 가정법원 또는 후견감독인의 동의를 받도록 명령할 수 있다.(제959조의11 제2항)

나. 특정후견인의 임무

특정후견인은 피특정후견인을 후원하는 임무를 수행하며, 그의 뜻을 존중하고 복리를 배려할 의무가 있다.(제959조의12, 제947조) 특정후견인이 피후견인 자신의 행위를 목적으로 하는 채무를 부담하는 법률행위를 대리하는 때는 피후견인 본인의 동의를 얻어야 한다.(제959조의12, 제920조 단서)

다. 특정후견감독인의 선임

특정후견인이 선임된 경우 가정법원은 필요하다고 인정하는 때는 직권으로 또는 피후견인 본인·친족 등의 청구에 의하여 특정후견감독인을 선임할 수 있다.(제959조10 제1항)

4) 후견계약(이른바 임의후견 제도)

(1) 후견계약에 의한 임의후견

가. 후견계약의 의미

임의후견계약은 가정법원에 의한 임의후견감독인의 선임을 정지조건으로 하는 위임계약이다.(제959조의14 제3항) 즉 위임자(피임의후견인으로서 보호를 받을 사람)가 수임자(임의후견인이 될 사람)에 대하여 자기의 질병·장애·노령, 그 밖의 사유로 인한 정신적 제약으로 사무를 처리할 능력이 부족한 상황에 있거나 부족하게 될 상황에 대비하여 자신의 재산관리 및 신상보호(생활이나 요양간호 등)에 관한 사무의 전부나 일부를 다른 사람에게 위탁하고 그 위탁사무에 관하여 대리권을 수여하는 **위임계약**이다.(제959조의14 제1항)

나. 후견계약의 성립

후견계약은 본인과 임의후견인이 될 사람 사이의 **계약으로 성립하는 바, 이 계약은 요식행위로서 반드시 공정증서로 체결하여야 한다.**(제959조의14 제2항) 공정증서로 작성하게 한 이유는 계약 당시 위임자에게 의사능력이 있었다는 것, 그리고 그의 진의에 근거하여 진정하게 계약이 성립되었다는 사실의 증명을 쉽게 하고, 계약서의 분실이나 그 내용을 함부로 고치지 못하게 하려는 데 있다.

다. 후견계약의 효력 발생

원칙적으로 후견계약에 정한 바에 따르지만, **가정법원에 의한 임의후견감독인의 선임시부터 후견계약의 효력이 발생**한다.(제959조의14 제3항)

라. 후견계약(임의후견)의 내용

임의후견의 내용은 당사자들이 정한 바에 따른다. 후견인은 위임계약에 따른 선량한 관리자의 주의의무를 다하여 임무를 수행하여야 하며(제681조), 가정법원·임의후견인·임의후견감독인 등은 후견계약을 이행·운영할 때 본인의 의사를 최대한 존중하여야 한다.(제959조의14 4항) 본인이 후견인에게 대리권을 부여할 대상이 되는 사항은 신상감호나 재산관리에 관한 법률행위, 이에 관련된 등기나 공탁신청, 장애자 인정신청 등의 공법상 행위 등이다.

마. 후견계약의 철회와 해지

임의후견감독인의 선임 전에는 본인 또는 임의후견인은 언제든지 공증인의 인증을 받은 서면으로 후견계약의 의사표시를 철회할 수 있다.(제959조의18 1항) 그러나 **후견감독인 선임 이후에는 본인이나 후견인은 정당한 사유가 있는 때에만 가정법원의 허가를 받아 후견계약을 종료할 수 있다.**(제959조의18 2항)

임의후견감독인이 선임된 후 후견인이 현저한 비행을 하거나 그 밖에 그 임무에 적합하지 아니한 사유가 발생한 경우 가정법원은 본인 등의 청구에 의하여 임의후견인을 해임할 수 있다.(제959조의17 2항) 이 때는 후견계약도 해지된다고 해석할 것이다.

바. 해지의 효과

후견계약이 해지되면 본인과 후견인의 권리와 의무는 장래에 향하여 **소멸**된다. **본인의 이익과 거래의 안전**을 위하여 **임의후견인의 대리권의 소멸은 등기하지 아니하면 선의의 제3자에게 대항할 수 없다.**(제959조의19)

(2) 임의후견감독인

가. 선임하는 경우

임의후견계약이 등기되어 있고 본인이 사무를 처리할 능력이 부족한 상태에 있다고 인정할 때에는 본인, 배우자, 4촌 이내의 친족, 임의후견인, 검사 또는 지방자치단체의 장의 청구에 의하여 가정법원에서 임의후견인을 선임한다.(제959조의15 제1항) 본인에게 의사능력이 있는 경우 가정법원은 본인이 아닌 친족 등의 청구로 후견감독인을 선임할 경우 본인의 동의를 받아야 한다.(제959조의15 제2항) 이미 선임된 후견감독인이 사망·실종 등 사유로 없게 된 경우 가정법원은 직권으로 또는 본인·친족 등의 청구에 의하여 임의후견인을 선임한다.(제959조의15 제3항) 가정법원은 필요하다고 인정하면 직권으로 또는 본인 등의 청구에 의하여 후견감독인을 추가로 선임할 수 있다.(제959조의15 제4항) 후견인의 가족은 임의후견감독인이 될 수 없음은 다른 후견감독인의 경우와 같다.(제959조의15 제5항)

나. 선임하지 아니하는 경우

임의후견인이 결격자에 해당하는 경우(제937조), 그 밖에 현저한 비행을 하거나 후견계약에서 정한 임무에 적합하지 아니한 사유가 있는 사람인 경우, 가정법원은 임의후견감독인을 선임하지 아니한다.(제959조의17 제1항)

다. 임의후견감독인의 임무

후견감독인은 임의후견인의 후견사무를 감독하며 그 사무에 관하여 가정법원에 정기적으로 보고하여야 한다.(제959조의16 제1항) 게다가 가정법원은 필요하다고 인정하면 임의후견감독인에게 감독사무에 관한 보고를 하라고 요구할 수 있고, 임의후견사무 또는 본인의 재산상황에 대한 조사를 명령하거나 그 밖에 감독인의 직무에 관하여 필요한 처분을 명할 수 있다.(제959조의16 제2항) 후견감독인은 본인에게 급박한 사정이 있는 경우 그의 보호를 위하여 필요한 행위나 처분을 할 수 있고, 이해상반행위에서 본인을 대리한다는 것은 다른 후견감독인의 경우와 동일하다. 위임에 관한 규정과 보수와 비용에 관한 규정이 임의후견감독인에

게도 준용된다.(제959조의16 제3항)

　(3) 임의후견과 법정후견(성년후견·한정후견·특정후견)의 관계: 법정후견의 보충성

　이미 임의후견이 등기되어 있는 경우 가정법원은 본인의 이익을 위하여 특별히 필요한 때에만 임의후견인 또는 그 후견감독인의 청구에 의하여 법정후견심판을 할 수 있다. 이 경우 후견계약은 본인이 성년후견이나 한정후견 개시 심판을 받은 때 종료된다.(제959조의20 제1항) 임의후견 상태보다 본인의 정신적 장애가 심해진 때에 생길 수 있는 일이다.

V. 후견의 종료

1. 후견종료사유

1) 절대적 종료: 후견의 필요성이 소멸

　피후견인의 사망, 미성년자의 혼인, 성년도달, 피후견인에 대한 성년후견 등 종료심판, 친권자의 친권회복 예컨대, 행방불명인 친권자의 출현, 친권자에 대한 성년후견 등 종료심판, 친권·대리권·재산관리권 상실선고의 취소, 대리권·재산관리권 사퇴의 회복 등으로 후견은 종료된다. 피후견인의 입양·인지·친권자의 변경 등으로 새로운 친권자가 결정된 경우 등도 후견종료사유이다.

2) 상대적 종료: 후견의 필요성은 계속

　후견인의 사망, 실종, 결격사유 발생, 해임, 사임 등으로 후견은 종료되나, 다른 후견인이 선임되어야 한다.

3) 피후견인에 대한 통지

　후견의 종료사유는 상대방에게 통지하거나 상대방이 안 때가 아니면 그 종료로써 그에게 대항할 수 없다.(제959조, 제692조) 예컨대, 피후견인이 성년자가 되었는데도 이를 후견인에게 통지하지 아니하여 후견인은 이를 모르고 후견사무를 계속한 경우 그것으로 인한 보수청구를 할 수 있고, 대리행위도 유효하다는 취지이다.

2. 후견종료 후의 후견인의 임무

1) 재산계산

후견인의 임무가 종료된 경우 후견인이나 그 상속인은 그 종료시로부터 1개월 이내에 피후견인의 재산에 관한 계산을 하여야 한다.(제957조 1항 본문) 그러나 정당한 사유가 있는 때는 가정법원의 허가를 받아 그 기간을 연장할 수 있다.(제957조 1항 단서, 가사소송법 제2조 1항 라류사건 제24호) 그 계산에는 후견감독인이 있는 경우에는 그가 참여하지 아니하면 효력이 없다.(제957조 2항)

2) 이자와 손해배상

후견인과 피후견인간에 금전채권·채무가 생긴 경우는 계산종료의 날로부터 이자(연 5%: 제379조)를 붙여야 하고(제958조 1항), 후견인이 자기를 위하여 피후견인의 돈을 소비한 때는 그 소비한 날로부터 이자를 붙여서 반환하여야 하고 피후견인에게 손해를 입힌 경우는 이를 배상하여야 한다.(제958조 2항)

3) 후견종료와 긴급처리(위임규정 준용)

후견이 종료된 경우에도 급박한 사정이 있는 때에는 후견인, 그 상속이나 법정대리인은 피후견인, 그 상속이나 법정대리인이 그 사무를 처리할 수 있을 때까지 종전 사무의 처리를 계속하여야 한다. 이 경우는 후견의 존속과 동일한 효력이 있다.(제959조, 제691조) 위임종료시의 대항요건 규정도 후견에 준용됨은 앞에서 살펴보았다.(제692조)

4) 후견종료의 신고

후견인은 후견종료 후 1개월 안에 후견종료신고를 하여야 한다.(가등법 제83조) 이러한 신고는 피후견인의 등록기준지, 신고인(후견인)의 주소지나 현재지의 시·읍·면사무소에서 한다.(가등법 제20조)

제9절 친족권(친족관계)

Ⅰ. 친족권(친족관계)

1. 서언

민법은 친족의 정의를 "혈족·배우자·인척을 친족으로 한다."라고 하고 있으며(제767조), 친족권은 혼인과 혈연을 기초로 발생한다. 혼인 외의 출생자와 같이 혈연자라도 친족으로부터 제외되는 경우가 있는 반면에, 양친자관계와 같이 혈연관계가 없더라도 친족관계가 인정되는 경우도 있다. 친족의 범위를 정하는 방법으로는 '총괄적 한정주의'와 '개별적 한정주의'가 있으며, 우리 민법은 이를 병용하고 있다. 총괄적 한정주의는 제767조, 제777조와 같이 최대한도의 친족범위를 정하고 친족권(친족관계)으로 인한 법률상 효력을 일률적으로 부여하는 입법방식을 취하는 것이고, 개별적 한정주의는 상속 등 개별적 규정에서 특별 규정을 두어 친족범위를 한정하는 것이다.

제767조(친족의 정의) 배우자, 혈족 및 인척을 친족으로 한다.

---

1) 친족의 유형

(1) 혈족

가. 자연혈족

혈연의 연결이 서로 있는 자, 즉 부모와 자, 형제·자매, 숙질 등(제768조)이 자연혈족에 해당하며, 자연혈족관계는 출생에 의하여 발생하고 사망에 의하여 소멸한다. 다만, 혼인 외의 출생자와 모의 혈족관계는 출생에 의하여 발생하지만, 부의 혈족관계는 인지에 의하여 발생한다. 직계혈족에는 자기의 직계존속과 직계비속이 있으며, 방계혈족에는 자기의 형제자매와 형제자매의 직계비속, 직계존속의 형제자매 및 그 형제자매의 직계비속이 있다. 그리고 1990년 개정 전에는 자매의 직계비속은 제외되었었다.

제768조(혈족의 정의) 자기의 직계존속과 직계비속을 직계혈족이라 하고 자기의 형제자매와 형제자매의 직계비속, 직계존속의 형제자매 및 그 형제자매의 직계비속을 방계혈족이라 한다.

나. 법정혈족

법률이 입양 등의 사실에 입각하여 혈연관계가 없는 자 상호간에 자연혈족과 동일한 관계를 인정한 자를 말한다.

ㄱ. 양친족관계(제878조)

양친 및 그 혈족과 양자 및 그 직계비속과의 관계이다. 양친족관계는 입양의 성립에 의하여 발생하며(제878조), 자연혈족과는 달리 파양·입양의 무효 또는 취소로 인하여 소멸된다.(제776조)

양자는 양친측과 친족권(친족관계)이 발생하더라도 친생부모측과의 친족권(친족관계)은 소멸하지 않는다. 다만, 친양자의 경우에는 이와는 달리 친양자가 된 자와 친생부모와의 친족권(친족관계)은 원칙적으로 종료된다.(제908조의3 제2항)

1990년 개정 전에는 계모자관계와 적모서자관계를 포함하였으나, 개정법에서는 인척관계로 변경되었다. 따라서 이들 관계는 인척관계가 되어 상호부양관계는 존속하나, 상속관계 및 친권관계 등은 소멸되었다.

(2) 배우자

혼인에 의하여 배우자관계가 발생하고, 약혼만으로는 발생하지 않으며, 사실혼의 배우자나 첩은 배우자가 아니다. 배우자 사이에는 촌수가 없다.

(3) 인척(제769조)

인척은 아내의 혈족이나 남편의 혈족과 자기와의 관계, 시어머니와 며느리 사이, 처남과 매부 사이, 장모와 사위 사이를 말한다. (ⅰ) 혈족의 배우자, (ⅱ) 배우자의 혈족, (ⅲ) 배우자의 혈족의 배우자(예컨대, 처제의 남편)가 인척에 해당되며, 1990년 개정법에서는 인척의 범위는 4촌 이내의 인척으로 제한(제777조 2호)하였고, 1990년 개정 전에는 혈족의 배우자의 혈족도 인척에 포함되었으나, 1990년 개정법에서는 이를 삭제하였다. 예컨대, 형제의 처의 부모, 고모의 부의 부모, 자매의 부의 부모 등은 인척이 아니다.

2) 친계와 촌수

(1) 친계(혈족연락의 관계)

친족관계를 혈통연결의 방법에 의하여 계통적으로 본 여러 가지 계열을 말한다. 관점에 따라서 다음과 같이 나눌 수 있다. 다음의 ① ② 정도가 법률상의 의의를 여전히 가지고 있는 것이다.

① 직계친(부모, 손자 등), 방계친(형제자매, 백숙부, 종형제자매, 질)

② 존속친(직계존속 ; 부·조부, 방계존속 ; 백숙부), 비속친(직계비속 ; 자·손자, 방계비속 ; 질)

③ **부계친, 모계친** : 부계친이란 부와 그의 혈족을 말하며, 모계친이란 모와 그의 혈족을 말한다.

④ **남계친, 여계친** : 혈통이 남자만에 의하여 연결되어 그 사이에 여자를 포함시키지 않는 경우의 친족관계를 남계친이라 하고, 그렇지 않은 경우를 여계친이라고 한다. 이 구별은 부계와 모계의 구별과는 다르다. 예컨대, 부의 자매의 자(내종형제자매)는 부계이지만, 남계는 아니다. 이 구별은 개정 전 민법 제809조 제2항에 남계혈족의 배우자와의 혼인금지가 규정되어 있으므로 의미가 있었으나, 2005년의 개정에 의하여 제809조가 개정되었기 때문에 그 의미가 없어졌다.

(2) 촌수

친족 사이의 멀고 가까움을 재는 척도의 단위이다.

가. 세수등친제, 촌수제(로마법주의)

우리 민법의 태도는 로마법식에 따르고 있으며, 직계친족은 그 사이의 **세대수를 보면 바로 촌수를 계산할 수 있다.** 자기는 아버지와 1촌, 할아버지는 2촌이 된다. 방계친족은 그 사람이나 그의 배우자로부터 공동의 선조에 거슬러 올라가서 다른 사람에게 내려가는 세대수를 합하여 계산한다. 예컨대, 자기와 형의 촌수를 계산하려면 자기에서 아버지로 올라가니 1촌, 아버지에서 형으로 내려오니 1촌, 합계 2촌이 된다.

나. 교회법주의

직계친족에 관하여는 로마법식과 같으나, 방계친족에 관하여는 각각 공동선조까지의 세수(촌수를 계산하기 위한 세대수)를 계산하여 많은 쪽의 세대수를 촌수로 한다. 예컨대, 자기와 조카의 촌수를 계산하고 공동선조인 아버지까지 올라가서 각각 계산하여야 하므로 자기는 1촌, 조카는 2촌이므로 결국 3촌이 된다.

다. 계급등친제(열거주의)

혈연의 원근에만 의하지 않고 신분의 존비, 남계, 여계 등을 기준으로 등친을 정하는 것이다. 이에는 중국의 고대법제가 있다.

(3) 우리 민법의 원칙

[1] **직계혈족에 있어서는 단순히 그 사이를 연락하는 친자의 세수를 계산한다.**
[2] **배우자의 혈족에 관하여는 배우자의 그 혈족에 대한 촌수에 따라 계산한다.**
[3] **양자에 대하여는 입양한 때부터 혼인 중의 출생자와 동일하게 계산한다.**

3) 친족관계의 소멸원인

[1] 혼인의 무효·취소·이혼(제775조 1항), 입양의 취소·파양(제776조), 인지의 취소가 소멸원인이다.

[2] 부부의 일방이 사망한 경우 생존배우자가 재혼한 때(제775조 2항)에 관하여 1990년 개정 전에는 부가 사망한 경우 처가 친가에 복적하거나 재혼한 때만 친족관계가 소멸한다고 하여 남녀평등의 원칙에 반하였으므로 개정되었다. 남편이 사망한 경우 그 처는 혼인이 해소되었으므로 재혼할 수 있다. 재혼하면 인척관계는 종료되지만, 재혼하지 않고 혼자 살고 있는 동안에는 인척관계는 존속된다. 즉 부의 사망 후 처가 친가에 복적하거나 친가에 복적할 수 없어 일가 창립한 경우에도 재혼을 하지 않는다면 부족 인척관계는 소멸하지 않았었다. 따라서 친족간의 부양의무는 그대로 남아 있다. 인척도 4촌 이내이면 친족이기 때문이다. 인척관계가 종료되면 이혼 당사자와 시집간의 친족관계는 종료한다. 그러나 당사자가 아닌 그들 사이에서 태어난 아이들과 시집의 친족간의 친족관계는 아무런 영향을 받지 않는다. 그 때문에 사망 배우자의 부모가 사망한 경우 그 유산을 손자 등 아이들이 대습상속할 수 있을 뿐만 아니라, 아이들이 성장한 경우 조부모를 부양할 의무도 있다.

제775조(인척관계 등의 소멸) ① 인척관계는 혼인의 취소 또는 이혼으로 인하여 종료한다.
② 부부의 일방이 사망한 경우 생존 배우자가 재혼한 때에도 제1항과 같다.

[판례] **양부모의 이혼이 입양으로 인한 친족관계의 종료사유가 되는지 여부**

민법 제776조는 "입양으로 인한 친족관계는 입양의 취소 또는 파양으로 인하여 종료한다."라고 규정하고 있을 뿐, '양부모의 이혼'을 입양으로 인한 친족관계의 종료사유로 들고 있지 않고, 구 관습시대에는 오로지 가계계승家系繼承을 위하여만 양자가 인정되었기 때문에 입양을 할 때 처는 전혀 입양 당사자가 되지 못하였으므로 양부모가 이혼하여 양모가 부夫의 가를 떠났을 때에는 입양 당사자가 아니었던 양모와 양자의 친족관계가 소멸하는 것은 논리상 가능하였으나, 처를 부와 함께 입양 당사자로 하는 현행 민법 아래에서 부夫의 가를 떠났을 때에는 입양 당사자가 아니었던 양모와 양자의 친족관계가 소멸하는 것은 논리상 가능하였으나, 처를 부와 함께 입양 당사자로 하는 현행 민법 아래에서는(1990년 1월 13일 개정 전 민법 제874조 제1항은 "처가 있는 자는 공동으로 함이 아니면 양자를 할 수 없고 양자가 되지 못한다."라고 규정하였고, 개정 후 현행 민법 제874조 제1항은 "배우자 있는 자가 양자를 할 때에는 배우자와 공동으로 하여야 한다."라고 규정하고 있다.) 부부공동입양제가 되어 처도 부와 마찬가지로 입양 당사자가 되기 때문에 양부모가 이혼하였다고 하여 양모를 양부와 다르게 취급하여 양모자관계만 소멸한다고 볼 수는 없는 것이다라고 하였다.(대판 <전합> 2001.5.24, 2000므1493)

참고로 종래 호적법은 부부동적夫婦同籍 및 부자동적父子同籍의 원칙을 취하였던 바, 양부모가 이혼하는 경우에 양부와 양자의 신분관계나 호적의 기재에는 변동이 없지만, 양모는 양부의 호적에서 제적되므로 양자와 다른 호적에 기재되었다.(그래서 대판 1979.9.11, 79므35·36은 양부모가 이혼하여 양모가 양부의 가를 떠난 경우에 양부관계는 존속하지만, 양모관계는 소멸한다고 하였다.) 그런데 1990년 개정에 의하여 가계계승을 위한 사후양자 제도가 폐지됨에 따라 부부공동입양제의 취지를 관철하려면 양부모가 이혼하였다고 하여―양부자관계와 달리―양모자간계가 폐지되어야 할 이유가 없어졌고(양자의 호적에 양부와 양모의 기재가 여전히 남아 있다.), 그에 따라 판례가 변경되었다. 보다 근본적으로 부부공동입양에서 양친자관계를 양부자관계와 양모자관계로 나누어 편면적으로 접근해서는 안 된다. 이러한 입장은 양모가 이혼 후 재혼한 경우에도 마찬가지라 할 것이다.(지원림, 『민법강의』, 홍문사, 2013, 1842면)

4) 친족관계의 효과

(1) 서

친족관계의 법률상 효과는 사안에 따라 개별적으로 인정되는 경우가 대부분이며, 제777조의 규정에 의한 친족에게 획일적으로 권리·의무를 인정하는 경우는 그리 많지 않다. 친족관계의 효과로서 중요한 것은 부양·상속 등이다. 친족관계에 의한 민법상의 효과를 살펴보면 다음과 같다.

(2) 민법상의 효과

① 성년후견, 한정후견, 특정후견의 개시와 그 종료청구(제9조, 제12조, 제14조의22) : 배우

자, 4촌 이내의 친족

② **증여계약 해제**(제556조 1항 1호) : 배우자, 직계혈족

③ **생명침해에 대한 손해배상청구권**(제752조) : 직계존속, 직계비속, 배우자

④ **친족 사이의 금혼**(제809조) : 8촌 이내의 혈족(친양자 입양 전의 혈족 포함) 사이, 6촌 이내의 혈족의 배우자, 배우자의 6촌 이내의 혈족, 배우자의 4촌 이내의 혈족의 배우자와 인척이거나 이러한 인척이었던 자 사이, 6촌 이내의 양부모계의 혈족이었던 자, 4촌 이내의 양부모계의 인척이었던 자 사이

⑤ **친족 사이의 혼인무효**(제815조 2호, 3호) : 8촌 이내의 혈족, 직계인척관계가 있거나 있었던 자 사이, 양부모계의 직계혈족관계가 있었던 자 사이

⑥ (i) **친족 사이의 혼인취소**(제816조 1호) : 친족 사이의 무효혼이 되는 범위 외의 친족 사이, (ii) **친족 사이의 혼인의 취소청구권**(제817조 후단) : 직계존속, 4촌 이내의 방계혈족

⑦ **중혼취소청구권**(제818조 후단) : 배우자, 직계존속, 4촌 이내의 방계혈족

⑧ **인지이의의 소의 제기권**(제862조) : 자, 이해관계인

⑨ **입양에 대한 동의권**(제870조) : 직계존속, 미성년자의 입양에 대한 **입양취소청구권**(제885조) : 양부모, 양자, 법정대리인, 직계혈족

⑩ **친권상실선고청구권**(제924조) : 친족일반, 미성년인 자에 대한 대리권 및 재산관리권상 **실선고청구권**(제925조) : 친족일반

⑪ **친권에 대한 실권회복선고청구권**(제926조) : 친족일반

⑫ (i) **후견인 자격**(제932조 내지 제934조) : 직계혈족, 3촌 이내의 방계혈족, 기혼자의 경우에는 배우자, (ii) **후견인선임청구권**(제936조) : 친족일반, (iii) **후견인 결격**(제937조 7호) : 피후견인에 대하여 소송을 하였거나 하고 있는 자의 배우자 및 직계혈족, (iv) **후견인 변경청구권**(제940조) : 4촌 이내의 친족, (v) **피후견인의 재산상태조사청구권**(제954조) **및 친족일반 부양의무**(제974조) : 직계혈족 및 그 배우자, (vi) 그 밖의 생계를 같이하는 친족일반 **상속권**(제1000조, 제1003조) : 배우자, 직계비속, 직계존속, 형제자매, 4촌 이내의 방계혈족, (vii) **상속인이 없는 재산에 대한 관리인 선임청구권**(제1053조), (viii) **친족일반유언증인 결격**(제1072조 1항 2호) : 유언에 의하여 이익을 받을 자의 배우자 및 직계혈족

(3) 형법상의 효과

친족관계로 인하여 **형벌의 감면되는 경우**(예컨대, 범인은닉죄, 증거인멸죄, 절도죄 등)와 **친족관계**로 인하여 **형벌이 가중되는 경우**(예컨대, 존속살해죄, 존속상해죄, 존속폭행죄 등)가 있다.

(4) 소송법상의 효과

민사소송법상 및 **형사소송법상 효과로서 법관** 또는 **법원사무관** 등의 **제척원인, 증인으로서의 증언거부권, 감정인** 등의 **결격**이 있다.

(5) 특별법상의 효과

상속세법 및 증여세법, 국민연금법, 근로기준법, 소년법, 형사보상법, 가족관계 등록 등에 관한 법률, 보호시설에 있는 미성년자의 후견직무에 관한 법률, 아동복지법, 생활보호법, 국제사법, 국가유공자 예우 등 예우 및 지원에 관한 법률, 공무원연금법, 병역법, 비송사건절차법, 부재선고 등에 관한 특별조치법, 혼인신고특례법, 입양촉진 및 절차에 관한 특례법, 주민등록법, 가사소송법, 재외 국민취적·구 호적정정 및 호적정리에 관한 특례법 등과 그 시행령 중의 관계조문은 친족관계의 특수한 효과를 규정하고 있다.

II. 친족적 부양

1. 부양 제도의 의의

1) 국가적 의미의 부양(공적 의미의 부양)

생활보호법에 의하면 부양의무자의 부양과 그 밖에 다른 법령에 의한 보호가 생활보호법에 의한 부양 보호보다 우선하도록 되어 있으므로 민법상의 부양의무는 1차적인 것이고, 국가적 부양은 2차적이며 보충적인 것이다.

2) 민법상의 부양(사적 의미의 부양)

[1] 민법상의 부양에는 최소한의 생존권적 보장을 목적으로 한 **제1차적 부양**과 사회보장적 대체물로서 의미를 가지는 **제2차적 부양**이 있다. 여기서 **부모와 자, 부부간의 부양은 전자에 속하는 데** 반하여, **친족간의 부양은 제2차적 부양에 속한다.** 우리 민법은 제974조를 두어 "직계혈족과 그 배우자간 그 밖의 생계를 같이 하는 친족들은 서로 부양할 의무가 있다."라고 정했다. 생계를 같이 하는 것을 요건으로 한 것은 오늘날 경제생활의 개별화라는 추세를 반영한 것이다.

[2] 민법은 부부 사이의 부양과 협조의무를 제826조 제1항에 규정함으로써 친족적 부양(제974조)과 구별하고 있다. 친자관계에 관하여는 특별히 규정하지 않고 친권자의 보호·교양의 권리의무에 포함시키고 있는 바(제913조), 이는 입법상의 불비라는 비판이 있다.[139]

2. 부양관계(부양의무, 부양을 받을 권리)

1) 부양의무의 발생

[1] 부양의무는 원칙적으로 부양을 받을 자가 자기의 자력 또는 근로에 의하여 생활을 유지할 수 없는 경우에 한하여 생긴다.(제975조) "이혼 후의 부모의 부양의무를 부정한 판례에 의하면 양육에 관한 약정이 있는 등 구체적인 청구원인이 있어야 하고 단순히 생모가 생부의 인도요구에 불응하는 등 생부의 의사에 반하여 자를 양육하였고, 또 장래에도 계속 양육할 의도임이 분명하더라도 그러한 사유만으로는 생모에게 자활능력이 있건 없건, 또 그것이 과거의 것이든, 장래의 것이든 생부에게 부양료를 직접 청구할 수 없다."(대판 1986.3.25, 86므17)라고 한다.

제975조(부양의무와 생활능력) 부양의 의무는 부양을 받을 자가 자기의 자력 또는 근로에 의하여 생활을 유지할 수 없는 경우에 한하여 이를 이행할 책임이 있다.

---

[2] 친족적 부양에는 전술한 부양의 필요성과 부양의 여력이라는 두 가지 요건이 요구된다. 즉 친족적 부양은 부양의무자가 자기의 사회적 지위, 신분에 적합한 생활정도를 낮추지 않고 부양할 수 있는 여유가 있는 때 인정된다.

2) 부양의무의 소멸

위와 같은 두 가지 요건 중 어느 한 요건이라도 소멸하면 부양의무는 소멸한다.

○ "회사 은퇴했지만 미혼 자녀·부모 부양은 은퇴가 없네요."

　　50대 경제활동 참가율·고용률 모두 전국 평균에도 못 미쳐
　　은퇴 후 준비 여부 묻는 질문에 84.2%가 "준비 안 했다." 대답
　　어렵사리 구직시장 나와 봐도 있는 자리라곤 단순 서비스직

전문가들은 부산지역 베이비 부머 인구 비중이 16%대로 상당히 높음에도 불구하고, 이들의 경제활동이 활발하지 않다는 게 큰 문제라고 얘기한다. 부산복지개발원의 「베이비 부머를 위한 종합대책 수립 용역 중간보고」와 통계청 『경제활동인구조사』(2014년 기준) 자료에 따르

---

139) 이경희, 앞의 책, 181면

면, 부산의 경우 베이비 부머가 속한 50대(50~59세)의 경제활동 참가율은 73.3%로 전국 평균(75.9%)에도 못 미친다. 50대 고용률(71.6%)도 전국 평균(74.2%)보다 현저히 낮다. 부산복지개발원 최성희 부연구위원은 "이는 부산지역에서 일자리 기회가 상대적으로 부족해 취업이 어렵고, 비경제활동인구가 많기 때문"이라고 분석했다. 좀 더 구체적으로 부산지역 베이비부머의 실태를 들여다 보자.

▷가족·사회관계 : 30년 가까이 회사원으로 일하다 지난해 말 퇴직한 A모(59)씨, 퇴직하고 보니 자녀 결혼과 학자금이 가장 신경이 쓰인다고 했다. 딸은 시집을 갔는데, 대학에 다니는 아들은 아직 장가를 안 갔기 때문이다. 그는 어머니도 모시고 있다. 흔히 우리는 베이비 부머를 '낀 세대'나 '샌드위치 세대'라고 표현한다. 실제로 A씨처럼 부모를 부양하면서 자녀까지 책임져야 하는 세대이기 때문이다. 이렇다보니 이들의 삶은 갈수록 힘들 수밖에 없다. 한국보건사회연구원 등의 베이비 부머 실태 조사에도 불구하고, 부모 부양에 자녀 책임은 물론이고 은퇴 연령층이다 보니 이젠 배우자와의 관계 개선까지 안고 있어 그야말로 '삼중고'를 겪고 있는 세대인 것으로 드러났다. 전문가들은 "베이비 부머는 나이가 들어도 쉬지 못하는 경우가 허다하다. 자녀 책임에 부모 부양까지 맡다보니 갈수록 생활이 어려워지거나 자칫 빈곤층으로 전락해 사회 문제화될 가능성도 있다."라고 말했다.

▷50대 취업자 현황 : 증권사에 20년 넘게 근무하다 개인적 사정으로 지난해 초 퇴직한 B모(54)씨는 아직 새 직업을 갖지 못하고 있다. 김씨는 "사업을 해볼까 생각도 해봤지만, 준비도 안 돼 이것도 여의치 않았다."라고 토로했다. 전문가들은 "B씨처럼 베이비부머는 퇴직 후 재취업하기도 힘들기 때문에 질 낮은 일자리로 갈 개연성도 높다."라고 말한다. 취업이 여의치 않다보니 단순 직종 종사자도 많다. 통계청 지역별 고용조사에 따르면, 부산지역의 50대(50~59세) 직업별 취업인구는 조리·음식 서비스직(9.01%)이 가장 많았고, 이어 매장 판매직(8.93%), 경영·회계 관련 사무직(8.93%) 순이었다. 부산지역 전체 취업자 수의 경우 경영·회계 관련 사무직(13.19%), 매장 판매직(9.52%), 조리·음식 서비스직(6.72%) 순으로 나타났다. 전체 취업자보다 주산지역 50대 '사무직' 종사 비중이 작으며 조리·음식 서비스직, 판매직 등 단순 직종 종사자가 상대적으로 많다. 하지만 꼭 비관적이지만은 않다. 최 위원은 "경영이나 회계 관련 사무직(8.93%), 교육전문가 및 관련직(4.17%) 종사자 비중도 상대적으로 높은 편이므로 은퇴 후 지역사회에서 이들의 경력활용방안에 대한 고민이 필요하다."라고 말했다.

▷은퇴(노후) 준비 실태 : 베이비 부머의 은퇴 준비 또한 열악한 것으로 나타났다. 통계청 『2012년 부산지역 베이비 부머 실태조사』에 따르면, 현재 취업상태인 베이비 부머의 경제활동 기간은 평균 23.5년이며, 경제적인 은퇴 준비로는 '본인(부부) 소유의 한 채의 주택'이 84.5%로 가장 많았다. 반면에, 국민연금 등의 공적연금 가입 비중은 58.9%로 그다지 높지 않았고, 일자리를 그만둘 경우를 대비한 준비 여부는 84.2%가 '준비 안 함'으로 응답했다. 공무원으로

30년 넘게 근무하다 퇴직한지 한 달 남짓 됐다는 C모(59)씨는 "연금이 있어 이렇다 할 은퇴 준비는 하지 않았다. 새로운 직업 준비나 계획도 없다. 다만, 현재 공무원 연금 문제로 말이 많은데, 혹여 연금이 줄지 않을까 걱정"이라고 토로했다. A씨는 "공무원 퇴직자는 그래도 나은 편이다. 일반 기업에서 일하다 퇴직한 우리 같은 사람은 공적연금 가입도 잘 안 돼 있다 보니 은퇴 후에도 대다수 직장 갖기를 원한다."라고 말했다. 실제 2010년 한국보건사회연구원의 『베이비 부머 생활실태 및 복지욕구』 조사에 따르면 베이비 부머의 63.9%(남 81.4%, 여 48.1%)가 노후에도 지속해서 일하기를 희망했다.

부산복지개발원 이재정 정책연구부장은 "베이비 부머는 대부분 은퇴 후 일하기를 원하고 있는 만큼, 정부나 지자체가 이들에 대한 정책적·사회적 대책을 마련해야 한다."라고 지적했다.(『부산일보』, 2015.10.14, 5면)

---

3) 부양청구권의 성질

[1] 친족권이며 일반재산권과는 성질을 달리한다.

[2] 일신전속권으로서 재산권과는 다르다.

① 채권자는 채무자의 부양청구권을 대위행사할 수 없다.(제404조 1항 단서)

② 부양청구권을 가지는 지위 자체에 관하여 **상속은 허용되지 아니하므로** 상속재산에 포함되지 아니한다.(제1005조 단서)

③ 처분금지되는 권리로서 양도할 수 없고 포기할 수 없으며 권리질권의 목적이 되지 아니한다.(제979조)

④ 압류금지채권(민사집행법 제246조)이다. 이에 부양청구권을 수동채권으로 하는 상계는 금지되며(제497조), 파산재단에도 속하지 아니한다.(채무자 회생 및 파산에 관한 법률 제383조)

⑤ 제3자가 부양청구권을 침해하였을 때 부양천구권자에게 손해배상청구권이 발생한다.(제750조)

3. 부양 당사자

1) 부양 당사자의 범위

친족인 **직계혈족** 및 그 **배우자** 사이, 그 밖의 **생계를 같이 하는 친족** 사이에 **발생**한다.(제974조) 다만, 직계혈종 중에서 **미성년인 자에 대한 부모의 부양의무는 제1차적 부양의무이므로** 여기서 **제외**된다. 직계혈족 및 그 배우자 사이란 며느리와 시부모관계, 사위와 장인·장모관계, 계친자관계 등을 의미한다. 이러한 민법의 규정을 포괄적 규정의 특성을 가지고 있으나, 각각의 관계마다 부양의 성격과 내용이 다르다. 따라서 **동거하지 않는 형제(방계혈족)** 사이에 **부양의무는 발생하지 않는다.** 생계를 같이 하는 경우란 공동의 가계 내에서 생활하는 것을 의미하므로 동거하지 않더라도 공동의 가계에 속하는 때에는 이 범주에 포함될 수 있다. 예컨대, 자녀가 학교 기숙사에 있는 경우에도 부모로부터 학비를 받아서 생활하는 경우에는 생계를 같이 한다고 볼 수 있다. 1990년 개정 전에는 호주와 가족 사이에도 부양의무가 존재하였으며, 별거 중인 부부에 대하여도 부양의무를 인정하는 것이 판례의 입장이다.(대판 1976.6.22, 75므17) 자활능력 없는 아내에 대하여 남편은 부양책임이 있지만, 남편과의 동거의무를 져버린 아내는 부양청구권이 없다고 한다.

2) 부양의 순위

민법은 부양의 법률관계에 관해서는 자율 결정의 원칙을 취하고 있다. 즉 부양의무자의 결정, 부양의 정도와 방법에 관하여 당사자의 협정에 의한 자율 결정을 우선하고 이것이 이루어지지 않는 경우 조정이나 심판에 의한다.(제976조 이하)

1차적으로 당사자 사이의 협정으로 정하고 2차적으로 가정법원이 당사자의 청구로 정한다.(제976조 1항) 가정법원은 수인의 부양의무자 또는 권리자를 선정할 수 있다.(제976조 2항, 제978조)

4. 부양의 정도와 방법

1) 부양의 정도

(1) 협정

당사자 사이의 협정을 우선으로 하고, 협정이 없는 때 가정법원은 당사자의 청구에 의하여 부양을 받을 자의 생활정도와 부양의무자의 자력 그 밖의 제반 사정을 참작하여 이를 정한다.(제977조)

(2) 부양의 정도

부양의 정도는 의식주에 필요한 비용, 의료비, 최소한도의 문화비, 오락비, 교제비와 일반의 교육비 등이 이에 해당한다.(대판 1986.6.10, 86므46) 다만, 이러한 비용은 의무자 자신이 부양할 가족에 대하여 지출하되, 여력이 있는 경우에 한한다. '사회의 통상인이라면 부양할 것인가?'의 여부가 판단기준이 된다.

2) 부양의 방법

(1) 의의

부양의 방법이란 부양의무를 이행하는 형식을 말한다.

(2) 구체적인 방법

동거부양과 급여부양이 있다. '급여부양에는 금전급여부양과 현물급여부양이 있는데, 어느 방법을 택하는가?'는 부양의무자의 선택에 따르는 것이 원칙이다. 실무상 매월 정기금의 형식으로 지급되는 것이 원칙이다.

5. 부양의무불이행에 대한 조치

1) 의무이행의 확보의 필요성

부양료의 확보는 부양권리자의 생존과 직결된 문제이므로 그 의무의 이행을 신속히 확보할 필요가 있다.

2) 가압류·가처분 제도

그 이행의 확보를 위한 제도로서 가사소송법에 의하면 판결 전이라도 의무자의 재산에 대하여 가압류 또는 가처분할 수 있음을 규정하고 있다.(가사소송법 제63조, 제42조)

3) 이행명령 제도

정당한 이유 없이 부양의무를 이행하지 않은 때에는 당사자의 신청에 의하여 당사자를 심문하고 의무이행을 권고한 후(이행권고, 가사소송법 제64조 2항) 일정한 기간 내에 그 의무를 이행할 것을 명할 수 있다.(이행명령, 가사소송법 제64조 1항) 이러한 이행명령에 위반한 때에는 1,000만원 이하의 과태료를 부과할 수 있으며(가사소송법 제64조 1항, 제67조), 그 후에도 부양의무를 계속 이행하지 아니할 경우 의무자를 30일 이내의 감치에 처할 수 있다.(가사소송법 제68조 1항 1호)

4) 재산명시·재산조회 제도

가정법원은 부양료(재산분할, 미성년 자녀의 양육비) 청구사건을 위하여 특히 필요하다고 인정하는 때에는 직권 또는 당사자의 신청에 의하여 당사자에게 재산상태를 명시한 재산목록을 제출하도록 명할 수 있다.(재산명시, 가사소송법 제48조의2) 재산명시명령을 받은 당사자는 가정법원이 정한 상당한 기간 이내에 자신이 보유하고 있는 재산과 과거 일정한 기간 동안 처분한 재산의 내역을 명시한 재산목록을 제출하여야 한다.(가사소송규칙 제95조의4 제1항) 재산명시명령을 받은 당사자가 정당한 사유 없이 재산목록의 제출을 거부하거나 거짓의 재산목록을 제출한 때에는 1,000만원 이하의 과태료에 처한다.(가사소송규칙 제67조의3)

또한 가정법원은 재산명시 절차를 거쳤음에도 당사자가 재산목록의 제출을 거부하거나 제출된 재산목록만으로 부양료 청구사건의 해결이 어렵다고 인정하는 때에는 직권 또는 당사자의 신청에 의하여 당사자 명의의 재산에 관하여 조회할 수 있다.(재산조회) 가정법원은 개인의 재산과 신용정보에 관한 전산망을 관리하는 공공기관·금융기관·단체 등에 대하여 당사자 명의의 재산을 조회함으로써 당사자의 자발적 협조 없이도 당사자의 재산내역을 발견·확인할 수 있다. 가정법원으로부터 재산조회를 요구받은 기관 등은 정당한 사유 없이 조회를 거부하지 못한다.(가사소송법 제48조의3 2항, 민사집행법 제74조 4항)

제64조(이행 명령) ① 가정법원은 판결, 심판, 조정조서, 조정을 갈음하는 결정 또는 양육비 부담조서에 의하여 다음 각 호의 어느 하나에 해당하는 의무를 이행하여야 할 사람이 정당한 이유 없이 그 의무를 이행하지 아니하는 경우에는 당사자의 신청에 의하여 일정한 기간 내에 그 의무를 이행할 것을 명할 수 있다.

　　1. 금전의 지급 등 재산상의 의무

　　2. 유아의 인도의무

　　3. 자녀와의 면접교섭 허용의무

② 제1항의 명령을 할 때에는 특별한 사정이 없으면 미리 당사자를 심문하고 그 의무를 이행하도록 권고하여야 하며, 제67조 제1항 및 제68조에 규정된 제재를 고지하여야 한다.

제67조(의무 불이행에 대한 제재) ① 당사자 또는 관계인이 정당한 이유 없이 제29조, 제63조의2 제1항, 제63조의3 제1항·제2항 또는 제64조의 명령이나 제62조의 처분을 위반한 경우에는 가정법원, 조정위원회 또는 조정담당판사는 직권으로 또는 권리자의 신청에 의하여 결정으로 1천만원 이하의 과태료를 부과할 수 있다.

② 제29조에 따른 수검 명령을 받은 사람이 제1항에 따른 제재를 받고도 정당한 이유 없이 다시 수검 명령을 위반한 경우에는 가정법원은 결정으로 30일의 범위에서 그 의무를 이행할 때까지 위반자에 대한 감치監置를 명할 수 있다.

③ 제2항의 결정에 대하여는 즉시항고를 할 수 있다.

제68조(특별한 의무 불이행에 대한 제재) ① 제63조의3 제4항 또는 제64조의 명령을 받은 사람이 다음 각 호의 어느 하나에 해당하면 가정법원은 권리자의 신청에 의하여 결정으로 30

일의 범위에서 그 의무를 이행할 때까지 의무자에 대한 감치를 명할 수 있다.

1. 금전의 정기적 지급을 명령받은 사람이 정당한 이유 없이 3기 이상 그 의무를 이행하지 아니한 경우
2. 유아의 인도를 명령받은 사람이 제67조 제1항에 따른 제재를 받고도 30일 이내에 정당한 이유 없이 그 의무를 이행하지 아니한 경우
3. 양육비의 일시금 지급명령을 받은 사람이 30일 이내에 정당한 사유 없이 그 의무를 이행하지 아니한 경우

② 제1항의 결정에 대하여는 즉시항고를 할 수 있다.

6. 가정법원에 의한 변경

[1] 부양 당사자의 순위·부양의 정도·방법이 협정, 조정 또는 심판에 의하여 정하여진 후 사정변경이 생겼을 때에는 가정법원은 당사자의 청구에 의하여 그 협정이나 심판을 취소 또는 변경할 수 있으며(제978조), 이 경우 우선조정을 하여야 한다.(가사소송법 1조 1항 마류사건 ⅷ 50)

[2] 당사자 사이의 협정에 따라 그 협정의 이행을 구하는 소송에서 법원이 임의로 부양의무자의 부양의무를 조절할 수 있는지 여부 : 조정이나 심판의 결과를 존중하고 어느 정도 법적 안정성을 유지하기 위해서는 협정·조정 또는 심판을 할 때 당연히 예기된 사정이 생겼다든가 부양의무의 구체적 확정 후 짧은 기간 내에 생긴 가벼운 사정변경 등은 취소나 변경의 대상이 되지 않는다고 보아야 할 것이다. 양 권리자와 부양의무자 사이에 부양의 방법과 정도에 관하여 협정이 이루어지면 당사자 사이에 다시 협의에 의하여 이를 변경하거나 법원의 심판에 의하여 위 협정이 변경·취소되지 않는 한, 부양의무자는 그 협정에 따른 의무를 이행하여야 하는 것이고, 법원이 그 협정을 변경·취소하려면 그럴 만한 사정의 변경이 있어야 하는 것이므로 부양권리자들이 위 협정의 이행을 구하는 사건에서 법원이 임의로 협정의 내용을 가감하여 부양의무자의 부양청구를 조절할 수는 없다.(대판 1992.3.31, 90므651,668)

7. 과거의 부양료, 체당부양료 및 부양료의 구상청구

1) 과거의 부양료

[1] **과거의 부양료도 원칙적으로 청구할 수 있다.** 종전의 부양료의 판례는 과거의 부양료 청구를 인정하지 않았으나, 최근 판례는 이를 긍정하고 있다.

[2] 과거의 부양료의 구상청구를 인정한 판례에 의하면 어떠한 사정으로 인하여 부모 중 어느 한 쪽만이 자녀를 양육하게 된 경우 그와 같은 일방에 의한 양육이 그 양육비의 일방적이고 이기적인 목적이나 동기에서 비롯한 것이라거나 자녀의 이익을 위하여 도움이 되지 아니하거나 그 양육비를 상대방에게 부담시키는 것이 오히려 형평에 어긋나게 되는 등 특별한 사정이 있는 경우를 제외하고는 양육하는 일방은 상대방에 대하여 현재 및 장래에 있어서의 양육비 중 적정 금액의 분담을 청구할 수 있음은 물론이고, 부모의 자녀양육의무는 특별한 사정이 없는 한, 자녀의 출생과 동시에 발생하는 것이므로 과거의 양육비에 대하여도 상대방이 분담하는 것이 상당하다고 인정되는 경우에는 그 비용의 상환을 청구할 수 있다고 한다.(대결＜전합＞ 1994.5.13, 84다카1536 ; 대판 1976.6.22, 76므17 등의 판례 변경)

2) 체당부양료의 구상

(1) 부양의무 없는 제3자에 의한 구상

부양의무 없는 자가 부양을 필요로 하는 상태에 있는 자에 대하여 부양을 하였을 때에는 부양의무자에 대한 사무관리가 성립한다. 또한 법률상 의무가 없는 급부에 의하여 출연을 면하고 그로 인하여 이익을 얻었으므로 부당이득이 성립한다. 사무관리로 다루게 될 때 제3자가 부양의무자를 대신하여 필요비 또는 유익비를 지출한 것은 상환청구할 수 있고, 그로 인하여 타인에게 진 채무는 부양의무자에게 변제하도록 요구할 수 있다.(제739조 1항)

(2) 부양의무자간의 구상

부양의무는 있으나, 실제로 부양능력이 없어서 협정이나 조정·심판에서 제외된 사람은 현실의 부양의무를 지지 않는다고 보아야 하지만, 부양의무 있는 자가 고의적으로 협정에 응하지 않았거나 협정 또는 심판에 의하여 정해진 부담을 이행하지 않았을 경우에는 구상권이 생긴다고 보아야 할 것이다.[140]

III. 노인과 부양청구권

1. 고령화사회로의 진입

현대사회는 의약기술의 발달과 의약품의 대량공급, 공중보건위생의 향상으로 수명이 연장되었으며, 생활수준의 향상이 인간들의 영양 상태를 호전시켜 수명을 연장하는 데 기여하

---

140) 김주수·김상용, 앞의 책, 487면

였다. 그리고 교육의 대중화로 교육수준이 향상됨으로써 인간 개개인의 건강에 대한 위생관념이 높아져 수명이 연장되었다. 이러한 평균수명의 증가로 인하여 전체 인구의 연령구조에서 고령화된 인구가 늘었으며, 이러한 현상을 고령화라고 한다.[141]

그 나라의 전체 인구에서 **노인 인구(65세 이상의 노인 인구)의 비율이 7%를 넘으면 '고령화사회'**(aging society), **14%를 넘으면 '고령사회'**(aged society), 그리고 **20%를 넘으면 '초고령사회'**(super-aged society) 또는 '**후기고령사회'**(post-aged society)라고 한다.

선진국들의 경우 65세 이상 인구의 비율은 2000년 14.4%로 이미 고령사회에 진입하였고, 2030년에는 22.6%로 4명 중 1명은 65세 이상일 것으로 전망되는 반면, 개발도상국은 5.1%(2000년) 수준에 머물고 있다. 세계 인구 중 65세 이상 노인 인구 비율은 2000년 6.9%에서 2020년 9.3%, 2030년 11.8%로 늘어날 것으로 전망하고 있다.

우리 노인 인구는 2000년에 337만명으로 전체 인구 4,728만명의 7.1%를 넘어서서 고령화사회에 진입하였고, 2001년 현재의 노인 인구는 353만명으로 전체 인구 4,767만명의 7.4%를 차지하는 등 급속한 고령화사회로의 전환을 맞고 있다. 통계청의 『장래연구추계』(KOSIS)에 따르면 2020년의 노인 인구는 690만명으로 전체 인구의 13.2%, 2022년에는 14%를 넘어 고령사회가 될 것이다. 또한 2030년대에는 전체 인구의 20%가 노인 인구로 구성되는 초고령화사회에까지 이르게 될 것이다. 다시 말해서 노인 인구 비율이 7%에서 14%에 도달하는 데 걸리는 소요기간이 19년에 불과한데, 이는 선진국이 24~115년 걸린 데 비하여 훨씬 빠른 속도라는 점에 유의하여야 할 것이다.(표 참조) 특히 고령화 속도는 더 빠르게 진행되고 있기 때문에 노인 관련 제반 사회적 문제가 더욱 급속하게 표출될 것으로 예상되고 있다.

표 2-4 ┃ 인구 고령화 속도의 국제 비교

구분	노인 인구 비율 (2030)	도달 연도			연 수	
		고령화사회 (7%)	고령사회 (14%)	초고령사회 (20%)	고령사회까지	초고령사회까지
한 국	23.1%	2000년	2019년	2026년	19년	7년
일 본	28.0%	1970년	1994년	2006년	24년	12년
프랑스	23.2%	1864년	1979년	2020년	115년	41년
미 국	20.6%	1942년	2013년	2028년	71년	15년

자료: 김용익, 「장애인 보건의료현황과 정책적 대안」, 국립재활원 지역사회중심재활사업 워크숍 발표문, 2004, 241면

---

141) 이철우, 「한국사회의 고령화현상과 사회정책적 대응방안 연구」, 고려대 대학원 박사학위논문, 1995, 13면

2. 노인 복지의 개념

노인 복지를 간략하게 정의하기에는 매우 어려운 개념이다. 그러나 노인 복지는 사회복지의 한 분야이기 때문에 노인 복지의 개념 역시 사회복지 고유의 관점이나 원리에 입각하여 구성하여야 할 것이다. 즉 사회복지가 널리 인간의 복지를 추구하는 사회적 노력이라고 한다면, 노인 복지는 노인을 대상으로 이들의 복지를 추구하는 사회적 노력이라고 할 수 있다.

따라서 먼저 기존 학자들의 노인 복지의 개념을 살펴보고 재정리하고자 한다.

① 오까무라 시게오岡村中夫 등은 노인 복지란 노령에 의해서 발생하는 사회생활의 곤란에 대한 사회복지적 원조라 할 수 있다고 하였다.

② 김계삼은 노인복지의 개념을 협의의 노인 복지와 광의의 노인 복지로 구분하고 있다. 협의의 노인 복지는 노령·퇴직·빈곤·병약 등과 같은 여러 가지 요인에서 발생하는 생활곤란, 고독과 욕구불만, 건강의 약화 등을 겪고 있는 노인들을 대상으로 구체적인 보호·육성·갱생을 위한 사업을 전개하고 개개인의 노인이 인간으로서 생활하는 기쁨을 가지며 장수를 누릴 수 있도록 원조하기 위하여 사회적으로 조직된 서비스이다. 그리고 광의의 노인 복지는 전체 노인의 생활상의 안정, 의료, 직업의 보장, 주택, 여가의 보장, 그 외의 사회정책 전체를 의미하는 것이다.[142]

③ 김성순은 노인 복지는 많은 사회 문제 가운데 특히 노인에게 일어나는 문제를 해결하고 노인의 복지를 이룩하려는 사회적 노력이라고 할 수 있다고 하였다.[143]

④ 장인협과 최성재는 노인 복지란 노인이 인간다운 생활을 영위하면서 소속된 가족 및 지역사회에 적응하고 통합하도록 필요한 자원을 제공하는 데 관련된 공적 및 사적 차원에서의 조직적 제반활동으로 정의하고 있다.[144]

⑤ 신섭중은 노인 복지란 노령에 의하여 일어나는 사회생활상의 곤란에 대한 사회적 원조라고 하였다.[145]

⑥ 김영모는 노인의 사고, 즉 빈곤·질병·고독·역할상실을 해결하기 위한 노력으로 정의하고 있다.

⑦ 이인수는 빈곤·노쇠·고독·무료함 해결은 물론 노인 스스로 자신이 이 사회에서 꼭 필요한 존재라고 느끼며, 긍정적이고 우호적인 자세로 여생을 살아갈 수 있도록 사회적 여건을 마련하는 일이라고 노인 복지를 정의하였다.[146]

---

142) 김계삼, 『노인복지론』, 학문사, 1982, 42-43면
143) 김성순, 『노인복지론』, 이우출판사, 1981, 63면
144) 장인협·최성제, 『노인복지학』. 서울대 출판부, 1987, 266면
145) 신섭중 외, 『한국 사회복지법제 개설』, 대학출판사, 1999, 421면

⑧ 이혜원은 노인 복지란 노인문제를 예방하고 해결하기 위하여 송사의 조직적 활동이라고 정의하고 있다.[147]

위의 여러 학자들의 노인 복지의 개념을 정리해 보면 노인 복지의 개념이 사후 치료적 개념에서 사전 예방적 측면을 포함하는 방향으로 나아가고 있음을 알 수 있다. 이는 이제 노인의 문제는 특정 소수만의 문제가 아니라, 노인 전체의 문제임을 시사하고 있으며, 그 지원 방법도 사후 치료에서 사전 예방 지원으로 나아가고 있다.

따라서 노인 복지의 개념은 노인 문제를 사전에 예방하고 노인의 생활상의 곤란에 대하여 생활의 안정, 심신의 건강유지, 사회적 참여와 역할의 수행 및 취업의 기회와 여가 등에 걸쳐 정책 및 제도와 복지 서비스 등을 통하여 노인이 하나의 독립된 인간으로서의 기본적 욕구와 문화적 생활을 유지할 수 있도록 원조하는 것이라 할 수 있다.

3. 노인복지법의 변천 과정

노인 복지의 제도적·법적 근거를 제공하고 있는 노인복지법은 1981년 제정되었다. 그 동안 노인복지법은 노인들의 사회적·경제적·신체적 환경 개선을 위하여 지대한 공헌을 하였다.

노인복지법이 제정된 이후 수차례에 걸쳐 개정되면서 노인 중심의 시설 보호 중심에서 재가 복지 중심인 재가 노인 복지로 전환되었다.

그러나 현재의 노인복지법은 노인 복지 시설 지원 등 노인 복지 서비스 중심의 내용으로 이루어져 있어 고령화사회에서의 노인들의 욕구를 충족시키기에는 미흡하다는 점이 지적되고 있다. 그래서 고령화사회에 대응할 수 있는 방향으로 노인복지법이 대응하여야 한다는 것은 자명한 사실이다.

1) 현행 노인복지법의 내용

노인복지법은 1981년 제정된 이후 사회경제적 및 정치학적 요인, 노인 복지 관련 이익집단 등의 정책 환경에 의거하여 수차례의 개정을 통하여 오늘에 이르고 있다.

노인복지법은 총칙, 경로연금, 보건·복지조치, 노인 복지 시설의 설치·운영, 비용, 보칙, 벌칙 등 총 7개 장과 61개 조로 구성되어 있다. 내용상으로 볼 때 노인 복지와 관련된 주요 과제인 소득보장, 노인 보건, 재가 노인 복지, 노인 주거 복지, 노인 여가시설, 노인 의료시설에 관련된 기본적인 내용은 통합되어 언급되고 있다.

---

146) 이인수, 『현대노인복지론』, 양서원, 1999, 13면
147) 이혜원, 『노인복지론』, 유풍출판사, 2000, 130면

표 2-5 ┃ 노인복지법의 내용(법률 제6124호, 일부 개정 2000년 1월 12일)

구 분	내 용	
제1장 (총칙)	제1조 목적 제3조 가족 제도의 유지발전 제5조 삭제 제7조 노인복지상담원	제2조 기본이념 제4조 보건복지 증진의 책임 제6조 노인의 날 등 제8조 노인 전용 주거시설
제2장 (경로연금)	제9조 경로연금 지급 대상 제11조 연금의 지급 제13조 미지급의 연금 제15조 연금수급권의 상실 제17조 수급권의 보호 제19조 이의신청 제21조 신고	제10조 연금 지급액 제12조 연금의 지급기간 및 지급시기 제14조 지급정지 제16조 부당이익 등의 환수 제18조 병급의 조정 제20조 시효 제22조 조사·질문 등
제3장 (보건· 복지조치)	제23조 노인 사회 참여 지원 제25조 생업 지원 제27조 건강진단 등 제29조 치매관리사업	제24조 지역봉사지도원 위촉 및 업무 제26조 경로우대 제28조 상담·입소 등의 조치 제30조 노인 재활 요양사업
제4장 (노인 복지 시설의 설치·운영)	제31조 노인 복지시설의 종류 제33조 노인 주거복지시설의 설치 제35조 노인 의료복지시설의 설치 제37조 노인 여가복지시설의 설치	제32조 노인 주거복지시설 제34조 노인 의료복지시설 제36조 노인 여가복지시설 제38조 재가 노인 복지시설
제4장 (노인복지 시설의 설치·운영)	제39조 재가 노인 복지시설의 설치 제39조의3 가정봉사원 교육기관의 설치 제41조 수탁의무 제43조 사업의 정지	제39조의2 가정봉사원의 교육 제40조 변경·폐지 등 제42조 감독 제44조 청문
제5장 (비용)	제45조 비용의 부담 제47조 비용의 보조 제49조 조세감면	제46조 비용의 수납 및 청구 제48조 유류물품의 처분
제6장 (보칙)	제50조 심사청구 등 제52조 삭제 제54조 국·공유재산의 대부 등	제51조 노인 복지 명예지도원 제53조 권한의 위임 및 위탁 제55조 건축법에 대한 특례
제7장 (벌칙)	제56조, 제57조, 제58조, 제59조 벌칙 제61조 과태료	제60조 양벌 규정

자료: 법제처, http://www.moleg.go.kr

4. 노인 학대

1) 노인 학대의 개념 및 유형

(1) 노인 학대의 개념

최근 노인 학대와 관련된 사건들이 다양한 형태로 발생하고 있다. 가정 폭력 중에서 아동 학대와 배우자 학대는 어느 정도 관심을 불러일으켜, 사회적 문제로 인지되어 그 대응방법이 모색되고 있으나, 상대적으로 노인 학대는 우리 사회의 전통윤리사상과 관습 등으로 인해 구조적으로 노인 학대가 사회적으로 노출이 잘 안되기 때문에 '설마 노인을 학대하는 그런 일이 일어날 리 있겠는가?' 하는 사회적 인식이 부족하고 문제시하지 않는 시각이 여전하다.

노인 학대란 이론적으로 구성되었다기보다는 현상에 기반을 둔 사회적 구성물로서 각 사회의 문화와 완전한 합의가 없고[148], 국가와 학자에 따라 다양하게 정의되고 있다. 1975년 영국에서 '노인 구타'(granny battering)라는 용어가 처음 사용된 이래 신체적 폭행의 의미를 가진 초기의 구타라는 개념은 신체적 학대 이외에 많은 노인들이 정서적·심리적 학대, 착취, 방임 등 다양한 형태의 학대가 발견됨에 따라 학대의 범주가 확대되어 중립적인 학대의 개념으로 전환하게 되었다.[149] 이는 대중의 관심과 정책적 지원을 끌어내는 데 중요한 기여를 했다고 볼 수 있으나, 표준화된 개념 정의가 이루어지지 않아, 일부 학자들은 노인 학대라는 용어 대신 방임 또는 방치나 부적절한 처우라는 용어를 사용하기도 하고 있다.

지난 20년간 노인 학대를 사회 문제로 인식하고 이 문제를 다루기 위해 많은 제도적 장치를 마련하고 노력하는 미국에서의 노인 학대에 대한 학자들의 개념을 보기로 한다.

① 타타라(Toshio Tatara)는 노인 학대의 개념 정의에서 발생 범위를 놓고 노인 학대의 범주를 (ⅰ) 가정 내에서 가족 구성원에 의해 발생되는 노인 학대, (ⅱ) 노인 시설에서 시설 종사자에 의해 가해지는 노인 학대, (ⅲ) 노인이 신체적·정신적 손상으로 자신을 돌보지 못하는 자기 방임 또는 자기 학대의 세 가지로 분류하였다.[150]

② 블록(M. Block)과 시노트(J. Sinnott)는 신체적·경제적 착취, 강제로 거처를 외부로 옮기는 것, 약물을 과도하게 먹이는 것을 노인 학대로 분류하였다.[151]

---

148) 김광용, 「노인학대 방지를 위한 사회적 지원체계 확립방안에 관한 연구」, 부산대 행정대학원 석사학위논문, 2002, 35면

149) 우국희, 「노인학대의 의미와 사회적 개입에 대한 노인들의 인식 연구」, 『한국사회복지학』 제50집, 2002, 109 - 129면

150) Toshio Tatara(多久良紀夫), 「Elder Abuse in the United States: An Issue Paper」, National Aging Resource Center on Elder Abuse, 1990

151) M. Block and J. Sinnott, 「Elder abuse: the hidden problem」(Briefing by the Select Committee on

③ 오말리(P. M. O'Malley)는 노인 학대를 심리적, 신체적 또는 경제적 상태에 부적절하거나 해로운 결과를 가져온 행동으로 방임은 노인에게 중요한 신체적·사회적·정서적 욕구를 충족시키지 못한 것으로 분류하여 정의하였다.[152]

현재 미국의 노인법(Older Americans Act)에서는 노인 학대에 포함되는 개념으로서 '학대'(Abuse), '방임'(Neglect), '착취'(Exploitation)의 세 가지 개념을 정의하고 있다.

① 고드킨(M. A. Godkin)·울프(R. S. Wolf)·필머(K. A. Pillemer)는 노인 학대의 유형을 신체적 학대, 물리적 학대, 적극적 방임과 소극적 방임으로 범주화하고, 신체적 학대는 신체적 고통과 억압을 가하는 것으로 심리적 학대는 정신적 고통을 가하는 것으로 물질적 학대는 재산 또는 다른 자원의 불법적 또는 부적절한 이용을 의미한다고 하였으며, 적극적 방임이란 의도적으로 보살필 임무를 이행하는 것을 거부하거나 이행하지 않는 것이고, 소극적 방임은 의도적인 것은 아니나 보살필 의무를 이행하기를 거부하거나 이행하지 않는 것으로 보았다.[153]

② 히키(T. Hickey)와 더글러스(R. L. Douglass)는 노인 학대를 노인에 대한 부적절한 처우로 보고, 이는 소극적 방임 및 적극적 방임, 언어적 학대 또는 정서적 학대와 신체적 학대를 포함한다고 했다.[154] 이 중 소극적 방임은 노인을 홀로 남겨놓거나 고립시키거나 잊어버리는 상황으로 흔히 이러한 일을 수발자가 의존적인 노인에 적절한 보호를 제공하기 위한 시간, 에너지, 기술, 또는 재정적 자원이 충분치 않는 상황에서 수반된다. 반면, 적극적 방임이란 수발자가 교묘하게 기본욕구에 대한 근접성을 제한하면서 부양함으로써 노인 복지에 영향을 미치는 경우를 말한다고 하며, 미국 내에서도 노인 학대에 대한 정의와 해석이 다양하다.

이에 우리는 노인 학대를 가족폭력의 형태와 유사한 현상으로 간주하고 있다.

① 「가정 폭력범죄의 처벌 등에 관한 특례법」에서 가정 폭력이란 "가족 구성원 사이의 신체적·정신적 또는 재산상 피해를 수반하는 행위"라고 정의하고 있다.

② 최해경은 신체적·심리적·언어적·성적 학대와 의료적 부적절의 처우, 방임 및 재정적 착취 등으로 구분하였다.[155]

Aging」, U.S. House of Representatives, 96, June 23, Boston, MA., 10-12면, Washington, DC: Government Printing Office 1979

152) P. M. O'Malley, 「Social Change and Crime Rate Trends: A Routine Activity Approach」, American Sociological Review, 33, 1979, 588-608면

153) M. A. Godkin, R. S. Wolf, and K. A. Pillemer, Elder Abuse and Neglect: Final Report from Three Model Projects, Worcester: University of Massachusetts Medical Center, 1984

154) T. Hickey and R. L. Douglass, 「Mistreatment of the Elderly in the Domestic Setting: An Exploratory Study」, American Journal of Public Health, Vol.1, 1981

155) 최해경, 「노인 학대에 관한 인식과 원조요청 태도에 관한 연구」, 『전주대 논문집』 제22집, 1993

③ 한국형사정책연구원은 신체적 폭력, 언어적·정서적 학대, 방임으로 구분하였다.[156]

④ 한동희는 노인 학대를 의존적인 노인에게 가족 구성원인 배우자, 성인자녀, 그리고 친척들 사이에서 자행되는 언어적·신체적·정서적 또는 심리적 상해와 인격이 무시되는 행위를 말하며, 또한 자산에 대한 오용 등으로 노인의 권리가 침해되는 행위로 정의하였다.[157]

⑤ 이해영은 노인학대를 신체적 학대, 심리적 학대, 경제적 착취 및 방임으로 구분하고 구체적으로 신체적 폭력이나 상해, 음식물 미제공, 의료처치 등의 거부, 방치, 감금, 폭언, 모욕, 노인 재산의 유용이나 우리의 특수성을 감안하여 부양 거부 및 노인 유기를 포함할 것을 제의하였다.[158]

이상의 노인 학대에 대한 개념들을 종합하여 살펴보면 **노인 학대란 노인 스스로 자기를 돌보지 않거나, 노인의 부양이나 수발을 담당하는 부양자가 부양의무를 의도적, 또는 비의도적으로 소홀히 하여 노인에게 신체적·정서적·성적 손상을 가하는 등과 같은 부양의무를 소홀히 하는 것뿐만 아니라, 생존에 필요한 재화와 서비스를 본인이 스스로 제공하지 않거나 부양자가 제공하지 않는 방임상태도 포함이 되며, 금전적인 갈취나 착취 등으로 노인 학대는 가볍게는 노인에게 말을 함부로 하거나 자존심을 상하게 하는 말을 하는 언어적 학대와 노인의 심기를 불편하게 하는 정서적 학대에서부터 심하게는 노인에게 구타와 폭력을 행하는 신체적 학대, 노인의 재산을 착취하는 재정적 학대까지 포함되며, 좁게는 증거가 명백한 신체적 학대에서부터 넓게는 방임, 자기 방임, 학대까지 포함**되고 있다.

○ 노인 학대, 증여 해제사유로 인정해야 ··· 변협, 「불효자방지법」 정책토론회 개최

"이미 **이행된 증여분**까지도 **반환 청구 가능해야**"

노인 학대를 막기 위한 이른바 「불효자방지법」이 발의된 가운데, 증여의 해제사유를 학대행위까지 포함시켜야 한다는 주장이 나왔다.

대한변호사협회, 민주정책연구원, 국회의원 민병두·이언주 의원실은 2015년 10월 14일 오전 10시 국회의원회관 2층 제2세미나실에서 '불효자방지법, 민법의 권위자에게 듣는다'는 정책토론회를 공동주최했다. 이번 토론회는 한국상속문제연구소 소장인 임채웅 변호사가 좌장을 맡았으며, 서울대 법학전문대학원 윤진수 교수가 발제에 나섰다.

윤 교수는 "망은행위로 인한 증여 해제의 사유를 '범죄행위와 부양의무 불이행'에서 '학대

---

156) 한국형사정책연구원, 「노인의 범죄 및 범죄피해에 관한 연구」, 1995
157) 한동희, 「노인 학대에 관한 연구」, 대구가톨릭대 대학원 박사학위논문, 1996
158) 이해영, 「새로운 복지문제로서의 노인 학대에 대한 고찰」, 『노인복지정책연구』, 제3집, 한국보건사회연구원, 1996

그밖에 현저하게 부당한 대우'를 받은 경우까지 넓혀야 한다"고 주장했다. 기존에 규정된 해제사유만으로는 문제가 되는 망은행위를 다 포섭하지 못한다는 것이다. 또 망은행위와 재산상태 변경으로 인한 해제의 경우에는 이미 이행한 부분에 대해서도 반환을 청구할 수 있도록 해야 한다고 설명했다. 윤 교수는 "실제 망은행위가 문제되는 것은 증여가 이행된 후가 대부분인데, 이미 이행된 부분의 반환을 청구할 수 없다면 수증자의 망은행위에 대한 제재가 불가능하다"며 "사실상 망은행위로 인한 해제를 인정할 실익이 없는 것"이라고 주장했다.

대륙법 국가에서는 일정한 사유가 있으면 증여자가 일방적으로 증여를 철회할 수 있으며 독일, 오스트리아, 스위스, 프랑스 등에서는 망은행위를 증여 철회 사유로 인정하고 있다. 윤 교수는 "증여는 호혜성을 전제로 하는 것"이라면서 "망은행위는 호혜성의 원리에 정면으로 어긋나는 것으로 그에 상응하는 제재가 가해져야 한다."라고 지적했다. 마지막으로 해제사유 확대로 인해 증여를 둘러싼 분쟁이 늘어날 것이라는 일각의 우려에 대해서는 "분쟁 증가 문제는 망은행위 자체에서 기인한 것이지, 망은행위로 인한 해제 때문은 아니다."라고 반박했다.

이어진 지정토론에는 동국대 법학과 이상영 교수, 새누리당 이한성 국회의원, 진형혜 변호사가 참여했다. 이 교수는 "증여와 상속은 조세 측면 등에서도 큰 차이가 없어 증여자는 상속보다는 부양과 같은 조건을 내세울 수 있는 증여 제도를 선호하게 된다"며, "이에 상속결격사유에 대해 규정한 민법 제1004조 역시 불효자식방지법 취지에 맞게 보완할 필요성이 있다"고 목소리를 높였다. 현재 규정돼 있는 상속결격사유의 범위가 매우 좁아 패륜행위, 망은행위를 사유에 추가해 법정상속 제도의 폐해를 막아야 한다는 것이다. 진 변호사는 "우리 민법에서는 해제, 해지, 취소를 엄격히 구분하고 있는데, 해제는 장래는 물론, 기존에 있었던 행위의 효과까지 소급하여 소멸시키는 것으로 정의하고 있다."며, "따라서 증여계약을 해제하는 경우 이미 이행된 증여 부분의 반환을 제외하고 있는 민법 제558조는 민법에 규정된 해제의 소급효에 정면으로 반하는 것"이라고 지적했다.

한편, 9월 9일 민 의원이 대표발의한 불효자방지법은 재산을 증여받은 뒤 부모에게 범죄행위 또는 부양거절을 한 경우뿐만 아니라, 학대 등 부당한 대우를 했을 경우에도 증여를 해제할 수 있게 하고, 증여 해제시에는 이미 이행된 부분까지도 반환할 수 있도록 하는 내용 등을 담고 있다.(『대한변협신문』, 2019.10.19, 3면)

○ 불효자에 회초리 든 법

서울 종로구의 유모(76)씨는 2003년 12월 살던 집을 아들에게 물려주며 각서覺書를 받았다. 각서의 내용은 재산을 물려주는 대신 아들은 부모(유씨 부부)와 한 집에 살면서 충실히 봉양하고, 약속을 지키지 않으면 재산 증여는 없던 일로 한다는 내용이었다. 아들이 효도하는 조건으로 재산을 일찌감치 물려준다는 '효도조건부 증여각서'인 셈이다. 소규모 사업체를 운영하던 유씨는 각서 내용대로 아들에게 2층 집 명의를 넘기고 자신이 보유하던 회사 주식도 물려줬다.

그러나 아들은 약속을 지키지 않았다. 아들 내외는 함께 살게 된 부모와 밥도 같이 먹지 않으려 했다. 집안일은 허리디스크로 거동이 불편한 어머니 몫이 됐다. 2013년이 되자 아들은 부모에게 "요양시설로 들어가라."고 했다. 아버지는 결국 지난 해 7월 딸이 사는 집으로 옮기면서 아들을 상대로 "약속을 어겼으니 집을 돌려달라."며 소송을 냈다.

이에 대해 대법원 3부(주심 김신 대법관)는 "유씨가 아들과 맺은 증여계약은 적법하게 해제된 것으로 봐야 한다."며 "유씨 아들은 아버지에게 집을 돌려주라."고 판결했다고 27일 밝혔다. 법원 관계자는 "부모-자식 관계에도 봉양과 재산증여를 놓고 계약이 성립할 수 있다는 취지의 판결"이라며 "고령화시대로 접어든 우리 사회에서 부모-자식 관계에도 법이 개입하는 것이 불가피한 측면이 있다"라고 했다.(『조선일보』, 2015.12.28, 6면)

(2) 노인 학대의 유형

사회구조 및 가치관의 변화에 따라 노인 학대의 유형은 더욱 다양해질 것으로 보인다. 일반적으로 노인 학대 유형을 (ⅰ) 신체적 학대, (ⅱ) 정서적 학대, (ⅲ) 성적 학대, (ⅳ) 경제적 착취(학대), (ⅴ) 자기방임, (ⅵ) 방임, (ⅶ) 유기라는 7가지 유형(여기에 언어적 학대를 포함시켜 8가지 유형으로 분류하기도 한다.)으로 나누어 볼 수 있다.(노인복지법 제1조의2 4호)

표 2-6 ┃ 노인 학대의 대표적인 유형

유 형	내 용
신체적 학대	가해자가 자신의 신체나 물건을 이용하여 신체의 상해 및 손상, 그리고 고통 및 장애(결손)를 일으키는 모든 형태의 폭력적 행위이다.
정서적 학대	노인 학대 유형 중 언어적 학대와 함께 가장 많이 나타나는 형태의 학대로 가해자가 정신적 고통과 불안감을 조성하는 행위이다. 특히 정서적 학대는 노인을 부양하는 부양자는 학대행위로 인정하지 않지만, 노인은 학대로 느낄 수 있기 때문에 알게 모르게 학대가 지속적으로 계속될 가능성이 많다. 정서적 학대로 우울증을 겪거나 심지어 정신병으로 병원에 입원할 수도 있기 때문에 결코 정서적 학대를 가볍게 여겨서는 안 된다.

5. 노인 학대 관련 법

노인이 가정이나 사회에서 격리되지 않고 젊은 세대와 상호 의존하며 활기차고 건강한 노후생활을 유지할 수 있도록 국가나 사회에서의 노력을 아끼지 말아야 함에도 불구하고, 이미 고령화사회를 경험한 대다수의 국가에서는 노인 학대를 보편적 현상, 즉 주요한 사회 문제로 인식하는 데 주저하지 않고 있다. 우리도 1990년대 중반 이후 노인 학대에 대한 실태조사가 부분적으로 이루어지고 있다.[159] 그리고 노인보호전문기관에 의한 노인학대신고센터가 운영되고 있으나, 현재 가정 폭력에 대한 사회적 관심의 증대에 비해 노인 학대에 대해서는 아직 관심이 부족하다.

현재 노인 학대에 대응할 수 있는 독립된 법이 제정되어 있지 않고, 단지 형법과 「가정 폭력범죄의 처벌 등에 관한 특례법」, 「가정 폭력방지 및 피해자보호 등에 관한 법률」에 의거하여 노인 학대를 가정 폭력의 한 영역으로 사후 개입 차원에서 대응하고 있다.

1) 노인 학대 적용 법적 내용

1997년 「가정 폭력범죄의 처벌 등에 관한 특례법」과 「가정 폭력방지 및 피해자보호 등에 관한 법률」의 제정으로 가족 구성원 사이의 폭력에 대한 사법권의 개입이 가능하게 되어, 노인 학대와 관련된 법률로는 가장 연관성이 많다.

(1) 가정 폭력범죄의 처벌 등에 관한 특례법

이 법은 가정 폭력범죄의 형사처벌 절차에 관한 특례를 정하고 가정 폭력범죄를 범한 자에 대하여 환경의 조성과 성행의 교정을 위한 보호처분을 행함으로써 가정 폭력범죄로 파괴된 가정의 평화와 안정을 회복하고 건강한 가정을 가꾸고 피해자와 가족 구성원의 인권을 보호함을 목적으로 한다.

이 법에서 규정한 바에 의하면 가정 폭력은 "가족 구성원 사이의 신체적, 정신적 또는 재산상 피해를 수반하는 행위"를 말하며(제2조 1항), 이 때 가족 구성원은 (ⅰ) 배우자 또는 배우자 관계에 있었던 자, (ⅱ) 자기 또는 배우자의 직계존비속관계(사실상의 양친자관계)에 있거나 있었던 자, (ⅲ) 계부모와 자, 또는 적모와 서자 관계에 있거나 있었던 자, (ⅳ) 동거하는 친족관계에 있는 자라고 규정하였다.(제2조 2항)

---

159) 최해경, 앞의 논문 ; 한동희, 앞의 논문 ; 이영숙, 「고부관계에 발생한 노인 학대에 관한 연구」, 『대한가정학회지』, 제35권 2호, 1997 ; 김한곤, 「노인 학대의 인지도와 노인 학대의 실태에 관한 연구」, 『한국노년학』, 제18권 1호, 한국노년학회, 1998 ; 조애저 외, 『지역단위 사회복지 서비스 연계체계 구축방안』, 한국보건사회연구원, 1996 ; 서윤, 「노인 학대 사례연구」, 『노인복지연구』, 제9호, 한국노인복지학회, 2000

이 법에 따라 이들 사이에 발생하는 가정 폭력범죄(제2조 3항) 중 노인 학대행위는 아래와 같으며, 형법에 의거한다.

① 노부모의 신체에 대하여 상해 및 존속상해(형법 제257조), 중상해 및 존속중상해(형법 제258조), 폭행 및 존속폭행(형법 제260조), 존속폭행(형법 제261조), 상습범(형법 제264조) 등의 행위를 말한다.

② 노후 질병 그 밖의 사정으로 인하여 부조가 필요한 노인을 보호할 법률상 또는 계약상 의무가 있는 자가 유기 및 존속유기(형법 제271조), 학대 및 존속 학대(형법 제273조) 등의 죄를 범하는 경우를 말한다.

③ 가정 폭력의 대상 중 노부모에 대하여 체포, 감금, 존속체포, 존속감금(형법 제276조), 중체포, 중감금, 존속중체포, 존속중감금(형법 제277조), 특수체포, 특수감금(형법 제278조) 외 상습범(형법 제279조), 미수범(형법 제280조)이 포함된다.

④ 가정 폭력의 대상인 노인에 대하여 협박하는 경우로서 협박 및 존속협박(형법 제283조), 특수협박(형법 제284조) 외 상습범(형법 제285조), 미수범(형법 제286조)이 포함된다.

⑤ 노인의 명예를 훼손하는 경우(형법 제307조)와 모욕을 주는 행위(형법 제311조)도 가정 폭력에 속하는 범죄이다.

⑥ 노인의 주거침입의 죄 중에서 주거·신체수색(형법 제321조)도 죄에 포함된다.

⑦ 노인의 권리행사를 방해하는 강요 및 미수범(형법 제324조)도 폭력에 해당된다.

⑧ 노인에 대한 공갈(형법 제350조) 및 미수범(형법 제352조)의 죄를 말한다.

⑨ 노인의 재물손괴(형법 제366조)도 죄에 해당된다.

⑩ 위 형법의 죄로서 다른 법률에 의한 가중처벌되는 죄도 포함된다.

(2) 가정 폭력방지 및 피해자 보호 등에 관한 법률

「가정 폭력방지 및 피해자보호에 관한 법률」은 가정 폭력을 예방하고 가정 폭력의 피해자를 보호 지원함을 목적으로(제1조) 하고, 국가와 지방자치단체는 모든 개인이 가정에서 안전하고 건강한 삶을 누릴 수 있도록 건전한 가정과 가족 제도를 유지·보호하기 위하여 노력하여야 하며(제3조), 노인 학대 예방과 방지를 위하여 신고체제의 구축 및 운영, 예방과 방지를 위한 연구, 교육 및 홍보, 피해자를 위한 보호시설의 설치·운영 및 그 밖의 피해자에 대한 지원서비스의 제공, 실태조사, 예방과 방지를 위한 관계 법령의 정비 및 각종 정책의 수립 및 시행과 같은 조치를 취하여야 한다.(제4조 1항) 또한 노인 학대 피해자를 보호하기 위하여 (ⅰ) 상담소 설치 및 운영(제5조), (ⅱ) 보호시설의 설치(제7조), (ⅲ) 치료보호 등을 실시(제18조)하도록 규정하고 있다.

2) 노인 학대의 법적 적용의 문제점

현재 노인 학대에 관련한 독립된 법이 제정되어 있지 않고, 「가정 폭력범죄의 처벌 등에 관한 특례법」에서 가정 폭력도 일종의 범죄로 간주하고 가정 폭력을 행하는 자를 처벌하도록 되어 있어 노인 학대는 가정 폭력방지법에 준해서 대응하고 있다. 이 법에 의하면 가정 폭력의 정의가 매우 광범위하고 합의되지 않고 있기 때문에 노인 학대에 대한 정확한 이해와 개념 등에 관한 정립 또한 사회적으로 합의된 정의로 규정하기 어려우며, 노인 학대는 가정 구성원의 범위를 일반적으로 가족원으로 생각하는 사람(특례법 제2조 2항)뿐만 아니라, 동거하는 친족관계에 있는 자를 포함함으로써 비교적 가족원을 넓게 규정하고 있지만, 전반적으로 가족·친족원에 의한 학대만을 다루고 있음을 알 수 있다. 또한 같은 법에서 제시한 가정 폭력은 신체적·정신적·재산상 피해를 주는 행위(특례법 제2조 1항)로 규정하고 있으나, 사실상 대부분의 노인 학대의 유형은 이 법에서 규정하는 행위인 신체적 학대, 정신적·심리적 학대, 경제적·물질적 학대 외에 언어적 학대, 성적 학대, 방임 등 가족원에 의한 학대뿐만 아니라, 자기 자신에 의한 방임 또는 학대의 유형으로 포함시키고 있어 가정 폭력법에 준한 행위를 노인 학대에 적용시키기는 합당하지 않으며, 형법과 「가정 폭력범죄의 처벌 등에 관한 특례법」에서 각종 폭력을 범죄로 간주하여 피해자 본인은 물론 누구든지 신고할 수 있으며, 가정 폭력을 행하는 자를 처벌하도록 되어 있다. 그러나 가정 폭력방지법은 주로 아내 학대에 관한 내용들로 노인 학대의 특수성은 전혀 고려하고 있지 않다. 즉 '의사존중의 원칙'으로 인해 노인 스스로 학대 사실을 인정하고 수사와 형사적 처벌을 요구해야만 가능하다. 그러나 학대의 노출을 꺼려하거나 가해자에 대한 공포와 보복으로 인한 두려움 등으로 인한 신고의 어려움, 노인 학대에 대한 낮은 인지도, 또한 예방정책에 대한 배려 없이 법적 처벌 규정만 명문화되어 있기 때문에 노인 학대는 앞으로 더욱 심하게 은폐될 가능성이 내재되어 있다고 할 수 있다.160) 또한 학대 피해자를 보호하기 위한 상담시설이나 보호시설 등도 모두 아내 학대에 관련된 것으로 노인 학대 피해자들에게 소극적인 대응으로 이루어지고 있어 실제로 보호받지 못하는 한계점을 가진다. 이러한 점으로 보아 노인 학대는 가정 폭력방지법과 같은 형법만으로는 다루어질 수 없으며 가정 폭력을 넘어 보다 넓은 관점에서 다루어질 필요가 있다.

---

160) 이성희·한은주, 「부양자의 노인 학대 경험과 관련 요인」, 『한국노년학』 제18권 3호, 1998, 35면

○ 「노인학대방지법」 제정 및 관련 법 강화

독립된 「노인학대방지법」의 제정이 필요하다. 그러나 당장 법 제정이 어렵다면 우선 단기
적으로 「가정 폭력범죄의 처벌 등에 관한 특례법」과 「가정 폭력방지 및 피해자보호에 관한
법률」에 노인 또는 부모 관련 부문을 강화하여, 의무신고제 도입, 심한 폭력이나 학대를 반
복적·상습적으로 행사하는 가해자의 경우 엄격한 법 적용을 통해 노인에 대한 학대나 폭력의
재발을 막아야 할 것이며, 지속적으로 학대가 발생할 경우 학대 피해자의 보호를 위한 가해
자 감호시설 설치도 고려해야 할 것이다.

노인복지법 또한 고령화 추세와 경제·사회적 여건의 변화에 따른 증가하는 노인 학대 문
제, 노인 안전 문제에 대한 체계적인 대책을 마련하기 위한 새로운 정책적 접근이 요구되고
있는 시점이다. 이에 구체적이고 실질적인 지원을 위해, 사회적 서비스를 통한 상담 및 가족
수발자에 대한 교육, 간병수당 제도 도입 등을 통한 부양 스트레스 및 부담 완화 제어 및 노
인 학대의 원인을 제거하는 방향의 정책 마련과 동시에 노인 학대를 노인복지법의 테두리 안
에서 노인복지의 다양한 제도 및 서비스와지지·자원을 증대시키는 것이 노인 학대를 예방·
감소시키는 데 보다 효과적으로 기여할 수 있을 것이다.

IV. 성과 본

1. 2005년 3월 민법 개정 후

자의 성과 본에 관한 개정 민법은 2008년 1월 1일부터 시행되었다. 개정 민법은 부성 강
제를 완화하기 위한 내용을 담고 있다. 개정 전에는 자녀는 아버지의 성과 본을 무조건 따라
야 했지만, 개정 민법은 자녀가 아버지의 성과 본을 따르는 것을 원칙으로 하지만, 부모가
혼인신고를 할 때 어머니의 성과 본을 따르도록 합의한 경우에는 어머니의 성과 본을 따를
수 있다. 또한 자녀의 복리를 위하여 성과 본을 변경할 필요가 있는 경우에도 가정법원의 허
가를 받아 이를 변경할 수 있도록 하고 있다. 재혼 가정에서 아버지와 자녀의 성이 달라 고
통을 받는 경우 등이 이에 해당한다.

1) 부부와 자의 성과 본

(1) 의의

부부의 성·본에는 성 불변의 원칙이 적용된다.

(2) 친생자의 성과 본

① 부부의 자는 부의 성과 본을 따르는 것이 원칙이다.(제781조 1항 본문) 다만, 부모가 혼인신고시 모의 성과 본을 따르기로 합의한 경우에는 모의 성과 본을 따른다.(제781조 1항 단서)

② 부가 외국인인 경우에는 자는 모의 성과 본을 따를 수 있다.(제781조 2항)

③ 부를 알 수 없는 자는 모의 성과 본을 따른다.(제781조 3항)

④ 부모를 알 수 없는 자는 법원의 허가를 받아 성과 본을 창설한다. 다만, 성과 본을 창설한 후 부 또는 모를 알게 된 때에는 부 또는 모의 성과 본을 따를 수 있다.(제781조 4항)

⑤ **혼인 외의 출생자가 인지된 경우 자는 부모의 협의에 따라 종전의 성과 본을 계속 사용할 수 있다. 다만, 부모가 협의할 수 없거나 협의가 이루어지지 아니한 경우에는 자는 법원의 허가를 받아 종전의 성과 본을 계속 사용할 수 있다.**(제781조 5항)

⑥ 자의 복리를 위하여 자의 성과 본을 변경할 필요가 있을 때에는 부, 모 또는 자의 청구에 의하여 법원의 허가를 받아 이를 변경할 수 있다. 다만, 자가 미성년자이고 법정대리인이 청구할 수 없는 경우에는 제777조의 규정에 따른 친족이나 검사가 청구할 수 있다.

2) 양자의 성과 본

현행 민법에 의하면 이성양자의 경우 성불변의 원칙이 적용되므로 양자의 성은 변경되지 않는다. 그러나 「입양촉진 및 절차에 관한 특례법」에 의한 입양의 경우에는 양친이 원하는 경우 양자의 성과 본을 양친의 성과 본으로 따르도록 할 수 있다.(제8조 1항) 또한 2008년 1월 1일부터 친양자 제도가 도입됨에 따라 **친양자로 입양되는 경우에 그 자는 양친의 성과 본을 따르게 된다.**

판례 | **부자동성父子同姓의 원칙이 헌법에 위반되는지 여부**

▷헌법재판소 재판관 5인의 의견

(1) 양계 혈통을 모두 성으로 반영하기 곤란한 점, 부성의 사용에 관한 사회 일반의 의식, 성의 사용이 개인의 구체적인 권리의무에 영향을 미치지 않는 점 등을 고려할 때 민법 제781조 제1항 본문(2005년 3월 31일 법률 제7427호로 개정되기 전의 것.) 중 "자는 부의 성과 본을 따르고" 부분(이하 '이 사건 법률조항'이라 한다.)이 성의 사용 기준에 대해 부성주의를 원칙으로 규정한 것은 입법형성의 한계를 벗어난 것으로 볼 수 없다.

(2) 출생 직후의 자에게 성을 부여할 당시 부가 이미 사망하였거나 부모가 이혼하여 모가

단독으로 친권을 행사하고 양육할 것이 예상되는 경우, 혼인 외의 자를 부가 인지하였으나, 여전히 모가 단독으로 양육하는 경우 등과 같은 사례에 있어서도 일방적으로 부의 성을 사용할 것을 강제하면서 모의 성의 사용을 허용하지 않고 있는 것은 개인의 존엄과 양성의 평등을 침해한다.(헌재결 2005.12.12, 2003헌가5·6)

(3) 입양이나 재혼 등과 같이 가족관계의 변동과 새로운 가족관계의 형성에 있어서 구체적인 사정들에 따라서는 양부 또는 계부 성으로의 변경이 개인의 인격적 이익과 매우 밀접한 관계를 가짐에도 부성의 사용만을 강요하여 성의 변경을 허용하지 않는 것은 개인의 인격권을 침해한다.

(4) 이 사건 법률조항의 위헌성은 부성주의의 원칙을 규정한 것 자체에 있는 것이 아니라, 부성의 사용을 강제하는 것이 부당한 것으로 판단되는 경우에 대해서까지 부성주의의 예외를 규정하지 않고 있는 것에 있으므로 이 사건 법률조항에 대해 헌법불합치결정을 선고하되, 이 사건 법률조항에 대한 개정 법률이 공포되어 2008년 1월 1일 그 시행이 예정되어 있으므로 2007년 12월 31일까지 이 사건 법률조항의 잠정적인 적용을 명함이 상당하다.

갑이 사망하자 그 처 을이 병과 재혼하였고, 병이 갑·을의 혼생자 정을 적법하게 입양하였는데, 정이 양부 병과의 성을 따르기 위하여 호적정정신청을 하고 위헌법률심판제청을 신청한 사안에서 헌법재판소는 이 사건 법률조항이 부성주의父姓主義를 원칙으로 규정한 것 자체는 헌법에 위반되지 아니하지만, 부성주의를 강요하는 것이 부당한 경우에 대해서도 예외를 규정하지 않은 것이 헌법에 위반되므로 헌법불합치를 선고하고 잠정적용을 명하여야 한다는 재판관 5인의 의견과 이 사건 법률조항이 부성주의를 원칙으로 규정하고 있는 것이 헌법에 위반되므로 위헌을 선고하여야 하지만, 법적 공백과 혼란의 방지를 위해 헌법불합치를 선고하고 잠정적용을 명하여야 한다는 재판관 2인의 의견으로 헌법불합치를 선고하고 잠정적용을 명하였다. 반대의견도 있다. 윤진수(윤진수 외, 『가족법 판례해설』, 세창출판사, 2009, 586면)는 자의 성을 결정하는 것도 친권에 포함되는 부모의 권리로서 부뿐만 아니라, 모두 정당한 이익을 가짐을 들어 2인의 의견이 좀 더 설득력이 있다고 한다.(지원림, 『민법강의』, 홍문사, 2013, 1996면)

제 3 장

상속권

제1절 상속권 및 상속회복청구권

Ⅰ. 개관

1. 상속권의 근거

1) 종래의 학설

상속을 혈연의 대가로 보는 인성설 및 영혼불멸설, 유전설, 피상속인의 의사에서 상속의 근거를 구하는 의사설, 상속은 공유가산을 관리하는 자의 지위의 상속으로 보는 가산공유설, 부양청구권이 상속권에 전화되었다는 사후부양설 등이 주장되었다.

2) 기여분의 청산과 유산에 의한 생활보장의 성격

유전설은 현대사회의 개인은 공동생활을 하며 공동생활에 쓰이는 재산은 어느 가족원의 특유일 수도 있지만, 그 축적에는 배우자 등의 협력이 전제되었으므로 가족원은 잠재적인 공유자이고, 그 재산은 가족원의 생활보장의 담보가 되는 재산이므로 상속의 근거는 사자 개인의사의 추측이란 원리를 넘어 가족원의 유산에 대한 기여분의 청산과 유산에 의한 생활보장을 위한 청산이라는 고차적인 목적에서 파악되어야 할 것이라고 한다.[161] 이와 같이 이해할 때 유언상속과 법정상속을 유기적으로 설명하는 것이 가능하다.

---

161) 김주수·김상용, 『친족·상속법』, 법문사, 2007, 501면

2. 상속의 형태

1) 신분상속·재산상속

신분상속이란 호주 등의 일정한 신분을 승계하는 것을 목적으로 하는 상속형태를 말하며, 재산상속이란 재산관계를 승계의 대상으로 하는 상속형태이다. 민법은 2005년의 개정 전에는 신분상속(호주승계)과 재산상속을 모두 인정하고 있었으나, 민법 개정에 의해 호주승계는 폐지되었다.(2008년 1월 1일 시행) 1990년 민법 개정에서는 호주승계를 상속편에서 분리하여 친족편에서 규율하고 있었으나, 호주승계는 실질적으로 신분상속에 속한다.

2) 생전상속·사망상속

생전상속이란 상속개시를 피상속인의 생존 중에 인정하는 것을 말하며, 사망상속이란 상속개시를 피상속인이 사망시로 함을 말한다. 근대적 상속 제도는 사망상속을 원칙으로 한다. 2005년 민법 개정 전에는 호주상속에 있어서 생전상속을 인정하고 있었다.

3) 법정상속·유언상속

법정상속이란 상속인이 될 자의 범위와 순위가 법률상 정해져 있는 상속형태를 말하고, 유언상속이란 상속인이 피상속인의 유언으로 지정되는 상속형태를 말한다. 우리 민법은 법정상속과 유언상속을 모두 인정하고 있다. 현행 상속법은 법정상속을 기본으로 하면서 유언제도를 인정하고 있지만, 유언으로 상속인을 지정하는 것이 허용되지 않으므로 엄격히 말하면 유언상속을 채용하고 있지 않다. 그러나 유언에 의하여 유언자의 재산적 지위(또는 권리의무)의 승계를 인정하고 있으므로 이를 유언상속이라 해도 무방하다.(동지: 김주수·김상용[162], 반대 곽윤직[163]) 다만, 법정상속에 관한 규정은 유언이 없거나 유언이 무효인 경우에 그것을 보충한다.

4) 단독상속·공동상속

단독상속이란 상속인이 1인으로 한정되어 피상속인의 가장으로서의 지위나 유산 전부를 단독으로 승계하는 상속형태를 말하며, 공동상속이란 상속인이 복수인 경우 그들이 공동으로 상속하는 형태를 말한다. 우리 민법은 호주승계에 대하여는 단독상속주의를 채택하고 있

---

162) 김주수·김상용, 앞의 책, 504면
163) 곽윤직, 『상속법』, 박영사, 1997, 15면

었고, 재산상속에 있어서는 공동상속주의를 채택하고 있다.

5) 강제상속·임의상속

강제상속이란 상속의 포기를 허용하지 않음으로서 상속을 강제하는 것을 말하고, 임의상속이란 상속인의 상속포기를 인정하는 것을 말한다. 우리 민법은 1990년 개정 전에는 호주상속에 있어서 강제상속 제도를 채택하고 있었으나, 그 이후 법 개정에 의하여 호주승계권을 포기할 수 있도록 함으로써 임의상속 제도로 전환하였었다. 재산상속에 있어서는 임의상속 제도를 채택하고 있다.

6) 균분상속·불균분상속

균분상속이란 각 공동상속인에게 귀속하는 상속재산의 비율이 평등한 것을 말하고, 불균분상속이란 그 비율이 평등하지 않은 경우를 말한다. 우리 민법은 현재 균분상속을 원칙으로 하고 있지만, 1990년 민법 개정 전에는 피상속인과 동일 호적 내에 있는 여자 상속인과 동일 호적 내에 있지 않은 여자 상속인과는 상속분이 평등하지 않았으며, 배우자상속에 있어서는 처妻가 상속하는 경우와 부夫가 상속하는 경우 상속분이 평등하지 않았다. 그러나 민법 개정에 의하여 직계비속의 상속분은 남녀에 관계없이 균등하게 되었다.

3. 현행 상속법의 특징

1) 호주 제도의 폐지와 균분공동상속

1990년 민법 개정에 의하여 호주상속 제도가 폐지되고 호주승계 제도로 변화되었고, 호주승계 제도는 상속법의 내용에서 제외되었으나, 2005년 민법 개정에 의해 호주제가 폐지되었고, 2008년 1월 1일부터 시행되었다.

2) 상속인의 범위의 축소

구舊민법은 재산상속인의 범위에 관하여 직계비속, 배우자, 직계존속 및 호주로서 동일가적 내에 있음을 요하였다. 이에 반하여, 민법 제정 당시에는 그 범위를 직계비속, 배우자, 직계존속, 형제자매, 근친(8촌 이내의 방계혈족)까지 확대시키는 동시에 실제적 정의관계를 중심으로 한다고 하여 동일가적 내의 유무를 불문하였다. 그러나 피상속인이 재산형성에 실제로 기여한 바도 없고, 피상속인과 실제로 가족공동생활을 하고 있지도 않았던 사람이 단지 먼 친척이라는 이유로 상속을 받는다는 것은 부당하다는 비판이 있었다.

이에 **1990년 민법 개정**에 의하여 **상속의 제4순위를 피상속인의 4촌 이내의 방계혈족으로 축소하여 '웃는 상속인'을 없앴다.**

3) 여자의 상속권의 확립

1990년 민법 개정에 의하여 동일가적同一家籍 내에 없는 여자의 상속분의 차등을 없애고 다른 상속인과 평등하게 하였으며, 부의 상속분도 처의 상속분과 동등하게 함으로써 상속분에 있어서의 불평등을 해소시켰다.

4) 혼인 중의 자와 혼인 외의 자의 상속분의 동등

민법은 혼인 중의 출생자와 혼인 외의 출생자의 상속분에 있어서 차등을 두지 않았다. 출생시 부모가 혼인 중이었는지의 여부에 따라 차별을 받게 하는 것은 부당하므로 상속분을 동등하게 한 것은 타당하다.(구 민법은 이를 차별하고 있었다.)

5) 기여분 제도의 신설

기여분 제도는 1990년 민법 개정에 의하여 신설되었다.(제1008조의2) 기여분 제도란 상속인 중에서 피상속인의 재산의 유지나 증가에 대해서 특별히 기여를 하였거나, 피상속인을 부양한 사람이 있는 경우에 그 사람에게 그 기여한 만큼의 재산을 가산하여 상속분을 인정해 주는 제도를 말한다.

6) 특별한정승인 제도의 신설

상속인이 중대한 과실 없이 상속채무의 초과사실을 알지 못하고 단순승인을 한 경우에는 상속인에게 다시 한정승인을 할 수 있는 기회를 주는 것이 타당하다는 취지에서 2002년 민법 개정에서 특별한정승인 제도가 신설되었다. 이에 따라 상속인이 중대한 과실 없이 상속채무가 적극재산을 초과한다는 사실을 알지 못한 상태에서 단순승인을 한 경우에는 그 사실을 안 날로부터 3월 내에 한정승인을 할 수 있도록 하였다.(제1019조 3항)

7) 특별연고자에 대한 분여 제도의 신설

1990년 민법 개정에 의하여 특별연고자에 대한 분여 제도를 신설하였다. 이 제도는 상속인이 없는 경우 피상속인과 생계를 같이하였거나, 피상속인의 요양·간호를 한 자 또는 피상속인과 특별한 연고가 있었던 자에게 상속재산의 전부나 일부를 나누어 줄 수 있는 제도이다.(제1057조의2)

제1057조의2(특별연고자에 대한 분여) ① 제1057조의 기간 내에 상속권을 주장하는 자가 없는 때에는 가정법원은 피상속인과 생계를 같이 하고 있던 자, 피상속인의 요양간호를 한 자 그 밖의 피상속인과 특별한 연고가 있던 자의 청구에 의하여 상속재산의 전부 또는 일부를 분여할 수 있다.

② 제1항의 청구는 제1057조의 기간의 만료 후 2월 이내에 하여야 한다.

8) 유류분 제도의 신설

유류분 제도에 관한 관습이 없다는 이유로 민법 제정 당시에는 유류분에 관한 규정을 두지 않았으나, 1977년 민법 개정에 의하여 유류분 제도가 신설되었다.

9) 그 밖의 사항

태아는 이미 출생한 것으로 간주하여 태아의 상속권을 보호하고 있다.(제1064조)

판례 태아의 상속인 자격

(1) 태아가 살아서 출생하지 못한 경우에는 태아는 손해배상청구권 및 상속권을 취득할 수 없다.

(2) 태아가 특정한 권리에 있어서 이미 태어난 것으로 본다는 것은 살아서 출생한 때에 출생시기가 문제의 사건의 시기까지 소급하여 그 때에 태아가 출생한 것과 같이 법률상 보아준다고 해석하여야 상당하므로 그가 모체와 같이 사망하여 출생의 기회를 못 가진 이상 배상청구권을 논할 여지는 없다.(대판 1976.9.14, 76다1365)

4. 상속 및 상속권의 의의

1) 상속의 의의

상속이란 피상속인의 사망으로 일정한 상속인이 그 피상속인의 재산 등을 포함하는 권리·의무를 포괄적으로 승계하는 것을 말한다.(제1005조)

제1005조(상속과 포괄적 권리의무의 승계) 상속인은 상속개시된 때로부터 피상속인의 재산에 관한 포괄적 권리의무를 승계한다. 그러나 피상속인의 일신에 전속한 것은 그러하지 아니하다.

판례 **상속의 합헌성**

상속의 합헌성에 관하여 대법원은 "민법은 상속이 개시되면 상속인이 바로 피상속인의 재산에 관한 포괄적인 권리와 의무를 승계하는 것으로 규정하고 있는 바(민법 제1005조), 이는 상속으로 인한 법률관계를 신속하게 확정함으로써 법적 안정성을 도모하기 위함이고, 다른 한편으로 상속의 포기·한정승인 제도 등을 통하여 상속인으로 하여금 그의 의사에 따라 상속의 효과를 귀속시키거나 거절할 수 있는 자유를 주고 있으므로 위 조항이 헌법상 보장된 재산권을 침해하여 헌법에 위반된다고 볼 수 없고, 나아가 위 조항은 누구든지 상속을 하게 되면 동일하게 적용되는 것이므로 어떤 상속인은 적극재산을 상속하는 한편, 어떤 상속인은 소극재산을 상속한다는 점을 들어 위 조항이 상속인의 평등권을 침해한다고 볼 수도 없다."라고 하였다.(대판 2005.7.22, 2003다43681)

2) 상속권의 의의

민법상 상속권은 세 가지 의미로 해석한다. (ⅰ) 상속개시 전에는 상속인이 기대권으로서 상속권을 가진다. 그 이유로서 일정한 결격사유가 없으면 상속권을 상실당하지 않는다는 점(제1004조), 유류분을 가지는 상속인에 대해서는 일정한 보호가 주어진다는 점(제1112조)에서 기대권으로 해석된다. 직계존속 이하의 4촌 이내의 혈족이 상속권에 이르면 그 권리성은 더욱 희망에 가깝다. 이러한 상속권을 기대권적 상속권이라 한다. (ⅱ) 상속개시 후 승인·포기 전에 상속인이 가지는 상속권이다.(제1019조) 대개 3개월 동안이며, 이 단계의 상속권은 상속을 승인하면 확정적으로 상속재산이 귀속하게 되나, 상속을 포기하면 아무런 권리·의무도 승계하지 아니한다. 이러한 상속인의 상속권을 형성권적 상속권이라 한다. (ⅲ) 상속개시 후에 상속인이 상속의 효과를 승인한 경우 상속인의 상속권을 기득권적 상속권이라 한다. 상속권을 침해받은 자에게는 상속회복청구(제999조)가 허용된다.[164] 따라서 상속권은 상속 전에는 기대권으로서 상속개시 후에는 실체적 권리로서의 성질을 가진다.

---

164) 이경희, 『친족·상속법(가족법)』, 법원사, 2001, 233 − 234면

II. 상속의 개시

1. 개시원인

1) 사망·실종선고·인정사망의 경우

상속은 사망의 경우에만 인정되나, 실종선고는 사망을 의제하므로 실종선고를 받은 자는 실종기간이 만료한 때 사망한 것으로 보아 그것에 의하여 **상속이 개시된다.** 또한 **인정사망**의 경우에도 사망한 것으로 추정되어 상속이 개시된다.

2) 피상속인의 사망시에 발생

상속은 사망으로 인하여 **개시되므로 '상속인이 그것을 알았느냐'**의 여부는 **중요하지 않으며, 상속신고나 상속등기가 있어야 비로소 상속이 개시되는 것도 아니다.**(제997조)

2. 상속의 개시시기·장소·비용

1) 시기

상속개시의 시기는 상속원인이 발생한 때이다. 실제로 사망의 사실이 발생한 때 상속이 개시된다. 실종선고의 경우는 실종기간만료시(제28조), 천재지변 등에 따른 사망의 경우는 공무원이 사망을 추정한 때(가등법 제87조)에 상속이 개시된다.

2) 장소와 비용

[1] **상속의 개시장소는 피상속인의 주소지가 된다.**(제998조) 이는 주로 상속사건(민사소송법 제22조, 가사소송법 제3조 1항)과 파산사건(채무자회생 및 파산에 관한 법률 제3조 8항)의 재판관할을 확정하는 데 필요하다. 또한 상속세의 부과·징수의 경우에 상속재산의 가액을 평가하는 표준이 된다. 그러나 상속사건에는 상속개시 전의 사건(유언에 대한 생전 검인; 제1070조 2항)도 있으므로 피상속인의 주소란 피상속인의 상속개시시의 주소에 한하지 않는다. 따라서 상속사건의 전부를 포괄하는 단일의 재판관할은 존재하지 않는다고 보아야 한다.[165] 그렇다면 상속개시에 관한 제998조를 규정한 의미는 실질적으로 없다고 보아야 한다. 피상속인의 주소가 복수인 경우에는 관할법원이 복수로 있는 것이 되는데, 이러한 경우 가사비송사건에 대해서는 최초의 사건의 신청을 받은 법원이 그 사건을 관할한다.(가사소송법 제34조, 비송사건

---

165) 김주수·김상용, 앞의 책, 519면

절차법 제3조)는 명문 규정이 있다. 가사소송사건에 대해서도 가사비송사건과 같이 최초로 소가 제기된 법원이 관할법원이 된다고 해석된다.

[2] **상속의 비용은 상속재산** 중에서 **지급된다.**(제998조의2) 여기서 말하는 상속비용이란 상속재산에 관한 이해관계자를 보호하기 위하여 지출되는 비용으로 관리비용, 소송비용, 재산목록작성비용, 유언집행비용, 조세 그 밖의 공과금 및 장례비용 등을 말한다.

이 규정은 한정승인, 상속포기, 상속재산의 파산, 재산분리 등의 경우에 실익이 있다. 단순승인의 경우에는 이 비용은 상속인이 부담하든, 상속재산에서 지급하든 결과에 있어서는 차이가 없으나, '상속인이 수 인일 때에는 누가 어떠한 비율로 부담하느냐?'가 의문이므로 이 규정의 실익이 없다고 할 수 없다.

〔판례〕 **특정인의 상속세 납부에 공여되었다고 하여 이를 공동상속인들 전체의 상속비용으로 보아 분할 대상 상속재산에서 제외하는지 여부**

구상속세 및 증여세법(2010년 1월 1일 법률 제9916호로 개정되기 전의 것) 제3조 제1항은 "상속인은 각자가 받았거나 받을 재산의 비율에 따라 상속세를 납부할 의무가 있다."라고 정하고, 그 제4항은 제1항의 규정에 의한 상속세는 "상속인 각자가 받았거나 받을 재산을 한도로 연대하여 납부할 의무를 진다."라고 정하고 있다.

위 법규정에 의하면, 공동상속인들 각자는 피상속인의 상속재산 총액을 과세가액으로 하여 산출한 상속세 총액 중 그가 상속으로 받았거나 받을 재산의 비율에 따른 상속세를 납부할 고유의 납세의무와 함께 다른 공동상속인들의 상속세에 관하여도 자신이 받았거나 받을 재산을 한도로 연대하여 납부할 의무가 있다.

그런데 공동상속인들은 과세권자에 대한 관계에서 각자 고유의 납세의무와 함께 다른 공동상속인의 상속세에 대하여도 연대하여 납세의무를 부담하는 것이지, 공동상속인들 사이에서 다른 공동상속인 고유의 상속세에 대하여 종국적인 책임을 부담하는 것은 아니다. 따라서 공동상속의 경우 상속재산의 분할 전에 법정상속분에 따라 공동상속인 중 특정한 1인에게 귀속되는 부분이 그 특정인의 상속세 납부에 공여되었다고 하여 이를 공동상속인들 전체의 상속비용으로 보아 분할 대상 상속재산에서 제외하여서는 아니 된다.(대판 2013.6.24, 2013스33·34)

III. 상속회복청구권

1. 의의 및 입법 취지

1) 의의

상속회복청구권은 진정한 상속인이 그 상속권의 내용의 실현을 방해하고 있는 자에 대하여 상속권을 주장함으로써 그 방해를 배제하고, 현실로 상속권의 내용을 실현하는 것을 목적으로 하는 청구권을 말한다. 연혁적으로 상속회복청구권은 로마법에 연원을 두고 있다.

2) 입법 취지

[1] 피상속인의 사망과 동시에 등기·인도 등을 불문하고 상속재산의 소유권은 진정한 상속인에게 이전되므로 진정한 상속인은 소유권에 기한 반환청구를 할 수 있다. 그럼에도 불구하고 민법이 이와 별도로 상속회복청구권을 규정하고 있는 취지가 문제된다.

[2] 상속인이 상속재산 전체를 정확하게 파악하는 것이 곤란한 경우가 많으므로 상속재산을 일일이 열거하지 않고 침해자에 대하여 일괄적으로 회복청구를 할 수 있도록 한 것이다. 또한 개별적인 권리로서 청구할 때에는 그 목적물에 대한 피상속인의 권원까지 입증해야 하지만, 상속회복청구권을 행사할 때에는 자신이 상속권자라는 사실과 목적물이 상속개시 당시에 피상속인의 점유에 속하고 있었다는 사실만 증명하면 족하다는 데 그 취지가 있다. 나아가 참칭상속인의 상속재산에 대해서 한 관리·처분이 무효라고 해서 진정상속인이 언제까지나 반환을 청구할 수 있도록 하는 것은 참칭상속인에게 가혹할 뿐만 아니라, 참칭상속인과 거래한 제3자의 이익을 해칠 우려가 있으므로 제척기간 제999조 제2항을 정함으로써 조속한 권리관계의 안정을 기하도록 한 것이며, 이것이 주된 목적이라 할 수 있다.(동지: 이경희166))

> 판례 **상속회복청구권의 행사에 관한 관습의 관습법적 효력 부정**

"사회의 거듭된 관행으로 생성한 어떤 사회생활규범이 관습법으로 승인되려면, 그 규범이 헌법을 최상위 규범으로 하는 전체 법질서에 반하지 아니하는 것으로서 정당성과 합리성이 있다."라고 인정될 수 있어야 하는 것인 바, 제정 민법이 시행되기 전에 존재하던 관습 중 "상속회복청구권은 상속이 개시된 날부터 20년이 경과하면 소멸한다."는 내용의 관습은 이를

---

166) 이경희, 앞의 책, 304면

적용하게 되면 20년의 경과 후에 상속권 침해가 있을 때에는 침해행위와 동시에 진정상속인은 권리를 잃고 구제를 받을 수 없는 결과가 되어 불합리하고, 헌법을 최상위 규범으로 하는 법질서 전체의 이념에도 부합하지 아니하여 정당성이 없으므로 위 관습에 법적 규범인 관습법으로서의 효력을 인정할 수 없다고 할 것이다. 이와 달리 위 관습을 법적 규범인 관습법으로서의 효력이 있는 것으로 보아 이를 적용할 수 있다고 판시한 종전의 대법원 판결들은 이와 배치되는 범위 내에서 변경하기로 한다.(대판 <전합> 2003.7.24, 2001다48781)

2. 법적 성질

1) 이행의 소

상속회복청구권이 참칭상속인의 지위를 부정하고 진정상속인의 상속자격을 확인하는 데 불과한 '확인의 소'라는 견해도 있으나, '이행의 소'라는 것이 통설인데, 이처럼 이행의 소로 볼 때에는 제척기간과 관련하여 개별 물권적 청구권과의 관계가 문제된다.

2) 학설

(1) 독립청구권설

상속회복청구권은 상속법상의 고유한 청구권으로서 상속권을 청구원인으로 하므로 소유권 등에 기한 물권적 청구권과 같은 개별적 청구권과는 다르다고 보아 상속회복청구권이 제척기간에 걸린 후에도 개별적 청구권은 행사할 수 있다는 견해[167]이다. 이 견해에서는 '상속재산을 둘러싼 법률관계의 조속한 안정'은 상속회복청구권의 입법 취지로 보지 않는다.

(2) 집합권리설

상속회복청구권은 개별적 청구권의 집합에 불과하다고 보아 상속재산의 회복을 위한 소는 포괄적으로 행해지든, 개별적 청구권에 기하여 행해지든 참칭상속인을 상대로 하는 것이라면 모두 상속회복청구권이라는 견해[168]이다. 따라서 제999조의 제척기간이 경과한 후에는 개별적 청구권에 기한 상속재산회복도 불허된다고 본다.

집합권리설을 단순한 상속재산의 반환청구권의 집합이라고 이해함으로써 물권법상 일반적으로 긍정되어 있는 소유물반환청구권의 비소멸성이 진정상속인과 참칭상속인 사이에서만은 예외적으로 부정된다고 하여야 하는 모순이 있게 된다면서 집합권리설은 부당하다는 견

---

167) 박병호, 「상속회복청구권 관견」, 『곽윤직 교수 화갑기념 민법학논총』, 박영사, 1985, 832면 이하.
168) 김주수·김상용, 앞의 책, 525면

해[169])도 있다. 그런데 상속재산은 물권뿐만 아니라 채권 등 여러 가지로 구성되어 있는데, 그러한 상속재산에 대한 권리가 침해되었을 때 그에 대한 회복청구권이 상속회복청구권이므로 여러 가지 권리가 집합된 성질을 갖는 권리이지만, 상속을 원인으로 하여 재산반환을 청구하는 경우에는 소의 명칭이 어떻든 상속회복청구권으로 보아 제척기간이 적용된다는 것이므로 단순한 물권적 반환청구권과는 다르다.[170]

(3) 판례

청구형태는 어떠하든지 자기가 진정상속인이며 상대방이 참칭상속인인 것을 이유로 하여 상속재산의 인도를 구하는 것이면 모두 상속회복청구권이다. **상속회복청구권은 물권적 청구권** 그 밖의 **재산권의 주장** 등 **개별적 청구권의 집합**(이른바 **집합권리설**)이다. 다만, 상속재산은 포괄적으로 승계되므로 상속회복청구권을 한 개의 소로 제기할 수 있다는 데 의의가 있을 뿐이다. 따라서 물권적 청구권과 상속회복청구권은 별개의 것이 아니며, 양자는 법조경합관계에 있다고 한다.(대판 1981.1.13, 80사26)

판례의 입장을 독립권리성의 입장이라고 보는 견해[171]가 있지만, 판례는 분명하게 "소유권 또는 지분권이 귀속되었다는 주장이 상속을 원인으로 하는 이상 그 청구권인 여하에 불구하고, 이는 상속회복청구의 소라고 함이 상당하다."(대판 2007.4.26, 2004다5570)라고 함으로써 집합권리설의 입장에 서 있다.(동지: 김주수·김상용[172])

(4) 사견

독립청구권설에 의하면 거래관계의 조기안정을 의도하는 제999조의 단기 제척기간 제도가 무의미해지므로 집합권리설이 타당하다.

3. 상속회복청구권의 행사

1) 회복청구권의 당사자

(1) 청구권자(상속권자 또는 그 법정대리인)

[1] 진정상속인으로부터 상속을 양도받은 포괄승계인(제1011조)은 상속인에 준하여 상속회복청구권이 있으나, 진정상속인의 일신전속권이므로 상속인의 특정승계인은 제외된다.

[2] 상속분의 양도를 받은 자는 상속회복청구권을 행사할 수 있다.

---

169) 곽윤직, 앞의 책, 285 − 286면
170) 김주수·김상용, 앞의 책, 524면
171) 곽윤직, 앞의 책, 281면
172) 김주수·김상용, 앞의 책, 524면

[3] 상속회복청구권의 상속에 관한 문제로서 '상속권을 침해당한 상속인이 상속회복청구를 하지 않고 사망한 경우 상속회복청구권이 상속되는가?'에 대하여 이는 일신전속권으로서 상속되지 않고, 상속인은 자기 고유의 대습상속권 침해로서 상속회복청구를 할 수 있다고 보아야 할 것이다.

[4] **상속개시 후에 인지를 받은 자도 포함된다.** 민법 제1014조에 의하여 **상속개시 후의 인지 또는 재판의 확정에 의하여 공동상속인이 된 자가 분할을 청구할 경우에 다른 공동상속인이 이미 분할** 그 밖의 **처분을 한 때에는 그 상속분에 상당한 가액의 지급을 청구할 권리가 있는 바,** 이 **가액청구권은 상속회복청구권의 일종이다.**(대판 1993.8.24, 93다12)

[5] 재산상속에 있어서는 보통 공동상속인인 경우가 많으므로 공동상속인 전원이 하는 경우가 많겠지만, 전원이 반드시 공동으로 할 필요는 없다.

(2) 회복청구의 상대방

가. 참칭상속인

[판례] **참칭상속인의 의미**

(1) 상속회복청구권이 제척기간의 경과로 소멸된 경우 참칭상속인이 상속개시일로 소급하여 상속인의 지위 및 상속재산의 소유권을 취득하는지 여부(**적극**)

(2) 상속회복청구권의 상대방이 되는 참칭상속인의 의미 : 상속회복청구의 상대방이 되는 참칭상속인이라 함은 정당한 상속권이 없음에도 재산상속인임을 신뢰케 하는 외관을 갖추거나 상속인이라고 참칭하면서 상속재산의 전부 또는 일부를 점유함으로써 진정한 상속인의 재산상속권을 침해하는 자를 가리킨다.

(3) 아무 근거 없이 피상속인의 호적에 호주상속신고를 한 것으로 기재되어 있으나, 상속재산인 미등기 부동산에 관하여 등기를 마치거나 점유한 적이 없고 호적상으로도 피상속인의 법정상속인에 해당할 여지가 없는 자가 참칭상속인에 해당하는지 여부(**소극**) : 상속재산인 미등기 부동산을 임의로 매도한 자가 아무 근거 없이 피상속인의 호적에 호주상속신고를 한 것으로 기재되어 있으나, 상속재산인 미등기 부동산에 관하여 상속인이라고 참칭하면서 등기를 마치거나 점유를 한 바가 없고, 또한 피상속인의 호적에 의하더라도 피상속인의 시동생의 손자로서 피상속인의 법정상속인에 해당할 여지가 없어 그 유산에 대하여 상속권이 없음이 명백한 경우 그 자를 상속회복청구의 상대방이 되는 참칭상속인에 해당한다고 볼 수 없다.(대판 1998.3.27, 96다37398)

[1] 상속회복청구의 상대방이 되는 참칭상속인이라 함은 정당한 상속권이 없음에도 재산상속인임을 신뢰하게 하는 외관을 갖추고 있는 자나 상속인이라 참칭하여 상속재산의 전부 또는 일부를 점유하고 있는 자로서 참칭상속인의 상속인도 참칭상속인이다.

[2] 상속권을 주장하지 않고 상속재산을 점유하는 자와 특정의 권원을 주장하여 상속재산을 점유하는 자는 어떠한가? 판례에 의하면,"예컨대, 피상속인으로부터 매매 또는 증여에 의하여 상속재산을 취득하였다고 하는 자는 상속권을 주장하는 것이 아니고, 상속회복청구권자의 상속권의 행사를 방해하는 것이 아니므로 통상적인 재산권 침해에 해당한다고 보아야 한다."라고 하여 상속회복청구권의 상대방이 되지 않는다고 한다. 이러한 때에는 보통의 물권적 청구권 등 방해배제의 청구를 하면 족하고, 상속회복청구권자의 상대방에게 단기제척기간에 의한 보호를 할 필요가 없다고 한다.

그러나 우리 민법상의 상속회복청구권의 근거를 진정상속인의 상속재산의 회복이라는 점에서 구하고 그 성질을 개별적 청구권의 집합이라고 이해한다면 표현상속이나 참칭의 유무는 문제가 아니고, 상속재산이 정당한 권원자에게 귀속하고 있는지의 여부만이 문제가 된다. 따라서 우리 민법에서는 자기의 상속권을 주장하지 않고 청구자의 상속권만을 다투는 상속재산의 점유자는 물론, 아무런 상속권을 다투지 않고 단순히 자기의 점유하에 있는 재산이 상속재산에 속하지 않는 것만을 주장하는 자도 또한 상속회복청구의 상대방이 된다고 보아야 한다.(동지: 김주수·김상용173))

[3] 상속등기가 공동상속인 중 1인 명의로 경료된 경우 그 등기 명의인이 참칭상속인에 해당하는지 여부 : (ⅰ) 상속재산인 부동산에 관하여 공동상속인 중 1인 명의로 소유권이전등기가 경료된 경우 그 등기가 상속을 원인으로 경료된 것이라면 등기 명의인의 의사와 무관하게 경료된 것이라는 등의 특별한 사정이 없는 한, 그 등기 명의인은 재산상속인임을 신뢰하게 하는 외관을 갖추고 있는 자로서 참칭상속인에 해당한다.(대판 1997.1.21, 96다4688) (ⅱ) 소유권이전등기에 의하여 재산상속인의 외관을 갖추었는지 여부의 판단기준 : 소유권이전등기에 의하여 재산상속인임을 신뢰하게 하는 외관을 갖추었는지의 여부는 권리관계를 외부에 공시하는 등기부의 기재에 의하여 판단하여야 하므로, 비록 등기의 기초가 된 보증서 및 확인서에 취득원인이 상속으로 기재되어 있다 하더라도 등기부상 등기원인이 매매로 기재된 이상, 재산상속인임을 신뢰하게 하는 외관을 갖추었다고 볼 수 없다.(대판 1997.1.21, 96다4688)

[4] 진정상속인과 참칭상속인이 주장하는 피상속인이 서로 다른 사람인 경우 상속회복청구의 소라고 할 수 있는지 여부 : 상속회복청구의 소는 진정상속인과 참칭상속인이 주장하

173) 김주수·김상용, 앞의 책, 529면

는 피상속인이 동일인임을 전제로 하는 것이므로 진정상속인이 주장하는 피상속인과 참칭상속인이 주장하는 피상속인이 다른 사람인 때에는 진정상속인의 청구원인이 상속에 의하여 소유권을 취득하였음을 전제로 한다고 하더라도 이를 상속회복청구권의 소라고 할 수 없다. (대판 1998.4.10, 97다54345)

나. 다른 상속인의 상속분을 침해하는 공동상속인

공동상속인 중의 일부를 제외하고 다른 자만이 상속등기를 하거나 분할해 버린 때에는 그 제외된 상속인의 상속권이 침해당하고 있으므로 그 침해자인 다른 공동상속인은 그 상대방이 된다.

다. 참칭상속인으로부터 상속재산을 전득한 제3자

통설·판례는 위와 같은 제3자에 대해서도 상속회복청구를 긍정한다.(대판 1977.11.22, 77다1744 ; 대판 1981.1.27, 79다854) 따라서 진정상속인은 제3자에 대하여 침해를 안 날로부터 3년, 상속권의 침해행위가 있은 날로부터 10년 내에 반환을 청구해야 한다. 그 근거는 제3전득자에게 단기의 제척기간을 적용하지 않으면 제척기간 경과로 참칭상속인이 상속재산에 대한 정당한 권리를 취득하였음에도 불구하고 제3전득자에게 제척기간의 정함이 없는 물권적 청구권을 행사할 수 있게 되어 이론적으로 모순이 되고, 이렇게 되면 거래의 조기안정을 의도하는 단기의 제척기간 제도가 무의미해지기 때문이다.

2002년 민법 개정 전에는 "상속회복청구권은 그 침해를 안 날부터 3년, 상속이 개시된 날부터 10년을 경과하면 소멸된다."라고 규정하고 있었다. 따라서 개정 전의 규정에 의하면 상속이 개시된 날로부터 10년이 경과한 시점에서 참칭상속인이 진정한 상속인의 상속권을 침해하면 진정한 상속인은 상속회복청구를 할 수 있는 기회조차 갖지 못한다는 문제가 있었다. 이러한 이유로 헌법재판소는 2001년 7월 19일에 제999조 제2항 중 '상속이 개시된 날로부터 10년' 부분은 헌법에 위반된다는 결정을 내렸다.

판례 | 민법 제999조 제2항의 '상속이 개시된 날로부터 10년'에 대한 위헌 결정

상속회복청구권은 사망으로 인하여 포괄적인 권리의무의 승계가 이루어지는 상속에 즈음하여 참칭상속인에 의하여 진정상속인의 상속권이 침해되는 때가 적지 않음을 고려하여 진정상속인으로 하여금 참칭상속인을 배제하고 상속권의 내용을 실현할 수 있게 함으로써 진정상속인을 보호하기 위한 권리인 바, 상속회복청구권에 대하여 상속 개시일부터 10년이라는 단기의 행사기간을 규정함으로 인하여, 위 기간이 경과된 후에는 진정한 상속인은 상속인으로서의 지위와 함께 상속에 의하여 승계한 개개의 권리의무도 총괄적으로 상실하여 참칭상속인을 상대

로 재판상 그 권리를 주장할 수 없고, 오히려 그 반사적 효과로서 참칭상속인의 지위는 확정되어 참칭상속인이 상속개시의 시점으로부터 소급하여 상속인으로서의 지위를 취득하게 되므로 이는 진정상속인의 권리를 심히 제한하여 오히려 참칭상속인을 보호하는 규정으로 기능하고 있는 것이라 할 것이어서 기본권 제한의 한계를 넘어 헌법상 보장된 상속인의 재산권, 행복추구권, 재판청구권 등을 침해하고 평등원칙에 위배된다.(헌재결 2001.7.19, 99헌바9·26·84, 2000헌바11, 2000헌가3, 2001헌가23(병합))

판례 **제999조 제2항의 제척기간**

피인지자 등의 상속분 상당 가액지급청구권에 제999조 제2항 소정의 제척기간이 적용되고, 같은 항에서 3년의 제척기간의 기산일로 규정한 '그 침해를 안 날'이라 함은 피인지자가 자신이 진정상속인인 사실과 자신이 상속에서 제외된 사실을 안 때를 가리키는 것으로 혼인 외의 자가 법원의 인지판결 확정으로 공동상속인이 된 때에는 그 인지판결이 확정된 날에 상속권이 침해되었음을 알았다.(대판 2007.7.26, 2006므2757·2764)

헌법재판소 결정의 다수의견은 재1014조의 가액지급청구원에 상속회복청구권의 제척기간인 제999조 제2항 중 '상속권의 침해행위가 있은 날부터 10년'부분을 적용하는 것이 상속개시 후에 공동상속인으로 확정된 자의 재산권, 재판청구권을 침해하거나 평등원칙에 위배되지 않는다고 하였다.(다만, 그 기산점을 '상속재산에 관한 등기 그 밖의 처분이 있은 날'로 볼 것인지, 아니면 '인지 또는 재판이 확정된 날'로 볼 것인지에 관하여 견해가 일치되지 않았다.)

그러나 4인의 재판관은 "제1014조에 규정된 가액지급청구권은 상속자격을 갖춘 진정한 공동상속인 사이에서 상속분을 적절하게 분할하고 배분하기 위하여 인정된 상속재산분할청구권으로서, 권리의 상대방이 참칭상속인이 아니라 진정한 공동상속인인 점, 권리의 구제방식이 민사소송 절차가 아닌 가사소송 절차인 점, 제3자의 법률적 지위 및 거래의 안전을 위하여 진정상속인의 권리행사를 제한할 필요가 없다는 점에서, 상속회복청구권과 명백히 구별"되고, 제1014조에 제999조 제2항이 적용된다고 해석하여 "10년의 제척기간을 적용하면, 인지 또는 재판의 확정이 상속권의 침해가 있은 날로부터 10년이 지난 후에 이루어진 경우에는 가약지급청구를 원천적으로 할 수 없게 되는 결과가 발생하는데, 이는 가액지급청구권이라는 우회적·절충적 형태를 통해서라도 피인지자 등의 상속권을 뒤늦게나마 보상해 주겠다는 입법취지와 피해의 최소성 원칙에 반하고 법익의 균형성도 갖추지 못한 것으로 결국 과잉금지 원칙에 위반하여 청구인들의 재산권과 재판청구권을 침해하므로 헌법에 위반된다."는 반대의견을 주장하였다.(헌재결 2010.7.29, 2005헌바89)

라. **상속개시 후에 인지된 혼인 외의 출생자** 등의 **상속회복**에 관한 **특칙(제1014조)**

인지의 소급효에 의하여 다른 공동상속인에 대하여 상속회복청구를 할 수 있으나, 상속재산이 이미 분할되었거나 그 밖에 상속재산이 처분된 후라면 자기의 상속분에 상당한 가액의 지급을 청구하는 것이 가능하다. 이러한 가액지급청구권의 법적 성질도 상속회복청구권의 성질을 가지므로 단기의 제척기간의 제한을 받으며, 인지심판확정일로부터 침해를 알았다고 본다.

2) 상속회복청구권의 행사

(1) 행사 방법

재판상·재판 외의 청구 모두 가능하다. 공동상속의 경우는 반드시 공동상속인 전원이 공동으로 행사하여야 하는 것은 아니다. 즉 필요적 공동소송은 아니다. 상속재산의 인도나 상속등기의 말소청구의 내용이 상속권의 침해에 대한 회복을 구하는 때에는 소의 명칭에 관계없이 모두 상속회복청구의 소라고 할 수 있다.

(2) 당사자요건 사실

청구인은 자기가 상속권을 가지는 사실 및 청구의 목적물이 상속개시 당시 피상속인의 점유에 속하였던 사실을 증명(입증)하고, 상대방은 상속재산에 특정의 권원을 가지고 있는 사실을 증명(입증)해야 한다.

3) 행사의 효과

(1) 당사자 사이의 효과

참칭상속인이 악의이면 취득한 재산의 전부를 반환하는 동시에 과실과 사용이익에 대하여도 반환의무를 진다.(제201조 2항) 다만, '과실에 관하여는 선의점유자의 과실취득권에 관한 규정이 적용되는가?'에 관하여 학설이 대립된다. 유력설은 상속재산을 구성하므로 선의의 참칭상속인이라도 이를 취득하지 못한다고 한다.

(2) 참칭상속인의 양도행위와 제3자에 대한 효과

가. 참칭상속인인으로부터 상속재산을 양수한 제3자

이들은 제척기간이 경과하면 무조건 보호되는 자가 되나, 제척기간의 경과 전이라면 이들도 상속회복청구권의 상대방이 되지만, 동산과 부동산에 따라 법률관계가 달라진다.

① 선의취득이 인정되는 경우 : 상속재산이 동산, 지시채권, 무기명채권, 유가증권 등일

경우에는 선의취득을 인정할 수 있다.

② 선의취득이 부정되는 경우 : 부동산의 경우에는 등기에 공신력이 없으므로 선의라도 반환해야 한다.

나. 공동상속인으로부터 상속재산을 양수한 제3자

일본 판례는 공동상속인의 1인이 단독 명의로 등기한 부동산을 경락하여 소유권 취득의 등기를 한 제3자는 유효하게 권리를 취득함을 인정하고 있다. 그러나 판례는 이들도 상속회복청구권의 상대방이 된다고 하여 보호되지 않는다고 한다.(대판 1989.1.17, 87다카2311) 입법론으로서는 실종선고취소의 효과에 관한 규정(민법 제29조 2항)이나 상속재산의 분할의 소급효에 관한 규정(제1015조 단서)과 같은 특별 규정이 필요하다.

(3) 참칭상속인에 대한 채무의 변제

채무자가 선의·무과실로 변제하면 채권의 준점유자에 대한 변제로서 효력이 있다.(제470조) 따라서 진정상속인은 참칭상속인에 대하여 부당이득반환청구권을 행사할 수 있을 뿐이다.

4. 상속회복청구권의 소멸

1) 상속회복청구권의 포기

상속개시 전에는 포기할 수 없고 상속개시 후에만 가능하다. 상속회복청구권은 그 포기로 소멸한다.

2) 제척기간의 경과

[1] 상속회복청구권은 그 침해를 안 날로부터 3년, 상속권의 침해가 있은 날로부터 10년을 경과하면 소멸된다.(제999조 2항)

[2] 상속권의 침해를 안 날이란 상속권의 침해를 사실상 안 날을 말한다. 판례는 혼인 외의 **출생자가 인지청구를 하였을 때에는 인지심판확정일로부터 침해를 안 것으로 해석**한다.(대판 1977.2.22, 76므55)

[3] 직권조사사항 : 참칭상속인이 등록부상에 기재되었다고 하여 진정상속인이 침해를 알았다고 추정할 수 없으며, 침해사실을 알았다는 사실은 그것을 주장하는 자가 입증하여야 한다.(대판 1962.6.21, 62다196) 위 기간은 제척기간이므로 상대방의 항변이 필요 없이 직권으로 고려된다.

[4] 2002년 개정 전의 규정은 상속회복청구권이 그 침해를 안 날로부터 3년, 상속개시일

로부터 10년을 경과하면 소멸하도록 되어 있었으며, 이는 진정상속인의 보호에 미흡하므로 제척기간을 연장하여 그 침해를 안 날로부터 3년, 상속권의 침해행위가 있은 날부터 10년을 경과하면 소멸하도록 하여 진정상속인을 보호하고 있다.

3) 상속회복청구권 소멸의 효과

[1] 상속회복청구권이 소멸하면 그 후 기존의 법률관계가 절대적으로 확정된다. 진정상속인은 상속개시시로 소급하여 상속권을 상실하며, 참칭상속인은 상속재산을 취득하게 된다.

[2] 상속회복청구권이 제척기간의 경과로 소멸하게 되면 상속인은 상속에 따라 **승계한 개개의 권리·의무** 또한 **총괄적으로 상실하게 되고, 그 반사적 효과로서 참칭상속인의 지위는 확정되어 참칭상속인이 상속개시시로부터 소급하여 상속인으로서의 지위를 취득한 것으로 봄이 상당하다**고 하였다.(대판 1998.3.27, 96다37398)

Ⅳ. 상속인

1. 상속능력

1) 의의

상속능력이란 상속인이 될 수 있는 자격을 말한다. 현행 민법에서의 상속은 순수한 재산상속이므로 권리능력이 있는 자는 모두 상속능력이 인정된다. 다만, 상속능력은 자연인에 대하서만 인정되며, 법인은 권리능력이 있더라도 상속능력이 없다. 그러나 법인은 포괄적 유증(제1078조)을 받을 수 있으므로 실질적으로 상속과 동일한 결과를 가져오게 할 수 있다.

2) 동시존재의 원칙

상속인으로 될 자는 상속개시시에 존재하고 있어야 한다. 이를 동시존재의 원칙이라 한다. 상속의 동시존재의 원칙과 관련하여 태아의 권리능력이 문제되는데, 민법은 "태아의 상속순위에 관하여 이미 출생한 것으로 본다."(제1000조 3항)라고 하여 이 원칙의 예외를 인정하고 있다. 이 의미에 관하여는 해제조건설과 정지조건설이 대립한다. 해제조건설은 태아인 상태에서도 이미 상속능력을 가지며, 만약 태아가 사산되면 상속개시시에 소급하여 상속능력을 잃는다는 것이다. 반면에, 정지조건설은 출생을 조건으로 하여 상속개시시에 소급하여 상속능력을 취득한다는 것이다. 판례는 정지조건설을 취하고 있으나(대판 1976.9.14, 76다1365), 학설은 해제조건설이 우세하며, 태아의 보호를 위해서도 해제조건설이 유리하다.

2. 상속인의 자격

법률에 의하여 피상속인의 재산법상의 지위를 승계하는 자, 상속하는 자를 상속인이라고 한다. 상속인에는 혈족상속인과 배우자 상속인이 있다. 혈족 상속인에는 순위가 있으며 최우선순위의 상속인, 즉 상속이 개시되면 즉시 상속할 지위에 있는 상속인을 강학상 또는 등록부 실무상 추정상속인이라고 부른다. 예컨대, 자와 형제자매와 배우자가 있는 때에는 자와 배우자는 추정상속인이다. 재산상속의 제1순위인 '피상속인의 직계비속'을 법정추정상속인이라고 부르기도 한다. 다음의 **후순위 상속권자는 선순위의 상속인이 없는 때에만 상속받게 된다.**

3. 상속의 순위(제1000조 1항 1호 및 4호)

1) 제1순위(직계비속)

피상속인의 직계비속(자녀, 손자녀)과 배우자(법률상 배우자)가 제1순위이다. 다만, 계모자와 적모서자 사이에는 상속권이 없다. 또한 사실혼의 배우자는 상속권이 인정되지 아니하지만, 사실혼의 배우자는 상속인이 없는 경우 특별연고자로서 상속재산에 대한 분여청구권(제1057조의2)이 있다.

[1] **촌수가 같으면 동순위로 상속인이 되고, 촌수가 다르면 가까운 쪽이 선순위가 된다.** (제1000조 2항)

[2] **자연혈족, 법정혈족(양자)을 불문하고, 혼인 중의 출생자이건 혼인 외의 출생자이건, 남자이건 여자이건, 기혼·미혼을 불문한다.**

[3] **태아는 상속순위에 관하여는 이미 출생한 것으로 본다.**(제1000조 3항) '이미 출생한 것으로 본다'는 의미에 관하여 다수설은 해제조건설을, 소수설과 판례는 정지조건설을 따르고 있다는 것은 전술한 바 있다.

[4] **직계비속이 이미 사망하였을 때에는 그 자의 직계비속인 아들, 딸이 대습상속한다.** 동순위의 상속인이 수인일 때에는 공동상속한다. 아들(1촌)과 손자(2촌)가 같이 있을 때에는 촌수가 가까운 아들만이 상속한다.

2) 제2순위(직계존속)

피상속인의 직계존속(부모, 조부모)과 배우자가 제2순위이다. 직계존속이면 부계·모계를 불문하며, 이혼한 부모도 상속권이 있다.

[1] **직계존속은 부계·모계 또는 양가·생가를 불문한다.**(친양자의 경우 생가의 직계존속은 상

속인이 아님.) **2순위의 상속인은 제1순위 상속인이 없을 때 재산을 상속한다.** 따라서 장남이 사망하고 손자가 있을 때에는 손자가 상속을 하므로 아버지는 장남의 재산을 상속할 수 없다. 직계존속이 수인이 있을 때에는 촌수가 가까운 사람이 상속한다. 피상속인의 아버지와 할머니가 살아있는 경우 모두 직계존비속이지만, 아버지가 1촌이므로 2촌인 할머니보다 먼저 상속한다.

[2] **친생부모와 양부모가 있을 때는 함께 동순위의 상속인으로 된다.** 일반양자(계약형 불완전양자)가 상속할 직계존속에는 양부모뿐만 아니라, **친부모도 포함되지만, 친양자(완전양자)의 경우에는** 종전 생가와의 친족관계가 단절되므로 친생부모는 포함되지 않는다.

[3] **직계존속에 대하여는 대습상속을 인정하지 않는다.** 따라서 부모 중 부만 살아 있을 때에는 그 부가 모두 상속하며, 모의 부모가 대습상속할 수 없다. 이 때 부모가 모두 사망한 경우 조부모가 살아 있을 때에는 조부모가 상속하지만, 이는 대습상속이 아니고 본인상속에 해당한다.

3) 제3순위(형제자매)

피상속인의 형제자매(부계, 모계 불문)가 제3순위이다.

[1] 이들은 직계비속, 직계존속, 배우자가 없는 때에만 상속인이 된다.

[2] 피상속인이 형제·자매인 경우의 상속에 대한 판례 : 종래 판례는 "피상속인의 부계의 방계혈족만을 의미한다."(대판 1975.1.14, 74다1503)라고 보았으나, 판례 변경으로 모계방계혈족도 포함하게 되었다. 부계방계혈족이란 이복형제·자매를 의미하고 모계방계혈족이란 이성동복형제·자매를 말한다. 변경된 판례에 의하면 "민법 제1000조 제1항 제3호 소정의 '피상속인의 형제·자매'라고 함은 민법 개정시 친족의 범위에서 부계와 모계의 차별을 없애고 상속의 순위나 상속분에 관하여도 남녀간 또는 부계와 모계의 차별을 없앤 점 등에 비추어 볼 때 부계 및 모계의 형제·자매를 모두 포함하는 것으로 해석하는 것이 상당하다"(제1000조 1항 3호, 대판 1997.3.25, 96다38933 ; 대판 1997.11.28, 96다5421)라고 하였다. 따라서 어머니가 같고 아버지가 다른 경우(이성동복의 형제·자매) 및 아버지가 같고 어머니가 다른 형제·자매 사이에서도 상속이 이루어진다. 형제·자매 사이의 상속에는 남녀의 성별, 기혼·미혼, 자연혈족·법정혈족에 따른 차별이 없다. 형제·자매가 수 인인 경우에는 동순위로 상속인이 된다. 1990년 민법 개정 전에는 같은 호적 내에 있지 않은 여자는 상속분에 있어서 차별이 있었지만, 개정 후 폐지되었다.

[3] **형제·자매의 직계비속에 대하여는 대습상속이 인정된다.**(제1001조) 상속개시 당시 형제·자매가 모두 사망하였거나 결격으로 상속할 수 없게 되면 그 직계비속(조카나 질녀)이 대

습상속한다.

4) 제4순위(4촌 이내의 방계혈족)

피상속인의 4촌 이내의 방계혈족이 제4순위다. 예컨대, 숙부·고모·외숙부·조카 등이다. 1990년 개정 전에는 8촌 이내의 방계혈족을 의미한다고 하였으나, 웃는 상속인을 없앤다는 취지에서 4촌 이내의 방계혈족으로 축소하였다. 3촌이 되는 방계혈족에는 백부·숙부·고모·외숙부와 이모 및 질이 있으며, 4촌이 되는 방계혈족에는 종형제·자매, 고종형제·자매, 외종형제·자매, 이종형제·자매가 있다.

5) 배우자

(1) 상속권의 근거

부부의 사망을 계기로 상속을 하여 재산을 청산한다는 견해와 부부가 살아있다면 배우자로서 서로 부양을 받을 수 있는 것인데, 일방이 사망함에 따라 부양이 불가능하게 되어 재산의 일부를 넘겨받는다는 견해가 있다. 배우자는 혈족이 아닌 상속인이다.

[1] 여기서 부와 처란 혼인신고를 한 법률상의 배우자를 말한다. 그러나 법률상의 배우자라 할지라도 사망한 배우자와의 혼인이 무효가 된 경우에는 상속권을 잃는다. '부부 일방의 사망 후 혼인이 취소된 경우에 생존배우자는 상속권을 잃게 되는가'의 문제가 있는데, 판례는 "혼인의 취소의 효력이 기왕에 소급하지 않는다."라는 민법 제824조를 근거로 하여 상속권을 잃지 않는다고 해석한다.(대판 1996.12.13, 95다48038) 그런데 혼인 취소의 효력은 소급효가 없지만(제824조), 배우자 일방이 사망한 후 혼인이 취소된 경우에는 사망한 때 혼인이 소멸하는 것으로 보아야 하기 때문에 상속권을 잃는다고 생각된다.

[2] 부부의 일방이 혼인무효의 소를 제기한 후 그 소송계속 중에 사망한 때에는 소송을 종료하는 것이 원칙이지만, 법률은 소송경제를 위하여 다른 제소권자가 원고의 지위를 승계할 수 있게 하였다.(가사소송법 제16조)

[3] 부부의 일방이 혼인 취소의 소를 제기한 후 그 소송계속 중에 사망한 때에도 소송은 당연히 종료하는 것이 원칙이지만, 이 때에도 역시 소송경제 등을 이유로 다른 제소권자는 원고의 지위를 승계할 수 있다.(가사소송법 제16조) 따라서 중혼·근친혼 등을 이유로 혼인취소청구를 한 당사자가 사망한 때에는 다른 법정청구권자가 원고의 지위를 승계하게 되는 반면에 사기·강박으로 인한 혼인의 경우에는 혼인 당사자만이 취소청구를 할 수 있으므로 원고가 사망하면 그 지위가 승계될 수 없으며, 결과적으로 그 혼인을 취소할 수 없게 된다.

[4] **부부의 일방이 이혼소송을 제기한 후 소송계속 중에 사망한 때에는 소송은 당연히 종료된다.**(대판 1993.5.27, 92므143) 이혼청구권은 일신전속권이므로 상속의 대상이 되지 않기 때문이다.(제1005조 단서) 따라서 다른 일방의 배우자는 상속권을 취득하게 된다.

[5] **중혼관계에 있는 경우의 배우자의 상속권** : 예컨대 A가 B와 협의이혼한 후 C와 재혼하였는데, 협의이혼 취소판결에 의하여 '후혼(A·C간의 혼인)이 중혼이 되었을 때 A가 사망하였다면 B·C가 모두 배우자로서 상속권을 가지는가' 하는 것이다. 민법이 중혼을 취소원인으로 하여 취소할 때까지 일반 유효로 보고 있는 이상, B·C가 모두 배우자로서 상속권을 갖는다고 해석되므로 B·C 각자의 상속분은 배우자 상속분의 2분의 1이 될 것이다.

그러나 전혼의 배우자 B는 A의 사망 후에도 후혼에 대하여 혼인취소청구의 소를 제기하여 취소판결을 받을 수 있다.(제818조 전단) 이 경우 '중혼의 배우자 C는 상속권을 잃게 되는가?'의 문제가 있는데, 혼인취소의 효력에는 소급효가 없으므로 C의 상속에는 영향이 없다는 것이 판례의 태도이다.[174](대판 1996.12.23, 95다48308) 이미 살펴본 바와 같이 배우자 일방이 사망한 후 혼인이 취소되었을 경우에는 사망한 때 혼인이 소멸하는 것으로 보아야 하기 때문에 이 견해와 판례는 부당하다.(동지: 김주수·김상용[175])

[6] **사실상 이혼 중의 당사자 일방이 사망한 경우에도 다른 일방은 배우자로서의 상속권이 있다고 보는 것이 판례인데**(대판 1969.7.8, 69다427), 법문의 해석상 당연하지만, 사실상 이혼 중의 배우자가 상속권을 주장하는 것은 권리남용으로 보아 이를 배척하여야 한다는 견해[176]도 있다.

[7] **사실혼의 배우자에 대해서는 부 또는 처로서의 상속권이 인정되지 아니한다.** 다만, 상속인이 없는 경우에 특별연고자로서 상속재산의 전부 또는 일부를 분여받을 수 있는 경우가 있을 뿐이다.(제1057조의2)

(2) 상속순위

배우자는 직계비속 또는 직계존속과 동순위로 공동상속을 하고, 직계비속·직계존속이 없을 때에는 단독상속한다.(제1003조 1항) 남편이 사망한 경우 그 재산을 처는 자식들과 공동상속하고, 자식들이 없을 때에는 처는 시부모와 공동상속을 한다. 시부모도 없을 때에는 처가 단독상속한다.

---

174) 박병호, 『가족법』, 한국방통대 출판부, 1999, 332면
175) 김주수·김상용, 앞의 책, 547면
176) 박병호, 앞의 책, 331면

6) 국가

위와 같이 **상속인이 없는 경우** 특별연고자 분여청구(제1057조의2)가 없는 한 재산상속인의 부존재의 상태가 되며 그 재산은 국가에 귀속하게 된다.(제1058조)

4. 대습상속

1) 개관

(1) 의의

상속인이 될 직계비속 또는 형제·자매가 상속개시 전에 사망하거나 결격자가 된 경우 그 직계비속이 있는 때에는 그가 이에 갈음하여 상속인이 된다.(제1001조) 또한 **상속개시 전에 사망 또는 결격된 자의 배우자도 그 직계비속과 함께 동순위로 상속인이 되며, 그 직계비속이 없을 때에는 단독상속인이 된다.(제1003조 2항)** 이를 대습상속이라 한다.

피상속인은 대습상속의 금지를 유언으로 할 수 없다.

(2) 입법 취지

본래 선순위의 상속권을 가져야 할 자가 사망 또는 결격으로 인하여 상속권을 잃은 경우 그 자의 배우자와 직계비속으로 하여금 그 자에 갈음하여 동일순위로 상속시키는 것이 공평의 이념에 맞고 적자(가계)상속이라는 상속의 본질에 합치되기 때문이다.

(3) 법적 성질

대습상속은 상속권을 잃은 상속인의 직계비속과 배우자(대습상속인)가 상속인(피대습자)의 권리를 승계하는 것이 아니고, 자기 고유의 권리로서 직접 피상속인의 재산적 지위를 승계하는 것이다.

2) 대습상속의 요건

(1) 대습상속의 원인

상속인이 상속개시 전에 사망하거나 결격자가 될 것을 요한다. 프랑스 민법은 결격자의 직계비속에게는 대습상속권을 인정하지 않으나, 우리 민법에서는 상관없다. 따라서, 예컨대, **상속인이 고의로 피상속인을 살해한 경우라도 상속인의 직계비속에게는 대습상속권이 인정된다.**

상속포기는 대습상속의 원인이 되지 않는다. 상속포기의 소급효에 의하여 **당연하다.**

대습상속의 자격

> 민법 제1000조 제1항, 제1001조, 제1003조의 각 규정에 의하면 대습상속은 상속인이 될 피상속인의 직계비속 또는 형제·자매가 상속개시 전에 사망하거나 결격자가 된 경우에 사망자 또는 결격자의 직계비속이나 배우자가 있는 때에는 그들이 사망자 또는 결격자의 순위에 갈음하여 상속인이 되는 것을 말하는 것으로 대습상속이 인정되는 경우는 상속인이 될 자(사망자 또는 결격자)가 피상속인의 직계비속 또는 형제·자매인 경우에 한한다고 할 것이므로 상속인이 될 자(사망자 또는 결격자)의 배우자는 민법 제1003조에 의하여 대습상속인이 될 수는 있으나, 피대습자(사망자 또는 결격자)의 배우자가 대습상속의 상속개시 전에 사망하거나 결격자가 된 경우 그 배우자에게 다시 피대습자로서의 지위가 인정될 수는 없다.(대판 1999.7.9, 98다 64318, 64325)

(2) 대습상속인

피대습자(상속인)의 직계비속이나 배우자이어야 한다.

가. 배우자

1990년 민법 개정 전에는 부에 대하여는 **인정하지 않고, 처**에 대하여만 **대습상속권을 인정하였는데, 개정 후 부에게도 처와 같이 대습상속권을 인정하여 배우자의 대습상속으로 개정하였다.**(제1003조 2항) 배우자는 법률상 혼인한 배우자이어야 하고, 사실상 배우자는 대습상속할 수 없다. 배우자가 사망한 후 재혼한 때에는 인척관계가 소멸하므로 대습상속권이 없다.

나. 직계비속

직계비속인 태아에 관하여는 **상속순위**에 관하여 **이미 출생한 것으로 보므로 대습상속에** 관한 명문 규정이 없지만("태아는 상속순위에 있어서 이미 출생한 것으로 본다."는 제1000조 3항의 규정을 유추 적용), 대습상속권이 있다고 해석된다.

3) 대습상속의 효과

대습자(대습상속인)는 피대습자(상속인)에 예정되어 있던 상속분을 받는다.(제1010조)

4) 재대습상속

피상속인의 자녀에게 대습원인이 발생하면 손자녀가 대습상속을 하게 되며, 그 손자녀에 대해서도 **대습원인이 발생하면 증손자녀가 대습상속하게 된다.** 증손 이하의 직계비속에 대해서도 마찬가지이니, 이를 재대습상속이라 한다. 이에 관해서는 명문 규정이 없으나, 제1001조는 대습자를 '직계비속'이라고 규정하고 있기 때문에 당연히 이와 같이 해석될 수 있다.

5) 동시사망의 추정과 대습상속

사업을 하는 A와 처 B, 외동딸 C는 여름휴가를 보내기 위하여 비행기를 타고 미국으로 가던 중 비행기 추락으로 사망하였다. A의 유족으로 A의 형 D와 사위 E가 있는 경우 사망시기에 관한 증명이 없으면 위 A·B·C는 동시에 사망한 것으로 추정되며, 사위 E는 사망시기의 증명이 없더라도 위 A의 유산을 대습상속할 수 있다.(다수설과 판례)

[판례] **대습상속인이 대습원인의 발생 전에 피상속인으로부터 증여를 받은 경우 특별수익에 해당하는지 여부**

민법 제1008조는 공동상속인 중에 피상속인으로부터 재산의 증여 또는 유증을 받은 특별수익자가 있는 경우 공동상속인들 사이의 공평을 기하기 위하여 수증재산을 상속분의 선급으로 다루어 구체적인 상속분을 산정함에 있어 이를 참작하도록 하려는 데 취지가 있는 것인바, 대습상속인이 대습원인의 발생 이전에 피상속인으로부터 증여를 받은 경우 이는 상속인의 지위에서 받은 것이 아니므로 상속분의 선급으로 볼 수 없다. 그렇지 않고 이를 상속분의 선급으로 보게 되면, 피대습인이 사망하기 전에 피상속인이 먼저 사망하여 상속이 이루어진 경우에는 특별수익에 해당하지 아니하던 것이 피대습인이 피상속인보다 먼저 사망하였다는 우연한 사정으로 인하여 특별수익으로 되는 불합리한 결과가 발생한다. 따라서 대습상속인의 위와 같은 수익은 특별수익에 해당하지 않는다. 이는 유류분 제도가 상속인들의 상속분을 일정 부분 보장한다는 명분 아래 피상속인의 자유의사에 기한 자기 재산의 처분을 그의 의사에 반하여 제한하는 것인 만큼 인정 범위를 가능한 한 필요최소한으로 그치는 것이 피상속인의 의사를 존중한다는 의미에서 바람직하다는 관점에서 보아도 더욱 그러하다. **피상속인 A가 자녀 B 사망 전에 B의 자녀인 B'에게 임야를 증여한 경우, B'가 A로부터 임야를 증여받은 것은 상속인의 지위에서 받은 것이 아니므로 상속분의 선급으로 볼 수 없어 특별수익에 해당하지 아니하여 유류분 산정을 위한 기초재산에 포함되지 않는다고 본 사례이다.**(『대한변협신문』, 2014.7.28, 4면)

○ '존엄한 죽음' 환자가 선택[웰다잉法 통과 … 2018년 시행]

회생 가능성이 없는 환자의 임종기간만 늘리는 무의미한 연명 의료를 환자의 뜻에 따라 중단할 수 있게 하는 「호스피스 완화의료 결정에 관한 법」(일명 '웰다잉법')이 2016년 1월 8일 국회를 최종 통과했다. 이로써 환자의 '자기 결정'에 따라 심폐소생술, 인공호흡기, 혈액투석,

항암제 투여 등을 중단하고 존엄한 죽음을 맞이할 수 있는 길이 열렸다. 1997년 '보라매병원 사건'을 계기로 존엄사 논의가 시작된 지 19년 만이며, 2009년 김 할머니 존엄사 인정판결 이루 7년 만이다. 지금까지는 연명 의료를 중단할 경우 의사는 살인방조죄, 환자 가족은 살인죄로 처벌받을 위험이 있었다.

웰다잉법은 이날 열린 국회 본회의에서 재석 의원 203명 중 202명의 압도적인 찬성으로 통과했다. 이에 따라 정부가 앞으로 15일 내에 법을 공포하면 2년의 유예기간을 거쳐 2018년 1월부터 시행된다. 미국, 독일, 네덜란드, 호주, 대만 등에서는 이미 비슷한 법이 적용되어 왔다. 연명 의료 중단은 △회생 가능성이 없고, △치료해도 회복이 안 되며, △사망이 임박한 환자만 가능하다. 이런 임종기 환자 가운데, '사전연명의료의향서'나 '연명의료계획서'를 통해 연명의료를 원치 않음을 명확히 밝혀두거나, 2명 이상의 가족이 환자의 평소 뜻을 확인해 주면 된다. 환자의 뜻을 알 수 없는 경우라면, 가족 전원이 합의해야만 가능하다. 이 법은 또 말기 암환자에게만 적용되던 호스피스·완화의료를 에이즈(후천성 면역결핍증), 만성 폐쇄성 호흡기 질환, 만성 간경변과 같은 다른 말기 환자에게도 확대 적용하도록 했다.(『조선일보』, 2016.1.9, 5면)

5. 상속의 결격

1) 의의

상속인에 대하여 **법정사유가 발생하였을 경우, 특별히 재판상의 선고를 기다리지 않고 법률상 당연히 상속자격을 잃는 것을 상속결격**이라고 한다. 즉 정당한 상속관계를 파괴한 사람은 상속권을 가지지 못하도록 그의 상속권을 박탈하는 제도이다.

2) 결격사유(제1004조)

상속의 결격사유에 대하여 민법 제1004조는 다섯 가지의 사유를 규정하고 있고 이러한 사유에 대해서만 상속결격이 인정된다. 제1004조에 규정된 다섯 가지 결격사유는 크게 두 가지 유형으로 나눌 수 있는데, **하나는 피상속인 등에 대한 생명침해**에 관한 **사유로서 피상속인** 등에 대한 **패륜행위이고, 다른 하나는 피상속인의 유언**에 대한 **부정행위**이다.

(1) 피상속인 등에 대한 **패륜행위**

가. 고의로 직계존속, 피상속인, 그 배우자 또는 상속의 선순위자나 동순위자를 살해하거나 살해하려 한 자(제1004조 1호)

고의범에 한해서 인정된다. 선순위자나 동순위자가 태아인 경우에는 형법 제269조 및 제

270조의 낙태죄에 해당하는 자(대판 1992.5.22, 92다2127)도 이 요건을 충족시킬 수 있다. 상속에 있어서 선순위자나 동순위자를 살해한 경우에는 살인의 고의만 있으면 충분하고, **상속에 있어서 유리하다는 인식은 요하지 않는다는 것이 판례의 태도이다.**(대판 1992.5.22, 92다2127)

나. **고의로 직계존속, 피상속인, 그 배우자에게 상해를 가하여 사망에 이르게 한 자(제1004조 2호)**

고의의 상해로 인한 치사에 한한다. 피해자는 가해자의 직계존속, 피상속인과 그 배우자이므로 상속의 선순위자나 동순위자에 대한 상해치사는 결격사유가 되지 않는다. 상해를 가하여 사망에 이르게 하여야 하므로 단순히 상해만으로는 결격사유가 되지 않는다.

(2) 피상속인의 유언에 관한 부정행위

가. **사기·강박으로 피상속인의 상속에 관한 유언 또는 그 철회를 방해한 자(제1004조 3호)**

상속재산 분할 방법의 지정 또는 위탁 등과 같이 상속 자체에 관한 것뿐만 아니라, 상속재산의 범위에 영향을 미치는 유증을 포함하는 유언은 물론 상속인의 범위에 영향을 미치는 친생부인 또는 인지를 포함하는 유언과 재단법인의 설립의 유언도 상속에 관한 유언이라고 할 수 있다.

피상속인의 상속에 관한 유언 또는 그 철회를 사기 또는 강박으로 방해하여야 한다. 이러한 방해행위에는 자기에게 상속재산을 귀속시키거나, 또는 보다 한층 유리하게 귀속시키려는 고의가 있어야 한다. 사기자에게는 피상속인을 기망하려는 의사와 기망함으로써 특정의 유언행위를 시키지 않으려는 의사의 이단의 고의가 있어야 한다. 또 강박자에게는 상대방에게 공포를 일으키게 하려는 의사와 공포로써 특정의 유언행위를 시키지 않으려는 이단의 고의가 있어야 한다. 이와 같은 고의를 요하므로 다른 상속인, 수증자, 피상속인의 이익을 꾀하려 한 경우에는 자기의 이익을 위한 고의가 주요한 동기가 아닌 한 이 규정은 적용되지 않는다고 해석된다.

1990년 민법 개정에 의해 유언양자 제도는 폐지되었음에도 불구하고 양자에 대한 피상속인의 유언은 결격사유에서 제외되지 않고 계속 포함되어 있었다. 그런데 이는 입법상의 과오였으며, 2005년 민법 개정시에 삭제되었다.

나. **사기 또는 강박으로 피상속인의 상속에 관한 유언을 하게 한 자(제1004조 4호)**

주의할 점은 가 호(제1004조 3호)의 경우와 같다. 다만, 상속에 관한 유언은 사기·강박을 이유로 제110조에 의하여 취소될 수 있으며, 취소된 경우에도 이 규정은 적용된다. 취소의 유무에 의하여 결격사유의 존부를 좌우하는 것은 적당하지 않으며, 또한 제도의 취지에도 맞지 않기 때문이다. 양자에 대한 유언은 유언양자가 폐지되어 있을 수 없으므로 2005년 민법 개정시에 삭제되었다.

　다. **피상속인의 상속에 관한 유언서를 위조·변조·파기 또는 은닉한 자(제1004조 5호)**

　문제가 된 상속의 개시시에 이 호의 행위가 없었더라면 유효하게 존재하였을 유언서에 관한 것이어야 한다. 따라서 후에 피상속인이 이 호의 비행이 있은 후 위의 유언을 철회 내지 취소한 때에는 이 호는 적용되지 않는다.

　상속에 관한 유언서를 위조·변조·파기 또는 은닉한 행위가 있어야 한다. 여기서 말하는 위조란 상속인이 피상속인의 명의를 마음대로 사용하여 유언서를 작성하는 것을 말하며, 변조한 상속인이 피상속인이 작성한 유언서의 내용을 마음대로 고치는 것을 말한다. 위의 행위는 고의에 기인해야 하므로 과실로 인한 파기의 경우에는 이 규정은 적용되지 않는다. 양자에 대한 유언은 유언양자가 폐지되어 있을 수 없으므로 2005년 민법 개정시에 삭제되었다.

3) 상속결격의 효과

　[1] 결격사유가 발생하면 상속인은 당연히 상속할 자격을 잃는다. 상속개시 전에 결격사유가 생기면 그 상속인은 후일에 상속이 개시되더라도 상속할 수 없다. 상속개시 후에 결격사유가 생기면 유효하게 개시한 상속도 개시시에 소급하여 무효가 된다. 따라서 상속결격자가 상속재산을 선의·무과실의 제3자에게 양도한 경우 그 양도행위는 당연무효이며, 양수인은 선의취득의 보호를 받지 않는 한, 권리를 취득할 수 없다.(대판 1964.7.14, 64다135) 진정한 상속인은 제3자에 대하여 상속재산의 반환을 청구할 수 있으며, 이는 상속회복청구권의 성질을 갖는다. 따라서 진정상속인의 상속회복청구권이 제척기간의 경과로 소멸하든가 제3자의 취득시효가 완성되지 않는 한, 진정상속인으로부터 반환청구가 있으면 이에 응하여야 한다.

　[2] 상속결격자는 피상속인에 대하여 상속인이 될 수 없음과 동시에 수증결격자도 되므로(제1064조) 유증을 받을 수도 없다.

　[3] 상속결격의 효과는 결격자의 일신에만 그치므로 결격자의 직계비속이나 배우자가 대습상속을 하는 데는 지장이 없다.

　[4] 결격의 효과는 법률상 당연히 생기는 것이며, 상속결격은 재판상의 선고를 요하지 아니한다.

　[5] 결격이 용서가 되는지에 관하여 소수설은 피상속인의 용서로 인하여 상속적 협동관계의 회복이 가능하므로 긍정적으로 해석한다. 다수설은 결격의 효과는 법률상 당연히 생기고, 민법도 결격자의 상속회복에 관하여는 아무런 규정을 두고 있지 않으므로 피상속인이 상속결격자에 대하여 결격의 용서를 하는 것은 허용되지 않는다고 본다.177) 그러나 피상속

---

177) 김주수·김상용, 앞의 책, 560면

인이 결격자에 대하여 생전 증여를 하는 것이 가능하므로 용서를 허용하지 않는다는 것은 실제에 있어서는 별로 의미가 없다고 본다.

제2절 상속재산의 포괄승계권 및 공동상속권

Ⅰ. 상속의 효과

1. 일반적 효과

1) 상속재산의 포괄승계권

[1] **상속인은 상속이 개시된 때로부터 피상속인의 재산에 관한 포괄적 권리·의무를 승계한다.**(제1005조 본문) 이러한 상속승계의 효력은 상속인이 상속개시의 사실을 알았든, 몰랐든 관계없이 상속의 등기나 의사표기 등 그 밖의 행위의 유무에 구애받지 않고 법률상 당연히 발생한다.

[2] **피상속인의 일신에 전속한 것은 제외된다.**(제1005조 단서) 승계되지 않는 일신전속권이란 피상속인 자신에게만 귀속하고 상속인에게는 귀속할 수 없다는 의미로서 귀속상의 일신전속권이며, 행사상의 일신전속권과는 구별된다. 예컨대, 이혼으로 인한 위자료청구권은 행사상의 일신전속권이며 귀속상의 일신전속권이 아니므로 당사자가 위자료청구에 관한 소를 제기한 후에 사망한 경우에는 상속된다.

[3] **포괄적 권리·의무는 현실의 권리·의무에 한하지 않고, 예컨대, 청약을 받은 지위나 매도인으로서의 담보책임을 지는 지위와 같은 아직 권리·의무로서 구체화되지 않은 법률관계를 포함하며, 점유와 같은 사실상의 법률관계도 포함**한다. 그리고 특정한 신분을 전제로 하는 일신전속적 권리도 재산적 성격이 강하면 상속이 인정된다. 예컨대, 상속의 승인 또는 포기하는 권리, 공동상속인 1인이 상속재산의 분할 전 상속분을 양도한 때의 다른 공동상속인의 양수권 등의 경우가 이에 해당된다.

2) 상속재산의 범위

(1) 재산적 권리

가. 물권

물권은 원칙적으로 전부 상속되며, 상속에 의한 물권취득에는 등기를 필요로 하지 아니

한다.(제187조 본문) 부동산을 상속한 상속인은 등기 없이도 그 부동산에 관하여 이루어진 원인무효의 등기를 말소하라고 청구할 수 있다. 피상속인이 생전에 A에게 부동산을 양도하고 등기를 넘겨주지 아니한 채 사망한 경우 상속인은 등기의무자의 지위를 승계하므로 상속등기를 자기 앞으로 할 필요 없이 바로 상속인임을 증명하는 문서를 첨부하여 A와 공동으로 이전등기를 신청할 수 있다.(상속인에 의한 등기, 부동산등기법 제47조)

나. 점유권

점유권도 상속(제193조)된다. 그러나 상속인에게 이전되는 점유권에 관하여는 민법 제1009조 이하에 규정된 상속분에 관한 규정은 적용되지 않는다.(대판 1962.10.11, 62다460) 또한 점유의 분리, 병합에 관하여 판례는 새로운 권원에 의하여 자기 고유의 점유를 시작하지 않는 한, 피상속인의 점유의 성질이나 하자도 그대로 승계한다고 한다.(대판 1996.9. 20, 96다25319) 즉 점유의 분리는 허용되지 않는다.

다. 지식재산권(무체재산권)

특허권·상표권·저작권·광업권·어업권 등의 **지식재산권(무체재산권)도 원칙적으로 상속**된다. 이러한 권리에 대하여 양도 그 밖의 처분이 금지 또는 제한되는 경우에도 상속은 할 수 있다.

라. **채권**

원칙적으로 상속하나 일신전속적인 것으로서 상속되지 않는 것도 많다. 채권의 상속에 있어서는 채권양도의 대항요건에 관한 민법 제450조 내지 제452조의 대항요건은 필요하지 않다.

[1] **부양청구권은 일신전속권이므로 상속되지 않는다.** 다만, **연체부양료 채권·채무는 상속**된다.

[2] **이혼시 재산분할청구권은 청구의 의사표시와 관계없이 당연히 상속**된다. 그러나 **재산분할청구권의 요소 가운데 부양적 요소에 해당하는 부분은 상속되지 않는다.**(청산 및 부양설의 입장: 김주수, 이은영)

[3] **신분관계 파탄의 경우 위자료청구권의 상속성** : "약혼해제, 혼인무효·취소, 이혼, 입양무효·취소, 파양으로 인한 위자료청구권에 대하여는 당사자간 이미 그 배상에 관한 계약이 성립되거나 소를 제기한 경우가 아니면 상속되지 아니한다."라고 규정하고, 이 **위자료청구권은 일신전속권으로서 상속되지 않는 것이 원칙이다.**(제806조 3항, 제825조, 제843조, 제897조, 제908조)

[4] **생명침해로 인한 위자료청구권의 상속**에 관하여는 다음과 **같은 학설의 대립이 있다.** (ⅰ) **판례는 정신적 손해배상청구권도 피해자가 이를 포기하거나 면제하였다고 볼 수 있는**

특별한 사정이 없는 한, 생전에 청구의 의사표시를 할 필요 없이 원칙적으로 상속된다고 하고 있다.(대판 1966.10.18, 66다1335) (ii) 다수설은 위자료청구권의 상속성을 인정하지만, 소수설은 다음과 같은 이유로 위자료청구권의 상속성을 부정한다. 즉 피해자 사망으로 인하여 성립하는 생명침해에 대한 위자료청구권을 피해자 자신이 그 생전에 취득할 수 있다는 것은 생각할 수 없으며, 피상속인이 취득하지 못한 권리를 상속에 의하여 승계한다는 것은 있을 수 없으므로 피상속인이 즉사한 경우에는 그 즉사를 원인으로 한 위자료청구권은 상속되지 않는다고 보아야 한다는 것이다.[178] 그러나 판례는 피해자가 즉사한 경우라도 순간적이나마 피해자로서 정신적 고통을 느끼는 순간이 있었을 것이므로 위자료청구권도 상속될 수 있다고 한다.(대판 1969.4.15, 69다268 ; 대판 1973.9.25, 73다1100) 이를 시간적 간격설이라고 한다.

마. 형성권

취소권·해제권·해지권·환매권 등의 형성권도 일반적으로 상속된다. 이와 같은 형성권은 1회의 행사에 의하여 그 권리가 소멸되므로 그 성질상 공동상속인 전원에게 불가분적으로 귀속된다고 해석된다. 그러므로 이들 권리는 공동상속인 전원에 의하여 공동으로 행사되어야 한다.

바. 생명보험금

[1] 보험계약의 효과에 불과한 경우(보험계약에서 피상속인이 피보험자가 되고 특정의 상속인을 수령인으로 하였을 때) : 보험계약에서 피상속인이 피보험자가 되고 특정의 상속인을 수령인으로 한 경우에 **상속인이 보험금을 수령하는 것은 보험계약의 효과이므로 상속에 의한 것이 아니고 그 상속인 고유의 권리에 의하여 취득하는 것**이다. 따라서 이는 **상속재산이 아니므로 그 상속인이 상속포기를 하더라도 보험금을 수령할 수 있으며**(대판 2001.12.24, 2001다65755), **상속포기를 한 후 보험금을 수령하더라도 상속포기의 효력이 상실되어 단순승인으로 되는 것은 아니다.**

| 판례 | 보험계약에서 피상속인이 피보험자가 되고 특정의 상속인을 수령인으로 하였을 때 |

보험계약자가 피보험자의 상속인을 보험수익자로 하여 맺은 생명보험계약에 있어서 **피보험자의 상속인은 피보험자의 사망이라는 보험사고가 발생한 때에는 보험수익자의 지위에서 보험자에 대하여 보험금지급을 청구할 수 있고, 이 권리는 보험계약의 효력에서 당연히 생기는 것으로 상속재산이 아니다.**(대판 2001.12.24, 2001다65755)

---

178) 김주수·김상용, 앞의 책, 566면

[2] 피상속인이 수령인을 단순하게 '상속인'으로만 표시한 때 : '피상속인이 어떤 의사로 지정하였는가?'는 보험계약에 있어서 피상속인의 의사해석 문제이다. 즉 '상속인 개인을 지정하였다고 볼 것인가, 아니면 상속에 의하여 승계된다고 볼 것인가?'이다. 전자의 경우라면 특정 상속인의 고유재산이 되지만, 후자로 본다면 상속재산이 된다. 기본적으로는 피보험자의 사망시의 상속인의 고유재산이고, 상속재산에 속하지 않으므로 상속인이 상속을 포기한 경우에도 보험금을 수령할 수 있다.(대판 2001.12.28, 2000다31502)

> **판례** **보험금청구권이 상속재산인지의 여부(소극)**
>
> (1) 생명보험의 보험계약자가 스스로를 피보험자로 하면서 수익자는 만기시까지 자신이 생존할 경우에는 자기 자신을, 자신이 사망한 경우에는 상속인이라고만 지정하고 그 피보험자가 사망하여 보험사고가 발생한 경우 보험금청구권은 상속인들의 고유재산으로 보아야 할 것이고 이를 상속재산이라 할 수 없다.(대판 2001.12.28, 2000다31502)
>
> (2) ① 보험계약자가 피보험자의 상속인을 보험수익자로 하여 맺은 생명보험계약에 있어서 피보험자의 상속인은 피보험자의 사망이라는 보험사고가 발생한 때에는 보험수익자의 지위에서 보험자에 대하여 보험금지급을 청구할 수 있고, 이 권리는 보험계약의 효력으로 당연히 생기는 것으로서 상속재산이 아니라 상속인의 고유재산이라고 할 것인데, 이는 상해의 결과로 사망한 때에 사망보험금이 지급되는 상해보험에 있어서 피보험자의 상속인을 보험수익자로 미리 지정해 놓은 경우는 물론, 생명보험의 보험계약자가 보험수익자의 지정권을 행사하기 전에 보험사고가 발생하여 상법 제733조에 의하여 피보험자의 상속인이 보험수익자가 되는 경우에도 마찬가지라고 보아야 한다. ② 보험수익자의 지정에 관한 상법 제733조는 상법 제739조에 의하여 상해보험에도 준용되므로 결국 상해의 결과로 사망한 때에 사망보험금이 지급되는 상해보험에 있어서 보험수익자가 지정되어 있지 않아 위 법률규정에 의하여 피보험자의 상속인이 보험수익자가 되는 경우에도 보험수익자인 상속인의 보험금청구권은 상속재산이 아니라 상속인의 고유재산으로 보아야 한다.(대판 2004.7.9, 2003다29463)

[3] 제3자를 수령인으로 지정한 때 : 제3자가 피보험자보다 먼저 사망한 때 수익자의 지위는 당연히 상속되지는 아니한다. 보험계약자는 보험수익자를 변경할 권리를 가지므로 보험금을 수령할 권리는 보험계약자가 변경권을 행사하지 않은 채 사망하지 않으면 확정되지 않는다. 따라서 보험수익자가 사망하더라도 그 지위를 당연히 상속인에게 이전하지는 않는다. 보험계약자가 다시 보험수익자를 지정하지 않고 사망한 때에 비로소 보험수익자의 지위가 이전된다.(상법 제733조) 이 경우 상속인의 보험청구권은 보험계약의 효과로 보아야 하므

로 수령인의 고유재산이 된다. 이 경우의 '상속인은 어떤 경우의 상속인을 말하는가?'가 문제이다. 즉 '보험금 수령인 사망시의 수령인이냐, 아니면 보험계약자 사망시의 상속인이냐?'의 문제가 있는데, 보험금수령인 사망시에 있어서의 상속순위에 따라 상속인이 되는 자로 보는 것이 타당할 것이다.(동지: 김주수·김상용[179])

[4] **피상속인이 자기를 피보험자와 수령인으로 할 때** : 이 경우에는 보험금청구권은 **상속재산에 속하며, 상속인**에 의하여 **상속**된다.(대판 2002.2.8, 2000다64502 ; 대판 2000.10.6, 2000다38848)

[5] 생명보험금과 특별수익과의 관계가 문제된다. '생명보험금이 상속인의 고유재산이 될 경우에 특별수익금이 되는 것인가?'에 대해서는 후술하기로 한다.

[6] 상속세 및 증여세법은 상속인이 취득한 생명보험금을 상속재산으로 보고 있다.(상속세 및 증여세법 제8조)

사. 사망퇴직금

퇴직수당, 공로금 또는 이에 유사한 급여로서 피상속인에게 지급할 것이 피상속인의 사망으로 인하여 그 **상속인과 상속인** 외의 **자에게 지급될 때에는 상속재산으로 본다.**(상속세 및 증여세법 제10조) 그러나 '실질적인 고려에 있어서 특별수익에 해당할 것인가?'의 문제가 생긴다. 다만, 이에 대해서는 다음과 같은 예외가 있다.

① 국민연금법에 의하여 지급되는 유족연금 또는 사망으로 인하여 지급되는 유족연금 또는 사망으로 인하여 지급되는 반환일시금

② 공무원연금법 또는 사립학교교직원연금법에 의하여 지급되는 유족연금·유족연금부가금·유족연금일시금·유족일시금 또는 유족보상금

③ 군인연금법에 의하여 지급되는 유족연금·유족연금부가금·유족연금일시금·유족일시금 또는 재해보상금

④ 산업재해보상보험금에 의하여 지급되는 유족보상연금·유족보상일시금 또는 유족특별급여

⑤ 근로자의 업무상 사망으로 인하여 근로기준법 등을 준용하여 사업자가 해당 근로자의 유족에게 지급하는 유족보상금 또는 재해보상금 그 밖의 이와 유사한 것.

⑥ 이상과 유사한 것으로서 대통령령이 정하는 것.

아. 부의금

판례는 "사람이 사망한 경우에 부의금은 상호부조의 정신에서 유족의 정신적 고통을 위로하고 장례에 따르는 유족의 경제적 부담을 덜어 줌과 아울러 유족의 생활안정에 기여함을

---

179) 김주수·김상용, 앞의 책, 573면

목적으로 증여되는 것으로서 **장례비용에 충당하고 남는 것에 관하여는 특별한 다른 사정이 없는 한, 사망한 사람의 공동상속인들이 각자의 상속분에 응하여 권리를 취득하는 것으로 봄이 우리의 윤리감정이나 경험칙에 합치된다.**"(대판 1992.8.19, 92다2998)라고 한다.

(2) 재산적 의무

가. 채무 그 밖의 재산적 의무의 상속

채무 그 밖의 재산적 의무도 일반적으로 상속된다.(서울고판 1974.9.25, 74나831) 상속재산 중에 적극재산이 없고, 채무만 있는 경우에도 당연히 상속된다. 그러나 채무자가 변경됨으로써 이행의 내용이 변경되는 채무는 상속되지 않는다.

[1] 작위채무·부작위채무를 불문하고, 사법상의 채무뿐만 아니라 공법상의 채무도 일반적으로 상속된다.

[2] 벌금납부의무가 상속되는가에 관하여 학설이 대립되나, 상속된다고 본다.(동지: 김주수·김상용180))

나. 보증채무

[1] **통상의 보증채무, 연대보증 : 소비대차상이나 임대차상의 채무와 같은 통상의 보증채무는 책임의 범위가 확정되어 있고 보증인의 상속인은 상속이 개시되면 구체적으로 그 액을 알 수 있어서 예측할 수 없는 손해를 입을 염려가 없으므로 상속성이 있으며, 특정한 채무에 대한 연대보증 또한 그 범위와 내용이 확정되어 있으므로 통상의 보증채무와 마찬가지로 상속된다.**

[2] **계속적 보증채무**(근보증) : 판례는 보증기간과 한도액을 정한 유한보증의 경우 상속성을 긍정하고(대판 1999.6.22, 99다19322), 보증기간과 한도액을 정하지 않은 무한보증의 경우 상속성을 부정한다.(대판 2001.6.12, 2000다47187) 다만, **무한보증의 경우 이미 발생한 채무는 상속**된다고 한다.

[3] **신원보증계약은 신원보증인의 사망으로 효력을 잃는다.**(신원보증법 제7조) 신원보증계약은 신원보증인과 신원인 사이의 신용을 기초로 하여 성립하는 것으로서 일신적속적인 채무로 보아야 하기 때문에 신원보증인의 신원보증계약상의 지위는 신원보증인의 사망으로 상속인에게 상속되지 않는다. 다만, 신원보증인의 사망 전에 신원보증계약으로 인하여 이미 발생한 보증채무는 상속된다.(대판 1972.2.29, 71다 2747)

---

180) 김주수·김상용, 앞의 책, 576면

계속적 보증채무의 상속

> 계속적 어음할인거래로 인하여 장래에 부담하게 될 채무에 관하여 보증한도액과 보증기간의 정함이 없는 연대보증계약에 있어서는 보증인의 지위는 특별한 사정이 없는 한, 상속인에게 상속된다고 할 수 없으므로 연대보증인의 사망 후에 생긴 주채무에 대하여는 그 상속인의 보증채무를 승계하여 부담하지 아니한다.(대판 2003.12.26, 2003다30784)

다. 재산적인 계약상 및 법률상의 지위

① **계약상의 지위** : (ⅰ) 당사자간에 신뢰성이 강한 것은 상속되지 않는다. 즉 위임계약상 수임인의 지위, 고용계약상 노무자의 지위, 조합원의 지위는 상속되지 않는다. (ⅱ) 주택임차권의 경우에 임차인이 사망하면 임차권은 상속권자에게 상속된다. 그런데 임차인과 동거를 하고 있었으나, 상속권이 없는 사실혼관계에 있던 자가 문제된다. 주택임차권의 경우에 임차인이 상속권자 없이 사망한 때에는 그 주택에서 가정공동생활을 하던 사실상의 혼인관계에 있던 자가 단독으로 승계하고, 상속권자가 그 주택에서 가정공동생활을 하고 있지 아니한 때에는 그 주택에서 가정공동생활을 하던 사실상의 혼인관계에 있는 자와 2촌 이내의 친족이 공동으로 승계한다.(주택임대차보호법 제9조)

② **대리인의 지위와 본인의 지위** : 대리인의 지위는 상속되지 아니하며(제127조 2호), 본인의 지위는 상법상으로는 상속되나(상법 제50조), 민법상으로는 상속되지 아니한다.(제127조 1호)

③ **무권대리와 상속** : (ⅰ) 무권대리인이 본인을 상속한 경우에는 무권대리행위는 본인자신이 한 행위가 되어 유효하다. 그것은 자신이 한 무권대리행위에 대해서 본인의 자격으로 추인을 거절하는 것은 신의칙에 반하기 때문이다. 그러나 무권대리인 외에 공동상속인이 있는 경우에는 피상속인이 본인으로서 가지는 추인권과 추인거절권은 상속인 전원에게 승계되므로 전원의 추인이 없으면 무권대리행위는 공동상속인에 대하여 유효로 되지 않는다. (ⅱ) 본인이 무권대리인을 상속한 경우에는 상속인인 본인이 피상속인의 무권대리행위의 추인을 거절하더라도 신의칙에 반하지 않으므로 무권대리행위는 당연히 유효가 되지는 않는다. 이러한 경우에는 상속인은 본인으로서 추인권과 추인거절권을 보유함과 동시에 추인을 거절하면 지게 될 이행 또는 배상의 의무도 승계한다.

④ **사원권** : 사원권의 상속성은 그 단체의 성질에 따라 다르다. 상속이 인정되는 것에는 합자회사의 유한책임사원, 주주권 등이 있으며, 상속이 부정되는 것에는 무한책임사원, 민법상의 조합원(제717조 1호) 등이 있다.

⑤ 소송상의 지위 : 소송계속 중 당사자의 사망에 의하여 소송절차는 중단되나, 상속인, 상속재산관리인 그 밖의 법률에 의하여 소송을 속행하여야 할 자는 소송절차를 수계하지 아니하면 안 된다.(민사소송법 제233조 1항) 소송의 목적인 권리관계가 피상속인의 일신에 전속하는 것인 경우에는 전체적인 소송은 종료한다. 그러나 이 경우에도 소송비용의 점에 대해서는 재판을 하여야 하므로 상속인들은 역시 수계하여야 한다.

(3) 제사용 재산의 승계 문제

족보·제구·분묘 등은 관습이나 피상속인의 지정 또는 가족의 협의로 선조의 제사를 주재하는 사람에게 승계된다. 1990년 개정 민법은 제1008조의3을 신설하여 "분묘에 속한 1정보 이내의 금양임야와 600평 이내의 묘토인 농지, 족보와 제구의 소유권은 제사를 주재하는 자가 이를 승계한다."라고 함으로써 실제로 제사를 주재하는 사람이 승계하도록 하였다. 따라서 위 **물건은 상속의 대상이 되지 않게 되었으므로 상속분 또는 유류분 등의 산정에 있어서 상속재산에 산입되지 않으며, 상속포기를 한 자도 승계할 수 있다.** 이러한 소유권의 승계는 특별수익이 되지 않으며, 한정승인을 한 때에도 이를 환가하여 변제에 충당할 필요가 없다.(제1034조 참조) 그리고 재산분리가 된 때에도 상속재산에서 분리됨은 물론이다.[181] 이와 같이 상속재산에서 제외되므로 분묘 등에 대해서는 상속세가 부과되지 않는다. 제사승계의 회복청구의 경우에도 제999조 제2항의 제척기간이 적용된다는 것이 판례의 태도이다.(대판 2006.7.27, 2005다45452)

판례 | **제사를 주재하는 자**

(1) 민법 제1008조의3에 의한 금양임야의 승계자는 제사를 주재하는 자로서 공동상속인 중 종손이 있다면 통상 종손이 제사의 주재자가 되나, 종손에게 제사를 주재하는 자의 지위를 유지할 수 없는 특별한 사정이 있는 경우에는 그렇지 않다고 할 것이다.(대판 2004.1.16, 2001다79037)

(2) 상속인들간의 협의와 무관하게 적장자가 우선적으로 제사를 승계하던 종래의 관습은 가족 구성원인 상속인들의 자율적인 의사로 이뤄진 협의결과를 무시하는 것이고 적서간의 차별을 두는 것이며, 개인의 존엄과 평등을 기초로 한 오늘날의 가족 제도에 부합하지 않아 더 이상 관습 내지 관습법으로서의 효력을 유지할 수 없다고 하여 입장을 변경하였다. 즉 이 판결의 다수의견은 "제사주재자는 우선적으로 망인의 공동상속인들 사이의 협의에 의해 정하되, 협의가 이루어지지 않는 경우에는 제사주재자의 지위를 유지할 수 없는 특별한 사정이 있지

---

181) 이경희, 앞의 책, 263－264면

않은 한 망인의 장남(장남이 이미 사망한 경우에는 장남의 아들, 즉 장손자)이 제사주재자가 되고, 공동상속인들 중 아들이 없는 경우에는 망인의 장녀가 제사주재자가 된다."라고 하면서(이에 대하여 다수결로 해결하여야 한다거나 법원이 결정하여야 한다거나 새로운 관습의 내용을 심리·확정하여야 한다는 반대의견도 있다.), "어떤 경우에 제사주재자의 지위를 유지할 수 없는 특별한 사정이 있다고 볼 것인지에 관하여는, 제사 제도가 관습에 바탕을 둔 것이므로 관습을 고려하되, 여기에서의 관습은 과거의 관습이 아니라, 사회의 변화에 따라 새롭게 형성되어 계속되고 있는 현재의 관습을 말하므로 우리 사회를 지배하는 기본적 이념이나 사회질서의 변화와 그에 따라 새롭게 형성되는 관습을 고려해야 할 것인 바, 중대한 질병, 심한 낭비와 방탕한 생활, 장기간의 외국 거주, 생계가 곤란할 정도의 심각한 경제적 궁핍, 평소 부모를 학대하거나 심한 모욕 또는 위해를 가하는 행위, 선조의 분묘에 대한 수호·관리를 하지 않거나 제사를 거부하는 행위, 합리적인 이유 없이 부모의 유지 내지 유훈에 현저히 반하는 행위 등으로 인하여 정상적으로 제사를 주재할 의사나 능력이 없다고 인정되는 경우가 이에 해당하는 것으로 봄이 상당하다.(대판 <전합> 2008.11.20, 2007다27670)

2. 공동상속권

1) 의의

공동상속인은 각자의 상속분에 응하여 피상속인의 권리·의무를 승계하지만(제1007조)**, 분할을 할 때까지는 상속재산을 공유로 한다.**(제1006조) 따라서 상속재산 분할시까지는 승계한 상속재산은 공동상속인 전원의 공유가 되었다가 분할의 소급효에 의하여 공유관계는 없었던 것으로 된다.(선언주의) 즉 상속개시와 재산분할 사이에 시간적 간격이 존재하기 때문에 상속재산은 일단 상속인 모두에게 공동으로 귀속하게 된다.

2) 법적 성질

(1) 합유설

가. 내용

개개의 상속재산에 대한 지분은 처분할 수 없고 채권·채무는 분할될 때가지 공동상속인에게 연대적으로 귀속한다는 설이다.

나. 근거

이 설은 상속재산이 분할이라는 목적을 위하여 결합된 재산이고 상속인 각자가 종국적으로 처분할 수 있는 공유지분만을 가지는 것이 아님을 말해 주는 것이라 한다. 합유설은 상속분 산정시에 증여 또는 유증의 재산을 상속재산에 포함하여 계산한다는 점(제1008조), 일반 공유의 경우에는 분할은 이전적 효력을 가지는 데 불과하지만, 상속재산 분할의 효력에 소급효를 규정하여 선언적 효력을 인정한다는 점(제1015조 본문), 공동상속인을 조합과 유사한 목적을 가진 단체로 본다는 점, 상속재산에는 물권·채권·채무·사원권 등이 포함되므로 합유로 되는 조합재산과 유사한 점 등을 그 근거로 한다.

다. 법률관계

공동상속인은 상속재산 전체에 대한 지분을 가지나 개개의 상속재산에 대한 지분을 가지지는 못한다. 또한 공동상속인은 상속재산의 분할 전에는 상속분의 처분이 허용되지 않지만, 제1011조에 의하여 상속분의 처분이 허용되며, 개별 상속재산에 대한 지분의 처분은 허용되지 않는다. 그리고 채권·채무는 분할될 때까지는 공동상속인에게 연대적으로 귀속하게 되어 상속채권자에게 유리하게 된다.

(2) 공유설

가. 내용

각자 개개의 상속재산에 대하여 상속분에 따라 물권적 지분을 가지고 그 지분을 양도 및 저당권, 용익물권 등의 설정도 무방하다는 설로서 판례·다수설의 견해이다.

나. 근거

이 설은 민법 조문이 명백히 공유라고 표현하고 있다는 점(제1006조), 민법이 상속재산 분할의 소급효를 인정하면서 동시에 제3자의 권리를 침해하지 못한다고 하여 개개의 상속재산에 대한 지분처분을 인정하고 있음을 전제로 한다는 점(제1015조 단서), 공유물분할과 마찬가지로 상속재산 분할의 자유가 인정된다는 점, 상속분의 양도가 인정된다는 점(제1011조), 상속분에 응하여 권리·의무를 승계한다는 점(제1007조), 공동상속인이 상속분에 응하여 한정승인을 할 수 있다는 점(제1029조) 등을 그 근거로 든다.

다. 법률관계

상속재산 전체에 대한 공동소유관계는 성립하지 않고, 개개의 상속재산에 대하여 각 공동상속인이 그 상속분에 따라 지분을 가지며(제262조), 그 지분은 단독으로 자유로이 처분할 수 있다. 상속재산에 대한 채권·채무가 가분채권·채무인 때에는 공동상속인이 각자의 상속분의 비율로 당연히 승계하고, 불가분채권·채무인 때에는 공동상속인 전원의 공유관계가 되어 상속인에게 유리하게 된다.

(3) 사견

상속분의 양도가 인정되는 점, 민법은 상속을 가산의 승계로 보지 않고 순개인주의적으

로 각 상속인에게 재산이 취득되는 원인으로 보기 때문에 공유설이 타당하다는 견해[182]도 있으나, 민법상 상속재산의 공유에 관하여는 법규정만으로는 이론적 설명이 곤란하다. 오히려 상속재산공유가 물권법과는 다르다는 전제하에서 상속재산의 특수성에 착안하여 통상의 공유와는 어떠한 차이가 있는지를 명확히 하는 것으로 충분하다.

3) 채권·채무의 공동상속

채권·채무의 공동상속에 관하여는 그 특수한 성격으로 보아 그 해석을 달리하는 것이 타당하다. 상속되는 가분채권은 상속개시와 동시에 당연히 공동상속인 사이에서 그들의 상속분에 따라 분할되어 승계된다는 것이 판례의 태도이며(대판 1980.11.25, 80다카1847), 이에 찬동하는 견해[183]도 있다. 그러나 공동상속인이 분할채권을 취득한다고 한다면 채권자인 공동상속인의 입장은 문제가 없지만, 채무자는 상속인의 한 사람에게 그 상속분을 넘는 변제를 한 경우 다른 공동상속인에게 대항할 수 없게 되어 채무자는 매우 불이익하게 되므로 분할할 때까지는 불가분의 채권·채무로 봄이 타당하다.

다음으로, 채무에 대해서 판례는 금전채무와 같이 가분채무인 경우에는 상속개시와 동시에 당연히 법정상속분에 따라 공동상속인에게 분할되어 귀속하므로 상속재산 분할의 대상이 될 수 없다고 한다.(대판 1997.6.24, 97다8809) 그러나 채무에 대해서 공동상속인이 상속분에 따라 처음부터 분할채무를 부담한다고 해석하면 상속채권자는 상속개시에 의하여 자기의 의사와 관계없이 자기의 채권이 분할되는 불이익을 입게 된다. 따라서 피상속인이 상속채권자에 대하여 지고 있던 채무는 상속재산을 분할할 때까지는 피상속인의 사망에 의하여 변하지 않고 피상속인이 생존하고 있었던 당시와 같은 형태로 상속재산 중에 존속한다고 보아서 공동상속인이 불가분채무를 부담한다고 보거나 연대채무를 부담한다고 봄이 타당할 것이다.[184] 불가분채무에 관하여 판례는 공동상속인들의 건물철거의무는 그 성질상 불가분채무이고 각자 그 지분의 한도 내에서 건물전체에 대한 철거의무를 진다고 한다.(대판1980.6.24, 80다756) 그리고 상속재산 분할청구와 기여분 결정청구는 필요적 공동소송(가사소송규칙 제110조)으로 되어 있다.

---

182) 김주수·김상용, 앞의 책, 585면
183) 곽윤직, 앞의 책, 332면
184) 김주수·김상용, 앞의 책, 588면

3. 상속분

1) 의의

상속분이란 공동상속의 경우 상속재산 전체에 대하여 **수 인의 공동상속인이 각각 배당받을 몫의 비율**을 말한다. 즉 전체 상속재산의 관념적·분량적 일부를 말한다. 상속재산 중 1.5, 1, 1/2, 1/3과 같이 표시되며, 각각 상속인이 받을 구체적 상속재산 가액은 적극·소극의 전 상속재산에 각자의 상속분을 곱하여 산정하게 된다. 우리 민법은 피상속인의 의사에 의하여 정해지는 지정상속분과 법률 규정에 의하여 정해지는 법정상속분의 두 가지 제도를 두고 있다.

2) 상속분의 결정

상속분은 피상속인의 의사 또는 법률의 규정에 의하여 정해진다. 전자를 지정상속분이라 하고, 후자를 법정상속분이라고 한다.

(1) 지정상속분

가. 의의

피상속인의 지정에 의한 공동상속인의 상속분 지정을 말한다.

우리 민법상 유언에 의하여 상속분을 지정할 수 있는 방법은 포괄적 유증이다. 그런데 민법은 유언이 없는 때에만 법정상속이 적용되기 때문에 포괄적 유증이 없는 경우에만 법정상속분 규정이 적용된다.

나. 유언에 의한 지정

상속인이든, 아니든 또는 사인이든, 공공단체이든 제한이 없고 장남이든, 딸이든 상관 없다. 다만, 상속분의 지정은 유언에 의하여만 할 수 있고 생전행위로는 안 된다.

다. **지정상속분의 제한**

1977년 민법 개정에 의해 유류분 제도가 인정되기 전까지 피상속인은 유언에 의하여 유증을 받는 자로 하여금 법정상속분에 우선하여 상속재산의 일부 또는 전부의 권리를 제한 없이 취득하게 할 수 있었다. 그러나 **유류분 제도가 신설되었으므로**(제1112조 내지 제1118조) **유류분에 반하는 지정을 하였을 경우에는 침해를 받은 유류분 권리자는 반환을 청구할 수 있다.**(제1115조)

라. 상속채무

그것을 부담할 비율을 유언으로 지정할 수 없다. 무자력 내지 **변제자력이 없는 상속인이** **지정됨으로써 상속채권자를 해할 염려가 있기 때문이다.**

(2) 법정상속분

가. 의의

피상속인이 공동상속인의 상속분을 지정하지 않았을 때에는 그 상속분은 민법이 정하는 바에 따르는데, 이와 같이 법률의 규정에 의하여 정해진 상속분을 법정상속분이라 한다.

나. 동순위 상속인 사이의 상속분

[1] 균분상속주의를 원칙으로 한다. 혼인 중의 출생자와 혼인 외의 출생자 사이에는 차이가 없다.(제1009조 1항 본문)

[2] 1990년 개정 전의 민법에서는 동일가적 내에 없는 여자에게 남자의 4분의 1에 해당하는 상속분을 부여했지만, 이는 남녀평등원칙에 반할 뿐만 아니라, 특히 동일가적 내의 여부에 따라 차별을 둔 것은 이른바 가산의 이산을 두려워한 것으로 개인주의 상속 제도하에서는 부당한 입법이었다.

[3] 폐기된 민법 개정안에서는 이른바 효도상속 규정을 다음과 같이 신설하려고 하였다. 즉 피상속인을 부양한 상속인(피상속인의 배우자를 제외한다.)의 상속분은 그 고유의 5할을 가산한다.(제1009조 3항) 한편 제3항의 피상속인을 부양한 상속인이라 함은 피상속인과 동거하면서 부양한 상속인과 피상속인에 대한 부양료를 5할 이상 부담한 상속인을 말한다.(제1009조 4항) 그러나 이는 기여분 규정을 무의미하게 한다는 이유로 반대의견이 많아 입법화되지는 못하였다.

다. **배우자의 상속분**

피상속인의 배우자의 상속분은 직계비속과 공동으로 상속하는 때에는 직계비속의 상속분 **의 5할을 가산하고, 직계존속과 공동으로 상속하는 때에는 직계존속의 상속분의 5할을 가산** **한다.(제1009조 2항)**

라. 대습상속인의 상속분

대습상속인의 상속분은 피대습자(사망 또는 결격된 자)의 상속분에 의한다.(제1010조) 대습상속인이 수 인인 때에는 그 상속분은 피대습상속인의 상속분의 한도에서 앞에서 설명한 법정상속분에 의하여 정한다.

3) 특별수익자의 상속분

(1) 개관

가. 의의

공동상속인 중에 피상속인으로부터 재산의 증여 또는 유증을 받은 자(특별수익자)가 있는 경우 그 수증재산이 자기의 상속분에 달하지 못한 때에는 그 부족한 한도에서 상속분이 있다.(제1008조)

나. 입법 취지

민법 제1008조의 입법 취지는 공동상속인 중에 피상속인으로부터 재산의 증여 또는 유증을 받은 특별수익자가 있는 경우 공동상속인들 사이의 공평을 기하기 위하여 그 수증재산을 상속분의 선급으로 다루어 구체적인 상속분을 산정함에 있어서 이를 참작하도록 하려는 데 있다.

다. 특별수익자의 상속분 산정 방법

공동상속인 중에 특별수익자가 있는 경우 특별수익자의 상속분 산정방법은 피상속인이 상속개시 당시에 가지고 있던 재산가액에 생전 증여한 재산가액을 가산한 후 이 가액에서 각 공동상속인별로 법정상속분을 곱하여 산출된 상속분의 가액으로부터 특별수익자의 수증재산인 증여 또는 유증재산의 가액을 공제하는 방법으로 계산하게 된다.

(2) 반환의무자

가. 반환의무

피상속인으로부터 증여 또는 유증을 받은 자가 있을 때에 이러한 증여 또는 유증의 가액을 참작하지 않으면 상속인 사이에 불공평한 결과가 되므로 이러한 증여 또는 유증을 상속분의 선급으로 보고 현실의 상속분의 산정에서 이를 참작하도록 한 것인데, 이를 수증자 또는 유증받은 자의 반환의무라고 한다. 물론 수증자는 증여의 가액을 실제로 반환하는 것은 아니지만, 반환하는 것과 같은 효과를 낳기 위하여 그 가액을 상속재산에 합산시킨다.

나. 상속을 승인한 공동상속인

반환의무를 지는 수증자 또는 유증받은 자는 상속을 승인한 공동상속인이다. 따라서 상속을 포기한 자는 반환의무를 지지 않고 다른 공동상속인의 유류분을 해하지 않는 한 증여 또는 유증에 의하여 취득한 재산을 보유할 수 있다. 또한 공동상속인의 반환의무는 공동상속인이 유증 또는 증여를 받은 경우에만 발생하고, 그 공동상속인의 직계비속·배우자·직계존속이 유증 또는 증여를 받은 경우에는 그 공동상속인은 반환의무를 지지 않는다.

다. 특별수익이 구체적 상속분보다 많은 경우

수증자 또는 유증받은 자는 반환할 의무가 있다.

라. 대습상속인의 반환의무

대습상속의 경우에 피상속인으로부터 피대습자가 특별수익을 받았을 때에 대습상속인은 그 수익을 반환할 필요가 있는가? 이에 대하여 대습상속인이 실제로 공동상속인의 자격을 취득하게 되는 시점을 구별하여 그 이전에 수익이 있는 때(예컨대, 조부가 손자에게 생전 증여를 한 후 부가 사망하였고, 그 후 조부가 사망하여 손자가 대습상속인이 되는 경우)에는 반환의무가 없으나, 그 이후에 수익이 있는 때(예컨대, 부가 사망한 후 조부가 손자에게 증여를 하였고, 그 후 조부가 사망하여 손자가 대습상속인이 되는 경우)에는 반환하여야 한다는 견해(일본의 통설)[185]와 대습상속인이 실제로 공동상속인의 자격을 취득하게 되는 시점과 관계없이 수익자가 상속개시 당시에 공동상속인이면 대습상속에 의하여 공동상속인이 된 자도 공동상속인간의 공평의 견지에서 반환의무를 진다는 견해[186]가 있다.

(3) 특별수익의 범위

[1] 혼인을 위하여 또는 생계의 자본으로서 받은 것, 고등교육을 위한 학자금 등의 증여 또는 유증은 그 범위에 포함된다.

[2] 재산상속인 모를 수령인으로 한 보험금도 그 범위에 포함된다.

상속인 아무개를 수령인으로 한 보험금이 상속재산에 포함되지 않는다는 것을 전술한 바 있으나, 그것을 '특별수익으로서 고려할 것인가'의 문제가 있다. 그것은 피상속인의 보험계약자가 그 재산 속에서 보험료를 지급한 대가(실질적으로 그 사람에 대한 증여라고 본다.)라고 할 수 있으므로 특별수익으로서 고려할 만한 근거가 있다. 그런데 (ⅰ) 피상속인인 보험계약자가 실제로 지급한 보험료액을 특별수익으로 보는 견해, (ⅱ) 보험금 수령인이 받은 보험금총액을 특별수익으로 보는 견해, (ⅲ) 피상속인의 사망시의 해약반환액을 특별수익으로 보는 견해[187], ④ 피상속인이 그의 사망까지 지급한 보험료의 보험료 전액에 대한 비율을 보험금에 곱하여 얻은 금액을 특별수익으로 보는 견해[188]가 있다.

보험계약자는 생전에 보험계약을 해지하면 해약가격을 취득하여 이를 상속재산에 귀속시킬 수 있었으므로 이 한도에서 보험계약자인 피상속인이 상속재산에서 출연한 것이 되는데, 그 금액은 해약가격과 같게 되므로 (ⅲ)의 견해가 타당하다고 생각한다.

---

185) 곽윤직, 앞의 책, 184면
186) 김주수·김상용, 앞의 책, 595면
187) 김주수·김상용, 앞의 책, 596면
188) 곽윤직, 앞의 책, 191면

[3] 피상속인의 사망에 의하여 상속인 중의 한 사람이 사망퇴직금을 취득한 때에는 전술한 생명보험금의 경우와 다르게 해석할 이유가 없지만, '특별수익으로 볼 경우 그 전액을 인정할 것인가, 아니면 일부를 인정할 것인가?' 하는 곤란한 문제가 있다. 확실한 방식이 확정되기까지는 상속재산을 분할할 때 고려한다는 정도의 방법을 취하는 것이 무난하다고 생각된다.(동지: 김주수·김상용[189])

(4) 특별수익의 평가시기와 방법

가. 평가시기

특별수익의 반환에서 반환되는 것은 현물이 아니라, 계산상의 가액이 되므로 증여가액의 평가시기를 언제로 하는가가 문제이다. 공동상속인 중 특별수익자가 있는 경우의 구체적 상속분 산정을 위한 재산평가시점은 상속개시일을 기준으로 하며, 대상분할의 방법에 의한 상속재산 분할시의 정산을 위한 상속재산 평가시점은 분할시를 기준으로 한다는 것이 판례의 입장이다.(대판 1997.3.21, 96스62)

나. 수증자의 행위에 의한 증여물의 멸실·변형이 있는 때

상속개시시의 시가로 평가하되, 천재 그 밖의 불가항력으로 증여물이 멸실된 경우에는 가산되지 않는다고 보는 것이 타당하다.

(5) 특별수익자가 있는 경우의 공동상속인간의 상속채무의 분담 방법

채무는 제1008조에 따라 분담되는 것이 아니라 원칙적으로 법정상속분에 따라 승계된다.(대판 1995.3.10, 94다1657)

4) 상속재산에 기여한 자의 상속분(제1008조의2)

(1) 기여분의 의의

특별수익자의 상속분 제도는 상속인 중 피상속인으로부터 이익을 받은 자가 있는 때에는 상속분 산정에서 상속인 사이의 공평을 기하기 위하여 그 사람의 상속분을 감소시키는 제도이지만, **기여분 제도는 이와 반대로 공동상속인 중에 상당한 기간 동거·간호 그 밖의 방법으로 피상속인을 특별히 부양하거나 피상속인의 재산의 유지 또는 증가에 특별히 기여한 자가 있을 때에는 이를 상속분의 산정에 관하여 고려하여 상속개시 당시의 피상속인의 재산가액에서 기여상속인의 기여분을 공제한 것을 상속재산으로 보고 상속분을 산정하고, 이 상속분에 기여분을 가산한 액으로써 기여상속인의 상속분으로 하는 제도이다.**(제1008조의2 1항)

---

189) 김주수·김상용, 앞의 책, 597면

제1008조의2(기여분) ① 공동상속인 중에 상당한 기간 동거·간호 그 밖의 방법으로 피상속인을 특별히 부양하거나 피상속인의 재산의 유지 또는 증가에 특별히 기여한 자가 있을 때에는 상속개시 당시의 피상속인의 재산가액에서 공동상속인의 협의로 정한 그 자의 기여분을 공제한 것을 상속재산으로 보고 제1009조 및 제1010조에 의하여 산정한 상속분에 기여분을 가산한 액으로써 그 자의 상속분으로 한다.

② 제1항의 협의가 되지 아니하거나 협의할 수 없는 때에는 가정법원은 제1항에 규정된 기여자의 청구에 의하여 기여의 시기·방법 및 정도와 상속재산의 액 그 밖의 사정을 참작하여 기여분을 정한다.

③ 기여분은 상속이 개시된 때의 피상속인의 재산가액에서 유증의 가액을 공제한 액을 넘지 못한다.

④ 제2항의 규정에 의한 청구는 제1013조 제2항의 규정에 의한 청구가 있을 경우 또는 제1014조에 규정하는 경우에 할 수 있다.

(2) 입법 취지

특별수익자가 있는 경우에는 상속분 산정에 있어 상속인 사이의 공평을 기하기 위해 그 자의 상속분을 감하는 조치가 취해지고 있는 것과 반대로 피상속인의 재산에 대하여 유산증가에 기여한 상속인에게는 그 기여분을 가산하는 것 또한 공동상속인 사이의 실질적 공평을 기하는 것이라 할 수 있다. 따라서 1990년 개정 민법에서 기여분 제도가 신설되었다. 그 후 2005년 개정 민법에서는 '피상속인의 재산의 유지 또는 증가에 관하여 특별히 기여한 자(피상속인을 특별히 부양한 자를 포함한다.)'에서 '상당한 기간 동거·간호 그 밖의 방법으로 피상속인을 특별히 부양하거나 피상속인의 재산의 유지 또는 증가에 특별히 기여한 자'로 바뀌었다.

(3) 기여분 권리자의 범위

[1] **기여분 권리자는 공동상속인** 중에서 **상당한 기간에 동거·간호** 그 밖의 **방법**으로 **피상속인을 특별히 부양하거나 피상속인의 재산의 유지** 또는 **증가**에 관하여 **특별히 기여한 자**이다.

[2] 기여분 권리자는 공동상속인에 한하므로 공동상속인이 아닌 자는 아무리 상당한 기간 동거·간호 그 밖의 방법으로 피상속인을 특별히 부양하거나 피상속인의 재산의 유지 또는 증가에 관하여 특별히 기여하였더라도 기여분의 청구를 할 수 없다. 따라서 **사실혼의 배우자, 포괄적 수증자** 등은 **상속인이 아니기 때문에 기여분 권리자가 될 수 없다.** 또한 상속결격자나 상속포기를 한 자도 상속인의 지위를 가지고 있지 않으므로 기여분의 권리를 주장

할 수 없다.

[3] **기여분 권리자는 한 사람에 한하지 않는다.** 형제가 부의 사업에 기여·공헌하여 부의 재산이 증가되었을 때에는 두 사람이 모두 기여분 권리자가 되는 것이다.

[4] 대습상속인의 기여분 : 대습상속인도 대습상속원인이 발생하여 상속자격을 취득한 후의 기여이든, 그 전의 기여이든 가릴 것 없이 기여분 권리자가 될 수 있으며, 피대습자의 기여도 주장할 수 있다고 해석하는 것이 기여분의 입법 취지인 공동상속인간의 공평실현에 부합하는 것이다.190)

[5] 피상속인이 처로부터 간병을 받았다고 하더라도 이는 부부간의 부양의무의 이행의 일환일 뿐, 망인의 상속재산취득에 특별히 기여한 것으로 볼 수 없다는 것이 판례(대판 1996.7.10, 95스30)의 입장이다.

(4) 기여의 내용과 정도

가. 기여의 내용

자가 급료를 받지 않고 피상속인인 부가 경영하는 점포나 공장의 일에 부와 함께 종사한 경우, 음식점을 경영하는 부가 첩과 동거하면서 점포경영을 돌보지 않기 때문에 처가 아이들을 키우면서 음식점 경영을 하여 부 명의의 재산을 증가시킨 경우, 부가 경영하는 사업을 위하여 자가 부에게 자산을 제공하였기 때문에 부가 부채를 변제하고 저당권설정등기를 말소할 수 있어서 토지나 건물이 다른 사람의 손으로 넘어가지 않게 함으로써 부의 재산이 유지된 경우 등이다.

나. 기여의 정도

이는 통상의 기여가 아니라 특별한 기여이어야 한다. 특별한 기여란 상속재산을 공동상속인이 본래의 상속분에 따라 분할하는 것이 기여자에게 불공평한 것으로 인식되는 경우를 말한다. 가사노동에 의한 배우자의 기여는 특별한 기여로 취급되지 않는다.

피상속인의 재산에 관한 기여로 인정되기 위해서는 그 기여와 피상속인의 재산의 유지 또는 증가와의 사이에 인과관계가 존재할 필요가 있다. 하지만 피상속인에 대한 부양이 기여로 인정될 때에는 부양이 피상속인의 재산의 유지 또는 증가로 이어질 것을 반드시 요하지 않는다.

---

190) 김주수·김상용, 앞의 책, 604면

부동산의 취득과 유지에 있어 처로서 통상 기대되는 정도를 넘어 특별히 기여한 경우

> 망인은 공무원으로 종사하면서 적으나마 월급을 받아왔고, 교통사고를 당하여 치료를 받으면서 처로부터 간병을 받았다고 하더라도 이는 부부간의 부양의무 이행의 일환일 뿐, 망인의 상속재산 취득에 특별히 기여한 것으로 볼 수 없으며, 또한 처가 위 망인과는 별도로 미곡상·잡화상·숙박업 등의 사업을 하여 소득을 얻었다고 하더라도 이는 위 망인의 도움이 있었거나 망인과 공동으로 이를 경영한 것이고, 더욱이 처는 위 망인과의 혼인생활 중인 1976년경부터 1988년경까지 상속재산인 이 사건 부동산들보다 더 많은 부동산들을 취득하여 처 앞으로 소유권이전등기를 마친 점 등에 비추어 보면 위 부동산의 취득과 유지에 있어 위 망인의 처로서 통상 기대되는 정도를 넘어 특별히 기여한 경우에 해당한다고는 볼 수 없다.(대판 1996.7.10, 95스30·31)

(5) 기여분의 결정

[1] 피상속인의 유언으로 기여분을 정할 수는 없다.

[2] **기여분의 산정은 공동상속인들의 협의**에 의하여 **정하도록 되어 있고(제1008조의2 1항), 협의가 되지 않거나 협의할 수 없을 때에는 기여자의 신청**에 의하여 **가정법원이 심판으로 이를 정한다.**(제1008조의2 2항) 기여분을 정하는 심판은 상속재산의 분할의 심판에 부수하는 심판이 아니라, 독립된 심판이어야 하며, 이 심판은 조정전치주의가 적용된다. 이러한 방법으로 기여분이 결정되기 전 유류분 반환청구소송에서 피고가 된 기여상속인은 상속재산 중 자신의 기여분을 공제할 것을 항변으로 주장할 수 없다.(대판 1994.10.14, 94다8334)

[3] 기여분결정청구와 상속재산 분할청구는 그 내용이 다르나(개별청구 가능), 병합심리하는 것이 타당하다.

[4] 상속개시 당시의 피상속인의 재산가액에서 공동상속인의 협의(협의 불능시 가정법원)로 정한 그 자의 기여분을 공제한 것을 상속재산으로 본다.

[5] 기여분은 상속이 개시된 때의 피상속인의 재산가액에서 유증의 가액을 공제한 액을 넘지 못한다. 이 제한은 기여분보다 유증을 우선하기 위한 것이다. 예컨대, 상속재산이 3,000만원이고 유증이 1,200만원이면 기여분의 가액은 1,800만원을 넘어서는 안 되며, 이 경우 기여자가 2인이라도 이들의 기여분의 합계가 1,800만원을 넘어서는 안 된다.

(6) 기여분의 승계

기여분은 공동상속인의 협의 또는 가정법원의 심판에 의하여 결정된 후이면 이를 양도하는 것이 가능하며, 상속도 가능하다. 다만, 기여분의 결정 전에 기여분의 권리를 타인에게 양도하여 그 타인이 공동상속인의 기여분을 주장하는 것을 인정하는 것은 타당하지 못하다. 그러나 기여분의 결정 전에도 그 상속을 인정할 수 있다고 본다.

(7) 기여분과 유류분

기여분 제도와 유류분 제도는 서로 무관하다. 기여분 제도는 공동상속인 사이의 실질적 공평을 실현하기 위한 제도이며, 유류분 제도는 피상속인의 재산 처분의 자유를 제한하는 제도로서 그 제도의 취지가 다르다. 그러나 실제로는 기여분의 가액을 결정함에 있어서는 협의에 의한 경우이든, 심판에 의한 경우이든 다른 공동상속인의 유류분을 참작하는 것이 바람직하다.

(8) 기여분의 포기

기여분의 포기에 대하여 **명문의 규정은 없으나, 상속개시** 후에 **상속포기가 가능한 것에 비추어 볼 때 기여분의 포기도 가능하다고 보아야 할 것**이다. 따라서 상속개시 후 상속재산 분할이 종료할 때까지 공동상속인 전원에 대한 의사표시로 언제든지 가능하다고 할 것이다.

5) 상속분의 양도와 양수(제1011조)

(1) 상속분의 양도

[1] 상속분의 양도는 상속인의 지위의 양도이므로 양수인은 상속인과 같은 지위에 서게 된다. 양수인은 상속인과 같은 지위에 서게 되므로 상속재산의 관리는 물론 상속재산 분할에도 참여할 수 있다.

[2] 상속분의 양도에 의하여 상속인이 상속채무를 면할 수 있을 것인가? 채권자의 보호를 위하여 병존적으로 채무를 인수한다고 보아야 할 것이다. 채권자는 양도인인 상속인에 대해서나 양수인에 대해서나 자유롭게 부담분 상당액의 채무이행을 청구할 수 있게 된다.

[3] 대항요건 : 상속분의 양도에 대항요건을 필요로 하는가에 대해서는 명문의 규정이 없지만, 다른 공동상속인이 알지 못하는 사이에 양수기간(제1011조 2항)이 경과하여 양수의 기회가 박탈되는 것을 막기 위해서도 채권양도의 대항요건에 관한 규정(제450조)에 준하여 공동상속인에게 통지하여야 한다고 생각한다.(동지: 김주수·김상용[191], 반대: 곽윤직[192]) 상속분의 양수권을 민법이 보장하고 있는 이상, 그 행사의 기회를 주는 것이 타당하므로 공동 상속인에게 양도의 사실을 통지하는 것이 필요하다.

---

191) 김주수·김상용, 앞의 책, 611면
192) 곽윤직, 앞의 책, 217면

(2) 상속분의 양수

가. 의의

공동상속인 중 그 상속분을 제3자에게 양도한 자가 있은 때에는 다른 공동상속인이 그 가액과 양도비용을 상환하고 그 상속분을 양수할 수 있다.(제1011조 2항) 이를 상속분의 양수라고 한다. 공동상속인으로 구성된 일종의 상속인공동체에 제3자가 개입하여 상속재산 분할을 협의하는 것은 상속인의 입장에서 보면 부담스러운 일이므로 이 제3자로부터 상속분을 양수함으로써 그를 상속인공동체에서 배제하겠다는 것이 이 제도의 기본 취지이다.

나. 법적 성질

상속분의 양수권은 제3자의 승낙이나 동의가 요구되지 않는 형성권이다. 양수권은 상속분을 양도하지 않은 다른 공동상속인의 행사상 일신전속권이므로 채권자대위권의 대상이 되지 않는다.

다. 양수의 요건

① 공동상속인 중의 한 사람이 그 상속분을 무단으로 양도하여야 한다.

② 제3자에 대하여 상속분이 양도되어야 한다. 여기서 제3자란 공동상속인을 제외한 자를 말한다. 상속분을 양수한 자가 다시 제3자에게 양도한 경우에 그 전득자에 대한 양수권의 행사도 무방하다.

③ 상속분의 양도가 상속재산 분할 전에 있어야 한다. 상속재산 분할 후에는 각 공동상속인은 할당받은 상속재산의 단독소유권을 취득하게 되므로 각자가 자유로이 처분할 수 있는 것은 당연하며, 상속분의 양도란 있을 수 없기 때문이다.

라. 양수권의 행사

① 이 권리는 형성권이므로 양수인에 대한 일방적 의사표시로 한다. 그리고 상속재산 분할시에 타인을 배제하는 것이 이 제도의 취지이므로 일부 환매는 허용되지 않는다.

② 이 양수권(환매권)의 행사는 그 사유를 안 날로부터 3월, 그 사유가 있는 날로부터 1년 내에 행사하여야 한다.

마. 양수의 효과

통설은 양수된 상속분은 양도인 외의 공동상속인 전원에게 그 상속분에 따라 귀속한다고 한다.[193) 이에 대하여 상속분은 양수권을 행사한 자에게 귀속하며 공동상속인이 공동으로 행사한 때에는 상환한 가액 및 비용의 분담비율에 따라 그들에게 분속한다는 절충설을 취하는 견해도 있으며[194), 또한 제3자로부터 환수한 상속분은 양수권(환매권)을 행사한 공동상속

---

193) 김주수·김상용, 앞의 책, 613면 ; 이경희, 앞의 책, 362면

인에게만 귀속한다는 반대설도 있다.[195]

4. 상속재산의 분할청구권

1) 의의

상속재산의 분할은 상속개시로 인하여 생긴 공동상속인간의 상속재산의 과도적 공유관계를 종료시키고 상속분에 응하여 그 배분·귀속을 확정하는 것을 목적으로 하는 청산행위이다.

2) 법적 성질

일종의 청산행위로써 상속재산의 공유관계를 종료시키고 상속분에 따라 그 분배·귀속을 확정시킨다.

3) 요건

(1) 상속재산에 있어서 공유관계가 존재할 것.

상속인이 1인이면 상속재산의 분할의 여지가 없다.

(2) 공동상속인이 확정되었을 것.

예컨대, 공동상속인의 1인 또는 수 인이 상속의 승인 또는 포기를 하지 않은 동안에는 상속인이 확정되어 있지 않으므로 분할할 수 없다.

　가. 분할청구권이 있는 경우(일단 상속인의 지위를 가지고 있는 것으로 되어 있으나, '상속인인가'의 여부에 다툼이 있는 경우)

상속인의 결격사유 존부의 심판청구, 친생부인의 소, 혼인 또는 입양의 무효의 소가 제기되어 있는 경우 등 상속인 신분이 다투어지고 있는 자를 상속인에 포함시켜 분할한다. 이 경우 다른 공동상속인은 장래를 위하여 받을 몫의 인도의 보류 또는 담보의 제공을 조건으로 하는 분할을 주장할 수 있게 된다. 이와 같이 상속인 신분의 소멸이 다투어지는 자가 분할에 참가한 후 나중에 자격상실자로 확정되면 상속재산의 재분할의 문제가 된다.

　나. 분할청구권이 없는 경우(현재 상속인의 지위에 있지 않지만, 상속인이라고 주장하고 있는 경우)

피상속인에 대한 인지청구의 소, 피상속인과의 파양 무효 또는 이혼무효의 소, 피상속인을 당사자로 하는 부를 정하는 소를 제기하고 있는 경우 등 현재 상속인의 지위를 가지고

---

194) 곽윤직, 앞의 책, 221면
195) 이은영, 『채권총론』, 박영사, 2003, 749면

있지 않는 자는 공동상속인에 포함되지 않으므로 상속재산의 분할청구권이 없다. 이와 같이 상속인 신분의 발생을 주장하는 자가 나중에 인지 또는 재판의 확정에 의하여 상속인으로 되었을 때에도 분할처분의 효력은 소멸하지 않고 가액으로 상환할 뿐이다.(제1014조)

제1014조(분할 후의 피인지자 등의 청구권) 상속개시 후의 인지 또는 재판의 확정에 의하여 공동상속인이 된 자가 상속재산의 분할을 청구할 경우에 다른 공동상속인이 이미 분할 그 밖의 처분을 한 때에는 그 상속분에 상당한 가액의 지급을 청구할 권리가 있다.

다. 사견

나중에 문제를 남기지 않기 위해서는 상속인의 지위가 확정되는 것을 기다려서 분할하는 것이 바람직하나 반드시 분할할 필요가 있는 경우에는 일단 현상을 기준으로 하여 가의 경우에는 상속인으로서 분할하고 나의 경우는 이를 제외하고 분할하면 된다.

(3) 분할의 금지가 없을 것.

피상속인은 유언으로 상속개시의 날로부터 5년을 초과하지 않는 기간 내에서 상속재산의 분할을 금지할 수 있다.(제1012조 후단) 5년을 초과하는 분할금지의 유언이 있었다면 분할금지를 무효로 할 것이 아니라, 5년의 기간 동안 분할을 금지하는 유언으로 보아야 할 것이다.

4) 분할의 방법

(1) 유언에 의한 분할(제1012조 전단)

[1] 피상속인은 유언으로 분할 방법을 정하거나 이를 정할 것을 제3자에게 위탁할 수 있다. 분할 방법의 지정 또는 지정의 위탁은 유언으로 하여야 하므로 생전행위로 한 것은 효력이 없다. 지정할 분할 방법에는 제한이 없으므로 현물분할이건, 가액분할이건 그 밖에 어떠한 방법이건 상관 없다. 지정은 반드시 상속재산의 전부나 공동상속인의 전부에 대해서 할 필요가 없으며, 상속재산의 일부 또는 공동상속인의 일부에 대해서만 할 수도 있다.

제1012조(유언에 의한 분할 방법의 지정, 분할금지) 피상속인은 유언으로 상속재산의 분할 방법을 정하거나 이를 정할 것을 제3자에게 위탁할 수 있고 상속개시의 날로부터 5년을 초과하지 아니하는 기간 내의 그 분할을 금지할 수 있다.

---

[2] 분할 방법의 지정 또는 지정의 위탁을 한 유언이 무효이든가, 분할 방법지정의 위탁을 받은 제3자가 이를 실행하지 않은 경우에는 협의에 의한 분할을 하고, 만약 협의가 되지 않을 때에는 가정법원의 조정 또는 심판에 의하여 분할할 수 있다.

(2) 협의에 의한 분할(제1013조 1항)

공동상속인들은 유언에 의한 분할 방법의 지정이나 분할 방법지정의 위탁이 없는 경우, 분할 방법의 지정이나 분할 방법지정의 위탁에 관한 유언이 무효인 경우, 유언에 의한 분할 금지가 없는 경우 등에는 언제든지 협의에 의하여 상속재산을 분할할 수 있다.(제1013조 1항)

가. 협의에 참가할 수 있는 자

① 상속을 승인한 공동상속인, 포괄적 수증자가 이에 해당된다.

② 분할청구권은 행사상 일신전속권이 아니다. 따라서 공동상속인의 상속인, 다른 공동상속인으로부터 양수권의 행사를 받지 않은 상속분의 양수인도 분할청구권을 가지며 상속인의 채권자도 대위에 의하여 분할청구권을 행사할 수 있다.

③ 상속인의 지위 또는 그 기초인 친족관계에 대해서 다툼이 있는 자 상속인의 결격사유 존부가 계쟁 중이든가, 친생부인의 소 또는 친생자관계 부존재확인의 소가 계쟁 중이든가, 인지의 효력이 다투어지든가, 혼인 또는 입양의 무효의 소가 계속 중이든 가의 경우 현재 상속인의 지위를 보유하므로 확정판결이 있기 전까지는 제외할 수 없다. 그러나 현재 상속인의 지위를 보유하고 있지 않으나, 상속인이라는 것을 주장하여 다투고 있는 자는 일단 상속인 속에 포함되지 아니하므로 후에 상속인으로 확정되면 먼저의 분할처분은 효력을 잃지 않고, 다만, 가액으로 상환한다는 점은 위에서 본 바이다.(제1014조)

④ 태아로 있는 동안은 상속능력이 없고, 살아서 출생한 때 상속개시에 소급하여 상속능력이 인정된다고 하는 정지조건설(판례, 소수설)에 따르면 상속재산 분할의 협의에서 태아는 당연히 제외되나, 해제조건설(다수설)에 따르면 태아도 그 법정대리인을 통하여 상속재산의 분할의 협의에 참가할 수 있다.

⑤ 상속인 중에 미성년자와 친권자가 있는 경우에나 분할협의는 이른바 이익상반행위가 되므로 미성년자를 위하여 특별대리인의 선임이 필요하다.(제921조)

나. 협의의 방법

① 상속재산 분할협의는 일종의 계약이므로 상속인 전원이 참여하여야 한다. 그러나 반드시 한자리에서 이루어질 필요는 없고 순차적으로 이루어질 수도 있으며, 상속인 중 한 사람이 만든 분할원안을 다른 상속인들이 후에 돌아가며 승인을 하여도 무방하다.(대판 2004. 10.28, 2003다65438)

② 구술에 의한 협의도 유효하지만, 분할 후의 사무적 처리에 대처할 필요성에서 '상속재산 분할협의서'가 작성되는 것이 일반적이다. 이 협의서를 제출하거나 제시함으로써 부동산의 소유자가 된 자는 상속등기를, 주권 등 유가증권의 소유자가 된 자는 명의개서를 각각 단독으로 할 수 있다.

다. 구체적 분할 방법

분할 방법에 대하여는 아무런 제한이 없으며, 현물분할·대금분할·가격분할 등으로 할 수 있다.

라. 분할협의의 무효·취소

무효사유로서 무자격자의 분할참가, 상속인의 일부배제, 통정허위표시에 의한 분할의 협의 등을 들 수 있고, 취소사유로서 착오·사기·강박에 의한 분할의 협의를 들 수 있다.

마. 상속채무의 분할 문제

① 상속재산의 분할 대상은 피상속인이 남겨놓은 재산의 전부로서 채권, 상속재산으로부터 생긴 재산 등이 포함되나, 상속채무의 면책적 인수로서 상속채권자에게 대항할 수 없다.

② **금전채무의 분할** : (i) 금전채무와 같이 급부의 내용이 가분인 채무가 공동상속된 경우 이는 상속개시와 동시에 당연히 법정상속분에 따라 공동상속인에게 분할되어 귀속되는 것이므로 상속재산의 분할의 대상이 될 여지가 없다. (ii) A는 생전에 B에게 1,500만원의 금전채무를 지고 있었는데, 그에게는 상속인으로 직계비속인 C·D·E가 있을 때 공동상속인들이 상속채무에 관하여 협의분할을 하였다 하여도 채권자가 승낙하지 않으면 그 효력이 없다. 금전채무는 상속인에게 상속분의 비율로 귀속될 뿐이므로 상속채권자 A는 C·D·E 각자에게 금 500만원의 지급을 청구할 수 있다. (iii) 상속재산 분할의 대상이 될 수 없는 상속채무에 관하여 공동상속인들 사이에 분할의 협의가 있는 경우라면 이러한 협의는 민법 제1013조에서 말하는 상속재산의 협의분할에 해당하는 것은 아니지만, 위 분할의 협의에 따라 공동상속인 중의 1인이 법정상속분을 초과하여 채무를 부담하기로 하는 약정은 면책적 채무인수의 실질을 가진다고 할 것이어서 채권자에 대한 관계에서 위 약정에 의하여 다른 공동상속인이 법정상속분에 따른 채무의 일부 또는 전부를 면하기 위해서는 민법 제454조의 규정에 따른 채권자의 승낙을 필요로 하고, 여기에 상속재산 분할의 소급효를 규정하고 있는 민법 제1015조가 적용될 여지가 전혀 없다.(대판 1997.6.24, 97다8809)

(3) 조정 또는 심판에 의한 분할

가. 분할청구

분할의 협의가 성립되지 않은 때 가정법원에 분할을 청구할 수 있다. 이 경우 각 공동상속인은 우선 조정을 신청하여야 하고, 조정이 성립되지 않으면 심판을 청구할 수 있다.

나. 심판분할의 전제 문제

ㄱ. 상속인의 확정

상속인의 확정이란 해당 '피상속인의 상속인이 누구인가?' 하는 것이다.

① 태아가 있는 경우 : 태아가 출생할 때까지는 상속인의 수가 확정되어 있지 않으므로 분할심판을 연기하여야 할 것이다. 그러나 태아의 출생을 기다릴 수 없는 급박한 사정이 있는 경우에는 분할심판을 하여야 할 것이지만, 그 후 출생한 태아에 대하여는 제1014조가 유추적용되어야 할 것이다.

② 상속인이 행방불명 또는 생사불명인 경우 : 상속인이 상속을 승인한 후에 행방불명이 된 경우에는 상속재산의 협의분할을 할 수 없으므로 분할심판을 할 수 있다. 상속인이 상속개시시부터 행방불명인 경우에는 부재자의 재산관리인이 가정법원의 허가를 얻어서 분할심판청구를 할 수 있다.

③ 상속인이 신분의 소멸이 다투어지고 있는 경우 : 상속인의 결격, 친생부인, 친생자관계부존재, 인지무효, 혼인 또는 입양의 무효 등이 다투어지고 있는 경우에는 원칙적으로 그 재판이 확정될 때까지 분할을 연기 또는 금지하여야 할 것이다.

④ 상속인이 신분의 발생을 다투고 있는 경우 : 피상속인의 사후에 인지청구의 소가 제기된 경우, 이혼 또는 파양의 무효소송이 계속 중인 경우, 부를 정하는 소가 제기되어 있는 경우 등에는 등록부상의 상속인만으로 분할을 하고 나중에 상속인으로 확정된 자에게는 가액상환청구를 하도록 하면 된다.(제1014조)

ㄴ. 상속재산의 범위의 확정

'상속재산의 범위의 내용이 확정되지 않으면 어떤 상속재산을 얼마만큼 상속인에게 배분할 것인가'를 결정할 수 없다. 가정법원은 상속재산의 분할심판청구가 있는 경우에 상속재산의 범위구성에 관하여 상속인이나 제3자 사이에서 다툼이 있는 때에는 상속재산 분할의 전제 문제로서 그 귀속에 대하여 판단을 내린 다음에 분할심판을 해야 한다는 견해196)와 가정법원은 소송사건인 전제 문제의 당부를 심리·판단할 수 없으며, 전제 문제가 불확정한 때에는 분할의 심판청구를 부적법한 것으로 각하하여야 한다는 견해197)가 있다.

---

196) 김주수·김상용, 앞의 책, 626면
197) 곽윤직, 앞의 책, 260면

공동상속인 중에 특별수익자가 있는 경우의 구체적 상속분 산정을 위한 재산 평가시점

공동상속인 중에 피상속인으로부터 재산의 증여 또는 유증 등의 특별수익을 받은 자가 있는 경우에는 이러한 특별수익을 고려하여 상속인별로 고유의 법정상속분을 수정하여 구체적인 상속분을 산정하게 되는데, 이러한 구체적 상속분을 산정함에 있어서는 상속개시시를 기준으로 상속재산과 특별수익재산을 평가하여 이를 기초로 하여야 할 것이고, 다만, 법원이 실제로 상속재산 분할을 함에 있어 분할의 대상이 된 상속재산 중 특정의 재산을 1인 및 수인의 상속인의 소유로 하고 그의 상속분과 그 특정의 재산의 가액과의 차액을 현금으로 정산할 것을 명하는 방법(소위 대상분할의 방법)을 취하는 경우에는, 분할의 대상이 되는 재산을 그 분할시를 기준으로 하여 재평가하여 그 평가액에 의하여 정산을 하여야 한다.(대판 1997.3.21, 96스62)

다. 상속재산의 분할과 경매

분할의 유형으로 현물분할이 원칙이나 가정법원은 현물로 분할할 수 없거나 분할로 인하여 현저히 그 가액이 감소될 염려가 있는 때에는 물건의 경매를 명할 수 있다.(제1013조 2항)

5) 상속재산의 분할의 효과

(1) 분할의 소급효(제1015조 본문)

[1] 상속재산의 분할은 상속이 개시된 때에 소급하여 그 효력이 생긴다.(제1015조 본문) 소급효는 현물분할, 즉 상속재산 그 자체를 취득한 경우에만 인정되며, 상속재산을 공유하는 동안에 생긴 상속재산의 과실은 수익을 낳은 상속재산의 취득자에게 당연히 소급적으로 귀속하는 것이 아니다. 과실은 상속재산에 포함되어 분할의 대상이 되기 때문이다. 또한 상속재산을 매각하여 그 대금을 분배한 경우나 상속재산 자체를 취득하지 않는 대상對象으로 상속재산에 속하지 않는 재산을 취득한 경우 등에는 소급효가 생기지 않는다. 판례는 분할과 상속분과의 관계에 관하여 자기 상속분보다 많이 받게 되는 공동상속인이 있어도 이는 상속개시 당시에 피상속인으로부터 승계받은 것으로 보고, 다른 공동상속인으로부터 증여받은 것으로 볼 것은 아니라고 한다.(대판 1992.3.17, 91누7729)

[2] 분할의 소급효는 제3자의 권리를 침해할 수는 없다.(제1015조 단서) 분할의 소급적 효력은 상속개시시부터 분할시 사이에 상속재산에 관하여 이루어진 거래의 안전을 해할 가능성이 있으므로 민법은 소급효를 원칙적으로 인정하되, 제3자의 권리를 해하지 못하도록 함으로써 제3자의 지위를 보호하고 있다. 분할의 소급효가 제한되는 제3자는 상속인으로부터

개개의 상속재산의 지분을 양수하거나 담보로 제공받은 제3자, 지분에 대하여 압류를 한 채권자에 한한다. 따라서 상속분의 양수인은 여기서 말하는 제3자가 아니다. 제3자가 권리를 주장하기 위해서는 권리변동의 효력발생요건과 대항요건을 갖추어야 한다. 이 경우 제3자는 등기·인도 등으로 완전한 권리를 취득한 자를 의미한다.

> **판례** 상속재산 협의분할에 의하여 소유권이전등기가 경료된 경우 민법 제1015조 단서 소정의 상속재산 분할의 소급효가 제한되는 '제3자'에 해당하는지 여부(소극)
>
> 상속재산 협의분할에 의하여 갑 명의의 소유권이전등기가 경료된 경우 협의분할 이전에 피상속인의 장남인 을로부터 토지를 매수하였을 뿐, 소유권이전등기를 경료하지 아니한 자나 그 상속인들은 민법 제1015조 단서에서 말하는 '제3자'에 해당하지 아니하여 을의 상속지분에 대한 협의분할을 무효로 주장할 수 없다.(대판 1992.11.24, 92다31514)

(2) 분할 후의 피인지자 등의 청구

[1] 상속개시 후의 인지 또는 재판의 확정에 의하여 공동상속인이 된 자가 상속재산의 분할을 청구할 경우에 다른 공동상속인이 이미 분할 그 밖의 처분을 한 때에는 그 상속분에 상당한 가액의 지급을 청구할 권리가 있다.(제1014조)

[2] 가액지급청구권의 본질은 이는 상속회복청구권의 일종이므로 제999조 소정의 제척기간에 걸리며, 가정법원이 아닌 일반법원의 관할에 속한다.

[3] 청구할 가액의 기준시가는 피인지자 등이 상속분을 청구하는 때의 시가를 의미하며, 다른 공동상속인들이 실제로 처분한 가액 또는 처분한 때의 시가가 아니라는 것이 판례(대판 1993.8.24, 93다12)의 입장이다.

(3) 공동상속인의 담보책임(상속인 상호간의 공평)

가. 매도인과 동일한 담보책임

공동상속인은 다른 공동상속인이 분할로 인하여 취득한 재산에 대하여 그 상속분에 응하여 매도인과 같은 담보책임이 있다. 협의에 의한 분할의 경우뿐만 아니라, 가정법원의 조정, 심판으로 인한 때도 적용된다.(제1016조)

나. 상속채무자의 자력에 대한 담보책임

분할에 의하여 채권을 받은 공동상속인이 채무자의 무자력으로 인하여 그 가액을 회수할 수 없는 경우에 다른 공동상속인은 그 상속분에 응하여 분할 당시의 채무자의 자력을 담보한다.(제1017조 1항) 예컨대, 공동상속인 A·B·C가 협의분할을 하여 A는 시가 9,000만원의 부동산을, B는 시가 9,000만원의 동산을, C는 가액 9,000만원의 채권을 취득하기로 하였는데, C가 채무자의 무자력으로 인하여 채권을 회수할 수 없었을 때에는 A와 B는 C에게 각각 3,000만원씩을 지급하여야 한다. 변제기에 달하지 아니한 채권이나 정지조건이 있는 채권에 대하여는 변제를 청구할 수 있는 때의 채무자의 자력을 담보한다.(제1017조 2항)

다. 무자력 공동상속인의 담보책임의 분담

담보책임이 있는 공동상속인 중 상환의 자력이 없는 자가 있는 때에는 그 부담 부분은 구상권자와 자력 있는 다른 공동상속인이 그 상속분에 응하여 분담한다.(제1018조 본문) 예컨대, 공동상속인 A·B·C 중에서 A가 분할받은 재산의 하자가 900만원인 경우 A는 B와 C에게 각각 300만원의 구상권을 행사할 수 있다. 그러나 이 경우 B가 무자력이라면 C가 상환할 수 없는 300만원은 구상권자인 A와 자력 있는 공동상속인인 B가 그 상속분에 응하여 각각 150만원씩 분담하게 된다. 따라서 결국 A는 B에게 450만원의 지급을 청구할 수 있다. 그러나 구상권자의 과실로 인하여 상환을 받지 못한 때, 즉 담보책임이 있는 자가 자력이 있는 동안에 구상권을 행사하지 않은 데 대하여 구상권자에게 과실이 있는 경우에는 다른 공동상속인에게 분담을 청구하지 못한다.(제1017조 단서)

II. 상속의 승인권과 포기권

1. 서언

1) 의의

[1] 상속의 효력은 상속인의 의사와는 관계없이 상속인이 알든, 모르든 당연히 생긴다. 따라서 **상속재산에 채무가 많은 때에는 상속은 부담이 되어 곤란하기 때문에 상속인을 보호하기** 위하여 **상속의 승인권과 포기권(승인과 포기 제도)을 둔 것**이다.

[2] 상속의 승인 또는 포기 제도는 상속에 의한 당연 포괄승계도 개인의사와의 조정이 요구된다는 취지에서 인정되는 제도이다.

[3] 상속의 승인이란 상속의 개시에 의하여 피상속인에게 속하였던 재산상의 모든 권리·의무가 상속인에게 귀속하는 효과(제1005조)를 거부하지 않을 것을 스스로 선언하는 것을 말한다. 이 권리·의무의 귀속을 전면적으로 승인한다면 단순승인이 되고, 제한적으로 승인한다면 한정승인이 된다.

[4] 상속의 포기란 상속개시에 의하여 발생하는 효과를 상속개시시에 소급하여 소멸시키는 의사표시를 말한다.

[5] 상속의 승인과 포기는 상속에 의한 포괄적 권리·의무의 승계를 승인하거나 포기하는 단독행위이다.

2) 법적 성질

[1] 상속은 포괄적이므로 그 승인 또는 포기도 상속재산에 대하여 포괄적으로 하여야 하며, 특정재산에 대하여 선택적으로 할 수 없다.

[2] 상속의 승인 또는 포기는 상속개시시에 하여야 하므로 상속개시 전에는 할 수 없다. 다만, 독일 민법은 상속포기계약을 인정한다.

[3] 상속의 승인 또는 포기는 상속인만이 할 수 있다. 이론상으로는 단순승인, 한정승인, 포기 중에서 선택할 수 있는 것처럼 되어 있지만, 실제적으로는 고려기간 내에 한정승인 또는 포기를 하지 않으면 당연히 단순승인한 것으로 보아 결국 선택은 한정승인과 포기 중에서 하는 것이고, 아무런 선택도 없을 때에는 단순승인이 되는 것이다. 이러한 선택권의 행사에 의해 배우자는 한정승인도 할 수 있고 포기도 할 수 있다. 그런데 배우자가 친권자로서 자를 대리하여 포기함으로써 자신과 다른 자의 이익을 도모할 수 있다. 이와 같이 선택권의 행사에 의해 이해상반의 경우가 생기는 경우는 자를 위하여 특별대리인을 선임하여야 한다.[198]

[4] 아무튼 선택권의 행사는 상속인의 이해에 중대한 영향을 미치기 때문에 재산법상의 행위능력이 필요하다. 상속인이 제한능력자인 경우에는 법정대리인이 이에 동의를 하든지, 아니면 대리하여야 할 수 있으며(제1020조), 임의대리인도 위임에 의하여 상속인을 대리하여 승인 또는 포기를 할 수 있다. 금치산자는 의사능력이 회복되어 있을 때에도 단독으로는 승인 또는 포기할 수 없으며, 후견인이 후견감독인의 동의를 얻어 대리하여야 한다.(제950조 1항 2호) 중요재산에 관한 권리의 득실변경에 관한 행위이기 때문이다.

[5] 승인 또는 포기는 일신전속권이므로 채권자대위권(제404조)이나 취소권(제406조)의 목적이 될 수 없다.

[6] 한정승인과 상속의 포기는 요식행위로서 가정법원에 대한 신고로써 하여야 한다.(제1030조, 제1041조) 승인과 포기는 상대방 없는 단독행위이므로 조건이나 기한을 붙이지 못한다.

---

198) 이경희, 앞의 책, 277면

3) 승인과 포기의 기간

(1) 고려기간

상속의 승인 또는 포기는 상속인이 상속개시가 있음을 안 날로부터 3월 내에 하여야 한다.(제1019조 1항 본문) 상속인이 이 법정기간 내에 적극적인 선택을 하지 아니하고 기간이 경과되면 단순승인이 된다.(제1026조 2호)

제1019조(승인, 포기의 기간) ① 상속인은 상속개시 있음을 안 날로부터 3월 내에 단순승인 이나 한정승인 또는 포기를 할 수 있다. 그러나 그 기간은 이해관계인 또는 검사의 청구에 의하여 가정법원이 이를 연장할 수 있다.

③ 제1항의 규정에 불구하고 상속인은 상속채무가 상속재산을 초과하는 사실을 중대한 과실 없이 제1항의 기간 내에 알지 못하고 단순승인(제1026조 1호 및 2호의 규정에 의하여 단순승인한 것으로 보는 경우를 포함한다.)을 한 경우에는 그 사실을 안 날부터 3월 내에 한정승인을 할 수 있다.

제1026조(법정단순승인) 다음 각 호의 사유가 있는 경우에는 상속인이 단순승인을 한 것으로 본다.

    2. 상속인이 제1019조 제1항의 기간 내에 한정승인 또는 포기를 하지 아니한 때

---

(2) 민법 제1026조 제2호에 대한 헌법불합치결정

2002년 민법 개정 전에는 상속인이 이 법정기간 내에 적극적인 선택을 하지 않고 기간이 경과되면 단순승인이 되었으나(제1026조 2호), 제1026조 제2호에 대한 헌법재판소의 헌법불합치결정(헌재결 1998.8.27, 96헌가22 등)에 따라 **2002년 민법 개정시 제1019조 제3항(특별한 정승인 제도)이 신설되었다. 이에 따라 상속인이 중대한 과실 없이 상속채무의 초과사실을 알지 못하고 단순승인을 한 경우 및 제1026조 제1호 및 제2호에 의하여 단순승인을 한 것으로 보게 되는 경우에도 그 사실을 안 날로부터 3월 내에 한정승인을 할 수 있게 되었다.**(제1019조 3항)

[판례] **제1026조 제2호의 위헌 여부**

> (1) 상속인이 귀책사유 없이 상속채무가 적극재산을 초과하는 사실을 알지 못하여 상속개시 있음을 안 날로부터 3월 내에 한정승인 또는 포기를 하지 못한 경우에도 단순승인을 한

것으로 보는 민법 제1026조 제2호는 기본권 제한의 입법한계를 일탈한 것으로 재산권을 보장한 헌법 제23조 제1항, 사적 자치권을 보장한 헌법 제10조 제1항에 위반된다.

(2) (ⅰ) 민법 제1026조 제2호에 대하여 단순위헌결정을 하여 당장 그 효력을 상실시킬 경우에는 상속인이 상속개시 있음을 안 날로부터 3月 내에 한정승인이나 포기를 하지 아니한 때에 상속으로 인한 법률관계를 확정할 수 있는 법률근거가 없어지는 법적 공백상태가 예상된다. (ⅱ) 그리고 위헌적인 규정을 합헌적으로 조정하는 임무는 원칙적으로 입법자의 형성재량에 속하는 사항이라 할 것인데, 위 법률조항의 '위헌성을 어떤 방법으로 제거하여 새로운 입법을 할 것인가?'에 관하여는 여러 방안이 있을 수 있고, 그 중에서 '어떤 방안을 채택할 것인가?'는 입법자가 우리의 상속제도, 상속인과 상속채권자 등 이해관계인들의 이익, 법적 안정성 등 여러 사정을 고려하여 입법정책적으로 결정할 사항이므로, 위 법률조항에 대하여 헌법불합치결정을 선고한다.(헌재결 1998.8.27. 96헌가22, 97헌가2·3·9, 96헌바81, 98헌바24·25; 이 결정의 배경 및 문제점에 관하여는 윤진수 외, 『가족법 판례해설』, 492 – 494면)

판례 **2002년 개정된 부칙 제3조의 의미와 적용한계**

(1) 헌법재판소는 1998년 8월 27일에 "상속개시 있음을 안 날로부터 3월의 기간이 경과하면 상속을 단순승인한 것으로 본다."라고 규정한 구 민법 제1026조 제2호에 대하여 헌법불합치결정을 선고하였고, 입법자는 2002년 1월 14일 구 민법을 개정하여 상속인이 중대한 과실 없이 상속개시 있음을 안 날로부터 3월 내에 상속채무 초과사실을 알지 못하여 단순승인 또는 단순승인 의제된 경우에는 그 사실을 안 날로부터 3월 내에 한정승인신고를 할 수 있도록 하는 조항을 신설하고(이하 이 신설조항에 의거하여, 단순승인 의제된 경우에 하는 한정승인을 '특별한정승인'이라 한다.), 이렇게 신설한 조항의 효력은 개정 민법 시행일부터 발생하고 소급적용되지 않음을 명확히 밝히면서, 위 결정시부터 개정 민법 시행 사이의 한정승인에 관한 법적 규율의 공백에 대하여 부칙 제3항을 두었다.

(2) 위 부칙 제3항은 위와 같은 법적 공백을 규율할 필요성에 따른 특별한정승인의 경과조치이므로 위와 같은 법의 공백시기의 상속법률관계에 관하여 개정 민법 시행 후와 동일한 요건에 대하여는 동등하게 규율되도록 규정되어야 할 것이다. 또한 이와 같이 경과규정을 둔다 하더라도 그 적용범위는 상속채권자 등 이해관계인의 이익과 법적 안정성 등을 고려하여, 위 결정 당시 이미 '상속법률관계가 상속인의 의사에 의하여, 또는 기간 도과 등 상속인에게 그 책임을 돌릴 수 있는 사유로 확정되었는가?'의 여부를 기준으로 판단할 수 있다 할 것이다. 따라서 위 결정 이후 개정 민법 시행 전까지 특별한정승인의 요건을 갖추었으나 위와 같은 법적 공백에 직면하게 된 상속인뿐만 아니라, 위 결정 당시 이미 구 민법규정에 의하여 단순승

인이 의제되었지만 중대한 과실 없이 고려기간 내에 상속채무 초과사실을 알지 못하여 상속채무 초과사실을 안 날로부터 개정 민법 시행 후와 동일하게 3월이 경과하지 않은 상속인까지 위 경과규정에 포함되어야 할 것이다.(헌재결 2004.1.29, 2002헌가22, 2002헌바40, 2003헌바19·46)

(3) 민법 부칙 제3항에 대한 헌법불합치결정

1998년 8월 27일 헌법재판소의 헌법불합치결정에 의해 "2002년 1월에 개정된 민법 부칙 제3항 본문이 정하는 한정승인을 할 수 있는 범위에서 '98년 5월 27일부터 이 법 시행 전까지 상속개시가 있음을 안 자 중' 부분은 1998년 5월 27일 전에 상속개시 있음을 알았지만, 이 날 이후에 **상속채무 초과 사실을 안 자를 포함하지 않는 범위에서 헌법에 합치되지 않는다.**"라고 하여 헌법불합치 결정을 내렸다.(헌재결 2004.1.29, 2002헌가22 등)

이 결정은 민법 부칙 제3항이 소급적용대상을 '1998년 5월27일 이후 상속개시 있음을 안 자'로 정하고 있었으나, '1998년 5월 27일 이전에 상속개시가 있음을 알았지만, 1998년 5월 27일 이후 상속채무 초과사실을 안 자'도 한정승인을 할 수 있도록 대상을 확대해야 한다는 취지이다.

재판부는 결정문에서 "한정승인의 소급적용 범위를 결정함에 있어서는 '상속채무 초과사실을 알지 못해 단순승인으로 의제된 것에 상속인의 귀책사유가 존재하는가?'의 여부, '기간 해태의 책임이 존재하는가?'의 여부 등이 중요한 문제이지 상속개시 있음을 언제 알았는지 여부는 아무런 합리적 기준이 되지 못한다."라고 하면서 "그럼에도 1998년 5월 27일 상속을 받았지만, 그 날 이후 상속채무 초과사실을 안 상속인을 한정승인의 소급적용 범위에서 제외한 것은 평등의 원칙에 위반된다."라고 하였다. 그러나 "1998년 5월 27일 전에 상속채무 초과사실까지 알고도 구 민법 규정에 의한 단순승인 의제에 대하여 다투지 않은 상속인의 경우에는 종전 결정 당시 자신의 의사로 또는 자신의 귀책사유로 이미 단순승인이 확정되었다고 볼 수 있어 이런 상속인에까지 소급해 한정승인을 할 수 있도록 하는 것은 진정소급입법으로 부당하다."라며 소급적용 기준일을 1998년 5월 27일로 제한한 것은 타당하다."라고 하였다.

이에 따라 민법 부칙 제4항을 신설하여 다음과 같이 규정하였다. 즉 "1998년 5월 27일 전에 상속개시가 있음을 알았으나, 상속채무가 상속재산을 초과하는 사실을 중대한 과실 없이 제1019조 제1항의 기간 이내에 알지 못하다가 1998년 5월 27일 이후 상속채무의 사실을 안 자는 다음 각 호의 구분에 따라 제1019조 제3항의 규정에 의한 한정승인을 할 수 있다. 다만, 각 호의 기간 이내에 한정승인을 하지 아니한 경우에는 단순승인을 한 것으로 본다.
1. 법률 제7765호 민법 일부 개정 법률 시행 전에 상속채무 초과 사실을 알고도 한정승인을

하지 아니한 자는 개정 법률 시행일로부터 3월 이내 2. 개정 법률 시행 이후 상속채무 초과 사실을 알게 된 자는 그 사실을 안 날로부터 3월 이내"이다.

(4) 기간의 기산점

[1] **고려기간의 기산점은 '상속개시 있음을 안 날'로부터 진행**한다. '상속개시 있음을 안 날'이란 상속개시의 사실과 자기가 상속인이 되었다는 사실을 안 날로 해석된다.

[2] 3개월의 기간의 기산점에 관한 특칙 : (i) 상속인이 제한능력자인 경우에는 그 법정대리인이 상속개시가 있음을 안 날로부터 기산하게 된다.(제1020조) (ii) 상속인이 승인이나 포기를 하지 않고 위의 3개월의 기간 내에 사망한 때에는 그의 상속인이 자기의 상속개시가 있음을 안 날로부터 3개월을 기산하게 된다.(제1021조)

[3] 상속인이 상속재산의 전부 또는 일부를 처분하였을 때, 상속인이 제1019조 제1항의 기간 내에 한정승인 또는 포기를 하지 아니한 때, 상속인이 한정승인 또는 포기를 한 후에 상속재산을 은닉하거나 부정소비하거나 고의로 재산목록에 기입하지 아니한 때에는 단순승인한 것으로 본다.(제1026조)

(5) 고려기간의 연장

조사의 필요성 또는 상속인이 거리가 먼 곳에 있는 경우 등을 예상하여 민법은 이해관계인 또는 검사의 청구에 의하여 가정법원이 이 3개월의 고려기간을 연장할 수 있도록 하였다.(제1019조 1항 단서) 그러나 천재지변 그 밖의 불가항력으로 기간 연장의 청구를 할 수 없는 경우 그 사유가 그친 후 2주간 내에 연장청구를 할 수 있다.

(6) 2002년 개정 규정

위와 같은 헌재결정의 영향으로 한정승인에 대한 규정을 다음과 같이 신설하였다.

표 3-1 ┃ 한정승인에 대한 신구 규정 대비

2002년 개정 전 규정	2002년 개정 규정
제1019조(승인, 포기의 기간) ① 상속인은 상속개시 있음을 안 날로부터 3월 내에 단순승인이나 한정승인 또는 포기를 할 수 있다. 그러나 그 기간은 이해관계인 또는 검사의 청구에 의하여 가정법원이 이를 연장할 수 있다. ② 상속인은 전 항의 승인 또는 포기를 하기 전에 상속재산을 조사할 수 있다. 상속의 승인, 포기의 기간에 제3항을 다음과 같이 신설한다.	제1019조(승인, 포기의 기간) ③ 제1항의 규정에 불구하고 상속인이 상속되는 채무가 그 재산을 초과하는 사실을 중대한 과실 없이 제1항의 기간 내에 알지 못하고 단순승인(제1026조 1호 및 2호에 의하여 단순승인한 것으로 보는 경우를 포함한다.)한 경우에는 그 사실을 안 날로부터 3월 내에 한정승인을 할 수 있다.

[1] 개정 규정의 한정승인에서는 상속인이 상속이라는 우연의 사정으로 빚에 허덕인다는 것은 개인의 행복추구권이 침해될 수 있음을 고려하여 자기책임의 원리를 강조하였다. 따라서 단순승인(적극적 의사표시＋처분행위＋기간도과시)이 된 경우에도 후에 피상속인의 적극적 재산보다 채무가 더 많은 것이 밝혀진 경우 한정승인을 할 수 있는 길을 마련하였다는 데 의의가 있다.

[2] 단순승인이 의제된 후에도 후에 채무초과 사실이 밝혀진 경우에는 상속인의 중과실이 없는 한 다시 한정승인을 할 수 있다. 따라서 단순승인 후 채무초과를 이유로 한정승인을 하는 경우 상속재산 중 이미 처분한 재산이 있을 때에는 그 목록과 가액을 함께 제출하여야 한다.

[3] 2005년 개정 민법에서는 제1034조에 제2항을 다음과 같이 신설하여 사후에 한정승인한 사람과 그 밖의 이해관계인을 고려하고 있다. 즉 "제1019조 제3항의 규정에 의하여 한정승인을 한 경우에는 그 상속인은 상속재산 중에서 남아있는 상속재산과 함께 이미 처분한 재산의 가액을 합하여 제1항의 변제를 하여야 한다. 다만, 한정승인을 하기 전에 상속채권자나 유증받은 자에 대하여 변제한 가액은 이미 처분한 재산의 가액에서 제외한다."라고 하고 있다.

> **판례** '상속채무가 상속재산을 초과하는 사실을 중대한 과실로 알지 못한다'고 함의 의미
>
> 민법 제1019조 제3항 … 에서 말하는 "상속채무가 상속재산을 초과하는 사실을 중대한 과실로 알지 못한 함은 '상속인이 조금만 주의를 기울였다면 상속채무가 상속재산을 초과한다는 사실을 알 수 있었음에도 이를 게을리함으로써 그러한 사실을 알지 못한 것'을 의미하고, 상속인이 상속채무가 상속재산을 초과하는 사실을 중대한 과실 없이 민법 제1019조 제1항의 기간 내에 알지 못하였다는 점에 대한 증명책임은 상속인에게 있다."라고 하였다. 피상속인을 상대로 한 손해배상청구 소송의 제1, 2심에서 모두 소멸시효 완성을 이유로 원고패소 판결이 선고된 후 상고심 계속 중에 피상속인이 사망함으로써 상속인들이 소송을 수계한 사안에서, 소멸시효항변이 신의칙에 반하여 권리남용이 되는 것은 예외적인 법현상인 점, 상속인들로서는 제1, 2심 판결의 내용을 신뢰하여 원고의 피상속인에 대한 채권에 관하여 소멸시효가 완성된 것으로 믿을 수도 있어 법률전문가가 아닌 상속인들에게 제1, 2심의 판단과는 달리 상고심에서 소멸시효항변이 배척될 것을 전제로 미리 상속포기나 한정승인을 해야 할 것이라고 기대하기는 어려운 점 등의 사정들을 비추어 보면, 그 후 상고심에서 위 소멸시효항변이 신의성실의 원칙에 반하여 권리남용에 해당함을 이유로 원고 승소취지의 파기환송판결이 선고되었다 하여 위 소송수계일 무렵부터 위 파기환송판결 선고일까지 사이에 상속인들

이 위 원고의 채권이 존재하거나 상속채무가 상속재산을 초과하는 사실을 알았다거나 또는 조금만 주의를 기울였다면 이를 알 수 있었음에도 이를 게을리한 '중대한 과실'로 그러한 사실을 알지 못하였다고 볼 수는 없다.(대판 2010.6.10, 2010다7904; 지원림, 『민법강의』, 홍문사, 2013, 2077면)

4) 승인과 포기 전의 상속재산

(1) 상속재산의 조사권

상속인은 상속개시 있음을 안 날로부터 3월 내에 단순승인이나 한정승인 또는 포기를 할 수 있고, 상속인이 승인 또는 포기를 하기 전에 상속재산을 조사할 수 있다.(제1019조 2항)

(2) 상속재산의 관리

상속인은 상속의 승인 또는 포기를 하기까지 그 고유재산에 대한 것과 동일한 주의로써 상속재산을 관리하여야 한다.(제1022조 본문) 그리고 관리의무는 그 상속을 단순승인 또는 포기할 때까지 계속하는 것이 원칙이다.(제1022조 단서) 한정승인이 있으면 자기의 재산이지만, 상속채권자를 위하여 청산이 끝날 때까지 위와 같은 주의의무가 요구된다. 단순승인을 하였더라도 재산분리가 있게 되면 상속인의 관리의무는 지속되고(제1048조 1항), 상속포기 시에도 포기한 자는 다른 상속인이 상속재산을 관리할 때까지 관리를 계속하여야 한다.(제1044조 1항)

5) 변제거절권

(1) 상속인이 한정승인을 한 경우(제1033조)

한정승인자는 제1032조 1항의 기간만료 전에는 상속채권의 변제를 거절할 수 있다.

(2) 고려기간 중의 변제거절 여부

고려기간 중 승인이나 포기를 하지 않더라도 변제거절권이 있다고 해석된다. 명문 규정은 없으나, 인정함이 타당하다고 본다.(동지: 김주수·김상용[199]) 고려기간 중 채무나 유증의 변제를 한 때에는 법정단순승인을 한 것으로 본다.(제1026조)

---

199) 김주수·김상용, 앞의 책, 644면

6) 법원에 의한 보존에 필요한 처분(제1023조)

상속재산의 관리비용은 상속재산에서 지출해도 무방하다. 그리고 상속인의 주의의무에 비추어 볼 때 적당하지 않은 관리로 인하여 손해를 생기게 한 경우에는 그 책임을 져야 한다. 그러나 이로 인한 손해배상이 언제나 이해관계인을 만족시킨다고는 할 수 없으며, 또한 공동관리의 경우에는 상당한 불편이 따를 수 있다. 따라서 이러한 경우에는 가정법원이 이해관계인 또는 검사의 청구에 의하여 상속재산의 보존에 필요한 처분을 명할 수 있도록 하고 있다.(제1023조 1항) 여기서 이해관계인이란 상속채권자, 공동상속인, 상속의 포기에 의하여 상속인이 될 차순위 상속인 등 널리 법률상 이해관계가 있는 자를 가리킨다. 이 처분의 한 방법으로서 가정법원이 상속재산관리인을 선임한 경우에는 부재자를 위한 재산관리인에 관한 제24조 내지 제26조의 규정이 준용된다.(제1023조 2항)

7) 승인·포기의 취소 및 무효

(1) 승인·포기의 취소금지(제1024조 1항)

상속의 승인이나 포기는 제1019조 제1항의 기간 내에도 이를 취소하지 못한다.(제1024조 1항) 즉 상속의 승인·포기의 효력은 확정적이며, 이 때의 취소는 철회의 의미이다.

(2) 승인·포기의 취소

승인 또는 포기는 취소할 수 없으나, 민법총칙편의 규정에 의하여 승인 또는 포기를 취소하는 데에는 아무런 영향을 받지 않는다. 즉 미성년자와 피한정후견인이 법정대리인의 동의 없이 한 경우, 피성년후견인이 한 경우, 사기·강박에 의한 경우, 착오로 인한 경우에는 취소권자가 그 승인 또는 포기를 취소할 수 있다. 그러나 그 취소권은 추인할 수 있는 날로부터 3월, 승인 또는 포기한 날로부터 1년 내에 행사하지 아니하면 시효로 인하여 소멸됨으로써 총칙편과 다른 단기의 제척기간이 적용된다.(제1024조 2항)

(3) 승인·포기의 무효

가. 무효원인

승인·포기의 무효에 대한 규정은 없으나, 취소에 대하여 총칙 규정의 적용을 인정하므로 무효에 대해서도 이를 적용할 수 있다. 무효원인으로 되는 것에는 승인·포기가 진의에 의하지 않을 때, 승인·포기가 무권대리에 의한 때, 신고방식에 하자가 있을 때, 상속권 확정 후의 승인·포기 등이 있다.

나. 무효의 주장

무효의 원인이 있으면 다른 소송의 전제 문제로서 승인·포기의 무효를 주장할 수 있다.

(4) 하자 있는 승인·포기의 추인

하자가 치유되면 신고서 수리시에 소급하여 효력이 확정된다.

2. 단순승인

1) 의의

피상속인의 권리·의무를 무제한·무조건으로 승계하는 상속 형태 또는 이것을 **승인하는 상속 방법(제1025조)**을 말한다. 단순승인은 한정승인이나 포기와 같이 가정법원에 신고를 하지 않아도 인정되기 때문에 단순승인이라는 적극적인 행위가 요구되는 것은 아니다. 그러나 단순승인도 피상속인의 권리·의무를 무한정으로 승계할 것을 승인하는 상속인의 의사표시라고 보아야 할 것이다.

2) 법정단순승인(제1026조 1호, 2호)

다음과 같은 사유가 있는 경우에는 상속인이 단순승인을 한 것으로 본다.

(1) 상속인이 상속재산에 대한 처분행위를 한 때(제1026조 1호)

여기서 처분행위란 상속재산의 일부에 대한 행위이건, 전부에 대한 행위이건, 또는 사실행위(가옥의 파괴)이건, 법률행위(주식의 질권설정, 대물변제 등)이건 묻지 않는다. 상속인이 상속개시 있음을 알고 상속재산을 처분하여야 하며, 피상속인의 사망을 알지 못하고 피상속인의 재산을 처분한 경우에는 단순승인의제의 효과는 생기지 않는다고 보아야 한다. 처분행위에 국한하기 때문에 관리행위는 포함하지 않는다. 상속인의 법정대리인이 처분행위를 한 경우에도 단순승인의 효과가 발생한다.[200]

(2) 상속인이 승인 또는 포기를 하여야 할 기간 내에 한정승인 또는 포기를 하지 않은 때(제1026조 2호)

제한능력자의 경우는 법정대리인이 상속이 개시된 사실을 안 날로부터 고려기간이 진행된다. 이 규정에 대하여는 헌법재판소에 의해 1998년 8월 27일 헌법불합치결정(98헌가22, 97헌가3·3·9, 96헌바81, 98헌바24·25)이 선고되었으며, 입법자가 이 규정을 개정할 때까지는 선고일로부터 이 조항의 적용을 중지하도록 하였다. 따라서 이 규정은 선고일 이후 적용되지

---

200) 이경희, 앞의 책, 280면

않다가 2000년 1월 1일 이후에는 효력을 상실하였다. 그러나 2002년 민법 개정에 의하여 제1019조 제3항(특별한정승인 제도)이 신설되어 상속인이 중대한 과실 없이 상속채무의 초과 사실을 알지 못하고 단순승인을 한 경우 및 제1026조 제1호 및 제2호에 의하여 단순승인을 한 것으로 보게 되는 경우에도 그 사실을 안 날로부터 3월 내에 한정승인을 할 수 있게 되었다. 이와 함께 이 규정은 2002년 개정 민법 시행 후 다시 적용되게 되었다.

(3) 상속인이 한정승인 또는 포기를 한 후에 상속재산을 은닉하거나 부정소비하거나 고의로 재산목록에 기입하지 아니한 때(제1026조 3호)

이 규정은 은닉, 부정소비, 고의의 불성실한 행위에 대한 제재로서의 의미를 가지며, '은닉'한다는 것은 상속재산이 어디 있는지 찾을 수 없도록 숨긴다는 것을 의미하고, '부정소비'란 피상속인의 채권자에게 불이익이 되는 것을 알면서 상속재산을 소비하여 버리는 것을 말한다.

3) 단순승인의 효과

상속의 효과가 발생한다. 상속인은 상속채무에 대하여 **무한책임을 진다. 또한 단순승인의 효과가 확정되면** 그 후에 **한정승인, 포기의 신고가 수리되더라도 무효**이다.

> **판례** 상속포기신고가 수리되었다면 이를 상속의 단순승인으로 간주되는 민법 제1026조 1호 소정의 '상속재산에 대한 처분행위'가 있는 경우가 되는지 여부

민법 제1026조 제1호는 "상속인이 상속재산에 대한 처분행위를 한 때에는 단순승인을 한 것으로 본다"라고 정하고 있으므로 그 후에 상속포기신고를 하여 그 신고가 수리되었다고 하더라도 상속포기로서의 효력은 없다. 그러나 위 규정의 입법 취지가 상속재산 처분을 행하는 상속인은 통상 상속을 단순승인하는 의사를 가진다고 추인할 수 있는 점, 그 처분 후 한정승인이나 포기를 허용하면 상속채권자나 공동 내지 차순위 상속인에게 불의의 손해를 미칠 우려가 있다는 점, 상속인의 처분행위를 믿은 제3자의 신뢰도 보호될 필요가 있다는 점 등에 있음을 고려해 볼 때, 수 인의 상속인 중 1인을 제외한 나머지 상속인 모두가 상속을 포기하기로 하였으나, 그 상속포기신고가 수리되기 전에 피상속인 소유의 미등기 부동산에 관하여 상속인들 전원 명의로 법정상속분에 따른 소유권보존등기가 경료되자 위와 같은 상속인들의 상속포지의 취지에 따라 상속을 포기하는 상속인들의 지분에 관하여 상속을 포기하지 않은 상속인 앞으로 지분이전등기를 한 것이고 그 후 상속포기신고가 수리되었다면 이를 상속의 단순승인으로 간주되는 민법 제1026조 제1호 소정의 '상속재산에 대한 처분행위'가 있는 경우라고 할 수 없다.(대판 2012.4.16, 2011스191·192)

3. 한정승인

1) 의의

상속인이 상속으로 인하여 얻은 재산의 한도에서 피상속인의 채무와 유증을 변제하는 상속 또는 그와 같은 조건으로 상속을 승인하는 것을 말한다.(제1028조) 원래 민법은 단순승인을 원칙으로 하고 있으나, 상속재산이 채무초과인 경우에 단순승인이 되면 상속인이 자기의 고유재산으로 상속채무를 변제해야 하므로 상속인을 보호할 목적에서 한정승인 제도가 마련되었다.

표 3-2 ┃ 한정승인과 단순승인의 차이

한정승인	단순승인
① 상속받은 적극재산이 채무보다 적을 때 상속재산의 범위에서만 채무를 변제하면 되고 초과액에 대하여는 변제책임을 지지 아니한다. ② 한정승인자의 상속재산에 대한 권리·의무는 자기의 고유재산과 구분되므로 한정승인자가 피상속인에 대하여 가지는 재산상 권리·의무는 소멸하지 아니한다.(제1031조)	① 상속받은 적극재산이 채무보다 적을 때 상속인이 상속재산 외에 자기의 고유재산으로써 채무를 변제하여야 한다. ② 상속개시 때부터 자기의 고유재산과 상속재산이 혼연일체가 되어 피상속인에 대한 재산상의 권리·의무는 혼동으로 소멸한다.

2) 방식

[1] 상속인이 한정승인을 하려면 3개월의 기간 내에 상속재산의 목록을 첨부하여 가정법원에 한정승인의 신고를 하여야 한다.(제1030조 1항) 2002년 민법 개정에 의하여 상속인이 중대한 과실 없이 상속채무의 초과사실을 알지 못하고 단순승인을 한 경우에는 한정승인을 할 수 있게 되었는데, 이 때에는 상속재산의 목록 외에 이미 처분한 상속재산의 목록과 가액을 함께 제출하여야 한다.(제1030조 2항)

[2] 한정승인의 신고가 각하되었을 때에는 상속인은 즉시항고를 할 수 있다.

[3] 공동상속인의 한정승인에 대하여 우리 민법은 개별적 한정승인주의를 채택하여 공동상속인은 각 상속분에 응하여 취득할 재산의 한도에서 그 상속분에 의한 피상속인의 채무와 유증을 변제할 것을 조건으로 한정승인을 할 수 있다.(제1029조)

○ 민법 제1005조 위헌 제청에 대한 헌법재판소 결정(2004.10.28, 2003헌가13)

1. 심판의 대상

이 사건 심판의 대상은 소극재산이 적극재산을 초과하는 경우에도 상속인이 포괄적으로 권리·의무를 승계하도록 규정한 민법 제1005조가 헌법에 위반되는지 여부이고, 이 사건 법률조항의 내용은 다음과 같다.

민법 제1005조(상속과 포괄적 권리·의무의 승계) 상속인은 상속개시된 때로부터 피상속인의 재산에 관한 포괄적 권리·의무를 승계한다. 그러나 피상속인의 일신에 전속한 것은 그러하지 아니하다.

2. 결정이유의 요지

(1) 민법 제1005조는 상속의 효과로서 포괄·당연승계주의를 채택하고 있는데, 이는 상속인이 상속을 받는 것이 일반적이고 상속의 효과를 거부하는 것이 예외이므로 상속으로 인한 법률관계의 부동상태를 신속하게 확정함으로써 궁극적으로 법적 안정성이라는 공익을 도모하는 것에 입법목적이 있다.

(2) 우리의 상속법제가 포괄·당연승계주의를 채택한 결과 소극재산이 적극재산을 초과하는 경우에도 상속인이 이를 당연히 승계하도록 하는 것은 상속인의 고유재산으로 피상속인의 채무를 부담하게 한다는 의미에서 민법 제1005조는 헌법상 보장된 재산권을 제한하고, 개인이 그 의사에 따라 법적 관계를 스스로 형성하는 것을 보장하는 것을 내용으로 하는 사적 자치권 및 행복추구권을 제한하는 것이다.

(3) 우리의 상속법제는 법적 안정성이라는 공익을 도모하기 위하여 포괄·당연승계주의를 채택하는 한편 상속의 포기·한정승인 제도를 두어 상속인으로 하여금 그의 의사에 따라 상속의 효과를 귀속시키거나 거절할 수 있는 자유를 주고 있으며, 상속인과 피상속인의 채권자 및 상속인의 채권자 등의 이해관계를 조절할 수 있는 다양한 제도적 장치도 마련하고 있으므로 민법 제1005조는 입법자가 입법형성권을 자의적으로 행사하였다거나 헌법상 보장된 재산권이나 사적 자치권 및 행복추구권을 과도하게 침해하여 기본권 제한의 입법한계를 벗어난 것으로서 헌법에 위반된다고 할 수 없다.

(4) 따라서 민법 제1005조는 헌법에 위반되지 아니한다.

3. 결정의 의의

이 사건 헌법소원의 대상인 민법 제1005조는 상속이 개시된 때부터 상속인은 상속개시를 알고 있는지 여부를 불문하고 상속인의 의사와 관계없이 피상속인의 일신에 전속한 것을 제외하고 당연히 피상속인의 재산에 관한 포괄적인 권리·의무를 승계하는 것으로 규정함으로써 소극재산이 적극재산을 초과하는 경우에도 상속인이 이를 당연히 승계하는 것은 상속인의 고유재산으로 피상속인의 채무를 부담하게 한다는 의미에서 헌법상 보장된 재산권을 제한하고,

개인이 그 의사에 따라 법적 관계를 스스로 형성함을 보장하는 것을 내용으로 하는 사적 자치권 및 행복추구권을 제한할 여지가 있다.

그러나 헌법재판소는 우리 상속법제가 상속의 포기·한정승인 제도를 두어 상속인으로 하여금 그의 의사에 따라 상속의 효과를 귀속시키거나 거절할 수 있는 자유를 주고 있으며, 상속인과 피상속인의 채권자 및 상속인의 채권자 등의 이해관계를 조절할 수 있는 다양한 제도적 장치도 마련하고 있으므로 이 사건 법률 조항이 입법자가 입법형성권을 자의적으로 행사하였다거나 헌법상 보장된 재산권이나 사적 자치권 및 행복추구권을 과도하게 침해하여 기본권 제한의 입법한계를 벗어난 것으로서 헌법에 위반된다고 할 수 없다는 것을 확인하였다.

한편 헌법재판소는 어떤 상속인은 막대한 재산을 상속하지만, 어떤 상속인은 소극재산만을 상속하게 되는 차이는 민법 제1005조에 따른 차별대우에서 기인하는 것이 아니고, 상속이 개시될 당시의 피상속인의 재산상태라는 우연적이고 운명적인 것에 의하여 초래된 것일 뿐이라고 보았다.

상속의 효과를 상속인의 의사와 관계없이 당연히 피상속인의 재산에 관한 포괄적인 권리와 의무를 승계하는 것으로 규정하는 한편, 상속인으로 하여금 그의 의사에 따라 상속의 효과를 귀속시키거나 거절할 수 있는 자유를 주고 있고, 상속인과 피상속인의 채권자 및 상속인의 채권자 등의 이해관계를 조절할 수 있는 다양한 제도적 장치를 마련한 것은 대부분의 입법례와 그 취지를 같이하는 것으로 헌법재판소가 위 결정으로 그 합헌성을 확인한 것이다.

---

3) 한정승인의 효과

[1] **상속인은 상속**에 의하여 **얻은 재산의 한도에서 피상속인의 채무와 유증의 변제를 하면 된다.**(제1028조) 그러나 이는 상속재산만이 상속채무 및 유증에 대한 책임재산이 되고, 상속인의 고유재산은 그 책임재산이 아니라는 것을 의미하기 때문에 결국 상속채무는 전액을 승계하고 책임의 범위만 상속재산에 한정된다는 것이다. 즉 채무와 책임이 분리되는 것이다. 따라서 채권자는 한정승인자에 대하여 채권의 전액을 청구할 수는 있고, 법원은 그 채무전액에 대하여 지급을 명하는 판결을 하게 되지만, 상속재산의 한도에서만 집행할 수 있다는 취지를 명시하여야 한다. 그리고 한정승인을 한 상속인이 초과 부분을 임의로 변제한 때에는 채무자의 변제로서 유효하고, 비채변제가 되지 않으며, 부당이득반환청구권도 성립하지 않는다.201)

[2] 상속인이 한정승인을 한 때에는 피상속인에 대하여 가졌던 상속인의 재산상 권리·의

---

201) 이경희, 앞의 책, 283－284면

무는 소멸하지 아니한다.(제1031조) 그리고 한정승인 전에 피상속인의 채무에 대하여 보증을 한 자는 한정승인이 있더라도 채무의 전액에 대하여 책임을 진다.

[3] 한정승인을 한 경우에 상속인은 그 고유재산에 대한 것과 동일한 주의로 상속재산을 관리하여야 한다.(제1022조 본문) 즉 상속재산의 관리의무는 단순승인이 되면 자기재산이 되므로 없어지고, 한정승인을 하면 상속채권자를 위하여 청산이 끝날 때까지 계속되며(제1031조), 포기를 한 경우에는 그 재산을 승계할 자가 관리할 수 있을 때까지 계속하여야 한다.(제1044조) 상속재산의 관리인은 한정승인을 한 자가 수 인 있을 때에는 반드시 한정승인을 한 공동상속인 중에서 선임하여야 한다는 것이 판례의 입장이다.(대판 1979.12.27, 76그2) 공동상속인이 한정승인을 한 경우에는 그 중에서 관리인이 선임되어 배당변제를 관장한다.(제1040조)

4) 한정승인에 의한 청산 절차

한정승인은 피상속인의 채권자에게도 이해관계가 있으므로 한정승인이 있었음을 공시할 필요가 있어 민법은 한정승인의 공고를 하도록 하며, 공고는 관보에 게재된다.

(1) 채권자에 대한 공고와 최고

한정승인을 한 자는 한정승인을 한 날로부터 5일 내에 상속채권자와 유증을 받은 자에 대하여 한정승인을 하였다는 사실과 2개월 이상의 일정한 기간을 정하고 그 기간 내에 채권 또는 수증을 신고할 것을 공고하여야 한다.(제1032조 1항) 그리고 법인의 청산 절차 규정을 전 항의 경우에 준용한다.(제1032조 2항)

(2) 변제의 순서와 방법

가. 최고기간 중의 변제거절권

한정승인자는 신고기간이 만료하기 전에는 상속채권의 변제를 거절할 수 있다.(제1033조) 이 이행거절권은 법률에 의해 부여된 항변권으로서 마치 동시이행의 항변권과 같이 일시적으로 이행의무를 유예시키며 유예기간 동안 이행지체의 책임을 면제시키는 효과를 갖는다. 또한 이 기간 동안에는 채권자에 의한 강제집행이 불가능하다.[202]

나. 채권신고기간 만료 후의 변제

[1] 그 변제방법은 다음 3단계의 순서, 즉 우선권이 있는 채권자(제1034조 단서)⇨ 일반의 채권자(제1034조 본문)⇨유증받은 자의 순으로 변제를 하여야 한다.(제1036조)

[2] 신고한 채권자와 수증자에게 모두 변제하고도 남은 재산이 있는 경우 신고하지 아니

---

202) 이은영, 『채권총론』, 박영사, 2003, 760면

한 채권자나 수증자로서 한정승인자가 알지 못하였던 자에 대하여 그 잔여재산의 범위에서 변제하여야 한다.(제1039조)

다. 상속재산의 경매

제1034조 내지 제1036조에 따라서 상속채권자와 유증받은 자에 대하여 변제를 하기 위하여 상속재산의 전부 또는 일부를 매각할 필요가 있을 때에는 경매를 한다.(제1037조)

라. 부당변제에 대한 책임

[1] 한정승인자가 제1032조의 규정에 의한 공고나 최고를 해태하거나 제1033조 내지 제1036조의 규정에 위반하여 어느 상속채권자나 유증받은 자에게 변제함으로 인하여 다른 상속채권자나 유증받은 자에 대하여 변제할 수 없게 된 때에는 한정승인자는 그 손해를 배상하여야 한다. 제1019조 제3항의 규정에 의하여 한정승인을 한 경우 그 이전에 상속채무가 상속재산을 초과함을 알지 못한 데 과실이 있는 상속인이 상속채권자나 유증받은 자에게 변제한 때에도 또한 같다.(제1038조 1항)

[2] 전 항의 경우 변제를 받지 못한 상속채권자나 유증받은 자는 그 사정을 알고 변제를 받은 상속채권자나 유증받은 자에 대하여 구상권을 행사할 수 있다. 제1019조 제3항에 의하여 한정승인을 한 경우 그 이전에 상속채무가 상속재산을 초과함을 알고 변제받은 상속채권자나 유증받은 자가 있는 때에도 또한 같다.(제1038조 2항)

[3] 제766조의 규정은 제1항 및 제2항의 경우에 준용한다.(제1038조 3항)

5) 특별한정승인

(1) 의의

2002년 민법 개정에 의하여 상속개시 후 고려기간 내에 상속재산을 초과함을 알지 못하고, 또 그 채무초과 사실을 알지 못함에 중대한 과실 없이 단순승인을 한 경우에는 그 사실을 안 날로부터 다시 3월 내에 한정승인을 할 수 있다.(제1019조 3항) 채무 초과사실을 알지 못함에 중대한 과실 없이 상속인이 상속재산에 대한 처분행위를 하거나(제1026조 1호) 한정승인 또는 포기를 하지 아니한 상태로 고려기간을 도과함으로써(제1026조 2호) 단순승인한 것으로 보는 경우에도 마찬가지로 채무 초과사실을 안 날로부터 3월 내에 한정승인을 할 수 있다. 이를 특별한정승인이라 부를 수 있을 것이다.

(2) 입법 취지

민법 제 1019조에 의하면 상속포기나 한정승인은 상속개시 있음을 안 날로부터 3월 이내에 하여야 하고, 이 기간 내에 한정승인이나 포기를 하지 않으면 단순승인한 것으로 보고 있음은 앞에서 말한 바와 같다. 따라서 상속개시 있음을 안 날로부터 3월 내에 채무 초과라는 사실을 알지 못하고 고려기간을 도과한 경우에는 그 후에 이러한 사실을 알았다 하더라도 상속인의 채무를 고스란히 승계할 수밖에 없다. 이것은 피상속인의 재산상태를 상속인이 정확하게 알 수 없는 경우가 대부분인 우리나라의 현실을 감안할 때 그 정당성을 인정하기 어렵다.

(3) 특별한정승인의 방식

상속인이 특별한정승인을 하려면 채무 초과사실을 안 날로부터 3월의 기간 내에 상속재산의 목록을 첨부하여 가정법원에 특별한정승인의 신고를 하여야 한다.(제1030조 1항) 특별한정승인도 그 성격은 한정승인과 다를 바 없으므로 한정승인의 방식에 준하는 것이 타당하다. 다만, 일반한정승인의 경우와 달리 상속재산의 처분 이후에도 특별한정승인이 가능하므로 이미 처분한 재산의 처리가 문제된다. 원래 개정안에는 이에 해당하는 조항이 포함되어 있었으나, 국회 법제사법위원회안에는 포함되지 않았기 때문에 해석에 의할 수밖에 없다. 이 경우에는 이미 처분한 상속재산의 목록과 가액을 함께 제출하도록 하고(제1030조 2항), 이를 상속재산 중에서 남아 있는 재산과 합하여 변제에 충당하여야 할 것이다.(제1034조 2항)

한편 "1998년 5월 27일부터 이 법 시행 전까지 상속개시가 있음을 안 자 중에서 상속채무가 상속재산을 초과하는 사실을 중대한 과실 없이 고려기간을 도과하였으나, 이 법 시행 전에 그 사실을 알고도 한정승인 신고를 하지 아니한 자에 대해서는 이 법 시행일인 2002년 1월 14일로부터 3월 내에 특별한정승인을 할 수 있다."는 경과규정이 있다.(부칙 제3조) 이 기간 내에 특별한정승인을 하지 아니한 경우에는 단순승인을 한 것으로 본다.

(4) 특별한정승인의 효력

특별한정승인을 한 자도 한 날로부터 5일 이내에 일반채권자와 수유자(유증을 받은 자)에 대하여 한정승인의 사실과 2월 이상의 기간을 정하여 그 채권 또는 유증을 신고할 것을 공고하여야 한다.(제1032조) 특별한정승인자는 2월 이상으로 정하여 공고한 기간 내에 신고한 채권자와 특별한정승인자가 알고 있는 채권자에 대하여 각 채권액의 비율로 변제하여야 한다.(제1034조 1항) 이 경우 변제에 충당하여야 할 재산은 상속재산 중에서 남아 있는 재산과 이미 처분한 재산의 가액을 합한 것으로 보아야 함은 위에서 언급한 바와 같다. 그러나 한정승인을 하기 전에 상속채권자나 수유자에 대하여 변제한 가액은 이미 처분한 재산의 가액에서 제외한다.(제1034조 2항 단서)

이전에 상속채무가 상속재산을 초과함을 알지 못하는 데 과실이 있는 상속인이 상속채권자나 수유자에게 변제한 후에 특별한정승인을 한 경우에는 이로 인하여 변제를 받을 수 없게 된 다른 상속채권자나 수유자에게 그 손해를 배상하여야 한다.(제1038조 1항) 이 경우 변제를 받지 못한 상속채권자나 수유자는 특별한정승인이 있기 전에 채무초과의 사실을 알면서 변제를 받은 상속채권자나 수유자에 대하여 구상권을 행사할 수 있다.(제1038조 2항 후단)

4. 상속의 포기권

1) 의의

상속으로 인하여 생기는 모든 권리·의무의 승계를 부인하고 처음부터 상속인이 아니었던 효력을 생기게 하려는 단독의 의사표시로서 공동상속인도 각자 자유로 포기할 수 있다.(제1042조) '상속을 포기할 것인가'는 상속인의 의사에 달려 있다. 따라서 **상속포기는 상속인에게 주어진 일신전속권**이다.

2) 포기의 방식

(1) 상속포기권자

상속포기를 할 수 있는 자는 상속권이 있고, 또한 상속순위에 해당하는 자에 한한다. 상속포기를 하면 그 사람의 상속분은 다른 상속인들에게 귀속되므로 원칙적으로는 선순위 상속인이 상속을 포기하여 후순위 상속인이 상속권자의 지위에 올라서야 비로소 상속포기 여부를 결정할 수 있다. 하지만 「상속포기 신고에 관한 예규」에 의하면 자신보다 앞선 순위의 상속인이 상속을 포기하지 않은 상태에서도 후순위 상속인은 상속포기를 할 수 있다.

○ 대법원, 채무 등 상속포기 제도 개선, '후순위자도 법원에 포기신고' 허용

대법원은 후순위 상속인들이 자신도 모르는 사이에 상속인이 되어 형제자매 등의 채무를 떠안게 되는 일이 발생하지 않도록 상속포기신고에 관한 예규를 마련, 2003년 9월 15일부터 시행하기로 했다고 12일 밝혔다.

대법원에 따르면 한 집안의 가장 등이 사업실패로 부채만 남겨 놓아 망자의 부인이나 자녀 등 선순위 상속인이 법원에 상속포기를 할 경우 형제자매 등 후순위 상속인이 자신도 모르는 사이에 채무를 고스란히 물려받는 일이 적지 않게 발생했다. 이에 따라 대법원은 후순위 상속인들이 선순위 상속인들의 상속포기 여부와 상관 없이 곧바로 법원에 포기신고를 할 수 있도록 제도를 개선했다.

현행 민법에는 상속 순위를 망자의 부인, 자녀 등 직계비속, 직계존속, 형제자매, 4촌 이내의 방계혈족 등의 순으로 두고 있으며, 상속인은 상속 개시가 있음을 안 날로부터 3개월 내에 해당 가정법원에 신고해 상속을 포기할 수 있도록 규정하고 있다.

대법원 관계자는 "민법상 상속 순위가 정해져 있으나, 상속 순위에 도달하지 않은 사람이 상속포기를 할 수 있는 가에 관해 명문 규정이 없었다."며 "이번 예규의 신설로 앞으로는 후순위자가 선순위자의 상속포기를 기다리지 않고 바로 포기신고를 할 수 있게 됐다."라고 말했다.(『연합뉴스』, 2003.9.12, 1면)

(2) 상속포기의 신고

상속이 개시된 것을 안 날로부터 3개월 내에 가정법원에 포기의 신고를 하여야 한다.(제1041조, 제1019조 1항) 상속의 포기는 포괄적·무조건적으로 하여야 하므로 재산목록을 첨부하거나 특정할 필요가 없다. 상속을 일단 포기하면 취소할 수 없다.(제1024조) 상속포기는 창설적 신고이다. 상속인이 피상속인의 채무가 채권보다 더 많은 것으로 잘못 알고 포기한 경우 후에 상속재산이 새로 발견되더라도 포기를 취소할 수 없으므로 예상하지 못한 불이익을 입게 된다. 그리고 상속개시 전에 이루어진 상속포기 약정은 그 절차와 방식에 따르지 아니한 것으로 효력이 없다.(대판 1998.7.24, 98다9021)

제1041조(포기의 방식) 상속인이 상속을 포기할 때에는 제1019조 제1항의 기간 내에 가정법원에 포기의 신고를 하여야 한다.

3) 포기의 효과

(1) 포기의 소급효

포기자는 상속개시된 때에 소급하여 상속인이 아니었던 것으로 된다.(제1042조)

(2) 포기한 상속재산의 귀속

상속인이 수인인 경우에 어느 상속인이 상속을 포기한 때에는 그 상속분은 다른 상속인의 상속분의 비율로 그 상속인에게 귀속된다.(제1043조) 예컨대, 피상속인이 배우자와 2인의 자를 남겨 놓고 사망한 경우 차남이 그 상속을 포기하면 포기한 차남의 상속분은 처음부터 차남이 없었던 것으로 하여 처와 장남의 상속비율에 따라 상속한다고 보아야 할 것이다. '수인의 공동상속인 중 일부의 상속인이 포기한 경우'포기한 상속인의 대습상속인이 그 상속재산을 상속할 수 있는가?'가 문제되는데, 민법이 인정하는 대습상속의 사유는 '피대습자의 사망 또는 결격'에 국한되므로 상속인의 포기는 대습상속의 사유가 될 수 없다고 해석된다.(대판 1995.9.26, 95다27769)

(3) 특정인을 위한 포기

'공동상속인 중의 특정인에게 상속재산을 귀속하게 할 목적으로 상속을 포기할 수 있는가?'에 관하여 민법은 아무런 규정도 두지 않았다. 자기의 상속분을 특정인을 위하여 포기하는 것은 인정되지 않는다고 보아야 할 것이다.(동지: 김주수·김상용[203]) 이는 상속분의 양도로써 할 수 있을 것이다.(제1011조) 보통 상속인 중 한 사람에게 상속재산을 집중시킬 경우 포기의 절차를 밟지 않고 '특별수익증명서'에 의한 방법 또는 '상속재산의 분할협의서'로써 상속분의 포기 내지 양도가 이루어진다.

(4) 포기한 상속재산의 관리계속의무

상속을 포기한 자는 그 포기로 인하여 상속인이 된 자가 상속재산을 관리할 수 있을 때까지 그 재산의 관리를 계속하여야 한다.(제1044조 1항) 관리계속의 목적은 상속인이 된 자가 관리를 시작할 때까지 상속재산의 멸실·훼손을 방지하고자 하는 데 있으므로 자기의 고유재산에 대하는 것과 동일한 주의로 관리하여야 하며, 가정법원은 이해관계인 또는 검사의 청구에 의하여 상속재산의 보존에 필요한 처분을 명할 수 있고, 그 처분으로 관리인을 둔 경우의 권한 등은 상속의 승인·포기 이전의 재산관리의 경우와 마찬가지이다.(제1044조 2항)

판례 | **상속포기**

(1) 민법은 상속이 개시되면 상속인이 바로 피상속인의 재산에 관한 포괄적인 권리와 의무를 승계하는 것으로 규정하는 바, 이는 상속으로 인한 법률관계를 신속하게 확정함으로써 법적 안정성을 도모하기 위함이고, 다른 한편 상속의 포기·한정승인 제도 등을 통하여 상속인으로 하여금 그의 의사에 따라 상속의 효과를 귀속시키거나 거절할 수 있는 자유를 주고 있으므로 위 조항이 헌법상 보장된 재산권을 침해하여 헌법에 위반된다고 볼 수 없고, 나아가 위 조항은 누구든지 상속을 하게 되면 동일하게 적용되는 것이므로 어떤 상속인은 적극재산을 상속하는 한편, 어떤 상속인은 소극재산을 상속한다는 점을 들어 위 조항이 상속인의 평등권을 침해한다고 볼 수도 없다.

(2) 상속인은 상속개시 있음을 안 날로부터 3월 내에 상속의 포기를 할 수 있는 바, 여기서 상속개시 있음을 안 날이라 함은 상속개시의 원인이 되는 사실의 발생을 알고 이로써 자기가

---

203) 김주수·김상용, 앞의 책, 665면

상속인이 되었음을 안 날을 말한다고 할 것인데, 피상속인의 사망으로 인하여 상속이 개시되고 상속의 순위나 자격을 인식함에 별다른 어려움이 없는 통상적인 상속의 경우에는 상속인이 상속개시의 원인사실을 앎으로써 그가 상속인이 된 사실까지도 알았다고 보는 것이 합리적이나, 종국적으로 상속인이 누구인지를 가리는 과정에 사실상 또는 법률상의 어려운 문제가 있어 상속개시의 원인사실을 아는 것만으로는 바로 자신의 상속인이 된 사실까지 알기 어려운 특별한 사정이 존재하는 경우도 있으므로 이러한 때에는 법원으로서는 '상속개시 있음을 안 날'을 확정함에 있어 상속개시의 원인사실뿐만 아니라, 나아가 그로써 자신의 상속인이 된 사실을 안 날이 언제일지까지도 심리·규명하여야 마땅하다.(대판 2005.7.22, 2003다43681)

III. 재산의 분리

1. 의의

재산의 분리라 함은 상속개시 후의 상속채권자나 유증을 받은 자 또는 상속인의 채권자의 청구에 의해 상속재산과 상속인의 고유재산을 분리시키는 가정법원의 처분을 말한다. 이 제도의 취지는 피상속인 또는 상속인의 각각의 고유재산을 믿고 거래한 채권자가 상속으로 인해 양 재산이 혼합됨으로써 받게 될 불리한 영향을 막으려는 데 있다. 즉 단순승인이 될 경우 상속재산이 채무초과이면 상속인의 채권자가 불이익을 입게 되고, 상속인의 고유재산이 채무초과이면 상속채권자가 불이익을 입게 된다. 여기에서 상속개시 후에 상속채권자나 수유자 또는 상속인의 채권자의 청구에 의해 상속재산과 상속인의 고유재산의 혼합을 일시 정지하고 분리하여 각각 청산과 채권의 변제를 마친 후에 양 재산을 혼합할 수 있도록 하는 제도인 재산분리 제도가 필요하게 된다.[204)

2. 재산분리의 청구권

1) 청구권자

상속채권자, 유증을 받은 자, 상속인의 채권자이다.(제1045조) 여기서 포괄적으로 유증을 받은 자는 상속인과 동일한 지위에 있으므로 제외된다. 상속인의 채권자에는 상속개시 당시의 채권자뿐만 아니라, 상속개시 후에 새로 채권을 취득한 자도 포함된다.

---

204) 이경희, 앞의 책, 309면

2) 상대방

상속인 또는 상속재산관리인, 파산관재인, 유언집행자 등이다. 상속인이 수 인일 때에는 공동으로 상대방이 된다.

3) 청구기간

상속이 개시된 날로부터 3월 내에 청구하여야 한다.(제1045조 1항) 상속의 승인 또는 포기의 경우와 달리 상속이 개시된 날, 즉 피상속인의 사망의 날로부터 3월의 기간이 기산된다. 그러나 상속인이 상속의 승인이나 포기를 하지 않은 동안은 3개월이 경과하여도 재산분리가 허용된다.(제1045조 2항)

4) 재산분리의 재판

재산분리의 청구가 있으면 가정법원은 상속재산과 고유재산의 상태 그 밖의 사정을 종합하여 그 필요성을 판단하여 재산분리를 명하는 심판을 하여야 한다.(가사소송법 제2조 1항 라류사건 31호)

3. 재산분리의 효과

1) 재산분리의 공고와 최고

가정법원이 재산분리를 명하는 심판을 하면 청구권자는 5일 내에 일반상속채권자와 유증을 받은 자에 대하여 재산분리의 명령이 있은 사실과 2개월 이상의 일정한 기간을 정하고 그 기간 내에 그 채권 또는 수증을 신고할 것을 공고하여야 한다.(제1046조 1항) 재산분리의 공고 절차에는 비영리법인의 해산에 관한 규정이 준용되므로(제1046조 2항) 분리공고는 법원의 등기사항의 공고와 동일한 방법으로 하여야 하며, 일반상속채권자나 유증을 받은 자는 소정의 신고기간 내에 신고하지 않으면 배당변제에서 제외된다는 것을 공고 중에 표시하여야 한다. 그리고 분리청구자는 알고 있는 상속채권자 또는 유증을 받은 자에 대해서는 각각 별도로 채권신고를 최고하여야 한다.

배당가입의 신고는 상속인에 대하여 하여야 한다.(공고를 한 자에게 하는 것이 아니다.)

2) 상속인의 권리·의무의 불소멸

상속재산과 상속인의 고유재산이 분리되며, 피상속인에 대한 상속인의 재산상 권리·의무는 소멸하지 아니한다.(제1050조) 한정승인의 경우와 마찬가지로 재산의 분리는 상속인의 고유재산을 분리시키는 효과를 낳으므로 상속인이 피상속인에 대하여 가지는 권리·의무는 혼동에 의하여 소멸하지 아니한다.

3) 상속재산의 관리

가정법원이 재산의 분리를 명한 때에는 재산분리를 청구한 자는 상속재산의 보전을 위한 가처분신청을 할 수 있으며, 이와 별도로 가정법원은 상속재산의 관리에 관한 처분을 명할 수 있다.(제1047조 1항) 재산관리의 방법으로 법원이 재산관리인을 선임한 경우에는 부재자의 재산관리에 관한 제24조 내지 제26조의 규정이 준용된다.(제1047조 2항)

4) 상속인의 관리의무

상속인이 단순승인을 한 후에도 재산분리의 명령이 있는 때에는 상속재산에 대하여 자기의 고유재산과 동일한 주의로 관리하여야 한다.(제1048조 1항) 상속인은 재산분리명령의 통지가 도달한 후에는 상속재산의 관리의무를 지므로 그 후에는 상속재산의 처분행위가 금지된다. 이 경우 상속인의 관리의무는 위임에 의한 수임인의 관리의무와 비슷하므로 수임인의 권리·의무에 관한 제683조 내지 제685조 및 제688조 제1항·제2항의 규정이 준용된다.(제1048조 2항)

5) 재산분리의 대항요건

재산의 분리는 상속재산인 부동산에 관하여는 이를 등기하지 아니하면 제3자에게 대항하지 못한다.(제1049조) 재산분리의 명령이 있은 후에는 상속인은 상속재산의 처분행위를 할 수 없으므로 처분행위를 하면 원칙적으로 무효로 보아야 한다.(동지: 김주수·김상용[205]) 그러나 이 경우 제3자를 보호하기 위하여 동산에 대해서는 선의취득이 인정되지만, 부동산에 관하여는 제3자를 보호할 필요가 있다. 이 경우에 부동산에 대하여 처분제한의 등기를 하지 아니하면, 가령 상속인이 그것을 제3자에게 양도한 경우에도 그 사람에게 대항할 수 없다.

6) 변제거절권과 배당변제

(1) 변제거절권

상속인은 상속재산의 분리청구기간과 상속채권자와 유증을 받은 자에 대한 공고기간이

---

205) 김주수·김상용, 앞의 책, 671면

만료하기 전에는 상속채권자와 유증을 받은 자에 해하여 변제를 거절할 수 있다.(제1051조 1
항) 이는 상속채권자 또는 유증을 받은 자의 일부에게 변제를 하면 다른 상속채권자 또는 유
증을 받은 자에게 변제할 수 없게 되어 불공평하게 될 염려가 있기 때문이다.

(2) 배당변제

재산분리의 청구기간과 상속채권자와 유증을 받은 자에 대한 공고기간이 만료한 뒤에는
상속인은 상속재산으로써 재산의 분리를 청구하였거나, 또는 그 기간 내에 신고한 상속채권
자·유증을 받은 자, 상속인이 알고 있는 상속채권자·유증을 받은 자에 대하여 각 채권액 또
는 유증을 받은 액의 비율로 변제하여야 한다.(제1051조 2항 본문) 그러나 질권·저당권 등의
우선권이 있는 채권자에 대해서는 상속재산으로 우선적으로 변제하여야 한다.(제1051조 2항
단서) 배당변제의 절차는 한정승인의 경우의 변제에 관한 제1035조 내지 제1038조의 규정이
준용된다.(제1051조 3항)

7) 고유재산으로부터의 변제

재산의 분리를 청구하였거나 신고기간 내에 신고한 상속채권자·유증을 받은 자, 상속인
이 알고 있는 상속채권자·유증을 받은 자는 상속재산으로 전액의 변제를 받을 수 없는 경우
에 한하여 상속인의 고유재산으로부터 변제를 받을 수 있다. 이 경우 상속인의 채권자는 상
속인의 고유재산으로부터 우선하여 변제를 받을 수 있다.(제1052조 2항) 상속인의 채권자는
상속재산의 채권자와 유증을 받은 자에 우선하여 변제를 받을 수 있으나, 상속인의 채무가
변제기에 이르지 않은 때에는 상속인은 채무를 변제할 의무가 없으며, 따라서 상속인의 채
권자는 변제를 받지 못하게 된다. 그러므로 변제기에 이르지 않은 채무를 변제할 만한 재산
을 남겨놓도록 하여야 할 것이다.

IV. 상속인의 부존재

1. 의의

상속인 또는 이와 동일시되어야 할 포괄적 수증자가 한 사람도 나타나지 않았지만, 어디
인가에 상속인이 있을지도 모르는 상태를 말한다.

상속개시 후 상속인의 존부가 불분명한 경우에는 상속인을 수색하기 위하여 일정한 절차
가 필요할 뿐만 아니라, 상속재산의 최후의 귀속자인 국고를 위하여 또는 상속채권자와 수
증자 등의 이익을 위하여 상속재산에 대한 권리와 청산을 할 필요가 있다.

2. 상속인의 부존재의 범위

상속인의 부존재란 상속인의 존재가 명확하지 않은 것을 말한다. 즉 상속인의 존부가 불분명한 경우 및 상속인이 존재하지 않는 것이 확실한 경우 등이 이에 해당한다. 따라서 상속인의 존재는 확실하지만, 그 소재를 알 수 없거나 그 상속인의 생사를 알 수 없는 경우와는 구별하여야 한다.

상속인의 부존재에 해당하는 경우에는 신원이 불명한 자가 사망하여 상속인을 찾을 수 없을 때, 등록부에 의하면 상속인이 없는 것이 분명한 때(이 때 혼인 외의 자가 나타날 수 있다.), 또는 상속인이 전부 상속포기를 하여 상속자격을 잃은 경우, 상속인 전원이 상속결격사유에 해당하는 경우, 등록부(호적)상의 상속인이 진정상속인이 아닌 경우 등이다.[206]

3. 상속재산의 관리와 청산

1) 상속재산의 관리

(1) 관리인의 선임(제1053조)

상속인의 존부가 분명하지 아니할 때에는 가정법원은 제777조의 규정에 의한 피상속인의 친족 그 밖의 이해관계인 또는 검사의 청구에 의하여 상속재산관리인을 선임한다.(제1053조 1항) 관리인을 선임하였을 때에는 가정법원은 지체 없이 이를 공고하여야 한다. 여기서 이해관계인이란 상속채권자, 상속재산 위에 담보권을 가지는 자, 특별연고자, 피상속인에 대하여 구상권을 가지고 있는 피상속인의 채무의 보증인 또는 유증을 받은 자 등을 말한다.

상속재산관리인은 피상속인의 상속인임을 요하지 않는다.(대판 1977.1.11, 76다184·185) 상속재산관리인은 후에 나타날 수 있는 상속인 또는 포괄적 수유자의 법정대리인의 지위를 가진다.(대판 1976.12.28, 76다797)

(2) 상속재산관리인의 권리와 의무

관리인은 원칙적으로 부재자를 위한 재산관리인과 동일한 권리·의무를 가지므로 부재자를 위한 재산관리인에 관한 규정이 준용된다.(제1053조 2항에 의한 제24조·제26조의 준용)

상속재산은 상속인이 관리하는 것이 원칙이다. 한정승인의 경우에는 법원이 공동상속인 중에서 상속관리인을 선임한다.(제1040조) 상속포기의 경우에는 포기한 상속인이 다른 상속인에게 넘겨 줄 때까지 관리를 계속하여야 한다. 재산을 관리할 상속인이 없거나, 관리가 적

---

206) 이경희, 앞의 책, 249면

당치 않을 때에 한해서 제3자를 상속재산관리인으로 선임한다.

2) 상속인이 없는 재산의 청산

(1) 청산공고 · 상속채무의 변제(제1056조)

가정법원이 상속재산관리인의 선임을 공고(1단계 공고)한 날로부터 3월 내에 상속인의 존부를 알 수 없는 때에는 상속재산관리인은 청산에 착수하여야 한다. 상속재산관리인은 지체 없이 모든 상속채권자 및 수유자에 대하여 2개월 이상의 기간을 정하여 그 채권 또는 수증을 신고할 것을 공고하여야 한다.(2단계 공고) 이 공고는 청산 절차를 개시한다는 뜻을 공고하는 것이지만, 제2차 상속인 수색의 공고로서의 역할을 겸한다. 이러한 경우의 공고 절차는 한정승인의 경우나 재산분리의 경우와 같이 비영리법인에 관한 규정이 준용된다.

(2) 상속인 수색의 공고(제1057조)

상속재산관리인 선임에 관한 공고(제1053조 1항)와 일반상속채권자와 유증받은 자에 대한 채권신고를 최고하는 공고하는 기간이 경과하여도 상속인의 존부를 알 수 없는 때에는 법원은 관리인의 청구에 의하여 상속인이 있으면 1년 이상의 일정한 기간 내에 그 권리를 주장할 것을 공고하여야 한다.(3단계 공고) 이를 상속인 수색의 공고라고 한다.

상속인 수색의 공고는 상속재산관리인이 상속재산을 청산한 후 잔여재산이 있는 경우에만 필요하다. 제2차 공고에 정한 기간 내에 신고한 상속채권자 및 수유자에게 변제하는 것이 제1차 청산이지만, 그 후에도 제3차 공고에 정한 기간 내에 신고한 상속채권자 등에도 잔여재산이 있는 경우에는 그 한도 내에서 변제할 수 있다. 이를 제2차 청산이라 한다. 그러나 제3차 공고기간 내에 상속인이라고 주장하는 자가 나타나지 않는 경우에는 상속인의 권리도 소멸하고, 상속재산관리인이 몰랐던 상속채권자 및 수유자도 변제를 청구할 수 없다. 즉 상속재산은 동결되고, 특별연고자에 대한 재산분여가 결정되고, 잔여재산은 국고에 귀속되기 때문에 상속인이나 다른 권리자라 하더라도 그 권리를 행사할 수 없게 된다.[207]

4. 특별연고자에 대한 상속재산의 분여

1) 의의

상속인 수색의 공고(제3차 공고)가 있은 후에도 공고기간 내에 상속권을 주장하는 자가 없는 때에는 가정법원은 피상속인과 생계를 같이하고 있던 자, 피상속인의 요양간호를 한 자,

---

207) 이경희, 앞의 책, 250-251면

피상속인과 특별한 연고가 있던 자의 청구에 의하여 상속재산의 전부 또는 일부를 분여할 수 있다.(제1057조의2 1항) 이 청구는 제1057조의 기간의 만료 후 2월 내에 하여야 한다.(제1057조의2 2항) 특별연고자에 대한 분여를 인정하고 있다. 이 제도는 유언이나 유증을 보충하는 역할을 한다고 할 수 있다.

2) 입법 취지

1990년 민법 개정 전에는 상속인 수색의 공고가 있은 후 공고기간 내에 상속권을 주장하는 자가 없는 때에는 상속재산을 국가에 귀속하도록 하고 있어서(제1057조, 제1058조), 사실혼 배우자나 사실상의 양자와 같이 피상속인과 생계를 같이하였거나 피상속인을 요양간호한 자, 그 밖의 피상속인과 특별한 연고가 있던 자라 해도 법률상 상속인이 아니기 때문에 피상속인의 재산을 상속할 길이 없었다. 이러한 경우 국가에 귀속되는 상속재산은 대개의 경우 그렇게 다액이 아니며, 따라서 국가로서도 관리면에서 볼 때 번거로운 경우가 많을 것이다. 한편 피상속인의 사실혼 배우자와 같이 실질적으로는 피상속인과 가까우면서도 법률상 상속권이 없다는 이유만으로 상속인이 없는 경우까지 상속재산에서 한 푼도 받을 수 없다는 것은 가혹하다. 그래서 1990년 개정 민법은 제1057조의2를 신설하여 위와 같은 특별연고자에 대한 분여를 인정하였다. 그리고 분여 제도를 인정하면 상속인이 없는 자에게 노년의 보살핌을 주려는 요양기관이나 개인이 증가할 것이라는 정책적 고려도 있다.

제1057조의2(특별연고자에 대한 분여) ① 제1057조의 기간 내에 상속권을 주장하는 자가 없는 때에는 가정법원은 피상속인과 생계를 같이하고 있던 자, 피상속인의 요양간호를 한 자 그 밖의 피상속인과 특별한 연고가 있던 자의 청구에 의하여 상속재산의 전부 또는 일부를 분여할 수 있다.
② 제1항의 청구는 제1057조의 기간의 만료 후 2월 이내에 하여야 한다.

---

3) 재산분여와 기여분의 관계

재산분여와 기여분은 별개의 제도이다. 기여분 제도는 상속인 중에서 특별히 재산증가 등에 기여한 자에게 인정되는 상속분 가산 제도이며, 재산분여 제도는 상속인이 아닌 특별연고자에게 법률이 부여하는 재산취득 제도이다. 재산분여와 기여분이 경합되는 경우는 있을 수 없으며, 기여분이 인정되는 경우에 재산분여는 행해지지 않는다.[208]

4) 재산분여의 요건

특별연고자는 민법의 규정에 의해 재산분여권을 갖는다. 이것은 상속권과는 다르고 유증받은 자의 권리와도 다른 별개의 실체법적 권리이다. 재산분여의 결정은 반드시 가정법원의 심판을 거치도록 하고 있으므로 재산분여청구권자는 그의 분여권을 심판의 청구라는 절차를 통해서만 행사할 수 있다.

(1) 특별연고관계가 있을 것.

피상속인과 생계를 같이하고 있던 자, 피상속인의 요양간호를 한 자, 그 밖의 상속인과 특별한 연고가 있던 자 등이 이에 해당한다. 그러나 피상속인으로부터 생활비를 받고 있던 첩과 같은 자는 이에 포함될 수 없다. 그리고 이 재산분여는 엄밀한 의미에서는 상속이 아니므로 법인이나 권리능력 없는 사단도 이를 받을 수 있다고 보며, 따라서 피상속인이 장기간에 걸쳐서 신세를 진 요양소나 양로원도 특별연고자가 될 수 있을 것이다. 민법에서는 '연고가 있던 자'로 하고 있고, 이 제도는 유증을 보충하는 제도이기 때문에 피상속인의 사망시에 존재하지 않았던 자는 분여를 청구할 수 없다고 보아야 한다.[209] 특별연고관계의 존재는 그것을 주장하는 자가 증명하여야 한다.

(2) 재산분여의 상당성이 있을 것.

형식적으로는 위와 같은 범주에 속하기 때문에 특별연고자에 해당되는 경우라도 가정법원이 상당하다고 인정하지 않으면 재산분여를 받지 못한다. 즉 가정법원이 특별연고자라고 인정하였을 때 비로소 특별연고자가 출현하는 것이며, 미리 특별연고자로 정해진 자는 없다. 따라서 사실혼의 배우자라든가 사실상의 양자라 할지라도 당연히 특별연고자로 인정되어 재산분여를 받을 권리가 있는 것은 아니며, 또 자기는 특별연고자에 해당한다고 생각하더라도 가정법원에 대하여 분여심판청구를 하지 않으면 특별연고자로 인정되는 일은 없다. 즉 특별연고자의 지위는 가정법원이 자유재량에 의한 심판에 의하여 형성되는 것이다. 이 점에서 상속인이 갖는 상속권이 일정한 기본적인 신분에 기인하여 당연히 권리로서 미리 인정되고 있는 것과 근본적으로 다르다.

(3) 재산분여의 청구가 있을 것.

재산분여를 원하는 자는 제1057조의 기간이 종료된 후 2월 이내에 가정법원에 재산분여청구를 하여야 한다.(제1057조의2 2항, 가사소송법 2조 1항 라류사건 35)

---

208) 이은영, 앞의 책, 769면
209) 이경희, 앞의 책, 253면

5) 재산분여의 효과

[1] 재산분여의 청구가 인용되면 청구인에게 상속재산의 전부 또는 일부가 분여된다. 상속재산 중 현물이 분여되는 것이 보통이겠지만, 이를 환가하여 그 대금을 분여하는 것도 가능하다.

[2] 그리고 특별연고자는 상속인이 아니므로 채무 등의 의무는 승계하지 않는다.(왜냐하면, 분여의 대상이 되는 재산은 청산하고 남은 상속재산의 전부 또는 일부이다.) 소위 지식 재산권(특허권·저작권 등)은 상속인 수색공고기간 내에 상속인으로서 권리를 주장하는 자가 없을 경우에는 그 시점에서 이미 소멸하므로 분여대상이 될 수 없다.

[3] '어떤 경우에 전부를 분여하고, 또 어떤 경우에 일부를 분여하는가?'는 상당성에 비추어 가정법원의 자유로운 판단에 의하여 결정된다.

[4] 가정법원의 분여심판은 집행력을 가지며(가사소송법 제41조), 부동산등기 등의 권리이전도 단독으로 할 수 있다. 분여심판에 대해서는 즉시 항고할 수 있다.

[5] 특별연고자로서의 지위는 심판에 의하여 인정되는 것이므로 특별연고자가 분여심판을 청구하지 않고 사망한 경우 특별연고자가 아니며, 따라서 상속의 대상이 되는 지위나 권리가 존재하지 않으므로 그 상속이라는 것은 생각할 여지가 없다.

5. 상속재산의 국가귀속

제1057조의2의 규정에 의하여 분여되지 아니한 때에는 상속재산은 국가에 귀속한다.(제1058조 1항) 국가는 적극재산만을 취득하고 채무는 부담하지 않는다. 국가에 귀속된 후에는 상속재산으로 변제를 받지 못한 상속채권자나 유증을 받은 자가 있는 때에도 국가에 대하여 그 변제를 청구할 수 없다.(제1059조) 다만, 채권자나 수유자의 권리가 소멸하는 것은 아니므로 이들은 보증인에게는 변제를 청구할 수 있음은 물론이다.[210]

---

210) 이경희, 앞의 책, 254면

제3절 유언을 할 수 있는 권리

I. 유언을 할 수 있는 권리(유언 제도)

1. 서언

모든 국가는 유언으로써 자유롭게 자기의 사후의 법률관계 특히 재산관계를 정하는 것(유언자유의 원칙)을 승인하고 있으며, 로마와 영국은 유언상속이 원칙이다. **유언 제도는 사유재산 제도에 기한 재산 처분의 자유의 한 형태로서 발달한 것으로,** 이는 유언자가 남긴 **최종의 사를 존중하고, 사후에 그 의사의 실현을 보장하기** 위하여 **인정되는 권리(제도)**이다. 다만, **상속인을 보호하기** 위하여 **유언의 자유를 제한하는 유류분 제도**가 있다.

2. 유언의 의의

1) 유언의 의의

유언자의 사망과 동시에 일정한 법률효과를 발생시키는 것을 목적으로 **일정한 방식에 따라 하는 상대방 없는 단독행위**이다. 따라서 유언이 법률행위로서 성립하는 것은 일반적인 단독행위와 같이 유언의 표시행위가 완료되었을 때이다.

2) 법적 성질

[1] **유언은 요식행위**이다.(제1060조) 유언의 방식에 위배되는 유언은 무효이다. 왜냐하면, 죽은 자는 말이 없기 때문이다.

제1060조(유언의 요식성) 유언은 본법의 정한 방식에 의하지 아니하면 효력이 생하지 아니한다.

---

[2] **유언은 상대방 없는 단독행위**이다. 유언은 그 유언을 받을 자의 승낙은 요구되지 않는다. 반면, 사인증여는 증여의 효력이 증여자의 사망에 의하여 발생하는 계약이다.

[3] **유언은 대리가 허용되지 않는다.** 반드시 유언자 본인의 독립된 의사에 의하여 이루어져야 하므로 대리는 허용되지 않는다.

[4] 유언자는 언제든지 유언의 철회를 할 수 있다.(제1108조 내지 제1111조) 유언철회의 자유는 유언자의 최종 의사를 존중하기 위해서 필요하다.

[5] **유언은 사후행위**이다. 따라서 유언에 의하여 이익을 받을 자는 유언의 효력이 발생하기 전까지는 아무런 법률상의 권리도 취득할 수 없다.

3) 법정사항에 한하여 유언 가능

(1) 의의

유언의 내용을 명확히 하고 유언에 의한 **타인의 이익침해를 방지하기** 위하여 **유언사항 법정주의**를 취한다. 법정유언사항에 해당하지 않는 사항을 유언한 때 그 유언은 무효이다. (예컨대, 기여분은 유언사항이 아니다.)

(2) 법정유언사항

재단법인의 설립(제47조), 친생부인의 소(제850조), 혼인 외의 출생자에 대한 인지(제859조 2항), 후견인의 지정(제931조, 미성년자만을 의미), 상속재산의 분할 방법의 지정 또는 위탁(제1012조 전단), 상속재산의 분할금지(제1012조 후단), 유언집행자의 지정 또는 위탁(제1093조), 유증(제1074조) 등이 유언사항이다. 그리고 법정유언사항이 아닌 것으로 유의해야 하는 것에는 미성년자의 혼인에 대한 동의와 입양에 대한 동의가 있다.

4) 유언능력

(1) 의의

유언도 다른 계약과 마찬가지로 의사표시이기 때문에 의사능력이 없는 자가 한 유언은 무효이다. 제한능력자(행위무능력자)가 한 유언은 취소할 수 있는 행위가 아니고 무효인 행위이다.

(2) 제한능력 제도의 완화

유언은 사자의 최종의사를 존중하는 데 그 의의가 있으므로 행위자 자신을 보호하는 **제한능력자 제도를 완화**한다. 그리하여 미성년자라도 17세 미만인 자의 유언은 무효이다.(제1061조) 그리고 **피성년후견인**은 의사능력을 회복한 때 유언을 하려면 의사가 심신회복의 상태를 유언서에 부기하고 서명·날인할 것이 필요하며(제1063조), 피성년후견인이 하는 유언은 언제나 무효가 되는 것은 아니다.

제1063조(피성년후견인의 유언능력) ① 피성년후견인은 의사능력이 회복된 때에만 유언을 할 수 있다.

② 제1항의 경우에는 의사가 심신회복의 상태를 유언서에 부기附記하고 서명 날인하여야 한다.

(3) 유언능력의 존재시기

유언능력은 유언할 때에 있으면 족하므로 유언성립시에 유언능력자이었으나, 그 후에 유언무능력자가 되더라도 유언의 효력에는 영향이 없다.

II. 유언의 방식

1. 서언

1) 유언의 요식성(제1060조)

유언은 민법의 정한 바에 의하지 아니하면 효력이 발생하지 아니한다. 그 취지는 표의자의 진의를 명확히 하고, 분쟁과 혼란을 피하기 위해서이다.

2) 유언의 증인의 결격

(1) 증인 결격사유(제1072조)

[1] **자필증서에** 의한 **유언** 외에는 모두 **증인의 참여가 필요**하다. 이러한 증인은 유언 성립의 진정성과 방식 준수의 확실성을 증명하는 자이며, 이러한 사람의 서명 또는 기명날인 또는 구술은 직접적으로 유언의 유·무효를 판단하는 자료가 된다.

[2] **미성년자는 법정대리인의 동의를 얻더라도 증인이 될 수 없는 절대적 결격자인데, 혼인을 하면 성년의제의 효과**에 의하여 **증인이 될 수 있고, 피성년후견인은 의사능력을 회복하고 있더라도 증인이 될 수 없으며, 피한정후견인은 법정대리인의 동의를 얻어도 증인이 될 수 없다.**

[3] **유언에 의하여 이익을 받을 자, 그 배우자와 직계혈족은 유언**에 의하여 **이익을 얻을 자이므로** 이에 증인이 되는 것을 허용하면 자기의 이익을 꾀할 우려가 있으므로 **증인이 될 자격이 없다.** 그러나 유언에 의하여 이익을 잃게 되는 자는 증인이 될 수 있다.

[4] **공정증서에 의한 유언의 경우 공증인법**에 의한 **결격자**(제1072조, 공증인법 제33조 3항),

즉 미성년자, 서명할 수 없는 자, 촉탁사항에 관하여 **이해관계가 있는 자**, 촉탁사항에 관하여 **대리인 또는 보조인**이나 대리인 또는 보조인이었던 자, 공증인이나 촉탁인 또는 그 대리인의 배우자·친족·법정대리인·피용자 또는 동거인, 공증인의 보조자 등이다.

　[5] 유언집행자는 결격사유에 해당하지 않으므로 증인으로 참여할 수 있다.(대판 1999. 11.26, 97다57733)

　제1072조(증인의 결격사유) ① 다음 각 호의 어느 하나에 해당하는 사람은 유언에 참여하는 증인이 되지 못한다.
　　1. 미성년자
　　2. 피성년후견인과 피한정후견인
　　3. 유언으로 이익을 받을 사람, 그의 배우자와 직계혈족
　② 공정증서에 의한 유언에는 공증인법에 따른 결격자는 증인이 되지 못한다.

---

(2) 결격자가 참여한 유언의 효력

　유언의 증인으로서의 자격을 결여하는 자가 참여한 유언은 그 유언 전체가 무효가 된다. '결격자가 한 사람이라도 참여하면 어떻게 되는가?'에 관하여 영미법에서는 결격자를 제외하더라도 소정의 증인수에 달하는 경우에는 유효하다고 하나, 대륙법에서는 이를 무효로 한다.

3) 방식의 종류

(1) 보통방식

자필증서, 녹음, 공정증서, 비밀증서에 의한 **유언**이 있다.

(2) 특별방식

위와 같이 보통방식에 의할 수 없는 경우 질병 그 밖의 급박한 사유로 인하여 전술한 방식에 의할 수 없는 때에는 **구수증서**에 의하는 **것이 허용**된다.

2. 자필증서에 의한 유언(제1066조)

1) 의의

　유언 중 가장 간단한 방식이며, 유언자가 그 전문과 연월일·주소·성명을 자서하고 날인하는 것을 말한다. 자필증서에 의한 유언은 문자를 모르는 자는 이용할 수 없고, 위조나 변

조의 위험이 따른다는 것이 단점이다.

자필증서에 의한 유언에 날인이 없는 경우

자필증서에 의한 유언은 유언자가 그 전문과 연월일, 주소, 성명을 자서하고 날인하여야 하는 바(제1066조 1항), 유언자의 주소는 반드시 유언 전문과 동일한 지면에 기재하여야 하는 것은 아니고, 유언증서로서 일체성이 인정되는 이상 그 전문을 담은 봉투에 기재하더라도 무방하며, 그 날인은 무인에 의한 경우에 유효하고, 유언증서에 문자의 삽입, 삭제 또는 변경을 함에는 유언자가 이를 자서하고 날인하여야 하나(제1066조 2항), 증서의 기재 자체로 보아 명백한 오기를 정정함에 지나지 아니하는 경우에는 그 정정 부분에 날인을 하지 않았다고 하더라도 그 효력에는 영향이 없다.(대판 1998.5.29, 97다38503)

연·월만 기재하고 일의 기재가 없는 자필유언증서

연·월·일의 기재가 없는 자필유언증서는 효력이 없다. 그리고 자필유언증서의 연·월·일은 이를 작성한 날로서 유언능력의 유무를 판단하거나 다른 유언증서와 사이에 유언 성립의 선후를 결정하는 기준일이 되므로 그 작성일을 특정할 수 있도록 기재하여야 한다. 따라서 연·월만 기재하고 일의 기재가 없는 자필유언증서는 그 작성일을 특정할 수 없으므로 효력이 없다.(대판 2009.5.14, 2009다9768)

자필증서에 의한 유언에서 날인 또는 주소를 요구하는 규정의 위헌성

이 사건 법률조항부분(자필증서에 의한 유언의 방식으로 전문과 성명의 자서에 더하여 '날인'을 요구하고 있는 민법(1958년 2월 22일 법률 제471호로 제정된 것) 제1066조 제1항 중 '날인' 부분)은 유언자의 사망 후 그 진의를 확보하고, 상속재산을 둘러싼 이해 당사자들 사이의 법적 분쟁과 혼란을 예방하여 법적 안정성을 도모하며, 상속 제도를 건전하게 보호하기 위한 것으로서 그 입법목적은 정당하다. 그리고 자필증서에 의한 유언은 가장 간이한 방식의 유언이지만, 위조나 변조의 위험성이 상대적으로 크고 유언자의 사후 본인의 진의를 객관적으로 확인하는 것이 어려우므로 방식을 구비할 것을 요구하는 것 자체는 위와 같은 입법목적을 달성할 수 있는 적절한 수단이다.

한편, 동양문화권인 우리는 법률행위에 있어서 인장을 사용하는 오랜 법의식 내지 관행이 존재하는 바, 이 사건 법률조항부분은 이와 같은 법의식 내지 관행에 비추어 성명의 자서만으로는 입법목적을 달성하기에 부족하다는 고려에 입각하고 있으므로 성명의 자서 외에 날인이라는 동일한 기능을 가진 두 가지 방식을 불필요하게 중복적으로 요구하는 것으로 볼 수는 없다. 나아가 유언자로서는 무인을 통하여 인장을 쉽게 대체할 수 있고, 민법이 마련하고 있는 다른 방식의 유언을 선택하여 유증을 할 수 있는 기회가 열려 있으며, 생전에 수증자와 낙성·불요식의 사인증여계약을 체결함으로써 원하는 바를 달성할 수도 있으므로 **날인을 요구하는 것은 기본권 침해의 최소성 원칙에 위반되지 않을 뿐만 아니라, 법익균형성의 요건도 갖추고 있다.**

날인을 요구하는 것은 유언자의 일반적 행동의 자유를 제한하므로 위헌이라는 반대의견이 있다.(헌재결 2008.3.27, 2006헌바82, 지원림, 『민법강의』, 홍문사, 2013, 2096면)

2) 전문자서

[1] 자서하는 것이 절대적 요건이다.

[2] 전문의 일부분을 타인에게 쓰게 한 것, 타인에게 구수·필기시킨 것, 타이프라이터나 점자기를 사용한 유언 등은 **무효**이다. 그러나 유언자 자신이 썼다면 외국어에 의한 유언이나 약자·약호를 사용한 유언은 **유효**이다.

3) 연·월·일의 자서

연·월·일이 없는 유언은 무효이다. 연·월·일은 반드시 정확하게 기입할 필요는 없고 유언작성의 날이 확인될 정도면 족하며, 2개 이상이 있는 경우에는 나중의 일자를 기준으로 한다.

4) 성명의 자서

성과 이름을 다 쓰지 않더라도 유언자 본인의 동일성을 알 수 있는 때에는 유효하지만, 성명의 자서 대신 자서를 기호화한 인형같은 것을 날인하는 것만으로는 부족하다.

5) 날인

유언자가 무인하는 것도 무방하며, 날인은 타인이 하여도 상관없다.

6) 가제와 변경

자필증서에 문자의 삽입·삭제·변경을 할 때에는 유언자가 자서하고 날인하여야 한다.(제1066조 2항)

3. 녹음에 의한 유언(제1067조)

1) 장단점

(1) 장점

유언자의 육성을 사후에도 그대로 보존할 수 있다는 점과 녹음기만 있으면 간편하게 할 수 있는 것이 장점이다.

(2) 단점

녹음된 것이 잘못되면 소멸되어 버리는 단점이 있다.

2) 요건

[1] 유언자가 유언의 취지, 그 성명과 연월일을 구술하고 이에 **참여한 증인이 유언의 정확함과 그 성명을 구술하는 유언**을 말한다.

[2] **피성년후견인이 의사능력이 회복되어 녹음에 의한 유언을 할 경우에는 의사가 심신회복 상태를 유언서에 부기하고 서명 날인하는 대신에 심신회복 상태를 녹음기에 구술하는 방법으로 하여야 한다고 해석**된다.211)

4. 공정증서에 의한 유언(제1068조)

1) 의의

공정증서에 의한 유언은 유언자가 증인 2인이 참여한 공증인 면전에서 유언의 취지를 구수하고 공증인이 이를 **필기·낭독**하여 유언자와 증인이 그 **정확함을 승인한 후 각자 서명** 또는 **기명날인하여 작성한 것**을 말한다.(제1068조)

판례 **공정증서에 의한 유언**

> 유언장에 대하여 공증사무실에서 인증을 받았으나, 그 유언장이 증인 2명의 참여가 없고 자서된 것도 아니라면 공정증서에 의한 유언이나 자필증서에 의한 유언으로서의 방식이 결여되어 있으므로 유언으로서의 효력을 발생할 수 없다.(대판 1994.12.22, 94다13695)

---

211) 김주수·김상용, 앞의 책, 695면

2) 장점

유언의 존재를 명확히 하고, 내용을 확보할 수 있으며, 문맹자라도 문서로 할 수 있다.

3) 요건

(1) 증인 2인의 참여가 있을 것.

증인이 한 사람밖에 참여하지 않았을 때 그 유언은 무효이다. 유언장에 대하여 공증사무실에서 인증을 받았으나, 그 유언장이 증인 2명의 참여가 없고 자서된 것도 아니라면 공정증서에 의한 유언이나 자필증서에 의한 유언으로서의 방식이 결여되어 있으므로 유언으로서 효력을 발생할 수 없다.

(2) 유언자가 공증인의 면전에서 유언의 취지를 구술할 것.

유언자가 질병 때문에 언어의 명료를 결여하여 공증인의 질문에 대하여 언어로 회답할 수 없으며, 겨우 거동으로 뜻을 표하는 정도의 경우에는 구수하였다고 할 수 없다.

(3) 공증인이 유언자의 구술을 필기, 이를 유언자와 증인 앞에서 낭독할 것.

[1] 공증인이 낭독을 하지 않고 문서 그 자체를 주는 것은 안 된다.
[2] 공증인의 필기는 자필이 아니어도 무방하나 공정증서는 국어로 작성되어야 한다.
[3] 공증인 자신이 낭독할 필요는 없고 공증인 입회하에 제3자가 낭독하여도 무방하다.

(4) 유언자와 증인이 필기가 정확함을 승인한 후 각자 서명이나 기명날인할 것.

[1] 판례에 의하면 유언자가 말은 하지 않고 고개만 끄덕인 것으로는 승인으로 볼 수 없다고 한다.

[판례] **가면성 정신상태하**에서의 **유언의 효력**

> 유언자가 의학상 소위 가면성 정신상태에서 공증인이 유언 내용의 취지를 유언자에게 말해주고 "그렇소?"하고 물으면 말하지 않고 고개만 끄덕거리면 공증인의 사무원이 그 내용을 필기하고 이를 공증인이 낭독하는 방법으로 유언서가 작성되었다면 이는 유언자가 구수한 것이라고 할 수 없으므로 무효이다.(대판 1993.6.8, 92다8750)

[2] 서명은 부호, 예명, 호와 같은 것도 상관없다.
[3] 기명날인은 반드시 유언자나 증인 자신이 할 필요는 없다.

5. 비밀증서에 의한 유언(제1069조)

1) 의의

(1) 개념

비밀증서에 의한 유언은 유언자가 필자의 성명을 기입한 증서를 엄봉·날인하고 이것을 2인 이상의 증인의 면전에 제출하여 자신의 유언서임을 표시한 후 그 봉서 표면에 제출 연월일을 기재하고 유언자와 증인이 각자 서명 또는 기명날인하여 작성한 것을 말한다.(제1069조)

(2) 특징

문자를 쓸 수 없는 사람이라도 문자를 읽고 자기의 성명 정도를 쓸 수 있는 사람이면 비밀로 유언을 할 수 있다는 점에 특징이 있다. 다만, 유언자 자신의 자서일 필요는 없다는 점에서 자필증서에 의한 유언과 다르다.

2) 요건

(1) 유언자가 필자의 성명을 기입한 증서를 엄봉·날인할 것.

가. 유언자의 성명 기재

유언자의 성명을 기재하여야 한다. 유언자 자신의 자서일 필요는 없으나, 유언서에는 필자의 성명을 기입하지 않으면 안 된다.

나. 엄봉·날인

본인이 엄봉하여야 한다고 해석되나, 날인은 반드시 본인이 할 필요는 없다.

(2) 엄봉한 날인증서를 2인 이상의 증인의 면전에 제출하여 자기의 유언서임을 표시할 것.

언어를 사용하지 못하는 자는 증인 앞에서 그 증서가 자기의 유언서라는 뜻을 자서하여 표시하여도 상관없다.

(3) 봉서표면에 유언서의 제출 연월일을 기재하고, 유언자와 증인이 각자 서명 또는 기명날인하여야 할 것.

유언자가 피성년후견인일 경우 참여한 의사가 피성년후견인의 심신회복의 상태를 봉서표면에 부기하고 서명 날인하여야 한다.

(4) 5일 이내에 확정일자인을 받을 것.

그 표면에 기재된 날로부터 5일 이내에 공증인 또는 가정법원 서기에게 제출하여 그 봉인상에 확정일자인을 받아야 한다.(제1069조 2항)

3) 무효행위의 전환

비밀증서에 의한 유언이 그 방식에 흠결이 있는 경우 그 증서가 자필증서의 방식에 적합한 때에는 자필증서에 의한 유언으로 본다.(제1071조)

6. 특별방식으로서의 구수증서에 의한 유언(제1070조)

1) 의의

(1) 개념

질병 그 밖의 급박한 사유로 인하여 앞에서와 같은 방식에 의한 유언을 할 수 없는 특별한 경우에만 인정된다. 구수증서에 의한 유언은 다른 보통 방식의 유언과 실질에 있어서 다르므로 유언요건을 완화하여 해석하여야 한다는 것이 판례의 입장이다.(대판 1977.11.8, 76므15)

(2) 특징

의사능력을 회복한 피성년후견인 의사의 참여 없이 유언할 수 있는 방법이라는 점에서 특이하다.

2) 요건

(1) 질병 그 밖의 급박한 사유로 인하여 다른 방식에 의한 유언을 할 수 없을 것.

그 밖의 급박한 사유는 부상한 경우, 조난한 선박 중에 있는 경우 등을 들 수 있다.

(2) 유언자가 2인 이상의 증인의 참여로 그 1인에게 유언의 취지를 구수하여야 할 것.

증인은 반드시 2인 이상이어야 한다. 증인이 1인밖에 참여하지 아니한 때에는 그 유언은 무효이다.

(3) 구수를 받은 자가 이를 필기·낭독하여 유언자와 증인이 그 정확함을 승인한 후 각자가 서명 또는 기명날인할 것.

(4) **7일 이내에 검인신청할 것.**

[1] 그 증인 또는 이해관계인이 급박한 사유가 종료한 날로부터 7일 내에 가정법원에 그 검인을 신청하여야 한다.

[2] 이 경우 급박한 사유가 종료한 날이란 특별한 사정이 없는 한 사망시가 아니라, 유언이 종료한 때를 의미하는 것으로서 사망한 날로부터 7일 이내 그 검인신청을 하여야 하는 것이 아니라, **유언이 종료한 때로부터 7일 이내에 검인신청**을 하여야 한다.

[3] 검인의 법적 성질 : 유언의 집행에 있어 검인은 유언증서의 형식·태양 등 유언의 방식에 관한 모든 사실을 조사·확인하고 그 위조·변조를 방지하며 보전을 확실히 하기 위한 일종의 검인 절차 내지 증거보전 절차이기 때문에 유언이 유언자의 진의에 의한 것인가에 대한 적법, 유효 여부를 심사하는 것이 아니다. **판례는 유언집행을 위한 절차로서의 검인(자필, 녹음, 비밀증서의 경우)은 유언의 효력요건이 아니지만**(대판 1998.6.12, 97다38510), **구수증서에 의한 유언의 경우에는 검인을 받지 않으면 유언은 무효가 된다고** 한다.(대판 1992.7.14, 91다39719)

(5) **피성년후견인의 경우는 의사능력이 회복되어야 하지만, 의사가 심신회복의 상태를 유언증서에 부기하고 서명날인할 필요는 없다.**(제1070조 3항)

제1070조(구수증서에 의한 유언) ① 구수증서에 의한 유언은 질병 그 밖의 급박한 사유로 인하여 전 4조의 방식에 의할 수 없는 경우에 유언자가 2인 이상의 증인의 참여로 그 1인에게 유언의 취지를 구수하고 그 구수를 받은 자가 이를 필기 낭독하여 유언자의 증인이 그 정확함을 승인한 후 각자 서명 또는 기명날인하여야 한다.

② 전 항의 방식에 의한 유언은 그 증인 또는 이해관계인이 급박한 사유의 종료한 날로부터 7일 내에 법원에 그 검인을 신청하여야 한다.

③ 제1063조 제2항의 규정은 구수증서에 의한 유언에 적용하지 아니한다.

III. 유언의 효력

1. 유언의 효력발생시기

1) 원칙

유언은 원칙적으로 유언자가 사망한 때로부터 그 효력이 발생한다.(제1073조) 유언은 유언자의 최종의사에 법적 효과를 인정하는 것이기 때문이다. 따라서 유언에 의하여 이익을 얻을 자는 유언자가 사망할 때까지 아무런 권리도 취득하지 못한다.

2) 특별규정

(1) 유언에 의한 인지(제859조 2항 전단)

가. 다수설

유언자가 사망한 때에 효력이 발생한다는 것이 다수설이다. 유언인지 신고의 성격과 관련하여 다수설은 이를 보고적 신고로 보게 된다.

나. 소수설

유언에 의한 인지의 효력은 유언자의 사망으로 당연히 생기는 것이 아니라, 유언집행자가 호적법(현 가족관계의 등록 등에 관한 법률)에 의한 신고를 함으로써 효력이 발생한다는 견해[212]도 있다.(창설적 신고)

(2) 조건·기한이 있는 유언

가. **정지조건이 있는 유언(제1073조 2항)**

조건이 성취한 때부터 유언의 효력이 생긴다. 그 조건이 유언자의 사망 후에 성취한 때에는 그 조건이 성취한 때부터 유언의 효력이 발생한다. 제1073조 제2항의 규정은 정지조건의 효력(제147조 1항)에 따른다는 것을 주의적으로 규정한 것에 불과하므로 정지조건이 유언자의 사망 전에 이미 성취되면 그 유언은 무조건의 유언이 된다.

나. **해제조건이 있는 유언(명문 규정이 없음.)**

통설은 유언에 해제조건을 붙이면 유언은 유언자가 사망한 때로부터 그 효력이 생기며, 그 조건이 사망 후에 성취되었을 때에는 조건이 성취된 때로부터 효력을 잃는다고 본다.

다. **기한이 있는 유언**

성질상 허용되지 않는 신분행위 등을 제외하고는 유언에도 기한의 명시가 허용된다.

시기있는 유언은 유언자가 사망한 때로부터 효력이 발생하나 그 이행은 기한이 도래한 때에 청구할 수 있으며, 종기 있는 유언은 상속재산 분할금지의 유언을 들 수 있다.

2. 유언의 무효와 취소

유언자가 그 생존 중에 유언의 효력을 잃게 하기 위해서는 **무효·취소를 주장할 것 없이 철회를 할 수 있으므로 유언의 무효·취소가 문제되는 것은 유언자가 사망한** 이후의 일이다.

---

212) 정광현, 『신친족상속법요론』, 법문사, 1995, 425면

1) 무효

방식이 흠결된 유언, 수증결격자에 대한 유언, 유언무능력자, 즉 17세 미만자와 의사능력이 없는 자의 유언, 선량한 풍속 그 밖의 사회질서에 위반한 사항을 내용으로 하거나 법정사항 외의 것을 내용으로 한 유언은 무효이다.

2) 취소

유언의 내용의 중요 부분에 착오가 있거나 사기·강박에 의하여 유언이 이루어진 때에는 그 유언은 취소될 수 있다. 유언의 취소는 유언자의 사후에 상속인의 취소권 행사에 의하여 할 수 있지만, 유언자 자신은 이를 취소할 필요가 없다고 본다. 왜냐하면, 생전에 유언자는 임의로 언제나 유언을 철회할 수 있기 때문이고, 유언의 취소는 주로 유언자의 사후에 상속인이 행사한다는 것에 실익이 있기 때문이다.

Ⅳ. 유증

1. 서언

1) 의의

(1) 개념

유증이란 유언에 의한 재산의 무상증여를 말하며, 그 법적 성질은 상대방 없는 단독행위인 사인행위이다. 따라서 그 의사표시가 반드시 수증자에게 도달될 필요가 없으며, 오히려 유증의 의사표시는 유증자의 사망시까지 수증자에게 비밀로 하는 것이 보통이다.

(2) 구별되는 개념

가. 생전 증여

증여는 성립과 동시에 효력이 발생한다는 점에서 사인행위인 유증과 다르다. 즉 증여는 당사자의 합의에 의하여 즉시 효력이 발생하고, 그에 따라 증여자는 채무를 지게 된다. 유증에서는 유언의 의사표시 외에 유증자의 사망이라는 요건이 충족되어야 이행의 의무가 현실화된다.

나. 사인증여

유증은 증여자의 사망에 의하여 효력이 생긴다. 계약인 사인증여와는 다르지만, 그 밖의 점에서는 유증과 사인증여는 유사하므로 유증에 관한 규정이 사인증여에 준용된다.(제562조) 다만, 유증에 관한 규정 중 능력(제1061조 내지 제10632조), 방식(제1065조 이하), 승인과 포기(제1074조 내지 제1077조) 등에 관한 규정은 사인증여에 준용되지 않는다. 그리고 민법 제1078조가 포괄적 사인증여에 준용된다는 것은 사인증여의 성질에 반하므로 준용되지 않는다고 함이 타당하다.(대판 1996.4.12, 94다37714)

다. 유증의 내용

상속재산에 대하여 그 전부나 일부를 포괄 또는 특정의 명의로써 유증하는 경우이지만, 반드시 상속재산에 관해서만 유증하는 것은 아니며, 적극재산 외에 소극재산인 채무면제도 포함된다.

2) 유증의 종류

(1) 포괄적 유증

상속재산의 전부 또는 그 분수적 부분 내지 비율에 의한 유증이다. 예컨대, 상속재산의 3분의 1 또는 2할을 준다는 형태의 유언을 말한다.

(2) 특정적 유증

개개 재산상의 이익을 구체적으로 특정하여 유증의 내용으로 한다. 예컨대, 어떤 부동산을 양도하는 것 등이다.

2. 유증의 당사자

1) 수증자

수증자란 유증자의 권리자이며, 유증자와 친족관계에 있는 사람에 한정되지 않고 누구라도 권리능력을 가진 사람이면 된다. 법인은 유증을 받을 수 있다. 그리고 태아는 유증에 관하여도 이미 출생한 것으로 보며(제1064조, 제1003조 3항), 상속결격의 원인은 수증결격의 원인이 된다.(제1064조, 제1004조)

2) 유증의무자

[1] 유증을 이행할 의무를 지는 자를 유증의무자라고 하며, 유증에서 재산의 양도의무는 유언자가 사망한 후 집행되기 때문에 유언자는 의무자가 될 수 없으므로 별도로 유증의무자가 존재하게 된다.

[2] 유증의무자는 보통 상속인이지만, 유언집행자(제1101조), 포괄적 수증자(제1078조), 상

속인 없는 때의 재산관리인(제1053조) 등이 담당하는 경우도 있다.

3) 유증의 효력

수증자가 유언자의 사망 전에 사망한 경우에는 유증의 효력은 발생하지 아니한다.(제1089조 1항) 대습유증은 원칙적으로 인정되지 않지만, 유언자의 의사로써 수증자의 상속인을 보충수증자로 지정할 수는 있다.

3. 포괄적 유증

1) 개념

상속재산의 전부 또는 일정한 비율액의 유증을 말한다. 이 때 상속재산이란 적극재산은 물론 소극재산도 포함되며, 특정한 부동산이나 채권·채무는 그 객체가 될 수 없다.

2) 효과

[1] 포괄적 유증을 받은 자는 재산상속인과 동일한 권리·의무가 있다.(제1078조) 따라서 포괄적 수증자와 상속인이 있을 때 이러한 자 사이에는 상속재산의 공유관계가 발생하므로 유증비율의 상속분을 가지는 상속인이 한 사람 늘었다고 생각하면 된다.

따라서 (ⅰ) 포괄적 수증자는 상속인과 같이 유언자의 일신에 전속한 권리의무를 제외하고 포괄적 권리의무를 승계한다.(제1005조) (ⅱ) 포괄적 수증자와 상속인이 있을 때, 또는 포괄적 수증자만이 수인이 있을 때 이러한 자 사이에는 공동상속인 사이에서의 공동상속관계와 동일한 관계가 생긴다. 즉 상속재산의 공유관계가 생기며(제1006조, 제1007조), 분할의 합의를 하게 된다.(제1013조)

[2] 포괄적 유증의 승인·포기 : 상속의 승인·포기에 관한 규정(제1019조 내지 제1044조)이 적용된다. 따라서 한정승인도 할 수 있다. 다수설은 유증에 있어서 상속과 마찬가지로 승인·포기를 규정하고 있지만, 포괄적 수증자는 상속인과 동일한 권리·의무를 가지고 있기 때문에 포괄적 유증의 승인 또는 포기에는 상속의 승인 또는 포기에 관한 규정이 적용되므로 유증의 승인 또는 포기에 관한 규정은 특정적 유증에만 적용된다고 본다.213) 즉 포괄적 수증자는 유증의 효력이 발생한 것을 안 날로부터 3월 내에 단순승인이나 한정승인 또는 포기를 하여야 되며(제1019조 1항), 3월 내에 한정승인 또는 포기를 하지 않을 때에는 포괄적 유증의 단순승인으로 보는 것이다.

---

213) 김주수·김상용, 앞의 책, 712면

이 규정은 헌법불합치결정이 선고되어 그 적용이 중지되었으며, 2000년 1월 1일부터 그 효력이 상실되었다. 2002년의 민법 개정으로 다시 부활하였다. 다만, 제1항의 규정에 불구하고, 포괄적 수증자가 상속채무가 상속재산을 초과하는 사실을 중대한 과실 없이 제1항의 기간 내에 알지 못하고 단순승인(제1026조 1호 및 2호의 규정에 의하여 단순승인한 것으로 보는 경우를 포함한다.)을 한 경우에는 그 사실을 안 날로부터 3월 내에 한정승인을 할 수 있다.(제1019조 3항) 그런데 이 점은 상속의 경우보다 더욱 입법론으로서 문제가 되는 것이며, 이러한 경우 포기한 것으로 보도록 하는 입법적 조치가 필요한 것이다.

3) 상속과의 관계

[1] 유증에서 조건이나 부담을 붙일 수 있다는 점에서 상속과 다르다.

[2] 수증자가 상속개시 전 사망한 경우 원칙적으로 유증의 효력이 생기지 않는 점에서 대습상속이 인정되는 상속과 다르다. 포괄적 유증의 효력이 생기지 않는 때에는 유증의 목적인 재산은 상속인에게 귀속한다.

[3] 상속인이 상속을 포기한다고 하여 포괄적 수유자의 수유분은 고정되어 있으므로 증가하는 것은 아니다. 따라서 그 포기분은 다른 수증자에게 귀속하지 않는다.

[4] 상속은 유류분권이 있으나, 포괄적 수증자에게는 유류분권이 없다.

[5] 포괄적 수유자도 상속재산을 당연히 그리고 포괄적으로 취득하나, 취득한 재산의 등기·등록에 관하여는 상속과 다르다. 즉 상속의 경우에는 상속을 증명하는 서면을 가지고 등기권리자인 상속인이 단독으로 신청할 수 있지만, 포괄적 유증의 경우에는 등기권리자인 수증자와 등기의무자인 유언집행자 또는 상속인과의 공동신청에 의하지 않으면 안 된다.214)

[6] 포괄적 수유자도 상속인과 마찬가지로 유증자의 채무도 승계한다.

[7] 포괄적 수유자도 상속인과 함께 상속재산을 공유하게 되며, 이는 상속재산 분할로 해소된다.

[8] 포괄적 수유자도 상속의 승인이나 포기를 할 수 있다.

4. 특정적 유증

1) 의의

구체적인 재산을 목적으로 하는 유증으로서 특정적 수증자는 특정의 재산권에 관하여 증여계약에 있어서의 수증자와 동일한 지위에 선다. 예컨대, 부동산은 장남에게, 동산은 차남

---

214) 이경희, 앞의 책, 353면

에게, 현금은 장녀에게 준다는 경우와 같은 것이다.

2) 효과

(1) 유증목적물의 귀속시기

[1] 특정적 유증의 목적물은 상속재산으로서 일단 상속인에게 귀속되며, 수증자는 상속인에 대하여 유증의 이행을 청구할 수 있는 권리가 있다.(대판 2003.5.27, 2000다73445) 즉 유증자의 사망으로 바로 재산이 수증자에게 이전하지 않는다.

[2] 채권적 효력 : 특정적 유증에 있어서는 물권변동에 관하여 민법이 형식주의를 취하고 있고, 유증의무자, 유증의 이행을 청구할 수 있는 때 등의 문구가 있는 것으로 보아 특정적 유증물은 일단 상속인에게 귀속되며 수증자는 상속인에 대하여 유증의 이행을 청구할 수 있는 권리, 즉 채권적 효력이 있을 뿐이라고 해석해야 한다.(채권적 효력설: 김주수 · 김상용215)) 특정의 재산권은 그 이행에 의하여 이전된다고 할 것이다.

(2) 수증자의 유증이행청구권

수증자는 유증의무자에 대하여 유증의 내용에 따르는 이행을 청구할 권리를 갖는 바, 민법에는 다음과 같은 특칙이 있다.

가. 과실취득권(제1079조)

수증자는 유증을 청구할 수 있는 때로부터 그 목적물의 과실을 취득한다. 다만, 유언자가 유언으로 이와는 다른 의사를 표시한 때에는 그 의사에 의한다. 과실은 천연과실이건, 법정과실이건 묻지 않는다.

나. 비용상환청구권(제1080조, 제1081조)

유증의무자가 유언자의 사망 후 그 목적물의 과실을 수취하기 위하여 필요비를 지출한 때에는 과실의 가액한도에서 과실을 수취한 수증자에게 상환을 청구할 수 있고, 유증의무자가 유언자의 사망 후 그 목적물에 대하여 비용을 지출한 때 유치권자의 비용상환청구권(제325조)에 관한 규정이 준용된다.

(3) 유증의 무효(상속재산에 속하지 않은 권리의 유증)

[1] 유증의 목적이 된 권리가 유언자의 사망 당시에 상속재산에 속하지 아니한 때에는 그 유증은 효력이 없다.(제1087조 1항)

[2] 예외 : 유언자가 유언의 효력이 있게 할 의사인 때에는 그 유증은 유효하며, 이러한

---

215) 김주수 · 김상용, 앞의 책, 715면

경우 유증의무자는 그 권리를 취득하여 수증자에게 이전할 의무가 있다.(제1087조 1항 단서) 또한 그 권리를 취득할 수 없거나 그 취득에 과다한 비용을 요할 때에 그 가액으로 변상할 수 있다.(제1087조 2항)

(4) 권리소멸청구권의 부인(제1085조)

유증의 목적인 물건이나 권리가 유언자의 사망 당시에 제3자의 권리의 목적인 때에는 수증자는 유증의무자에 대하여 그 제3자의 권리를 소멸시킬 것을 청구하지 못한다. 이 규정은 유언자의 의사를 추측한 것으로서 유언자가 유언으로 이와 다른 의사표시를 한 때에는 그러하지 않다.

(5) 유증의무자의 담보책임

불특정물을 유증의 목적으로 한 경우에 목적물에 하자가 있는 때에는 하자 없는 물건으로 인도하여야 하고 인도된 물건이 상속재산에 속하지 않고 타인의 권리이기 때문에 목적물을 빼앗겼을 때에는 유증의무자는 수증자에 대하여 담보책임을 지는 것은 당연하다. 이 경우 유증의무자는 그 목적물에 대하여 매도인과 같은 담보책임이 있다.(제1082조 1항) 이 때 유증의무자는 하자 없는 물건으로 인도하여야 한다.(제1082조 2항) 다만, 유증은 단독행위이므로 해제가 없기 때문에 수증자는 손해배상만을 받을 수 있을 뿐이다.

(6) 유증의 물상대위성

유증자가 유증목적물의 멸실·훼손 또는 점유의 침해로 인하여 제3자에게 손해배상을 청구할 권리가 있는 때에 그 권리를 유증의 목적으로 한다.(제1083조) 불법행위자에 대한 손해배상청구권, 손해보험의 보상금청구권 등에서 문제가 된다. 그러나 유언자가 생전에 그러한 청구권을 행사하여 배상을 받았을 때에는 물상대위는 허용되지 않는다.

(7) 채권의 유증의 물상대위성(제1084조)

가. 금전외의 채권을 유증의 목적으로 한 경우

유언자가 그 변제를 받은 물건이 상속재산 중에 있는 때에는 유언자가 다른 의사표시가 없는 이상 그 물건을 유증의 목적으로 한 것으로 본다.(제1084조 1항)

나. 금전을 목적으로 하는 채권을 유증의 목적으로 할 경우

그 변제받은 채권액에 상당한 금전이 상속재산 중에 없는 때에도 그 금액을 유증의 목적으로 본다.(제1084조 2항) 이 경우에도 유언자가 이와 다른 의사를 표시한 때에는 그 의사에 의한다.

3) 특정적 유증의 승인과 포기

(1) 승인·포기의 자유(제1074조)

[1] 특정적 유증을 받을 자는 유언자의 사망 후 언제든지 유증을 승인 또는 포기할 수 있으며, 그 효력은 유언자가 사망한 때에 소급한다. 이는 의사표시만으로 충분하므로 유증의 승인·포기는 상속의 승인·포기와 달리 불요식행위이다.

[2] 포기의 시기에 제한은 없다. 유증의 목적물이 가분일 때 일부만을 포기할 수 있다.

[3] 특정적 유증의 포기는 법정대리인도 할 수 있다. 즉 특정적 유증의 포기는 법률상 이익의 포기이므로 그 능력과 권한에 제한이 있다. 따라서 제한능력자는 단독으로 특정적 유증의 포기를 할 수 없다.

(2) 유증의무자의 최고권(제1077조)

유증의무자나 이해관계인은 상당한 기간을 정하여 그 기간 내에 승인 또는 포기를 확답할 것을 수증자 또는 그 상속인에게 최고할 수 있고, 그 기간 내에 최고에 대한 확답을 하지 아니한 때는 유증을 승인한 것으로 본다.(제1077조 2항)

(3) 유증의 승인·포기의 취소금지(제1075조)

이 경우의 취소는 철회의 의미이다. 그러나 의사표시에 하자가 있는 때, 즉 사기·강박 또는 제한능력에 의한 승인 또는 포기는 취소할 수 있으며, 이는 단기소멸시효에 걸린다. 취소권은 추인할 수 있는 날로부터 3월, 승인과 포기한 날로부터 1년 내에 행사하여야 한다.

(4) 수증자의 상속인의 승인·포기(제1076조)

[1] 수증자가 승인이나 포기를 하지 않고 사망한 때 그 상속인은 상속분의 한도에서 승인 또는 포기할 수 있으며, 상속인이 다수일 때에는 각자가 그 상속분에 응하여 할 수 있다.

[2] 상속인의 유증의 승인 또는 포기를 하는 경우의 최고기간은 상속의 승인 또는 포기에 대한 최고가 있는 것을 안 때로부터 이를 기산하여야 한다. 이 경우에도 유언자가 다른 의사를 표시한 때에는 그 의사에 의한다.(제1076조 단서)

(5) 유증의 승인·포기의 방식

유증의 승인·포기의 방식은 유증의무자나 유언집행자에 대한 의사표시로 충분하다고 할 것이며, 신고를 요하지 않는다.

4) 유증의 무효·실효의 효과(제1090조)

유증의 효력이 생기지 않거나, 수증자가 이를 포기한 때 유증의 목적인 재산은 상속인에게 귀속한다.(제1090조) 다만, 예외적으로 유언자가 유언으로 다른 의사를 표시한 때에는 그 의사에 의한다.

5. 부담 있는 유증

1) 의의

(1) 개념

유언자가 유언증서 중에서 수증자에게 자기, 그 상속인 또는 제3자를 위하여 일정한 의무를 이행하는 부담에 과한 유증을 부담 있는 유증이라고 한다. 예컨대, 유언자 A가 자기의 가옥을 B에게 유증하고 그 대신 B는 A의 자인 C를 성년이 될 때까지 돌보아 준다는 식의 유언을 하는 경우이다.

(2) 조건부 유증과 차이점

부담 있는 유증은 단지 의무를 부담시킬 뿐이며, 유증의 효력 발생 또는 소멸을 정지시키는 조건 있는 유증은 아니다. 부담과 조건의 구별은 유언의 해석 문제이다. 그러나 유언자의 의사가 명백하지 않은 때에는 부담으로 추정해야 할 것이다. 왜냐하면, 유증의 효력을 불확정상태에 두는 것은 바람직하지 않기 때문이다. 부담 있는 유증은 포괄·특정의 구별 없이 인정되며, 부담은 유증의 목적물과 전혀 관계없는 사항이라도 무방하다.

2) 부담의 내용

금전적 가치가 없어도 무방하나, 도덕적 유훈과 같은 것은 포함되지 않는다.

3) 부담의 무효

부담의 무효가 부담 있는 유증 자체의 무효를 가져오는지 여부는 문제이다. '부담의 무효가 부담 있는 유증 그 자체의 무효를 가져오는가?'의 여부에 대해서는 규정이 없지만, 그 부담이 없었으면 유증이 없었을 것이라는 유언자의 의사가 추측되는 경우에만 부담 있는 유증도 무효로 된다고 보아야 한다.(동지: 김주수·김상용[216])

---

216) 김주수·김상용, 앞의 책, 726면

4) 부담 있는 유증의 효력

부담의 이행의무자는 수증자이며, 부담의 이행청구권자는 상속인, 유언집행자, 부담의 이행청구권자로 지정된 자 및 수익자이다. 그리고 유증의 목적의 가액을 초과하지 아니한 한도에서 부담한 의무를 이행할 책임이 있다.(제1088조 1항) 그러나 유증목적의 가액이 한정승인 또는 재산분리로 인하여 감소된 때에는 수증자는 그 감소된 한도에서 부담할 의무를 면한다.(제1088조 2항)

5) 부담 있는 유증의 취소(제1111조)

부담 있는 유증을 받은 자가 그 부담의무를 이행하지 않은 때에는 상속인 또는 유언집행자는 상당한 기간을 정하여 이행할 것을 최고하고, 그 기간 내에 이행하지 않은 때에는 가정법원에 유언의 취소를 청구할 수 있다. 그리고 취소심판으로 유증은 상속개시시에 소급하여 그 효력을 잃는다. 다만, 제3자가 이미 수증자로부터 전득한 이익을 해하지 못한다. 이 취소는 법률행위 일반에 공통하는 민법총칙에서의 취소와는 달리 부담의 불이행이라는 사후에 발생한 사유에 의하여 유증을 취소하는 것으로 유증에 특유한 것이다.

V. 유언의 집행

1. 유언의 검인·개봉

1) 검인

(1) 검인의 청구

유언의 증서나 녹음을 보관한 자 또는 이를 발견한 자는 유언자의 사망 후 지체 없이 가정법원에 제출하여 그 검인을 청구하여야 한다.(제1091조 1항)

(2) 민법 제1091조 제1항, 제1092조 소정의 검인·개봉 절차를 거치지 아니한 유언 증서의 효력

민법 제1091조 제1항에 규정된 유언증서에 대한 법원의 검인은 유언의 방식에 관한 사실을 조사함으로써 위조·변조를 방지하고 그 보존을 확실히 하기 위한 절차에 불과할 뿐 유언증서의 효력 여부를 심판하는 절차가 아니고, 민법 제1092조는 봉인된 유언증서를 검인하는 경우 그 개봉 절차를 규정한 데 불과하므로 적법한 유언증서는 유언자의 사망에 의하여 곧

바로 그 효력이 발생하고 검인이나 개봉 절차의 유무에 의하여 그 효력이 영향을 받지 않는다.(대판 1980.11.19, 80스23 ; 대판 1998.6.12, 97다38510)

(3) 검인이 필요 없는 경우

검인은 유언증서나 녹음의 외형을 검증하여 그 성립·존재를 확보하는 절차에 그치기 때문에 공정증서나 구수증서에 의한 유언에는 검인이 필요 없다.(제1091조 2항 참조)

2) 개봉

가정법원이 봉인된 유언증서를 개봉할 때에는 유언자의 상속인, 그 대리인 그 밖의 이해관계인의 참여가 필요하다.(제1092조)

2. 유언집행자

1) 유언의 집행

유언집행자에게는 지정유언집행자, 법정유언집행자(상속인), 선임유언집행자의 세 종류가 있다. 유언집행자는 수인이라도 무방하나 친생부인이나 인지 등은 반드시 집행자를 두어 진행하여야 한다. 특정적 유증, 재단법인의 설립, 신탁 등은 상속인 자신도 집행할 수 있다. 그리고 유언집행자가 필요 없는 경우로서 후견인 지정, 유언집행자의 지정, 상속재산 분할금지가 있다.

2) 유언집행자의 유형

(1) 지정유언집행자

유언으로 유언집행자를 지정할 수 있고, 제3자에게도 위탁할 수 있다.(제1093조) 유언집행자의 지정은 반드시 유언으로 하여야 하며, 집행될 유언과 동일한 방식에 의할 필요는 없지만, 지정의 위탁도 역시 유언으로 하여야 한다. 그리고 유언집행자의 지정을 위탁받은 자는 자기 스스로를 유언집행자로 지정할 수도 있다. 법인이 유언집행자가 될 수 있느냐는 것은 법인의 목적에 반하지 않는 한, 인정할 수 있을 것이다. 신탁회사가 유언집행자가 되는 것은 신탁법이 명문으로 인정한다.[217]

지정에 의한 유언집행자는 유언자의 사망 후 지체 없이 이를 승낙하거나 사퇴할 것을 상속인에게 통지하여야 한다.(제1097조 1항) 상속인 그 밖의 이해관계인은 상당한 기간을 정하

---

217) 이경희, 앞의 책, 376면

여 그 기간 내에 승낙 여부의 확답을 지정유언집행자에게 최고할 수 있고, 그 기간 내에 확답을 받지 못한 때에는 지정유언집행자가 그 취임을 승낙한 것으로 본다.(제1097조 3항) 또한 유언집행자의 지정을 위탁받은 제3자는 그 위탁 있음을 안 후 지체 없이 유언집행자를 지정하여 상속인에게 통지하여야 하며, 그 위탁을 사퇴할 때에는 이를 상속인에게 통지하여야 한다.(제1094조 1항) 상속인 그 밖의 이해관계인은 상당한 기간을 정하여 그 기간 내에 유언집행자를 지정할 것을 위탁받은 자에게 최고할 수 있고, 그 기간 내에 지정의 통지를 받지 못한 때에는 그 지정의 위탁을 사퇴한 것으로 본다.(제1094조 2항)

(2) 법정유언집행자

지정유언집행자가 없는 경우 상속인이 유언집행자로 된다.(제1095조)

(3) 선임유언집행자

유언집행자가 없거나 사망·결격 그 밖의 사유로 인하여 없게 된 때에는 법원은 이해관계인의 청구에 의하여 유언집행자를 선임하여야 하며(제1096조 1항), 가정법원의 선임에 의한 유언집행자는 선임의 통지를 받은 후 지체 없이 이를 승낙하거나 사퇴할 것을 가정법원에 통지하여야 한다.(제1097조 2항) 상속인 그 밖의 이해관계인은 상당한 기간을 정하여 그 기간 내에 승낙 여부의 확답을 선임유언집행자에게 최고할 수 있고, 그 기간 내에 확답을 받지 못한 때에는 선임유언집행자가 그 취임을 승낙한 것으로 본다.(제1097조 3항)

(4) 유언집행자의 결격

제한능력자와 파산선고를 받은 자는 유언집행자가 되지 못하며, 유언집행자의 지정을 위탁받은 자 및 법인은 유언집행자가 될 수 있다.(제1098조)

3) 유언집행자의 지위

지정 또는 선임에 의한 유언집행자는 상속인의 대리인으로 본다.(제1103조) 이 규정은 유언집행자의 행위의 효과가 상속인에게 귀속함을 규정한 것이지 유언집행자의 소송수행권과 별도로 상속인 본인의 소송수행권도 언제나 병존함을 규정한 것은 아니라고 한다.(대판 2001.3.27, 2000다26920)

유언집행자의 소송상 지위

> 상속인이 유언집행자가 되는 경우를 포함하여 유언집행자가 수 인인 경우에는, 유언집행자를 지정하거나 지정위탁한 유언자나 유언집행자를 선임한 법원에 의함 임무의 분장이 있었다는 등의 특별한 사정이 없는 한, 유증목적물에 대한 관리처분권은 유언의 본지에 따른 유언의 집행이라는 공동의 임무를 가진 수 인의 유언집행자에게 합유적으로 귀속되고, 그 관리처분권 행사는 과반수의 찬성으로써 합일하여 결정하여야하므로 유언집행자가 수 인인 경우 유언집행자에게 유증의무의 이행을 구하는 소송은 유언집행자 전원을 피고로 하는 고유필수적 공동소송으로 봄이 상당하다.(대판 2011.6.24, 2009다8345)
>
> 수 인의 유언집행자 중 1인만을 피고로 하여 유증의무 이행을 구하는 소송을 제기한 사안에서, 유언집행자 지정 또는 제3자의 지정위탁이 없는 한 상속인 전원이 유언집행자가 되고, 유증의무자인 유언집행자에 대하여 제1087조 제1항 단서에 따라 유증의무의 이행을 구하는 것은 유언집행자인 상속인 전원을 피고로 삼아야 하는 고유필수적 공동소송이라고 한 사례이다.(지원림, 『민법강의』, 홍문사, 2013, 2112면)

4) 유언집행자의 임무

(1) 재산목록의 작성

유언이 재산에 관한 것인 때에는 지정 또는 선임에 의한 유언집행자는 지체 없이 그 재산목록을 작성하여 상속인에게 교부하여야 하며(제1100조 1항), 상속인의 청구가 있는 때에는 재산목록의 작성에 상속인을 참여하게 하여야 한다.(제1100조 2항)

(2) 유언집행자의 권리·의무

유언집행자는 유증의 목적인 재산의 관리 그 밖의 유언의 집행에 필요한 행위를 할 권리·의무가 있다.(제1101조)

(3) 공동유언집행자

유언집행자가 수인인 경우에는 그 임무의 집행은 과반수의 찬성으로써 결정한다. 그러나 보존행위는 각자가 이를 할 수 있다.(제1102조)

(4) 보수

유언자가 유언으로 그 집행자의 보수를 정하지 아니한 경우에는 법원은 상속재산의 상황 그 밖의 사정을 참작하여 지정 또는 선임에 의한 유언집행자의 보수를 정할 수 있다.(제1104

조 1항) 유언집행자가 보수를 받는 경우에는 제686조 제2항, 제3항(수임인의 보수청구권)의 규정을 준용한다.

(5) 유언집행의 비용

유언의 집행에 관한 비용은 상속재산 중에서 이를 지급한다.(제1107조)

5) 유언집행자의 임무 종료

(1) 종료원인

유언집행의 종료, 유언집행자의 사망, 결격사유의 발생, 사퇴와 해임이 있다.

(2) 유언집행자의 사퇴와 해임

사퇴는 지정 또는 선임에 의한 유언집행자는 정당한 사유 있는 때에는 법원의 허가를 얻어 그 임무를 사퇴할 수 있다.(제1105조)

해임은 지정 또는 선임에 의한 유언집행자에 그 임무를 해태하거나 적당하지 아니한 사유가 있는 때에는 법원은 상속인 그 밖의 이해관계인의 청구에 의하여 유언집행자를 해임할 수 있다.(제1106조)

VI. 유언의 철회권

1. 의의

유언자는 유효한 유언을 한 후에도 생전에는 언제든지 아무런 특별한 이유가 없더라도 자유로이 전부 또는 일부를 철회할 수 있다.(제1108조) 철회에 의하여 제3자의 권리를 침해하는 것은 아니기 때문에 무제한으로 자유로운 철회를 인정하여도 아무런 지장이 없다.

유언자는 그 철회권을 포기할 수 없으며(제1108조), 유언의 철회는 유언의 취소와는 달리 유언자의 일신전속권이다.

2. 방식

유언을 철회하는 때에는 특별한 방식이 필요 없으며, 철회자의 진정한 철회의 의사표시가 증명되면 충분하다. 그리고 유언철회의 방식에는 임의철회와 법정철회가 있다.

1) 임의철회권

철회는 반드시 유언으로 할 필요가 없으며, 생전행위로도 가능하며, 판례는 유언자가 유언을 철회한 것으로 볼 수 없는 이상 유언증서가 그 성립 후에 멸실되거나 분실되었다는 사유만으로 유언이 실효되는 것은 아니고, 이해관계인은 유언증서의 내용을 입증하여 유언의 유효를 주장할 수 있다는 입장이다.(대판 1996.9.20, 96다21119) 유언으로 유언을 철회하는 때에는 유언의 방식에 적합하게 하여야 하나, 반드시 전에 한 방식으로 할 필요는 없다. 따라서 공정증서의 유언을 자필증서의 유언으로 철회해도 무방하다.

2) 법정철회권

일정한 사실이 있는 경우 법률상 유언이 철회된 것으로 보고 있는데, 이를 법정철회라고 한다.

(1) 전후의 유언이 저촉되는 경우(제1109조 전단)

저촉된 부분의 전 유언은 철회한 것으로 본다. 유언자가 내용 저촉사실을 알든, 모르든 철회의 효과가 발생한다.

(2) 유언 후의 생전행위가 유언과 저촉되는 경우(제1109조 후단)

생전행위란 유언자가 생존 중에 유언의 목적인 특정의 물건에 대하여 한 처분을 말한다. 예컨대, 포괄적 유증 속에 포함되는 개개의 물건을 처분한 경우 유언자의 법정대리인이 유언과 저촉되는 생전행위를 한 경우이다. 이 때 유증목적물의 매각은 이에 포함되나, 저당권 설정은 이에 포함되지 않는다. 수증자는 저당권의 부담을 갖는 소유권을 유증받는 것이다.

(3) 유언자가 유언증서 또는 유증의 목적물을 파훼한 경우(제1110조)

유언자가 고의로 유언증서나 유증의 목적물을 파훼한 때에는 그 파훼한 부분에 관한 유언은 철회한 것으로 본다. 유언자가 과실로 파훼한 때에는 유언은 철회된 것이 아니다. 비밀증서에 의한 유언을 한 후 그 봉인을 파훼하더라도 그 유언이 자필증서에 의한 유언의 방식을 갖추고 있을 때에는 자필증서에 의한 유언으로서의 효력을 가지며, 철회된 것으로 보지 아니한다.

(4) 부담 있는 유언의 취소

[1] 부담 있는 유증을 받은 자가 그 부담의무를 이행하지 아니한 때에는 상속인 또는 유언집행자는 상당한 기간을 정하여 이행할 것을 최고하고 그 기간 내에 이행하지 아니한 때에

는 법원에 유언의 취소를 청구할 수 있다. 그러나 제3자의 이익을 해하지 못한다.(제1111조)

[2] 부담 있는 유증을 받은 자가 그 부담의무를 이행하지 아니한 때, 그 부담을 이행하지 아니한다고 하여 곧 유증이 효력을 상실하는 것은 아니다.

3. 유언철회의 효과

유언은 처음부터 없었던 것과 마찬가지가 되며, 유언자의 사망에 의해서도 유언은 아무런 효력이 생기지 않는다. 그리고 철회의 철회 인정 여부에 관하여는 독일 민법은 처음의 유언에 효력을 인정하는데, 사기·강박에 의한 철회의 취소에 관하여는 그 내용이 신분상의 것일 때에는 인지의 취소 등의 규정이 유추적용되어야 할 것이며, 재산상의 경우에는 민법총칙의 일반원칙에 의하여 취소할 수 있다.

제4절 유류분에 관한 권리

Ⅰ. 유류분에 관한 권리(유류분 제도)

1. 의의

우리 민법에는 1977년 민법 개정 전까지는 유류분 제도가 없었으나, 법 개정에 의해 **유류분에 관한 권리(유류분 제도)가 신설**되었다.

유류분 제도란 피상속인의 유언에 의한 재산처분의 자유를 제한함으로써 상속인에게 법정상속분에 대한 일정비율의 상속재산을 확보해 주는 제도이다. 유류분 제도는 개인재산 처분의 자유와 거래안전, 그리고 가족생활의 안정 및 가족재산의 공평한 분배 등 서로 대립하는 요구의 타협·조정 위에 성립하고 있다.

2. 입법 취지

1) 상속재산 분배의 최소한의 합리화

피상속인이 자유로이 처분할 수 있는 재산과 그렇지 않은 재산이 미리 구분되어 있거나 자유로이 처분할 수 있는 비율이 정해져 있지는 않다.

2) 피상속인의 유언의 제한

생전의 피상속인의 재산 처분이 상속개시시에 유류분을 침해할 것이 분명한 때에도 유류분을 가지는 추정상속인이 상속개시 전에 저지할 수는 없다.

3) 유족의 보호

상속재산에 대한 유족의 공헌을 참작하고 피상속인의 유족의 생활을 고려한 것이다.

II. 유류분에 관한 권리의 포기

1. 유류분권

상속이 개시되면 일정한 범위의 상속인이 피상속인의 재산의 일정한 비율을 확보할 수 있는 지위를 가진다. 이를 유류분권이라고 한다. 이러한 지위는 상속개시 전까지는 일종의 기대권에 지나지 않으므로 권리로서 적극적으로 주장할 수는 없다. 이로부터 유류분을 침해하는 유증·증여의 효력을 빼앗는 반환청구권이라는 구체적·파생적인 권리가 생긴다. 따라서 **피상속인의 생전 증여가 유류분을 침해하는 것이 명백한 경우에도 피상속인의 생전에, 즉 상속개시 전에 장래의 반환청구권을 보전하기** 위하여 **증여부동산에 가등기를 할 수는 없다.**

2. 상속개시 후의 포기권

유류분 반환청구권은 개인적 재산권이므로 이를 포기하는 것은 자유이다.

3. 상속개시 전의 포기권

이를 **허용하면 피상속인의 위력에 의한 포기의 위험이 있고, 상속법의 이념인 배우자 상속권의 확립과 균분상속주의의 취지가 없어질 가능성이 있으므로 유류분의 사전 포기는 허용되지 않는다.**

4. 포기의 효과

이에 관한 명문의 규정은 없으나, 유류분을 포기하면 처음부터 그 유류분 권리자는 없었던 것으로 하여 유류분을 산정한다.

Ⅲ. 유류분의 범위

1. 유류분 권리자

[1] 피상속인의 직계비속, 배우자, 직계존속, 형제·자매가 유류분 권리자가 된다.(제1112조) 태아도 살아서 출생하면 유류분 권리자가 된다. 대습상속은 유류분권에 관하여도 인정되어 대습상속인도 피대습자의 상속분의 범위 내에서 유류분을 갖는다.(제1118조에 의한 제1001조, 제1010조의 준용)

[2] 유류분을 행사할 수 있는 자는 재산상속의 순위상 상속권이 있는 자이어야 한다. 그러므로 제1순위 상속인인 직계비속과 배우자가 있는 경우에는 제2순위 상속인인 직계존속은 유류분권을 행사할 수 없다.

2. 유류분율

피상속인의 직계비속과 배우자는 법정상속분의 2분의 1, 피상속인의 직계존속과 형제·자매는 법정상속분의 3분의 1이다.

3. 유류분의 산정

1) 유류분 산정의 기초가 되는 재산

(1) 산정 방법

피상속인의 상속개시시에 있어서 가진 재산의 가액에 증여재산의 가액을 가산하고 채무의 전액을 공제하여 이를 산정한다.(제1113조) 즉 상속개시시에 가진 재산＋증여재산－채무＝유류분 산정의 기초가 되는 재산이 된다.

유류분 산정의 기초가 되는 재산의 산정 방법은 상속분의 경우와 유사하지만, 상속인 외의 자에게 한 증여·유증이 포함되는 점에서 상속분 산정의 기초가 되는 재산보다 넓고, 상속채무를 공제하여 순재산액으로 하는 점에서는 좁다.[218]

(2) 상속개시시에 가진 재산

가. 유증, 사인증여

[1] 상속개시시에 가진 재산이란 상속재산 중의 적극재산을 의미한다.

[2] 유증에 관하여는 상속개시시에 현존하는 재산으로 취급한다.

---

218) 이경희, 앞의 책, 392면

[3] 사인증여에 관하여는 민법 제562조는 유증에 관한 규정을 준용하고 있으므로 유증과 마찬가지로 취급하여야 한다.(대판 2001.11.30, 2001다6947)

[4] 기여분(제1008조의2)과 분묘와 제구(제1008조의3)는 제외된다.

판례   증여계약이 개정 민법 시행 전·후에 따라 유류분산정의 대상인 재산에 포함시키는지 여부

유류분 제도가 생기기 전에 피상속인이 상속인이나 제3자에게 재산을 증여하고 이행을 완료하여 소유권이 수증자에게 이전된 때에는 피상속인이 1977년 12월 31일 법률 제3051호로 개정된 민법(이하 '개정 민법'이라 한다.) 시행 이후에 사망하여 상속이 개시되더라도 소급하여 증여재산이 유류분 제도에 의한 반환청구의 대상이 되지는 않는다. 개정 민법의 유류분 규정을 개정 민법 시행 전에 이루어지고 이행이 완료된 증여에까지 적용한다면 수증자의 기득권을 소급입법에 의하여 제한 또는 침해하는 것이 되어 개정 민법 부칙 제2항의 취지에 반하기 때문이다. 다른 한편 개정 민법 부칙 제5항은 "이 법 시행일 전에 개시된 상속에 관하여는 이 법 시행일 후에도 종전의 규정을 적용한다."라고 규정하고 있다.

따라서 개정 민법 시행일 이후 개시된 상속에 관하여는 개정 민법이 적용되어야 하므로 개정 민법 시행 이전에 증여계약이 체결되었더라도 이행이 완료되지 않은 상태에서 개정 민법이 시행되고 그 이후에 상속이 개시된 경우에는 상속 당시 시행되는 개정 민법 부칙 제2항이 "개정 민법은 종전의 법률에 의하여 생긴 효력에 영향을 미치지 아니한다."라고 하여 개정 민법의 일반적인 적용대상을 규정하고 있지만, 부칙 제5항이 "개정 민법 시행 이후 개시된 상속에 관하여는 개정 민법을 적용한다."라고 정하고 있는데 유류분 제도 역시 상속에 의한 재산승계의 일환이기 때문이다.

또한 유류분 산정의 기초가 되는 재산의 범위에 관항 민법 제1113조 제1항에서 대상 재산에 포함되는 것으로 규정한 '증여재산'은 상속개시 전에 이미 증여계약이 이행되어 소유권이 수증자에게 이전된 재산을 가리키는 것이고, 아직 증여계약이 이행되지 아니하여 소유권이 피상속인에게 남아있는 상태로 상속이 개시된 재산은 상속재산, 즉 '피상속인의 상속개시 시 가진 재산'에 포함된다고 보아야 하는 점 등에 비추어 보더라도, 증여계약이 개정 민법 시행 전에 체결되었지만, 이행이 개정 민법 시행 이후에 되었다면 그 재산은 유류분 산정의 대상인 재산에 포함시키는 것이 옳고, 이는 증여계약의 이행이 개정 민법 시행 이후에 된 것이면 그것이 상속개시 전에 되었든, 후에 되었든 같다.(대판 2012.12.13, 2010다78722)

나. 증여(제1114조)

[1] **상속개시** 전의 **1년간에 행하여진 것**에 한하여 그 **가액을 산정**한다.

[2] **당사자 쌍방이 유류분 권리자에게 손해를 가할 것을 알고 증여를 한 때에는 1년 전에 증여한 것도 산입**한다.(제1114조 후단) '손해를 가할 것을 알고'의 의미는 객관적으로 손해를

가할 가능성이 있다는 사실을 알고 있으면 되고, 가해의 의도까지는 필요하지는 않다고 해석한다.[219]

(3) 공제되어야 할 채무

상속채무이며, 채무를 공제하는 것은 상속인의 순취득분을 산정하기 위한 것이므로 상속채무를 의미한다. 상속채무는 사법상의 채무뿐만 아니라, 공법상의 채무, 즉 세금이나 벌금도 포함된다. 상속에 관한 비용(상속세·관리비용·소송비용 등)이나 유언집행에 관한 비용(유언 등의 검인신청비용, 상속재산목록 작성비용 등) 등이 포함될 것인가가 문제이지만, 포함되지 않는다고 생각된다.(동지: 김주수·김상용[220], 반대: 곽윤직[221])

2) 유류분액의 계산

(1) 계산 방법

상속인 각자의 계산상의 유류분액은 유류분 반환의 기초가 되는 재산액에 그 상속인의 유류분의 비율을 곱한 것이다.

(2) 유류분 산정의 기초가 되는 증여재산의 가액 산정시기

유류분 산정의 기초가 되는 증여 부동산의 가액 산정시기를 피상속인이 사망한 상속개시 당시의 가격으로 산정한다.(대판 1996.2.9, 95다17885)

[판례] **공동상속인의 증여재산은 증여시기를 묻지 않고 모두 유류분 산정을 위한 기초재산에 산입하는 것.**

유류분 제도의 입법 취지에 비추어 볼 때, 유류분 권리자의 보호와 공동상속인들 상호간의 공평을 입법목적으로 하는 이 사건 준용조항(제1118조)의 정당성과 합리성이 인정된다. 나아가 공동상속인인 수증자가 받은 증여는 상속분의 선급이라고 할 수 있는 점, 대법원이 민법 제1008조에 대한 해석을 통하여 특별수익에 해당하는 증여의 범위를 제한하고 있는 점, 유류분 권리자가 반환청구할 수 있는 증여가 법정상속분의 일부로 그 범위가 제한되는 점 등에 비추어 볼 때 공동상속인의 증여재산은 그 증여가 이루어진 시기를 묻지 않고 모두 유류분 산정을 위한 기초재산에 산입하도록 하는 이 사건 준용조항이 현저히 자의적이어서 기본권 제한의 한계를 벗어난 것이라고 할 수는 없다.(헌재결 2010.4.29, 2007헌바144)

---

219) 김주수·김상용, 앞의 책, 746면
220) 김주수·김상용, 앞의 책, 749면
221) 곽윤직, 앞의 책, 458면

Ⅳ. 유류분의 보전

1. 유류분의 반환청구권

1) 의의

유류분 권리자는 유류분에 부족한 한도에서 유증 또는 증여된 재산의 반환을 청구할 수 있다.(제1115조 1항)

보기 **유류분 반환범위**

유류분 반환범위는 상속개시 당시 피상속인의 순재산과 문제된 증여재산을 합한 재산을 평가하여 그 재산액에 유류분청구권자의 유류분 비율을 곱하여 얻은 유류분액을 기준으로 하는 것인 바, 그 유류분액을 산정함에 있어 반환의무자가 증여받은 재산의 시가는 상속개시 당시를 기준으로 하여 산정하여야 한다. 따라서 그 증여받은 재산이 금전일 경우에는 그 증여받은 금액을 상속개시 당시의 화폐가치로 환산하여 이를 증여재산의 가액으로 봄이 상당하고, 그러한 화폐가치의 환산은 증여 당시부터 상속개시 당시까지의 물가변동률을 반영하는 방법으로 산정하는 것이 합리적이다. 이는 이른바 명목설과 모순되는 이러한 판지를 구체적 상속분이나 유류분의 산정을 넘어 일반화하기는 어렵지 않을까라는 생각이 든다.(대판 2009.7.23, 2006다28126)

참고로 유류분 제도의 입법 취지에 비추어 볼 때 유류분 권리자의 보호와 법적 안정성을 목적으로 하는 민법 제1113조 제1항에 따라 유류분 산정의 기초재산에 가산되는 증여재산의 가액을 상속개시시를 기준으로 평가하는 것에는 정당성과 합리성이 인정된다. 나아가 증여받은 목적물이 처분되거나 수용된 경우 수증자는 그 처분이나 수용으로 인하여 얻은 금원 등의 이용기회를 누리는 점, 수증자가 증여받은 재산의 가액이 상속개시시에 이르러 처분 당시나 수용시보다 낮게 될 가능성도 배제할 수 없는 점 등에 비추어 보면, 유류분 산정의 기초재산에 가산되는 증여재산의 평가시기를 증여재산이 피상속인 사망 전에 처분되거나 수용되었는지를 묻지 않고 모두 상속개시시로 하는 것이 현저히 자의적이어서 기본권 제한의 한계를 벗어난 것이라고 할 수는 없다."라고 하였다. 그리고 제1113조 제1항과 관련하여 "유류분 제도의 입법 취지에 비추어 볼 때, 피상속인으로부터 재산을 증여 받은 수증자와 유류분 권리자를 본질적으로 동일한 비교집단이라고 할 수 없다. 가사양자를 동일한 비교집단이라고 볼 수 있다고 하더라도 수증자가 자신이 얻은 이익보다 많은 이익을 유류분으로 반환하여야 하는 특별한 경우의 문제는 이 사건 기산조항에 의하여 발생하는 것이 아니라, 상속개시 전에 처분되거나 수용된 증여재산의 가액이 상속개시시에 상승하였다는 우연한 사정에 의하여 발생하는 것이므로 이 사건 기산조항으로 인하여 불합리한 차별이 발생한다고 할 수도 없다.(헌재결 2010.4.29, 2007헌바144)

---

2) 반환의 순서

증여에 대하여는 유증을 반환받은 후가 아니면 이를 청구할 수 없다.(제1116조) 입법론적으로 볼 때 증여는 유증의 경우와 달라 권리관계가 확정되는 시기도 다르고, 확정된지가 오래된 증여를 반환대상으로 하는 것은 법률관계의 안정을 해칠 우려가 있다. 증여 및 유증을 받은 자가 수인인 때에는 각자가 얻은 증여 및 유증가액의 비율로 반환하여야 한다.(제1115조 2항)

2. 반환청구권의 성질

반환청구권의 성질에 관하여는 형성권설(다수설)과 청구권설이 대립한다.

1) 형성권설

반환청구권을 행사하면 그 유증 또는 증여의 효력은 없어지며, 그 유증 또는 증여가 아직 이행되지 않았을 때에는 반환청구권자는 이행의 의무를 면하여 이미 이행되었을 때에는 반환을 청구할 수 있게 된다. 형성권이라고 보더라도 반환청구의 효과는 채권적 효력만을 인정한다. 따라서 이미 이행된 증여의 목적물이 특정물인 때에는 수증자가 유류분 권리자에게 소유권이전의무를 진다고 한다.[222]

2) 청구권설

반환청구권은 유류분에 부족한 만큼의 재산인도나 반환을 유증받은 자나 증여받은 자에 대하여 요구하는 채권적 청구권이며, 아직 이행하지 않은 증여나 유증에 있어서는 이행의무의 소멸을 청구하고 이행을 거절할 수 있을 뿐이라고 한다. 그 이유는 민법이 물권변동에 관하여 대항요건주의가 아니라, 성립요건주의를 취하는 이상 당연하다고 한다.(동지: 곽윤직, 이경희, 이은영[223]) 또한 '청구권으로 봄으로써 유류분 권리자의 반환청구에 대하여 상대방에게 현물반환을 할 것인가, 가액반환을 할 것인가?'의 선택을 인정할 수 있고, 또 '증여의 목적이 수 개인 경우 유류분 권리자가 반환청구를 하면 그 중에서 무엇을 반환할 것인가?'는 상대방의 선택에 맡김으로써 법률관계를 간명하게 할 수 있기 때문이다.

---

222) 김용한, 『친족상속법론』, 박영사, 1986, 467면 ; 김주수·김상용, 앞의 책, 749면 ; 박병호, 앞의 책, 479면
223) 곽윤직, 앞의 책, 469면, 이경희, 앞의 책, 506면; 이은영, 앞의 책, 785-786면

3) 기대권

상속개시 전에는 일종의 기대권 내지 기대적 지위이며, 권리로 적극적으로 주장하는 것은 불가능하다.

4) 가등기의 문제

상속개시 전에 반환청구권의 보전을 위한 가등기를 할 수 없다. 따라서 피상속인의 생전 증여가 유류분을 침해하는 것이 명백한 경우에도 상속개시 전에 장래의 반환청구권을 보전하기 위하여 증여 부동산에 가등기를 할 수 없다.

3. 반환청구의 방법

1) 상대방 있는 단독행위

유류분 반환청구권은 상속인의 상속권으로부터 생기는 것이므로 피상속인의 사망으로 상속이 개시되어야만 행사할 수 있다. **반환청구는 유류분권자가 유증받은 자와 증여받은 자에 대한 의사표시로 하는 상대방 있는 단독행위**이다.

2) 상대방

반환청구의 상대방은 유증을 받은 자(수유자), 증여를 받은 자(수증자) 및 그 상속인(포괄승계인)이다. 특정물을 증여한 경우 수증자로부터 그 물건을 양도받은 제3자는 원칙적으로 반환청구의 상대방이 되지 않지만, 양수인이 양도 당시에 유류분 권리자를 해함을 안 때에는 양수인에 대하여도 그 재산의 반환을 청구할 수 있다는 것이 판례의 태도이다.(대판 2002.4.26, 2000다8878)

4. 반환청구권의 행사의 효력

[1] **유류분에 부족한 한도에서 유증과 증여의 효력이 소멸**한다. 따라서 이미 이행된 증여의 목적물이 특정물인 경우에는 증여를 받은 자는 소유권을 유류분 권리자에게 이전할 채무를 지게 된다.

[2] 유류분의 반환청구를 받은 증여받은 자가 증여의 목적물을 다른 사람에게 이미 양도하였을 때에는 유류분 권리자는 그 가액을 반환청구할 수 있다. 다만, 양수한 자가 악의인 때에는 현물반환청구도 가능하다.(대판 2002.4.26, 2000다8878) **반환청구를 받은 증여받은 자**

는 반환해야 할 재산 외에 반환청구를 받은 이후의 과실도 반환하여야 한다.

> **판례** 종국판결에 의하여 패소로 확정된 경우에는 소가 제기된 때로부터 악의의 점유자로 의제

유류분 반환청구권의 행사로 인하여 생기는 원물반환의무 또는 가액반환의무는 이행기한의 정함이 없는 채무이므로 "반환의무자는 그 의무에 대한 이행청구를 받은 때에 비로소 지체책임을 진다."라고 하고, 유류분 권리자가 반환의무자를 상대로 유류분 반환청구권을 행사하는 경우 그의 유류분을 침해하는 증여 또는 유증은 소급적으로 효력을 상실하므로 반환의무자는 유류분 권리자의 유류분을 침해하는 범위 내에서 그와 같이 실효된 증여 또는 유증의 목적물을 사용·수익할 권리를 상실하게 되고, 유류분 권리자의 목적물에 대한 사용·수익권은 상속개시의 시점에 소급하여 반환의무자에 의하여 침해당한 것이 된다. 그러나 민법 제201조 1항은 "선의의 점유자는 점유물의 과실을 취득한다."라고 규정하고 있고,

점유자는 민법 제197조에 의하여 선의로 점유한 것으로 추정되므로 반환의무자가 악의의 점유자라는 사정이 증명되지 않는 한, 반환의무자는 목적물에 대하여 과실수취권이 있다고 할 것이어서 유류분 권리자에게 목적물의 사용이익 중 유류분 권리자에게 귀속되었어야 할 부분을 부당이득으로 반환할 의무가 없다. 다만, 민법 제197조 2항은 "선의의 점유자라도 본권에 관한 소에 패소한 때에는 그 소가 제기된 때로부터 악의의 점유자로 본다."라고 규정하고 있고, 민법 제201조 2항은 "악의의 점유자는 수취한 과실을 반환하여야 하며 소비하였거나 과실로 인하여 훼손 또는 수취하지 못한 경우에는 그 과실의 대가를 보상하여야 한다."라고 규정하고 있으므로 반환의무자가 악의의 점유자라는 점이 증명된 경우에는 악의의 점유자로 인정된 시점부터, 그렇지 않다고 하더라도 본권에 관한 소에서 종국판결에 의하여 패소로 확정된 경우에는 소가 제기된 때로부터 악의의 점유자로 의제되어 각 그 때부터 유류분 권리자에게 목적물의 사용이익 중 유류분 권리자에게 귀속되었어야 할 부분을 부당이득으로 반환할 의무가 있다. (대판 2013.3.14, 2010다42624·42631)

> **판례** 유류분 반환청구권 행사의 범위(1)

금전채무와 같이 급부의 내용이 가분인 채무가 공동상속된 경우, 이는 상속개시와 동시에 당연히 공동상속인들에게 법적상속분에 따라 상속된 것으로 봄이 타당하므로 법정상속분 상당의 금전채무는 유류분 권리자의 유류분 부족액을 산정할 때 고려하여야 할 것이나, 공동상속인 중 1인이 자신의 법정상속분 상당의 상속채무 분담액을 초과하여 유류분 권리자의 상속채무 분담액까지 변제한 경우에는 유류분 권리자를 상대로 별도로 구상권을 행사하여 지급받거나 상계를 하는 등의 방법으로 만족을 얻는 것은 별론으로 하고, 그러한 사정을 유류분 권리자의 유류분 부족액 산정시 고려할 것은 아니다.(대판 2013. 3.14, 2010다42624·42631)

구체적으로 유류분 반환청구의사가 표시되었는지는 법률행위 해석에 관한 일반원칙에 따라 의사표시의 내용과 아울러 의사표시가 이루어진 동기 및 경위, 당사자가 의사표시에 의하여 달성하려고 하는 목적과 진정한 의사 및 그에 대한 상대방의 주장·태도 등을 종합적으로 고찰하여 사회정의와 형평의 이념에 맞도록 논리와 경험의 법칙, 그리고 사회 일반의 상식에 따라 합리적으로 판단하여야 한다. 상속인이 유증 또는 증여행위가 무효임을 주장하여 상속 내지는 법정상속분에 기초한 반환을 주장하는 경우에는 그와 양립할 수 없는 유류분 반환청구권을 행사한 것으로 볼 수 없지만, 상속인이 유증 또는 증여행위의 효력을 명확히 다투지 아니하고 수유자 또는 수증자에 대하여 재산분배나 반환을 청구하는 경우에는 유류분 반환의 방법에 의할 수밖에 없으므로 비록 유류분 반환을 명시적으로 주장하지 않더라도 그 청구 속에는 유류분 반환청구권을 행사하는 의사표시가 포함되어 있다고 해석함이 타당한 경우가 많다.(대판 2012.5.24, 2010다50809)

유류분 권리자가 반환의무자를 상대로 유류분 반환청구권을 행사하고 이로 인하여 생긴 목적물의 이전등기의무나 인도의무 등의 이행을 소로써 구하는 경우에는 그 대상과 범위를 특정하여야 하고, 법원은 처분권주의의 원칙상 유류분 권리자가 특정한 대상과 범위를 넘어서 청구를 허용할 수 없다.(대판 2013.3.14, 2010다42624·42631)

5. 공동상속인 상호간의 유류분 반환청구권

[1] 공동상속의 경우 상속인의 한 사람이 피상속인의 재산을 너무 많이 증여받았기 때문에 다른 상속인의 유류분을 침해하는 경우가 생긴다.

[2] **반환청구**에 의하여 **상대방이 상속인이 유류분액** 이상으로 **취득하게 된 원인이 된 유증·증여가 유류분 침해의 한도에서** 그 **효력을 잃는다.**(대판 1995.6.30, 93다11715)

[3] 공동상속인 상호간의 유류분 반환청구권의 행사는 상속재산의 분할절차와 별도로 할 수 있지만, 그 결과의 구체적 실현은 상속재산 분할 절차와 함께 이루어질 것이다.[224]

6. 반환청구권의 소멸(제1117조)

1) 소멸시효

유류분 반환청구권은 유류분 권리자가 상속의 개시와 반환하여야 할 증여 또는 유증의

---

224) 김주수·김상용, 앞의 책, 784면

사실을 안 때로부터 1년 이내에 행사하지 않으면 시효에 의하여 소멸한다.(제1117조 전단) 유류분 반환청구권은 피상속인이 한 생전 증여에 대하여도 그 효력을 잃게 하는 것이므로 거래의 안전을 해할 우려가 있기 때문에 1년이라는 단기의 소멸시효기간을 두고 있는 것이다.

또한 **유류분 반환청구권은 상속이 개시된 때로부터 10년을 경과한 때에도 소멸한다.**(1117조 후단) 판례는 10년의 기간을 소멸시효기간이라고 하는 데 반하여(대판 1993.4.13, 92다3595), 다수설은 이를 제척기간으로 본다.

2) '안 때'의 의미

유류분 권리자가 상속개시와 유증·증여를 한 사실을 '안 때'인가, 아니면 상속개시와 유증·증여의 사실을 알 뿐만 아니라, 그 사실이 유류분을 침해하여 반환청구를 할 수 있음을 '안 때'로 할 것이냐의 문제가 있다. 후자의 해석은 상속인을 보호하는 점에서는 타당하지만, '안 때'의 판정이 매우 힘들게 되므로 전자로 해석하는 것이 다수설이지만, 판례는 유류분 권리자를 보호하기 위하여 **후자로 해석한다.** 그리고 반환청구의 의사표시를 기간 내에 하면 되며, 그 결과 생기는 반환청구권의 행사는 기간경과 후라도 상관없다고 보아야 한다.(대판 2002.4.26, 2000다8878)

‖ 저자약력 ‖

- 서울대학교 대학원 석사과정 졸업(법학석사)
- 성균관대학교 대학원 박사과정 졸업(법학박사)
- 미국 미주리(콜롬비아)주립대학교 방문교수
- 경성대학교 법정대학장, 사회복지대학원장 역임
- 현재 경성대학교 법학과 교수
- 저서 : 알기 쉬운 민법, 세종출판사
  - 가족의 권리와 의무, 신지서원
  - 민법연습, 신지서원
  - 부동산등기의 이해, 신지서원
  - 민법총칙, 세종출판사
  - 물권법, 세종출판사
  - 채권법 총론, 세종출판사
  - 채권법 각론, 세종출판사
  - 친족·상속법(가족법), 세종출판사
  - 민법 강의 I (민법총칙), 세종출판사
  - 민법 강의 II (물권법), 세종출판사
  - 민법 강의 III - 채권법 총론, 세종출판사
  - 민법 강의 IV - 채권법 각론, 세종출판사
  - 민법 강의 V - 친족·상속법(가족법), 세종출판사
  - 민법총칙 강의, 세종출판사
  - 물권법 강의, 세종출판사
  - 채권법 강의 I, 세종출판사
  - 채권법 강의 II, 세종출판사
  - 채권법 강의 III, 세종출판사
  - 가족법 강의, 세종출판사
  - 민법판례해설 I (민법총칙)(공저), 경세원
  - 민법판례해설 II (물권법)(공저), 경세원
  - 민법판례해설 III (채권총론)(공저), 경세원
  - 미국법 강의(공저), 세종출판사
  - 과학기술과 지식재산권법(공저), 신지서원
  - 법학통론(공저), 신지서원
  - 인권법(공저), 세종출판사
  - 여성과 법(공저), 세종출판사
  - 법과 사회(공저), 세종출판사
  - 신 생활법률(공저), 세종출판사
  - 인권과 법(공저), 세종출판사
  - 여성과 생활법률(공저), 세종출판사
  - 법과 사회생활(공저), 세종출판사
  - 법과 생활(공저), 세종출판사

가족법상의 권리와 의무

초판발행	2019년 8월 31일
지은이	최문기
펴낸이	안종만 · 안상준
기획/마케팅	박세기
표지디자인	BENSTORY
제 작	우인도 · 고철민
펴낸곳	(주) **박영사**
	서울특별시 종로구 새문안로3길 36, 1601
	등록 1959. 3. 11. 제300-1959-1호(倫)
전 화	02)733-6771
f a x	02)736-4818
e-mail	pys@pybook.co.kr
homepage	www.pybook.co.kr
ISBN	979-11-303-3476-9 93360

* 잘못된 책은 바꿔드립니다. 본서의 무단복제행위를 금합니다.
* 저자와 협의하여 인지첩부를 생략합니다.

정 가   28,000원